중국윤리사상사

미우라 도우사꾸 지음
강봉수·김성룡·박재주 옮김

도서출판 **원미사**

옮긴이 서문(개정)

이 책을 우리말로 옮긴지가 벌써 10년 세월이다. 사장님께서 불현듯 멀리 제 연구실을 방문하곤 이 책을 다시 출판하자기에 농담인줄 알았다. 옮긴이들로서는 처음부터 독자들과 했던 약속이 있었기에 사장님의 제의가 반가웠지만 솔직히 출판사정이 좋지 않음을 알기 때문이다. 그냥 인사치레 정도로 접어두고 있었는데 글쎄 사장님께서 처음의 원고를 돌려주면서 수정할 부분이 있으면 서둘러 작업을 해서 보내라고 성화다. 그래서 용기를 내었다.

이 책을 낼 때 우리자신은 차치하더라도 독자 여러분께 가장 미안했던 점이 번역서의 저본이 저자의 원서가 아니라 중국어 번역본이라는 것이었다. 그래서 그때 우리는 원서를 구하고 여건이 되는 대로 반드시 수정본을 내겠다고 약속을 드린 바가 있다. 이제 그 약속을 지키게 된 셈인데 지금 누구보다 이상규 동학에게 감사드려야할 것 같다. 원서를 구할 길이 없어 포기하고 있던 우리에게 문제의 원서를 구해준 이가 바로 그인 것이다. 솔직히 번역본을 내고 부끄럽고 죄스런 마음이 컸었다. 부분적으로 보이는 잘못된 번역에다가 매끄럽지 못한 문장, 교정의 실수 등이 너무 많이 보였기 때문이다. 이번 기회에 부끄러움을 만회하려 분발하였지만 아직도 부족할 것이다. 독자 여러분의 선처를 바랄 뿐이다.

다시 한번 어려운 사정에도 불구하고 독자들과의 약속을 지킬 수 있도록 용기를 주신 원미사 박준식 사장님과 직원 여러분께 감사드린다.

2006. 10. 31. 아라골에서
옮긴이를 대표하여 강 봉 수

감수의 글

어느 날 세 동학이 나의 연구실로 찾아와서는 원고를 내밀면서 감수를 부탁한다기에 나는 저윽이 놀랍고 반가웠다. 일전에 이 세 동학들이 힘을 합쳐 책을 번역해 보겠다는 뜻을 비친 적은 있었지만, 그 일을 이렇게도 빨리 실천에 옮기리라고는 생각하지 못하고 있었던 것이다. 아는 사람은 다 아는 바이지만 그 번역이라는 작업이 어디 쉬운 일이겠는가. 특히 박재주(朴再柱)와 김성룡(金成龍) 동학은 나와 같이 교수의 신분인 동료로서 자신의 논문을 쓰고 학생들을 지도하는 데도 시간이 모자랐을 터인데, 없는 시간을 쪼개 그 힘든 번역작업을 해야 했으니 얼마나 노고가 컸을 것인지는 말을 하지 않아도 짐작이 갈만 하다. 그리고 대학원의 일로 바쁜 강봉수(姜奉秀) 동학의 노고 또한 저들에 못지 않으리라. 나는 이처럼 뜻하지 않게 교수 학생을 거느린 덕택으로 이전부터 내가 하고 싶었던 일을 가만히 앉아서 해결한 셈이 되었다.

지금은 아주 오랜 기억으로만 남아있는 일이지만, 이번에 세 동학들이 번역한 책과 내가 인연을 맺게 된 것은 대만에서 유학시절을 보내고 있을 때였다. 벌써 나는 하찮은 일로 대만을 들락 거린지 꽤나 된 형편이어서 중국어 실력은 그런대로 괜찮았다 하더라도, 학문의 길에서는 남들보다 훨씬 늦은 재수생이었다. 그러니까 나는 만학의 유학생이었던 것으로, 아직 시들지 않은 나의 청운의 꿈을 이뤄보겠노라고 혈혈단신으로 대만으로 건너왔던 터였다. 공부를 따라가기가 쉽지 않았을 것임은 뻔한 일이다. 내가 하고자 하는 전공분야는 중국정치사상이었는데, 하찮은 중국어 실력만 믿고 학문에 뛰어든 내가 얼마나 무모한 일이었던가 지금 생각하면 아찔하기 그지없다. 특히 당시 나에게 필요한 것은 중국의 문화와 사상사에 대한 배경 지식이었다. 수도 없이 강의실을, 교수님들 연구실을, 도서관과 서점을 들락거렸건만, 나의 답답함을 속 시원히 풀어주지를 못했다.

그러던 어느 날 우연히 들른 서점에서 나는 장종원(張宗元) 선생 등이 쓴 문제의『중국윤리학사』를 발견한 것이었다. 이 책도 내가 그동안 보던 몇 권의 책들과 별 차이 있겠는가 생각하면서 서고에서 빼들었다. 그런데 자세히 들여다보니 장종원이 쓴 것이 아니고 그가 번역한 책이었다. 당시에도 장종원 교수는 이 방면에서 꽤나 유명한 사람이었다. 그런 사람이 책을 번역해 냈다니 도대체 어떤 책이길래 하면서 나는 그 책을 샀다. 집으로 돌아오는 즉시 그 책을 다 읽어 버렸다. 이 책이야말로 그동안 내가 찾던 책이라는 생각이 들었다. 몇 번이나 반복해서 읽었을 것이다. 또 시간이 쫓겨 다시 읽을 겨를이 없을 때에는 이 책의 각 장에 실려 있는 〈요약〉으로부터 기억을 되살리곤 하였다. 비로소 중국사상사의 맥락을 머리에 그릴 수 있게 되었고 무사히 학위를 받고 돌아올 수 있었다.

지금까지도 중국사상사에 대한 개론적 지식은 이 책에 의지하는 형편이라 해도 될 것이다.

언젠가는 이 책을 우리말로 번역해 소개해야겠다는 생각을 했었다. 그러나 그게 쉽지 않은 일임을 깨달았고 차일피일 미루다 다행스럽게도 동학들을 만나 그들을 통하여 지금이나마 나의 소망이 이루어지게 된 것이다. 최근에 세 동학들이 들이민 원고를 통하여 다시 한번 이 책을 읽을 수 있었다. 중국사상의 맥을 형성해온 그 많은 인물과 학자들의 학설을 사상사적 추이에 따라 선별해 내고 그들의 핵심적 사상을 한 권의 책 속에 담아낼 수 있는지 놀라지 않을 수 없었다. 특히 번역을 또 다른 창작이라 했건만 세 동학의 문장력에 또 한번 놀랐거니와, 이 책이 세상에서 빛난다면 당연히 이들의 노고 덕택일 것이다.

이미 시사되었듯이 이 책의 이름이 『중국윤리학사』이지만, 그것은 윤리학사도 윤리사상사도 아닌 철학·윤리·정치·경제·사회·교육 등을 아우르는 중국사상사에 대한 전반적인 개론서로서의 몫을 톡톡히 해낼 것이라 믿어 의심치 않는다. 따라서 이 책의 용도는 다양하다. 대학에서 중국사상사에 대한 개론적 강의 교재로써 활용될 수 있음은 물론이고, 이 방면에 관심가지고 있는 일반 독자들도 얼마든지 쉽게 읽어나갈 수 있는 책이라 생각한다. 감히 일독을 권하는 바이다.

1996. 10. 31.
감수자 허 창 무(許昌武)
(前 한국학중앙연구원 교수)

옮긴이 서문

이 책은 미우라 도우사꾸(三浦藤作)의 『동양윤리학사(東洋倫理學史)』(東京: 中興館書店, 大正 12年 初版, 15年 訂正再版)를 우리말로 옮긴 것이다. 그런데 사실 옮긴이들은 그의 책을 한번도 본 적이 없다. 이게 무슨 해괴망측한 말인가. 우리는 원서를 찾기 위해 무척이나 노력했다. 입수하지 못했다. 어쩔 수 없이 우리는 해오던 공부를 그냥 장종원(張宗元)과 임과당(林科堂)의 번역본인 『중국윤리학사』(대만상무인서관발행, 중화민국 53년 초판, 59년 2판)를 가지고 계속할 수밖에 없었다. 그리고 우리가 이 책을 우리말로 옮기기로 작정하고, 그 번역작업이 끝날 때까지도 결국 원서는 만져볼 수 없었다. 한국정신문화연구원 한국학대학원에서 주최하는 '외국인을 위한 한국문화강좌 프로그램'의 덕택으로 알게 된 도이 쿠니히코(土居邦彦)라는 친구에게, 또 일본으로 유학길에 오른 대학원의 동학 김천학(金天鶴)에게도 미우라의 책을 찾아볼 것을 부탁드려 놓았지만 아직껏 답장이 없다. 우리의 번역 작업은 진작에 끝난 상태였으나 원서를 보지 못했다는 단 하나의 이유 때문에 지금껏 출판을 망설여 왔었다. 그것이 벌써 2년이란 세월을 보내고 말았다. 그러던 중 우연히 한국학대학원의 교학실장이신 이계학(李啓鶴)교수님께서 우리의 원고를 일별하시고 출판을 권유하시는 것이었다. 출판을 못하는 사정을 말씀드렸더니, 그것의 타당성을 인정하면서도 보다 중요한 것은 서둘러 세상에 내놓아 필요한 독자들에게 읽을거리를 제공하는 것이라 하시면서 출판사까지 소개해 주는 것이었다. 여기에 용기를 얻어 우리는 일단 번역본을 출판하기로 하였다. 단, 원서가 수입수되는 대로 보완작업을 약속하기로 하고 말이다. 따라서 이 점에 대해서는 일차적으로 독자들에게 큰 아량을 구할 수밖에 없는 형편이다.

장종원과 임과당은 원서명을 『중국윤리학사』고 고쳐서 번역하고 있다. 그것은 원저자가 이 책에서 주로 중국사상에 대한 것을 다루고 있기 때문이라는 것이다. 이러한 그들의 번역이 타당하다고 인정한다. 우리가 보기에도 이 책이 다루고 있는 범주는 중국사상에 대한 것이기 때문이다. 그러나 책명을 『중국윤리학사』라 해야 할 것인가에 대해서는 조금 의문이다. 왜냐하면 이 책이 다루고 있는 내용은 '윤리학사'의 범위를 넘어서고 있다고 판단되기 때문이다. 즉 그냥 '윤리학사'라고만 하게 되면 이 책이 갖고 있는 장점을 축소시키는 것 같다는 것이다. 그래서 우리는 이 책이 갖고 있는 장점을 충분히 살린다는 의도에서 책명을 다시 바꿔 『중국윤리사상사』라 하기로 하였다.

우리는 흔히 '사상'이라 하면, 그것은 철학에 못 미치는 좀 엉성한 체계, 그리고 철학적 소양이 부족한 2류의 학인들이 자신 없이 내거는 명칭 정도로 인식하는 경우를 대하게 된다. 그러나 '철학'과 '사상'에 대한 이러한 이해는 엄청난 잘못이라고 본다. 철학이 공시적 보편주의와 형이상학적 사변체계를 전제로 하고 있는 개념이라면, 사상은 역사주의와 사회과학적 방법론을 전제로 하고 있다. 그런 점에서 철학은 사변적이며 사상은 즉물적이다. 즉물(卽物)

의 물(物)은 역사적·사회적 시공속의 물이며 끊임없는 변화 속에 있지만 사변을 형성하는 개념은 비시공적인 이데아적인 것이다. 철학은 실체적이며 사상은 관계적이다. 철학은 어느 사상 그 자체의 실체적 구조만을 밝히는데 주력하지만 사상은 그 사상자체의 구조보다 그 사상이 놓여진 역사적 시공속에서의 제반 관련과 그 영향을 탐구한다. 철학은 절대적이지만 사상은 상대적이다. 철학은 항상 공시적인 보편성을 따지기에 그 개념 하나하나의 인간학적 의의가 절대적일 수 있지만, 사상은 그러한 개념의 상대적 가치를 중시한다. 절대적 개념성을 주장하는 모든 체계의 역사적 상대성을 탐구하는 것이 곧 사상이라 할 수 있다.[1)]

이 책은 단순히 '윤리이론사' 내지 '도덕철학사'만을 다루고 있지 않다는 게 우리의 판단이다. 물론 이 책은 사상의 내적구조로서의 윤리이론과 학설들을 시대별·인물 별로 하여 충분한 검토와 자세한 소개를 하고 있다. 정말이지 한 권의 책에서 그 많은 학자들의 학설들을 핵심적으로 추려내는 것은 엄청난 대가가 아니면 쉽지 않은 일이라 생각한다. 그러면서도 원저자는 사상 그 자체의 실체적 구조를 밝히는데 머무르지 않고, 사상 외적인 구조로서의 역사적·사회적 관계 속에서 그 사상의 의미 확보를 위해 분투한 흔적이 역력하다. 그러나 이 책의 일차적인 의도가 '윤리학사'를 소개하는데 있었기에 사상사를 다루기 위한 사회과학적 관점이 철저하지 못한 약점을 가지고 있음은 어쩔 수 없는 것으로 이해해야 한다. 이상과 같은 판단에서, 우리는 이 책의 이름을 『중국윤리사상사』로 하는데 주저하지 않았다. 이 책이 갖고 있는 또 하나의 장점은, 그것이 중국윤리사상사에 국한된다기보다는 차라리 중국사상사를 다룬 것으로 보아도 무리가 없을 것이라는 점이다. 여기서는 철학과 윤리설에 대한 소개 외에도 정치, 경제, 사회, 교육 등에 대한 전반적인 학설이 동시에 소개되고 있다. 따라서 이 책의 용도는 윤리학도들에게만 있지 않고 중국사상사의 맥락을 이해하고자 하는 모든 일반 독자들에게도 유용하리라 생각한다. 특히 이 책의 각 장 끝에는 〈요약〉이 실려 있다. 일독 후에 기억을 되살리는데 이 〈요약〉은 유용하게 활용될 것이라고 본다.

옮긴이들은 처음부터 번역본을 내는데 뜻이 있었던 것은 아니다. 우리들은 한국학대학원 박사과정 재학 중에 이 책의 번역을 감수해 주신 허창무(許昌武) 교수의 『동양윤리사상사』 강의를 수강하였는데, 이때 교수님께서는 이 책을 교재로 하여 강의를 하셨고, 공부를 하다가 우리는 이 책에 매력을 느껴 아예 완역하는 데까지 의견이 모아졌던 것이다. 우리의 뜻을 듣고 교수님께서는 감수자로서의 역할까지 맡겠노라 하셨던 것이다. 일차적인 번역작업은 세 사람이 공평하게 나누어서 했다. 그러나 세 사람이 공역을 하다 보니 서로 문체가 다름으로 인한 어색함이 드러날 수밖에 없었다. 그래서 우리는 누군가 한 사람이 맡아 문장을 되도록 통일시켜 보기로 하였다. 불행히도 그 작업은 가장 문장력이 형편없고 중국어 실력도

1) 이상의 '철학'과 '사상'에 대한 대비적 설명은 다음을 참조. 김용옥, 「解題: 배움을 희구하는 朝鮮의 젊은이들에게 告함, 마루야마 마사오 지음·김석근 옮김, 『日本政治思想史硏究』(통나무, 1995), 29쪽.

떨어지는 내가 맡게 되었던 것이다. 차제에 나는 원래 없었던 직접인용을 따로 떼어내어 (註)를 달기로 하였고[2], 물어가며 문장을 다듬는 작업을 하였다. 딴에는 최선을 다했다고 해보지만 다른 두 분의 뛰어난 번역 실력이 빛을 발하지 못한다면 그것은 전적으로 형편없는 나의 문장력으로 돌려야 마땅할 것이다. 여기서 나의 모자라는 문장력을, 없는 시간을 며 현재 제주대학교에서 국어작문을 강의하고 있는 강정식(姜晶植) 교수이다. 그는 일차 교정지를 꼼꼼히 읽어가며 난삽한 문장을 산뜻하게 고쳐 주었을 뿐만 아니라 조그만 토씨까지 놓치지 않고 교정을 봐주었다.

끝으로 어려운 사정 속에서도 이 번역서를 기꺼이 출판해 주신 원미사 박준식 사장님과 편집부 직원 여러분께 감사드린다.

1996. 10. 31.

옮긴이를 대표하여 강 봉 수(姜奉秀)

---

2) 우리가 번역 대본으로 사용한 장종원 등의 『중국윤리학사』에는 원래 주(註)가 없다. 그러나 우리는 독자의 편의를 위하여, 책의 본문에서 어떤 학설에 대한 주창자의 말을 직접 인용한 경우 그것의 원문을 각주로 달았다. 또 이해에 필요한 경우 부분적으로 역자주를 달기도 하였다. 그러나 원문에 대한 주와 이해를 돕기 위한 역자주를 따로 구분하지 않았음을 밝혀 둔다.

차 례

제2편 중 세

제 1 편

고 대

제1편 고 대

중국의 윤리사상은 멀리 당·우 3대(唐虞三代)에서 발원하여 주(周)나라에 와서 크게 발전하였고, 송(宋)나라 이후에는 철학적으로 발전하였다. 상고(上古)시대에서 주나라 말까지를 고대, 진(秦)나라에서 한(漢)·당(唐)을 거쳐 5대(五代)에 이르는 기간을 중세, 송(宋)나라 이후를 근세라 부른다. 이 수천 년 동안 중국의 사상은 어떻게 발전하여 왔을까?

제1장 고대 중국의 문화와 사상

제 1 절 고대의 중국민족

아득한 먼 옛날의 일들을 상세하게 밝히기란 쉽지 않은 일이다. 그것은 중국만이 아니라 다른 나라들의 경우도 물론 마찬가지이다. 중국민족은 중앙아시아에서 출현하여 점차 동쪽으로 이동하면서 곤륜산(崑崙山) 기슭을 지나 신강(新疆)과 감숙(甘肅) 지역으로부터 산서성(山西省) 지역으로 삶의 터전을 옮겨왔다. 당시 중국민족의 생활상을 짐작하게 해주는 것이 『역』(易)의 「계사전」(繫辭傳)이다. 여기에 따르면, 중국민족의 가장 오래된 임금인 수인씨(燧人氏)가 처음으로 백성들에게 끓여먹는 법을 가르쳤고, 복희씨(伏羲氏)가 고기 잡는 법을, 신농씨(神農氏)가 농사짓는 법을 가르쳤다. 황제헌원씨(黃帝軒轅氏) 역시 당시의 뛰어난 임금이었다. 이 시대에 중국민족의 문화와 생활수준은 두드러지게 향상되었다. 토굴 속에서 생활하던 사람들이 비로소 집을 지어 살았고, 배·절구·활과 화살 등이 발명되었던 것도 이 때였던 것이다. 또한 복희씨(伏羲氏) 이래 사용되어 왔던 결승문자(結繩文字) 대신에 황제의 신하 창힐(蒼頡)이 만든 문자가 사용되었다.[1] 황제(黃帝)에서 소호(少昊), 전욱(顓頊), 제곡(帝嚳) 등에 이어 유명한 임금 요(堯)와 순(舜)이 나타났다.

요·순(堯·舜)시대에 중국민족의 문화는 또 한번 크게 발전하였다. 보통 복희·신농·황제를 3황(三皇)으로, 소호·전욱·제곡·요·순을 5제(五帝)라 부른다. 당시의 기록들이 거의 남아있지 않아 3황 5제시대의 사상에 대해서는 거의 알 길이 없는데, 다만 『서경』(書經)의 내용을 토대로 요·순 이후의 사실을 겨우 짐작해 볼 수 있을 뿐이다. 후세에 전하는 바에 의하면, 신농씨의 가르침을 기술한 책으로 『신농서』(神農書)가 있다고 하나, 사람들은 그 책을 후세 사람들이 지은 것으로 생각하고 있다. 또 『좌전』(左傳) 소공(昭公) 12년조에 의하면, 『삼분』(三墳)·『오전』(五典)·『팔색』(八索)·『구구』(九丘) 등의 책이 있었다고 한다. 『삼분』은 3황의 일을, 『오전』은 5제의 일을, 『팔색』은 팔괘(八卦)의 일을, 그리고 『구구』는 구주(九州)의 일을 기록하고 있다고 한다. 그런데 이 책들도 춘추시대(春秋時代)에 와서 모두 없어져 버렸다. 그밖에 현재까지 남아있는 책은 『황제내경』(黃帝內經)·『소문영구』(素問靈樞)·『음부경』(陰符經) 등인데, 이 책들에 대해서도 황제가 지은 것으로 보는 견해가 있으나, 그보다는 후세 사람들이 지은 것으로 보는 것이 일반적인 견해이다.

제 2 절 당우(唐虞)시대의 윤리사상

당우(唐虞)시대의 정치와 도덕관념

제요도당씨(帝堯陶唐氏)를 요(堯)로, 제순유우씨(帝舜有虞氏)를 순(舜)으로 부르는 것이 보통이며, 요와 순 두 시대를 당·우의 치세[唐虞之治]라 부른다. 요(堯)는 지혜와 덕을 고루 갖춘 명석한 임금이었는데, 뛰어난 덕으로 9족(九族)을 사랑하니, 9족은 서로 화목하고, 백성들은 평화를 사랑하고 성품이 깨끗하여 온 세상이 서로 돕고 화합하며 변란이 일어나도 서로 화목하였다."[2]라고 하였다.

---

1) 결승문자는 끈이나 띠를 가지고 매듭을 만들어 기록 및 의사 전단 수단으로 사용했던 원시적 문자 형태이다. 창힐은 황제의 사관(史官)으로, 고대 중국에 최초로 한자의 전신인 문자를 수집 정리하고 창조한 인물로 알려지고 있다.

2) 克明俊德, 以親九族; 九族旣睦, 平章百姓; 百姓昭明; 協和萬邦, 黎民於變時雍.

요는 50년 동안 중국을 다스리면서 모든 문물제도를 크게 정비하였고, 70세 때 순에게 임금자리를 넘겨주었다.

고대중국의 군신관념(君臣觀念): 임금된 자는 마땅히 하늘[天]의 뜻에 따라 백성을 다스렸기 때문에, 백성들이 임금에게 복종하는 것은 하늘의 명령에 복종하는 것이었다. 고대의 중국민족은 천지간의 모든 자연현상을 신(神)이라고 생각하였다(이는 원시인들의 일반적인 정서였다.). 이를테면, 그들은 유명한 산[名山]·큰 강[大川]·바람[風]·비[雨]·천둥[雷]·번개[電] 등을 모두 신이라고 생각하였으며, 그 중에서도 가장 높은 신을 하늘[天]이라고 생각하였다. 하늘이란 무엇인가? 우리들의 눈에 비친 하늘은 푸른 하늘에 지나지 않는다. 그러나 아주 먼 옛날의 중국민족은 푸른 하늘을 하늘이라고 생각했을 뿐만 아니라 그 위에 보이지 않는 신의 존재가 있다고 생각하였으며, 그것을 황천상제(皇天上帝)라 불렀다. 그리고 세상만물은 모두 이 황천상제에 의하여 만들어졌고 그의 지배를 받는다고 생각하였다. 그들에게 있어 하늘은 만물의 근본이며, 그것이 만물을 만드는 만물의 부모이기 때문에 사람 역시 하늘에 의해 만들어졌다는 것이다. 따라서 하늘과 모든 백성들 사이에는 부모와 자식의 관계가 있다. 모든 백성들[子息]이 성장 발달하기를 바라는 것이 하늘[父母]의 뜻이다. 그러나 하늘, 즉 황천상제는 형체가 없는 신이기 때문에 직접 모든 백성들을 지배하고 가르쳐 이끌고 성장 발달하게 하지 못한다. 그래서 반드시 백성들 가운데서 특별히 우수하고 총명하고 지혜로운 사람을 선택하여 백성들의 임금으로 삼고 그들을 다스리도록 하였다. 이렇게 하늘의 뜻에 따라 임명되었기 때문에 임금은 하늘의 명령을 두려워하고, 하늘의 뜻을 좇아서 백성을 다스리는 것이 그의 직분이다. 또 하늘은 백성들의 임금을 선임할 뿐만 아니라 항상 그 감독을 게을리 하지 않는다. 만약 임금된 자가 그의 직분을 다한다면 온갖 좋은 일로써 상을 내리지만, 그 직분을 게을리 한다면 천재지변으로써 벌을 내리는 것이다.

그런데 하늘은 도대체 무엇을 기준으로 그 직분을 다하고 다하지 못하는가를 결정할까? 그것은 바로 백성들의 여론이었다. 즉 백성들이 그들의 임금을 신임하면 그 임금된 자가 직분을 다하는 것이 되며, 백성들의 마음이 그로부터 돌아서면 그 직분을 다하지 못하는 것이 된다. 즉 "하늘은 스스로 백성들이 보는 것을 보며, 그들이 듣는 것을 듣는다." [天視自我民視, 天聽自我民聽]는 의미였다. 하늘이 천재지변을 내려 벌하는데도 여전히 공경하고 두려워하지 않고 그 행하는 바를 고칠 줄 모르면, 하늘은 그를 돕지 않고 반드시 우수한 인물을 선택하여 그를 교체시키는 것이다. 즉 "천명은 무상하며, 오직 덕만이 스스로를 돕는다." [天命無常, 唯德自助]. 하늘은 덕이 있는 자를 세워 임금으로 삼고, 덕이 없는 자에게는 벌을 내리고 그 자리를 잃게 한다. 그래서 임금에게 복종하는 것은 천명에 복종하는 것이고, 천명이 있으면 복종하지 않을 수 없으며, 일단 천명이 없으면 복종할 의무도 없어지는 것이다. 따라서 고대 중국의 군신 간에는 절대적인 지배 복종관계가 없었다. 그러므로 고대의 임금이 우둔한 자손에게 임금자리를 잇게 하는 것은 천명을 위반하는 것이었기 때문에 반드시 백성을 다스릴만한 기량을 가진 인물로 그 자리를 잇게 하였던 것이다. 요(堯)는 그 아들 단주(丹朱)가 변변찮음을 보고 백성들 중에서 순(舜)을 골라 뽑아 두 딸을 시집보내고 중요한 정사(政事)를 담당하게 하였다. 순은 요를 도와 좋은 정치를 크게 베풀었으며, 요가 죽자 천자(天子)의 자리에 올랐다.

순(舜) 역시 요(堯)에 못지않은 훌륭한 임금으로서, 성품이 효성스럽고 공경스러웠다. 어릴 적에 아버지 고수(瞽瞍)가 후처에게 빠져 그 어린 아들 상(象)을 편애하고 큰아들 순(舜)을 미워하면서 항상 못살게 굴었지만, 순은 효도하고 그 계모와 동생을 사랑하여 마침내 아버지의 마음을 돌려놓았다. 그는 백성을 덕으로써 감화시키는 위대한 인격을 지녔던 것이다. 그는 요(堯)를 도와 정치를 행할 때 현명한 신하 20여명을 중용하였고 그들의 의견을 받아들였으니, 온 세상은 잘 다스려졌고 온 나라의 백성들은 그의 공덕을 칭송하였다. 순 역시 그의 아들 상균(商均)이 변변치 못하자, 신하들 중에서 가장 현명하고 덕이 있다고 소문이 난 우(禹)를 선택하여 임금자리를 물려주었다.

요와 순은 중국 고대의 이상적인 인물이었으며 백성이 생겨난 이래 가장 숭모할만한 성인으로 불려졌다. 즉 "요·순의 덕은 하늘과 땅을 덮고 싣지 않음이 없는 것과 같다.", "요·순은 인륜의 극치이다. 그 도(道)는 지극히 크고 넓으며, 그 예악(禮樂)은 지극히 선하고 아름다우며, 그 치세는 팔짱을 끼고 행하는 바가 없는 무위(無爲)의 정치였다."고 하였다.[3] 이렇게 후세 사람들은 요와 순을 극찬

3) 堯舜之德如天地之無不覆載. 堯舜人倫之至也. 其道至大至廣, 其禮樂至善至美, 其治世垂, 拱無

하였다. 중국민족은 요와 순을 모든 덕을 겸비한 모범적 인격자의 표준으로 삼았으며, 그들의 통치시기를 완전무결한 황금시대라고 보고 있다. 요가 두 딸을 순에게 시집보냈다고 하여 후세 도덕학자들로부터의 비난이 없는 것은 아니나, 당시의 풍속에 비추어 본다면 그것을 가지고 그들의 인격을 비난할 수는 없다. 중국의 고대사회는 가족주의(家族主義)로써 그 기초를 삼던 사회였다.

당시 가족제도의 특색은 조상에 대한 제사를 특히 중시하여 자식이 없어 제사를 잇지 못하는 것을 가장 큰 불효로 여겼다. 이 때문에 일부다처의 풍속이 생겨나 후세로 이어졌고, 결혼하여 자식을 두지 못한 사람은 이혼하고 첩을 두는 것도 용인되었던 것이다. 요가 두 딸을 순에게 시집보냈고, 또 순이 요의 그러한 뜻을 따랐던 것은 적당한 후계자를 얻어 조상의 제사를 이어가게 하기 위함이었는데, 이는 당시의 사상에 토대를 두었음이 분명하다. 일부다처의 관습은 비난받아 마땅하나, 그러한 관습이 있었던 사회였다면 두 딸을 시집보낸 한가지 사실을 가지고 그 허물을 탓할 수 없을 것이다. 물론 순이 그러한 악습을 없애려고 하지 않으면서 선량한 도덕적 수범이 되고자한 태도는 능히 그의 덕에 누를 끼치는 일이었다.

가족주의 정신(家族主義精神): 가족주의 정신으로 일부다처의 악습이 생겨남과 동시에 여러 가지 미덕이 발달하기도 하였는데, 효행을 특별히 중시하게 된 것이 그 하나의 실례이다. 그리하여 중국에서는 예로부터 효행의 덕을 아주 존중하였다. 『효경』(孝經)에는 "다섯 유형의 형벌에 속하는 3천 가지 죄 가운데 불효만큼 큰 죄는 없다."[4]고 하였다. 『주례』(周禮)에서도 여덟 가지 형벌 중에 불효의 형을 제일로 삼았고, 효를 아름다운 행실과 원만한 가정생활을 위한 도덕의 기초로 삼았다. 또 『역』(易)의 가인괘(家人卦)에서 "여자는 안에서 바르게 자리 잡고, 남자는 밖에서 바르게 자리 잡는다. 남녀가 바르면 온 세상이 크게 바르게 된다."고 하였고, 또 "집안이 바른 길을 가면 세상이 화평해진다."고 하였던 것[5]도 가족을 소중히 하고 효행을 중시하는 뜻이었다.

천명을 믿었던 종교적 관념과 가족주의 정신은 서로 맞물리면서 중국민족의

爲.

4) 五刑之屬三千, 而罪莫大於不孝.

5) 女正位乎內, 男正位乎外; 男女正, 天地之大義也. 家道正而天下平.

사상을 오랫동안 지배하였다. 정치, 문학, 종교, 도덕 등 모든 인문 현상들 역시 그것의 영향을 받지 않음이 없었던 것이다.

요 · 순(堯舜)의 사상

당우(唐虞)시대에는 도덕과 정치가 밀접하게 결합되어 있어, 세상을 다스리고자 하면 반드시 먼저 그 몸을 닦고, 그 후에 그 덕을 넓혀 구족(九族)에 이르고, 이어 백성에 이르러 그들을 감화시켜야 한다고 생각하였다. 이른바 '자기 몸을 닦아 사람을 다스린다'[修己治人]는 유교사상은 여기에서 연유하는 것이다. 따라서 당시에는 도덕과 정치가 분리될 수 없었으며, 도덕의 근본사상이 정치의 근본이라고 생각하였다. 요(堯)가 순(舜)에게 전한 바에 의하면, 정치의 중요한 길은 '중'(中)이라는 한 글자에 있다는 것이다. 『논어』(論語) 요왈(堯曰)편에는 "아아! 순아, 제왕을 계승하는 차례가 그대에게 있으니 진실로 그 중(中)을 잡아라. 온 세상이 곤궁하면 하늘이 내려준 녹이 끊어질 것이다."[6]라 하였는데, '진실로 그 중을 잡아라'[允執厥中]는 것이 요의 중심사상이며, 이는 곧 정치의 근본이며 도덕의 근본사상이었다. 순(舜) 역시 이를 우(禹)에게 전수하면서 세 마디 말을 덧붙여 그 뜻을 더욱 분명하게 하였다. 즉 "사람의 마음은 오로지 위태롭고, 도(道)의 마음은 오로지 미미하니, 오로지 마음을 한가지로 하여, 진실로 그 중(中)을 잡아라."[7]고 했다. 이러한 '중'(中)의 사상은 하(夏), 은(殷), 주(周) 3대에 전해져 도덕의 핵심이 되었고, 역대 성현들에게 전수되어 자사(子思)에 와서는 『중용』(中庸)이라는 한 권의 책으로 나오게 되었다.

그러나 요 · 순에서 생겨나 유교의 근본사상이 된 '중'(中)이란 무엇인가에 대하여 후세학자들은 다양한 해석들을 하고 있다. 즉 자사(子思)는 "희 · 노 · 애 · 락이 나타나지 않음을 중(中)이라 한다."고 하였고, 정자(程子)는 "한편으로 기울어지지 않음[不偏]을 중(中)이라 하는데, 중(中)이라는 것은 온 세상의 바른 길이다. 바뀌지 않음[不易]을 용(庸)이라 하는데, 용(庸)이라는 것은 온 세상의 정해진 이치이다."고 하였으며, 주자(朱子)는 "중(中)이란 한편으로 기울지 않고 한 곳에 의지하지 않으며 지나침도 미치지 못함도 없음을 말하며, 용(庸)이란 고르고 떳떳

---

6) 堯曰: 咨爾舜! 天之曆數在爾躬. 允執其中, 四海困窮, 天祿永終.

7) 人心惟危, 道心惟微, 惟精惟一, 允執厥中.

함이다."라고 하였다.[8] 또 송나라 유학자들은 '중'자(中字)에 다시 여러 가지 철학적 의미를 부여하였다. 그러나 '중'(中)의 의미는 멀고 깊고 높고 오묘하지 않으며 현실 문제를 떠나있지 않으며, 극단으로 흐르지 않으면서 적절한 방법을 취하는 것을 말하는 것이었다.

'중'(中)이 요·순의 근본사상이 되었다는 것은, 그것이 단순히 형식적 논리에 머물지 않고 사람들로 하여금 그 이상을 실현하게 하려는 데 있었기 때문에 구체적인 덕목들을 제시할 수밖에 없었다. 그래서 순은 설(契)로 하여금 사도(司徒)로 삼아 5교(五敎)를 가르치게 하였고, 기(夔)로 하여금 전악(典樂)이 되게 하여 귀족자제들에게 4덕(四德)을 가르치게 하였던 것이다. 5교(五敎)란 아버지는 정의롭고[父義], 어머니는 자애롭고[母慈], 형은 우애롭고[兄友], 동생은 공경하고[弟恭], 자식은 효도해야[子孝] 한다는 것이다. 4덕(四德)이란 곧되 부드럽고[直而溫], 너그럽되 엄격하며[寬而栗], 강하되 사납지 않고[剛而無虐], 간명하되 건방지지 않아야[簡而無傲]한다는 것이다. 이 4덕은 고요(皐陶)에 의해 더욱 상세해지고, 하(夏)에 이르러 정리되어 이른바 '홍범구주'(洪範九疇)가 되었다.

당우(唐虞)시대의 현인(賢人)

당·우시대에는 많은 현명한 인재들이 배출되었다. 특히 순(舜)의 신하들 중에 훌륭한 인물들이 많았다. 그 가운데 두드러진 인물로 우(禹), 고요(皐陶), 기(夔), 설(契) 등이 있었고, 그밖에 직(稷), 수(垂), 익(益), 백이(伯夷), 용(龍), 중감(仲堪), 계중(季仲), 백호(伯虎) 등도 재주있는 사람들이라 부를 수 있었다. 여기서는 고요에 대해서만 간략히 언급하겠다.

고요(皐陶)는 당·우시대의 석학이었는데, 우(禹)와 함께 현인으로 불려지는 사람이었다. 육상산(陸象山)은 일찍이 그를 다음과 같이 칭찬하였다. 즉 "당·우시대의 도(道)는 고요에게 있었고, 은·주(殷·周)시대의 도는 기자(箕子)에게 있었다."[9] 이런 기록은 『상서』(尙書)의 순전(舜典)과 『고요모』(皐陶謨), 『익직』

8) 子思: 喜怒哀樂之未發, 謂之中.
程子: 不偏之謂中, 中者天下之正道; 不易之謂庸, 庸者天下之定理.
朱子: 中者不偏不倚無過不及之名; 庸平常也.

9) 唐虞之際, 道在皐陶; 殷周之際, 道在箕子.

(益稷), 『논어』(論語), 『맹자』(孟子) 등에 나타난다. 그는 인재 등용의 방법에 대해 논하였고, 인간의 성품과 행실에는 9덕(九德)이 있다고 하였다. 9덕이란 ① 너그럽되 엄격하며[寬而栗], ② 부드럽되 입장이 뚜렷하고[柔而立], ③ 성실하되 공손하고[愿而恭], ④ 다스리되 삼가며[亂而敬], ⑤ 유순하되 강직하며[擾而毅], ⑥ 곧되 부드럽고[直而溫], ⑦ 간명하되 검소하며[簡而廉], ⑧ 강하되 차있으며[剛而塞], ⑨ 강직하되 옳아야[彊而義]한다는 것이다. 이 9덕 가운데에서 세 가지 덕이 밝은 사람은 대부(大夫)가 되며, 여섯 가지 덕을 닦은 사람은 제후(諸侯)가 되며, 아홉 가지 덕을 고루 갖춘 사람은 천자(天子)의 자격을 가진 사람이다. 그 당시의 수준에서 볼 때 이것은 치밀하다고 할 수 있는 교훈을 담고 있으며, 그 발달된 도덕사상을 생각한다면 육상산(陸象山)의 칭찬은 지나친 것이 아니다.

제 3 절 삼대(三代)의 윤리사상

시대상황의 개관

삼대(三代)란 하(夏)에서 은(殷)을 거쳐 주(周)나라에 이르는 1900여 년 간을 말한다. 순(舜)을 이어 즉위한 자는 하후씨(夏后氏)인 우(禹)였다. 고대의 중국민족은 황하연안에 살면서 여러 차례 홍수 피해를 당하였는데, 그 가운데서 가장 두드러진 것은 요(堯)의 시대에 회산 양릉(懷山襄陵)에서 일어난 홍수였다. 임금은 항상 물을 다스리는 데 노심초사하였다. 요는 곤(鯤)에게 명하여 9년 동안 물을 다스리게 하였으나 공적이 없었다. 이어 순(舜)이 즉위하자 곤을 물러나게 하고 그의 아들인 우(禹)에게 아버지의 사업을 이어받아 물을 다스리도록 하였는데, 마침내 3년간의 갖은 노력 끝에 그토록 힘들었던 홍수를 다스리게 되었다. 그 일을 할 때 세 차례나 자기 집 앞을 지나면서도 들어가지 않았다고 한다. 우(禹)의 사업은 물을 다스리는 일로 시작하여, 다시 순(舜)을 도와 여러 가지 선정을 베풀었으니 온 세상 백성들이 모두 그의 덕을 숭모하였던 것이다. 순은 우를 후계자로 하늘에 천거하였다. 우 역시 요와 순에 버금가는 성인이었으며, 후세 사람들의 존경을 크게 받게 되었다. 우가 죽자 그의 아들 계(啓)가 황제의 자리에 올랐다. 그도 역시 재덕(才德)을 겸비한 우수한 임금이었고, 우의 어진 정치[仁政]를 잘 계승하였기 때문에 백성들의 마음이 모두 그를 향하였다. 우가 재위하고 있을 때, 이미 순의 현명한 신하였던 익(益)에게 벼슬을 주고, 장차 그에게 왕위를 물려주기로 하였다. 그러나 우가 죽자, 백성들의 칭송이 익(益)보다는 계(啓)에게 많이 쏠려 마침내 계가 여론에 따라 왕위에 올랐던 것이다. 이때부터 왕위를 세습하는 관례가 생겨나 왕의 자손이 대대로 왕위를 이어가게 되었다. 모질고 사납고 무도한 왕 이계(履癸), 즉 걸(桀)에 이르러 민심이 멀어지고 마침내 은왕(殷王)인 성탕(成湯)에 의해 멸망당하였다. 하(夏)나라는 우(禹)에서 걸(桀)에 이르는 동안 17대, 431년이다.

은왕 성탕(成湯)은 성이 자(子), 이름이 리(履)였고, 순(舜)의 조정에서 일했던 현명한 신하 설(契)의 후손이었다. 즉위 초 7년 동안의 가뭄으로 초목이 말라죽는 지경에 이르러 태사(太史)가 점을 치니, 하늘의 재앙을 멈추려면 반드시 사람을 희생으로 바치고 기도해야 한다고 하였다. 탕 임금이 이 말을 듣고는, 내가 원하는 바는 백성을 구제하는 것인데 사람을 희생시키는 도리도 없거니와 내 스스로 그렇게 할 수 없다고 하면서 목욕재계하고 뽕나무 숲이 우거진 광야에 이르러 자신의 잘못한 정치 여섯 가지를 들어 반성하면서 백성을 위해 천명을 청하였다. 갑자기 하늘에 뭉게뭉게 구름이 일어나고 큰비가 주룩주룩 내려 수 천리를 적셨다. 또한 어진 신하 이윤(伊尹)의 도움을 받아 크게 인정(仁政)을 베푸니, 모든 백성들이 모두 그의 덕을 칭송하지 않는 이가 없었다. 죽은 후 천자의 자손들이 왕위를 이어왔으나, 잔인하고 혹독한 제신(帝辛), 즉 주왕(紂王)에 이르러 백성들의 신망을 완전히 잃게 되었으니 민심은 모두 주(周)의 제후인 창(昌)에게로 모여졌다. 창이 죽고난 후 그의 아들 발(發)이 군사를 일으켜 주(紂)를 치니, 주(紂)는 스스로 목숨을 끊고 말았다. 은(殷)나라는 탕(湯)으로부터 주(紂)에 이르기까지 31대, 628년이다.

주(周)의 천자 발(發)은 성이 희(姬)이며, 제곡고신씨(帝嚳高辛氏)의 아들 후직(后稷)의 후손이다. 후세 사람들은 발을 무왕(武王)이라 부르고, 그의 아버지 창(昌)을 문왕(文王)이라 부른다. 문왕과 무왕은 나라의 기틀을 공고하게 한 위대한 인물이었다. 무왕이 죽은 후 그 아들들이 대대로 즉위하였다. 그러나 세대(世代)가 오래되자 기강이 무너지고 해이해지면서 주(周)의 왕실도 점점 쇠약한 조짐이 나타났다. 동시에 안으로는 제후들의 세력이 증대하여 명령이 시행되지 않았고, 밖으로는 오랑캐들이 늘 국경지방을 위협하였다. 13대 평왕(平王)대에 이르러 오랑캐의 침략을 피하기 위해 대대로 살아오던 근거지 호경(鎬京)을 버리고 낙양(洛陽)으로 도읍을 옮겼다. 이때부터를 사가(史家)들은 따로 구분하여 동주(東周)라 불렀다. 또 이 시대부터를 춘추시대(春秋時代)라 한다. 춘추라는 명칭은 공자의 책 『춘추』(春秋)에서 유래하였다. 이 책은 그 당시의 시비선악(是非善惡)을 밝혀 깨우친 책이다. 이때부터 주(周)의 왕실은 완전히 유명무실하게 되었고, 제후들 간에 세력다툼을 벌여 여러 무리의 영웅들이 할거하는 모습을 드러내었다. 그러한 제후국들 가운데 막강한 세력을 지녔던 나라로는 노(魯), 위(衛), 진(晉), 정(鄭), 조(曹), 채(蔡), 연(燕), 제(齊), 송(宋), 진(陣), 초(楚), 진(秦) 12국이었고, 나중에 우세한 제후국으로 등장한 나라로 오(吳)가 있다. 12국들 중에는 더욱 강대한 세력을 가지고 두각을 나타내는 제후들이 있었다. 제의 환공(桓公), 송의 양공(襄公), 진(晉)의 문공(文公), 진(秦)의 목공(穆公), 초의 장왕(莊王) 등은 5패(五霸)라 불리는 제후들이었다.

위열왕(威烈王) 이후 주(周)의 왕실은 더욱 쇠약해져서, 제후들이 주의 왕실에 속하였으나 나라들마다 정치제도가 각각 다르고 수시로 군사를 일으켜 서로 세력을 다투었기 때문에, 중국은 이미 약육강식의 투쟁 장으로 변해버렸다. 이 시대를 전국시대(戰國時代)라 부른다. 약한 제후국들은 강한 제후국에게 잡아먹히면서 멸망하였다. 춘추 12국들 중에서 남아있었던 것은 겨우 진(秦), 초(楚), 연(燕) 세 나라 뿐이었다. 새롭게 등장한 나라들이 전제(田齊), 조(趙), 위(魏), 한(韓) 네 나라였다. 위열왕에서 안왕(安王), 열왕(烈王), 현황(顯王), 신정왕(愼靚王)을 거쳐 난왕(赧王)에 이르러 주(周)는 마침내 진(秦)에 의해 멸망되었다. 주(周)나라는 무왕(武王)에서 난왕(赧王)에 이르기까지 37명의 천자(天子)가 다스렸고, 867년간이었다.

삼대(三代)의 현인(賢人)

하(夏)·은(殷)·주(周) 3대는 당·우(唐虞)의 모범적 정치에 버금가는 정치를 행하였으니, 역시 후세 사람들이 그 덕을 숭모하여 우러러 보는 바가 되었다. 그래서 이 시대에도 현인들이 많이 배출되었다. 위로는 하(夏)나라의 우(禹), 은(殷)나라의 성탕(成湯), 주(周)나라의 문왕(文王)·무왕(武王)·주공(周公) 등 모두가 총명한 임금들이었고, 아래로는 은의 이윤(伊尹) · 기자(箕子) 등과 같이 임금을 보좌하고 그 품은 뜻을 실천하던 현명한 신하들이 줄지어 나타났다. 그리고 이러한 사람들의 가르침들을 서술하여 밝혀서 유학의 기초를 공고하게 하고, 중국민족의 문화에 찬란한 광채를 더하게 해준 큰 성인인 공자(孔子) 또한 이 시대에 출현하였다. 공자 이전의 성현들은 대개 그 품은 주의 주장을 몸소 실천하여 온 세상의 백성들을 위하여 유익한 사업을 일으켰지만, 자신의 의견을 체계적인 학설로 제시하는 이는 거의 없었다. 여러 성현들의 가르침을 집대성하여 학설을 전한 것은 전적으로 공자의 노력이었다. 여기서는 3대의 현인들 가운데 주요한 사람들의 공적과 사상을 약술하고자 한다. 이는 공자가 출현하기 이전의 중국 사상사를 간략하게 서술하는 것이 된다.

대우(大禹): 대우는 홍수를 다스리고 선정을 베풀어 나중에 임금의 자리에 오르게 된 현인이었다. 평생 시간을 아끼고, 사회사업에 진력하고, 평등한 사랑으로써 상호 이익되게 하고[以兼愛交利], 근검하고 힘써 일하는 것이 그의 근본취지였다. 후세에 묵자(墨子)가 그를 아주 존경하고 숭상하면서 최고의 모범적 인물로 여겼고, 하(夏)시대의 도(道)를 도덕적 이상으로 생각하였다. 우는 물을 다스리는 일과 다른 사회사업에서 두드러진 공적을 쌓았을 뿐만 아니라 옛 부터 전해오던 정치와 도덕의 법칙들을 정리하여 『홍범구주』(洪範九疇)를 지었다. 이 『홍범구주』는 제왕이 세상을 다스리는 큰 법이다. 홍범은 큰 법이라는 뜻이며, 모두 아홉 가지 일들에서 시작하니 구주라고 한 것이다. 아홉 가지 일이란 다음과 같다.

① 5행(五行): 수(水), 화(火), 목(木), 금(金), 토(土)
② 5사(五事): 모(貌), 언(言), 시(視), 청(聽), 사(思)
③ 8정(八政): 식(食), 화(貨), 사(祀), 사공(司空), 사도(司徒), 사구(司寇), 빈(賓), 사(師)
④ 5기(五紀): 세(歲), 월(月), 일(日), 성신(星辰), 역수(曆數)
⑤ 황극(皇極)
⑥ 3덕(三德): 정직(正直), 강극(剛克), 유극(柔克)

⑦ 계의(稽疑): 복서(卜筮)

⑧ 서징(庶徵): 우(雨), 양(暘), 욱(燠), 한(寒), 풍(風), 시(時)

⑨ ┌ 5복(五福): 수(壽), 부(富), 강녕(康寧), 유호덕(攸好德), 고종명(考終命)
   └ 6극(六極): 흉단절(凶短折), 질(疾), 우(憂), 빈(貧), 악(惡), 약(弱)

『홍범구주』는 요(堯) · 순(舜) · 우(禹) · 탕(湯) 이래 정치의 강령이었다. 무릇 '덕을 닦아 세상에 이른다'[修德以及天下]는 유교의 근본사상이 여기에 체계적으로 나타나고 있다. 구주(九疇) 가운데 윤리와 직접적으로 밀접한 관계를 맺고 있는 것은 5사(五事), 황극(皇極), 3덕(三德), 5복(五福), 6극(六極) 등 네 가지 범주이다.

5사(五事)는 일체의 행동을 포함하고 있는데, 예를 들어 공손한 외모, 침착한 말, 맑은 눈, 밝은 귀, 슬기로운 생각 등의 덕과, 공손함이 극진하여 엄숙하고, 침착함이 극진하여 평온하며, 밝음이 극진하여 슬기롭고, 총명함이 극진하여 지혜롭고, 슬기가 극진하여 거룩하게 되는 것들로서, 쓰임이 있으면 어떤 일에도 좋고 아름답지 않음이 없는 것이다.

황극(皇極)에서 '황'(皇)은 옳음이 큰 것[義爲大]이며, '극'(極)은 옳음이 가운데 있는 것[義爲中]이니, 황극이란 '지나침과 미치지 못함이 없이 가장 바르다'[大中至正]는 뜻이며 표준의 이름이다. 임금은 마땅히 이러한 인륜의 표준을 세워야 한다. 부모와 자식의 관계로 말하면 그 준칙은 친애함[親]을 다하는 것이니, 부모와 자식이 된 사람들은 여기에서 행위의 준칙을 찾아야 한다. 남편과 아내의 관계로 말하면 그 준칙은 구별[別]을 다함이니, 남편과 아내가 된 사람들은 여기에서 행위의 준칙을 찾아야 한다. 형과 아우의 관계로 말하면 그 준칙은 사랑함[愛]을 다하는 것이니, 세상에서 형과 아우가 된 사람은 여기에서 행위의 준칙을 찾아야 하는 것이다. 한가지 일이나 하나의 사물을 대할 때나, 한마디 말이나 한가지 행동을 할 때에 그 옳은 이치의 당연함을 다하지 않음이 없으며 조금도 지나침과 미치지 못함이 없을 때 황극이 서게 되는 것이다. 일반백성들의 행실이 '지나침과 미치지 못함이 없이 가장 바르다'[大中至正]는 표준에 따른다면 복을 받게 되고 그것에 반하면 화를 입게 된다. 백성들이 서로 화합하게 하고 사악한 무리 편에 서지 않게 하려면, 임금의 행실이 옳아야 하고 '대중지정'(大中至正)에서 올바름을 찾아야 하며, 화복을 내리거나 상벌을 내릴 때에도 반드시 '대중지정'이라는 표준에 따라야 한다. 이러한 '대중지정'은 요(堯)가 순(舜)에게 전하였고, 순(舜)이 우(禹)에게 물려주었던 '중'(中)의 사상과 같은 정신을 밝힌 것이다. 그래서 우가 구주(九疇) 가운데 가장 중시한 것이 황극(皇極)이었으며 구주의 한 가운데에 그것을 위치시켰던 것이다.

3덕(三德)은 정직함[正直], 강함[剛克], 유순함[柔克]이다. 정(正)은 간사함이 없다는 것이고, 직(直)은 굽힘[曲]이 없다는 뜻이다. 평안하고 바로잡기를 머뭇거리지 않는 사람이 정직의 덕으로 백성을 이끈다면 '중'(中)을 얻을 수 있다. 그러나 평안하지 못하고 바로잡기를 머뭇거리는 사람에게는 강함[剛克]과 유순함[柔克]의 덕이 필요하다. 여기서 극(克)이란 다스림[治]을 뜻한다. 강경하여 따르지 않는 사람은 강한 덕으로 다스려서 그 '중'을 얻게 해야 하거니와, 이것은 곧 강한 것을 가지고 강함을 다스리는 것이다. 유순하여 따르기만 하는 사람은 유순한 덕을 가지고 다스려서 그 '중'을 얻게 해야 하거니와, 이는 유순한 것으로써 유순함을 다스리는 것이다. 침착하여 '중'에 이르지 못하는 사람을 강함으로써 다스려 그 '중'을 얻게 하는 것은 강함으로써 유순함을 다스리는 것이다. 높이 올라 밝고 상쾌하여 '중'에서 지나친 사람을 유순함으로 다스려 그 '중'을 얻게 하는 것은 유순함으로써 강함을 다스리는 것이다. 요컨대, 세 가지 덕을 가지고서 사람을 다스려 상황에 알맞고 마땅하게 하는 것은 모두 그 '중'을 얻게 하는 데 목적이 있을 뿐이다.

5복(五福)과 6극(六極)은 선을 권장하고 악을 징벌함을 목적으로 삼는다. 5복은 사람들이 가장 좋아하는 것이며, 6극은 가장 싫어하는 것이니, 반드시 선을 행한 이후에 복을 받을 수 있고 악을 행하지 않은 이후에 6극을 피할 수 있는 것이다.

5사(五事)로써 몸을 닦아 중정의 도[中正之道]에 이르러 몸의 법도로 삼고, 다시 5행(五行)을 가지런히 하고 8정(八政)을 베풀며 5기(五紀)를 다스림으로써 백성들 각자가 그 처할 바를 얻게 한다. 그리고 5전(五典)으로써 백성을 가르치는데, 그 성품이 서로 같지 않으니 혹은 타일러 이끌고 혹은 강함으로써 혹은 유순함으로써 그 편벽함을 바르게 고쳐주어 지선(至善)의 경지에 이르도록 한다. 또 점서로써 일의 의심스러움을 밝혀 바르게 하고, 바람과 비 등 여러 징후들을 살펴서 음양을 고르게 다스린다면 온 세상이 저절로 화평해질 것이다. 이 모두가 『홍범구주』의 요점이며, 하(夏) · 은(殷)에서 주(周)나라 초에 이르기까지 기자(箕子)로부터 무왕(武王)에게로 전수되었던 것이다.

성탕(成湯)과 이윤(伊尹): 성탕은 나라를 세운 성왕(聖王)이며, 이윤은 탕임금을 보좌하여 여러 가지 치적을 이룬 현명한 신하였기 때문에, 성탕을 말하면 반드시 이윤을 연상하고 이윤을 생각하면 반드시 성탕을 떠올리게 할 정도로 두 사람은 밀접한 관계를 맺고 있다. 성탕과 이윤의 언행은 『상서』(尙書)의 탕서(湯誓), 『맹자』(孟子), 그리고 『사기』(史記)의 은본기(殷本紀) 등에 나타나 있다. 요 · 순 이래 전해 내려오던 사상인 천인(天人)관계가 성탕과 이윤에 이르러 보다 상세하게 제시되고 있다. 이윤은 "하늘이 백성을 내심은 먼저 아는 이가 뒤에 아는 이를 깨닫게 하며, 먼저 깨달은 이가 뒤에 깨달은 이를 깨닫게 하는 데 있으니, 나는 하늘의 백성 중에 먼저 깨달은 자이다. 내 장차 이 도로써 백성을 깨닫게 하리라. 내가 그들을 깨닫게 하지 않으면 누가 그렇게 할 것인가?"[10](『孟子』 萬章下)라고 하였다. 즉 하늘이 백성을 낳고 그들을 가르쳐 이끌지만 직접 지배하면서 가르쳐 이끌 수 없기 때문에, 반드시 천자를 세우고 스승으로 삼아 백성을 지배하고 가르쳐 이끌도록 함을 밝혀 말한 것이다. 『상서』(尙書) 탕서편(湯誓篇)에서는 "하(夏)나라는 많은 죄가 있어, 하늘이 명하여 벌하였다.", "하씨는 죄가 있으나, 나는 하늘이 두려워 감히 부정을 저지르지 못한다.", "너는 나 한 사람을 도와 하늘의 벌을 전한다."고 하였다.[11] 이 모두가 하늘이 상과 벌을 내릴 수 있는 권한을 가지고 있음을 말한 것이다. 요(堯) · 순(舜) · 우(禹)는 평화적으로 왕위를 계승하였으나, 성탕(成湯)은 하(夏)나라의 걸(桀)을 침으로써 혁명적인 수단에 호소하여 나라를 세웠으니 천명에 관하여 엄숙하고 강력한 해석을 내릴

10) 天之生斯民也, 使先知覺後知, 使先覺覺後覺. 予天民之先覺者也, 予將以斯道, 覺斯民也, 非予覺之而誰也?

11) 有夏多罪, 天命殛之.
夏氏有罪, 予畏上帝, 不敢不正.
爾尙輔予一人, 致天之罰.

필요가 있었던 것이다.

기자(箕子): 공자는 은(殷)나라에 세 사람의 어진 이가 있었다고 하였는데, 그 중 한 사람이 기자(箕子)이다. 그는 은나라의 왕족이었고, 주왕(紂王)의 포학함을 만나 거짓으로 미친 양하여 종이 되었고, 참고 견디면서 전 생애 동안 큰 도(道)를 전하는 데 바쳤다. 그 후 은이 멸망하자 주(周)나라에서 벼슬하기를 달갑게 여기지 않고 몸을 청결히 하고 자중자애하여 멀리 조선(朝鮮)에 은둔하였다. 『사기』(史記)에는 "무왕이 은을 멸하고 기자를 찾아 천도(天道)를 물으니, 기자는 홍범으로 설명하였다."[12]고 기록하고 있다. 이는 홍범의 대강이 우에 의해 찬술되었다면 그 세부적인 항목은 기자에 의해 부연 설명된 것임을 알려주는 기록이라 할 것이다. 그래서 육상산(陸象山)은 당 · 우시대의 고요(皐陶)와 3대시대의 기자(箕子)를 고대에 있어 가장 대표적인 두 현인으로 불렀던 것이다.

문왕(文王), 무왕(武王) 및 주공(周公): 문왕, 무왕, 주공은 모두 후세 유학자들이 숭앙해 마지않는 이상적 인물들이다. 공자는 요 · 순의 도를 본받아서 서술하였고, 문 · 무왕의 법도를 사명으로 삼았으며, 주공을 꿈속에서도 잊지 않았다. 자사(子思)와 맹자도 늘상 문왕, 무왕, 주공을 극찬하였다. 요 · 순 · 우 · 탕 역시 유학자들이 가장 숭배하는 위인들이나, 그 역사적 기록들이 애매모호하다. 그러나 문 · 무 · 주공 세 성인은 공 · 맹시대와 멀리 떨어져 있지 않아서 그 역사적 기록들과 가르침이 비교적 확실하다. 그리하여 유교의 가르침에서 볼 때, 이 세 성인이 요 · 순 · 우 · 탕보다도 더욱더 중요한 지위를 차지하고 있다. 만약 공자가 학술적인 측면에서 유학의 대성자라면, 이 세 성인은 실천적인 측면에서 유교의 대성자였다고 할 수 있다.

특히 문왕과 주공은 복희씨(伏羲氏)로부터 전해져온 역(易) 사상을 부연 설명하여 크게 발전시켰다. 주공은 또 나라의 예악형정(禮樂刑政)을 정돈하였고, 예(禮)를 가장 중요한 사회도덕으로 삼았다. 공자는 주공의 제도를 칭찬하면서, "주나라는 2대에서 본받았으니, 빛나도다, 문이여!"[13]라고 말하였다. 그 후 자사,

---

12) 武王克殷, 訪箕子, 問以天道. 箕子以洪範陳之.

13) 周鑑於二代, 郁郁乎文哉!

맹자도 늘 예(禮)를 말하였고, 순자(荀子)도 예(禮)로써 입교(立敎)의 근본을 삼았다. 이처럼 예(禮) 사상의 연원은 모두 주공에게서 발원하였던 것이다. 『주역』(周易)에 관해서는 절을 달리하여 따로 설명하고자 한다.

제 4 절 『주역』(周易)

『역』은 천(天)·지(地)·인(人) 3재(三才)의 원리에 입각해서 만들어졌다. 옛 성현들은 하늘의 현상을 우러러 보고 땅의 원리를 굽어 관찰하여, 우주와 인간의 여러 현상들을 묘사하였다. 역은 중국사상의 원천이었기 때문에 중국의 철학자나 윤리학자들은 역의 대의에 통달하지 않을 수 없었다. 이에 공자는 『역』을 묶은 가죽끈이 세 번이나 끊어지도록 읽은 후에야 그 뜻을 깨우칠 수 있었던 것이다.

『역』의 편술자

전하는 바에 의하면, 역의 기원은 복희씨(伏羲氏)의 8괘(八卦)에서 시작하여 3대시대에 이르러 3역(三易)이 생겨났다. 3역이란 『연산』(連山), 『귀장』(歸藏), 『주역』(周易)을 말한다. 『연산』은 하(夏)나라 역이며, 『귀장』은 은(殷)나라 역이었고, 『주역』은 주(周)나라의 역이었다. 『연산』과 『귀장』은 진작에 없어졌고, 지금 남아 있는 것은 『주역』 뿐이다. 후세에 발견되었다는 『연산』과 『귀장』은 모두 위작인 것으로 밝혀졌다.

현존하는 『주역』은 64괘(六十四卦), 괘사(卦辭)와 효사(爻辭), 그리고 10익(十翼)으로 이루어졌다. 64괘와 괘사·효사를 상경(上經)·하경(下經)으로 부른다. 또한 괘사를 단(彖), 효사를 상(象)이라 한다. 10익은 상단(上彖)·하단(下彖), 대상(大象)·소상(小象), 문언(文言), 상계사(上繫辭)·하계사(下繫辭), 서괘(序卦), 설괘(說卦), 잡괘(雜卦) 등이다. 상단은 상경괘상(上經卦象)을 말하고 하단은 하경괘상(下經卦象)을 말하며, 대상은 괘상(卦象)을, 소상은 효상(爻象)을 말하며, 문언은 건곤(乾坤) 두 괘를 해석한 것을 말하며, 상계사와 하계사는 역의 원리와 세계관을 설명하고 있다. 서괘는 64괘의 순서를 서술하고 있으며, 설괘는 괘를 설명한 것이고, 잡괘는 잡설을 말한다.

주역의 편술자에 관해서는 여러 가지 이설이 있으나, 통상적으로 인정되고 있는 견해는 문왕(文王)이 단(彖)을, 주공(周公)이 효사(爻辭)를, 그리고 공자(孔子)가 10익(十翼)을 지었다는 것이다. 그러나 10익을 보면 때로 문장이 선명하지 못하고 지리멸렬한 곳들이 자주 나타나는데, 특히 계사전(繫辭傳)에서는 더욱 심하다. 한편, 『논어』에서 요 · 순의 정치에 대해서는 여러 군데 언급하고 있으나 요 · 순 이전의 일에 대해서는 언급하지 않고 있다. 그런데 계사전에서는 『논어』의 언급과는 달리, 요 · 순 이전의 복희씨(伏羲氏), 수인씨(燧人氏), 신농씨(神農氏) 등에 대해서 자주 언급되고 있다. 이러한 점에서 볼 때, 10익은 공자가 지은 것이 아니라고 할 수 있다. 또한 10익 가운데 앞 4편과 뒤 6편의 문장이 크게 다르기 때문에, 10익 전체가 한 사람의 손에 의해 지어진 것이 아니라고 할 수 있다. 그러나 이처럼 비록 10익이 누구의 작품인지 분명하지 않으며, 괘사 · 효사와 10익이 한 사람의 손에 의해 만들어지지 않았지만, 괘 · 효사가 주나라 초에 만들어졌다는 것은 많은 학자들이 인정하고 있다.

『역』의 명의(名義)

『역』이라는 명칭에는 세 가지 뜻이 있다. 첫째가 변역(變易)이다. 『역』은 항상 끊임없이 변화하여 멈추지 않는 우주현상과 사회현상을 서술했기 때문에 변역이라고 이름한다. 둘째는 불역(不易)이다. 우주나 인간의 현상은 항상 움직이지만, 그 변화 속에서도 일정하게 변화하지 않는 원리가 있다. 이 바뀌지 않는 원리 때문에 불역이라 이름한다. 셋째는 간역(簡易)이다. 우주와 인간의 제반 현상을 관통하는 원리는 간단한 바꿈이며 누구나 알 수 있기 때문에 간역이라 이름한다.

『역』의 원리

『역』은 천지간에 일정하게 변하지 않는 이치를 음양이원(陰陽二元)으로 삼았는데, 이 이원은 태극(太極)에서 나온다. 계사전(繫辭傳)에는 "『역』에는 태극이 있고, 여기에서 양의(兩儀)가 생겨나고, 양의는 4상(四象)을 낳고, 4상은 8괘를 낳는다."[14]고 하였다. 이른바 양의가 곧 음양이다. 즉 태극이 음양이 되고 4상이

14) 易有太極, 是生兩義; 兩義生四象; 四象生八卦.

되고 8괘가 되며, 다시 8괘가 더해져 64괘가 되는 것이 곧 『역』의 원리이다.

그렇다면 『역』에서 말하는 태극이란 과연 무엇일까? 『역』에서 태극이란 용어는 단지 한 차례 쓰고 있을 뿐이라서 그 의미가 분명하지 않으나, 후세 학자들의 사상을 참조한다면, 태극은 절대무차별의 상태, 즉 『중용』(中庸)에서 말하는 소리도 없고 냄새도 없는 상태인 것 같다. 그러나 태극은 필연적으로 음양을 낳고 4상으로 8괘로 발전하니 정지한 것 같으나 실제로 정지하지 않은 것이라서 활동성을 띠지 않을 수 없다. 그래서 계사전에서는 "낳고 낳음을 일러 역이라 한다."[生生之謂易]고 하였다. 음과 양의 관계에 관해서 옛 학자들 간에 여러 가지 이설들이 있는데, 혹자는 두 개의 실물이라 하고 혹자는 한가지 물의 양면이라 한다. 주자(朱子)는 이를 상세히 설명하여 "음양은 하나의 기(氣)이다. 음양이 흘러 움직이면 양이고, 음양이 한 곳에 모여 뭉치면 음이니, 두 가지 물이 상대적인 것이 아니다. 음양의 흐름을 논하면 하나이고, 서로 대비적인 관계에서 보면 둘인데, 예를 들어 해와 달, 물과 불이 모두 둘인 것과 같다. 두 가지 기로 나누어짐은 하나의 기의 움직임이다."15)라고 하였다. 그래서 『역』의 원리는 음양양의(陰陽兩儀) 한가지 점에서 말하면 이원론(二元論)이며, 음양이 태극이라는 한가지 기(氣)로 포괄하여 말하면 일원론(一元論)이다. 주자가 음양을 한가지 기의 양면으로 해석한 것은 일원적 이원론[一元二面論]이라 할 수 있다.

『역』의 우주관

『역』의 원리는 천지간에 일정하게 변하지 않는 이치가 있다는 것이다. 우주의 생성에서 자연계와 인간계의 모든 현상, 즉 크고 작음, 시작과 끝, 정밀하고 조잡함, 겉모습과 속 등은 모두 이 이치에 담겨져 있다. 『역』은 이러한 원리를 가지고 우주생성을 다음과 같이 설명한다. 즉 태극이 우주의 근본이며, 태극으로 말미암아 생겨난 양의가 음양이며, 음양으로 말미암아 생겨난 것이 4상이다. 4상으로 말미암아 생겨난 8괘가 건(乾), 태(兌), 리(離), 진(震), 손(巽), 감(坎), 간(艮), 곤(坤)인데, 이것과 우주현상을 짝지우면 하늘[天], 못[澤], 불[火], 천둥[雷], 바람[風], 물[水], 산[山], 땅[地] 등이다. 하나의 괘는 각각 8괘를 낳아 64괘를 이루면 곧바로

---

15) 陰陽一氣也. 陰陽流動卽陽, 陰陽凝集卽陰, 非二物相對. 若論陰陽流行則爲一; 若論對待之底, 卽爲二. 如日月水火之類, 皆爲二. 二氣之分, 卽一氣之運也.

만물을 낳는다. 『역』은 만물이 생성되는 순서를 설명하고 있다. 그것을 도식으로 나타내면 다음과 같다.

역(易)의 우주관

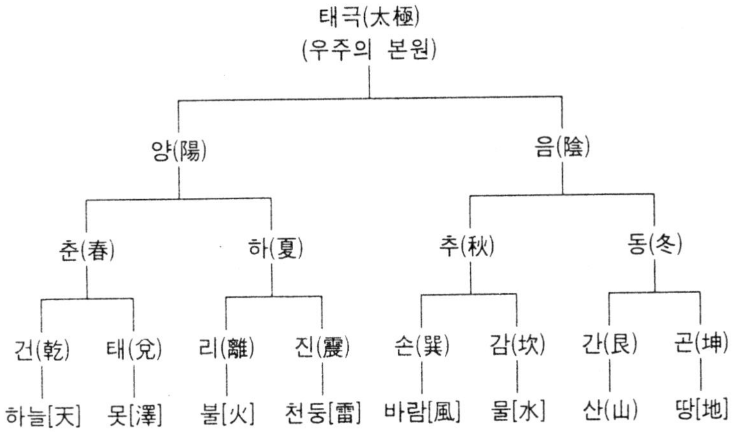

『역』의 윤리설

역의 근본원리는 무한하게 응용되는데, 천지간의 모든 현상들은 모두 음양이원(陰陽二元)으로 설명될 수 있다. 하늘과 땅, 해와 달, 밝음과 어두움, 봄 · 여름 · 가을 · 겨울, 위와 아래, 앞과 뒤, 높음과 낮음, 강함과 부드러움, 움직임과 멈춤, 길한 일과 흉한 일, 행복과 재난, 귀함과 천함, 존엄함과 비열함 등 모두가 음양이 흘러 움직이는 현상이다. 또 인륜관계에도 음양의 원리가 적용된다. 임금과 신하, 부모와 자식, 남편과 아내, 남자와 여자 등도 음양의 관계로 나타난다. 이처럼, 『역』은 천지자연의 관계와 인륜의 관계를 하나의 원리로 설명하면서 천지의 도[天地之道]를 옮겨 인간의 도[人之道]로 삼고 있다.

『서괘전』(序卦傳)에는 "천지가 있고 난 후에 만물이 있고, 만물이 있고 난 후에 남녀가 있고, 남녀가 있고 난 후에 부부가 있고, 부부가 있고 난 후에 부자가 있고, 부자가 있고 난 후에 군신이 있고, 군신이 있고 난 후에 상하가 있으며, 상하가 있고 난 후에야 예의가 시행될 수 있다."[16]고 하였다. 음과 양은 서로

---

16) 有天地然後有萬物, 有萬物然後有男女, 有男女然後有夫婦, 有夫婦然後有父子, 有父子然後有君臣, 有君臣然後有上下, 有上下然後禮義有所措.

성질이 달라 음양이 서로 바른 자리를 지키면 그 쓰임을 다한다는 것이다. 그래서 임금은 반드시 임금다워야 하고 신하는 반드시 신하다워야 하며, 부모는 반드시 부모다워야 하고 자식은 반드시 자식다워야 하며, 남편은 반드시 남편다워야 하고 아내는 반드시 아내다워야 한다는 것이다.

『단전』(彖傳)의 가인괘(家人卦)에는 "가족 중에 여자는 안에서 바르게 자리 잡고 남자는 밖에서 바르게 자리 잡아야 하는 바, 남녀의 바름이 천지의 대의이다. 가족에 엄격한 임금이 있다는 것은 그 부모를 지칭하여 하는 말이다. 아버지는 아버지답고 자식은 자식다우며, 형은 형답고 동생은 동생다우며, 남편은 남편답고 아내는 아내다우면 가정의 도가 바르게 되거니와, 가정의 도가 바로 서면 천하는 저절로 자리 잡게 된다."[17]고 하였다. 이는 바른 자리를 지키려면 그 사이에 도를 세우지 않을 수 없다는 것이다. 즉 임금과 신하 간에는 의리[義]가 있지 않을 수 없고, 부모와 자식 간에는 친애함[親]이 있지 않을 수 없으며, 남편과 아내간에는 구별[別]이 없을 수 없고, 형과 동생 간에는 우애[友]가 있지 않을 수 없다.

『설괘전』(說卦傳)에는 "옛날 성인이 『역』을 지은 것은 성명(性命)을 따른 이치이다. 이것으로써 하늘의 도를 세워 음과 양이라 하고, 땅의 도를 세워 부드러움과 강함이라 하고, 사람의 도를 세워 인의(仁義)라 한다."[18]고 하였다. 이는 인의(仁義)를 사람의 도의 극치로 삼고, 하늘의 도인 음양과 땅의 도인 강함과 부드러움과 더불어 하늘 · 땅 · 사람 3재의 큰 도로 삼는다는 것이다.

점서(占筮)

『역』이, 이상에서처럼, 철학적 · 윤리적 해석의 대상이 된 것은 후세에 와서야 비롯된 것이고, 처음에는 점서(占筮)가 위주였다. 점서라는 것은 『역』의 괘에서 50개의 점대[筮竹]을 취하여 그 괘상(卦象)을 가지고서 길흉화복을 판단하는 것이다. 『역』을 지은 사람은 8괘에 여러 의미를 부여하였다. 이 8괘에 다시 8괘를 더하여 64괘를 만들었는데, 이는 인간사회의 모든 일들을 망라하는 것이다. 『역』의 8괘상(八卦象)은 다음의 그림과 같다.

---

17) 家人, 女正位乎內, 男正位乎外, 男女正, 天地之大義也. 家人有嚴君焉, 父母之謂也. 父父子子兄兄弟弟夫夫婦婦而家道正, 正家而天下定矣.

18) 昔者聖人之作易也, 將以順性命之理. 是以立天之道曰陰與陽, 立地之道曰柔與剛, 立人之道曰仁與義.

건(乾);하늘(天) ☰	리(離);불(火) ☲	손(巽);바람(風) ☴	간(艮);산(山) ☶
태(兌);못(澤) ☱	진(震);천둥(雷) ☳	감(坎);물(水) ☵	곤(坤);땅(地) ☷

⚊은 강함을 ⚋은 약함을 나타낸다. 전자는 양이며, 후자는 음이다. 양이 중복된 ⚌은 강하며 하늘이고 강직함이며 남자이다. 음이 중복된 ⚏은 약하며 땅이고 부드러움이며 여자이다. 나머지 괘들은 모두 이 괘상으로부터 그 의미가 부여되며, 이 8괘가 중첩되어 64괘가 되는 것이다. 64괘의 괘 모습은 다음과 같다.

䷀ 중천건 重天乾	䷁ 중지곤 重地坤	䷂ 수뢰둔 水雷屯	䷃ 산수몽 山水蒙	䷄ 수천수 水天需	䷅ 천수송 天水訟	䷆ 지수사 地水師	䷇ 수지비 水地比
䷈ 풍천소축 風天小畜	䷉ 천택리 天澤履	䷊ 지천태 地天泰	䷋ 천지비 天地否	䷌ 천화동인 天火同人	䷍ 화천대유 火天大有	䷎ 지산겸 地山謙	䷏ 뢰지예 雷地豫
䷐ 택뢰수 澤雷隨	䷑ 산풍고 山風蠱	䷒ 지택림 地澤臨	䷓ 풍지관 風地觀	䷔ 화뢰서합 火雷噬嗑	䷕ 산화비 山火賁	䷖ 산지박 山地剝	䷗ 지뢰복 地雷復
䷘ 천뢰무망 天雷无妄	䷙ 산천대축 山天大畜	䷚ 산뢰이 山雷頤	䷛ 택풍대과 澤風大過	䷜ 중수감 重水坎	䷝ 중화리 重火離	䷞ 택산함 澤山咸	䷟ 뢰풍항 雷風恒
䷠ 천산둔 天山遯	䷡ 뢰천대장 雷天大壯	䷢ 화지진 火地晉	䷣ 지화명이 地火明夷	䷤ 풍화가인 風火家人	䷥ 화택규 火澤睽	䷦ 수산건 水山蹇	䷧ 뢰수해 雷水解
䷨ 산택손 山澤損	䷩ 풍뢰익 風雷益	䷪ 택천쾌 澤天夬	䷫ 천풍구 天風姤	䷬ 택지췌 澤地萃	䷭ 지풍승 地風升	䷮ 택수곤 澤水困	䷯ 수풍정 水風井
䷰ 택화혁 澤火革	䷱ 화풍정 火風鼎	䷲ 중뢰진 重雷震	䷳ 중산간 重山艮	䷴ 풍산점 風山漸	䷵ 뢰택귀매 雷澤歸妹	䷶ 뢰화풍 雷火豐	䷷ 화산려 火山旅
䷸ 중풍손 重風巽	䷹ 중택태 重澤兌	䷺ 풍수환 風水渙	䷻ 수택절 水澤節	䷼ 풍택중부 風澤中孚	䷽ 뢰산소과 雷山小過	䷾ 수화기제 水火旣濟	䷿ 화수미제 火水未濟

━과 ╍는 각각 효(爻)라 하며, 양효와 음효는 괘의 전부를 대표한다. 앞 8괘를 소성괘(小成卦)라 하고, 뒤 64괘를 대성괘(大成卦)라 한다. 점치는 방법은 점대[筮竹]에서 먼저 한 괘를 뽑아 그것을 현재 상태로 삼고, 다시 서법(筮法)으로써 괘를 변화시켜 그 변화가 어떤가에 따라 미래의 길흉화복을 판단한다. 예를 들어 처음에 송괘(訟卦:☰☵)를 얻었고 다음에 그 효(爻)가 변하여 비괘(否卦:☰☷)가 되었다면, 하늘과 물이 다투는[訟] 상태에서 한번 변하여 땅이 고르지 않으니(否) 미래가 흉해진다.

점치는 방법은 계사전(繫辭傳)에 설명되어 있다.[19] 애초에는 분명하지 않아 후세에 이르러 여러 설명들이 생겨났다. 먼저 50개의 점대에서 하나를 뽑아 태극으로 삼는다.[20] 나머지 49개를 둘로 나누어 음양양의(陰陽兩儀)를 본뜬다.[21] 그런 후에[22] 그 한 쪽에서 하나를 골라 새끼 손가락에 끼면서 윤(閏)달을 본뜨는

---

19) 『周易』「繫辭傳」에 나와 있는 내용을 옮겨보면 다음과 같다.
"대연의 수가 50이니 그것을 사용하는 것은 49이다. 나누어 둘로 해서 양의를 본뜨고, 둘로 나눈 한쪽에서 하나를 뽑아 3재를 본뜨고, 4씩 셈하여 사계절을 본뜨고, 손가락 사이로 나머지를 돌리니 윤달을 본뜬다. 5년에 윤달이 두 번이므로, 다시 둘로 나눈 다른 한쪽을 전과 같이 한다." (大衍之數五十, 其用四十有 九. 分而爲二, 以象兩, 掛一, 以象三, 揲之以四, 以象四時, 歸奇於扐, 以象閏, 五歲再 閏, 故再扐而後掛.)

20) 점을 칠 때 왜 50개의 서죽(筮竹)을 가지고 하는지에 대해서는 설이 다양하다. 대표적인 몇 가지 설을 들기로 하면 다음과 같다.
경방(京房)의 설: 십간(十干)·이십지(二十支)·이십팔숙(二十八宿)의 합.
마융(馬融)의 설: 태극(太極)·양의(兩儀)·일월(日月)·사시(四時)·오행(五行)·십이월(十二月)·이십사기(二十四氣)의 합.
주자(朱子)의 설: 하도(河圖)의 중궁(中宮) 천수(天數) 오(五)가 지수(地數) 십(十)을 승(乘)하여 얻어진 수.
이외에도 여러 설이 더 있으나, 어느 설이 옳은지는 알 수 없다. 어쩌든 점을 칠 때에는 50개의 서죽을 가지고 한다. 이 50개의 서죽에서 일단 한 개를 뽑아 통(筒)에 넣는다. 왜 하나를 뽑아내는가에 대한 설도 다양하나, 대표적인 왕필(王弼)의 설에 의하면, 기본 책수 50에는 태극의 수 1이 포함되어 있어서 만물을 생성시키는 가장 근본적인 태극은 변동하지 않으며 무형의 것이기 때문에 실제로 점을 칠 때에는 1책을 제외한 49개로 한다는 것이다. 이처럼 1책을 뽑아내는 것을 태극을 본뜬다고 한다.

21) 남은 49개를 의식 없이 담담한 기분으로 양손에 갈라 쥔다. 천지(天地) 혹은 음양을 상징하는 것이다. 이 때 왼손의 것을 천책(天策), 오른손의 것을 지책(地策)이라 한다.

22) 이하의 점치는 법에 대한 저자의 설명은 조금 불분명한 데가 있는 것 같다. 역자가 이해하는 바에 따라 그것을 설명해 보면 다음과 같다.

첫 번째 변화:

(1) 지책(地策)에서 1개를 뽑아 왼손의 무명지와 새끼손가락 사이에 끼운다 (천·지책과 더불

어 三才, 즉 天地人을 상징함).

(2) 천책(天策)의 서죽을 바른손으로 4개씩 덜어낸다(사상을 상징함). 그리고 나서 나머지(4 미만)를 중지와 무명지 사이에 끼운다(윤달을 상징함). 마지막에 4개가 남으면 그 넷을 나머지로 한다. 아래에서도 마찬가지이다.

(3) 다음은 지책의 서죽을 왼손으로 역시 4개씩 덜어내고 그 나머지를 중지와 인지 사이에 끼운다.

(4) 손가락 사이에 끼운 서죽, 즉 (1)~(3)에서 얻은 나머지를 모두 합한다. 이때 얻어지는 수는 5 또는 9가 된다.

두 번째 변화:
49개의 서죽에서 손가락 사이에 끼웠던 서죽을 제외한 나머지(44개 또는 40개가 됨) 서죽을 가지고 첫 번째 변화에서의 (1)~(3)과 같은 요령으로 절차를 되풀이 한다. 이 때 얻어지는 수는 4 또는 8이 된다.

세 번째 변화:
첫 번째, 두 번째 변화에서 손가락에 끼웠던 것을 제외한 나머지(40개, 36개, 또는 32개) 서죽을 가지고 (1)~(3)에서와 같은 요령으로 절차를 되풀이하여 세 번째 수를 얻는다. 이 때 얻어지는 수는 4 또는 8이다.

이상의 세 번에 걸친 변화과정에서 덜어낸 회수와 나머지 수를 가지고 초효(初爻)를 정하게 되는 바, 이때에는 다음과 같은 네 경우가 있게 된다.

(1) 나머지가 5 · 4 · 4일 경우: 나머지의 합이 13이니 4개씩 9회에 걸쳐 덜어낸 셈이다. 그래서 이 경우는 노양으로 친다(9는 노양의 수임).

(2) 나머지가 5 · 8 · 4일 경우: 나머지의 합이 17이니 4개씩 8회에 걸쳐 덜어낸 셈이다. 그래서 이 경우는 소음으로 친다(8은 소음의 수임).

(3) 나머지가 9 · 8 · 4일 경우: 나머지의 합이 21이니 4개씩 7회에 걸쳐 덜어낸 셈이다. 그래서 이 경우는 소양으로 친다(7은 소양의 수임).

(4) 나머지가 9 · 8 · 8일 경우: 나머지의 합이 25이니 4개씩 6회에 걸쳐 덜어낸 셈이다. 그래서 이 경우는 노음으로 친다(6은 노음의 수임).

여기서 노양 또는 소양을 얻게 되면 양효(−)가 되고, 노음 또는 소음을 얻게 되면 음효(--)가 된다. 이렇게 해서 초효가 결정되는 것이다. 초효를 얻는 요령과 같은 절차를 반복하여 2~6효까지를 얻을 수 있다. 6효를 결정하기까지는 결국 18번의 변화를 거듭하게 되는 것이다. 이렇게 한 결과로 하나의 완전한 괘(대성괘라고 함)를 얻게 되거니와, 이 괘에 준하여 길흉을 점치게 되는 것이다. 한편, 여기서 얻은 대성괘를 본괘(本卦)라 하는데, 이 본괘를 얻을 때 노양이나 노음이 없이 소양과 소음으로 이루어졌을 경우에는 이 본괘만을 가지고 점을 치지만, 만일 노양이나 노음으로 얻은 본괘의 경우에는 반드시 이 본괘와 그것이 앞으로 바뀌어갈 지괘(之卦)를 아울러 관찰하여 점을 쳐야 한다. 이 지괘를 얻는 방법은 처음에 점을 쳐서 얻은 본괘에서 노양은 소음으로 바꾸고, 노음은 소양으로 바꾸어서 이루어진다.

이상의 점치는 방법에 대한 역자의 이해는 대체로 다음을 참조했음.
『原本周易』(中和堂); 崔完植 譯解, 『周易』(惠園出版社, 1990); 徐正淇 譯註, 『새시대를 위한 周易』(도서출판 글, 1992); 金碩鎭 講解, 『大山周易講解』(大有學堂, 1993).

바, 이를 손가락 사이로 나머지를 돌린다고 하는 것이다. 나머지 점대들을 네 개씩 세어 나머지 1, 2, 3, 혹은 4와 손가락에 낀 것을 합쳐 놓는다. 다음으로 다른 쪽에서 같은 방법으로 네 개씩 세고 그 나머지를 합한다. 이것을 첫 번째 변화라 부른다. 첫 번째 변화할 때 반드시 5 또는 9가 남는다. 49개로부터 남은 수를 제외하고, 다시 같은 방법을 쓰면, 다음에는 반드시 4나 8이 남는다. 이것이 두 번째 변화이다. 두 번째 변화의 수를 제외하고 다시 같은 방법을 쓰면 다시 4나 8이 남는다. 이것이 세 번째 변화이다. 그 수를 덜어버리고 나머지를 네 개씩 세어 나가면 4의 6배, 7배, 8배 혹은 9배가된다. 이 때 나머지 수가 4의 6배이면 노음(老陰), 9배이면 노양(老陽), 8배이면 소음(少陰), 7배이면 소양(少陽)이라 한다. 이로써 제1효가 끝난다. 같은 방법으로 반복하길 여섯 번하여 열여덟 번 변하면 대성괘가 얻어지며, 짝괘 즉 노음은 양으로 변하고, 노양은 음으로 변한다. 이 짝괘와 홀괘로 길흉을 판단하는데, 그 방법은 네 가지가 있다.

① 음양이 제 위치에 있으면 길하고, 그렇지 못하면 흉하다.[23]

② 대응하는 효가 있으면 길하고, 없으면 흉하다. 대응하는 효는 하나의 음에 하나의 양이다.[24]

③ 중정(中正)이면 길하고, 고르지 않으면 흉하다.[25]

④ 양의 도가 성하면 길하고, 음의 도가 성하면 흉하다.

---

23) 음양의 효가 제 위치에 있음을 '정'(正)이라 하는데, 대성괘에서 1·3·5효는 기수(양수, 陽數)이므로 양위(陽位)가 되고, 2·4·6효는 우수(음수, 陰數)이므로 음위(陰位)가 된다. 양위에 양효가 놓이고 음위에 음효가 놓여야 길하다고 본다.

24) 대응(對應)함이란, 대성괘의 여섯 효에서 하괘의 첫효인 1효와 상괘의 첫효인 4효, 하괘의 둘째 효인 2효와 상괘의 둘째 효인 5효, 하괘의 셋째 효인 3효와 상괘의 셋째 효인 6효가 서로 짝을 지어 응함을 말한다. 이 관계가 음과 양으로 응하면 정응(正應)이라 하여 길한 것으로 보며, 양과 양·음과 음으로 대치된 경우를 적응(敵應)이라 하여 흉한 것으로 본다.

25) 중정을 얻음이란, 대성괘에서 하괘의 가운데 효인 2효와 상괘의 가운데 효인 5효가 정위(正位)를 얻음을 말한다. 즉 2효는 음위이므로 음효가, 5효는 양위이므로 양효가 와야 중을 얻게 되는 것이다. 주역에서는 이 중을 얻는 경우를 가장 길한 경우로 보고 있다.

제5절 주말(周末) 사상의 동향

주말(周末)에 사상이 발흥한 이유

주나라 말에 이르러 중국민족의 사상은 역사상 가장 자각적인 발전을 이루었으며 모든 사상들이 한꺼번에 찬란하게 빛났다. 여기에는 그럴만한 이유들이 있다.

첫째, 세상의 기강을 떨쳐 일으킬 필요가 생겨났다. 당시 세상은 어지럽게 분열되었고 군웅들이 날뛰면서 세력다툼에 몰두하였다. 그래서 백성들의 생활은 안정될 수 없었고, 물질적으로 도탄에 빠져 어려움을 겪고 있었을 뿐만 아니라 정신적으로도 사상적 지주를 잃어 오리무중에 빠져 있었다. 따라서 뜻있는 사람들이 백성들의 고통을 덜어주려는 일념에서 새로운 사상들을 주창하고 일어났던 것이다.

둘째, 언론과 자유가 크게 구가되었다. 주나라 왕실이 한창 번창하였을 시기에 일체의 제도들이 정돈되었는데, 유언비어날조죄와 질서문란죄가 있었다. 유언비어날조죄는 허무맹랑하고 근거 없는 새로운 말로써 백성들을 선동하고 유혹하는 사람에게 부과하는 형벌이었고, 질서문란죄란 사회의 안녕과 질서를 방해하는 사람에게 부과하는 형벌이었다. 주나라 왕실의 기강이 해이해지자, 그러한 언론구속제도들이 모두 그 권위를 상실하고 말았다. 사상을 언급할 수 있는 사람들은 누구나 모두 자유롭게 자신의 사상을 개진할 수 있었고, 품은 재주가 있는 사람들도 그 유능한 재능을 충분히 펼칠 수 있는 여지를 가질 수 있게 되었다.

셋째, 인재등용의 문이 크게 열렸다. 각 나라들 간에 생존경쟁이 치열해지자, 나라를 지켜나가기 위해 현명한 인재를 초빙하여 그의 자문을 국정에 참고할 필요성이 제기되었다. 그래서 각 나라들은 현명하고 어진 선비들을 경쟁적으로 초빙하기 시작하였다. 재능과 학식을 지니면 신분이 낮은 사람일지라도 자주 임금과 제후의 신임을 얻어 국정에 참여할 수 있었다. 그 결과 재능과 학식이 풍부한 사람들은 사상의 기치를 다투어 세울 수 있었던 것이다.

주말의 양대 사상의 흐름과 제자백가

주나라 말의 여러 사상들 가운데에서 가장 주요한 사상은 공자(孔子) 중심의 유교(儒教)와 노자(老子)를 시조로 삼는 도교(道教)였다. 공자와 노자 두 사람의 사상은 상반되는 인간관에 근거하고 있다. 공자는 세상이 문란해진 이유를 예의도덕(禮義道德)의 타락에서 찾으면서 예의도덕을 일으키면 세상을 구할 수 있을 것이라고 생각했다. 노자는 그렇게 생각하지 않고 인간들이 서로 다투는 것은 과다한 욕심[多欲] 때문이라고 생각하면서 욕망을 끊어 없애고 무위자연(無爲自然)의 큰 도[大道]에 돌아가면 세상은 저절로 다스려진다고 생각했다. 유교와 도교는 어지러운 시대에 생겨날 수밖에 없는 양대 사조였다. 두 사상가들의 사상은 뒤에 상세하게 비교하면서 설명한다.

주나라 말에는 유가와 도가 이외에도 여러 복잡한 사상들이 있었다. 후세 사람들은 이런 사상들을 총칭하여 제자백가(諸子百家)라 한다. 그 분류와 명칭은 학자들에 따라 다르나, 사마천(司馬遷)의 『사기』(史記)의 태사공(太史公) 자서에 의하면, ① 음양가(陰陽家), ② 유가(儒家), ③ 묵가(墨家), ④ 명가(名家), ⑤ 법가(法家), ⑥ 도덕가(道德家) 등 6가를 들고 있다. 또 『한서예문지』(漢書藝文志)에서는 ① 유가, ② 도가, ③ 음양가, ④ 법가, ⑤ 명가, ⑥ 묵가, ⑦ 종횡가(縱橫家), ⑧ 잡가(雜家), ⑨ 농가(農家), ⑩ 소설가(小說家) 등 10가로 나눈다. 한편, 북제(北齊)의 유주(劉晝)가 분류한 것도 소설가를 뺀 것을 제외하고 『한서예문지』의 그것과 대동소이하다. 또 『수서경적지』(隨書經籍志)에는 『한서예문지』의 10가 이외에 천문가(天文家), 역수가(曆數家), 의방가(醫方家), 방기가(方技家) 등 4가를 더하여 모두 14가로 분류하였다. 이 책에서는 유가, 도가, 양가, 묵가, 법가, 명가, 병가 등 7가만을 들고, 기타 여러 가들은 한데 묶어 잡가로 분류하여 그 학설의 요점을 설명하고자 한다.

고대 중국의 문화와 사상 (요약)

✤ 태고의 중국민족

❒ 개 요

(1) 태고의 일은 아득하여 상세하지 않음.

(2) 중앙아시아에서 나와 동쪽으로 곤륜산 기슭을 지나 신강에서 산서로 이주하였음.

(3) 『역』의 계사전을 통해 그 당시의 생활을 추측할 수 있을 뿐임.

❒ 통치자

(1) 3황(三皇): 복희, 신농, 황제

(2) 5제(五帝): 소호, 전욱, 제곡, 제요, 제순

❒ 남겨진 책

(1) 『서경』(書經): 요순 이후의 일을 기록.

(2) 『신농서』(神農書): 신농씨의 가르침을 기록, 후세의 위작.

(3) 『3분』(三墳): 3황(三皇)의 일을 기록 ─┐
(4) 『5전』(五典): 5제(五帝)의 일을 기록 │─ 춘추시대 인멸되어
(5) 『8색』(八索): 팔괘(八卦)의 일을 기록 │ 전해지지 못함.
(6) 『9구』(九丘): 구주(九州)의 일을 기록 ─┘

(7) 『황제내경』(黃帝內經): 황제가 찬한 것으로 알려지나 사실은 위작.

(8) 『음부경』(陰符經): 앞과 같음.

✤ 당 · 우시대의 윤리사상

❒ 개 요

(1) 요 · 순 2대를 당우의 치세라 함. 중국 고대의 황금시대라고 불렸음.

(2) 요(堯): 지덕을 갖춘 현명한 임금. 중국 전체를 50년 간 통치. 70세에 임금자리를 양위함.

(3) 순(舜): 요에 뒤지지 않는 임금. 현명한 신하 20여 명을 중용. 그들의 의견을 받아들여 세상을 크게 다스림.

(4) 요가 순에게 양위한 것은 중국 고대의 군신관념에 토대를 둔 것임.
(5) 고대의 군신관념: 임금은 천명(天命)에 따라 백성을 다스림.
(6) 천명을 믿는 것과 가족주의의 정신은 서로 맞물려 왔으며 계속하여 중국민족의 사상을 지배하였음.

❐ 요 · 순의 사상
(1) 요의 중심사상: 진실로 그 중을 잡아라[允執厥中].
(2) 순의 중심사상: 사람의 마음은 오직 위태롭고, 도의 마음은 오직 미미하다. 오로지 한가지에 전념하여 진실로 그 중(中)을 잡아라.
(3) '중'(中)은 요 · 순의 근본사상임. 그러나 형식적 원리일 뿐 구체적인 덕목은 아님.

❐ 당시의 현인
(1) 고요(皐陶): 인재등용의 방법을 논하고, 사람의 성품과 행실에는 9덕이 있다고 하였음.
(2) 기타: 우(禹), 기(夔), 설(契), 직(稷), 수(垂), 익(益), 백이(伯夷), 용(龍), 중감(仲堪), 계중(季仲), 백호(伯虎).

✤ 삼대(三代)의 윤리사상

❐ 개 요
(1) 삼대(三代): 하(夏)나라에서 은(殷)을 지나 주(周)나라에 이르는 시대. 모두 1900년.
(2) 하(夏): 우(禹)에서 걸왕(桀王)까지 17대, 431년. 우에서부터 왕위세습의 관례가 생김.
(3) 은(殷): 탕(湯)에서 주왕(紂王)까지 31대, 628년.
(4) 주(周): 무왕(武王)에서 난왕(赧王)까지 37대, 867년.
(5) 주나라 말 왕실이 쇠퇴하자, 제후의 세력이 증대하여 명령이 시행되지 않고 밖으로는 오랑캐들이 변방을 침략해 옴.
(6) 13대 평왕(平王)은 오랑캐의 침략을 막아내지 못하고 도읍을 낙양으로 옮기니 이후를 동주(東周)라 부름.

❐ 당시의 현인
(1) 대우(大禹): 홍수를 다스리고, 선정을 베풀었음. 그리고 옛부터 전해오는 정치 · 도덕 법칙들을 정돈하여 『홍범구주』를 지음.
(2) 성탕(成湯): 은을 창립한 성왕.
(3) 이윤(伊尹): 성탕을 보좌하여 치적을 남긴 현인.
(4) 기자(箕子): 은나라 세 현인 중 한 사람. 우에서부터 전해진 『홍범』을 상세하게 설명함.
(5) 문왕(文王): 주나라의 기틀을 공고하게 한 위인. 무왕 · 주공과 더불어 유학자들의 이

상적인 인물.

(6) 무왕(武王): 주나라의 대업을 쌓은 사람.

(7) 주공(周公): 주역을 만들고, 예악형정을 체계적으로 정리하였으며 예를 가장 귀중하게 여김.

✤ 주 역

❐ 역의 편술자

(1) 복희가 처음으로 8괘를 짓고, 3대에 이르러 3역이 만들어짐.

(2) 3역은 연산(連山), 귀장(歸藏), 주역(周易)임. 오늘날에는 주역만이 전해지고 있음.

(3) 현재의 주역은 64괘, 괘사 · 효사 · 10익으로 이루어짐.

(4) 문왕이 괘사를, 주공이 효사를, 공자가 10익을 지었다고 하나 다른 설도 있음.

❐ 역의 명의(名義)

(1) 역의 명의에는 세 가지가 있음.

(2) 변역(變易): 우주현상과 다양한 사회적 사실의 변화양상을 묘사

(3) 불역(不易): 우주나 인류의 현상에는 변화하는 가운데 변하지 않는 원리가 있음.

(4) 간역(簡易): 우주나 모든 현상들을 관통하는 원리는 간단하고 쉽고 명백함.

❐ 역의 원리

(1) 하늘과 땅 사이에는 일정하게 변하지 않는 원리가 있는데, 그것이 음양이원이며, 이원은 태극에서 나옴.

(2) 역에는 태극이 있고, 태극은 양의를 낳고, 양의는 4상을 낳고, 4상은 8괘를 낳음.

(3) 태극은 절대무차별의 세계이며, 양의는 음양임.

(4) 음양양의로 보면 이원론이고, 태극이라는 하나의 기로 보면 일원론임.

❐ 우주관

(1) 천지간에는 일정한 불변의 원리가 있는데, 그 원리는 우주의 생성에서부터 모든 사물과 현상에 적용되는 것으로 봄.

(2) 태극은 우주의 본원이며, 양의는 음 · 양, 4상은 봄 · 여름 · 가을 · 겨울, 8괘는 하늘 · 못 · 불 · 천둥 · 바람 · 물 · 산 · 땅임.

(3) 하나의 괘는 각각 8괘를 낳아 64괘를 이루면서 만물을 생성시킴.

❐ 윤리설

(1) 인륜의 관계에도 음양의 원리가 적용됨. 군신, 부자, 부부 등도 모두 음양의 관계를

나타냄.

(2) 음양은 반드시 그 바른 자리를 지켜야 함. 임금은 임금의 자리를, 신하는 신하의 자리를….

(3) 바른 자리를 지키고자 하면 그 사이에 도를 세우지 않을 수 없음. 예를 들어 임금과 신하 사이에는 의리, 부모와 자식 사이에는 친애.

❐ 점 서

(1) 역은 후세에 이르러 앞서 설명한 철학적 · 윤리적 해석을 낳았으나, 최초에는 점을 치는 것이 위주였음.

(2) 점치는 방법은 점대에서 역의 괘를 얻고, 괘사로써 길흉화복을 판단하는 것임.

(3) 64괘로 모든 사회현상을 나타냄.

✤ 주말 사상의 동향

❐ 개 요

(1) 주나라 말기는 중국민족의 사상이 자각적 발전을 가져왔던 시대임.

(2) 그 이유는,

① 주나라 말기의 혼란상을 치유하기 위해서는 보다 참신한 기강확립 방안이 필요했는데, 이를 위해 새로운 사상의 주창이 기대되었음.

② 언론과 사상의 자유가 구가되었기 때문에 자신의 재능을 충분히 펼칠 수 있게 됨.

③ 인재등용의 길이 활짝 열렸고, 재능과 학식이 풍부한 사람들이 사상적 기치를 높이 들었음.

(3) 주나라 말, 이러한 여러 사상의 발흥으로 제자백가가 출현하였음.

❐ 사 상

(1) 유교: 공자가 중심 ┐
 ├전혀 다른 인간관에 바탕을 두고 있음.
(2) 도교: 노자가 시조 ┘

(3) 기타: 양가, 묵가, 명가, 법가, 병가, 잡가 등.

제2장 유교(儒敎)

『주례』(周禮)에 의하면, 유계(儒係)란 향리사람들에게 도예(道藝)를 가르치는 직책이었다. 그 후 넓은 의미로 사용되어 요·순·우·탕·문·무·주공으로 서로 전해져 내려왔던 가르침이 유교(儒敎)가 되었다. '유'(儒)라는 글자의 뜻을 풀이한 예를 몇 가지 보면, 『광아』(廣雅)라는 책에서는 '유'(柔;부드러움), 『한시외전』(韓詩外傳)에서는 '수'(需;연약함), 그리고 『설문』(說文)에서는 '약'(弱;약함)이라 하고 있다. 이들은 모두 사람을 감화시킴으로써 온화하고 선량하게 만든다는 뜻을 지니고 있다.

유교가 하나의 학파를 이루게 된 것은 공자(孔子) 이후의 일이다. 유교는 공자의 노력에 의하여 처음으로 학설체계가 갖추어졌기 때문에, 유교를 논하는 사람치고 공자와 관련짓지 않는 사람은 아무도 없을 것이다. 그러나 유교가 공자에 의해 창작된 학설은 분명히 아니다. 그것은 다만 옛 부터 중국에서 전해 내려오던 가르침들을 공자가 집대성시킨 것이다. 이 점은 공자 스스로도 분명히 밝히고 있다.

제1절 공자(孔子)

공자의 이름은 구(丘)이고, 자는 중니(仲尼)이다. 주나라 영왕(靈王) 21년 11월에 제후국인 노(魯)나라 창평향(昌平鄕)에서 태어났다(B.C.551년, 서양철학자 탈레스가 죽기 1년 전이다.). 선조는 송(宋)나라 사람이었는데, 송은 천자국인 은(殷)나라가 미자(微子)라는 사람의 자손에게 내린 봉토(封土)였다. 아버지의 이름은 숙량흘(叔梁紇), 어머니는 안징재(顔徵在)였다.

그는 이미 천자국인 주나라의 권위가 땅에 떨어지기 시작한 난세에 태어났다. 그러나 노나라는 주왕(周王)이 주공(周公)에게 내려준 봉토였기 때문에, 아직도 이 나라에는 주공이 이룩해 놓은 예악(禮樂)이 있었다. 공자가 주공을 이상적인 인물로 존경하였던 까닭 중 하나도 이 때문이었다. 그는 태어날 때부터 천재였으나, 후세 학자들은 그를 '태어나면서부터 도를 알고 편안한 마음으로 도를 실행한'[生知安行] 성인이라 부르지는 않았다. 어릴 때부터 예(禮)를 중히 여겨 놀 때에도 제기(祭器)를 펼쳐 놓고 예의에 맞는 거동을 하였다고 한다. 자라서 벼슬을 맡아서도 그 직무에 충실하였다. 전하는 바에 의하면, 위리(委吏;쌀창고를 관리하는 벼슬)가 되었을 때 회계를 공평하게 하였고, 사직리(司樴吏; 축산담당자)를 맡았을 때 가축을 크게 번식케 하였다. 공자에게 특별한 스승은 없었으나 진실로 한가지 기예나 한가지 재능이라도 있는 사람이면 누구를 막론하고 스승으로 섬겼다. 선왕의 도를 배워 점차 이름이 높아갔다. 23세에 이르러 그의 문하에서 배우려는 제자가 생겨났다. 후에 주나라에 가서 그 곳의 제도와 문물을 조사하였고, 또 노자(老子)에게 예(禮)에 관하여 물었다.[1] 그 때 노자는 지금의 도서관장과 같은 벼슬을 하고 있었고 공자보다 나이가 많았다.

공자가 노나라로 돌아와서 제자들을 가르치고 있을 때 큰 난리가 일어났다. 그래서 그는 노나라를 떠나 제(齊)나라로 갔다. 제나라 경공(景公)이 정치에 관하여 묻고 관리에 임용하여 국정에 참여시키고자 하였으나, 안영(晏嬰)이라는 사람의 반대로 등용되지 못하였다. 이에 공자는 다시 귀국하여 노나라에서 관리로 임용되었는데, 중도(中都)의 재상이 사구(司寇)로 발탁하였던 것이다. 이 때 사명을 받들고 제나라 대표와 협곡(夾谷)에서 회동하여 외교적 수완을 발휘하여, 강함을 믿고 약한 자를 억압하는 제나라를 굴복시켰다. 또 당시 권세로 악명을 떨치던 노나라 대부 소정묘(少正卯)가 정치를 문란하게 하자, 그를 의연히 죽여 나라의 적을 제거하고 기강을 확고히 하였다. 이렇게 정치를 하자 3개월 만에 노나라는 크게 다스려졌다. 제나라는 노나라의 위세가 커지는 것을 두려워한 나머지 각종 수단을 써서 그것을 방해하였다.

공자는 끝내 그의 이상을 실현하지 못하고 노나라를 떠나 천하를 두루 돌아다니기 시작하였다. 위(衛)로부터 시작하여 진(陳)으로, 광(匡)으로 돌아다니면서 이르는 곳마다 정치를 행하는 길을 제후들에게 설파하였다. 그럼에도 불구하고

---

1) 『사기』(史記) 공자세가(孔子世家)에 근거한 주장이나, 오늘날 학자들은 여기서의 노자를 『도덕경』의 저자인 노자와 동일인물로 보지 않는다. 오히려 『도덕경』과 그 저자는 공자나 맹자보다도 후대인 전국시대 작품이고 인물로 여기고 있다.

역시 그의 이상은 받아들여지지 않았다. 애공(哀公) 11년, 68세에 노나라로 다시 돌아왔다. 이때부터는 벼슬할 뜻을 그만두고 경서(經書)를 정리하여 『춘추』(春秋)를 편찬하고, 제자들에게 학문을 강론하였다. 주나라 경왕(敬王) 41년(B.C. 479), 73세로 죽었다. 노나라 서울 근교의 수수(洙水)변에 묻혔다. 지금의 곡부현(曲阜縣) 북쪽 수수 근처의 울창한 숲 속에 그의 묘가 있다. 공자의 학문을 수사(洙泗)의 학이라 하는 것은 이 강이름에서 따온 것이다.

공자의 편서

공자는 스스로 '서술하되 창작하지 않음'[述而不作]을 표방하였다. 요·순의 도를 전하고, 문·무왕을 본받는 것을 평생의 업으로 삼았다. 그러므로 공자가 남긴 책에는 옛부터 전해오던 여러 학설들이 집대성되어 있는 것이다. 예를 들면, 『역』(易), 『시경』(詩經), 『서경』(書經), 『예기』(禮記), 『춘추』(春秋) 등이 그것들이다.[2] 『논어』(論語) 한 권만으로도 공자의 사상을 엿볼 수 있으나, 『대학』(大學), 『중용』(中庸), 『효경』(孝經) 등을 통해서도 그의 사상을 참고할 수 있다.

5경(五經): 『역경』(易經)은 세계에 존재하는 몇 안되는 옛 철학서들 가운데 하나이다. 그 내용은 앞에서 설명하였기 때문에 재론을 피한다. 『시경』(詩經)은 그 당시 조정의 아송(雅頌;雅는 정악의 노래이며, 頌은 조상의 공덕을 찬미하는 노래)과 향촌에 널리 퍼져있던 민속과 시가를 모아 만들어졌다. 『사기』(史記)의 공자세가(孔子世家)에는 "옛날 시 3,000여 편이 있었는데, 공자에 이르러 그 중복된 것을 버리고, 예의에 합당한 것을 골랐다. 위로는 설(契;은의 시조)과 후직(后稷;주의 시조)을 고르고, 중간에는 은(殷)·주(周)의 융성함을 노래하고, 마지막에는 유(幽)와 려(厲)의 실정을 꼬집고 있다. 애정에 관한 시로 시작하기 때문에 관저(關雎)의 어지러움이 국풍(國風)의 시작이 되고, 녹명(鹿鳴)은 소아(小雅)의 시작이며, 문왕은 대아(大雅)의 시작이고, 청묘(淸廟)는 송(頌)의 시작이 된다고 하였다. 공자는 305편의 시를 모두 악기로 타면서 노래하였고, 소(韶)·무(武)·아(雅)·송(頌) 등의 소리에 어울리게 하였다. 예악(禮樂)은 여기에서부터 얻어

2) 5경은 공자가 창작한 저서라기보다는 편서인 셈이고, 그의 문하에서 배우는 중요한 책들이었다.

질 수 있었고, 왕도정치(王道政治)가 갖추어졌으며, 6예(藝)가 만들어졌다"[3]고 기록되어 있다.

『서경』(書經)은 『상서』(尙書)라 불려 지기도 하는데, 옛 책을 숭상한다는 뜻을 지닌다. 공자는 여러 제후국을 돌아다니면서, 항상 주나라 관청의 각종 기록들을 읽었다. 위로는 당 · 우에서부터, 아래로는 진목(秦穆)에 이르는 책들의 모훈(謨訓;모범이 될 교훈)과 서고(誓誥) 등의 문장 가운데 100편을 골라 뽑았던 것이다. 이 책은 4000년 이전의 역사를 서술하고 있으며, 세계에서 가장 오래된 책들 가운데 하나라고 할 수 있다. 『서경』에는 금문(今文)과 고문(古文)이 있다. 진(秦)나라 때 분서(焚書)사건[4]과 항우(項羽)의 병난[5]을 거치면서 중국 고서들은 거의 없어져버렸다. 한(漢)나라 혜제(惠帝) 때, 진시황이 만든 '서적소유를 금지하는 법률'[挾書之律]을 폐기시키고, 나라 구석구석에서 남겨진 기록들을 찾았다. 그 때 제남(濟南) 사람 복생(伏生)이 진나라 박사로서 『상서』 28편을 전하였고, 후에 하남(河南)에서 한편을 찾아, 모두 29편이 되었다. 이것이 오늘날 전해진 『금문상서』(今文尙書)이다. 『고문상서』(古文尙書)는 경제(景帝) 때, 노나라 공왕

---

3) 古者詩三千餘篇, 至孔子去其重, 取可施於禮儀. 上采契后稷, 中述殷周之盛, 至幽厲之缺, 始於衽席. 故曰關雎之亂以爲風始, 鹿鳴爲小雅始, 文王爲大雅始, 淸廟爲頌始. 三百五篇, 孔子皆弦歌之, 以求合於韶武雅頌之音, 禮樂自此可得而述, 以備王道, 成六藝.

4) 진(秦)의 始皇帝에 의한 사상통일 운동으로 '분서갱유'(焚書坑儒)라 한다. 기원전 213년(始皇, 34)에 이사(李斯)의 상소를 재가하여 실행된 것이 책을 태운[焚書] 일이었다. 이사는 한비(韓非)의 고전배척론(古典排斥論), 법률지상론(法律至上論), 관료지존자론(官僚指遵者論)을 실행하기 위하여 시황제로 하여금 이 명령을 하도록 하였다. 〈진(秦)의 기록과 박사관 소장의 책, 의약 · 점서 · 농업서 이외는 민간의 책을 전부 소각시키도록 한다. 위반자는 극형에 처한다.〉는 것이었다. 갱유(坑儒)하는 것은 기원전 212년 방사(方士)에게 속은 일을 알게 된 시황제가 분노하여 모든 학자를 체포해 그 중에서 460여명을 함양에서 갱형(坑刑;구덩이에 묻는 처벌)에 처한 일을 말한다. 동양사사전편찬위, 『동양사사전』(일월서각,1989), 〈분서갱유〉조항 참조.

5) 진시황이 죽자 그동안 시화의 전제하에 불만을 가졌던 세력들이 들고 일어섰다. 초(楚)는 그 중 대표적인 나라로써, 초회왕(楚懷王)은 진의 수도 함양(咸陽)의 함락을 목표로 하여 항우(項羽)와 유방(劉邦)에게 관중(關中)을 먼저 점령하는 자에게 그곳의 왕으로 봉하겠다고 약속하였다. 이에 항우군과 유방군은 동남 양편에서 함양을 향하여 진격하였다. 그런데 이 경쟁에서 먼저 입성한 유방은 진의 궁실과 보화재물에 일체 손을 대지 않았고 진의 가혹했던 법을 폐지하는 등 친화정책을 편 반면, 뒤에 입성한 항우는 진왕과 종족을 주살하고 궁실을 소각하며 재물과 보물들을 노획하였다. 항우의 병란이란 바로 항우의 진나라 점령정책을 말하는 바, 그가 진의 아방궁(阿房宮)등을 불태움으로써 여기에 보관되었던 각종 고서들도 모두 불타 없어지게 되었던 것이다. 李春植, 『中國 古代史의 展開』(서울:新書苑, 1990), 229-236쪽 참조.

(恭王)이 공자의 옛집을 허물고 이중벽 속에서 찾아낸 과두문자(蝌蚪文字)[6]로 쓰여진 책을 말한다. 박사였던 공안국(孔安國)이 금문상서로 그 문자를 고증하고 해석하여 조정에 올렸다. 그러나 그것을 일반에 발표하지 않고 비밀문서보관소에 보관하여 왔을 뿐이었다. 그 후 영가(永嘉)의 난[7]으로 인하여 『고문상서』는 아예 없어져 버렸다고 한다.

그런데 동진(東晉)의 원제(元帝)시대에, 『고문상서』라 부를 수 있는 책을 조정에 올린 사람이 있었다. 이때부터 금문과 고문이 병존하게 되었는데, 특히 금문보다 고문이 더 귀중하게 여겨졌다. 송나라에 이르러 처음으로 그 고문에 관해 의문을 제기하는 사람들이 나타났고, 청(淸)나라에 이르러 박학다식했던 염약거(閻若璩)[8]라는 사람이 『고문상서소증』(古文尙書疏證)에서 그 고문이 위작임을 명백하게 증명하였다.

『예기』(禮記)는 『주례』(周禮)와 『의례』(儀禮)의 뜻풀이라 할 수 있다. 이것은 공자의 여러 제자들과 후세 학자들이 기록한 것이다. 『주례』는 주공이 남긴 가르침들을 엮어 만든 것이며, 『의례』는 당시의 의전제도를 싣고 있다. 『예기』에는 『대대기』(大戴記)와 『소대기』(小戴記)가 있다. 『수서경적지』(隋書經籍志)에 따르면, 『예기』에는 214편이 있었는데, 전한(前漢) 선제(宣帝) 때 대덕(戴德)이라는 사람이 잡다한 내용을 삭제하고 85편으로 만들었다. 이것이 『대대기』이다. 한편, 그의 사촌형 아들인 대성(戴聖)이 다시 『대대기』를 줄여서 46편으로 만들었는데, 이것이 『소대기』이다. 『중용』은 『예기』의 한 편인데, 후세에 따로 독립되어 사람들의 더 많은 주목을 받게 되었다.

『춘추』(春秋)는 은공(隱公) 원년에서 애공(哀公) 14년까지 12공(公) 242년간의

6) 고대문자의 하나로 황제 때 창힐이 만들었다고 전해지며, 글자의 획이 올챙이와 같아서 그렇게 불려짐.

7) 진(秦)·한(漢)이후 삼국(三國:魏·蜀·吳)으로 분열되었던 중국이 다시 진(晉)에 의해서 통일되었다. 그러나 이 통일의 앞에는 험난한 어려움이 기다리고 있었다. 그 중에서도 중대한 문제는 이민족의 內地잡거에 대한 처리였다. 얼마 없어 8왕의 난을 겪어야 했고, 특히 진의 혜제(惠帝)가 동해왕 월(越)에게 독살되고 아우 회제(懷帝)가 서자 흉노(匈奴)뿐 아니라 저(氐)·선비(鮮卑)등의 이민족 및 내지 민중의 반란이 각처에서 봉기하여 천하는 사분오열 상태에 빠졌다. 이러한 반란들이 회제(懷帝)의 영가(永嘉)연간에 일어난 까닭에 영가의 난이라 일컬어지고 있다. 이때의 이민족은 5호(五胡)라고 총칭되는데, 이들에 의한 천하의 혼란은 유사이래 미증유의 것이었다고 한다. 宮崎市定(曺秉漢 역), 『中國史』(서울:역민사, 1992), 172-180쪽

8) 청나라 초의 경학자로서 자는 백시(白詩)이며, 박학하고 고증에 뛰어났다.

역사를 기록한 책이다. 그런데 이 책은 역사적 사실의 단순한 기록에 머무르지 않고, 역사적 사실을 통하여 정치를 행하는 데에 관한 교훈의 뜻을 은연중에 나타내고 있다. 그래서 문체가 아주 간결하고, 문장을 지음에 있어서도 낱말을 엄격하게 사용함으로써 한 글자를 가지고서도 칭찬하는 뜻을 담기도 하고 경멸의 뜻을 밝히기도 한다. 이처럼 공자는 심혈을 기울여 『춘추』를 편찬하였던 것이다. 그는 "나를 아는 것도 오직 춘추를 통해서이고, 나의 허물을 지적하는 것도 오직 춘추를 통해서이다."[9]라 하고 있다. 여기에서 공자가 얼마나 대의명분을 중시하며 또 그것을 두려워하는지를 알 수 있다. 이 한 권의 책 속에서 그러한 정신이 넘치고 있음을 엿볼 수 있다. 『춘추』에는 『좌씨춘추』(左氏春秋), 『곡량춘추』(穀梁春秋), 『공양춘추』(公羊春秋) 등 3가지 주해서(註解書)가 있다. 『좌씨전』은 좌구명(左丘明)이 지은 것이다. 좌구명은 초(楚)나라의 좌사(左史)[10]인 의상(倚相)의 후손이었으며, 공자에게서 『춘추』를 전해 받았다. 『곡량전』은 곡량숙(穀梁俶)이 지었는데, 숙의 자는 원시(元始)이며 적(赤)이라 불리기도 하였다. 그는 자하(子夏)에게서 『춘추』를 배웠다. 『공양전』은 공양수(公羊壽)가 지었는데, 수(壽)는 경제(景帝) 때 사람이다. 자하가 공양고(公羊高)에게 『춘추』를 전하였고, 고의 아들 평(平), 평의 아들 지(地), 지의 아들 수(壽)로 부자간에 서로 전해져 왔고, 수에 와서 비로소 이 책이 저술되었다.

이상의 5경(五經)이외에 따로 『악경』(樂經)이라는 책이 전해져 왔는데, 이것과 5경을 합하여 6경이라 부르기도 한다.

『논어』(論語): 『논어』는 공자와 그 제자들의 언행을 기록하고 있는데, 그 명칭에 대해서는 여러 가지 이설들이 있다. 『한서예문지』에는 "공자가 제자들의 질문에 답하고, 제자들이 서로 의견을 주고받고, 선생님의 말씀을 직접 들으면서, 각 제자들이 각기 따로 선생님의 말씀을 기록하였다가 선생님이 돌아가시자 서로 모여 편집하고 논찬하였기 때문에 『논어』라고 이름지었다."[11]고 적고 있다. 정현(鄭玄)의 주(註)에는 "논(論)이란 윤(倫), 윤(輪), 이(理), 차(次), 찬(撰)이다. 이

---

9) 知我者其惟春秋乎! 罪我者其惟春秋乎!

10) 임금의 말을 기록하던 사관, 우사는 군주의 행동을 기록하였음.

11) 論語者, 孔子應答弟子, 及弟子相與言, 而接聞於夫子之語也. 當時弟子各有所記, 夫子旣卒, 門人相與輯而論纂, 故名論語.

책 하나만 가지고도 세상의 일을 경영하고 처리할 수 있기 때문에 윤(倫)이라 하고, 둥근 바퀴처럼 융통성이 무궁하기에 륜(輪)이라 하며, 만가지 이치를 쌓아 모았기 때문에 이(理)라 하며, 초서(草序)가 편마다 있어 차(次)라 하며, 여러 현인들을 모았으니 찬(撰)이라 한다."[12]고 하였다.

『논어』를 누가 편찬하였을까? 황간(皇侃)은 공자가 돌아가신 후 70명의 제자들이 지었다고 생각하였고, 정현은 중궁(仲弓), 자유(子游), 자하(子夏) 등이 지었다고 생각하였다. 또 유종원(柳宗元)은 증자(曾子)가 죽은 후 그의 제자들이 지었다고 생각하는데, 그것은 증자가 공자의 제자들 중 가장 나이가 적었으므로 그의 죽음과 공자의 죽음에는 시간적 간격이 아주 크거니와, 따라서 당시 공자의 제자들 중에는 생존한 사람이 없었을 것이기 때문이다. 주자(朱子)는 정자(程子)의 설에 동의하면서, 『논어』는 유자(有子)와 증자의 제자들이 지었기 때문에 유독 이 둘만이 자(子)로 불려지고 있다고 하였다. 그는 『논어집경』(論語集經)의 서문에서 정자의 말을 인용하고 있다. 정자의 설은 분명히 유종원의 말에 근거하고 있다. 물조래(物徂徠)는 이러한 주자의 설을 반박하면서 『논어』 중에 자(子)로 불려지는 사람은 유자와 증자 뿐만이 아니고 민자(閔子)나 염자(冉子) 같은 사람도 자(子)로 불려지고 있다고 하였다. 그래서 주자의 설을 믿기에는 부족함이 있다고 하면서 다음과 같은 새로운 설을 주장하였다. 즉 "상론(上論)은 금장(琴張)에 의해, 하론(下論)은 원사(原思)에 의해 만들어졌기 때문에 오직 이 두 사람만은 이름을 부르고 있다."[13] 유자와 증자를 자(子)로 부르는 것에 관해서, 해강의환(蟹江義丸)은 "『예기』와 같은 책들을 살펴보면 거의 대부분 증자를 자로 부르고 있으며, 유자 역시 자로 부르는 경우가 허다하다. 그러므로 증자나 유자를 자로 부르는 것이나 기타 제자들을 자로 부르는 것은 주나라 말과 진나라 시대와 한나라 초기의 관례였다."[14]고 말한다. 복부우지길(服部宇之吉)씨는 『한문대계』

---

12) 論者, 倫也, 輪也, 理也, 次也, 撰也. 以此書可經倫世務, 故名倫; 圓轉無窮, 故名輪; 蘊合萬理, 故名理; 篇有草序, 故名次; 集定羣賢, 故名撰.

13) 上論成於琴張, 而下論成於原思, 故二子獨稱名.
여기서 상론(上論)은 『논어』의 편 중 앞에서 〈자한편〉(子罕篇)까지를, 그리고 하론(下論)은 〈향당편〉(鄉黨篇) 이후를 의미하는 것으로 보인다. 그리고 금장(琴張)은 성이 금(琴)이고 이름이 뢰(牢)로 공자의 제자라 한다. 또 원사(原思)의 자는 헌(憲)으로 역시 공자의 제자 중의 한 사람이다. 금장은 『논어』의 〈자한편〉에서, 원사는 〈헌문편〉(憲問篇)에서 보인다.

14) 按禮記等書, 曾子殆全以子稱, 有子亦稱子之時爲多. 然則曾子有子以子稱, 其他門人以子稱, 乃

(漢文大系)를 교정하면서, "이 책에서는 『논어』가 누구의 손에 의해 지어졌는가를 논하지는 않으나, 그 정본이 출간되기 전에 반드시 교정을 거쳐야 한다. 교정을 할 때는 반드시 그 칭호를 개정해야 한다."15)고 하였다. 그러나 그 책에서는 증자의 임종을 기록하였을 뿐만 아니라 자하의 제자가 자장에게 질문했던 일, 자유(子游)가 자하의 교육방법을 비판했던 일, 자유와 증자가 자장을 비판했던 일 등을 기록하고 있다.16) 이러한 사실로 보아 『논어』라는 한 권의 책은, 공자가 죽은 후 각각 일가(一家)를 이루었던 제자들이 상당한 세월이 지난 후에 지었던 책으로 보인다.

『논어』는 『노론』(魯論), 『제론』(齊論), 『고론』(古論) 세 가지 종류의 책이 전해지고 있다. 『노론』은 노나라의 유학자들이 전했던 것이고, 『제론』은 제나라의 유학자들이 전해온 것이며, 『고론』은 전한(前漢)의 경제(景帝) 시대 노공왕(魯恭王)이 공자의 옛집을 허물고 찾아낸 것이다. 『노론』은 20편, 『제론』은 22편, 『고론』은 21편으로 이루어져 있다. 각 책의 문장들이 조금씩 다른 부분이 있다. 오늘날 일반적으로 알려지고 있는 것은 『노론』이다. 그 편의 이름은 학이(學而), 위정(爲政), 팔일(八佾), 이인(里仁), 공야장(公冶長), 옹야(雍也), 술이(述而), 태백(泰伯), 자한(子罕), 향당(鄉黨), 선진(先進), 안연(顔淵), 자로(子路), 헌문(憲問), 위령공(衛靈公), 계씨(季氏), 양화(陽貨), 미자(微子), 자장(子張), 요왈(堯曰) 등 20편이다. 학이편은 대개 학문하는 일을 서술하고, 공야장편은 옛날과 당대의 인물들을 평하고, 향당편은 공자의 행장을 기록하며, 선진편은 제자들에 관한 일을 많이 서술하고 있으며, 미자편은 세상이 쇠퇴해지는 원리들을 논하며, 자장편은 문인들의 일을 서술하고, 기타 나머지 편들은 위에서처럼 그 특색을 말하기는 쉽지 않으나 모두 도덕을 실천함에 있어서 꼭 필요한 교훈들을 담고 있다.

『논어』는 옛 부터 유학자들이 가장 존중해 왔던 유교경전이며, 이 『논어』를 해석한 책들을 수레에 실어 나르면 소가 땀을 흘리고, 방에 쌓으면 마룻대까지

周末秦時及漢初之習慣也.

15) 此書不論成於何人之手, 其定本出世前, 須經校訂. 校訂之際, 須改訂稱呼.

16) 『논어』 20편 중 19편인 「자장편」(子張篇)에 나온다. 예컨대, 자유와 자하간의 교육에 관한 논쟁은 子游曰, 子夏之門人小子, 當灑掃應對進退則可矣, 抑末也, 本之則無, 如之何. 子夏聞之曰噫, 言游過矣. 君子之道, 孰先傳焉, 孰後倦焉. 譬諸草木, 區以別矣. 君子之道焉可誣也. 有始有卒者, 其惟聖人乎.

닿을 정도로 많다[汗牛充棟]. 그 가운데 가장 두드러진 것은 위(魏)나라 하안(何晏)이 지은 『논어집주』(論語集註) 10권과 송(宋)나라 주자(朱子)가 지은 『논어집주』(論語集註) 10권이다. 전자를 고주(古註), 후자를 신주(新註)라 부른다. 그 밖에 양(梁)나라 황간(皇侃)의 『논어의소』(論語義疏), 당(唐)나라 육덕명(陸德明)의 『논어석문』(論語釋文), 한유(韓愈)와 이고(李翺)의 『논어필해』(論語筆解), 송나라 나병(邢昺)의 『논어정의』(論語正義) 등이 있다.

공자의 인격

『논어』에 나타난 언행을 관찰해 보면, 공자의 인격은 원만하게 발달되었다. 즉 지(知), 정(情), 의(意)가 조화롭게 발달하였고, 그 정신은 진실로 보통 사람을 뛰어넘을 수 있었다. 어떤 측면에서 그럴까?

첫째, 공자는 남달리 배우기를 좋아하였다[好學]. 그 자신이 "나는 일찍이 하루 종일 먹지 않고, 밤새 자지 않고 생각하여도 이익이 없는지라. 배움만 같지 못하도다."[17](衛靈公篇). 또 "작은 고을에도 충성[忠]과 신의[信]가 나[丘]와 같은 사람이 반드시 있을 것이나, 나처럼 배우기를 좋아하는 사람은 없을 것이다."[18](公冶長篇)고 하였다. "아침에 도를 들으면 저녁에 죽어도 좋다."[19](里仁篇)고도 하였다. 이처럼 『논어』에는 배우기를 좋아하는 공자의 마음을 보여주는 대목이 매우 많다. 그가 만년에 『역』을 읽음에 책을 묶은 가죽끈이 세 번이나 닳아 끊어졌다는 것[韋編三絶]도 대표적인 예이다.

둘째, 공자는 효도하는 마음이 아주 깊고, 사랑하는 마음이 매우 깊은 사람이었다. 어머니께서 돌아가시자 3년의 상(喪)을 지내면서 오래도록 슬픔의 눈물을 흘렸다. 또 다른 사람의 불행을 보고, "공자는 상을 당한 사람 곁에서 식사를 하면 배불리 먹지 않았고, 곡(哭)을 한 날에는 노래를 부르지 않았다."[20](述而篇)고 한다. 제자들을 만날 때에는 항상 깊고 넓은 애정을 가지고 만났으며, 백우(伯牛)를 병문안 했을 때에도 들창으로 그 손을 잡으면서, "없으리라 하였더니 운명이로다. 이 사람에게 이런 병이 있을 지고! 이 사람에게 이런 병이 있을 지고!"[21]

17) 吾嘗終日不食, 終夜不寢, 以思, 無益, 不如學也.
18) 十室之邑, 必有忠信如丘者焉, 不如丘之好學也.
19) 朝聞道, 夕死可矣.
20) 子食於有喪者之側, 未嘗飽也. 子於是日哭則不歌.

(雍也篇)라고 하였다. 안연(顏淵)이 죽자 슬퍼하면서, "아아! 하늘이 나를 버렸구나!"[22](先進篇)라고 탄식하였다. 이러한 점을 통해 우리는 공자가 얼마나 애정이 많았는가를 엿볼 수 있다. 공자는 짐승에 대해서도 측은한 마음을 가졌는데, "공자는 낚싯질하나 그물질하지는 않았으며, 활을 쏘지만 자고 있는 경우엔 쏘지 않았다."[23](述而篇)고 한다. 공자의 겸손함은 『논어』의 여러 곳에서 나타난다. 예를 들면, 공자가 자공에게 "너와 안회[回], 둘 중에서 누가 더 나은가?"라고 물으니, "어찌 제가 안회를 감히 넘보겠습니까? 안회는 하나를 듣고 열 가지를 알지만, 나는 하나를 듣고 둘을 알뿐입니다."라고 대답하자, 이에 공자도 "같지 못하니라. 나도 너처럼 안회 같지 못하다는 것을 인정하노라."(公冶長篇)고 하였다.[24]

셋째, 공자는 의지가 아주 강한 사람이었다. 협곡(挾谷)의 회동에서 노나라의 체면을 지키고 주어진 사명을 다하였다. 또 권세를 휘두르던 신하 소정묘(少正卯)를 죽임으로써 엄한 기강을 세웠다. 환퇴(桓魋)의 난과 광인(匡人)의 난을 만나서도 천명을 믿고 당황하거나 허겁지겁하지 않았다. 이는 진실로 의지가 약했던 제자들을 부끄럽게 만드는 일이었다. 등용되지 않아도 조용히 다급하지 않았으며, 하늘을 원망하지 않고 사람을 탓하지 않았으며, 굽히지 않는 정신으로 시세에 저항하는 것을 타고난 사명으로 생각하였다. 이러한 것들은 실로 강한 의지력을 소유하지 못한 사람은 결코 할 수 없는 일이다. 공자의 일생은 실로 강건한 의지로 점철된 삶이었다. 다시 말해서 사랑으로 가득 찬 삶이었으나 실로 박약한 의지를 좇는 사람이 아니었다.

학설의 연원

공자는 고대 성인들의 업적을 소개하여 서술하였고, 중국 고유의 가르침들을 집대성하였다. 그는 스스로 "서술하되 창작하지 않는다. 옛 것을 믿고 좋아하는 바는 그윽이 우리 노팽(老彭)에 비유하노라."[25](述而篇)고 하였다. 그는 요·

21) 亡之! 命矣夫! 斯人也而有斯疾也! 斯人也而有斯疾也!
22) 噫! 天喪予!
23) 子釣而不網, 弋不射宿.
24) 子謂子貢曰: 女與回也孰愈? 對曰: 賜也何敢望回? 回也聞一以知十, 賜也聞一以知二. 子曰: 弗如也, 吾與女弗如也.
25) 述而不作, 信而好古竊比於我老彭!

순·우·탕·문·무·주공 모두를 이상적 인물로 생각하였는데, 특히 요·순·우를 존경하였다. 그들의 인물됨을 이상화시켜 초인(超人)이라고 여겼으며, 그 시대를 이상화시켜 황금시대라고 생각하였다. 요를 찬양하면서 "크도다! 요의 임금됨이여! 높고 크도다! 오직 하늘이 크거늘 오직 요임금이 그것을 본받았도다. 넓고 멀구나! 백성이 이름지울 수 없구나. 높고 크도다! 그 공을 이루심이여! 빛나도다! 그 문장이여!"[26]라고 말하였다. 그러나 요·순·우의 시대와 공자의 시대는 천여 년 간의 간격이 있어, 그 당시 일의 자취들이 명확하지 않다. 따라서 공자는 주공(周公)을 도덕적으로 모범적인 인물로 삼고 깊이 추모하였다. 주공은 비교적 가까운 시대의 인물이었고 노나라 제후와 선조 관계였으며, 공자도 노나라에서 출생하였기 때문에 더욱 가까웠던 것이다. 공자의 교학(敎學)은 자신이 이룬 것이었을 뿐만 아니라 실로 옛 성인들의 언행이 그 연원이었다고 하겠다.

철학설

공자의 학설 가운데에는 철학과 종교에 관한 것이 아주 적은 편이며, 그 대부분이 도덕과 정치에 관한 학설들이다. 『논어』를 살펴보면, 종교와 철학의 문제는 논하지 않고 있음을 알 수 있다. 예를 들면, "계로(季路)가 귀신을 섬기는 일에 대해 묻자, 공자께서 대답하시기를, 「아직 사람을 섬기는 것도 다할 수 없는데, 어찌 귀신을 섬길 수 있으리오?」하고, 또 「감히 죽음에 관해 묻고자 합니다」하니, 공자께서 대답하시기를, 「삶도 다 알지 못하는데, 어찌 죽음을 알리오?」"[27](『論語』 先進篇)라고 하였다. 그러나 공자가 종교와 철학사상에 대해 전혀 언급하지 않았던 것은 아니다. 『논어』에는 하늘에 대한 믿음을 여러 차례 언급하였고, 인성(人性)의 본질을 논하였으며, 또한 『역』의 10익(十翼)을 편찬하면서 세계관을 피력하였다. 그가 중년시절에 종교와 철학에 관해 언급하지 않았던 까닭은, 한편으로는 그의 성격이 실천적이어서 명상적이며 사색적인 연구에 적합하지 않았기 때문이고, 다른 한편으로는 도덕과 정치문제에 열중한 나머지 한가하게 그 밖의 다른 것에 관심을 둘 여유가 없었기 때문이다.

---

26) 大哉堯之爲君也! 巍巍乎唯天爲大, 唯堯則之. 蕩蕩乎民無能名焉, 巍巍乎其有成功也, 煥乎其有文章.

27) 季路問事鬼神. 子曰: 未能事人, 焉能事鬼? 敢問死, 曰: 未知生, 焉知死!

세계관: 공자의 세계관은 『역』의 계사전(繫辭傳)에서 엿볼 수 있다. 『역』의 10익을 누가 지었는가에 관해서는 여러 가지 이론(異論)들이 있으나, 계사전만은 모두 공자가 지은 것으로 동의하고 있다. 계사전의 세계관에 관해서는 『주역』에서 그 요점을 약술하였다. 즉 우주의 근본원리를 태극이라 부르고, 태극이 나누어져 음양의 두 원리를 낳고, 이 두 원리가 변화하여 만물을 낳는다는 것이 그것이다(상세한 내용은 제1장 제4절 『주역』을 참조). 공자는 음양의 원리를 도(道)로 삼고, 천지의 도를 인간의 규범으로 삼았으며, 천 · 지 · 인 세 가지 도를 합하여 일체(一體)로 삼았다. 공자의 설에 따르면, 우주와 인간은 그 근본이 서로 같다. 따라서 인간은 우주의 법칙에 따르지 않을 수 없다. 이것이 바로 그 유명한 천인합일론(天人合一論)이다.

인성론: 사람의 본성이 선한가 악한가의 문제는 동서양을 막론하고 사상사에서 중요한 문제의 하나이다. 공자는 『논어』에서 이미 이 문제를 여러 번 논의하였다. 예를 들면, 위령공편에서 "가르침에는 차별이 없다." 옹야편에서 "사람이 태어나면서부터 곧은 것인데, 곧지 않게 사는 것은 다행히 면하는 것이니라." 또 "보통 이상의 사람은 위의 사람과 대화가 통할 수 있으나, 보통 이하의 사람은 위의 사람과 말이 통 할 수가 없느니라." 양화편에서 "본성은 서로 가까우나, 습관으로 서로 멀어지느니라", "상지(上智)와 하우(下愚)는 서로 옮겨질 수가 없다." 이인편에서 "진실로 인(仁)에 뜻을 둔 사람은 악함이 없느니라."고 하였던 것이다.[28] 비록 공자는 인간본성의 선악문제를 분명하게 말하진 않았으나 은연중에 성선설(性善說)을 내비치고 있는 것이다. 이것은 "가르침에는 차별이 없다", "사람이 태어나면서부터 곧은 것이다"는 그의 말을 볼 때 분명한 사실이다. 본성이 선하다면 어떤 사람이 다른 사람을 가르쳐서 선하게 만드는 것에 관해 말할 필요가 없을 것이다. 즉 본성으로써 습관을 변화시킬 수 있을 것이다. 그러나 공자는

---

28) 衛靈公篇: 有教無類.
雍也篇: 人之生也直. 罔之生也, 幸而免.
中人以上, 可以語上也; 中人以下, 不可以語上也.
陽貨篇: 性相近也, 習相遠也.
唯上知與下愚不移.
里仁篇: 苟志於仁矣, 無惡也.

또 예외를 인정한다. 즉 "상지와 하우는 서로 옮겨질 수가 없다"는 것이다. "가르침에는 차별이 없다"는 말과 "상지와 하우는 서로 옮겨질 수가 없다"는 말은 서로 상반되는 내용이다. 이러한 점은 공자 인성론의 큰 모순 중의 하나이다. 후자는 전자의 예외이다. 인간의 본성이 상지와 하우로 나뉜다는 것인데, 이는 후에 성삼품설(性三品說)의 기원이 되었다.

종교설

공자의 종교설이라 할 수 있는 것 중에서 우선 언급할 수 있는 것이 하늘에 대한 믿음이다. 하늘에 대한 믿음은 중국의 오래된 습속이었는데, 중국의 고대사상을 서술했던 공자 역시 하늘을 깊이 신앙하였다. 그러나 공자가 말하는 하늘이 무엇인가? 그것은 형체를 가진 푸른 하늘이 아니며, 실로 말로써 표현할 수 없는 것이다. 자한편(子罕篇)에서는 "공자가 병이 있으니, 자로가 제자로 하여금 신하로 삼았더니 병이 조금 나아 말씀하시되, 「오래구나! 유의 간사함이여! 신하가 없어야 하는데 신하를 두니, 내 누구를 속이리오? 하늘을 속이는구나!」"[29]라고 하였다. 여기서 공자가 말하는 하늘은 인식능력을 갖춘 하늘임을 말해 준다. 술이편(述而篇)에서는 "하늘이 나에게 덕을 내렸으니, 환퇴가 나에게 어떻게 할 수 있으리오!"[30]라고 하였다. 여기서의 하늘은 의지를 가지고 있음을 말해준다. 『논어』에서 공자가 말하고 있는 하늘은 총명한 인식능력과 강한 의지를 지닌 우주의 주재자이며, 인격적인 유일신이다. 인간의 지식과 의지를 하늘의 그것과 비교하여 헤아릴 수 없기 때문에 공자는 천명을 두려워하고 존중하였다. 계씨편(季氏篇)에서 "군자는 세 가지를 두려워하는데, 천명을 두려워하고 대인을 두려워하고 성인의 말씀을 두려워한다. 소인은 천명을 알지 못하고 두려워하지 않으며, 대인을 경멸하며, 성인의 말씀을 업신여긴다."[31]고 하였다. 공자는 이와 같이 경건한 마음으로 천명을 두려워하였을 뿐만 아니라, 환퇴의 난과 진채(陳蔡)의 액운을 만나 존망의 위기에 처했으나 천명에 몸을 맡기고 태연할 수 있었다. 그러나 『논어』에서 공자는 하늘을 인격자 주재자로 여겼으며, 만년에 이르러서

---

29) 子疾病, 子路使門人爲臣. 病間曰: 久矣哉由之行詐也! 無臣而爲有臣, 吾誰欺? 欺天乎!
30) 天生德於予, 桓魋其如予何!
31) 君子有三畏; 畏天命, 畏大人, 畏聖人之言. 小人不知天命而不畏也; 狎大人, 侮聖人之言.

는 『역』의 계사전에서 우주에 실재하는 일종의 활동원리로 파악하였다. 계사전은 공자가 지은 것인데, 중년과 말년의 사상이 같지 않음을 어떻게 해석해야 할까?

해강(蟹江) 박사는 『공자연구』에서 세 가지 설명을 하고 있다. 첫째, 세월의 차이로 설명한다. 즉 공자가 철학적 사색에 깊이 빠져들지 않았을 때에는 우주의 실재를 인격적인 것으로 고찰하였고, 철학적 사색에 깊이 빠져든 후에는 이전의 고찰이 진리가 아님을 발견하고 비인격적인 것으로 파악하였다는 것이다. 『논어』에 천(天)이라는 글자가 등장하는 때는 공자의 나이 60세 전후였다. 안연과 자로가 죽었을 때는 이미 70세 이후였는데, 여기서도 모두 하늘을 인격적인 의미로 쓰고 있다. 그렇다면 해석의 차이를 세월에 돌리는 것은 사실과 모순되는 것 같다.

둘째, 현교[顯教;公教, Exoterisch)적 해석과 밀교[密教;秘教, Esoterisch]적 해석이다. 이 해석에 의하면, 인격적 하늘은 바라문교의 열등한 범천(梵天;바라문교의 신의 이름인 브라흐만)과 같으며, 비인격적 하늘은 고등한 범천과 같다는 것이다. 이러한 해석은 가능하기도 하고, 하늘을 둘로 나누는 것이 당연하기도 하다. 그러나 현교·밀교의 관점에서 말한다면 공자의 종교설을 신비적 경향의 밀교로 분류할 수는 없을 것이다. 물론 그런 경향이 전혀 없는 것은 아니나, 유교는 원래 처음에는 경험주의를, 나중에는 합리주의를 수용하였고 신비주의에 빠진 측면은 아주 적기 때문이다. 따라서 이러한 현교·밀교적 해석도 받아들이기에는 설득력이 모자라다.

셋째, 공자 자신의 정신이 지닌 보수적인 요소와 진보적인 요소로 그것을 설명한다. 인간은 인지능력과 감정을 모두 갖추고 있다. 인지능력은 진보적인 요소이고, 감정은 보수적인 요소이다. 공자의 하늘에 대한 언급은 위급할 때나 슬플 때에 많으며, 그가 말하는 낳고 낳는다는 생생(生生)의 원리나 태극이라는 것은 철학적 사색에서 많이 나타난다. 따라서 공자는 그의 정서생활에서는 우주의 실재를 인격으로 생각하였으며, 인지적 측면에서는 인격이 아닌 것으로 생각하였다. 종교는 감정에 토대를 두며, 철학은 지식에 근거한다. 그래서 공자는 종교적으로는 하늘을 인격이라 생각하였고, 철학적으로는 태극이 비인격이라고 생각하였다. 이렇게 말한다면 이 해석은 첫째, 둘째의 해석과 밀접한 관계를 맺고 있으며, 가장 온당한 설명이라고 하겠다.

공자의 종교설에서 위의 두 번째 설명이 타당한 곳은 제사에 대한 사상일 것이다. 제사라는 것은 천신(天神), 지기(地祇), 인귀(人鬼)에게 정성을 바치는 것이다. 천신은 하늘의 신이며, 지기는 땅의 신이며, 인귀는 사람의 영혼이다. 해, 달, 별, 산천 등은 천신과 지기 중에서 주요한 것들이다. 제사를 지내게 되는 동기는 반쯤은 윤리에 속하고 반쯤은 미신에 속한다. 전자는 타고난 그 근본을 잊지 않음 때문이며, 후자는 화를 피하고 복을 얻기 위함 때문이다. 공자는 항상 미신의 동기에서 지내는 제사를 배척하고, 윤리적 동기에서 지내는 제사를 중시하였다. 그리고 신들이 응하지 않는데도 자기의 이익을 위해 제사한다면, 어떤 효력도 나타나지 않는다고 생각하였다.

교학(教學)의 근본사상

공자 교학의 근본사상은 무엇인가? 『논어』에는 "「사(賜)야! 너는 네가 많이 배워서 잊지 않고 아는 자라고 생각하느냐?」 대답하되, 「그렇습니다! 아닙니까?」 말하기를, 「아니다. 나는 하나로써 일관하였느니라[一以貫之]」"[32](衛靈公篇)라고 하였다. 또 "「삼(參)아! 나의 도는 하나로써 일관하였느니라.」 증자가 「예」라고 대답하였다."[33](里仁篇)고 한다. 공자 교학의 근본사상은 '하나로 일관한 도'[一貫之道]라는 말속에 잘 나타나 있다. 그런데 공자가 말하는 '일관지도'란 과연 무엇일까?

도(道)의 관념: 공자는 그의 근본사상을 '일관지도'라고 말했으나 그것이 구체적으로 무엇인가에 관해서는 언급하지 않았다. 그래서 공자의 도에 관해서는 후세 학자들의 여러 가지 해석들이 있다. 그 주요한 해석들을 소개하기로 한다.

첫째, 도를 세계의 원리로 생각하는 해석이 있다. 주자(朱子)의 설이 그것이다. 그는 『논어집주』(論語集註)에서, "도라는 것은 사물의 당연한 이치이다."[34]라고 말하였다. 일례로 『역』의 계사전이 공자의 저서라면, 이 설은 정당하다고 말할

---

32) 賜也! 女以予爲多學而識之者與? 對曰: 然非與? 曰: 非也. 予一以貫之.

33) 參乎! 吾道一以貫之. 曾子曰: 唯.

34) 道者事物當然之理也.

수밖에 없을 것이다. 계사전의 천인합일(天人合一)사상에 따르면, 윤리의 원리는 당연히 세계의 원리 속에 포함되는 것이다. 그러나 『논어』에서는 도를 세계의 원리라고 보지 않았다.

둘째, 도를 윤리의 원리로 생각하는 해석이 있다. 주자는 도를 세계의 원리로 생각하는 동시에 윤리의 원리로 생각하기도 하였다. 『논어집주』에서 그는 "도란 사람이 일상생활에서 마땅히 행해야 할 바이다."[35]라고 하였다. 『논어』에서는 도가 윤리적 측면뿐만 아니라 정치적 측면에도 적용되고 있음을 찾아볼 수 있다. 만약 도를 윤리의 원리에 한정시켜 버린다면, 이 해석 역시 협소함을 벗어나지 못할 것이다.

셋째, 도를 정치의 원리로 생각하는 해석이 있다. 물조래(物徂徠)는 『변도』(辨道)라는 책 속에서 공자의 도는 선왕의 도이며, 선왕의 도는 세상을 편안하게 하는 도라고 말하였다. 이는 정치의 원리를 도라고 여겼던 것임을 알 수 있다. 도를 정치의 원리로 생각하는 것과 윤리의 원리로 생각하는 것은 서로 같으며, 어느 한쪽 면에서 관찰한 것에 불과한 것이다.

넷째, 도를 윤리와 정치의 원리로 생각하는 해석이 있는데, 가장 타당한 견해이다. 해강(蟹江)박사는 『공자연구』라는 책에서 이 설을 주장하였다. 『논어』에는 도를 정치의 원리로 생각하는 곳도 있고, 윤리의 원리로 생각하는 곳도 있다. 예를 들면, "천하에 도가 있으면 예악과 정벌이 천자로부터 나오고, 천하에 도가 없으면 예악과 정벌이 제후로부터 나오는데, 제후로부터 나오면 10대에 잃지 않음이 드물고, 대부로부터 나오면 5대에 잃지 않음이 드물고, 가신들이 나라의 명을 잡으면 3대에 잃지 않음이 드물 것이다. 천하에 도가 있으면 정치가 대부에게 있지 않을 것이며, 천하에 도가 있으면 일반 백성들이 의논하지 않을 것이다."(季氏篇)고 하였고, 또 "도가 행해지지 않으면 뗏목을 타고 바다에 떠 있게 된다."(公冶長篇)고 하였고, 또한 "제나라가 한번 변하면 노나라에 이르고, 노나라가 한번 변하면 도에 이를 것이다."(雍也篇)고 하였다.[36] 이 말들은 전자의 예가

---

35) 道則人倫日用間所當行者是也.

36) 季氏篇: 天下有道, 則禮樂征伐自天子出; 天下無道, 則禮樂征伐自諸侯出. 自諸侯出, 蓋十世希不失矣; 自大夫出, 五世希不失矣; 陪臣執國命, 三世希不失矣. 天下有道, 則政不在大夫; 天下有道, 則庶人不議.
公冶長篇: 道不行, 乘桴浮於海.

되는 것이다. 한편, "누가 지게문을 통하지 않고 나갈 수 있겠는가? 어찌 이 도를 멀리하겠는가?"(雍也篇), 또 "군자의 도에 네 가지가 있는데 행실이 공손하며, 윗사람 섬김이 공경하며, 백성을 기름에 은혜를 베풀며, 백성을 부림에 옳음을 좇는 것이다."(公冶長篇)고 하였다.[37] 이 말들은 후자의 예가 되는 것이다. 『논어』를 읽어 보면 도가 윤리와 정치의 원리라는 점이 아주 분명해진다. 순자(荀子)는 "도라는 것은 하늘의 도가 아니며, 땅의 도도 아니고, 사람의 도이다."[38]고 하였다. 대전금성(大田錦城)은 "도는 인 · 의 · 예 · 악을 총칭하는 말이다."[39]고 하였다. 이는 모두 『논어』에 나오는 도의 관념을 설명하고 그 요점을 말한 것이다.

일관지도(一貫之道): 도가 윤리와 정치의 원리라면, 공자가 말한 '일관지도'의 내용은 구체적으로 과연 무엇인가? 이에 관한 여러 가지 설들을 소개하기로 한다.

첫째, 충서(忠恕)를 일관지도라고 생각하는 설이다. 즉 공자의 제자들 가운데 가장 학식이 많았던 증자(曾子)가 그렇게 말했던 것이다. "삼아! 나의 도는 하나로 일관되었느니라."고 하는 공자의 말을 들은 증자는 공자가 밖으로 나간 후에, 그것이 무슨 뜻이냐는 다른 제자들의 질문을 받고, "선생님의 도는 충서(忠恕)일 뿐이다."라고 말하였다.[40] 충(忠)은 자기를 다하는 것[盡己]이며, 서(恕)는 자기를 미루어 보는 것[推己]이다. 충서는 도와 멀리 떨어져 있는 것이 아니며, 충서를 도라고 보는 것에는 잘못이 없다고 할 수 있지만 도 전체를 충서라고 생각하는 것은 적절치 않다.

둘째, 리(理)를 일관지도라고 생각하는 설이다. 주자(朱子)의 설이 이것이다. 그는 『논어집주』(論語集註)에서 "성인의 마음은 하나의 리(理)와 구별이나 차별이 없으며, 널리 두루 대응하고 빠짐없이 일일이 대처하는데, 그 각각의 쓰임은 같지 않다."[41]고 하였다. 즉 자기 철학의 근본사상인 리(理)를 일관지도라고 하였던 것이다. 공자의 학설에는 원래 송나라 유학자들이 리(理)라고 부른 사상은

雍也篇: 齊一變, 至於魯; 魯一變, 至於道.

37) 雍也篇: 誰能出不由戶? 何莫由斯道也?

公冶長篇: 有君子之道四焉; 其行己也恭, 其事上也敬, 其養民也惠, 其使民也義.

38) 道者非天之道, 非地之道, 人之所道也.

39) 道, 仁義禮樂之總名也.

40) 參乎! 吾道一以貫之.

夫子之道, 忠恕而已矣.

41) 聖人之心, 渾然一理, 而泛應曲當, 用各不同.

없었기 때문에 주자의 설 역시 마땅하다고 볼 수 없다.

셋째, 일관지도를 하나[一者]라고 생각하는 설이다. 구정남명(龜井南溟)이 주장한 설이다. '하나'란 무엇인가? 그는 "무엇을 하나라 하는가? 둘도 셋도 아니다. 하늘은 하나를 얻어 푸르고, 땅은 하나를 얻어 편안하며, 사람은 하나를 얻어 곧으며, 귀신은 하나를 얻어 영험하다. 하나의 덕은 지극함이다."[42]고 해설하였다. 그러나 이처럼 '하나'라고만 부르는 것은 일관지도가 무엇인지를 명확히 밝히지 않은 것이라 할 수 있다. '하나'는 일관지도의 형식일 뿐이며 그 내용은 아닌 셈이다. 내용을 밝히지 않은 해석이란 해석하지 않은 것이나 같은 것이다.

넷째, 성(誠)을 일관지도로 생각하는 설이다. 전조망(全祖望)은 "하나로 일관되었다는 것에 대한 설명에는 주석이 필요 없다. 다만 『중용』을 읽는 것이 바로 주석이다. 하나란 성이다. 하늘과 땅은 하나의 성일 따름이며 두 가지 서로 다른 것이 아니다."[43]고 하였다. 전조망은 『논어』와 『중용』 사이에는 사상적인 차이가 조금도 없다고 생각하였다. 그러나 이러한 관점이 타당하지 않음은 두 말할 필요가 없을 것이다.

다섯째, 인(仁)을 일관지도라고 생각하는 설이다. 이등인제(伊藤仁齊)는 일관지도를 해석하면서, 증자의 설을 좇아 충서가 무슨 까닭으로 일관지도인가에 대하여, "충과 서 두 가지는 인을 구하는 요체이며, 성인의 학문이 시작되고 끝맺는 곳이다. 충서가 일관지도인 까닭은 충서가 일관지도를 가르쳐주기 때문이 아닌 것이다."[44](『論語古義』)고 하였다. 인을 일관지도로 여기는 관점은 물조래(物徂來)에 이르러, 인이 바로 일관지도 자체라고 단정하여 말하게 되었다. 그는 『논어징』(論語徵)에서 "인은 선왕의 한가지 덕이다. 그러므로 선왕의 도는 인을 다하는 것이라 말한다면 이는 잘못이다. 그러나 선왕의 도는 백성을 편안하게 하는 것[安民]으로 요약되기 때문에, 인은 선왕의 한가지 덕이 아니라 큰 덕[大德]이다. 인에 의거하면 선왕의 도가 일관될 수 있다. 그래서 하나라고 말하지 않고 하나로 일관되었다고 하였다."[45]고 말했다.

---

42) 何爲一? 曰非二, 非三. 天得一以淸, 地得一以寧, 人得一以貞, 鬼神得一 以靈. 一之德 也至矣.
43) 一貫之說, 不須注疏, 但讀中庸便是注疏. 一, 誠也, 天地一誠耳, 無二物也.
44) 忠恕二者乃求仁之至要, 而聖學之所以成始成終. 蓋忠恕所以一貫, 非以忠恕訓一貫也.
45) 仁, 先王之一德也. 故謂先王之道仁盡之, 則不可矣. 然先王之道, 統會於安民, 故仁先王之大德也. 依於仁, 則先王之道可以貫之矣. 故不曰一而一以貫之.

인(仁)을 일관지도라고 해석하는 데는 상당한 이유가 있다. 공자는 인을 특별히 중시하여 기회가 있을 때마다 그것에 대해 말했다. 이는 제자들이 그것을 가볍게 여기지 않도록 하기 위해서였을 뿐만 아니라 인을 모든 덕들 가운데 가장 포괄적인 덕목으로 삼고, 교학의 원리가 거기에 있음을 보여주기 위해서였다. 『논어』와 『중용』에는 인 이외에도 늘 공자가 소중하게 여기는 포괄적인 덕목이 있다. 중용(中庸)과 예(禮)가 그것이다. 만약 인을 일관지도라고 생각한다면, 중용과 예는 인과 어떤 관계에 있을까 하는 의문이 생겨난다. 이 점에 관해서는 해강(蟹江) 박사가 『공자연구』에서 주장한 설이 가장 타당하다. 그것은 중용, 예, 인 세 가지가 각각 일관지도의 한 측면들이라는 것이다. 즉 중용은 일관지도의 형식이며, 예와 인은 그 내용이 된다. 예는 외면적인 것으로 분류될 수 있으며, 인은 완전히 내면적인 성질을 띠고 있다. 도표로 나타내면 다음과 같다.

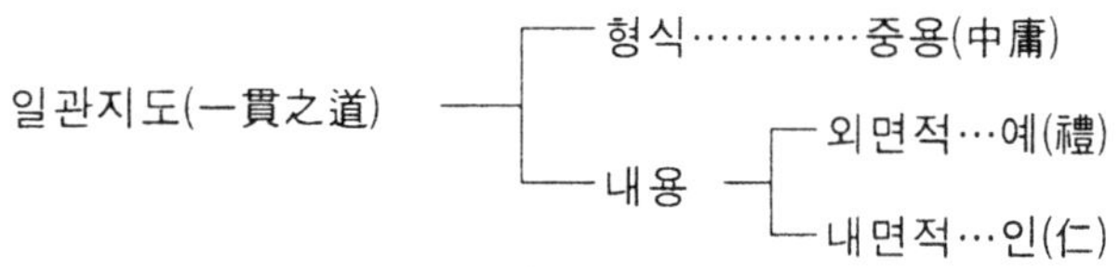

중용(中庸): '중'(中) 사상이 요 · 순 이래 윤리와 정치의 근본원리였다는 점은 이미 앞에서 이야기했다. 공자는 사회상황과 사상의 발달을 살펴보면서, 다시 '중'의 관념을 내면화시켜 중용(中庸)이라 불렀다. 중(中)이란 지나침과 모자람이 없는 것이며, 어느 한편으로 치우침이 없는 것이다. 용(庸)이란 항상, 그리고 오래도록 바뀌지 않는 올바름이다. 대전금성(太田錦城)은 중용을 두 가지 덕의 이름이라 하면서, 중은 〈지나침과 모자람이 없는 덕〉이며, 용은 〈항상 바뀌지 않는 덕〉이라 하였다. 그러나 중과 용을 각각 다른 덕으로 나누어 보는 것은 적절하지 않는 해석이다. 공자가 중과 용이 아니라 '중용'을 중시하였다는 것은 그의 말 "중용의 덕됨이 지극하도다! 이 덕을 소유한 사람이 적은 지 오래구나!" (『論語』 雍也篇) 혹은, "군자는 중용하고, 소인은 중용에 반한다. 군자가 중용을 함은 군자이면서 때에 맞게 하기 때문이요, 소인이 중용에 반대로 함은 소인이면서 망령되게 행함에 거리낌이 없기 때문이다."(『中庸』)[46]에서 살펴볼 때 분명하

46) 『論語』 雍也篇: 中庸之爲德也, 其至矣乎! 民鮮久矣!
『中庸』: 君子中庸, 小人反中庸. 君子之中庸也, 君子而時中; 小人之反中庸也, 小人而 無忌憚也.

다. 그렇다면 중용이란 무엇인가? 그것은 모든 덕들의 본보기인 동시에 여러 가지 사회제도와 예의, 그리고 법 제정의 준칙이다. 즉 그것은 윤리와 정치의 원리인 것이다. 그렇다면 중용이란 형식적 원리에 불과한 것이다. 중용에 관해서는 따로 설명할 것이다.

예(禮): 예라는 것은 제도, 의식, 법 등의 외면적 표장을 말한다. 즉 군신, 부자, 부부, 장유, 붕우 등에 차례를 나누어 세우고, 그것을 통해 사회조직을 유지시키는 것이다. 공자는 거의 천성적으로 예를 좋아했고, 오랫동안 열심히 연구하여 마침내 예의 달인이라고 불려졌다. 『주례』(周禮)를 만든 주공(周公)을 깊이 존경하고 흠모하였다. 관중(管仲)이 예를 알지 못한다고 하면서 그릇이 작다고 하였다. 또 그 당시 사회제도가 문란하고 예가 통하지 않는 것을 보면서 분한 심정을 억누를 수 없어 공자는, "뜰에서 팔일무(八佾舞)를 춤추는 것을 참을 수 있다면, 과연 무엇을 참지 못하겠는가?"(『論語』 八佾篇), "임금의 큰 제사에 향기로운 풀로 빚은 술을 땅에 붓고 온 사람을 내가 보고 싶지 않구나!"(同篇)라고 말하였다. 또 그는 주나라가 한창 융성했을 때를 생각하면서, "주나라는 하(夏)와 상(商)나라 두 시대에서 본받았으니, 빛나도다 그 문채여! 나는 주를 따르리라"(同篇)고 하였다.[47]

예의 의미는 시대에 따라 달랐다. 『주례』의 예에는 제도(制度)의 뜻이 들어 있었다. 『의례』(儀禮)의 예는 의식(儀式)의 뜻이 들어 있었으며, 『곡례』(曲禮)의 예는 법(法) 제정의 뜻이 들어 있었다. 즉 고대의 예는 오로지 제도, 의식, 법 등의 외면적 형식을 지칭하였으나, 공자는 선왕의 도의 외면적 예의를 어느 정도 내면화시켰다. 예를 들어, "정공(定公)이 물으니, 임금이 신하를 부리며 신하가 임금을 섬기되 어찌하여야 하는가? 공자가 대답하여 말하되, 임금이 신하를 부리되 예로써 하며, 신하가 임금을 섬기되 충성으로써 하여야 한다."[48](『論語』 八佾篇)고 하였다. 즉 예를 내면적으로 해석하면서 덕의 이름인 충서(忠恕)와 대비시켰던 것이다. 외면적 법칙인 예가 공자로 말미암아 점점 내면적 덕으로 변화되는

---

47) 八佾舞於庭, 是可忍也, 孰不可忍也?
禘自旣灌而往者, 吾不欲觀之矣!
周監於二代, 郁郁乎文哉! 吾從周.

48) 定公問君使臣, 臣事君, 如之何? 孔子對曰: 君使臣以禮, 臣事君以忠.

경향을 보여주고 있다. 맹자에 이르러서는 완전히 내면적 덕으로 변화되어 인·의·예·지로 불려졌다.

인(仁): 인이란 공자 교학사상의 극치이며, 일관지도의 내용이다. 글자의 뜻을 풀이한다면 인(仁)은 '사람 인'(人)과 '두 이'(二)가 나란히 있어, 두 사람이 서로 만난다는 뜻이다. 『육서정위』(六書正僞)에는 "원(元)은 이(二)와 인(人)이 나란히 있고, 인(仁)은 인(人)과 이(二)가 나란히 있다. 하늘에는 원이 되며, 사람에는 인이 된다. 원은 일원의 기(氣)이며, 인은 모든 덕을 통솔하는 것이다. 사람이 만물의 영장이 되는 까닭은 인에 있다."[49]고 하였다. 즉 인이라는 글자는 사람이 사회생활을 영위하는 데 필요한 덕(德)과 의(義)를 가리키는 것이다. 공자 이전에도 인이라는 글자를 사용하였다. 『시경』(詩經)의 정풍(鄭風)에는 대숙단(大叔段)을 "진실로 아름답고 어질다[洵美且仁]"고 하였다. 여기서 인은 행위의 아름다움을 일컫는 것으로 해석한 것이다. 『주례』에서는 인(仁)을 포함한 지(知), 성(聖), 의(義), 충(忠), 화(和)와 함께 6덕으로 불렀다. 이는 인을 하나의 덕을 부르는 명칭으로 해석한 것이다.

공자에게 인(仁)의 의미는 이상에서처럼 가벼운 것이 아니다. 공자는 인을 가장 중시하면서, 제자들에게 거짓으로 인이라는 이름을 부여하지 말라고 하였다. 일찍이 안회(顔回)를 칭찬하면서, "회는 그 마음이 3개월 동안 인에서 어긋나지 않았고, 나머지는 하루에 한번 한달에 한번 이르렀다."[50](『論語』 雍也篇)고 하였다. 겨우 3개월을 인에서 어긋나지 않았다고 한 것은 인자(仁者)됨을 아직 허락하지 않았다는 뜻이다. 또한 공자는 스스로 겸손하여 인에 살지[居仁] 못한다고 하면서, "만약 성인과 인자라고 하면, 내 어찌 감당하리오."[51](『論語』 述而篇)라고 하였다. 아마도 공자가 인자로 인정했던 사람은 요·순·우·탕·문·무·주공 이외에 미자(微子), 기자(箕子), 비간(比干), 백이(伯夷), 숙제(叔齊), 관중(管仲) 등 몇 명에 지나지 않는다. 공자는 인자를 어떻게 중시하였을까? 그는 인이라는 말을 여러 가지 의미로 사용하였다. 그래서 후세 학자들 간에 여러 가지 해석

49) 元, 竝二竝人, 仁, 竝人竝二. 在天爲元, 在人爲仁. 元, 一元之氣, 仁, 衆德之總. 人所以爲萬物之靈, 仁也.

50) 回也其心三月不違仁, 其餘則日月至焉而已矣.

51) 若聖與仁, 則吾豈敢!.

들이 생겨나게 되었다.

맹자(孟子)는 인을 '차마 하지 못하는 마음'[不忍人之心]이라 하면서, "측은하게 여기는 마음이 인의 시작이다."[52]고 하였다. 이등인재(伊藤仁齋)는 "자애(慈愛)의 덕은 멀고 가깝고 안이고 밖이고 꽉 차며 통하여 이르지 않는 것이 없는데, 이를 인이라 한다."[53]고 하였다. 한퇴지(韓退之)는 "박애(博愛)를 인이라 한다."[54]고 하였다. 대체적으로 어느 사람을 막론하고 모두 인을 정서적인 것으로 해석한다. 그러나 대조적으로 물조래(物徂徠)는 인을 공리적(功利的)인 것으로 해석하면서, 인이란 사람을 기르고 백성을 편안하게 하는[長人安民] 덕이라고 하였다. 또 송나라 유학자들은 이러한 철학설에 근거하여 인을 본체론적으로 해석하였다. 즉 정자(程子)는 인을 '도를 생겨나게 하는 것'[生道]이라 하였고, 주자는 마음[心]을 인이라 하면서, "하늘에는 만물을 생성시키는 힘이 있고, 사람에게는 모든 윤리를 실행하는 힘이 있다."[55]고 하였다. 그러나 공자의 학설 속에는 송나라 유학자들이 말한 철학사상은 없었거니와, 그 해석은 미흡 할 수밖에 없다. 인을 자애와 박애의 의미로 해석한 사람이나 백성을 편안하게 하고 사람을 기르는 덕으로 해석하는 사람은 비록 그 나름대로의 정당함이 있으나 모두 어느 한 측면에 머물 뿐이다. 인은 공자의 이상이요, 그 이상의 내용인 것이니, 어느 한 측면에만 한정시킬 수 없는 것이다. 즉 자애, 안민, 장인 등은 인의 한 측면이지만 전체를 보여주는 것이 아니다.

한편, 해강(蟹江) 박사는 인의 의미를 광의와 협의 두 가지로 생각하였다. 즉 좁은 의미로는 자애(慈愛)를 뜻하고, 넓은 의미로는 ① 자애, ② 이택(利澤, 즉 安民長人), ③ 중후(重厚), ④ 충서(忠恕), ⑤ 극기(克己, 즉 制慾) 등 다섯 가지를 모두 포함하는 뜻이 있다는 것이다. 자애는 연민이다. 번지(樊遲)의 질문에 답하면서 공자는 인은 '사람을 사랑하는 것'[愛人]이라고 분명히 말한 바가 있다.(『論語』 顔淵篇) 또 "만약 왕다운 사람이 다스린다고 할지라도 반드시 1세(30년)가 지난 후에 인(仁)할 것이다."[56](子路篇)고 하였다. 자장(子張)의 질문에 답하면서

52) 惻隱之心, 仁之端也.
53) 慈愛之德, 遠近內外, 充實通徹, 無所不至, 謂之仁.
54) 博愛之謂仁.
55) 在天生成萬物之力, 在人實行一切倫理之力.
56) 如有王者, 必世而後仁.

"다섯 가지를 천하에 행할 수 있으면 인(仁)을 행하는 것이다. '그것이 무엇입니까?'라고 청하여 물으니, 답하기를 공손(恭), 관대(寬), 믿음(信), 민첩(敏), 은혜(惠) 등이니 공손하면 경멸하지 않고, 관대하면 무리를 얻고, 믿음이 있으면 사람이 맡기고, 민첩하면 공이 있고, 은혜로우면 사람을 부릴 수 있을 것이다."[57](陽貨篇)고 하였다. 이것은 인을 이익과 은택, 즉 백성을 편안하게 하고 사람을 기른다는 공리적 의미로 해석하는 것이다. 또 "군자가 친한 사람에게 돈독하게 대하면 백성이 어질게 되고, 오래 사귄 사람을 버리지 않으면 백성의 인정이 경박하지 않을 것이다."[58](泰伯篇)고 하였고, 또 "마을의 인심이 인후한 것이 아름다우니, 인심이 좋은 마을을 선택하되 인에 처하지 않으면 어찌 지혜롭다 하겠는가."[59](里仁篇)라고 하였다. 여기서는 인을 중후(重厚)하다는 의미로 해석하는 것이다. 공자가 살아있을 때, 증자는 이미 충서가 일관지도라고 해석하였고, 『논어』 속에서 인을 충서의 의미로 사용한 적이 적지 않다. 예를 들어, "인자는 자신이 서고자 하면 남을 세우고, 자신이 통달하고자 하면 남을 통달시킨다."[60](雍也篇)고 하였다. 인은 또한 극기로 해석될 수 있다. 예를 들면, "극기복례(克己復禮)가 인이다. 단 하루라도 극기복례하면 천하가 인으로 돌아올 것이다. 인을 행하는 것은 자기에게 달려있는 것이지 다른 사람에게 달려있는 것이냐?"(顔淵篇), 또 "인자는 어려움을 먼저 하고 뒤에 얻는다."(雍也篇)고 말한 것[61]이 그것이다. 자기[己]란 사욕이며, 극기(克己)란 자기의 정욕을 억제하는 것이지 절대 금욕한다는 의미가 아니다. 이상은 인의 다섯 가지 의미를 밝힌 것이다. 여기서 서로 밀접한 관계가 있는 내용들을 하나로 종합하는 개념이 바로 인(仁) 자체이며, 그 중에서도 핵심적인 뜻은 자애(慈愛)라는 것이다. 자애가 인의 본뜻이며, 자애로운 사람은 스스로 중후하고 충서를 하게 된다. 자애의 효과가 이익과 은택이고, 그것에 통달하고자 할 때 그 수단은 극기하지 않으면 안 된다. 해강 박사의 해설을 요약하면 다음과 같다.

---

57) 能行五者於天下, 爲仁矣. 請問之. 曰: 恭 · 寬 · 信 · 敏 · 惠. 恭則不侮, 寬則得衆, 信則人任焉, 敏則有功, 惠則足以使人.

58) 君子篤於親, 則民興於仁. 故舊不遺, 則民不偸.

59) 里仁爲美; 擇不處仁, 焉得知?

60) 夫仁者己欲立而立人, 己欲達而達人.

61) 顔淵篇: 克己復禮, 爲仁. 一日克己復禮, 天下歸仁焉. 爲仁由己, 而由人乎哉! 雍也仁者先難而後獲.

- 인(仁)의 의미
  - 협의(인의 본뜻)…자애(慈愛)
  - 광의……………(군자의 이상이며 모든 덕의 통일원리)
    - 자애(慈愛)
    - 중후(重厚)
    - 충서(忠恕)
    - 이택(利澤)
    - 극기(克己)
    - → 이타주의(利他主義)

강도영일랑(綱島榮一郎)씨도 공자가 말한 인(仁)에는 넓은 의미와 좁은 의미가 있다고 생각한다. 넓은 의미의 인은 모든 덕의 주(主)가 되는 것이며, 모든 덕을 통솔하는 궁극적 이상 즉 통일원리라고 보았다. 그러나 이러한 설명으로는 인의 내용을 명쾌하게 밝혔다고 할 수 없고, 오히려 완성(完成)이나 원만[圓現]이라는 말로 해석하는 것이 그 진의를 파악하기 쉬울 것이다. 한편, 좁은 의미의 인은 '지 · 인 · 용'(智仁勇)으로 병칭하여 불려질 때의 인으로, 이때의 인은 인애(仁愛)를 의미하며, 영어의 benevolence에 해당하는 덕이다. 우야(宇野) 박사의 견해도 역시 마찬가지로, 인을 자애의 덕이라 하였다. 공자가 말한 인의 내용에 비추어 살펴보면, 자애의 덕으로부터 연역되어 나오는 첫 번째가 충서이고, 진실한 마음이 아닌 것은 곧 인이 아닌 것이다. 두 번째로 연역되는 것이 은택인데, 자애의 덕이 있는 사람이 임금의 자리에 있으면 반드시 백성들에게 은혜를 베풀 것이다. 세 번째로 연역되는 것은 용기인데, 인자는 사욕과 이기심을 억제할 수 있는 것이다. 네 번째는 기쁨과 즐거움인데, 인자는 마음속에 돌이켜 거리낌이 없으며 기쁘고 즐거운 심정을 항상 억누를 길이 없는 것이다. 여러 학설들이 일치하는 바이지만, 공자가 말한 인에는 두 가지 의미가 있음이 분명하다. 넓은 의미의 인은 모든 덕들을 통일시키는 원리이다. 그래서 개별 덕목에 한정시킬 수가 없는 것이다. 해강 박사의 설에 의하면, 『논어』에 나타난 인의 의미는 다섯 가지가 있다고 하였으나, 공자가 인을 이 다섯 가지 덕을 포괄하는 원리로만 보고 있는 것이 아니다.

윤리설

공자는 윤리설을 체계적으로 제시하지는 않았다. 그러나 그의 윤리설을 연구해 보면 그 중에는 실로 오늘날의 윤리학에서 말하는 이상론(理想論), 본무론(本務

論), 덕론(德論), 총설(總說) 등이 포함되어 있다. 그것을 개괄하면 다음과 같다.

이상론: 공자의 도덕이상은 일관지도, 즉 인 · 중용 · 예이다. 인, 중용, 예 등은 모두 공자의 도덕이상이라는 점에서 본질적으로 모두 같다. 그 모두가 일관지도의 세 측면인 것이며, 이 가운데 가장 중추적인 위치를 차지하는 것이 인(仁)인 까닭에 공자의 도덕이상은 인 하나로 총괄할 수 있을 것이다. 인의 극치에 도달한 이상적 인격이 인인(仁人)이요, 성인(聖人)이다. 인인 또는 성인으로 불려질 수 있는 사람은 요 · 순 이하 몇 사람에 지나지 않았고, 보통 사람들은 배워서 도달할 수 있는 경지가 아니었다. 따라서 이상적 인격 이외에 일반인들이 배워서 도달할 수 있는 제2의 이상적 인격을 정할 수밖에 없었고, 실천적으로 도달할 수 있는 경지를 보여줄 필요가 있었다. 공자는 이러한 이상적 인격을 군자(君子)라 하였다. 옛 부터 군자의 의미는 어떤 위치를 말하기도 하고, 어떤 덕을 말하기도 하였다. 공자가 이상으로 내세운 군자는 후자에 속하는 것이었는데, 그것은 어떤 지위나 명성을 지니고 있음을 말하는 것이 아니고, 어떤 기예와 능력을 갖춘 사람을 말하는 것도 아니고, 그 사람됨을 위하여 수양하는 데 부족함이 없는 인물을 말하는 것이었다. 사람됨을 수양한다는 것은 지 · 정 · 의(知情意) 세 측면을 수양한다는 것인데, 그 가운데 공자가 중시한 것은 도덕적 수양이었다.

본무론: 공자의 윤리설 속에는 본무(本務)의 사상이 매우 잘 나타나 있다. 즉 제(齊)나라 경공(景公)의 정치에 관한 질문에 답하면서, "임금은 임금답고, 신하는 신하답고, 아버지는 아버지답고, 아들은 아들다워야 한다."[62](『論語』 顔淵篇)고 한 것이 바로 그것이다. 이 사상은 자사(子思)에 와서 새롭게 정리되어 본무의 분류가 되었다. 『중용』에는 "임금과 신하, 아버지와 아들, 남편과 아내, 형과 아우, 친구간의 사귐 등 다섯 가지가 천하의 달도(達道)이다."[63]라고 하였는데, 맹자는 그 형식을 보완하여, "부모와 자식 간에는 친함이 있어야 하고, 임금과 신하 간에는 의리가 있어야 하며, 남편과 아내 간에는 구별이 있어야 하고, 어른과 아이 간에는 차례가 있어야 하며, 친구 간에는 믿음이 있어야 한다."[64]고

---

62) 君君, 臣臣, 父父, 子子.
63) 君臣也, 父子也, 夫婦也, 昆弟也, 朋友之交也: 五者天下之達道也.
64) 父子有親, 君臣有義, 夫婦有別, 長幼有序, 朋友有信.

고쳐 말하였다. 이것이 이른 바 오륜(五倫)인 것이다. 맹자 이후에 비로소 오륜이 유교도덕에서 경시할 수 없는 본무의 분류라 불려지게 되었다.

중국에서의 본무사상은 연원이 상당히 오래 되었다. 『요전』(堯典)에서 『오전』(五典) 및 『오교』(五敎) 등으로 불렀던 것들이 모두 본무의 분류이다. 『오교』에 관해서는 여러 가지 견해들이 있다. 『좌전』(左傳)에는 "아버지는 옳아야 하고, 어머니는 자애로워야 하고, 형은 우애롭고, 아우는 공손해야 하며, 자식은 효도해야 한다"[65]고 하였는데, 사람들이 많이 취하는 설이다. 그러나 이것은 가정의 도덕을 열거한 것에 지나지 않기에, 만약 이것으로 도덕의 주요 덕목으로 삼는다면 아주 불완전한 것임을 깨달을 수 있을 것이다. 이 불완전한 요목이 맹자의 오륜으로 완성되기까지에는 이미 몇 차례 변화과정이 있었다. 『주역』 가인괘(家人卦)의 단전(彖傳)에는, "아버지가 아버지답고, 아들이 아들답고, 형이 형답고, 아우가 아우답고, 남편이 남편답고, 아내가 아내다우면 가정의 도가 바르다."[66]고 하였다. 여기에는 가장 필요한 부부의 도를 가정도덕에 포함시키고 있다. 공자는 경공(景公)의 물음에 답하면서, "임금이 임금답고, 신하가 신하답고, 아버지가 아버지답고, 아들이 아들다워야 한다."고 하였는데, 이는 임금과 신하, 아버지와 아들의 도덕을 규정한 것이다. 만약 〈아버지가 아버지답고, 아들이 아들다워야 한다.〉에 부모형제와 다른 사람들 간의 모든 덕들을 포함시킨다면, 앞에서 말한 가정도덕에 임금과 신하의 도덕을 보완시킨 것이 되었을 것이다. 『대대예기』(大戴禮記)에 애공(哀公)이 공자에게 묻는 곳에서, "남편과 아내는 구별이 있어야 하고, 아버지와 아들은 친애함이 있어야 하고, 임금과 신하는 의리가 있어야 한다. 이 세 가지가 바르면, 일반백성들이 따를 것이다."[67]고 하였다. 이것은 부부, 부자, 군신의 의무를 밝혀 규정한 것이다. 『중용』은 군신, 부자, 부부, 형제, 친구 다섯 가지를 들어 천하의 달도라 하였는데, 이것은 본무의 분류를 어느 정도 정비한 것이며, 실질적으로 오륜설을 확립시킨 것이다. 맹자는 『중용』의 오달도(五達道)를 다시 형식적으로 보완하여 명칭을 부여하였을 따름이다.

덕론: 유교덕목에는 여러 가지 종류들이 있다. 그 중에서 주요한 것은 오상(五

65) 父誼, 母慈, 兄友, 弟龔, 子孝.
66) 父父, 子子, 兄兄, 弟弟, 夫夫, 婦婦, 而家道正.
67) 夫婦別, 父子親, 君臣義. 三者正則庶民從之矣.

常)과 삼덕(三德)이다. 오상은 인 · 의 · 예 · 지 · 신(仁義禮智信)이다. 이것이 비록 동중서(董仲舒)에 와서 완성되었으나, 실로 그 출발은 공자였던 것이다. 공자의 도덕이상이었던 인(仁)에는 의(義)가 함유되어 있었다. 증자는 그것에 부연해서 인의를 주장하였고, 맹자는 다시 인의를 명백하게 주장하는 동시에 그것을 발전시켜 인 · 의 · 예 · 지 사덕(四德)이 되었던 것이다. 동중서는 다시 맹자의 4덕에 신이라는 한가지 덕을 더하여 오상설을 확립시켰다. 삼덕은 지 · 인 · 용인데, 오상과는 그 분류기준이 전혀 다르다. 공자는 "군자의 도에는 세 가지가 있는데, 나는 그것을 행할 수 없다. 인자는 염려하지 않고, 지자는 미혹되지 않으며, 용자는 두려워하지 않는다."[68](『論語』 憲問篇)고 하였다. 따라서 지 · 인 · 용 삼덕은 이미 공자가 인정하였던 것이며, 『국어』(國語), 『좌전』(左傳)과 기타 역사책에서 나타나고 있다. 공자 이전에도 이미 삼덕의 분류가 행해졌다. 『중용』은 공자의 학설을 이어받아 "지 · 인 · 용 세 가지는 세상의 달덕(達德)"이라고 말했으나, 자사 이후에는 이 삼덕의 분류를 따르는 사람이 거의 없었다.

실천도덕론: 실행주의자로서 공자는 이론보다는 실천을 중시하였다. 최선을 다해야 하는 일은, 도덕원리를 연구하는 것이 아니라 도덕의 실천을 고취시키는 일이다. 가까운 곳에서 먼 곳으로 나아가는 것이 도덕실천의 요지이다. 그래서 가정도덕이 더욱 중요시된다. 가정도덕이 나라를 다스리고 세상을 화평하게 하는[治國平天下] 근본인 것이다. 즉 정치를 행하는 큰 근본은 가정에서 발견되어져야 한다는 것이다. 공자는 효제(孝弟)를 가정도덕의 중심덕목으로 생각하면서, "자제들은 집안에 들어오면 효도하고, 밖에 나가면 공경해야 한다."[69](『論語』 學而篇)고 하였다. 효란 부모를 잘 모시는 것이며, 공경이란 형제를 잘 대하는 것이다. 그 중에 더 중요한 것이 효이다. "효는 덕의 근본이며, 그것으로 말미암아 가르침이 생겨나는 것이다."라고 하였고, 또 "다섯 유형의 형에 속하는 벌칙이 3000가지가 있는데 불효보다 더 큰 죄는 없다."고 하였다.[70](『孝經』)

공자 실천도덕의 출발점은 효도이다. 그 내용은 복종과 양지(養志)이다. 복종

---

68) 君子道者三, 我無能焉: 仁者不憂, 知者不惑, 勇者不懼.

69) 弟者入則孝, 出則弟.

70) 孝, 德之本, 敎之所由生也.
五刑之屬三千, 而罪莫大於不孝.

이라는 것은 부모의 뜻을 어기지 않는 것이다. 그래서 "부모가 살아 계실 때 그 뜻을 보고, 돌아가시면 그 행실을 살펴보지만, 3년 동안 부모의 도에 고침이 없어야 효라고 할 수 있다."[71](『論語』學而篇)고 하였던 것이다. 양지라는 것은 부모의 뜻을 기른다는 것이다. 그래서 자유(子游)가 "효도가 무엇입니까?"라고 묻자, 답하기를 "오늘날 효를 공양이라 하는데, 개와 말에게도 기름이 있으니 공경하지 않으면 무엇으로 구별 짓겠는가?"[72](爲政篇)라고 하였던 것이다. 공자는 복종과 양지 이외에도 기간(幾諫)의 필요성을 언급하였다. 기간은 부드러운 낯빛과 기쁜 표정으로 부모에게 간하는 것이다. 부모의 행위가 도에 어긋날 때는 옳은 길로 인도하는 것이 그것이다. 즉 기간은 상황에 따라 대처하는 효도이다. 그래서 "부모를 섬기되 부드러운 말로 간하고, 그 간언이 받아들여지지 않더라도 공경하여 어기지 않으며 수고로움을 당해도 원망하지 않는다."[73](里仁篇)고 하였다. 또한 공자는 효의 결과를 중시하고, 중국의 옛 예를 본받아 3년상(三年喪)을 주장하였다. 후세의 학자들 모두가 이를 이어받아 3년상은 유교의 정설이 되었다. 중국에서의 장례기간은 동서고금을 통틀어 가장 길었다. 사회조직이 단순한 시대에는 3년상을 입더라도 그리 어려움이 없었으나, 복잡한 사회에서 이런 제도를 실행한다면 활동에 장애가 될 것이다. 장례기간이 너무 길어서 나타나는 폐해에 대해서는 공자가 살아 있을 당시에 이미 재아(宰我)가 주목했던 바이다. 그 이후 묵자(墨子)는 그것을 크게 비난하면서 간단하게 장례를 지낼 것을 주장하게 되었다.

공자의 효제론을 이어받아 서술하면서 그 요지를 가장 명쾌하게 밝힌 사람이 증자(曾子)이다. 증자의 효제론에 관해서는 나중에 언급할 것이다.

수양론: 공자는 일찍이 박문약례(博文約禮)를 인에 도달하는 공부라고 하였다. 박문약례란 글자 그대로 학문을 널리 익히고 예의로써 그것을 실천하는 것이다. 학문만을 널리 익히면 잡학에 빠지고, 예만 중시하면 허례에 흐르게 된다. 두 가지가 동시에 행해질 때 인에 도달할 수 있는 것이다. 박문약례가 인에 도달하는

71) 父在觀其志, 父歿觀其行, 三年無改於父之道, 可謂孝矣.
72) 今之孝者是爲能養, 至於犬馬, 皆能有養, 不敬何以別乎?
73) 事父母幾諫, 見志不從, 又敬不違, 勞而不怨.

유일한 방법이다. 공자는, "군자는 학문을 널리 익히고 예의로써 실천하면 역시 배반하지 않는다."[74](『論語』 雍也篇)고 스스로 말하였을 뿐만 아니라, 그의 훌륭한 제자 안연(顔淵)도 이 점을 분명히 하였다. 즉, 『논어』에서 안연은 탄식하면서, "우러러 보자니 더욱 높고 꿰뚫고자 하니 더욱 굳세고, 우러러봄에 앞에 있더니 문득 뒤에 있도다. 선생님께서 차례차례 사람을 잘 가르쳤으니, 글로써 나를 밝혀주시고 예로써 나를 실천하게 하시는구나. 그만 두려고 해도 그럴 수 없으며, 이미 내 재주를 다하였으니 서있는 바가 높은 듯한지라 비록 따르고자 하나 말미암을 수가 없구나."[75](子罕篇)고 하였던 것이다.

정치설

공자의 정치설은 그의 윤리설과 밀접한 관계를 맺고 있다. 이는 도덕적 이상인 동시에 정치적 이상이었다. 실로 그의 정치사상은 이른바 인을 실현하는 것 이외의 어떤 것이 아니었다.

정치 목적: 공자는 치국평천하(治國平天下)를 정치목적으로 삼았다. 이는 요·순 이래로 늘 표방해 왔던 성현들의 정치적 이상이었다. 그 내용은 옛 부터 두 가지 의미를 지니고 있었다. 하나는 백성을 가르쳐 도덕성을 함양시키는 것이고, 다른 하나는 백성을 부유하게 만들어 생계를 안정시키는 것이다. 이러한 도덕적 의의와 공리적 의의는 옛 부터 서로 결합하여 정치목적이 되었고, 이는 이미 치국평천하라는 개념 중에 포괄적으로 담겨있는 것이었다. 『서경』 대우모(大禹謨)에 "덕은 오로지 정치를 잘 하는 것이고, 정치는 백성을 기르는 데 있고, 물·불·쇠·나무·곡식·땅 등은 오로지 잘 정비되어야 하고, 바른 덕은 이용후생과 어울려야 한다."[76]고 하였다. 그러나 공자는 이러한 도덕적 의의와 공리적 의의를 동시에 인정하면서도 주로 백성들의 도덕 발달의 측면을 더 중시하여, 정치의 목적으로 '백성을 편안하게 하고 기른다.'[安民長人]는 공리적 측면에 관한 주장은 비교적 드문 편이다. 계강자(季康子)가 정치에 관해서 묻자, 공자는 "정치란 바로

74) 君子博學於文, 約之以禮, 亦可以弗畔矣夫.
75) 仰之彌高, 鑽之彌堅, 瞻之在前, 忽焉在後. 夫子循循然善誘人, 博我以文, 約我以禮; 欲罷不能, 既竭吾才. 如有所立, 卓爾; 雖欲從之, 末由也已.
76) 德惟善政, 政在養民; 水火金木穀土惟修; 正德利用厚生惟和.

잡는 것이니, 그대가 바름으로써 솔선수범한다면 누가 감히 바르지 않겠는가?"[77] 라고 답하였다(『論語』 顔淵篇). 공자는 정치를 바르게 하는 것으로 보았다. 바르게 한다는 것은 백성들을 바르게 한다는 것, 즉 백성들을 이끌어 도덕적으로 발달하게 하는 것이다.

정치방법: 공자가 말한 치국평천하란 덕으로써 백성을 감화시키고 국가를 평화롭게 다스린다는 것이다. 그러나 그러한 치국평천하라는 목적을 달성하려면 어떻게 해야 하는가? 바꿔 말하면, 정치이상을 실현할 방법은 무엇인가? 공자는 항상 나라를 다스리는 주요한 방법은 덕치주의(德治主義)라고 주장하였다. 덕치주의는 통치자가 덕으로써 세상의 일반백성들을 다스린다는 것이다. 이른바 "덕으로써 정치를 행함은 북극성이 제 자리를 잡고 있으면 많은 별들이 그것을 향하는 것에 비유할 수 있다."[78](爲政篇)고 한 언표는 덕치주의 정신을 가장 잘 보여주는 주장일 것이다. 또 계강자가 "만약 도 없는 사람을 죽여, 도 있는 데로 나아간다면 어떻습니까?"라고 묻자, 공자가 대답하길 "그대는 정치를 행함에 어찌 죽임을 쓰려고 하는가? 그대가 착하고자 하면 백성들도 착할 것이니, 군자의 덕은 바람이요, 소인의 덕은 풀이라. 풀 위로 바람이 불면 반드시 쓰러지는 것이니라."고 말하였다[79](顔淵篇).

덕치주의의 정치를 행하려고 한다면, 통치자가 먼저 자신의 덕을 닦지 않을 수 없다. 고대로부터 전해지고 있었던 수기치인(修己治人)의 사상을 공자가 가장 분명하게 서술하였다. 예를 들어 "그 자신이 바르면 명령하지 않아도 행하고, 그 자신이 바르지 않으면 명령해도 따르지 않는다.", "진실로 그 자신을 바르게 하면 정치를 좇음에 그 무엇이 있겠는가? 그 자신을 바르게 할 수 없으면 남을 어떻게 바르게 하겠는가?"[80](子路篇) 등의 말을 하였던 것이다. 『논어』에서는 이 말을 계속 반복해서 하고 있다. 이러한 수기치인론은 유교정치의 근본사상이 되었다. 역대학자들이 이어받아 서술하였고, 맹자는 이를 체계적으로 주장하였던

---

77) 政者, 正也, 子帥以正, 孰敢不正.
78) 爲政以德, 譬如北辰, 居其所而衆星共之.
79) 如殺無道以就有道, 如何?
子爲政, 焉用殺? 子欲善, 則民善矣. 君子之德風, 小人之德草, 草上之風必偃.
80) 其身正, 不令而行; 其身不正, 雖令不從.
苟正其身矣, 於從政乎何有? 不能正其身, 如正人何!

것이다. 그러나 덕치주의만을 제창한 나머지 법치주의는 반대하였다. 그래서 공자는 "예로써 다스리면 백성들은 수치를 알고 착한 데에 이를 것이다"[81](爲政篇)고 하였다. 그 당시 주나라 왕실은 기강이 해이해졌고, 세상의 혼란은 점점 심해져 갔음에도 법치주의를 배격하고 덕치주의를 고집한 것은 공자의 식견이 보통이 아니었음을 보여주는 것이다. 그러나 다른 측면에서 말한다면, 그 당시 공자의 의견이 세상에 받아들여지지 않았다는 사실도 덕치주의를 고집하게 된 이유 중의 하나였다.

덕치주의 정치를 행하려 하면 지도자들이 항상 정성을 다하여 정치적 난국에 대처하는 수밖에 없을 것이다. 그래서 공자는 자장(子張)의 물음에 답하면서, "거처함에 게으르지 않고 행동함에 충성으로 하라[居之無倦行之以忠]."(顔淵篇) 고 하였고, 자로(子路)의 물음에 답하면서 "게으르지 말라."(子路篇)고 하였는데, 이는 지도자가 힘써 정치를 행하면 백성들은 반드시 정부를 깊이 신뢰한다는 것이다. 그래서 섭공(葉公)은 "가까이 있는 사람이 기뻐하고 먼 데 있는 사람이 오게 된다[近者說遠者來]"(子路篇)고 하였다.

공자는 늘 예악이 땅에 떨어지고 있음을 탄식하면서 온갖 힘을 다해 그것의 진흥을 꾀하였고, 예악사상을 존중하면서 정치설 속에 늘 나타내었다. 『논어』에는 다음과 같은 구절이 있다. "자로(子路)가 위나라 임금이 선생님을 기다려 정치를 행하려 하니 '선생님께서는 장차 무엇을 먼저 하시겠습니까?' 라고 말하자 선생님은 '반드시 명분을 바르게 할 것이다'고 하였다. 자로가 '선생님은 이렇게 사정에 어두우시군요, 어찌 바르게 할 것입니까?'라고 하자, 선생님은 '야하구나 유(由)여! 군자는 알지 못하는 바를 제쳐 두느니라, 명분이 바르지 않으면 말이 따르지 않고, 말이 따르지 않으면 일이 이루어지지 않으며, 일이 이루어지지 않으면 예악이 일어나지 않고, 예악이 일어나지 않으면 형벌이 형평을 잃고, 형벌이 형평치 못하면 백성이 수족을 둘 곳이 없게 된다. 따라서 군자는 명분이 있으면 반드시 말할 것이며, 말하면 반드시 행할 것이니, 군자는 그 말함에 구차스럽지 않을 따름이다.'"(子路篇)고 하였다.[82] 이는 명분을 예의 가장 중요한 요체로 삼

---

81) 道之以禮, 有恥且格.
82) 子路曰: 衛君待子而爲政, 子將奚先?
子曰: 必也正名乎!
子路曰: 有是哉子之迂也! 奚其正?

는다는 것이다. 이처럼 예를 중시하는 점을 감안할 때, 공자의 정치설은 예치주의(禮治主義)를 포함하고 있다고 하겠다.

공자는 생산과 교육을 정책의 2대 강령으로 삼았다. 『논어』에는 "선생님이 위나라에 가실 때 염유가 수레를 몰았다. 선생님이 '백성들이 많기도 하구나' 하였다. 염유가 '이미 백성들이 많으면 또 무엇을 더 하여야 합니까?' 하고 묻자, 선생님은 '부유하게 해 주어야한다'고 하였다. '이미 부유하다면 또 무엇을 더하여야 합니까?' 라고 묻자, '가르쳐야한다'고 하였다."[83](子路篇). 또 "자공이 정치에 관해 묻자, 선생님이 '양식을 풍족히 하고, 군사를 풍족히 하면 백성들이 믿을 것이다'고 하였는데, 자공이 '꼭 어쩔 수 없이 버린다면 이 세 가지 중에 무엇을 먼저 버리겠습니까?' 라고 묻자, '군사를 버릴 것이다'고 하였다."[84](顔淵篇)고 말하였다. 이는 공자가 군사를 그다지 중시하지 않았음을 나타내주는 말이다. 이처럼 공자는 생산과 교육을 정치를 행하는 2대 강령으로 삼았다. 맹자는 이 학설을 이어 받았는데, 그가 주장하는 왕도(王道)정치 혹은 인정(仁政)이 그것이다.

교육설

공자는 위대한 인격을 지닌 이상적인 교육자였다. 그는 늘 몸소 모범을 보임으로써 제자들을 선(善)으로 이끌었으며, 가르치기를 게을리 하지 않으며 제자들을 감화시킴으로써 사람들의 감탄을 자아내게 하기에 충분하였다. 그는 진실로 교육자의 전형적인 이상이었던 것이다. 그의 교육에 대한 견해에는 유익한 내용들이 많다. 아래에 그 요점을 소개하기로 한다.

교육목적: 공자는 인(仁)을 윤리적 이상으로 삼았다. 즉 인을 사람이 궁극적으로 추구해야 할 이상적 인격으로 삼았다는 것이다. 그러한 이상적 인격을 실천하는

子曰: 野哉由也! 君子於其所不知, 蓋闕如也. 名不正, 則言不順; 言不順, 則事不成; 事不成, 則禮樂不興; 禮樂不興, 則刑罰不中; 刑罰不中, 則民無所措手足. 故君子名之 必可言也, 言之必可行也. 君子於其言, 無所苟而已矣.

83) 子適衛, 冉有僕. 子曰, 庶矣哉! 冉有曰, 旣庶矣, 又何加焉? 曰, 富之. 曰, 旣富矣, 又何加焉? 曰, 敎之.

84) 子貢問政, 子曰; 足食足兵, 民信之矣. 子貢曰; 必不得已而去於斯三者何先. 曰: 去兵.

사람을 인자(仁者 혹은 聖人)라 불렀다. 따라서 공자의 교육목적은 그러한 이상적 인격을 양성하는 데 있었으며, 사람들을 인자가 되게 하는 데 있었다. 그러나 인자는 보통사람들이 도달하기 힘든 경지이다. 그래서 공자는 제2의 이상적 인격인 군자(君子)를 교육목적으로 삼았던 것이다. 군자는 지 · 정 · 의 세 가지 방면이 조화롭게 발달한 인격이다. 따라서 공자의 교육목적을 도덕적 인격의 완성이라고 해도 틀림이 없을 것이다.

교육방법: 공자는 스스로 "진심으로 배우려 하지 않으면 그 뜻을 열어주지 않으며, 애태워하지 않으면 말해주지 않으며, 한 모퉁이를 들어 세 모퉁이를 돌이켜 알지 못하면 더 일러주지 않는다."[85](述而篇)고 말하였다. 그의 교육방법은 지식과 기능을 주입하기를 거부하고 이성의 계발을 중시하였다. 바꿔 말하면, 주입식 방법이 아니고 계발식 방법이었던 것이다. 항상 제자들에게 그 개성을 주목하게 하였고, 교묘한 문답을 통해 그들의 독특한 재능을 향상시키려고 하였다. 이 점과 관련시켜 본다면, 소크라테스의 산파술(産婆術)을 연상하게 된다. 공자는 개성을 존중하면서 개성에 알맞는 교육을 하였기 때문에, 동일한 문제라도 개성이 다르면 각각 다르게 대답했던 것이다.[86] 『논어』 선진편(先進篇)에는 다음과 같은 문답이 있다. 즉 "자로가 '옳은 일을 들으면 실행하여야 합니까?' 라고 묻자 공자는 '부형(父兄)이 살아 계신데 어찌 들었다고 바로 실행할 것인가?' 라고 하였고, 염유가 '들으면 실행할까요?' 라고 묻자 '들었으면 바로 실행해야 한다.'고 하였다. 이에 공서화(公西華)가 '유(由)가 듣고 행할 것인가를 묻자 부형이 있다 하셨고, 구(求)가 같은 질문을 하자 듣고 행하라고 하셨는데, 저는 의혹되어 감히 그 까닭을 묻습니다.'라고 하자, 공자는 '구는 겸손한 까닭에 나아가게 하였고, 유는 나서는 까닭에 물러나게 하였느니라'고 하였다."[87](先進篇)는 것이다. 즉 동일한 질문에 대해 자로에게 답한 것과 염유에게 답한 것이 완전히 다른데,

---

85) 不憤不啓, 不悱不發, 擧一隅不以三隅反, 則不復也.

86) 이러한 공자의 교육방법을 인재시교(因材施教;재질에 따라 가르침을 베품) 혹은 수인이교(隨人異教; 사람에 따라 가르침을 달리함)라 부른다. 오늘날의 교육 용어로는 이른바 개별화 교수가 될 것이다.

87) 子路問: 聞斯行諸? 子曰: 有父兄在, 如之何其聞斯行之. 冉有問: 聞斯行諸? 子曰: 聞斯行之. 公西華曰: 由也問聞斯行諸, 子曰有父兄在, 求也問聞斯行諸, 子曰聞斯行 之, 赤也惑敢問. 子曰: 求也退, 故進之, 由也兼人, 故退之.

자로는 용기가 지나쳤고 염유는 주저하였던 까닭에 각각 그 개성에 알맞는 방침을 제시하였던 것이다. 전자는 소극적이었고, 후자는 적극적이었던 것이다.

교과: 공자가 제자를 가르친 것은 오로지 선왕성인(先王聖人)의 도를 가르치기 위해서였다. 선왕성인의 도를 기록한 것이 6경이다. 6경6예(六經六藝)가 공자 문하의 교과였다. 6경은 『역』(易), 『시』(詩), 『서』(書), 『예』(禮), 『악』(樂), 『춘추』(春秋)이며, 6예는 예(禮), 악(樂), 사(射), 어(御), 서(書), 수(數)이다. 일상적으로 사용했던 공자 문하의 교과서는 『시경』과 『서경』이었다. 공자는 『시경』에 대하여 일종의 도덕적 해석을 내렸다. 예를 들어, "산앵두꽃이 반짝이는구나. 어찌 너를 잊으리오. 집이 이렇게 멀구나."[88]는 원래 연애시였다. 산앵두꽃은 아름다운 여인을 가리킨다. 그러나 공자는 인(仁)으로 해석하면서, "인은 멀구나! 내가 어질고 싶은데, 인이 지극하구나."[89]의 의미로 해석하였다. 자하가 "아름다운 미소가 예쁘구나! 아름다운 눈이 맑구나! 흰 바탕에 그림을 그리는 것 같구나!"라는 시의 의미를 묻자, 공자는 "그리는 일은 흰 바탕이 있은 연후에 한다[繪事後素]"고 대답하였다. 자하가 또 "그렇다면 예는 다음에 하는 것입니까?"라고 묻자, 공자는 크게 감동하여 칭찬하면서, "나를 일깨우는 사람이 상(商)이구나. 이제 비로소 더불어 시를 말할 수 있구나."라고 하였다.

비판

공자의 학설은 다방면에 걸쳐 있어 개괄적으로 비판하려면 아주 곤란하다. 전반적으로 공자학설의 최대 장점은 그의 사상이 실천적이고 도덕적이라는 데 있다. 반대로 최대 단점은 철학적 · 윤리적 · 과학적 사상이 부족하며 오로지 복고주의에 치우치고 이상을 미래에서 찾지 않고 있다는 점이다.

철학설 비판: 공자의 철학설에서 볼 수 있는 것은 세계관과 인성론이다. 세계관의 장점은 첫째, 우주의 근본원리를 활동적인 것으로 해석하는 점이다. 둘째, 경험론에 입각하여 미신을 배격하고, 우주현상을 합리적으로 설명하고 있다는

88) 唐棣之華, 偏其反而. 豈不爾思? 室是遠而.
89) 仁遠乎哉! 我欲仁, 斯仁至矣.

점이다. 셋째, 하늘의 도로부터 사람의 도를 연역하면서 천인합일론을 주장하고 있다는 점이다. 단점은 그 해석이 명쾌하지 못한 점이 아주 많다는 점이다. 인성론에서는 성(性)에 종류가 있다고 말하여 성리론(性理論)의 기원이 되었다. 이는 진실로 주목할 만한 가치가 있으나 아주 불분명하고 모순을 안고 있는 것이다(인성론의 모순에 관해서는 이미 앞에서 설명하였다).

종교설 비판: 공자의 종교설은 하늘에 대한 신앙과 제사에 관한 것이 주요한 내용이다. 우주 주재자를 인격적이고 윤리적이라고 생각하였으며, 총명한 지식과 강력한 의지를 갖추고 있다고 생각하였으며, 천명에 따르고 그것을 두려워하면서 공경해야 한다고 주장하였다. 또 미신적 동기에서 지내는 제사를 배격하고, 윤리적 동기에서 지내는 제사를 중시하였다. 이는 모두 그의 종교설이 지닌 장점들이다. 그러나 하늘에 대한 관념들이 명쾌하지 못한 점은 그의 종교설의 단점이라고 인정할 수밖에 없다.

윤리설 비판: 공자 윤리설의 장점은 첫째, 그 근본사상이 이상주의 · 도덕주의에 근거하고 있다는 점이다. 그는 도덕을 궁극적 목적으로 삼았기 때문에 공리주의와는 전적으로 다르다. 공리주의는 도덕을 쾌락 · 공리의 수단으로 생각한다. 그러나 인의 관념 중에 이미 쾌락의 요소가 포함되어 있기 때문에 극단적이지 않는 엄숙주의이다. 둘째, 그의 윤리설은 인격주의이다. 수기치인은 공자가 가장 분명하게 내걸었던 표어였다. 즉 천하와 국가의 근본은 가정에 있고, 가정의 근본은 자기 몸에 있다는 것이다. 모든 도덕의 기초는 자기 몸을 닦고 개인인격을 완성하는 데 있다는 것이다. 셋째, 그의 사상은 실천적인 것을 중시하였다. 공자의 이상은 인인군자(仁人君子)이다. 그가 말한 인의 · 효제(仁義孝悌)는 사회유지를 위해 잠시라도 없어서는 안될 실천도덕이었다. 그의 사상은 도교와 같은 무미건조한 철학도 아니고 송나라 성리학과 같은 형이상학적 이론도 아니었다. 넷째, 대의명분을 주창하면서 존왕사상(尊王思想)을 고취시켰다는 점이다. 세상을 뒤바꾸는 혁명사상은 건국 초부터 이미 중국민족의 머리 속에 깊이 새겨져 있어 지울 수 없었다. 그래서 공자는 그것으로 인해 생겨날 폐단을 통찰하여 대의명분을 말하고 옛 부터 전해 내려오던 사상을 옳게 고쳤으니, 실로 존중하고 따를만한

탁견이라 하겠다. 공자 윤리설의 단점은 첫째, 그의 사상의 내용인 인이나 중용 관념이 명쾌하지 못한 점이 있으며, 심오한 철학적 기초가 없다는 것이다. 둘째, 본무론과 덕론이 불완전하다는 점이다. 공자가 본무라고 들면서, 제나라 경공의 물음에 답하기를 "임금은 임금답고, 신하는 신하답고, 부모는 부모답고, 자식은 자식다워야 한다."고 하였는데, 이는 겨우 임금과 신하, 부모와 자식 간의 관계를 들고 있을 뿐이라서 본무의 형식이 완전하지 못하다. 공자는 인을 총체적 덕목으로 말하였고, 효제를 실천도덕으로 말하였다. 인 가운데 인 · 의 · 예 · 지 · 신 5상을 포함하고 있지만, 겨우 인을 말했을 뿐 불완전한 덕론에 불과하다. 셋째, 인격의 관념도 불분명하다는 점이다. 공자의 윤리설이 인격주의에 바탕을 두고 개인의 완성을 중시하고 있으나, 인격적 개체의 관념은 어느 정도 불분명하다. 넷째, 공자의 말은 오로지 도덕에 힘쓰라는 것일 뿐이라는 점이다. 즉 의무만을 말했지 권리를 주장하지 않았던 것이다. 이것은 인격관념이 분명하지 않았던 필연적인 결과였다. 다섯째, 도덕사상이 어느 정도 편파성을 띠고 있다는 점이다. 즉 개인도덕은 비교적 중시하면서, 사회적 · 국가적 · 인도적 측면은 경시하였다. 바꿔 말하면 공적 도덕관념이 사적 도덕관념에 비해 미약했다는 것이다. 생산관리에 관해서는 거의 언급한 바가 없었다. 여섯째, 상고주의(尙古主義)에 치우쳐, 과거에서 이상을 찾고 미래를 도외시하였다는 점이다. 그래서 소극적인 퇴화주의(退化主義)에 흘러 문화발달을 저해했던 점이 적지 않았다. 일곱째, 지나치게 형식주의(形式主義)에 얽매였다는 점이다. 3년 상이 그 대표적인 실례이다.

정치설 비판: 정치설의 장점은 첫째, 도덕국가의 실현을 이상으로 삼았다는 점이다. 공자는 치국평천하를 정치이상으로 삼으면서, 그것의 의미를 공리적으로 해석하지 않고 백성들로 하여금 도덕적으로 발달하게 하는 것으로 생각했다. 이것은 정치목적상 타당한 견해였다. 둘째, 덕치주의를 정치방법으로 주장하였다는 점이다. 공자는 법치주의를 배격하고 덕치주의를 주장하면서, 정치가의 인격을 논하고 책임과 의무를 말했다. 이는 실로 훌륭한 견해였다고 하겠다. 셋째, 대의명분을 밝히면서 세상을 뒤바꾸는 혁명사상을 배격하였다는 점이다. 공자 정치설의 단점은 첫째, 경제적 측면을 경시하였다는 점이며, 둘째, 법치적 요소도 경시하였다는 점이다. 국민생활의 안정을 위해서는 백성들을 부유하게 만들어야 하는

것이다. 바꿔 말하면, 국가는 반드시 경제적으로 발달해야 한다는 것이다. 공자는 치국평천하의 의미를 도덕적 측면에 한정시켜 도덕국가의 실현을 이상으로 삼았지만 공리적 의미를 경시하였던 것은 공허한 도덕주의의 폐단이었던 것이다. 덕치주의를 정치의 수단으로 삼았던 것은 원칙적으로 잘못이 없으나, 정치목적을 달성하기 위해서는 법의 기능을 완전히 무시할 수는 없을 것이다. 즉 공자의 정치설은 전적으로 이상주의적인 견해에 입각하고 있었기 때문에 현실문제를 어느 정도 경시하였던 것이다.

교육설 비판: 공자의 교육설은 도덕적 인격의 완성을 목적으로 삼고, 계발주의를 그 방법으로 삼았으며, 개성을 존중하였다. 이는 오늘날 교육이론의 관점에서 본다면, 칭찬할만한 장점들이 상당히 많다.

제2절 공자 문하의 제자(諸子)와 저서

공자 문하에는 3천여 명의 제자들이 있었는데, 6예(六藝)에 통달한 제자가 70여명이었다. 그 가운데서도 가장 뛰어났던 제자들로 이른바 4과(四科)에 10철(十哲)이 있었다. 4과 10철은 덕행(德行)에 안연(顔淵)·민자건(閔子騫)·염백우(冉伯牛)·중궁(仲弓), 정사(政事)에 염유(冉由)·계로(季路), 언어(言語)에 재아(宰我)·자공(子貢), 문학(文學)에 자유(子游)·자하(子夏) 등이다. 이 밖에 자장(子張)·증삼(曾參)·유약(有若)·공서화(公西華) 등도 우수한 제자들이었다. 공총자(孔叢子)는 안연, 자공, 자로, 자장을 4우(四友)라 칭하였고, 시자(尸子)는 안연, 염백우, 자로, 재아, 자공, 공서화를 6시(六侍)라 칭하였다.

안연(顔淵 혹은 안회;顔回)은 노나라 사람으로 공자보다 30세 적었으며 공자 문하에서 으뜸가는 군자였다. 후세에 아성(亞聖:버금가는 성인)으로 불려졌고, 공자도 여러 차례 그를 칭찬하였는데, 불행하게도 단명하여 30세에 병으로 죽었다. 민자건(閔子騫 혹은 민손;閔損)도 노나라 사람으로 공자보다 15세 적었으며, 효행이 높다고 공자가 칭찬했던 바 있다. 타락한 임금의 녹(祿)은 조금도 받지 않았으며, 이른바 그런 임금이 나를 부른다면 나는 문수(汶水) 강가에 있을 것이라고 한 청렴한 선비였다. 염백우(冉伯牛 혹은 염경;冉耕)도 노나라 사람으로

몹쓸 병을 앓고 있었다. 공자가 "이 사람아! 이런 병에 걸리다니!"라고 탄식한 바가 있다. 중궁(仲弓 혹은 염옹;冉雍) 역시 노나라 사람으로 공자보다 29세 적었다. 공자는 그를 평하면서 "옹이는 왕 노릇 할 수 있겠구나[南面]!"라고 말하였다. 염유(冉有 혹은 염구;冉求)도 노나라 사람인데, 계씨(季氏) 밑에서 재상을 지냈고, 일찍이 제(齊)를 토벌하는데 공을 세웠다. 자로(子路 혹은 중유;仲由)는 제나라 사람으로 계로(季路)라 불리기도 한다. 공자보다 9세 적었는데, 용기 있다고 소문이 났으며, 위나라의 변란에서 죽었다. 재아(宰我 혹은 재여;宰予)는 노나라 사람으로, 공자가 그의 낮잠을 꾸짖었던 바가 있었다. 자공(子貢 혹은 단목사;端木賜)은 위나라 사람인데, 공자보다 31세 적었으며, 공자가 죽자 6년 동안 상복을 입었다. 자유(子游 혹은 언언;言偃)는 오나라 사람으로 공자보다 45세 적었고, 무성(武城)에서 재상이 되었다. 자하(子夏 혹은 복상;卜商)는 위나라 사람인데, 자유보다 한 살 많았다. 공자가 죽은 후, 서하(西河)에 살면서 제자들을 가르쳤다. 자장(子張 혹은 전손사;顓孫師)은 진(陳)나라 사람으로 공자보다 48세 적었다. 유약(有若 혹은 자유;子有)은 노나라 사람으로 용모가 공자와 아주 닮았다고 한다. 증삼(曾參 혹은 자여;子輿)은 따로 뒤에서 설명할 것이다.

공자 문하의 인재들은 진실로 재주가 많은 선비들이었으나, 모두 선생의 학설을 이어받아 서술하였을 뿐 창조적인 의견을 제시한 것은 별로 없었다. 예컨대, 안연 같은 제자는 매우 뛰어난 인물이었음에도 불구하고 남겨진 학설이 없다. 공자 문하에서 저술된 저명한 책은 겨우 『효경』(孝經)과 『대학』(大學) 둘 뿐이다.

『효경』(孝經)

『효경』의 저자: 『효경』의 저자가 누구인가에 관해서는 옛 부터 여러 가지 견해들이 있었다. 공자가 지었다고도 하고, 증자가 지었다고도 하며, 증자의 제자가 지었다고도 한다. 또 공자가 평소 효에 관해 한 말들을 증자가 기록한 것이라고 생각하는 사람들이 많다. 『효경』에는 금문(今文)과 고문(古文)의 두 종류가 있다. 『금문효경』(今文孝經)은 진(秦)나라 분서(焚書)사건 시에 하간(河間)과 안지(顏芝)라는 사람이 감추어 두었던 것을 한(漢)나라 초에 안지의 아들 원지(員之)가 세상에 내놓은 것이다. 『고문효경』(高文孝經)은 한나라 경제(景帝) 때, 노공왕(魯公王)이 공자의 옛집 벽 속에서 찾아낸 것이다. 두 책은 장과 글자 수 등에 있어서 다소간의 차이가 있지만, 대체적인 의미는 서로 같다. 비록 지은 사람은 확실하게 밝혀지지 않았으나, 공자 문하의 저서인 것은 분명한 사실이다. 즉 의심할 바 없이 그것의 내용은 공자사상의 전통 속에 포함된다는 것이다.

『효경』의 사상: 『효경』은 효라는 덕에 관해 여러 가지 해석들을 내리고 있다. 첫째, 효를 사람의 본성에만 고유하게 있는 것으로 생각하고 부자간의 도를 천성(天性)이라고 하였다. 둘째, 효를 백행의 근본[百行之本]이라 하면서 모든 덕들의 머리에 위치시켰다. 셋째, 넓고 큰 형이상학적 의미를 부여하여, "효란 하늘의 길[經]이며, 땅의 의[義]이며, 백성의 행위이다. 하늘과 땅의 기강이 있으면 백성은 그것을 본받는다."[90]고 말했다. 효도는 ① 복종(服從), ② 애경(愛敬), ③ 봉양(奉養), ④ 간쟁(諫諍) 등이다. 『논어』에서 말한 효도와 비교하면, 『논어』에서는 양지(養志)를 들었으나, 『효경』에서는 봉양(奉養)을 들었고, 또 기간(幾諫)을 간쟁(諫諍)이라고 하였다. 다소간의 차이는 있으나 그 정신은 서로 같다. 또 『효경』은 부모가 물려준 신체를 훼손시키는 것이 불효라고 하였고, 조상의 제사를 중요한 것으로 주장하였다.

증자(曾子)의 효사상: 공자의 효 사상을 이어받아 서술하고 그 취지를 분명하게 하였던 사람이 증삼(曾參)이었다. 증삼은 남무성(南武城) 사람으로 자는 자여(子輿)였고, 공자보다 46세 아래였다. 공자가 우둔하다고 하였기 때문에 학문에 힘썼고, 그 결과 공자의 사상을 전한 가장 유력한 사람이 되었다. 타고난 성품이 두텁고, 효심이 깊었다. 그의 언행은 『논어』, 『맹자』, 『예기』(禮記), 『장자』(莊子), 『순자』(荀子), 『한비자』(韓非子) 등 여러 책들에서 여기저기 나타나고 있다. 임종 시에 부모가 물려준 몸을 다치지 않았음을 기뻐하였던 것은 유명한 이야기이다. 그의 천성이 지극히 효성스러웠기 때문에 공자의 효론을 이어받아 서술하였다. 그는 자신의 효론(孝論)을 『대대례기』(大戴禮記) 증자 10편 중 증자본효(曾子本孝), 증자입효(曾子立孝), 증자대효(曾子大孝), 증자사부모(曾子事父母) 등 4편에서 주장하고 있다. 증자는 효의 덕을 중시하면서 모든 행실의 근본이라고 하였고, 여기에 형이상학적 의미를 부여하였다. 그래서 "무릇 효라는 것은

90) 孝, 天之經也地之義也民之行也; 天地之經而民是則之.

천하의 큰 길[大經]이다. 효를 펼치면 천지에 가득 찰 것이며, 빛나면 온 세상을 밝힐 것이다."[91](『大戴禮記』)고 하였다. 증자가 효도로 들었던 것은 ① 복종, ② 애경, ③ 양지, ④ 미간(微諫) 등 네 가지였다. 이렇게 그의 효론과 『효경』에서 효도로 들고 있는 것이 서로 같기 때문에 『효경』이 증자의 저작이라는 학설이 생긴 것이다.

『대학』(大學)

책이름과 저자: 『대학』은 『예기』의 한 편이었는데, 후에 독립된 한 권의 책이 되었다. 당나라 한유(韓愈)는 이 책을 아주 귀중하게 여기고 일찍이 『원도편』(原道篇)에 서술하였다. 송나라의 사마광(司馬光)은 『대학광의』(大學廣義) 한 권을 지었다. 정명도(程明道)와 정이천(程伊川) 두 정자(程子)는 원문의 잘못을 수정하였고, 두 정자를 이어받은 주자(朱子)에 이르러 다시 보완되어 전해졌는데, 이를 『대학장구』(大學章句)라 불렀다. 이 책과 『논어』, 『중용』, 『맹자』를 사서(四書)라 부른다. 이 사서는 성인의 도를 연구할 때 필수적으로 읽어야 할 경전들이다. 주자에 의하면, 『대학』은 성학(聖學)의 요지를 서술하고 있으며, 초학자들이 덕에 들어가는 문이다. 따라서 성학을 배우려는 사람은 반드시 『대학』에서 시작하여야 한다. 그것의 정신을 알고 난 후에 『논어』를 읽어 공자의 말뜻을 이해한다. 다음에 『맹자』를 읽어 그의 사상을 확충하고, 이후에 『중용』을 읽어 그 취지를 파악해야 한다. 후세 학자들은 모두 이러한 주자의 설에 동조하였다.

『대학』이라는 책의 이름에 관해서 한가지 설만이 있는 것이 아니다. 한나라 정현(鄭玄)은 "『대학』이라 이름 한 것은 그것의 기록한 바가 넓어서 배우면 정치를 행할 수 있기 때문이다."[92]라고 하였고, 송나라 사마광은 "무릇 각 장과 각 귀절의 의심나는 곳을 해석하고 결론을 맺어보는 것은 배움의 작은 것[小]이며, 정심(正心), 수신(修身), 제가(齊家), 치국(治國)하여 천하의 바른 덕을 세우는 것, 이것은 배움의 큰 것[大]이다."[93]라고 하였다. 이는 모두 대학이란 〈큰 뜻을 넓힌다〉는 것으로 해석하는 것이다. 이것과 반대되는 의미도 있다. 주자는 『대학

---

91) 夫孝者, 天下之大經也. 夫孝置之而塞於天地, 衡之而衡於四海.

92) 名大學者, 以其記博學可以爲政也.

93) 夫離章, 斷句, 解疑, 釋結, 此學之小也; 自正心, 修身, 齊家, 治國, 以至著名於正 德天下, 此學之大者.

장구』의 첫머리에서 "대학이라는 책은 옛날 대학(大學 혹은 太學)이라는 학교에서 사람을 가르치던 법이다."[94]라고 하였다. 후세 사람들은 대체로 주자의 설을 받아들이고 있다.

『대학』의 저자가 누구인지는 분명하지 않다. 한나라 가규(賈逵)에 의하면, 공급(孔伋;공자의 손자인 자사)이 송나라에서 가난하게 살 때 선성(先聖)의 학문이 밝지 못하고 제왕의 도가 땅에 떨어질 것을 염려하여 『대학』을 지어 경[經;씨줄]으로 삼고, 『중용』을 지어 위[緯;날줄]로 삼았다는 것이다. 따라서 『대학』과 『중용』은 자사에 의해 쓰여 졌다는 것이 된다. 청나라 모기령(毛奇齡)은 이 설이 허위임을 자세하게 고증하였다. 주자는 『대학』을 경(經)과 전(傳)으로 나누어, 경문은 증자가 공자의 뜻을 서술한 것이며, 전문은 증자의 뜻을 그의 제자들이 서술한 것이라고 하였다. 이제 『대학』을 증자의 저작이라고 보는 학자들은 별로 없다. 이등인제(伊藤仁齊)는 『대학정본』(大學定本)에서 "『대학』의 문장을 생각하면, 그것은 『시경』과 『서경』에 대해서는 숙독하였으나 공자 문하의 주의 주장에 대해서는 파악하지 못한 제나라와 노나라의 유학자들에 의해 지어졌기 때문에, 그 학설의 취향이 공자와 맹자에서 벗어날 수밖에 없었다. 그러나 그 학설이 제가, 치국, 평천하에 이르면 흥미진진한데 이는 모두 『시경』과 『서경』에서 나온 것이다."[95]고 하였다. 『대학』은 실로 유교정신을 서술한 것인데, 공자 문하의 주의 주장을 파악하지 못한 사람이 지은 것이라고 하는 이등인제의 설은 한 쪽에 치우쳐 도리에 어긋나는 이론이다. 그러나 『대학』은 전국시대 제나라와 노나라 유학자들이 지은 것이라는 데는 상당한 이유가 있다. 어쨌든 본문 중에 인용된 증자의 말들에 주목하여 본다면, 공자 문하의 17제자들의 후예들이 지은 것은 분명한 것 같다.

『대학』의 주석서: 『대학』에 대한 주석서는 아주 많다. 주자의 『대학장구』와 『대학혹문』(大學或問), 김이상(金履祥)의 『대학소의』(大學疏義), 왕양명(王陽明)의 『대학고본방주』(大學古本旁注), 호위(湖渭;청나라 시대의 인물)의 『대학익진』(大學翼眞), 진덕수(眞德秀;송나라 시대의 인물)의 『대학연의』(大學衍義), 구

94) 大學之書, 古之大學所以敎人之法也.

95) 按大學之書, 蓋齊魯諸儒熟讀詩書二經, 而未窺孔門之宗旨者所作, 故其學說之趣向, 固不能無詭於孔孟. 然說之齊家, 治國, 平天下處, 則津津有味, 蓋來自詩書二經也.

준(丘濬;명나라 시대의 인물)의 『대학연의보』(大學衍義補), 일본인 이등인제(伊藤仁齊)의 『대학정본』(大學定本), 물조래의 『대학해』(大學解), 대염팔랑(大鹽八郎)의 『고본대학』(古本大學), 대전금성(大田錦城)의 『대학원해』(大學原解) 등이 모두 이름난 것들이다.

이 중에서 원나라, 명나라 이래 널리 유행한 것은 주자의 『대학장구』이다. 이것은 정이천의 설을 기본으로 하여 주자가 다시 자신의 뜻에 따라 장구를 나눈 것이다. 장구는 경 1장과 전 10장으로 되어 있다. 전 제5장은 격물치지(格物致知)에 대한 해석이며, 주자가 부족하다고 생각하였기 때문에 전을 보완하였던 것이다. 주자의 장구가 유행할 때, 왕양명은 『고본대학』을 주장하여 한 때 놀라움을 주었다. 그러나 『고본대학』은 간단하면서 혼란스럽기도 하여 많은 학자들은 주자의 장구를 채택하였다. 장구를 나누는 법에 대해서는 여러 가지 이론들이 없는 것은 아니나 대체적으로 적절한 것으로 인정되고 있다.

『대학』의 근본사상: 수기치인(修己治人)이라는 말 한마디가 『대학』 한 권의 근본사상을 설파하고 있다. 그런데 이 사상은 요 · 순 이래 행해져 왔던 가르침의 중심이었는데, 공자는 그것을 명백하게 이어받아 서술하였던 것이다. 수기(修己)가 모든 덕들의 근본이라고 생각하는 인격주의적 도덕임이 『대학』 한 권의 책에 가장 분명하게 나타나고 있다. 예를 들어, 장구의 경에서는 "천자에서 서민들에 이르기까지 모든 사람들은 하나같이 수신을 근본으로 삼아야 한다. 근본이 어지러우면 말단은 다스려질 수 없다. 그 두터운 것이 얇어지고, 그 엷은 것이 두터워지는 것은 있을 수 없는 일이다."[96]고 하였다. 혹시 『대학』을 공자 문하의 책이 아니라고 한다면 결코 정당한 해석이 되지 못할 것이다. 이러한 수기치인의 근본사상을 가장 체계적으로 발전시킨 것이 이른바 3강령과 8조목이다.

3강령(三綱領): 『대학』 첫머리에 "『대학』의 도는 명덕(明德)을 밝히는 데 있고, 친민(親民)에 있고, 지선(至善)에 머무는 데 있다."[97]고 하였다. 이 세 가지 즉 ① 명명덕(明明德), ② 친민(親民), ③ 지어지선(止於至善)이 『대학』의 3강령이

96) 自天子以至於庶人, 壹是皆以修身爲本; 其本亂, 而末治者否矣; 其所厚者薄, 而其所薄者厚, 未之有也.

97) 大學之道, 在明明德, 在親民, 在止於至善.

다. 주자의 해석에 따르면, 『대학』 교육의 요지가 바로 여기에 있다는 것이다.

명명덕(明明德): 명명덕은 천하에 밝은 덕을 밝힌다는 뜻이다. 먼저 자기의 덕을 밝힌 후에 천하의 사람들을 덕으로써 교화시키고, 세상을 태평하게 하는 것이다. 따라서 명명덕은 자기와 천하의 사람들과 관계가 있으며, 수기치인의 사상을 포함하고 있다. 밝은 덕[明德]에 관한 해석은 고주(古註)와 주자주(朱子註)가 다르다. 고주는 도를 닦아 밝은 덕을 얻게 되는 것이라고 하였으나, 주자주는 선천적으로 본래 갖추고 있는 성(性)이라고 하였다. 주자의 설에 의하면, 밝은 덕이라는 것은 사람의 천부적인 것으로 텅 비어 있으면서 신령스러워 어둡지 않고, 모든 이치를 다 갖추고 있어 모든 일에 대응할 수 있는 것이며, 실로 천성적인 자연인 것이다. 그러나 사람은 기품(氣稟)이 있기 때문에, 사람의 욕망이 그 밝음을 덮을 때는 어두워진다. 그래서 수양을 통해 욕망을 제거하고 하늘이치의 신령스런 광명을 발휘하게 해야 한다. 이것이 명덕을 밝혀야 하는 까닭이다. 주자가 말한 명덕이란 선천적으로 갖추고 있는 양심을 가리킨다.

친민(親民): 친민이란 자기의 몸을 닦아 많은 사람들의 몸에 이른다는 뜻이다. 명명덕과 친민은 수기치인의 사상에 근거하고 있기 때문에 그 내용은 같다. 명명덕은 도덕적 측면에서 말한 것이고, 친민은 감화와 민중의 측면에서 말한 것일 따름이다. 고주는 친민의 '친'을 친애(親愛)의 의미라고 해석하면서, 천하를 다스리기 위해서는 백성을 친애할 필요가 있다고 하였다. 주자주는 '친'을 신(新)으로 해석하여, 백성의 도덕을 촉진시켜 그 면목을 일신하게 한다는 뜻이다. 주자의 설에 따르면, 명덕이 밝혀진 후에 천하에 이르고, 오래 전해오던 폐풍을 제거하여 인심을 새롭게 하여 도덕을 향하도록 한다는 것이다.

지지선(止至善): 지선(至善)이란 선의 지극함이다. 즉 임금은 어질고, 신하는 공경하며, 자식은 효도하고, 부모는 자애로우며, 친구는 믿음이 있는 것이다. 선에 머문다는 것은 마땅히 생각해야 할 바를 생각하고, 마땅히 행해야 할 바를 행하여 감히 흔들리지 않는다는 뜻이다. 이는 도덕적 의무를 가리킨다. 마땅히 행동할 바를 행동하고, 마땅히 이행해야 할 바를 이행하는, 도에 도달하여 흔들리지 않는 상태인 것이다. 『시경』에 "나라의 경계인 천리 이내에 오직 백성들이 머물 수 있다." 또 "지저귀는 꾀꼬리 언덕에 머물면서 짝을 짓는구나."라 하였는데, 공자는 "머물러야 할 때 머물 줄 알면, 사람이 새만 같지 못할까?"라고 하였다.[98] 지선에 머물 수 없는 사람은 새에도 미치지 못한다. 고주(古註)에서는 지선에 머문다는 것을, 선이 지극한 데 이르지 못하면 백성을 다스릴 수 없다는 뜻으로 해석하였다. 드나듦에 절개를 지키지 않으면 백성을 감화시킬 수 없다는 것이다. 그래서 〈지선에 머문다〉고 하였다. 주자주(朱子註)에도 "사물의 이치가 지선함은 사리의 당연함이 지극한 것이니, 거기에 머물고 옮기지 않는 자리이다."[99]라고 하였다. 주자의 설에 의하면, 지선이라는 것은 사리의 당연함이 지극한 것이니, 명명덕과 친민도 역시 거기에 머물고 옮기지 않는 것이다. 바꿔 말하면, 천성을 다함이 지극하여 조금도 사욕이 없는 상태인 것이다.

8조목(八條目): 『대학』은 수기치인의 근본사상을 구체적이고 체계적으로 설명하고 있다. 즉 "천하에 밝은 덕을 밝히고자 하는 사람은 먼저 그 나라를 다스리고, 그 나라를 다스리고자 하는 사람은 먼저 그 가정을 가지런히 하고, 그 가정을 가지런히 하고자 하는 사람은 먼저 그 몸을 닦아야 하며, 그 몸을 닦고자 하는 사람은 먼저 그 마음을 바르게 가져야 하며, 그 마음을 바르게 가지고자 하는 사람은 먼저 그 앎에 이르러야 하며, 그 앎에 이름은 격물에 있다."[100]고 하였다. 이러한 ① 명명덕(明明德), ② 치국(治國), ③ 제가(齊家), ④ 수신(修身), ⑤ 정심(正心), ⑥ 성의(誠意), ⑦ 치지(致知), ⑧ 격물(格物) 등이 『대학』의 8조목이다.

격물치지(格物致知): 성의(誠意)의 6조목까지는 『대학』의 본문에서 설명되고 있으나, 격물치지에 대한 해설은 아직 없었다. 주자학자와 양명학자간의 격물치지에 대한 해석이 서로 다르다. 주자는 하나의 사건이나 사물이라도 그것에 나아가 그 이치를 궁구(窮求)한다는 뜻이라고 하였다. 그래서 주자주에는 "치란 사물의

---

98) 詩云: 邦畿千里, 惟民所止.
詩云: 緡蠻黃鳥, 止於丘偶.
子曰: 於止, 知其所止, 可以人而不如鳥乎?

99) 則以爲至善則事理當然之極, 卽止於此而不遷之地也.

100) 古之欲明明德於天下者, 先治其國; 欲治其國者, 善齊其家; 欲齊其家者, 先修其身; 欲修其身者, 先正其心; 欲正其心者, 先誠其意; 欲誠其意者, 先致其知; 致知在格物.

지극히 미묘한 곳을 미루어 본다[推極]는 것이며, 지란 앎을 더한다[尙識]는 것이다. 나의 지식을 추극 한다는 것은 아는 바를 다하지 않음이 없다는 것이다. 격이란 이른다[至]는 것이다. 물은 일[事]과 같다. 사물의 이치의 궁극에 이른다는 것은 그 지극한 곳에 다다르지 않음이 없다는 것이다."[101]라고 하였다. 격물치지의 뜻은 학문으로써 지식을 쌓는다는 것이다.

그러나 육상산(陸象山)은 다르게 해석하였다. 그는 궁리격물은 외부세계에서 나에게 부가되는 것이 아니고, 오로지 의식이 스스로 가지는 바이며, 마음의 선한 뜻을 발휘하는 것이다. 마음의 선함을 발휘하는 방법은 물욕을 제거하는 데 있다. 따라서 "오늘날 학문을 논하는 사람은 다만 힘써 인간의 바탕을 첨가시키고, 자기는 다만 남의 바탕을 줄어들게 한다. 이는 서로 같지 않은 까닭이다."[102]고 하였다. 왕양명은 육상산의 설을 더욱 발전시켜 "치는 지극하다는 것이다. 예를 들어 말한다면, 상치(喪致)는 슬픔이 지극한 것이다. 『역』에서는 앎이 지극함에 이른다고 하였는데, 지란 이른다는 것이다. 치지라고 말하는 것은 후세 유학자들이 이른바 그 지식을 넓히고 보충하는 것을 말하는 것은 아니며, 내 마음의 선천적 지식[良知]에 이를 뿐이다."[103]라 하였다. 왕양명은 지식을 선천적 양지라 생각하였다. 치지의 의미를 해석하는 것은 이러한 선천적 양지를 밝히는 데 있는 것이다. 양명은 또 "물(物)은 사(事)이다. 무릇 뜻이 발하는 바에는 반드시 그 일[事]이 있다. 뜻이 일에 있음이란 물에 있음을 말한다. 격(格)은 바르다[正]는 것이다. 그 바르지 못한 것[不正]을 바르게 하여 바른 데로 돌아가는 것을 말하는 것이다. 그 바르지 못함을 바르게 한다는 것은 악을 제거하는 것을 말한다."[104]고 하였다. 아마 이 말의 뜻은 치양지(致良知)의 방법은 격물에 있다는 것인 듯하다. 물은 일인데, 뜻이 발하는 곳에는 반드시 그 일이 있다. 예를 들면 부모를 섬기고, 친구와 교제하고, 자식을 사랑한다거나, 또 사람을 속이고, 부모에게 불효하는 등 선행은 물론이고 악행도 모두 일이 바름에 이르는 것이다[格正]. 즉 바르지

---

101) 致, 推極也. 知尙識也. 推極吾之知識, 其所知無不盡也. 格, 至也. 物, 猶事也. 窮至事物之理, 欲其極處無不到也.

102) 今之論學者, 只務添人底, 自家只是減他底, 此所以不同.

103) 致者, 至也; 如云喪致乎哀之致. 易言知至至之, 至之者致也. 致知云者, 非若後儒所謂充廣其知識之謂也, 致吾心之良知焉耳.

104) 物者, 事也. 凡意之所發, 必有其事. 意所在之事, 言之物. 格者, 正也, 正其不正, 以歸於正之謂也. 正其不正者, 去惡之謂也.

못한 것을[不正] 바르게 하고 악을 제거한다는 것이다. 왕양명은 일이 바르지 않은 것을 바르게 하는 것을 바름에 돌아가는 것이라고 생각하였다. 즉 선천적 양지를 밝힐 수 있다는 것은 그 근본사상이 지행합일설(知行合一說)의 필연적 결론인 것 같다(왕양명의 사상은 뒤에 상술할 것이다).

양명학자, 주자학자 이외에 또 다른 여러 가지 해석들이 있다. 물조래(物徂徠)의 『변명』(辨名)에서는 "물은 가르침을 행하는 조건이다. 옛 사람들은 자기완성[成己]의 덕을 배우고 구하였기 때문에 사람을 가르친다는 것은 조건에 따라 가르친다는 것이며, 배운다는 것도 역시 조건에 따라 그것을 지킨다는 것이다. 예를 들어, 향3물(鄕三物)과 사5물(射五物)이 그것이다."[105]라고 말했다. 향3물[주나라 향학(鄕學)의 교육과정으로서 6덕, 6행, 6예의 세 가지]은 지(知) · 인(仁) · 성(聖) · 의(義) · 충(忠) · 화(和)의 6덕과, 효(孝) · 우(友) · 목(睦) · 인(婣) · 임(任) · 휼(恤)의 6행과, 예(禮) · 악(樂) · 사(射) · 어(御) · 서(書) · 수(數)의 6예이다. 『주례』에 나오는 대사도(大司徒)란 직책은 향3물로써 백성들을 가르쳤으며, 대부(大夫)라는 직책은 사5물로써 가르쳤는데, 화용(和容) · 주피(主皮) · 화송(和頌) · 홍무(興舞) 등 다섯 가지가 그것이었다. 물조래의 설에 의하면 대학의 교재가 6예였는데, 물(物)이 바로 그것이다. 격물이란 6예에 통달한다는 것이다. 이 설은 주자와 양명의 해석들을 비교하는 것인데, 매우 타당성이 있다.

성의정심(誠意正心): 성의란 스스로를 속이지 않으며 겸손한 것이다. 본문에서는, "이른바 그 뜻을 성실하게 한다는 것은 스스로 속이지 않는 것이다. 나쁜 냄새를 싫어하고 좋은 색을 좋아하듯이 하는 것인데, 이를 스스로 겸손하다[自謙]는 것이다. 따라서 군자는 반드시 그 홀로 있을 때를 삼간다[愼獨]. 소인은 한가하게 있을 때 착하지 않아 이르지 않는 바가 없으며, 군자를 본 후에 복종하게 된다. 착하지 못한 점을 가리고 착한 점을 드러내어 사람들이 자기보기를 간과 폐를 보듯 하는데 무엇을 더할 수 있겠는가? 이것을 중(中)에 성실하다고 하는데, 밖에서 형성되기 때문에 군자는 반드시 그 홀로 있을 때를 삼가 한다."[106]고 하였다.

105) 物者, 爲敎之條件也. 古之人以學求成己之德, 故敎人者, 敎以條件, 學者亦以條件守之如鄕之三物, 射之五物卽是.

106) 所謂誠其意者, 毋自欺也; 如惡惡臭, 如好好色, 此之謂自謙. 故君子必愼其獨也. 小人閒居爲不善, 無所不至, 見君子而後厭然; 揜其不善, 而著其善, 人之視己, 如見其肺肝然, 則何益矣. 此謂

정심(正心)이란 분노, 두려움, 좋아하고 즐김, 근심걱정 등의 감정의 지배를 받지 않고 마음의 바름을 잃지 않는 것이다. 본문에서는, "이른바 수신이란 그 마음을 바르게 하는 데 있다고 하는 것은, 몸에 분노가 있으면 그 바름을 얻지 못하고, 두려움이 있으면 그 바름을 얻지 못하며, 좋아하고 즐기는 바가 있으면 그 바름을 얻지 못하며, 근심과 걱정이 있어도 그 바름을 얻지 못한다. 마음이 있지 않으면 보아도 보이지 않고, 들어도 들리지 않고, 먹어도 그 맛을 알지 못한다. 이것이 수신이란 그

마음을 바르게 하는 데 있다고 말하는 것이다."[107]라고 하였다.

수신제가(修身齊家): 본문 설명에서는 "이른바 그 가정을 가지런하게 함은 그 몸을 닦는 데에 있다. 사람은 친애하면서 그것에 치우치고, 천하게 여기고 싫어하면서 그것에 치우치고, 두려워하고 존경하면서 그것에 치우치고, 슬퍼하고 불쌍히 여기면서 그것에 치우치고, 오만하고 게으르면서 그것에 치우친다. 그래서 좋아하면서 그 싫어함을 알며, 싫어하면서 그 좋은 점을 안다는 것은 천하에 드문 일이다. 속담에는 다음과 같은 말이 있다. 사람은 자기 자식의 나쁜 점을 알지 못하며, 자기가 심은 묘(苗)의 좋은 점을 알지 못한다. 이는 몸이 닦여지지 않으면 가정을 가지런하게 할 수 없다는 말이다." 또 "이른바 나라를 다스리기 위해서는 반드시 먼저 가정을 가지런하게 해야 한다. 그 가정을 가르칠 수 없으면 사람들을 가르칠 수 없다는 것이다. 그래서 군자는 가정에서의 가르침을 떠나서 나라에서 가르침을 이룰 수 없다고 하였던 것이다. 무릇 그러하기에 효라는 것이 임금을 섬기는 조건이 되며, 공경한다는 것이 어른을 섬기는 조건이 되며, 자애로움이 백성들을 부리는 조건이 되는 것이다."[108]고 하였다.

誠於中, 形於外, 故君子必愼其獨也.

107) 所謂修身在正其心者, 身有所忿懥, 則不得其正; 有所恐懼, 則不得其正; 有所好樂, 則不得其正; 有所憂患, 則不得其正. 心不在焉, 視而不見, 聽而不聞, 食而不知其味; 此所謂修身在正其心.

108) 所謂齊其家, 在修其身者, 人之其所親愛而辟焉, 之其所賤惡而辟焉, 之其所畏敬而辟焉, 之其所哀矜而辟焉, 之其所敖惰而辟焉. 故好而知其惡, 惡而知其美者, 天下鮮矣. 故諺有之曰: 人莫知其子之惡, 莫知其苗之碩. 此謂身不修, 不可以齊家.

所謂治國, 必先齊其家者, 其家不可教, 而能教人者, 無之. 故君子不出家而成教於國. 孝者, 所以事君也; 弟者, 所以事長也; 慈者, 所以使衆也.

치국(治國): "이른바 천하를 평안하게 한다는 것은 그 나라를 다스리는 데 있다. 노인을 노인으로 받들면 백성들이 일어나 효를 다할 것이며, 윗사람을 윗사람으로 받들면 백성들이 일어나 공경하게 될 것이며, 외로운 사람을 불쌍히 여기면 백성들이 배반하지 않을 것이다. 이는 군자에게 혈구지도[絜矩之道:자기를 척도로 하여 남을 헤아리는 동정심의 도]가 있다는 것이다."[109] 혈구지도란 무엇인가? 위에서 싫어하는 바를 아래에 시키지 않으며, 아래에서 싫어하는 바를 위에서 일삼지 않으며, 앞에서 싫어하는 바를 뒤에서 먼저 하지 않으며, 뒤에서 싫어하는 바를 앞에서 좇지 않으며, 오른쪽에서 싫어하는 바를 왼쪽에서 주고받지 않으며, 왼쪽에서 싫어하는 바를 오른쪽에서 주고받지 않는다. 이것이 혈구지도이다.

명명덕(明明德): 이에 관해서는 이미 앞에서 설명했으므로, 여기서는 생략하기로 한다.

3강령과 8조목의 관계: 3강령과 8조목은 모두 『대학』의 심사상(心思想)에서 말하는 수기치인의 도덕 세목이다. 3강령은 근본원리이며, 8조목은 실행방법이다. 3강령, 즉 자기의 덕을 수양하는 것은 백성에게 이르러 지선에 머물게 된다. 8조목, 즉 자기의 몸을 수양하는 것은 천하를 다스리는 것에 이른다. 두 가지는 모두 수신을 근본으로 삼고, 치국과 평천하로써 극치를 삼는다. 따라서 "천자에서 서민에 이르기까지 한결같이 수신을 근본으로 삼아야 한다."[110]고 하였다. 또 3강령과 8조목에서 덕을 닦는 까닭은 천하를 다스리고 도를 밝혀 덕치주의를 시행하기 위해서라고 한다.

다시 3강령과 8조목의 상호관계를 고려해 보자. 격물 · 치지 · 성의 · 정심 · 수신 등 5조목은 모두 자기를 다스리는 것(治己)인데, 밝은 덕을 밝히는 까닭은 제가와 치국을 위해서이며, 천하에서 밝은 덕을 밝히기 위해서인 것이다[즉, 평천하; 平天下]. 3조목은 친민으로 돌아가고 지선에 머물면 양자가 통일된 상태가 된다. 또 밝은 덕을 밝히는 것은 개인수양이며, 개인도덕이다. 친민에 있다는 것은 사회공공적 선을 실현하는 것이며, 공공도덕이다. 지선에 머문다는 것은 이 공 · 사적 도덕을 체득하고 있는 품성이다. 3강령과 8조목의 관계를 도표로 나타내 보면 다음과 같다

109) 所謂平天下不在治其國者, 上老老, 而民興孝; 上長長, 而民興弟; 上恤孤, 而民不倍; 是以君子有絜矩之道.

110) 自天子以至於庶人, 壹是皆以修身爲本.

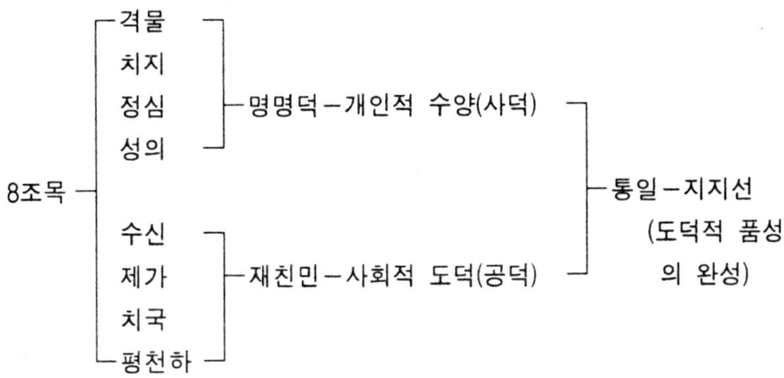

제 3 절 자사(子思)

자사는 이름이 급(伋)이고, 공자의 손자이며, 백어(伯魚)의 아들이다. 백어는 공자보다 먼저 죽었는데, 자사는 공자가 살아있을 때 태어난 것이 분명하다. 공자는 일찍이 백어에게 시를 배우고 예를 배우라고 가르쳤지만(『論語』), 자사를 직접 가르친 적은 없으며 이와 관련한 어떤 사실이 전해지는 바도 없다. 당나라 한유(韓愈)는 자사가 학문에 대성을 이루어 증자보다 더 뛰어났다고 생각하였다(그는 증자 문인의 가르침이 있었다고 본다). 『예기』 등에서 증자와 자사간의 문답 기록을 보면, 이 학설을 믿을만하게 하는 확실한 증거도 있다. 『한서예문지』(漢書藝文志)에 의하면, 자사의 저서는 23편이나 오늘날 전해지는 것은 겨우 『중용』(中庸) 한 편 뿐이다.

당시에는 황노(黃老)와 양・묵(楊墨) 등의 사상이 성행하여 유교의 권위가 현저히 떨어졌으며, 도가(道家)가 점점 유교의 강한 적수가 되어 갔다. 특히 도가는 고원한 철학사상을 고취시킴으로써, 실천적이고 상식적인 유교를 압도하고 있었다. 이러한 상황에서 유교는 그 교의에 이론적 근거를 부여하여 도가 일파에 대항할 필요가 생겨났는데, 자사가 『중용』을 저술한 것은 바로 이러한 필요에 응한 것이라고 볼 수 있다. 또 이 시대는 공자와 멀리 떨어진 시대가 아니었음에도 불구하고, 유교사상은 이미 혼란에 빠졌고 그 전통을 잃어버리고 있었다. 이러한 상황에서 유교 부흥을 위하여 자사는 『중용』을 저술하게 된 것이라고도 볼 수 있다.

『중용』은 『대학』과 함께 『예기』의 한 편이었다. 유송(劉宋)의 대옹(戴顒)이 처음으로 『예기』중에서 뽑아내어 『중용전』(中庸傳) 2권을 편찬하였다. 그 후 양무제(梁武帝), 당나라의 이고(李翱), 송나라의 사마온공(司馬溫公), 범문정공(范文正公), 주무숙(周茂叔), 정명도(程明道), 정이천(程伊川) 등이 모두 『중용』을 존중하였다. 주자는 『중용장구』(中庸章句)를 지었고, 『대학』, 『논어』, 『맹자』와 합하여 사서(四書)라 불렀는데 세상에 유명해졌다. 『대학』에는 여러 가지 정본이 있으나, 『중용』에는 주자의 장구를 제외하고 이등인제의 『중용발휘』(中庸發揮), 물조래의 『중용해』(中庸解), 대전금성의 『중용원해』(中庸原解) 등이 유명하다.

철학설

실천적 유교에 이론적 근거를 부여하여 도가에 대항하고자 했던 자사는 인도(人道)의 본원(本原)을 천도(天道)에 돌렸으며, 천도를 성(誠)이라 불렀다. 성(誠)은 자사철학의 근본사상이며, 윤리설의 토대였다.

성(誠): 성이란 무엇인가? 진실하고 허망함이 없음을 말한다. 대체적으로 『중용』의 성 개념을 살펴보면 다음과 같다.

첫째, 성(誠)은 천도(天道)이며, 인도(人道)의 본원이다. 그래서, "성(誠)은 하늘의 도이며, 성(誠)을 실천하는 것은 사람의 도이다."[111]라고 하였다. 하늘의 도는 사계절이 운행하면서 만물이 생겨나는 것이다. 이것은 만고에 조금도 쉼이 없고 오차도 없다. 그래서 자사는 성을 천도라고 했던 것이며, 천도를 인도의 본원이라고 하였다. 여기에서 유교의 천인합일사상이 분명하게 드러나고 있다.

둘째, 성(誠)은 만물의 본체이다. 인성(人性)과 만물의 본성이 모두 성(誠)이 되는 것이다. 예를 들어, 솔개가 하늘에서 날고, 고기는 연못에서 뛰놀며, 초목은 사시에 피고 지는데, 이는 모두 성의 발현이다. "성은 물의 시작과 끝이다. 성이 없으면 물도 없다."[112]고 하였는데 이를 말하는 것이다.

---

111) 誠者天之道也, 誠之者人道也.

112) 誠者物之始終, 不誠無物.

인성론(人性論): 『중용』의 첫머리에 "하늘이 명한 것[天命]을 성(性)이라 하고, 성을 좇는 것[率性]을 도(道)라 하며, 도를 닦는 것[修道]을 가르침[敎]이라 한다."[113] 고 하였다. 천(天)에 관해서는 여러 해석들이 있으나, 여기서 말하는 천은 우주를 주재하는 창조자 즉 만물의 신이라는 의미이다. 성(性)은 인류에서 만물에 이르는 모든 것이 먼저 도(道)에 앞서 생겨나고 존재한다는 것이다. 도(道)와 도에 이르는 길은 같은 의미이다.

천(즉, 우주의 주재자)으로부터 주어진 것이 성(性)이며, 그것을 좇는 것이 도이다. 도는 천성의 자연에 갖추어져 있으나, 태어나면서 아는 성인[生知之聖人]이 아니면 실제 행하는 바가 반드시 도에 일치할 수 없고 지나치거나 미치지 못할 수 있다. 그래서 성인은 천하를 그 법도로 삼아 사람이 마땅히 행동해야 할 바를 닦고 다스리게 하였는데, 이를 가르침이라 부르는 것이다. 주자는 성(性)을 리(理)라고 하면서, "하늘은 음양오행으로써 만물을 변화시키고 생성시키며, 기(氣)로써 형상을 만들고 거기에 리(理)를 부여한다. 사람과 만물이 생겨남에 각각 그 부여받은 리(理)에 따라 굳세거나 순한 오상(五常)의 덕이 되는데, 이른바 그것이 성(性)인 것이다."[114]라고 하였다. 그러나 자사의 사상은 주자가 말한 성리설과는 관련이 없다고 하겠다.

자사의 설에 의하면, 성(性)이란 하늘이 내린 명령이며, 성에 따라 실천하는 것을 도라 한다. 따라서 도 역시 하늘로부터 부여된 것이다. 바꿔 말하면, 사람의 도가 하늘의 도인 것이다. 그러므로 하늘의 도가 성(誠)이면, 성(性)은 반드시 선(善)으로 돌아간다. 이는 자사가 성선론자(性善論者)임을 밝혀주는 말이다.

사람의 본성은 성(誠)이므로 본성에 따라 행한다면 자연히 도에 합치하게 되는데, 왜 도를 닦아야 할 필요성이 제기되는 것일까? 하늘이 부여한 성(誠)을 '태어나면서 알고 편안히 행하는'[生而知安行] 사람은 도를 닦을 필요가 없을 것이다. 그러나 세상 사람들은 대부분 그러한 사람이 아니기 때문에, '배워서 알고 힘써 행하는'[學而知利行] 사람이 있게 되고, '곤란에 처해야 알고 힘써 닦아 행하는'[困而知勉强而行] 사람이 있게 된다. 자사는 이런 사람들에게는 도를 닦을 필요가

113) 天命之謂性, 率性之謂道, 修道之謂敎.

114) 天以陰陽五行, 化生萬物, 氣以成形, 而理亦賦焉. 於是人物之性, 因各得其所賦之理, 以爲健順五常之德, 所謂性也.

있다고 생각하였다. 이는 성(性)에는 세 가지 구별이 있음을 인정한 것이라 하겠다.

윤리설

자사의 윤리설은 그의 철학설과 아주 밀접한 관계가 있다. 철학설은 윤리설을 말하기 위한 전 단계로 말했을 뿐이었다. 자사가 말한 성(誠)이 하늘의 도인 동시에 사람의 도의 본원이라 한 것은, 하늘의 도가 사람의 도에 형이상학적 토대를 제공해 주는 데 불과하다는 것이다.

이상론: 하늘의 도 즉 사람의 도의 본원인 성(誠)에 도달하는 것이 도덕의 목적이다. 성(誠)이 도덕의 이상이며, 성에 도달한 사람이 성인인 것이다. "진실한 사람은 힘쓰지 않아도 중(中)에 있고, 생각하지 않아도 얻으며 조용히 중도(中道)에 서는 성인이다."[115]라고 하였는데, 성에 도달한 경지란 중화(中和)이다. "희·노·애·락이 아직 일어나지 않은 상태가 중(中)이며, 일어나 모두 적절한 것이 화(和)이다. 중은 천하의 대본(大本)이며, 화는 천하의 달도(達道)이다. 중화에 이르는 것은 하늘과 땅이 자리를 잡고 만물을 기를 수 있게 된다."[116]고 하였다. 희·노·애·락은 감정이다. 감정이 아직 일어나지 않은 것이 성(性)이며, 외계의 사물과 접촉하지 않을 때에는 천성과 혼연일치의 상태이므로 어느 한쪽으로 치우침이 없다. 이를 중이라 한다. 그러나 외물에 접하게 되면 그 감정이 일어나게 되며, 이 때 그 바름을 잃지 않고 적절한 것을 화라 하는 것이다. 즉, 중은 체(體)이고 화는 용(用)이다. 체용을 겸비함을 중화라 한다. 따라서 중화에 이르게 되면 하늘과 땅이 자리 잡게 되고 만물을 기를 수 있게 된다. 이것이 성에 도달한 경지이다. 성(誠)과 중화는 본래 같은 것이다. 형식적 측면에서 설명하면 중화이고, 내용적 측면에서 보면 성(誠)이 될 뿐이다.

중화와 중용에는 뗄 수 없는 관계가 있다. 중용은 한쪽에 치우치지 않는 것이며, 지나침도 미치지 못함도 없으며, 항상 일정한 이치로서 요·순 이래 성현들이

---

115) 誠者不勉而中, 不思而得, 從容中道, 聖人也.

116) 喜怒哀樂之未發, 謂之中; 發而皆中節謂之和. 中也者天下之大本也; 和也者天下之達道也. 致中和, 天地位焉, 萬物育焉.

존중해 왔던 것이다. 그것은 일종의 덕목개념이 아니고 모든 덕들의 보편적 기준이며 도덕원리를 말한다. 지나침도 미치지 못함도 없고 한쪽에 치우치지 않는 이치란 무엇인가? 그것은 인간이 실천하고 몸소 행해야 할 당위로서의 변치 않는 도리[常道]이다. 따라서 정자는 "중은 천하의 바른 도이며, 용은 천하의 일정한 이치이다."[117]라고 하였던 것이다. 중용은 인도(人道)의 형식적 원리이며, 인도의 형식적 원리는 천도(天道)의 형식적 원리이다. 자사가 말하는 천도는 성(誠)이었다. 따라서 결국 중용이란 성(誠)의 형식적 원리의 측면을 말한 것에 불과한 것이다. 요컨대, 중용은 성(誠)을 설명한 것에 불과하며, 중정불역(中正不易)하여 영구히 변화하지 않는 것이란 측면을 이름한 것일 뿐이라 하겠다.

수양론: 성(誠)은 사람의 본성이다. 따라서 본성을 따라 행동한다면 자연히 성(誠)에 도달할 수 있다. 그러나 그것은 위에서 보았듯 '태어나면서 알아 편안히 행하는 성인'의 경우에나 가능한 것이고, 성인이 아닌 보통 사람의 경우에 수양이 없다면 결코 성에 도달할 수 없다. 여기에 수양의 필요성이 제기되는 것이다.

자사가 제시한 수양공부는 존덕성(尊德性)과 도학문(道學問)이다. 자사는 신독립공부(愼獨立工夫)를 존덕성의 방법이라고 생각하면서, "도는 잠시라도 떠날 수 없는 것이다. 떠난다면 이미 그것은 도가 아니다. 그래서 군자는 보이지 않는 곳에서도 경계하고 삼가는 것이며, 들리지 않는 곳에서도 두려워하는 것이다. 숨겨진 곳에 더없이 드러나 있고, 미세한 것에 더없이 나타나 있기 때문에, 군자는 홀로 있을 때 삼가는 것이다."[118]라고 하였다. 도학문의 세부적인 방법에 관해서는 "널리 배우고, 자세히 묻고, 신중하게 생각하고, 밝게 판단하고, 돈독히 실행해야 한다."[119]고 하였다. 즉 ① 박학(博學), ② 심문(審問), ③ 신사(愼思), ④ 명변(明辨), ⑤ 독행(篤行) 등 다섯 가지 방법을 제시하였다. 자사는 또 "성(誠)이란 선을 선택하여 굳게 지키는 것이다."[120]라고 하였다. 학(學)·문(問)·사(思)·변(辨) 네 가지는 선을 선택하는 방법론적 수양이며, 독행(篤行)은 선을

---

117) 中者, 天下之正道, 庸者, 天下之定理.

118) 道也者, 不可須臾離也, 可離, 非道也. 是故君子戒愼乎其所不睹, 恐懼乎其所不聞. 莫見乎隱, 莫顯乎微, 故君子愼其獨也.

119) 博學之, 審問之, 愼思之, 明辨之, 篤行之.

120) 誠者擇善而固執之者也.

굳게 지키는 수양의 방법인 것이다. 이처럼 먼저 지식을 가진 후에 덕행을 해야 한다는 관점에서 볼 때, 자사의 사상은 선지후행설(先知後行說)에 속하는 것이라 볼 수 있겠다.

본무론과 덕론: 『중용』의 5달도(五達道)가 자사의 본무론이다. 5달도란 무엇인가? 『중용』은 "군신, 부자, 부부, 형제, 친구 등 다섯 가지가 천하의 달도이다."[121] 라고 하였다. 공자가 오륜사상을 분명하게 주장한 예는 없고, 그것은 자사에 이르러 실질적으로 완비되고, 맹자에 와서 완성되었다고 한다. 자사의 덕론은 3달덕(三達德)의 설이다. 『중용』에는 "지(智) · 인(仁) · 용(勇) 세 가지는 천하의 달덕"[122]이라고 하였다. 이러한 덕목의 분류가 원래 공자의 설이었음은 앞에서 밝힌 바 있다. 그러나 자사는 이 3달덕 외에 인 · 의 · 예와 충서를 말하였다.

성(誠)은 이상이며, 5달도(五達道)는 본무이며, 3달덕(三達德)은 덕이다. 성(誠)에 도달하고자 하면 5달도를 행하지 않을 수 없고, 5달도를 행할 수 있으면 3달덕을 얻게 된다. 다른 측면에서 말하면, 5달도를 행하는 까닭은 3달덕을 얻기 위함이며, 3달덕을 행하는 까닭은 오로지 성(誠)에 도달하기 위함이다. 이처럼 성과 5달도와 3달덕은 상호 불가분의 관계를 맺고 있는 것이다.

남은 논의점

자사는 유교의 근본사상에 근거하여 덕치주의 정치론을 주장하였고, 또한 그것에 천인합일론을 결합시키면서, "큰 덕은 반드시 그 자리를 얻게 되며, 반드시 그 녹을 얻게 되며, 반드시 그 이름을 얻게 되며, 반드시 그 목숨을 얻게 된다."[123] 고 하고 있다. 또 자사는 9경(九經)을 치국의 방법으로 삼았다. 9경이란, "몸을 닦고[修身], 현명한 사람을 존중하고[尊賢], 친한 사람을 친애하고[親親], 대신(大臣)을 존경하고[敬大臣], 뭇 신하들을 친하게 대하고[體群臣], 서민들을 아들처럼 대하며[子庶民], 기술자들이 모여들게 하며[來百工], 소원하여 멀리 있는 사람들을 회유하며[柔遠人], 제후들을 감싸 안는다[懷諸侯]"[124]는 것이다. 9경을 행하는 까

121) 君臣也, 父子也, 夫婦也, 昆弟也, 朋友之交也: 五者天下之達道也.
122) 智仁勇三者, 天下之達德也.
123) 故大德必得其位, 必得其祿, 必得其名, 必得其壽.
124) 修身也, 尊賢也, 親親也, 敬大臣也, 體羣臣也, 子庶民也, 來百工也, 柔遠人也, 懷諸侯也.

닭도 오로지 성(誠)을 위함에 있다. 이런 점에서 볼 때, 자사의 9경론은 수신(修身)을 정치의 근본으로 삼는 『대학』의 정치론과 대체로 비슷하다고 할 수 있다.

자사는 귀신에 관하여 말하면서, 귀신을 천귀(天鬼), 산수귀(山水鬼), 인귀(人鬼) 등 세 종류로 나누었다. 천귀는 천신이며, 산수귀는 산신령과 하백(河伯)이며, 인귀는 조상의 신령이다. 그는 귀신의 덕을 찬양하면서, "귀신의 덕됨은 성하구나! 보아도 보이지 않고, 들어도 들리지 않고, 형체가 있으나 남아있을 수 없고, 천하의 사람들로 하여금 가지런하고 밝고 융성하고 복종하게 하며, 제사로 이어져 그 위와 좌우에 있듯이 한없이 넓구나! 『시경』에 이르기를 신의 바른 생각은 헤아려 생각할 수 없으며 하물며 그 생각을 맞힐 수 없다. 드러남이 기묘하여 그 성(誠)을 이처럼 가릴 수 없다."[125]고 하였다.

비 판

자사 학설의 특색은 인성론의 측면에서는 성선설을 채택하고, 도덕론의 측면에서는 동기론을 주장하는 데 있다. 자사가 인성의 선함을 단정적으로 밝힌 것은 아니지만, 그의 인성론은 이미 성선을 암시하고 있었던 것이다. 그가 성(性)이 천명이라고 말한 것은 하늘에서 도의 본원이 나왔으며 자기에게 갖추어져 분리시킬 수 없다고 생각하여, 홀로 있을 때 삼가는 공부를 중시하였던 것이다. 이것은 윤리학상 동기설의 일종이다. 자사학설의 장점은 실천적 유교도덕의 철학적 토대를 제공했다는 점이다. 이러한 자사의 공은 오래 없어지지 않을 것이다. 그의 단점은 사상적으로 몇 가지 모순점을 안고 있다는 점이다. 성(性)을 천명이라 하고, 성을 좇는 것을 도라 하였고, 또 성에는 종류가 있다고 하면서 수양공부를 말하였는데, 이러한 논점들은 철저하지 못한 측면이 있다.

125) 鬼神之爲德, 其盛矣乎! 視之而弗見, 聽之而弗聞, 體物而不可遺; 使天下之人, 齊明盛服, 以承祭祀, 洋洋乎如在其上, 如在其左右. 詩曰: 神之格思, 不可度思, 矧可射思. 夫微之顯, 誠之不可揜, 如此夫.

제 4 절 맹자(孟子)

맹자의 이름은 가(軻), 자는 자여(子輿) 혹은 자거(子車)이며, 주나라 열왕(烈王) 4년(B.C. 372)에 제후국인 추[鄒:지금의 산동성(山東省) 추현(鄒縣)]나라에서 태어난 사람이다. 어렸을 때 자애로운 어머니의 '세 번 이사한 가르침'[三遷之敎]을 받았고, 커서는 자사(子思)의 문하에서 배웠다. 추나라가 공자의 탄생지인 노나라와는 6리 밖에 떨어져 있지 않아, 맹자는 공자를 아주 숭모하였고 깊이 사숙하였다. 학문을 이룬 후 천하를 다스리는 도로써 양(梁)나라 혜왕(惠王)과 제(齊)나라 선왕(宣王)을 설득하였으나 등용되지 못하였다. 이 때 천하는 혼란에 빠져 열국들이 합종연횡(合從連橫)하면서 오로지 침략하고 정벌하는 일에 몰두하여 서로 힘을 겨루고 있었다. 맹자는 당 · 우3대(唐虞三代)의 덕을 전하고 인의(仁義)를 설파하며 왕도(王道)를 주장하였으나 현실적인 사회적 상황과는 거리가 있었고, 따라서 그의 주장은 배척당할 수밖에 없었다. 유일하게 등(藤)나라 문공(文公)이 그를 신임하여 등용시켜서 그의 진언을 수용하여 정치를 개혁하려 하였던 바가 있다. 그러나 등문공은 불행히도 일찍 죽고 말았다. 맹자는 끝내 그의 포부를 실천에 옮기지 못하고 물러나 제자 만장(萬章)의 무리들과 문답을 주고받으면서 『맹자』 7편을 지어 공자의 교의를 밝혔다. 난왕(赧王) 26년(B.C. 289)에 84세로 죽었다.

맹자는 소진(蘇秦), 장의(張儀)와 더불어 동시에 상이한 학설을 강경하게 주장하기도 하였고, 고자(告子)와 논쟁을 벌이기도 하였다. 양 · 묵(楊 · 墨)의 무리를 배척하였고, 성학(聖學)의 본뜻을 강도 높게 천명하면서 세상을 향하여 부르짖었다. 맹자는 활기 없이 담담한 도학(道學)이 아니라, 세상의 도심(道心)과 인심(人心)을 위하여 헌신적으로 활동한 위인이었다. 한편으로 군자인 동시에 정치가의 면목이 있었고, 다른 한편 의인(義人)이면서 다소의 권도(權道)를 말하기도 하였다. 공자에게서 원만하고 온후한 인격을 볼 수 있다면, 맹자에게서는 늠름한 기상을 볼 수 있다. 공자는 봄바람처럼 화사하였으나, 맹자는 가을 서리 혹은 강렬하게 내리쬐는 햇볕과 같았다.

『맹자』 7편의 내용

맹자의 사상을 전하고 있는 책이 『맹자』 7편이다. 『사기』(史記)에서는 맹자가 물러나 만장의 무리와 함께 『맹자』 7편을 지었다고 하고 있는데, 이것은 즉 『맹자』라는 책이 맹자의 자작이라는 것을 뜻한다. 그러나 자작이라면 문장에서 '맹자왈'(孟子曰)이라는 표현은 없어야 할 것이다. 『맹자』 7편을 살펴보면, 비록 맹자의 자작이라 하더라도 후세 사람들이 추가한 부분이 있는 것 같으며, 몇 가지 부분에서는 개정한 흔적도 엿보인다. 그 7편의 명칭들은 ① 양혜왕장(梁惠王章), ② 공손추장(公孫丑章), ③ 등문공장(滕文公章), ④ 이루장(離婁章), ⑤ 만장장(萬章章), ⑥ 고자장(告子章), ⑦ 진심장(盡心章) 등이다.

양혜왕장은 양혜왕(梁惠王)·제선왕(齊宣王)·등문공(滕文公) 등과 함께 문답한 내용을 서술하고 있는데, 주로 정치에 관한 논의를 하였다. 공손추장은 호연양기(浩然養氣)와 측은지정(惻隱之情) 등 정신에 관한 논의를 서술하였으며, 등문공장은 성인의 제도와 공자의 도덕을 논하고 양·묵(楊墨)을 배척하고 있으며, 이루장은 성도(聖道)의 극치인 인의(仁義)를 논하고 있으며, 만장장은 요·순·우·탕·공자·기타 성현들의 교제와 처세 등을 서술하고 있으며, 고자장은 성선론과 정치도덕론을, 진심장은 맹자의 말을 두루 모아놓고 있다. 『맹자』 7편에 일관하고 있는 중심사상은 사단론(四端論), 즉 성선론이다. 이것은 맹자의 철학사상인 동시에 윤리설과 정치설의 기초라 할 수 있을 것이다.

철학설

맹자의 철학설이라고 할 수 있는 것은 인성론(人性論)이 전부이다. 맹자 역시 유교전통의 다른 학자들처럼 도덕실천을 이끌어내는 방법을 주창하였을 뿐 차원 높은 철학적 사색에는 몰두하지 않았다. 인성론 역시 도덕론의 근거일 뿐이다.

성선론(性善論): 맹자는 인성(人性)의 선(善)함을 분명하게 말하면서, 사람은 본래 도덕적인 존재라고 하였다. 인성의 선함은 물이 아래로 흐르는 것처럼, 자연에서 나오는 것과 같다고 하였다. 즉 "인성의 선함은 물이 아래로 흐르는 것과 같다. 사람에게 불선(不善)이 없음은 물이 아래로 흐르지 않음이 없는 것과 같다."[126)]

고 하였다. 인성이 선한 까닭은 두 가지 측면에서 설명될 수 있다.

하나는, 이론적 설명이다. 즉 예로부터 전해오는 여러 서적들을 고증하고 인용하여 연역적으로 성선을 주장하는 것이다. 『역경』, 『시경』, 『논어』, 『중용』 등 성현들이 남긴 서적들 모두가 성선을 가정하고 있다는 것이다. 예를 들어, 『역』에서는 "일음일양(一陰一陽)을 도라 하고, 그것을 이어받는 것이 선이며, 그것을 이루는 것이 성(性)이다."[127]라고 하였다. 『논어』에서는 "성(性)은 서로 가깝고, 습관은 서로 멀다."[128]고 하였으며, 『중용』에서는 "천명을 성(性)이라 하고, 성을 좇는 것을 도라 한다."[129]고 하였다. 비록 성선을 명백하게 언급하지는 않았으나 이미 성선을 가정하였으니, 성선은 아주 분명하다는 것이다.

또 하나는, 실제적인 설명이다. 심리적 사실을 토대로 귀납적으로 성선을 설명한다. 사람에게는 '차마 하지 못하는 마음'[不忍之心]이 있는데, 사물과 접할 때 그것이 명백하게 드러난다는 것이다. 즉 "지금 어떤 사람이 우물에 빠지려하는 어린애를 갑자기 보게 되면, 누구나 놀라고 측은하게 여기는 마음이 생기게 된다. 이는 그 어린애의 부모와 친해지기 위해서도 아니고, 마을 사람들에게 좋은 소리를 듣기 위해서도 아니며, 나쁜 소문을 듣기 싫어서도 아니다. 이로 미루어볼 때, '측은하게 여기는 마음'[惻隱之心]이 없다면 사람이 아니며, '부끄러워하는 마음'[羞惡之心]이 없다면 사람이 아니며, '사양하는 마음'[辭讓之心]이 없다면 사람이 아니며, '옳고 그름을 판단하는 마음'[是非之心]이 없다면 사람이 아닌 것이다."[130]라고 하였다. 더 나아가 "측은지심은 인(仁)의 단서이며, 수오지심은 의(義)의 단서이며, 사양지심은 예(禮)의 단서이며, 시비지심은 지(智)의 단서이다. 사람에게 이러한 네 가지 단서[四端]가 있음은 4체(四體)가 있음과 같다."[131]고 하였다. 사람이 이러한 사단을 가지고 있으니 성선은 의심할 여지가 없다는 것이다.

인성이 선하다면 세상에 악한 사람이 존재할 이유가 없을 것이다. 그런데 전국

---

126) 人性之善也, 猶水之就下. 人無有不善, 水無有不下.
127) 一陰一陽之謂道; 繼之者善也, 成之者性也.
128) 性相近也, 習相遠也.
129) 天命之謂性, 率性之謂道.
130) 今人乍見孺子將入於井, 皆有怵惕惻隱之心; 非所以內交於孺子之父母也, 非所以要譽於鄉黨朋友也, 非惡其聲而然也. 由是觀之, 無惻隱之心, 非人也; 無羞惡之心, 非人也; 無辭讓之心, 非人也; 無是非之心, 非人也.
131) 惻隱之心, 仁之端也; 羞惡之心, 義之端也; 辭讓之心, 禮之端也; 是非之心, 智之端也. 人之有是四端也, 猶其有四體也.

시대에는 나라를 어지럽히는 나쁜 사람들이 속출하였고, 도덕이 현저하게 타락하였는데, 그 까닭은 무엇일까? 맹자는 악을 물욕(物欲)에서 생기는 것이라고 생각하였다. 인성이 비록 선하다고는 하지만 가려지는 바가 있어 그 선을 발휘하지 못한다는 것이다. 그렇다면 인성을 가리는 것은 과연 무엇일까? 그것이 바로 물욕인 것이다. 선한 본성이 물욕에 의해 가려지면 악에 이르는 것이다. 사람이 태어나면서부터 나쁜 본성이 있는 것은 아니라는 것이다. 그래서 맹자는 수양을 한다면 성인은 물론 모든 사람들이 모두 같은 인성을 가지게 될 것이라고 생각했다.

고자(告子)와의 논쟁

인성론에 관하여 맹자는 고자와 격렬한 논쟁을 벌였다. 고자는 가능성설(可能性說)을 주장하면서, 사람이 태어날 때에는 선도 악도 아니며, 배움을 통하여 선과 악으로 구분되어진다고 하였다. 여기에 맹자와 고자간의 주요 논쟁점을 소개하기로 한다.

첫째, 고자는 "성(性)은 버드나무와 같고, 의(義)는 그것을 구부려 만든 그릇과 같다. 인성이 인의(仁義)라 함은 버드나무로 그릇을 만드는 것과 같은 것이다."[132] 고 하였다. 맹자는 이 말을 반박하면서, "당신은 버드나무의 본성에 따라서 그릇을 만들었는가? 아니면 버드나무의 본성을 상하게 해서 그릇을 만들었는가? 만일 버드나무를 상하게 해서 그릇을 만들었다면, 당신은 사람도 상하게 해서 인의를 갖게 할 것인가?"[133]라고 반문하였다. 고자의 말뜻은, 인성에 태어나면서 인의가 있는 것이 아니고, 그 인의가 있음은 버드나무를 구부려서 그릇을 만드는 것처럼 인위적인 것으로부터 생겨날 뿐이라는 것이다. 반면 맹자의 말뜻은, 인성이 비록 인의가 아니라 하더라도, 만약 인의의 소질이 없다면 인위적인 교화가 주어지더라도 인의가 있을 수 없을 것이라는 것이다.

둘째, 고자가 맹자를 반박하면서, "성(性)은 소용돌이치는 물[湍水]과 같아서 동쪽으로 길을 터놓으면 동쪽으로 흘러가고, 서쪽으로 터놓으면 서쪽으로 흘러간

---

132) 性猶杞柳也; 義猶桮棬也. 以人性爲仁義, 猶以杞柳爲桮棬也.

133) 子能順杞柳之性而以爲桮棬乎? 將戕賊杞柳而後以爲桮棬也? 如將戕賊杞柳而以爲桮棬, 則亦將戕賊人以爲仁義與?

다. 인성에 선과 악의 구분이 없는 것은 물에 동서의 구분이 없는 것과 같은 것이다."[134]라고 하였다. 맹자는 "물이 진실로 동서의 구분은 없으나 상하의 구분도 없겠는가? 인성의 선함은 물이 아래로 흐름과 같은 것이다."[135]라고 하였다. 고자의 말뜻은, 인성은 소용돌이치는 물과 같아서 동쪽으로도 서쪽으로도 흘러갈 수 있듯이 본래 선악의 구분이 없는데, 그것을 어떻게 유도하는가에 따라 선악의 구분이 있게 된다는 것이다. 맹자의 말뜻은, 인성의 선함은 물이 아래로 흐름과 같고, 선하지 않는 것은 물결치는 것과 같아서, 한 때의 기세는 그 본성이 아니라고 하였던 것이다. 이러한 맹자의 논박은 이미 궤변에 빠진 것 같다.

셋째, 고자는 "삶의 본능[生]이 성(性)이다."[136]라고 하였는데, 맹자는 "삶의 본능이 성이라 한다면, 그것은 흰 것을 희다라고 하는 것과 같은 것인가?"[137]라고 반문하였다. 그는 또 고자의 대답을 기다리지 않고 "그렇다면 개의 성은 소의 성과 같고, 소의 성은 사람의 성과 같은 것인가?"[138]라고 힐난하였다. 고자는 성의 본질을 감각, 지각, 운동 등에 돌리는 것 같고, 그것에 대한 맹자의 논박은 그 요점을 공박하지 못한 것 같다.

넷째, 고자는 "식색(食色)이 성(性)이다. 인(仁)은 안에 있는 것이고 밖에 있는 것이 아니다. 의(義)는 밖에 있는 것이고 안에 있는 것이 아니다."[139]라고 하였다. 맹자는 의 또한 마음속에 있는 것이라 생각하였다. 고자는 인애(仁愛)의 마음을 자연적 충동이라 여기면서, 식색의 욕망과 마찬가지로 안에서 생겨나는 것이라고 하였다. 따라서 성은 안에 있는 것이다. 그러나, 의는 밖으로부터 생겨나면서 나의 마음을 규율하는 것이다. 따라서 눈[目]은 성(性) 밖에 있는 것이다. 이처럼, 고자는 인의 주관적인 측면에 주목하여 성을 내적인 것으로 여겼으며, 의의 객관적인 측면에 주목하여 성 밖에 있는 것으로 여겼던 것이다. 성 밖에 있는 것을 객관적 의미로 해석하는 것은 원래 잘못이 없으나, 고자는 이것을 심성 밖의 경향이라고 보았던 것이다. 그러나 맹자는 의(義)의 객관성을 인정하면서도 심성 속에 본래 갖추어져 있는 것으로 보았다.

---

134) 性猶湍水也, 決諸東方則東流, 決諸西方則西流. 人性之無分於善不善也. 猶水之無分於東西也.
135) 水信無分於東西, 無分於上下乎? 人性之善也, 猶水之就下也.
136) 生之謂性.
137) 生之謂性, 猶白之謂白與?
138) 然則犬之性, 猶牛之性; 牛之性, 猶人之性與?
139) 食色, 性也. 仁內也, 非外也; 義, 外也, 非內也.

맹자는 기지가 뛰어나고, 말재주가 있었으며, 상대방의 자료를 이용하여 논박하는 데 뛰어났다. 그러나 그의 논지는 독단적인 부분이 많으며, 고자의 진의를 파악하지 못하고, 끝내 공리공론에서 벗어나지 못했다. 그러나 맹자가 의의 객관성을 인정하면서도 심성 내에 있는 것으로 보았던 것은 탁견이라 할 수 있다.

윤리설

인성을 선한 것으로 보았던 맹자의 윤리설은 선천양심론(先天良心論)이자 동기론이다. 따라서 수양의 목적은 이러한 선천적 양심을 밝히는 데 있을 뿐이다.

선천적 양심론: 사람이 태어날 때부터 양심을 가지고 있다는 것은 성선설의 필연적 결론이다. 맹자는 "만물이 모두 나에게 갖추어져 있다."[140]고 하였다. 여기서 물(物)이란 구체적인 물상(物象)을 가리키는 것이 아니라 윤리(倫理)이다. 맹자는 이러한 선천적인 양심을 본심(本心)이라고 하면서, 본심의 작용을 양지양능(良知良能)이라 불렀다. 즉 "사람이 배우지 않고도 할 수 있는 것을 양능이라 하며, 생각하지 않고서도 아는 것을 양지라 한다. 어려서 손을 잡고 가는 아이가 그 부모를 사랑할 줄 모르는 이가 없으며, 그 장성함에 미쳐서는 그 형을 공경할 줄 모르는 이가 없다. 부모를 친애하는 것[親親]이 인(仁)이며, 어른을 존경하는 것[敬長]이 의(義)이다."[141](『孟子』 盡心章 上)라고 하였다. 오늘날 윤리학자들은 지 · 정 · 의(知情意) 세 측면을 양심이라고 하는데, 맹자가 말하는 양지양능(良知良能)은 양심의 지적 측면과 의적 측면만을 구별하고 있는 것이다.

덕론: 맹자는 인 · 의 · 예 · 지(仁義禮智)의 사덕을 주장하면서도 특히 인의(仁義)의 덕을 더 중시하였다. 양혜왕의 질문에 답하면서, "왕께서는 하필 이(利)를 말하십니까? 인의가 있을 따름입니다."[142]고 하였다. 또 "인(仁)은 '사람의 편안한 집'[安宅]이며, 의(義)는 '사람의 바른 길'[正路]이다."[143]고도 하였다. 따라서 인의

---

140) 萬物皆備於我矣.

141) 人之所不學而能者, 其良能也; 所不慮而知者, 其良知也. 孩提之童, 無不知愛其親也; 及其長也, 無不知敬其兄也. 親親, 仁也; 敬長, 義也.

142) 王何必曰利? 亦有仁義而已矣.

143) 仁, 人之安宅也; 義, 人之正路也.

는 맹자 도덕설의 근본원리이며, 이외의 다른 도덕적 이상은 없는 것 같다. 그래서 "인의에 따라 살아가는 것은 대인(大人)의 일을 준비하는 것"144)이라 하였다. 맹자가 인의를 특히 중시한 까닭은 당시 크게 유행하고 있었던 양·묵(楊墨)의 사상에 대처하는 데 필요했기 때문이었다. 그는 당시의 선비들에게 양주(楊朱)의 위아주의(爲我主義:극단적인 이기주의)나 묵적(墨翟)의 겸애주의(兼愛主義:극단적인 이타주의)를 따를 것이 아니라, 즉 이러한 극단적인 사상을 배척하고 온건한 도덕을 고취시켜야 한다고 생각하였던 것이다. 그런데 맹자는 인의를 해석하면서 인을 감성적인 것으로, 의를 이성적인 것으로 생각하였다. 또 그는 "사람들은 모두 차마 하지 못하는 것이 있는데, 그 차마 하는 데까지 도달한다면 그것은 인이요, 사람들은 모두 하지 않는 것이 있는데, 그 하는 바에까지 도달한다면 그것은 의이다."145)(盡心章 下)라고 하였다.

사람이 선천적인 양지를 가지고 있다는 말은 인·의·예·지 사덕을 본래부터 마음속에 가지고 있다는 것이다. 따라서 그것은 결코 외부로부터 얻어진 경험적 소여가 아니다. 이른바 "인·의·예·지는 밖에서부터 나에게 녹아드는 것이 아니며, 나에게 본래부터 있는 것이다."146)는 의미인 것이다. 맹자는 다시 사덕의 기초를 말하면서, 측은지심은 인의 시초이며, 수오지심은 의의 시초이며, 사양지심은 예의 시초이며, 시비지심은 지의 시초라 하였다. 이러한 사단을 확충하면 인·의·예·지 사덕이 된다고 하였다. 이것이 그 유명한 사단확충론(四端擴充論)이다.

수양론: 맹자의 수양론은 성선설의 필연적 귀결이다. 맹자는 인성을 선하다고 하면서 물욕이 그것을 방해하는 것이 악의 원인이라고 생각했다. 그래서 물욕을 억제하면 선성(善性)이 회복되어 인·의·예·지 사덕이 완전해질 수 있다고 하였다. 이렇게 물욕을 억제하여 선성을 회복하는 것이 맹자 수양론의 요체이다. 그러나 맹자의 수양론이 일종의 복성설(復性說)이기는 하나 도가(道家)의 수양론과는 전혀 다르다. 맹자가 수양공부로 들고 있는 것은 ① 구방심(求放心), ② 과욕(寡慾), ③ 존야기(存夜氣), ④ 지언(知言), ⑤ 양기(養氣), ⑥ 확충(擴充)

144) 居仁由義, 大人之事備矣.
145) 人皆有所不忍, 達之於其所忍, 仁也; 人皆有所不爲, 達之於其所爲, 義也.
146) 仁義禮智, 非由外鑠我也, 我固有之矣.

등이다.

구방심(求放心): 사악한 생각이 일어날 때는 본래의 영험한 마음을 잃고 허해진다. 맹자는 이를 '흐트러진 마음'[放心]이라 부르면서, '흐트러진 마음'을 다시 찾는 것을 학문의 목적이라 하였다. 그는 "인은 사람의 마음이며, 의는 사람의 바른 길이다. 그 길을 버리고 따르지 않고, 그 마음을 흐트리고 찾을 줄 모르니, 안타깝구나! 사람들은 닭과 개를 풀어놓고는 그것을 찾을 줄 아는데, 마음을 풀어놓고는 찾을 줄 모른다. 학문의 길은 다른 데 있지 않고 흐트러진 마음을 찾는 데 있을 따름이다."[147](告子章 上)라고 하였다.

과욕(寡慾): 맹자는 '욕심을 적게 가짐'[寡慾]의 중요성을 강조하면서, "마음을 기르는 데는 과욕보다 더 좋은 것이 없다."[148]고 하였다. 욕심이 많으면 사람들이 쉽게 악덕과 불의에 빠진다. 잡초가 무성하게 자라 길을 막고 덮듯이 물욕에 가득 찬 생각이 본심의 광명을 덮게 되는 것이다. 그러나 욕심은 여러 종류가 있어, 식욕 같은 생존욕을 억제한다면 인류의 생존을 보존할 수 없을 것이다. 그래서 맹자는 억제해야 할 필요가 있는 것은 소극적인 욕망이지, 생존욕과 같은 적극적인 욕망은 적절히 만족되어야 한다고 생각하였다. 이처럼 그는 제욕(制慾)을 말하면서도 금욕(禁慾)을 말하지 않았는데, 이러한 관점은 훗날 송나라 유학자들에 비해 엄격하지 않은 것이었다.

존야기(存夜氣): 야기(夜氣)는 밤중에 사방이 두루 적막하여 몸과 마음이 평온하고 청명하며 조금도 사악한 생각이나 망상이 없는 상태를 말한다. 낮에 외물을 접할 때는 형형색색의 사물들이 눈에 비치고 귀에 들리어 욕심을 일으키고 본성을 덮어 그 광명을 잃게 한다. 밤에는 외계의 자극으로부터 생겨나는 사악한 생각이 소멸되고 정신은 저절로 순결해진다. 이러한 야기를 보존하고 기른다면 스스로 본래의 인성을 넓힐 수 있을 것이다. 그러나 야기를 보존하고 기르지 못한다면 욕심이 생겨나 불선을 행하고, 마침내 그 양심을 전부 잃게 될 것이다.

---

147) 仁, 人心也; 義, 正路也. 舍其路而弗由, 放其心而不知求, 哀哉! 人有雞犬放, 則知 求之; 有放心而不知求. 學問之道無他, 求其放心而已矣.

148) 養心莫善於寡慾.

이른바 "우산(牛山)의 나무가 일찍이 아름다우나, 도끼로 그것을 베고 소와 양을 놓아기르면 저처럼 민둥산이 되는 것이다."[149]라고 하였다. 즉 야기를 보존하고 기르지 않으면 양심이 전멸하기에 이른다는 말이다.

지언(知言): 지언이란 말의 네 가지 병폐를 제거하는 것이다. 말의 네 가지 병폐란 ① 피사(詖辭), ② 음사(淫辭), ③ 사사(邪辭), ④ 둔사(遁辭) 등이다. 피사란 편파적이고 공명하지 않은 말로서 반드시 감추는 것이 있다. 음사란 방탕한 말이니 반드시 함정이 있다. 사사는 사벽하여 도(道)와는 거리가 먼 말이다. 둔사는 회피하는 말인데 궁함이 있을 것이다.

양기(養氣): 양기라는 것은 호연지기(浩然之氣)를 기르는 것이다. 맹자의 문인인 공손추(公孫丑)가 호연지기에 대해서 묻자, 답하기를 "말하기 어렵구나. 그것이 기(氣) 됨은 지극히 크고 지극히 강하니, 정직함으로써 잘 기르고 해침이 없으면 천지간을 꽉 채우게 된다. 그것이 기됨은 의(義)와 도(道)에 짝한 것이니, 이것이 없으면 굶주리게 된다. 이 호연지기는 의를 많이 축적하여 생겨나는 것이다. 의가 하루아침에 갑자기 엄습하여 얻어지는 것은 아니며, 행하고서 마음에 부족한 것이 있으면 그 호연지기가 굶주리게 된다."[150](公孫丑 上)고 하였다. 이 대답만을 가지고는 호연지기가 대체 무엇인지 이해하기가 쉽지 않다. 그래서 후세 학자들은 여러 가지 해석을 하게 되었다. 강도(綱島)라는 사람은 "맹자가 말하는 호연지기란 세속적인 측면의 혈기적 용기가 아니라 정신적 측면의 지략적 용기를 말한 것이며, 특히 하나의 실증에 바탕을 둔 도덕적인 측면에서의 진정한 용기를 말한 것이다."[151](『춘추윤리사상사』)고 하였다. 또 우야(宇野)박사는 "기란 무엇인가? 세속적 의미에서의 기는 육체가 아니지만 대체적으로 육체적 의미를 지니고 있다. 육체적 수양으로부터 정신적 수양에 이르는 것이 기를 기르는 것이다."[152](『중국철학사강화』)고 하였다. 요컨대, 호연지기란 자기 마음

---

149) 牛山之木嘗美矣, 斧斤伐之, 牛羊又從而牧之, 是以若濯濯也.

150) 難言也! 其爲氣也, 至大至剛, 以直養而無害, 則塞乎天地之間. 其爲氣也, 配義與道, 無是餒也. 是集義所生者, 非義襲而取之也; 行有不慊於心, 則餒矣.

151) 浩然之氣者, 孟子對世俗血氣之勇, 智謀之勇而言, 卽特基於一己之實證爲道義上之眞勇也.

152) 氣者何? 鄙意氣雖非肉體, 然大體有肉體的意味, 由肉體的修養, 漸及精神之修養, 是卽養氣也.

을 반성하여 조금도 부끄러움이 없으며[內省不疚], 공명정대하여 천지를 우러러 보고 굽어보아도 부끄러울 것이 없음을 의미한다.

확충(擴充): 선천적으로 본래 갖추어진 측은, 수오, 사양, 시비의 사단을 사람은 마땅히 확충시켜야 한다. 이 점에 대해서는 이미 상술하였기에 다시 반복하지 않는다.

정치설

맹자는 학자인 동시에 정치가였다. 그래서 그의 정치설에는 탁견들이 많았다고 할 수 있다. 그의 정치설은 윤리사상의 근본원리를 사회에 적용시킨 것이었다. 그 유명한 왕도론(王道論)이 그것이다.

왕도론: 맹자는 정치적 이상을 왕도(王道) 혹은 인정(仁政)이라고 불렀다. 그런데 왕도와 인정이란 무엇인가? 한마디로 말하면, 그것은 '차마 하지 못하는 마음'[不忍之心]을 미루어 '차마 하지 못하는 정치'[不忍之政]를 행하는 것일 따름이다. 차마 하지 못하는 마음을 미루면 나의 어른을 어른답게 여겨서 남의 어른에 이르고, 나의 자식을 자식답게 여기어 남의 자식에 이르게 되는데, 이는 공자가 말한 서(恕)이다. 구체적으로 말하면, 백성들이 산 사람을 편안하게 먹여 살릴 수 있고 죽은 사람을 장사지낼 수 있게 하며, 백성을 긍휼히 여기고 조세를 경감시켜주며, 노역을 덜어주고 안녕과 행복을 보장해주는 것이다. 백성들에게 안녕과 행복을 보장해 주려면, 반드시 상당한 재산을 가지고 생계를 꾸릴 수 있도록 보장해 주어야 하며 의식의 부족을 충족시켜 줄 필요가 있다. 그 방법으로 맹자는 다음과 같은 몇 가지 방안을 들고 있다. 첫째, 정전법(井田法)이다. 정전이라는 것은 인구에 따라 전지(田地)를 나누어주는 것을 말한다. 부모 처자 여덟 식구가 1부(一夫)이며, 1부는 밭 100묘를 받는다. 그리고 그 외 식구를 여부(餘夫)라 부르며, 16세 된 자는 25묘를 받는다. 둘째는, 조세의 경감이다. 여덟 집이 공전(公田) 100묘를 경작하게 하고 따로 과세하지 않을 것을 주장하였다. 셋째는, 촘촘한 그물과 도끼를 마구 사용하지 못하게 하여 고기들이 번식하고 수목들이 울창하게 하는 것이다. 넷째로, 백성들의 농사 시간을 빼앗지 않기 위하여 농사철에는

백성들에게 노역을 시키지 말 것을 주장하였다.

왕도는 우선 공리(功利)에서 출발하고 있는 것이지만, 그것의 궁극적인 목적은 백성들로 하여금 예절을 알게 하는 데 있다. 덕으로 백성을 교화시키는 것이 왕도의 극치이며, 이용후생은 그 준비에 불과한 것이다. 그래서 맹자는 "산 사람을 먹여 살릴 수 있고 죽은 자를 장사 지내는 데 유감이 없도록 하는 것이 왕도의 시작"[153]이라고 하였다.

맹자는 또 왕도(王道)와 패도(覇道)를 구별하면서, 왕도는 공리주의를 수단으로 삼으면서도 궁극적 목적으로 여기지 않는 데 반하여, 패도는 공리를 궁극적 목적으로 삼으며 도의(道義)를 수단으로 간주한다고 하였다. 나라를 다스리는 자는 마땅히 이 둘을 분명하게 구별해야 하며, 패도를 경멸하고 인의(仁義) 도덕을 중시해야 한다. 힘으로 사람을 굴복시킬 수는 있으나 마음으로 복종하게 할 수는 없다. 그러나 덕으로써 백성들에게 다가 간다면 마음속으로부터 우러나는 기쁨과 정성으로 복종하게 된다.

도덕과 경제의 관계: 맹자는 도덕과 경제의 관계에 주목하여 때때로 경제 문제에 관심을 기울였는데 실로 탁견이라 할 수 있다. 그는 도덕과 경제는 조화를 이룰 수밖에 없다고 하면서 "항산(恒産)이 없어도 항심(恒心)을 갖는 것은 오직 선비들이나 가능한 것이다. 그러나 백성에게는 항산이 없으면 항심이 없을 것이다. 진실로 항심이 없다면 방탕하고 치우치고 사치하지 아니함이 없을 것이다. 죄에 빠지고 난 후에 좇아가 형벌을 가하면 이는 백성을 그물질하는 것인바, 어찌 어진 사람이 왕이 되어 백성을 그물질 하리오?"[154](梁惠王章上)라고 하였다.

맹자는 경제를 가볍게 여겨서는 안 된다고 생각하였던 것 같다. 그러나 경제만을 너무 중시하여 부귀를 억지로 얻으려고 하는 것 또한 옳지 않은 일이다. 원래 이익을 좇는 것과 선을 좇는 것이 조금도 차이가 없었다고 한다. 그런데 순(舜)임금과 대도(大盜)인 척(蹠:진나라의 큰 도적)이 태어난 이후부터 대선(大善)과 대악(大惡)의 구별이 생겨났다는 것이다. 그래서 맹자는 "닭이 울면 일어나서 부지런히 힘써 착한 일을 하는 사람은 순의 무리요, 닭이 울면 일어나서 부지런히

153) 養生送死而無憾, 王道之始也.

154) 無恒産而有恒心者, 惟士爲能. 若民則無恒産, 因無恒心. 苟無恒心, 放辟邪侈, 無不爲已. 及陷於罪, 然後從而刑之, 是罔民也. 焉有仁人在位, 罔民而可爲也?

힘써 이익을 좇는 사람은 척의 무리이다. 순과 척의 구별은 다름이 아니라 이익과 선의 구분인 것이다."[155](盡心章 上)라고 하였다. 또 경제만을 너무 중시하는 자에 대해 맹자는 "음식을 좋아하는 사람을 천하게 여기니, 그 까닭은 작은 것을 기르기 위해 큰 것을 잃게 되기 때문이다."[156](告子章 上)고 하였다. 이처럼 지나친 이익을 좇는 것을 맹자는 천하게 여긴 것 같다.

민주사상: 맹자의 정치설에서 잊고 넘어가서는 안될 부분이 그의 민주사상이다. 중국에서는 예로부터 민주사상이 전해져 왔는데, 그 중 맹자가 그것을 가장 분명하게 언급하였다. 그는 백성이 나라의 근본이며 백성의 안녕을 해치면 임금이 될 수 없다고 생각하였던 것이다. 직설적으로 그는 "백성이 귀한 존재이며, 나라는 그 다음이고, 임금은 가벼운 것이다."[157]라고 말하였다. 또 맹자는 민의란 곧 하늘의 뜻을 구현하는 것이라 생각하였다. 그리하여 그는 폭군 주(紂)가 민의를 배반하였으니, 그를 죽이는 것은 하늘의 뜻에 비추어 볼 때 당연한 이치라고 생각하면서, "인(仁)을 해치는 것은 적(賊)이며, 의(義)를 해치는 것을 잔(殘)이라 한다. 인의를 해치는 잔적(殘賊)을 일부(一夫)라 한다. 일부에 불과한 주(紂)를 죽였다는 말은 들었지만 임금을 죽였다는 소리는 듣지 못했다."[158]고 하였다.

비 판

고대 성현들을 존중하게 하는 점은 정교일치(政敎一致)를 사상의 기초로 삼았다는 것, 학설과 더불어 실천궁행을 강조했다는 점 등이다. 이러한 점에서는 맹자나 공자나 마찬가지이다. 맹자 역시 유교의 길을 걸었던 사상가였다. 그래서 맹자의 학설은 대체적으로 공자의 학설을 이어받고 집대성하였던 것인데, 그 가운데 특히 두드러진 것은 인성론, 본무론, 덕론 등이다. 공자의 인성론은 애매하고 명백치 못한 측면이 있었는데, 자사를 지나 맹자에 이르러 비로소 명백한 성선론이 되었다. 공자의 본무 관념은 임금은 임금답고, 신하는 신하답고, 아버지

155) 雞鳴而起, 孳孳爲善者, 舜之徒也; 雞鳴而起, 孳孳爲利者, 蹠之徒也. 欲知舜與蹠之分, 無他, 利與善之間也.

156) 飮食之人, 則賤之矣; 爲其養小以失大也.

157) 民爲貴, 社稷次之, 君爲輕.

158) 賊仁者謂之賊; 賊義者謂之殘. 殘賊之人, 謂之一夫. 聞誅一夫紂矣, 未聞弑君者也.

는 아버지답고, 아들은 아들답기를 말하였으나, 맹자는 부자유친, 군신유의, 부부유별, 장유유서, 붕우유신을 말하여 오륜을 이루었다. 공자는 인을 역설하였는데, 맹자는 인, 의, 예, 지 의 사덕을 구분하였다. 한편, 맹자의 학설이 공자의 학설과 전적으로 같은 것은 아니었다. 맹자는 그 성격상 공자와 전혀 다른 학설을 주장한 것은 아닐지라도 사상적으로 독창성이 풍부하였던 것이다. 그래서 공자 학설과 같지 않은 점도 적지 않다. 예를 들면, 첫째, 공자는 선왕의 설에 근거하여 도의 근본관념을 객관적으로 밝혔으나, 맹자는 자사의 사상을 발전시켜 양지양능이 본래 갖추어져 있음을 인정하였다. 둘째, 공자는 대의명분(大義名分)을 주장하였고, 맹자는 극단적으로 세상을 바꾸는 혁명론을 주장하였다. 셋째, 공자는 경제에 대해서는 별로 언급이 없었는데, 맹자는 도덕과 경제의 밀접한 관계를 인정하였고 경제를 중시하였다.

공자로부터 시작하여 크게 발전한 유교 도덕을 맹자는 다시 체계적으로 발전시켰다. 이것은 실로 맹자 학설의 장점이다. 앞에서 말한 바와 같이 인성론, 본무론, 도덕론 등은 맹자에 이르러 형식이 다시 정비되었던 것이다. 수양론은 어느 정도 사색적이었고 실천적인 것만은 아니었다. 그 사상은 동기론으로 시종일관되고 있으나, 도덕적 이상을 다시 정치에 적용하여 왕도를 말하고 패도를 배척하였으니, 이는 모두 그의 학설의 장점이다. 그러나 장점이 있으면 반드시 단점도 있게 마련이다. 그의 학설은 철학적 근거가 박약하였고, 사상 역시 철저하지 못한 단점이 있다. 맹자는 보통 도학자들과는 달리 뛰어난 정치가였고, 넘치는 유머와 재기(才氣)가 있었으며, 강경한 발언을 하였다. 그러나 논리적으로는 정확하지 못한 점도 아주 많았다. 예를 들면, 고자와의 논쟁이 그 한 예이다. 고자는 주장하고, 맹자는 그것을 반박하였으나 공론(空論)에 빠진 곳이 아주 많다. 이것은 사상이 철저하지 못했기 때문이라 할 수 있을 것이다.

제 5 절 순자(荀子)

순자의 이름은 황(況)이다. 순경(荀卿) 또는 손경(孫卿)으로 불려 졌으며, 조(趙)나라 사람이었다. 태어나고 죽은 때에 관해서는 이설들이 분분하여 정확히 알 수 없으나, 맹자보다 50~60년 뒤에 태어났던 것 같다. 15세 때 제(齊)나라에서 유학하였고, 양왕(襄王)대에는 높은 벼슬에 임용되어 제나라 사부(師傅)가 되었으며, 세 번이나 제주직(祭酒職)에 임명되었다. 후에 겨우 주장이 받아들여질 즈음에 제나라 관직을 버리고, 진(秦)나라로 갔다가 다시 초(楚)나라로 갔다. 초의 재상 춘신군(春申君)이 그를 존중하여 난릉(蘭陵)의 수령으로 삼았다. 춘신군이 죽은 후에는 관직에서 파면되었고, 이후부터는 물러나 성학(聖學) 연구에 전념하면서 전력을 다하여 책을 펴는 데 이바지했다. 난릉에서 죽었다. 후세에 전해지고 있는 그의 책은 아주 많다. 한(漢)나라 초에 322편이 있었는데, 유향(劉向)이 32편으로 간추려 『손경신서』(孫卿新書)를 지었다. 32편은 여러 문하인들이 참여해서 쓴 것 같고 순자의 친필인 것 같지는 않다. 「대략편」(大略篇) 이하 6편은 순자의 어록들을 기록한 것이다.

순자의 학설

맹자의 사상과는 전적으로 다르지만, 순자의 사상 또한 유교전통에 속한다는 것은 말할 필요가 없다. 고뢰(高瀨) 박사는 『지나철학사』(支那哲學史)라는 책에서 순자와 맹자의 학설을 체계적으로 고찰하고 있는데, 그에 의하면, "순자의 학문은 순전히 유가적이며, 공자 문하인 자하의 학문에 근거하고 있다. 공자 문하에서 도를 얻은 자들이 많은데, 그 중 가장 유명한 사람으로 증자(曾子)와 자하(子夏)를 들 수 있을 것이다. 증자는 성품이 강직하였고 오로지 내적인 도를 다스리는 데 마음을 다함으로써 '군자의 선비'[君子之儒]라 불리었다. 반면, 자하는 성품이 민첩하고 지혜로워 대외적인 명성을 얻고자 함으로써 '소인의 선비'[小人之儒]라 불리는 경향이 있었다. 증자는 그의 학문을 자사에게 전하였고, 자사의 문인은 그의 학문을 맹자에게 전하였다. 자하는 그의 학문을 간비자궁(馯臂子弓) 등에게 전하였고, 자궁으로부터 여러 학자를 거쳐 순자에게 전해졌다. 증자의 학통은 도덕에 치우쳤고 내성(內省)을 중시하였으며, 자하의 학통은 문학에 치우쳤고 항상 외적인 것을 향하였다."[159]고 한다.

---

159) 荀子之學, 純然儒家, 本孔門子夏之學. 惟孔門得道者雖多, 而堪爲後繼最知名者, 則不得不推曾子與子夏. 曾子資性剛毅, 專心治道, 卽所謂君子之儒, 子夏資性敏慧, 動輒向外務名, 有所謂小人儒之傾向. 曾子傳其學於子思, 子思之門人, 傳其學於孟子. 子夏傳其學於馯臂子弓等, 由子弓數傳而傳於荀子. 曾子之學流, 傾於道德, 重內省; 子夏之學流, 傾於文學, 常向外.

철학설

순자와 맹자는 유교의 한 계통에 속하나 그들의 학설은 완전히 상반된다. 그것은 그들의 사상적 기초인 인성론에 관한 견해가 같지 않았기 때문이다. 맹자는 성선설의 입장을 취하였고, 순자는 성악설의 입장을 취하였다. 맹자는 성(性)을 선한 것으로 보았기 때문에 사단(四端)의 확충을 주장하였고, 순자는 성을 악한 것으로 보았기 때문에 예악의 필요성을 역설하였다. 그래서 결국 완전히 다른 방향에서 자신들의 학설을 발전시켰던 것이다.

성악설(性惡說): 순자는 분명히 "사람의 성(性)은 악하다. 그것이 선하게 되는 것은 인위[僞]에 의한 것이다."[160]라고 말하였다. 그리고 그 성은 천부적인 것이라 여겼다. 성(性)의 본원을 하늘에 돌리는 것이 유교의 전통적 사상이었으나, 순자는 하늘을 다른 유학자와 다르게 해석하였다. 많은 유학자들이 하늘을 인격적·종교적인 것으로 생각했는데, 순자는 자연적인 것으로 해석하였던 것이다. 많은 유학자들은 천재지변을 황천상제가 일으키는 것으로 여기고 실정(失政)을 경계하였으나, 순자는 그러한 천재지변이란 자연현상에 불과한 것으로 괴이한 것이 아니라고 생각하였다. 과학이 발달하지 못한 당시를 고려해 볼 때, 이러한 순자의 견해는 탁견이라고 말하지 않을 수 없다. 또한 순자가 말하는 위(僞)라는 것은 인위(人爲)라는 의미였지 거짓이라는 의미가 아니었다. 선악에 대하여 해석하면서, "천하에 이른바 선이라는 것은 바른 이치와 평화로운 정치이다. 이른바 악이라는 것은 치우치고 위험하고 모반을 일으키는 것이다. 이것이 선악의 구분이다."[161]라고 하였다. 이처럼 순자는 선악의 표준을 행위의 동기에서 찾지 않고 행위의 과정과 결과에서 찾고 있다. 따라서 이는 동기론이 아니고 결과론이다. 전국(戰國)시대 말에는 윤리기강이 해이해지고 퇴폐하기가 이루 말할 수 없었으며, 덕을 잃은 행동들이 온 세상에 공공연히 행해지고 있었다. 순자는 이러한 세태를 마음 아파하면서 지켜보았고, 여기에서 세상을 구하고자 하는 의지를 다짐하지 않을 수 없었던 것이다. 그의 성악론은 당시의 세상에 반항하는 부르짖음이었으며, 붓을 휘둘러 먹을 뿌리고 세상을 개탄하고 나라를 걱정하는 열정이었던 것이다.

---

160) 人之性惡, 其善者僞也.
161) 天下之所謂善者, 正理平治也; 所謂惡者, 偏險悖亂也: 此善惡之分也.

순자는 성악을 적극적으로 설명한 이유를 "지금 사람들의 성(性)은 태어나면서 이(利)를 좋아함이 있는데, 그것을 따르기 때문에 투쟁이 생겨나고 사양하는 바가 없어진다. 태어나면서 싫어하고 미워함이 있어, 그것을 따르기 때문에 인의를 손상하게 되고 충신(忠信)이 없어진다. 태어나면서 귀와 눈이 욕망과 성색(聲色)을 좋아하여 그것에 따르기 때문에 음란함이 생기고 예의와 문리[禮義文理]가 없어진다. 그래서 인성을 좇고 인정에 따르면 반드시 투쟁이 생겨나고, 신분에 어긋나는 것을 하고 이치를 어지럽히게 되며, 결국 난폭하게 되는 것이다."[162](『荀子』 性惡篇)라고 하였다. 사람은 본래 여러 가지 이기적인 성(性)과 정(情)을 가지고 있는데, 순자는 이를 주목하여 성악설의 근거로 삼았다. 그는 또 성악의 까닭을 소극적으로 논하면서, "지금 사람에게 스승과 법도가 없으면, 치우치고 위험하고 바르지 못하며, 예의가 없어지고 모반이 일어나고 다스려지지 않는다. 옛날 성인들은 인성의 악함을 치우치고 위험하고 바르지 않고, 모반을 일으키고 다스려지지 않는 것으로 생각하였다. 그래서 성인들은 예의를 진작시키고, 법도를 정하고, 사람의 정과 성을 고쳐서 바르게 하고, 사람의 정과 성을 길들여 이끌어 나갔다. 이에 비로소 모두 잘 다스려졌고 도에 맞는 행동을 하게 된 것이다. 지금 사람들은 스승과 법도에 의해 교화되고 학문을 쌓고 예의를 지키면 군자라 하고, 성정을 좇아 방자하고 예의를 어기면 소인이라 한다. 이렇게 보면 인성이 악함은 분명하다."[163](性惡篇)고 하였다. 성인이 예의와 법도의 필요성을 인정한 것은 인간의 본성이 악하다고 보았기 때문이라는 것이다. 순자는 또 "사람들이 선하게 되려 하는 것은 본성이 악하기 때문이다. 대개 엷으면 두텁기를 바라고, 추하면 아름답기를 바라고, 좁으면 넓어지기를 바라고, 가난하면 부유하기를 바라고, 천하면 귀하여지기를 바라는데, 반드시 자신이 소유하지 못한 것을 밖에서 구하고자 한다. 따라서 부유하면 재물을 바라지 않고, 귀하면 세력을 바라지 않으니, 진실로 자신이 이미 소유하고 있는 것은 애써 밖에서 구하지

162) 今人之性, 生而有好利焉; 順是, 故爭奪生而辭讓亡焉. 生而有疾惡焉; 順是, 故殘賊生而忠信亡焉. 生而有耳目之欲而好聲色焉; 順是, 故淫亂生而禮義文理亡焉. 然則從人之性, 順人之情, 必出於爭奪, 合於犯分亂理, 而歸於暴.

163) 今人無師法, 則偏險而不正; 無禮義, 則悖亂而不治. 古者聖人以人之性惡以爲偏險而不正, 悖亂而不治, 是以爲之起禮義, 制法度, 以矯飾人之情性而正之, 以擾化人之情性而導之也, 使皆出於治而合於道者也. 今之人化師法, 積文學, 道禮義者, 爲君子; 縱性情, 安恣睢, 而違禮義者, 爲小人. 用此觀之, 然則人之性惡明矣.

않을 것이다. 이렇게 본다면 사람이 선하게 되려고 하는 것은 분명히 성이 악하기 때문인 것이다."[164](性惡篇)라고 하였다.

맹자의 성선론에 대해 순자는 격렬한 논박을 가하면서, "맹자는 사람이 배우는 것은 그 성이 선하기 때문이라고 말하였으나 그렇지 않다. 성(性)이란 하늘이 내려주는 것이기 때문에 배울 수도 없고 노력해서 이룰 수도 없다. 그러나 예의는 성인이 만들어낸 것이기 때문에 사람이 배우면 행할 수 있고, 노력하면 이루어질 수 있는 것이다. 배워서도 행할 수 없고 노력해도 이루어질 수 없는 것인데도 사람이 지니고 있는 것을 성(性)이라 하며, 배워서 행할 수 있고 노력해서 이룰 수 있는 것이 사람에게 있는데 이를 위(僞)라 한다. 이것이 성과 위의 구분이다. 지금 사람에게는 성이 있기 때문에 눈으로는 볼 수 있고, 귀로는 들을 수 있다. 모든 볼 수 있는 시력은 눈을 떠나지 않으며, 들을 수 있는 청력은 귀를 떠나지 않는다. 눈은 시력이 있고 귀는 청력이 있는데, 이것은 배워서 될 수 없는 것들이다. 맹자는 지금 사람의 성이 선한데 장차 모두 그 성을 잃어버린 까닭에 악하게 된다고 하였다. 이 말은 지나친 말이다. 지금 사람의 성은 태어나면서부터 그의 질박(質朴)함이나 자질(資質)이 떠나고 잃어버린 것이다. 따라서 사람의 성이 악하다는 것은 분명한 사실이다. 그런데 성이 선하다는 것은 본래의 질박함이 떠나지 않아 아름답고, 자질이 떠나지 않아 이롭다고 보는 것이다. 그래서 마치 자질과 질박함이 아름답고, 마음과 뜻이 선하다는 것을, 볼 수 있는 시력이 눈을 떠나지 않고 들을 수 있는 청력이 귀를 떠나지 않아 눈은 밝게 볼 수 있고 귀는 분명히 들을 수 있는 것과 같이 생각하는 것이다. 그러나 지금 사람의 성은 배고프면 먹기를 바라고, 추우면 따뜻함을 바라고, 힘들면 휴식을 원한다. 이것이 사람의 성정(性情)인 것이다. 그런데 지금 사람이 굶주리면서도 어른을 보고 감히 먼저 먹지 않는 것은 양보하는 마음이 있기 때문이며, 힘들면서도 감히 휴식을 구하지 않는 것은 대신 일하려는 마음이 있기 때문이다. 자식이 부모에게 양보하고, 아우가 형에게 양보하는 것은 둘 다 성(性)에 반하고 정(情)에 따르지 않는 것이다. 그러나 효도와 예의는 이치이다. 따라서 정과 성에 따르면 사양하지 않으며, 사양하면 정과 성에 따르지 않는 것이다. 이런 관점에서 보면 사람의

---

164) 凡人之欲爲善者, 爲性惡也. 夫薄願厚, 惡願美, 狹願廣, 貧願富, 賤願貴, 苟無之中者, 必求於外. 故富而不願財貴而不願勢, 苟有之中者, 必不及於外. 用此觀之, 人之欲爲善者, 爲性惡也.

성은 악한 것이 분명하다."[165](性惡篇)고 하였다.

순자는 성악론에 근거하여 모든 사람의 성이 같음을 주장하면서, "무릇 사람의 성은 요·순(堯舜)과 걸·척(桀蹠)도 한가지이며, 군자와 소인도 그 성이 한가지이다. 이제 장차 예의로써 인위를 쌓아간다면, 사람의 성(性)이 사악해질 것인가? 그렇다면 어찌 요·순을 귀하게 여길 것이며, 어찌 군자를 귀하게 여길 것인가? 요·순과 군자를 귀하게 여기는 것은 성(性)을 교화하고 인위적인 것을 일으키고, 인위적인 것이 일어나면 예의가 생기기 때문이다. 걸과 척과 소인을 천하게 여기는 것은, 그 성정(性情)에 따라 방자하게 행동함으로써 이(利)를 탐하고 투쟁하는 바가 생겨나기 때문이다."[166]라 하였다.

적위론(積僞論)

인성이 악하다면, 이른바 예의는 어떻게 하여 생겨나는가? 순자는 "예의라는 것은 성인의 작위(作爲)에서 생겨나는 것이며, 사람의 성(性)에서 생겨나는 것이 아니다. 따라서 옹기장이가 찰흙을 이겨서 그릇을 만들면 그릇은 옹기장이의 작위에서 생겨나는 것이지, 사람의 성에서 생겨나는 것이 아니다. 또 목수가 나무를 깎아 그릇을 만들면 그 그릇은 목수의 작위에서 생겨나는 것이지, 사람의 성에서 생겨나는 것이 아니다. 성인은 생각을 쌓고, 작위를 익히어서 예의를 만들어내고 법도를 제정한다. 이처럼 예의법도는 성인의 작위에서 생겨나는 것이지, 사람의 성에서 생겨나는 것이 아니다. 눈이 색을 좋아하고, 귀가 소리를 좋아

---

165) 孟子曰: 人之學者, 其性善. 曰:是不然. 凡性者, 天之就也, 不可學, 不可事. 禮義者, 聖人之所生也, 人之所學而能, 所事而成者也. 不可學不可事而在人者, 謂之性; 可學而能可事而成而在人者, 謂之僞: 是性僞之分也. 今人之性, 目可以見, 耳可以聽. 夫可以見之, 明不離目; 可以聽之, 聽不離耳; 目明而耳聰, 不可學明矣. 孟子曰: 今人之性善, 將皆失喪其性故也. 曰: 若是, 則過矣. 今人之性, 生而離其朴, 離其資, 必失而喪之. 用是觀之, 然則人之性惡明矣. 所謂性善者, 不離其朴而美之, 不離其資而利之也. 使夫資朴之於美, 心意之於善, 若夫可以見之明不離目, 可以聽之聰不離耳, 故曰目明而耳聰也. 今人之性, 飢而欲飽, 寒而欲煖, 勞而欲休, 此人之情性也. 今人飢, 見長而不敢先食者, 將有所讓也; 勞而不敢求息者, 將有所代也. 夫子之讓乎父, 弟之讓乎兄, 此二行者, 皆反於性而悖於情也; 然而孝子之道, 禮義之文, 理也. 故順情性, 則不辭讓矣; 辭讓則悖於情性矣. 用此觀之, 然則人之性惡明矣.

166) 凡人之性者, 堯舜之與桀跖, 其性一也; 君子之與小人, 其性一也. 今將以禮義積僞, 爲人之性邪? 然則有曷貴堯舜曷貴君子矣哉. 凡所貴堯舜君子者, 能化性, 能起僞, 僞起而生禮義; 所賤於桀跖小人者, 從其性, 順其情, 安恣睢以出乎貪利爭奪.

하고, 입이 맛을 좋아하고, 마음이 이익을 좋아하고, 신체는 유쾌하고 편안한 것을 좋아하는데, 이것은 모두 사람의 정성(情性)에서 생겨나는 것이며, 느껴서 스스로 그렇게 되는 것이며, 어떤 일이 있고 난 후에 생겨나는 것이 아니다. 느껴서 그렇게 되지 않고 반드시 일이 있고 난 후에 그렇게 되는 것을 〈작위에서 생겨나는 것〉이라고 한다. 이것이 성과 작위를 생겨나게 하는 것들이 같지 않다는 증거인 것이다. 그래서 성인이 성을 교화시켜 작위를 일으키고, 작위를 일으켜 예의를 만들어내고, 예의를 만들어내어 법도를 제정한다. 이처럼 예의법도는 성인이 생겨나게 한 것이다."[167]고 하였다. 이것은 예의를 성인의 작위에 돌리는 것이다.

그러나 이러한 순자의 성악론에는 철저하지 못한 점이 있다. 인성이 절대적으로 악한 것이라면, 성인이라도 예의를 만들지 못할 것이다. 오로지 인간만이 예의를 지킬 가능성이 있으며, 이러하기에 성인도 예의를 만들어내는 것이다. 이상에서처럼 순자는 성악설을 주장하였지만, 또 암암리에 인성이 본래 선한 성질을 가지고 있음도 인정한 것이라 하겠다. 이러한 점에서 순자는 순수한 성악론자가 아니며, 곽포사(霍布士)의 성악설과는 전혀 다름을 말해 주는 것이다.

윤리설

순자의 성악론은 그의 윤리설의 전제였다. 인성은 악한 것이며, 선한 것은 작위적인 것이다. 작위는 인위의 뜻이다. 순자에 의하면, 도덕은 인위적으로 악성을 선성으로 바꾸는 것일 뿐이다. 인위적으로 본성을 교화시키는 데는 표준이 있을 수밖에 없다. 순자는 도덕의 표준으로 예악(禮樂)을 들고 있다.

예론(禮論): 순자는 예를 매우 중시하면서, "서(書)는 정사(政事)의 기록이며, 시(詩)는 중성(中聲;상나라의 가락)이 멈추는 곳이며, 예(禮)는 법의 큰 부분으로

---

167) 凡禮義者, 是生於聖人之僞, 非故生於人之性也. 故陶人埏埴而爲器; 然則器生於工人之僞, 非故生於人之性也. 故工人斲木而成器; 然則器生於工人之僞, 非故生於人之性也. 聖人積思慮, 習僞, 故以生禮義而起法度. 然則禮義法度者是生於聖人之僞, 非故生於人之性也. 若夫目好色, 耳好聲, 口好味, 心好利, 骨體膚理好愉快, 是皆生於人之情性也, 感而自然, 不待事而後生之者也. 夫感而不能然, 必待事而後然者, 謂之生於僞. 是性僞之所生, 其不同之徵也. 故聖人化性而起僞, 僞起而生禮義, 禮義生而制法度. 然則禮義法度者, 是聖人之所生也.

여러 종류의 기강이다. 사람은 그것을 배우지 않을 수 없으며, 배움은 예에 머물러야 한다. 이것이 도덕의 극치이다."[168]라고 하였다. 예에는 악한 본성을 교정하는 힘이 있음을 인정한 것이다. 이러한 예사상은 원래 공자에게서부터 전해온 것이다.

순자는 예가 어떻게 해서 생겨나는지를 설명하면서, "사람은 태어나면서 욕망을 가지는데, 욕구하는 것을 얻지 못하면 구하지 않을 수 없고, 구함에 있어서는 일정한 한계가 없기에 싸우지 않을 수 없으며, 싸우면 혼란하고, 혼란하면 궁핍해진다. 선왕은 이 혼란을 싫어했기 때문에 예의를 정하여, 사람의 욕망을 충족시켜 주고 사람이 구하는 것을 나누어주었던 것이다."[169](禮義篇)라고 하였다. 사람은 태어나면서 욕망이 있는데, 그 욕망은 이기적인 욕망이며 악의 근원이다. 인성이 그 자연적 욕망을 따른다면 반드시 사회의 평화를 해칠 것이다. 따라서 인성의 악함을 교정하고 사회의 혼란을 막고자 하여 성인이 예를 만든 것이다. 인성이 악하기 때문에 예는 자연적인 것이 아니라, 성인의 작위로부터 만들어진 것이다. 이상이 순자의 견해이다.

그러나 이 이론은 아주 불합리하다. 성인과 범인을 막론하고 본성이 모두 악하다면 최초로 예가 생겨난 연유를 설명할 수 없는 것이다. 예가 인성 속에 있지 않다면, 성인이 예를 만들 수 없을 것이다. 처음에 예를 만든 자가 없었다면 성인의 이치도 없었을 것이다. 맹자는 예를 인심(人心)에 본래부터 있는 것으로 생각하였는데, 이 설은 정말 순자의 관점과 대비된다할 것이다.

순자는 예의 목적을 공리적으로 해석하여, 성인이 예를 제정한 것은 인성의 악함을 교정하고 사회의 평화를 유지하기 위한 것으로 생각하였다. 사회의 평화를 유지시키는 목적은 개인의 안락을 구하는 것과 다르지 않다. 즉, "사람에게 생명보다 귀한 것이 없고 안락보다 즐거운 것이 없는데, 바로 생명과 안락을 추구함에 예의보다 중한 것이 없는 것이다. 사람이 생명과 안락을 귀하게 여기면서 예의를 버린다면, 그것은 오래 살고자 하면서 목을 베는 것에 비유될 수 있다." 또 "예는 기름(養)이다."라고 하였다.[170] 대체로 맹자학설은 동기론이며 직각주

---

168) 書者政事之紀也. 詩者中聲之所止也, 禮者法之大分, 羣類之綱紀也. 人不可不學之, 而學止於禮. 此道德之極也.

169) 人生而有欲; 欲而不得, 則不能無求; 求而無度量分界, 則不能不爭; 爭則亂; 亂則窮. 先王惡其亂也, 故制禮義以分之, 以養人之欲, 給人之求.

의이지만, 순자학설은 분명히 결과론과 공리주의에 입각하고 있다.

순자는 예의 가장 중요한 세 가지 근본을 들면서, "천지는 생명[生]의 근본이요, 조상은 종족[類]의 근본이며, 임금과 스승은 다스림[治]의 근본이다. 천지가 없으면 악이 발생하고 조상이 없으면 악이 생겨나고, 임금과 스승이 없으면 악하게 다스려진다. 이 세 가지가 없으면 평안한 사람이 없을 것이다."[171]라고 하였다. 천지, 조상, 임금과 스승 세 가지 근본은 성인이 예의 표준으로 정한 것이며, 예가 생겨나게 되는 객관적 기초이다. 예는 이러한 객관적 기초 외에도 주관적 기초를 지니고 있다. 주관적 기초란 무엇인가? 인성 중의 인정(人情)이 그것이다. 인성 중에 예가 없다면, 성인이라도 스스로 창조할 수 없을 것이다. 따라서 순자는 예가 인성에 기초하고 있음을 인정하지 않을 수밖에 없었다. 이러한 견해는 합당한 것이지만 그의 성악설과는 모순된다.

순자의 예론은 옛 성인들의 가르침에 근거하고 있지만 체계적으로 상술한 점에서 볼 때 이전의 유학자들보다 크게 진일보한 것이라 하겠다. 예로부터 중국에서는 예의 덕목들이 아주 많았는데, 『중용』에는 예의(禮儀) 300가지, 위의(威儀) 3,000가지를 말하고 있으며, 순자도 관 · 혼 · 상 · 제례에서 일상적인 모든 일에 이르기까지 예가 필요하다고 하였다. 그러나 그는 예의 이론만을 말했을 뿐, 나아가고 물러나는 행동의 절목에 대해서는 제시하지 않았다.

악론(樂論): 예로부터 유교는 예악(禮樂)을 치국의 요체로 삼았으며, 당 · 우시대에서의 악(樂)의 효용에 대해 공자와 맹자는 여러 차례 언급한 바 있다. 순자도 유교의 계통을 이어받아 예와 악의 필요성을 인정하면서 교화의 요체라 생각하였다. 즉 "악이란 즐거움이며, 사람의 감정에 없을 수 없는 것이다. 그러므로 사람에게는 즐거움이 없을 수 없으며, 즐거우면 반드시 목소리에서 노래가 나오게 되며, 몸으로 춤사위가 나오게 되는 것이다. 그래서 사람의 도가 노래와 춤사위, 그리고 본성의 작용변화가 모두 여기에서 발휘되는 것이다. 그러므로 사람에게 즐거움이

---

170) 人莫貴於生, 莫樂於安. 所以養生樂安者, 莫大於禮義. 人之貴生樂安而棄禮義者; 譬如欲壽而刎頸.
禮者, 養也.

171) 天地者, 生之本也; 先祖者, 類之本也; 君師者, 治之本也. 無天地, 惡生; 無祖先, 惡出; 無君師, 惡治: 三者偏亡焉, 無安人.

없을 수 없으며, 즐거우면 겉으로 표현하지 않을 수 없으며, 겉으로 표현되어 올바른 도리에 맞지 않으면 어지러움이 없을 수가 없는 것이다. 선왕은 이 어지러움을 싫어하였기 때문에 아송(雅頌)의 노래를 제정하여 이끌어줌으로써 그 음악을 충분히 즐기면서도 혼란으로 기울지 않도록 하였던 것이다. 따라서 음악이 종묘(宗廟) 가운데에 있어 임금과 신하를 비롯하여 상하가 함께 듣는다면 화합하고 존경하지 않음이 없을 것이며, 가정에서 부모자식과 형제들이 함께 듣는다면 화합하고 친애하지 않음이 없을 것이며, 시골마을과 친족 중에서 어른과 아이들이 함께 듣는다면 화합하고 따르지 않음이 없을 것이다."[172]고 하였다.

정치설

순자 정치설의 식견은 아주 높았으며, 맹자와 같이 치국평천하(治國平天下)의 도를 말하였을 뿐 아니라 국가사회의 성립과 조직 등 근본 문제들에 대해 언급하였다.

사회조직: 사회는 어떻게 성립되었는가? 순자는 그 근거를 세 가지로 들고 있다. 첫째, 인간성이다. 인간은 사회성을 지니고 있어 인간이 살아가는 곳에는 저절로 사회조직이 생겨난다는 것이다. 둘째, 환경의 힘이다. 인간이 각자 욕망에 따른다면 서로 투쟁하게 되고 서로 고립되어 외부 적의 습격을 막아낼 수 없다. 그래서 단결의 필요성이 생겨나는 것이다. 셋째, 분업의 발달이다. 인간은 각자 특수한 재능이 있으며, 한 사람이 모든 기능에 통달할 수 없기 때문에 각자가 그 재능을 다해야 하며, 협력하여 생존을 보호할 필요가 있었다는 것이다. 이런 까닭에 인간의 생활은 저절로 사회조직을 만들어 냈다는 것이다.

국가조직: 순자는 ① 토지, ② 인민, ③ 법정조직(法政組織), ④ 통치권 등을 국가성립의 요소로 생각하였다. 오늘날의 법리학적 관점에서 볼 때 부정하기

---

172) 夫樂者樂也, 人情之所必不免也. 故人不能無樂, 樂則必發於聲音, 形於動靜. 而人之道, 聲音動靜, 性術之變盡是矣. 故人不能不樂; 樂則不能無形; 形而不爲道, 則不能無亂. 先王惡其亂也, 故制雅頌之聲, 以感動人之善心, 使夫邪汚之氣, 無由得而接焉. 故樂在宗廟之中, 君臣上下同聽之, 則莫不和敬; 閨門之內, 父子兄弟同聽之, 則莫不和親; 鄕里族長之中, 長少同聽之, 則莫不和順.

어려운 탁견이라 하겠다. 그는 통치권의 소재에 관해서도 명석한 의견을 가지고 있다. 즉 "백성들이 돌아가는 곳이 왕이다. 왕은 곧 덕이다."[173]라고 하였다. 그래서 왕이 될 수 있는 자는 반드시 덕이 있는 사람이어야 하며, 이름난 임금의 후예 일 지라도 덕이 없는 자는 왕이 될 자격이 없다는 것이다. 순자는 왕위 계승의 방법으로 선양(禪讓:평화적으로 다음 사람에게 왕위를 넘겨줌)과 방벌(放伐 : 비평화적인 방법으로 왕위를 빼앗음)을 모두 배격하면서, "요와 순은 모두 덕이 있는 사람이었다. 요는 덕이 있었던 까닭에 천자(天子)가 되었고, 백성들이 요라는 사람을 몰라도 그 덕에 승복하였다. 그리고 순의 덕도 요와 다름이 없어 요가 죽자 이어 천자가 되었다. 이는 순이 요를 이어 대신한 것이며, 덕으로써 덕을 대신한 것이다. 비록 사람으로 요와 순은 달랐지만 덕이 있었다는 점에서는 차이가 없었다. 똑같이 백성들을 위함으로 왕위가 이어진 것이지 무슨 선양을 했다는 것인가?"[174]라고 하였다. 이는 맹자의 설에 동의한 것이지만, 그 결론은 서로 다른 것이다.

정치방법: 순자는 위정자의 인격을 중시하여 치인(治人)에 앞서 마땅히 자신의 몸을 닦는 수기(修己)를 먼저 해야 한다고 보았다. 그리고 정치는 예악(禮樂)과 형정(刑政)을 다스림의 도로 삼아야 한다고도 하였다. 이러한 주장은 다른 유학자들과 다르지 않은 점이다. 또 "나라를 풍족하게 하는 길은 절약하여 백성을 넉넉하게 하고, 그 나머지를 잘 저장하는 데 있다. 예로써 절약하고, 정치로써 백성을 넉넉하게 해야 한다."[175]고 하였다. 이를 더 상세히 설명하기를, "그 백성이 넉넉하면 남는 것도 많게 된다. 백성을 넉넉하게 하면 백성이 부유해지며, 백성이 부유해지면 농토가 비옥하고 농사짓기가 쉬워지고, 농토가 비옥하고 농사짓기 쉬워지면 수확이 백배로 많아질 것이다. 임금은 법에 따라 거둬들이고, 백성들은 예로써 그것을 절약하게 되면, 남는 것이 산더미처럼 많아서 때때로 태워버려야 할 만큼 저장할 곳이 없게 된다. 그런데 군자가 어찌 남지 않음을

173) 人民之歸, 是王也; 王卽德也.
174) 堯舜皆有德之人也. 堯以其有德故爲天子, 人民不知堯之人, 而服其德. 然舜之德, 又無異於堯; 堯之死也, 次爲天子. 是以舜代堯, 以德代德, 人雖有堯舜之別, 而德無異也. 同爲人民所歸何禪讓之有.
175) 足國之道, 節用裕民, 善臧其餘. 節用以禮, 裕民以政.

걱정하겠는가? 절약하여 백성을 넉넉하게 하면, 반드시 어질고 의로우며 훌륭하고 성인답다[仁義聖良]는 명성이 있을 것이며, 또 부유하고 후하여 많은 물건들이 쌓일 것이다. 따라서 천하를 넉넉하게 하는 길도 분명해진다. 흙으로 토지를 덮어주고, 토지의 경계를 표시하고, 풀을 베고, 곡식을 심고, 거름을 많이 주고, 토지를 비옥하게 하는 것이 농부들의 일이다. 때를 맞추어 백성들에게 노역을 시키고, 일을 하면 크게 공을 이루게 하고, 백성을 화합하게 하고, 사람들로 하여금 도둑질하지 않게 하는 것은 장졸(將卒)의 일이다. 높은 곳은 가물지 않게 하고 낮은 곳에는 홍수가 나지 않게 하며, 추위와 더위가 시기에 적절하게 하고, 오곡이 때 맞춰 익게 하는 것은 천하의 일이다. 한결같이 덮어주고, 한결같이 사랑하고, 한결같이 통제하면 비록 흉년이 들고 홍수나 가뭄이 들더라도, 백성들은 얼고 굶주리게 될 걱정이 없어지는데, 이는 성군현상(聖君賢相)의 일이다."[176] 라고 하였다.

순자의 정치론은 맹자의 정치론과 큰 차이가 없는 것이다. 순자는 절약을 주장하고 겸애(兼愛)를 말하였으나, 그가 주장하는 절약, 예로써 절도 있는 것[節之以禮], 명분을 밝히는 것 등은 묵자처럼 절도를 잃고 음악도 없애는[節喪非樂] 소극적 방법이 아니었다. 순자는 묵자를 논박하면서, "남음이 있는가 부족한가는 천하의 걱정거리가 아닌데, 이를 걱정한 것은 묵자의 개인적 우려이며 실책이었다. 천하의 걱정은 혼란과 남을 해치는 상해이다. 어찌 일찍이 혼란함을 부추긴 자가 누구인지 알아보지 아니하였는가? 나는 묵자의 비락(非樂)이 천하를 혼란하게 하였고, 묵자의 절용(節用)이 천하를 가난하게 하였으며, 거친 옷과 거친 음식은 사람을 파리하게 하며, 파리하게 되면 욕구가 부족하고 즐김이 행해지지 않는다고 생각한다."[177]고 하였다.

---

176) 裕彼民, 故多餘. 裕民則民富, 民富則田肥以易, 田肥以易, 則出實百倍. 上以待取焉, 而下以禮節用之, 餘如丘山, 不時焚燒, 無所藏之, 夫君子奚患乎無餘. 故知節用裕民, 則必有仁義聖良之名, 而且有富厚丘山之積矣. 是故兼足天下之道: 明分, 掩地, 表畝, 刺草, 殖穀, 多糞, 肥田, 此農夫衆庶之事也; 守時力民, 進事長功, 和齊百姓, 使人不偸者, 是將率之事也; 高者不旱, 下者不水, 寒暑和節, 五穀以時而熟, 是天下之事也; 若兼而覆之, 兼而愛之, 兼而制之, 雖歲凶敗水旱, 百姓無凍餒之患, 此聖君賢相之事也.

177) 夫有餘不足, 非天下之公患也, 特爲墨子之私憂過計也. 天下之公患亂傷之也, 胡不嘗試相與亂之者誰也? 我以墨子之非樂也, 則使天下亂; 墨子之節用也, 則使天下貧; 麤衣惡食則瘠, 瘠則不足欲, 則賞不行.

정명론(正名論)

정명론은 정치설인 동시에 논리설이다. 중국의 논리학은 묵자로부터 시작되었다고 볼 수 있다. 그러나 혜시(惠施), 등석(鄧析), 공손룡(公孫龍) 등에 와서는 논리학이 궤변으로 흘러, 이름[名]과 실질[實]이 혼동되어 '덕행으로 사람을 가르치는 일'[풍교 : 風敎]에 해를 끼침이 적지 않았다. 순자는 이 점을 우려하여, 이름과 실질의 혼동이 천하를 문란하게 하는 원인이라고 갈파하였다. 사람이 만물의 이름을 정하였는데, 그 까닭은 어디에 있는가? 순자는 이름을 지어야 할 필요성을 말하면서, 만물의 형태가 잡다하여 일정하지 않고 만인의 마음도 그 얼굴이 다르듯이 각각 다르다고 생각하였다. 만 가지 형태의 마음이 잡다한 만물에 대해 그 이름을 부여하면 이름과 실질이 혼란해져, 반드시 개별 사물의 같은 점과 다른 점을 판별할 수 없게 되기 때문에 인류가 사회적으로 공통되는 이름을 지어야 할 필요성이 있는 것이다.

그런데 무엇에 근거하여 이름을 지을 것인가? 순자는 천관(天官)을 들고 있다. 천관이란 귀 · 눈 · 입 · 코 · 신체 등 오관을 말한다. 귀 · 눈 · 입 · 코 네 가지는 오늘날 심리학에서 말하는 청각 · 시각 · 미각 · 후각에 해당되는 것이며, 신체는 촉각(觸覺) · 근각(筋覺) · 통각(痛覺) · 온각(溫覺) 등에 해당된다. 우리가 외물(外物)을 자각하고, 그 같은 점과 다른 점을 구별하고자 하면 반드시 오관의 힘을 빌려야 한다. 인간의 감관은 대략 유사하고 감각도 큰 차이가 없기 때문에 오관이 이름을 정하는 근거가 될 수 있다. 이름을 지을 때 이름과 실물은 서로 상응할 수밖에 없는데, 이름과 실질이 반드시 일치하는 것은 만물에 고유한 이름이 없으나 인간의 약속에 의해 정한 것이다. 그러나 약속이 이미 정해지면 그것이 '바른 이름'[正名]의 표준이 되는 것이다. 따라서 이름을 정하는 데는 규범이 있어야 한다는 뜻이다. 이러한 이름을 정할 필요성, 이름을 정하는 근거, 이름을 정하는 규칙 등이 실로 순자 정명론의 요점이었다.

맹자와 순자의 비교

맹자와 순자는 인품, 학풍, 학설 등에서 아주 흥미로운 대조를 이룬다.

첫째, 맹자와 순자는 성격이 달랐다. 맹자는 과단성 있고 용기가 많았으며,

순자는 성미가 까다롭고 고집이 세고[剛愎] 불손하였다. 맹자는 쾌활하고 토론을 길게 하였고, 순자는 심사숙고하는 경향이 있었으며 사색을 오래 하였다.

둘째, 맹자와 순자는 학풍이 크게 달랐다. 맹자는 의리를 밝히는 데 전력을 쏟았고, 순자는 그 반대로 글자의 뜻을 살피고 나누어 보는 훈고(訓詁)의 경향이 있었다. 맹자는 항상 개괄적 논법을 썼고, 순자는 분석적 연구가 많았다. 맹자의 문장은 직선적이고 간명하였고, 순자의 문장은 면밀하고 섬세하였다. 맹자는 논객의 색채를 지녔고 순자는 학자의 색채를 지녔는데, 이는 그 성격으로부터 나온 것이다.

셋째, 학설상 맹자와 순자는 거의 정반대의 입장에 있었다. 가장 중요한 점을 대조해 보자.

① 인성론이 다른데, 맹자는 성선설을, 순자는 성악설을 주장하였다. 전자는 애타심(愛他心)을, 후자는 이기심(利己心)을 인성의 근거로 삼았는데, 둘 다 인성의 한 면만을 보고 그 선 · 악을 정해버린 데 불과하다. 성선설을 주장한 맹자는 악의 기원을 물욕에 돌렸고, 성악설을 주장한 순자는 선이 이루어지는 것은 성인의 적위(積僞)에 의한 것이라 하였는데, 모두 분명하지 않은 점이 있다.

② 도덕론이 다르다. 맹자는 성선(性善)으로써 사단(四端)을 확충하는 것이 도덕의 본뜻이라 하였고, 순자는 성악(性惡)의 인위적 교정을 윤리의 요체라 하였다. 맹자는 인 · 의 · 예 · 지의 주관적 도덕을 주장하였고, 순자는 예악(禮樂)과 형정(刑政)의 객관적 도덕을 주창하였다. 맹자는 예를 내면적인 것이라고 해석하면서 인간의 본성에 기초하는 것으로 여겼다. 순자는 예를 외면적인 것으로 해석하면서 본성의 교정은 옛 성인의 작위라고 하였다. 맹자와 순자의 도덕론을 개괄하면, 맹자는 도덕자연론, 양심주의, 자율주의였고, 순자는 도덕인위론, 예법주의, 타율주의였다.

맹자와 순자는 비록 성격이 전혀 다르고, 학풍과 학설이 상반된 측면이 많았으나, 공통점도 있었다. 맹자와 순자는 모두 유교사상을 계승하면서, 고원(高遠)한 공상(空想)을 배척하고, 수기치인의 세속적 실천적 도덕을 주창하였다. 또 둘 모두 큰 재능을 가지고 있었으며, 시세에 대하여 비분강개하면서, 세상을 구하려는 의지를 품었으나 그 이상을 실행하지 못하고 일생동안 등용되지 못했던 점도 공통점이다.

비 판

순자는 공자 문하의 예를 이어받아 서술한 자였으나, 맹자에 반대하여 성악설을 주장하여, 후세 유학자들에게 여러 가지 비난을 받았다. 특히 송·명 성리학자들에게 더욱 맹렬한 공격을 받았는데, 그들은 공자의 도에 반하는 것으로 여기고 순자학설을 아주 이단시하였고, 유교의 범주 밖으로 배척하였다. 그리고 한비(韓非), 이사(李斯) 등과 같은 순자 문인들 때문에도 더욱 비판받는 측면이 있었다. 즉 그들은 도덕은 무시하고 법률만을 강조하였던 것이다. 그러나 성악론 때문에 순자를 비난하는 것은 아주 잘못된 것이다. 맹자는 성선 한 면에 착안하였고, 순자는 반대로 성악의 한 면만을 입론의 근거로 삼았는데, 둘 다 인성의 전부를 말하고 있지 않은 것이다. 만약 순자를 비난하고자 하면 맹자도 역시 응당 배척의 서열에 놓아야 할 것이다. 순자는 유교의 계승자로서, 그 공적을 맹자에 비교하면, 양묵(楊墨)을 공격하고 공자의 도를 밝히는 데 결코 뒤지지 않았으며, 그의 학설 중에는 독특한 견해가 있었고 그의 정치설은 탁견이라 할 만한 것이 매우 많았다. 그러나 그의 단점은 학설상의 철학적 기초가 박약하고, 사상이 모순되는 측면이 있다는 점인데, 이는 대체로 다른 유학자들도 마찬가지인 것이다.

유 교 (요약)

✤공자(孔子)

❐ 요지

(1) 중국 고래의 교학을 전하고 집대성시킨 사람. 유교는 공자의 노력에 의해 형성된 당당한 학파.

(2) 노나라 사람. 난세에 태어나 어려서부터 예의를 중시하였음.

(3) 정해진 스승은 없었고 예(藝)나 재능을 지닌 사람 모두가 스승이었으며, 선왕의 도를 배웠음.

(4) 천하를 두루 돌아다니며 사방 군주들에게 도를 설파하였으나 등용되지 못하고 돌아와 저술과 교육으로 생을 마침.

❐ 편서

(1) 『역경』(易經): 세계적으로 유명한 굴지의 옛 철학서로, 공자가 10익을 지었다고 전해지고 있으나 명확하지 않음.

(2) 『시경』(詩經): 당시 조정의 아송(雅頌)과 민가의 시가를 모은 책.

(3) 『서경』(書經): 당우(唐虞)에서 진목(秦穆)시대에 이르는 국가의 대계(大計) 및 후왕의 모범이 될 교훈과 교령(敎令)의 문장 가운데 100편을 골라 편찬한 책임.

(4) 『예기』(禮記): 『주례』와 『의례』(儀禮)의 뜻풀이라 부를 수 있음.

(5) 『춘추』(春秋): 은공(隱公) 원년에서 애공(哀公) 14년에 이르는 240년 간의 역사임.

(6) 『논어』(論語): 공자와 그의 제자들의 언행록인데, 공자의 학설을 알아 볼 수 있는 유일한 경전임.

❐ 인격(人格)

(1) 지적 측면: 특별히 배우기를 좋아하여, 만년에 『역』을 읽어 가죽끈이 세 번이나 닳아 떨어졌다 함.

(2) 정적 측면: 대효(大孝), 자애가 가장 풍부하였음.

(3) 의지적 측면: 의지가 강하여, 환퇴의 난과 광인의 난을 만나도 천명을 믿고 당황하지 않았음.

(4) 지 · 정 · 의가 가장 완전하게 발달된 원만한 인격을 지녔음.

❒ 철학설

(1) 요지

① 철학과 종교에 관한 것은 아주 적고, 대부분 도덕 및 정치설임.

② 철학과 종교적 문제는 논하기를 피함.

③ 그러나 종교 · 철학사상이 전혀 없는 것이 아님.

④ 중년기에 철학 · 종교에 관한 의견을 말하지 않는 것은 도덕과 정치론에 치우친 까닭임.

(2) 우주관

① 공자의 세계관은 『역』의 계사전을 살펴보면 알 수 있음. 계사전은 분명히 공자가 지은 것임.

② 우주의 근본원리를 태극이라 하고, 태극은 음 · 양으로 나누어지고, 음 · 양이 소멸하고 성장해서 만물을 낳음.

③ 우주와 인류는 그 근본이 같음. 인간은 우주의 법칙에 따를 수밖에 없음.

④ 음양의 원리가 도이며, 천지의 도가 인간(人道)의 규범임.

(3) 인성론

① 진실로 인에 뜻을 두면 악이 없어짐(성선설을 인정).

② 가르침에는 차별이 없음[有敎無類](성은 습관에 의해 변경된다고 인정함).

③ 상지(上智)와 하우(下愚)는 서로 옮겨지지 않음(성3품을 가정하고 있음).

④ ②와 ③은 모순됨(후자는 전자의 예외가 됨).

❒ 종교설

(1) 신앙설

① 하늘을 믿는 신앙은 중국의 옛 풍속이었는데, 공자 역시 하늘을 깊이 신앙하였음.

② 하늘은 유형의 하늘이 아니고, 지식과 의지를 지닌 우주의 주재자.

③ 천명을 외경할 뿐 아니라 위급한 때에는 일신을 천명에 맡기고 태연자약해야함.

(2) 제사관

① 제사를 중시. 제사는 천신과 지신과 인귀(人鬼)에게 하는 것.

② 제사의 동기는 윤리적 · 미신적일 수 있음.

③ 공자는 미신적 제사를 배격하고 윤리적 제사를 중시하였음.

❒ 교학의 근본사상

(1) 일관지도(一貫之道)

① 교학의 근본사상이 일관지도임.

② 일관지도에 관해서는 여러 가지 해석들이 있음.

ⓐ 도는 세계의 원리이다(주자의 설).

ⓑ 도는 윤리의 원리이다(주자의 설).

ⓒ 도는 정치의 원리이다(물조래의 설).

ⓓ 도는 윤리와 정치의 원리이다(가장 합당한 설).

③ 일관지도의 내용에 관해서도 여러 설이 있음.

ⓐ 일관지도는 충서(忠恕)이다(주자의 설).

ⓑ 일관지도는 리(理)이다(주자의 설).

ⓒ 일관지도는 하나(一)이다(구정남명의 설).

ⓓ 일관지도는 성(誠)이다(전조망의 설).

ⓔ 일관지도는 인(仁)이다(이등인제의 설).

④ 일관지도의 내용에 관한 적절한 해석은 아래와 같음.

(2) 일관지도
- 형식……………중용
- 내용
  - 외면적……예
  - 내면적……인

(3) 중용(中庸)

① 중(中)의 사상은 요·순 이래 윤리와 정치의 근본원리임.

② 공자는 이러한 중의 관념이 내면화되어 중용을 이루는 것으로 생각하였음.

③ 중이란 지나치지도 모자라지도 않는 것[無過不及]이며, 용(庸)이란 항상 오랫동안 변하지 않음을 뜻함.

④ 중용은 모든 덕의 표준이며, 여러 가지 사회제도, 예의, 법칙의 준칙임.

⑤ 그러나 중용은 형식적 원리에 불과함.

(4) 예(禮)

① 예는 제도, 의식, 법칙 등의 외면적 표식.

② 공자는 예를 가장 존중하였으며, 그가 예를 좋아하는 것은 거의 천성적이었음.

③ 예에는 여러 가지 의미들이 있음. 공자는 선왕지도의 외면적 예가 어느 정도 내면화를 이룬다고 생각했음.

(5) 인(仁)

① 일관지도의 내용이 공자 교학의 극치.

② 공자는 인을 가장 중시하고, 문인들에 인자라는 명칭을 함부로 부여하지 않았음.

③ 인이라는 말을 공자는 여러 가지 의미로 사용하였기 때문에 후세 학자들 간에 이설을 낳게 하였음.

④ 인에는 ⓐ자애, ⓑ이택(利澤), ⓒ중후(重厚), ⓓ충서, ⓔ극기 등 다섯 가지 의미가 내포되어 있음.

⑤ 자애가 그 중심이며, 좁은 의미의 인은 자애를 가리킴.

❒ 윤리설

(1) 이상론

① 공자의 도덕적 이상은 일관지도, 즉 중용이고 예이며 인임.

② 이상적 인격에 도달한 이가 인인(仁人)이고 성인(聖人)임. 이는 보통 사람이 배워서 도달할 수 있는 경지가 아님.

③ 보통 사람이 도달할 수 있는 이상적 인격은 군자, 즉 수양한 사람.

(2) 본무론(本務論)

① 본무의 분류: 임금은 임금답고, 신하는 신하답고, 아버지는 아버지답고, 아들은 아들다워야 함.

② 이 사상은 『중용』을 거쳐 맹자에 이르러 오륜(五倫)으로 발전하게 됨.

(3) 덕론

① 공자는 인을 가장 중시하였음.

② 이 사상은 증자를 거쳐 맹자에 이르고 동중서에서 오덕(五德)으로 발전하게 됨.

③ 공자는 또 지 · 인 · 용(智仁勇)이라는 세 가지 덕의 이름을 들었음.

(4) 실천도덕

① 공자는 이론을 경시하고 실천을 중시한 실행주의자였음.

② 공자가 힘을 다한 것은 도덕적 원리가 아니고 실천도덕의 고취였음.

③ 가까운 곳에서 먼 곳에 이르는 것이 실천도덕의 요지이며, 가정 도덕을 가장 중시하였음.

④ 효 · 제 두 글자를 들어 가정도덕의 중심덕목으로 삼았음.

⑤ 효도의 내용: 복종, 양지(養志), 기간(幾諫).

⑥ 효제의 결과를 중시하면서 3년상을 주장하였음(비난이 있기도 함).

(5) 수양론

① 박문(博文), 약례(約禮)를 인의 공부로 들고 있음.

② 박문약례라는 것은 학문을 널리 닦고, 예의로써 그것을 실천하는 것임.

③ 글을 널리 배우기만 하면 잡학에 빠지고, 예만 고집하면 허례에 흐른다고 봄.

❒ 정치설

(1) 목적

① 치국 평천하를 정치목적으로 삼았음. 이는 예로부터 성현들의 이상이었음.

② 정치란 바르게 하는 것[正]이며, 바르게 한다는 것은 백성을 바르게 한다[正民]는 것임.

③ 백성을 잘 이끌고 도덕을 발달하게 하는 것이 정치의 목적(치국평천하의 도덕적 의미).

(2) 방법

① 덕치주의: 덕으로써 정치를 행하는 것은 북극성이 제자리에 있으면 모든 별들이 그것을 향하는 것에 비유할 수 있음.

② 덕치주의로 통치하려는 사람은 먼저 자기의 덕을 닦아야 함.

③ 그 다음, 윗사람이 마음을 다해 정치를 행할 필요가 있음.

④ 생산을 늘리고 교육을 하는 것이 정책의 2대 강령임.

❐ 교육설

(1) 목적

① 궁극적으로 이상적 인격은 인인(仁人)이며, 실천적으로 이상적 인격은 군자(君子).

② 교육의 궁극적 목적은 사람들로 하여금 인인이 되게 하는 것.

③ 인자는 보통 사람이 도달하기 어려우며, 제2의 이상적 인격인 군자가 교육의 목적임.

(2) 방법

① 지식과 기능의 주입을 배격하고 이성의 계발을 중시함.

② 개성에 주목하면서 교묘한 문답을 통해 고유한 재능을 발전시킴.

③ 개성의 차이에 따라 같은 문제에 대해서도 그 대답을 각각 달리함.

(3) 교과

① 공자가 제자를 가리킨 것은 선왕성인의 도였음.

② 선왕성인의 도를 기록한 것이 6경이며, 6경과 6예는 공자 문하의 교과였음.

③ 6경은 『역』, 『시』, 『서』, 『예』, 『악』, 『춘추』였으며, 6예는 예·악·사·어·서·수임.

④ 그 가운데 공자 문하에서 많이 사용한 교과서는 『시경』, 『서경』임.

❐ 비판

(1) 철학설

① 장점

세계관의 장점: ⓐ 우주원리의 작용을 해석하고 있음.

ⓑ 우주원리를 합리적으로 설명하고 있음.

ⓒ 천인합일론.

세계관의 단점: 그 해석이 명쾌하지 못한 점이 아주 많음.

② 단점: 인성론; 명확하지 않고 모순점이 포함되어 있음.

(2) 종교설

① 장점: ⓐ 천을 인격적 원리로 의인화시켜 지식과 의지를 지닌 우주의 주재자로 여김.

ⓑ 천명을 외경해야 한다고 주장.

ⓒ 미신적 동기에서 행해지는 제사를 배격하고, 윤리적 동기에서 행해지는 제사를 중시함.

② 단점: 하늘 관념 등이 상세하지 못한 점이 아주 많음.

(3) 윤리설

① 장점: ⓐ 근본사상은 이상주의에 바탕을 두고 있음.

ⓑ 인격주의였음.

ⓒ 대의명분을 주장하고 존왕사상을 고취함.

ⓓ 그 사상이 실천적이었다는 점.

② 단점: ⓐ 인의 관념이 논리적으로 명쾌하지 못하고 심오한 철학적 바탕이 없음.

ⓑ 본무론과 덕론이 불완전함.

ⓒ 인격적 개체의 관념이 분명하지 못함.

ⓓ 의무를 말할 뿐이고 권리를 주장하지 않음.

ⓔ 비교적 개인도덕을 중시하고 사회적, 국가적, 인도적 방면을 경시함.

ⓕ 상고주의에 치우쳐 과거에서 이상을 찾을 뿐임.

ⓖ 형식주의적 경향에 빠진 잘못이 있음(예, 3년상).

(4) 정치설

① 장점: ⓐ 도덕국가의 실현이 이상이었음.

ⓑ 덕치주의를 정치방법으로 주장하였음.

ⓒ 대의명분을 밝히고, 세상을 바꾸려는 혁명사상을 배척함.

② 단점: ⓐ 경제적 요소를 경시하였음.

ⓑ 법치적 요소를 경시하였음.

(5) 교육설

① 장점: ⓐ 도덕적 인격의 완성을 목적으로 삼았음.

ⓑ 계발주의를 방법으로 삼았고, 개성을 존중하였음.

② 단점: ⓐ 도덕적 도야를 중시하였을 뿐임.

ⓑ 경제와 기타 지식을 경시하였음. 예컨대 체육에 관해서는 전혀 언급하지 않았음.

❒ 문인(門人)

(1) 4과 10철(四科十哲)

덕행: 안연, 민자건, 염백무, 중궁

정치: 염유, 계로

언어: 재아, 자공

문학: 자유, 자하

(2) 기타 문인: 자장, 증삼, 유약, 공서화

✤ 효경(孝經)

❒ 저자

(1) 효경의 저자에 관해서는 예로부터 이설들이 아주 많음.

(2) 혹자는 공자가 지었다고 하고, 혹자는 증자가, 혹자는 증자의 문인이 지었다고 주장함.

(3) 혹자는 공자가 한가할 때 한 말을 증자가 기록한 것이라고 하는데, 이 설을 승인하는 사람이 가장 많음.

❐ 사상

(1) 효를 사람의 고유한 성(性)이라 하고, 부자의 도를 천성이라 함.

(2) 효를 모든 행위의 근본이라 생각하고, 모든 덕의 최고 자리에 위치시킴.

(3) 효는 넓고 큰 형이상학적 의의를 지님.

(4) 효도로 ① 복종, ② 애경, ③ 봉양, ④ 간쟁 네 가지를 들고 있음.

❐ 증자의 효론

(1) 증자의 효론은 『대대예기』의 증자 10편중에서 볼 수 있음.

(2) 효는 모든 행위의 근본이라 하고 형이상학적 의의를 부여함.

(3) 효도로 ① 복종, ② 애경, ③ 양지, ④ 미간(微諫)을 들고 있음.

(4) 증자의 효론은 『효경』과 대체로 일치하고 있음.

✣ 대학(大學)

❐ 저자

(1) 저자는 누군지 알 수 없으며 이설들이 있음.

(2) 전국시대의 유학자가 지은 것으로 여겨지는데, 본문 중에 증자를 인용하고 있기 때문임.

❐ 근본사상

(1) 대학은 가장 체계적으로 유교경전을 서술하고 있음.

(2) 수기치인이라는 용어는 대학의 근본사상과 도를 알려주고 있음.

(3) 유교의 바탕인 인격주의 도덕이 『대학』에 가장 잘 나타나 있음.

(4) 수기치인의 근본사상을 가장 체계적으로 발전시킨 것이 3강령과 8조목임.

❐ 3강령

(1) 명명덕(明明德): 자기의 덕을 밝힘.

명덕
- 고주해(古註解); 도를 닦아 밝게 빛나는 덕을 얻음.
- 주주해(朱註解); 하늘에서 부여받은 인간 본래의 공허하지만 영험하며 맑고 밝은 덕.

(2) 친민(親民): 자기 몸을 닦은 이후, 이를 다른 사람들에게 미치는 것.

친민
- 고주해; 친이란 친애의 뜻.
- 주주해; 친은 신(新)이며, 백성들의 도덕을 촉진시키고 그 면목을 일신시키는 것.

(3) 지지선(止至善); 지선은 선이 지극하다는 것이며, 지지선은 마땅히 해야 하는 바에 머물러 감히 움직이지 않는 것.

❒ 8조목

(1) 격물치지(格物致知): 주자학자와 양명학자는 현저하게 다른 해석을 하고 있음.
주자; 학문을 통해 지식을 쌓는 것.
양명; 부정(不正)을 버리고 선천적 양지를 밝히는 것.
(2) 성의정심(誠意正心): 성의는 스스로 정성스럽고 속이지 않는 것이고, 정심은 정에 지배받는 마음이 그 바름을 잃지 않는 것.
(3) 수신제가(修身齊家): 본문 참조.
(4) 치국평천하(治國平天下): 본문 참조.

❒ 3강령과 8조목의 관계

(1) 3강령과 8조목은 모두 『대학』의 중심사상인 수기치인의 도덕 세목임.
(2) 3강령은 근본원리이며, 8조목은 실행공부임.
(3) 격물 · 치지 · 성의 · 정심 · 수신의 5조목은 자기를 다스려 밝은 덕을 밝히는 것.
(4) 제가 · 치국 · 명명덕의 천하의 3조목은 친민에 해당함.
(5) 지지선은 양자를 통일한 상태임.

✤ 자사(子思, 『中庸』)

❒ 요지

(1) 이름은 급(伋)이며, 공자의 손자. 증자에게서 배웠으며 유교의 계승자.
(2) 저서: 오늘날 전해지는 것은 『중용』 한 권 뿐임.
(3) 『중용』을 지은 주요 목적은 유교에 이론적 근거를 부여하고 도가 일파에 대항하기 위함이었음.
(4) 주자가 지은 장구(章句)에서는 『대학』, 『맹자』, 『논어』와 함께 사서(四書)라 불렀는데, 이로부터 사서는 세상에 유명하게 됨.

❒ 철학설

(1) 성(誠)

① 성의 의의: 성은 진실하고 거짓이 없음을 말하며, 자사철학의 근본사상임.

② 성이란 천도(天道)이며 인도(人道)의 근본임.

③ 성은 만물의 본체임.

(2) 인성론

① 천명을 성(性)이라 하고 솔성(率性)을 도라 하고, 수도(修道)를 교(敎)라 함.

② 하늘은 우주의 주재자, 즉 만물을 창조하는 신의 뜻임.

③ 성(性)은 하늘이 명하는 바이며, 성을 따라 행하는 것이 도임(성선론).

④ 본성에 따라 행위하면 저절로 도에 합치될 것인데, 도를 닦을 필요성이 제기됨은 대부분의 사람이 태어나면서 알고 행하는 성인이 아니라는 데 있음.

❒ 윤리설

(1) 이상론

① 성(誠)이 도덕의 이상이며, 성이 지극한 사람이 성인이고, 성이 지극한 경지를 중화(中和)라 부름.

② 기쁨, 노여움, 슬픔, 즐거움이 아직 나타나지 않은 것이 중(中)이며, 외물에 접하여 적절하게 감정이 표출된 것을 화(和)라 함.

③ 중은 천하의 대본(大本)이며, 화는 천하의 달도(達道). 중화에 이르면 거기에 천지가 자리하고 만물이 거기에서 자라남.

④ 중화와 중용은 뗄 수 없는 관계. 중용은 치우침이 없다는 의미.

⑤ 중용은 덕목이 아니며, 모든 덕의 보편적 표준이며 도덕의 원리임.

⑥ 인도의 형식적 원리가 곧 천도의 형식적 원리이기 때문에 중용은 곧 성의 외형적 측면임.

(2) 수양론

① 수양의 2강령은 ⓐ 존덕성(尊德性), ⓑ 도학문(道學問)임

② 존덕성의 방법: 신독공부(愼獨工夫)

③ 도학문의 방법: ⓐ 박학(博學), ⓑ 심문(審問), ⓒ 신사(愼思), ⓓ 명변(明辯), ⓔ 독행(篤行)

(3) 본무론

① 오달도(五達道)가 자사의 본무론임.

② 오달도: 군신, 부자, 부부, 형제, 친구

③ 공자는 오륜사상을 명쾌하게 주장하진 않았으나, 이를 실질적으로는 완비하고 있었음.

(4) 덕론

① 삼달덕: 지·인·용 세 가지가 천하의 달덕임.

② 삼달덕 외에 인·의·예·충서를 말하였음.

③ 오달도와 삼달덕은 상호 불가분의 관계가 있음.

❐ 기 타

(1) 정치설

① 유교의 근본사상에 근거하여 덕치주의 정치설을 서술하고 있음.

② 덕치주의 정치설은 천인합일론과 결합됨.

③ 9경을 치국의 방법으로 들고 있음.

(2) 종교설

① 귀신을 천귀 · 산수귀 · 인귀 세 종류로 나눔.

② 귀신의 덕을 찬양함.

❐ 비 판

(1) 특색

① 성선론: 성(性)의 선함을 분명하게 단언하지는 않았으나 성선을 명백히 제시하였음.

② 동기론: 도의 본원은 하늘에서 나와 실체에 구비되어 있다고 논함.

(2) 장단점

① 장점: 실천적 유교에 철학적 근거를 부여하였음.

② 단점: 사상적으로 모순점들이 있음.

✤ 맹자(孟子)

❐ 요지

(1) 어려서 어머니의 삼천지교(三遷之敎)를 받았고, 자라서는 자사의 문하에서 배우고 공자를 깊이 사숙하였음.

(2) 천하가 혼란하여 열국들이 서로 공격과 정벌을 일삼고 있었던 시대에, 인의를 말하고 왕도를 주장하였기 때문에 세상에 받아들여지지 못함.

(3) 물러나 문인 만장(萬章)의 무리들과 문답하였고, 『맹자』 7편을 지어 공자의 교의를 밝혔음.

(4) 활기 없는 담담한 도학자가 아니라, 세상의 도를 위해 몸과 마음을 바쳐 활동한 위인이었음.

(5) 군자인 동시에 정치가의 면목도 있었으며 의인(義人)이었고, 또 항상 권도(權道)를 말하였음.

❐ 철학설

(1) 성선설

① 철학설로 인정할 수 있는 것은 인성론 뿐임.
② 인성은 선함. 인성의 선함은 물이 아래로 흐르는 것과 같음.
성선의 이상적 증명: 『역』, 『시』, 『논어』, 『중용』 등의 고서에서 연역적으로 설명하고 있으며,
성선의 실제적 증명: 심리적 사실에 근거하여 귀납적으로 설명하고 있음; 사단론(四端論)
③ 인성은 선하지만 물욕에 의해 가려지면 그 선을 발휘할 수 없음.

(2) 고자(告子)와의 논쟁
① 성기류설(性杞柳說)
② 성단수설(性湍水說)
③ 생즉성설(生卽性說)
④ 인내의외설(仁內義外說)

❐ 윤리설

(1) 양심론
① 사람은 태어나면서 양심을 가짐; 성선론의 필연적 귀결임.
② 만물이 모두 나에게 구비되어 있음; 물(物)은 구체적 물상이 아니고 윤리임.
③ 선천적 양심을 본심이라 하며, 본심의 작용을 양지양능(良知良能)이라 함.

(2) 덕론
① 인 · 의 · 예 · 지 사덕을 들고, 인의를 더욱 중시함.
② 맹자가 인의를 중시한 까닭은 양자와 묵자의 이단적 학설에 대항하여 온건한 도덕을 고취하기 위해서였음.
③ 인간은 선천적 양심을 가졌으며, 인의가 밖에서 녹아드는 것이 아님.
④ 선천적이고 고유한 사단(측은, 수오, 사양, 시비)을 확충하면 사덕이 됨.

(3) 수양론
① 맹자의 수양론은 성선론의 필연적 귀결임.
② 맹자는 악의 원인을 물욕의 장애로 돌리고 있음.
③ 따라서 물욕을 제어하고 선성을 회복하는 것이 수양의 요체임.
④ 수양공부로는 ⓐ 구방심(求放心), ⓑ 과욕(寡慾), ⓒ 존야기(存夜氣), ⓓ 지언(知言), ⓔ 양기(養氣), ⓕ 확충(擴充) 등을 들고 있음.

구방심: 나쁜 생각을 몰아내고 흩어진 본심을 찾는 것.
과욕: 가려진 본심을 밝히려 물욕을 제어하는 것.
존야기: 밤중에 나쁜 생각과 망상이 조금도 없는 상태.
지언: 말의 네 가지 병폐, 즉 피사(詖辭), 음사(淫辭), 사사(邪辭), 둔사(遁辭)를 버림.
양기: 호연지기를 기름.
확충: 선천적으로 갖추어진 사단을 확충시킴.

⑤ 맹자의 수양론은 일종의 복성설(復性說)인데, 도가의 복성설과는 다른 것임.

❒ 정치설

(1) 요지

① 맹자는 학자인 동시에 정치가임. 그의 정치론은 들을만한 견해가 있음.

② 윤리적 이상을 정치적 이상으로 여겼으며 왕도론을 주장하였음.

(2) 왕도론

① 정치론을 왕도 혹은 인정(仁政)이라 부름.

② 왕도는 차마하지 못하는 마음(不仁之心)으로 차마하지 못하는 정치를 하는 것임.

③ 구체적으로 말하면, 백성들로 하여금 산 사람을 먹여 살릴 수 있고 죽은 사람을 장사 지내는 데 어려움이 없게 하는 것임.

④ 왕도의 방법: ⓐ 정전법(井田法), ⓑ 조세경감, ⓒ 촉고부근령(觸罟斧斤令), ⓓ 백성들의 일할 시기를 빼앗지 않음.

⑤ 왕도는 공리(功利)로 시작하지만, 그 극치는 백성들의 인의예절의 인간이 되게 하는 데 있음.

(3) 경제론

① 항상 도덕과 경제의 관계를 인정하였지만, 경제에 특히 주목함.

② 도덕과 경제는 반드시 조화를 이루어야 함.

③ 경제는 가볍게 볼 수 없는 것이나 또한 너무 중시할 수도 없는 것.

(4) 민주사상

① 중국 고래의 민주사상이 맹자에 이르러 명백해짐.

② 백성이 나라의 근본이라고 하였으며, 백성의 안녕을 해치면 임금이 될 수 없음.

③ 백성의 뜻은 하늘의 뜻이 나타난 것이라고 하였으며 민의에 반하는 자는 임금이 아님.

❒ 비판

(1) 특색

① 공자의 학설을 이어받아 서술하고 다시 발전시킴.

② 공자와 유사한 점: ⓐ 고대 성현을 존중
ⓑ 정교일치를 주장
ⓒ 몸소 실천할 것을 강조

③ 공자학설을 발전시킨 점: ⓐ 인성론, ⓑ 본무론, ⓒ 덕론

④ 공자와 다른 점: ⓐ 양지양능론, ⓑ 역성혁명론, ⓒ 경제존중

(2) 장점

① 공자가 크게 이루었던 유교도덕을 다시 발전시킴.

② 동기론으로 시종일관하고 있음.

③ 도덕적 이상을 정치에 적용시켜 왕도론을 주장.

(3) 단점

① 학설의 철학적 근거가 빈약함.

② 사상이 철저하지 못하였는데, 고자와의 성(性)에 관한 논쟁이 그 하나의 예임.

✤ 순자(荀子)

❒ 요지

(1) 맹자보다 50, 60년 후대에 살았으나 태어나고 죽은 날짜는 알려지지 않음.

(2) 초나라 재상 춘신군(春申君)의 신임을 얻어 난릉(蘭陵)의 영이 됨.

(3) 춘신군이 죽은 후 학문연구에 전념하여 저술에 온 힘을 기울임.

(4) 유교의 계통에 속하지만 맹자학설과는 전적으로 상반됨.

❒ 철학설

(1) 성악설

① 인성론은 맹자와 전적으로 다르게 성악설을 주장함.

② 인간의 본성은 악하며, 선하게 되는 것은 인위에 의한 것임. 위란 인위적인 것이라는 뜻임.

③ 인성이 악한 까닭을 적극적, 소극적 두 측면에서 설명하고 있음.

④ 적극적 설명: 인성에 따르는 자연 상태에는 세력이 반드시 이치를 어지럽힘.

⑤ 소극적 설명: 고대 성인들이 예악 법도를 세운 것은 성이 악하기 때문임.

⑥ 성악설에 근거하여 만인동성설(萬人同性說)을 주장하였는데, 군자와 소인은 그 성이 하나라고 하였음.

(2) 적위론

① 예의는 성인의 적위로부터 생겨남. 적위란 작위를 뜻함(도덕인위론).

② 인성이 진실로 악하다면 성인 역시 예의를 지을 수 없는 까닭에 적위론은 모순임.

③ 성악론이라고 불렀으나 은연중에 선의 소질이 있음을 인정함.

❒ 윤리설

(1) 예론

① 예를 가장 중시하면서, 예를 성악을 교정하는 도덕표준이라 함.

② 예의 유래: 자연 상태로 방임하면 사회의 평화를 보존하기 어려움.

③ 예의 목적을 공리적으로 해석: 사회평화를 유지시키고, 개인들의 삶과 안녕을 도모함.

④ 예의 객관적 근거: 천지, 조고(祖考), 군사(君師); 성인이 예의 객관적 근거를 정했음.

⑤ 예의 주관적 근거: 인성 내에 존재하는 인정(人情).

(2) 악론

① 예로부터 유교는 예악을 치국의 주요한 도구로 생각하였음.

② 순자 역시 악과 예가 교화의 주요한 도구임을 인정함.

❐ 정치설

(1) 요지

① 순자의 정치설은 그 식견이 아주 높음.

② 맹자처럼 치국평천하의 도를 말했을 뿐만 아니라 국가 사회의 조직에 대해서도 언급함.

(2) 국가 사회의 조직

① 사회성립의 조건: ⓐ 인간의 사회성, ⓑ 환경의 힘, ⓒ 분업의 발달

② 국가성립의 요소: ⓐ 국토, ⓑ 인민, ⓒ 법치조직, ⓓ 통치권

③ 통치권의 소재: 인민의 돌아가는 곳을 왕이라 함.

④ 선양(禪讓) 방법을 배척; 덕으로써 덕을 대신하여야 하는데 어찌 선양이 있겠는가?

⑤ 맹자에 동의하면서도 결론은 같지 않음.

(3) 방법론

① 위정자의 인격이 정치의 중심이라고 함.

② 예악(禮樂)과 형정(刑政)을 정치의 도라고 함.

③ 절약과 겸애를 말하였으나, 묵자와 같이 소극적 방법을 주장하지는 않았음.

(4) 정명론(正明論)

① 정치설인 동시에 윤리설임.

② 명가(名家)일파의 이름과 실질을 혼란시킨 폐단을 바로 잡음.

③ 정명론의 요점: ⓐ 이름을 지을 필요성, ⓑ 이름을 짓는 근거, ⓒ 이름을 짓는 규칙

❐ 비판

(1) 특색

① 공자 문하의 예를 이어받아 서술하였던 사람.

② 맹자와 반대로 성악설을 주장하였기 때문에 후세 유학자들의 비난을 받았음.

③ 성악설을 주장하였다고 하여 그를 비난하는 것은 실로 잘못임.

(2) 장점

① 유교의 계승자로서 경서를 후세에 전한 공적이 아주 큼.

② 학설 중에서 아주 높은 식견이 있는 바, 특히 정치설에 많음.

(3) 단점

① 학설의 철학적 근거가 빈약한 것은 다른 유학자들과 비슷함.

② 사상이 모순된 점이 있음.

❒ 맹자와 순자의 비교

	맹 자	순 자
인물	① 과단성있고 용기가 많았음 ② 유쾌하고 토론을 즐김	① 까다롭고 괴팍, 불손함 ② 심사숙고적임
학풍	① 개괄적 용법을 사용함 ② 의리만을 천명함 ③ 문장이 직설적이고 간명함 ④ 논객적임	① 분석적 연구를 시도함 ② 고문의 글자 뜻을 고증·해석하는 데 치우침 ③ 문장이 면밀하고 정교함 ④ 학자적임
학설	① 인성론: 성선론 ② 도덕론: 사단확충론(성의 자연적 발전) ③ 예의 해석이 내면적임 ④ 도덕자연론 ⑤ 양심주의 ⑥ 자율주의	① 성악론 ② 적위론(성의 인위적 교정) ③ 예의 해석이 외면적임 ④ 도덕인위론 ⑤ 예법주의 ⑥ 타율주의

제3장 도가(道家)

주나라 말의 사상계에는 주목할 만한 하나의 사상적 조류가 형성되었는데, 유교에 대항하여 일어난 도가가 그것이다. 도가의 시조는 노자(老子)이며, 노자의 사상을 이어받아 서술하고 발전시킨 사람은 열자(列子)와 장자(莊子)였다. 이에 노자, 열자, 장자 등의 사상을 개괄하고, 도가철학의 요점을 밝히고자 한다.

제1절 노자(老子)

노자의 성은 이(李)이며, 이름은 이(耳)였고, 자는 백양(伯陽), 호는 담(聃:이름과 자에 대해서는 여러 가지 이설이 있음), 초나라 고현(苦縣) 사람이다. 언제 태어났는지에 대해서는 정확히 알려진 바가 없다. 그러나 공자보다 약간 먼저 태어난 것 같고, 대략 기원전 600년대 사람인 것 같다. 행적 역시 분명하지 않으나 주왕실의 수장사(守藏史)였고, 공자가 예를 물었던 것도 이 때였다. 당시의 시대 상황에 비추어 고대 성왕의 치세로 다시는 돌아갈 수 없음을 깨달은 그는 관직을 사직하고 함곡관(函谷關)을 나와 서방에 은둔하였다고 한다. 따라서 언제 죽었는지도 알 길이 없다. 명예와 이익을 생각하지 않았고, 저서를 후세에 남길 뜻도 없었으나 관령(關令) 윤희(尹喜)의 간청에 못 이겨 『노자 도덕경』(老子道德經) 상하 2권, 5,000여 문장을 지었는데, 오늘날에 전하는 『노자』가 그것이다.[1)]

1) 이상의 주장처럼, 그동안 『노자』라는 책은 공자보다 나이 많은 노담(老聃)이 지었고, 공자 이전에 완성되었다고 전해져왔다. 이러한 주장은 주로 사마천의 『사기』 등에 근거한 것이었지만, 오늘날 학자들의 견해는 다르다. 예컨대, 풍우란에 의하면, 『노자』의 저자는 노담이 아니고, 공자 이전에 쓰여진 것도 아니라고 한다. 노담과 이이(李耳)는 전혀 다른 사람인데, 노담은 전설 속의 이상적 인물일 뿐이고, 『노자』의 저자는 이이로 전국시대의 사람이다. 그리고 다음과 같은 점에서 『노자』라는 책이 쓰여진 시기도 전국시대라는 것이다. 첫째, 공자 이전에는 사적인 저술의 사례가 없는 점, 둘째, 『노자』의 문체는 문답체가 아니기에 『공자』나 『맹자』보다는 이후여야 한다는 점, 셋째, 『노자』의 글은 간명한 경전체라는 점 등이다. 풍우란, 『중국철학사(상)』, 박성규 옮김 (서울: 까치글방, 2003, 초판 6쇄), 273-276쪽 참조.

학설의 연원

노자학설의 연원에 대해서는 설이 분분하다.

제1설: 지세의 영향을 받았다고 생각하는 설이다. 남방 형 · 초(荊楚)의 땅과 북방 추 · 노(鄒魯)의 땅은 완전히 다르다. 북방의 기후는 춥고, 토지는 척박하고, 산은 벌거숭이고, 물은 혼탁하고, 넓고 넓은 평원이 끝없이 이어져 있어, 그곳에 사는 사람들이 생활을 해나가려면 온갖 난관들을 극복해야만 했다. 따라서 이러한 환경에서는 엄숙한 실천도덕을 강조하는 유가류의 철학설이 발생할 수 있었다는 것이다. 반면에, 남방의 기후는 온화하고, 땅이 윤택하고 기름지며, 초목이 무성하여 주민들이 힘들이지 않고 의식을 해결할 수 있었다. 따라서 여기서는 인위적인 구속을 싫어하고 무위자연(無爲自然)의 교화를 좋아하는 도가류의 철학이 발생할 수 있었다는 것이다. 10여 년 전 일본의 중국연구자들은 모두 이 설을 주장하였다. 그러나 이 설을 반대하는 사람들에 의하면 그것은 근거가 약하다는 것이다. 즉 노자는 초나라 고현에서 출생하였는데, 그곳은 하남성(河南省) 귀덕부(歸德府)에 속하기 때문에 노자가 남방 양자강 유역에서 출생했다고 말할 수 없다는 것이다.

제2설: 인도 바라문교의 영향을 받았다는 설인데, 서양학자들은 모두 이 설을 주장한다. 학자들 간에 여러 가지 이설들이 있으나 개괄하면, ① 노자의 사상은 중국 특유의 사상과 다르며, 바라문교의 사상과 부합된다. 중국의 사상은 과거를 존중하고, 실제적이고 구체적이다. 그러나 노자는 과거의 사상을 존중하지 않았으며, 이론적이고 추상적이며, 은둔주의를 취하고 염세적 경향이 있으며, 적극적으로 사회를 개선하려 하지 않고 인류의 행복을 증진시키려 하지 않으며, 조용히 사색하며 일신의 소극적 해탈을 찾으려 했다. 이것은 중국 고유의 사상과 전적으로 상반되는 것이며 인도사상의 계통에 속한다. ② 노자로부터 후세 도가들에 이르기까지 모두 남방의 땅에 있었는데, 남방은 인도에 가장 가까웠고 지리적 환경 또한 인도의 가르침이 전해지기 쉬웠다. ③ 열자(列子)가 말하기를, 서방에는 성인이 있어 다스리지 않아도 다스려졌다. 여기서 서방의 성인은 바라문교도나 석가를 가리키는 것 같다. 극단적 이설을 주장하는 사람에 의하면, 노자 이전에는 이씨(李氏) 성이 없었다. 히말라야 지방에는 자기가 살고 있는 곳의 나무를 성으로 삼는 풍습이 있었다. 노자의 선조들은 히말라야 지방에 살았고, 자기

집의 오얏나무에서 태어났기에 이(李)를 성으로 삼았다. 담(聃)은 귀가 크다는 뜻인데, 노자의 귀는 정말 대단히 컸다고 한다. 면전(緬甸) 지방에는 오늘날에도 귀가 큰 사람들이 있다고 한다. 이 이유를 들어 노자는 인도지방에서 이주해 왔다고 단정하는 학자도 있다. 그러나 이 설은 지나치게 견강부회한 주장이라고 할 수 있다.

제3설: 용성(容成)에 근본을 두는 설이다. 용성은 태고 때의 선인(仙人)이었는데, 『열선전』(列仙傳)에는 열자의 스승으로 말하기도 하고, 황제(黃帝)의 스승이라고 말하기도 하나 확실히 믿을 수는 없다.

제4설: 『역』(易)을 노자철학의 연원으로 삼는 설이다. 『역』에는 노자사상과 부합되는 점이 적지 않다는 것이다. 예를 들어 결만(缺滿:모자람과 넘침)과 익손(益損:손해와 이익) 등의 의미는 노자의 은둔주의와 전적으로 부합되는 것이라 한다. 그러나 사상이 유사하다고 해서 노자가 『역』에서 나왔다고 단정하는 것은 옳지 않다.

제5설: 노자의 사상이 사관(史官)에서 나왔다고 생각하는 설이다. 노자는 사관의 직(職)을 맡아 고금의 성패(成敗)의 자취를 살피고, 나아가 사회를 위해 힘을 다하는 것은 물러나 명리를 탐내는 마음이 없이 담백하고 자연 그대로 인위를 보태지 않는 생활보다 못하다고 생각하였다. 이러한 주장은 『한서』(漢書)에 나타난 설인데, 역시 타당하다고 인정하기 어렵다.

제6설: 노자의 사상이 시세에 반동하여 생겨난 것이라고 하는 설이다. 원등(遠藤) 박사의 『중국사상발달사』에 나오는 설이다.

제7설: 노자의 사상은 중국 고래의 사상을 집대성한 것이라고 생각하는 설이다. 황제(黃帝)의 말이 중국 여러 서적에 흩어져 나타나고 있는데 분명히 도가류의 사상이다. 황제 이후 이러한 사상계통이 끊이지 않고 이어져, 요(堯)시대의 허유(許由), 문왕의 스승 죽자(鬻子), 노자 이전의 노래자(老萊子), 『논어』에 나오는 장저(長沮) · 걸익(桀溺) · 장인(丈人) · 원양(原壤) 등은 모두 명리를 바라지 않는 은둔주의자들이었는데, 이는 도가류의 사상과 부합하는 것이다. 그래서 노자의 학설은 그의 독창적 견해가 아니고 황제 이래 중국에 전해오던 사상의 한 측면을 집대성한 것이라는 설이다. 이 설은 어느 정도 타당한 것 같다.

철학설

노자의 사상은 매우 심오한 철학인데, 여기에는 우주론, 본체론, 현상론, 인생론 등이 있다.

우주론: 우주론에는 심오한 사색을 담고 있는 것이 노자학파의 큰 특징이다. 공자는 실천윤리를 설명하는 데 몰두한 나머지 우주문제에 관해서는 힘을 쏟지 않았다. 『역』의 계사전에서 말하는 태극은 너무 간단하며, 자사는 성(誠) 한 글자를 들어 우주문제에 약간 접근하였으나 역시 실천윤리설에서 벗어나지 못했다. 묵자는 천(天)을 우주의 주재자요 만물의 창조자로 여기면서 겸애교리주의의 철학적 근거로 생각하였다. 그러나 노자는 이들보다 훨씬 진전된 우주와 세계에 관한 철학적 사색을 주장하면서 정치론과 도덕론을 뒤에 위치시키고 있다.

노자의 우주론은 막연한 표면적인 현상을 논하지 않고, 우주와 심령의 밀접한 관계를 인정하고 우주의 본체를 내 마음의 본체로 삼고, 우주현상을 내 마음의 현상에 해당한다고 생각하였다. 이 설에 따르면, 천지와 내 마음은 같으며, 천지 즉 대우주(大宇宙)는 내 마음 즉 소우주(小宇宙)라고 하였다. 그렇다면 노자가 말하는 본체와 현상이란 무엇인가?

본체론: 노자는 우주의 본체를 도(道)라고 불렀다. 도란 무엇인가? ① 인식을 초월하는 것, ② 시간과 공간을 초월하는 것, ③ 인과율을 초월하는 것, ④ 상대적 세계를 초월하는 것, ⑤ 천지만물에 앞서서 독립적으로 존재하는 절대적 일원적 실재 등이다. 도는 인식을 초월하는 것이기 때문에 볼 수 없고 들을 수 없다. 노자의 말에 의하면, 도는 크고[夷], 성기고[希], 희미하다[微]. 이(夷)라는 것은 보아도 보이지 않는 것이고, 희(希)는 들어도 들리지 않는 것이고, 미(微)란 얻어서 잡을 수 없는 것이다. 이 도는 물(物)이 아니며, 형용할 수 없고, 모양이 없는 모양[無狀之狀]이며, 형상이 없는 형상[無象之象]이며, 미묘하여 알 수 없는 것이기 때문에 명칭을 부여할 수 없는 것이다. 그래서 노자는 잠정적으로 도를 현(玄)이라 불렀다. 현이란 형체가 없어 볼 수 없다는 의미이다. 따라서 도는 이름이 없으며 현 역시 현일 뿐이다. 도는 이름이 없는 것이고 또 도라고 이름 붙일 것이 없기 때문에 도라고 칭하는 것도 가명(假名)인 것이다. 따라서 내가 그

이름을 알지 못해서 글자로 도라 한다. 도는 인식할 수 없기 때문에 허무(虛無)이다. 허무라 하지만 아무것도 없는 것은 아니다. 오관과의 관련성을 벗어나 있는, 그 가운데 스스로 차별이 없는 존재가 있는 것이다. 도는 시간과 공간을 초월하는 것이기 때문에 시작과 끝이 없다. 그래서 "물은 섞여서 존재하는데, 그것이 천지보다 먼저 생겼다."[2]고 한다. 즉 도의 시간초월성을 말하는 것이다. 또 "앞에서 맞이해도 그 머리는 볼 수 없고, 뒤에서 보아도 그 뒤를 볼 수 없다."[3]고 한다. 즉 도의 공간초월성을 말하는 것이다. 도는 인과율을 초월하기 때문에 원인이 없고, 결과가 없으며, 만고에 태어남도 소멸함도 없는 것이다. 도는 상대적 세계를 초월하기 때문에 선도 악도 없으며, 아름다움도 추함도 없이 일체가 절대적으로 차별이 없는 것이다. 도는 천지만물에 앞서서 존재하며 천지만물의 본체이다. 도는 천지만물에 앞서 존재하기 때문에 어떤 사물에 의해서도 지배되지 않으며, 오직 있는 그대로일 뿐이며, 이른바 자연이라는 것도 도 밖에 있는 것이 아니다. 그래서 도는 시작도 끝도 없고, 독립 독존하는 실재인 것이다. 노자는 또 도를 하나[一]라 불렀는데, 도를 일원적 본체라 본 것이다. 이름도 없고 형체도 없는 도가 한번 발동하면 이름이 있게 되고 많은 묘한 문(門)을 이루어 천지만물을 생성시킨다. 도를 천지만물의 본원이라 본 것이다. 노자는 "말할 수 있는 도는 상도(常道:불변의 도)가 아니고, 명명할 수 있는 이름은 상명(常名:불변의 이름)이 아니다. 무명(無名)은 천지의 시작이고, 유명(有名)은 만물의 어머니이다. 그러므로 항상 무욕(無欲)으로써 그 무의 오묘함을 보고, 항상 유욕(有欲)으로써 그 유의 왕래를 본다. 이 무와 유는 동시에 나왔지만 그 이름을 달리한다. 유/무를 동시에 말하여 현묘(玄妙)하다고 한다. 현묘하고 현묘하도다. 그것은 온갖 묘리(妙理)가 출몰하는 문이다."[4]라고 하였다. 도는 만물에 앞서 존재하기 때문에 만물이 소멸해도 도는 소멸하지 않으며, 천제(天帝) 또한 도가 있어야 비로소 태어난다. 따라서 도를 천지의 뿌리라 말하는 것이다. 노자는 도를 최고의 실재라 생각하였기 때문에, 도 이외에는 천지를 주재할 자가 없는 것이다. 도는 만물을 생겨나게 하는 것이라서 노자는 그것을 현빈(玄牝:현묘한 암컷)이라 하였다. 도

2) 有物混成, 先天地生.
3) 迎之不見其首, 隨之不見其後.
4) 道可道, 非常道; 名可名, 非常名. 無名, 天地之始, 有名, 萬物之母. 故常無欲以觀其妙, 常有欲以觀其徼. 此兩者同出而異名, 同謂之玄. 玄之又玄, 衆妙之門.

는 만물의 본원이기 때문에 만물을 생겨나게 하는 능력을 갖추고 있으며, 만물을 잘 통괄하는 지배력을 가지고 있는 것이다.

현상론: 노자는 일체현상을 모두 본체로부터 생겨나는 것으로 생각하였고, 본체는 허무하여 인식을 초월하는 것이지만 전적으로 없는 것은 아니며 만물을 생겨나게 하는 힘이 있다고 하였다. 따라서 무(無)로부터 유(有)가 생겨나고, 유로부터 만물이 생겨나는 바, "천하의 만물은 유에서 생겨나고, 유는 무(無)에서 생겨났다."[5]고 하였다. 노자는 또 만물의 발생하는 순서를 "도는 하나를 낳고, 하나는 둘을 낳고, 둘은 셋을 낳고, 셋은 만물을 낳는다. 만물은 음(陰)을 업고 양(陽)을 안아 충기(沖氣:천지간에 조화된 기)로써 화합한다."[6]고 하였다. 하나는 본체이고, 둘은 음기와 양기, 셋은 음양의 두 기(氣)가 충화지기(沖和之氣)와 결합하는 것을 말한다. 이것은 『역』의 사상과 유사하지만, 『역』은 대기(大氣)를 활동적인 것으로 해석하면서 "낳고 낳는 것을 역이라 한다."[7]고 하였으나, 노자는 "뿌리로 돌아가는 것을 정(靜)이라 하는데 이는 복명(復命)을 말한다."[8]라고 하여 본체를 정태적인 것으로 해석한다. 노자는 또 본체를 무위(無爲)로 어떤 의지도 없는 것이며 단지 자연적으로 만물을 반영시킨다고 하였다.

인성론: 노자는 인성의 선악을 분명하게 말하지는 않았으나, 그의 사상은 실로 성선론에 입각하고 있으며, 그의 이상 역시 태고의 순박한 사회에 있다. 이것은 인성의 자연성 즉 선함을 가정하고 있는 것이다. 태고의 순박한 사회를 노자는 영아(嬰兒:어린아기)에 비유하면서, 일체 인위적인 것에서 벗어나 영아의 상태로 돌아가는 것이 윤리의 목적이라고 생각하였다. 그의 윤리설은 인성을 선한 것으로 보고, 성을 가리는 인위적인 것에서 벗어나게 하는 것이 도덕의 요체라 생각하였는데, 이것 또한 그의 인성론의 일부이다. 그의 윤리설에 관해서는 뒤에서 자세히 보기로 한다.

---

5) 天下之萬物, 生於有, 有生於無.
6) 道生一, 一生二, 二生三, 三生萬物. 萬物負陰而抱陽, 沖氣以爲和.
7) 生生之謂易.
8) 歸根曰靜, 是謂復命.

인생관: 노자는 태고의 순박한 세상을 이상으로 삼았고, 주나라 말의 사회혼란을 혐오하면서 항상 은둔을 꾀하였기 때문에 염세론자였다. 그러나 그의 염세관은 쇼펜하우어의 그것과 같지 않다. 쇼펜하우어는 의지의 부정을 해탈의 방법이라 하였으나, 노자는 현 사회를 싫어하고 기피하면서 태고의 순박한 무위자연의 세계를 갈망하고, 현 사회를 변화시켜 이상사회로 회귀시키려 하였는바, 이러한 경세적 입장에서 정치론과 도덕론을 주장하였다. 노자는 생과 사의 문제에 관해서 많이 언급하지 않았는데, 그의 근본사상에 비춰 보면, 생은 기뻐할만한 것이 아니며 죽음도 슬퍼할만한 것이 아니다. 이러한 노자의 말뜻은, 천지간의 만물은 도의 발현에 불과하고 궁극적으로는 도에 돌아가야 한다는 것이다. 현도(玄道)에서 나와서 현도로 돌아가는 것이 만물의 운명이라는 것이다. 인간 역시 천지 밖에 있는 것이 아니며 만물의 일종인 까닭에 생은 도의 발현이고, 죽음은 도에 돌아가는 것이며, 생사도 도의 변화에 불과하니 슬퍼할 것도 기뻐할 것도 없다는 것이다. 노자의 사상을 이어받은 도가들은 모두 생사를 낮과 밤, 깨어있음과 꿈꾸는 상태에 비유하였다.

윤리설

노자의 윤리설은 그의 철학설과 매우 밀접하게 관련되는데, 그의 철학설은 윤리설의 근거였다.

목적론: 노자는 철학설의 근본사상을 윤리설의 기초로 삼고, 윤리설의 최고 목적을 우주 본체인 도에 회귀하는 것으로 생각하였다. 그렇다면 도에 다시 돌아간다는 것은 무엇인가? 노자는 무아무심(無我無心), 청허무위(淸虛無爲), 자연상태의 보존 등이라고 생각하였다. 노자는 도의 무위자연을 천진난만하고 허위와 허식이 없는 영아에 비유한다. 도와 합일하는 것을 영아로 다시 돌아가는 것이라 하였던 것이다. 혼탁한 현 사회를 벗어나 영아의 천진난만한 상태로 다시 돌아가는 것이 노자의 궁극적 목적이었다.

수양론: 도에 다시 돌아가는 방법은 무엇인가? 도에 다시 돌아가기 위해서는 신체를 희생으로 삼아야 한다고는 인정하지 않았다. 즉 노자는 신체를 소멸시켜

도에 돌아가야 한다고 말하지 않았다. 본체에 다시 돌아간다고 하는 것은 인간이 스스로 대우주와 합일하는 것이지, 현상계를 떠나 실재계로 돌아가는 것은 아니다.

그 방법은 첫째, 반드시 인위를 배척하고 무위자연에 돌아가야 한다. 태고시대의 사람은 무위자연하였고, 명리(名利)가 무엇인지 알지 못했기 때문에 큰 도를 완성시켰던 것이다. 후세에 이르러 지혜가 생겨나고 인위적인 것을 위해 구속되었고 세상은 그것 때문에 혼란해진 것이다. 성인은 난세를 구하고자 예악 · 인의의 설을 주장하였는데, 이는 실로 그 근본을 살피지 못한 것이다. "대도(大道)가 막히면 인의(仁義)가 있게 되고, 지혜가 생기면 큰 거짓[大僞]이 있게 되며, 육친이 화합하지 못하면 자효(慈孝)가 있게 되며, 국가가 혼란하면 충신이 있게 된다."[9]고 하였다. 예악 · 인의는 모두 인의가 약해질 때 생겨나는 것이다. 이렇게 번잡하고 싫증나는 법칙들로 난세를 구하려는 것은 아주 잘못된 것이다. 그래서 "성인과 지혜를 아주 끊어버리면 백성들의 이익이 백배로 늘어나고, 인의를 아주 끊어버리면 백성들은 다시 효도하고 자애로워질 것이며, 공적인 것과 사적인 것을 아주 끊어버리면 도적이 없어질 것이지만, 성인이 죽지 않고 있으면 대도(大盜)가 끊이지 않을 것이다."[10]고 하였다.

둘째, 노자는 적극적인 것을 배척하고, 철두철미하게 소극적인 것을 찬미하였다. 노자는 항상 부드러움으로 강함을 제압한다[以柔制剛], 암컷으로 수컷을 제압한다[以雌制雄], 흑으로써 백을 제압한다[以黑制白], 욕됨으로써 영화로움을 제압한다[以辱制榮]는 것 등의 이점을 말했으며, 높게 드러나 산이 되기보다는 차라리 큰 물줄기와 영합하여 골짜기가 되고, '일을 저질러'[有爲] 실패하기보다 차라리 '일을 만들지 말고 가만히 있는 것'[無爲]이 안전하다고 하였다. 이처럼 그는 사사건건 적극적이면 폐단이 생기고 소극적이면 이익이 된다고 하였다. 움직임으로부터 멈춤으로, 양으로부터 음으로, 드러나는 것으로부터 감춤으로, 단체로부터 혼자의 고독으로, 적극적임에서 소극적인 데로 치달아 현묘한 도[玄道]에 도달하는 것이 노자의 수양 순서였다.

셋째, 노자가 소중하게 여긴 것은 청정염담(淸靜恬淡)이었다. 청정염담이라는

---

9) 大道廢有仁義, 智慧出有大僞; 六親不和有慈孝, 國家昏亂有忠臣.
10) 絶聖棄智, 民利百倍; 絶仁棄義, 民復孝慈; 絶功棄私, 盜賊無有; 聖人不死, 大盜不止.

것은 명리를 끊고 지혜를 끊는 것을 말한다. 명리를 탐하는 것이 죄악의 시초이다. 사람으로 하여금 욕심을 일으키게 하는 것은 육체인데, 육체가 있기 때문에 여러 가지 유혹을 받게 되는 것이다. 5색(五色)은 눈을 흐리게 하고, 5음(五音)은 귀를 멀게 하며, 5미(五味)가 입을 어지럽힌다. 지혜가 더욱 발전하면 사람의 욕심도 더욱 향상되며, 욕심을 만족시키려고 하면 할수록 마침내 대도(大道)를 배반하기에 이르게 된다. 따라서 도에 돌아가고자 하면 반드시 육체를 잃어버리고, 명리를 끊고, 지혜를 버려야 한다. 물론 육체를 잃어버린다는 것을 육체를 죽이는 것으로 해석해서는 안 된다.

넷째, 노자는 겸손하게 낮추고 싸우지 말 것을 말했다. 그것은 그 마음을 겸허하게 가져 남과 싸우지 않으며, 그 공을 과장하지 않는 것이다. 노자는 겸허한 마음을 물에 비유하면서 "최고의 선은 물과 같다[上善若水]. 물은 만물을 이롭게 하면서 다투지 않으며, 많은 사람들이 싫어하는 곳으로 흐르기에 도에 가깝다. 마음이 물처럼 되어서 자리를 잡으면 마음은 땅과 사이좋게 지내고, 마음이 물처럼 되면 마음은 연못과 친하게 지내며, 마음이 물과 같이 되면 마음의 사귐은 인간들과도 친하게 지내고, 마음이 물과 같이 되면 말은 신의와 친교하게 되며, 마음이 물과 같이 되면 정치는 다스려지는 백성들과 친교하게 되고, 마음이 물처럼 되면 마음의 일하기는 능력과 친교하게 되고, 마음이 물과 같이 되면 마음의 모든 움직임도 그 시절과 어기지 않고 잘 지낸다. 대저 물은 다투지 않으므로 허물이 없다."[11]고 하였다.

실천도덕론: 노자는 윤리적 근본주의에 근거하여 처세에 필요한 여러 가지 도덕을 논하였다. 노자는 소극주의, 퇴영주의자였으며, 청정염담의 영아상태를 이상으로 삼았다. 따라서 노자는 무위자연에 반하는 행위를 모두 싫어하고 배척하였던 것이다. 공자는 인의를 최선의 도로 여겼으나, 노자의 관점에서 보면 전혀 중요시할 수 없는 것이다. 노자가 들었던 일상생활의 주요한 덕은 모두 소극적 경향이 있는 것이었다. 노자는 자애[慈], 검소[儉], 겸손[禮]을 인생의 세 가지 보물이라 하면서, "나는 세 가지 보물을 가지고 있으며, 그것을 간직하고 있는데,

11) 上善若水. 水善利萬物而不爭, 處衆人之所惡, 故幾於道. 居善地, 心善淵, 與善仁, 言善信正善治, 事善能, 動善時: 夫唯不爭, 故無尤.

첫째가 자애이고 둘째가 검소이며 셋째가 감히 천하를 위해 나서지 않는 것이다. 자애로워 용감하고, 검소하여 넓힐 수 있고, 감히 천하를 위해 나서지 않기 때문에 이룰 수 있다."[12]고 하였다. 이른바 최고의 선은 물과 같으며 물은 만물을 이롭게 하고 다투지 않는다는 말을 살펴볼 때, 노자는 겸양의 덕을 더욱 아름답게 여겼음이 분명하다. 노자는 탐욕의 행위가 본성을 해치고 몸을 멸망시킨다고 하였다. 그래서 그는 만족함을 알도록 하는 것으로 사람을 가르쳐야 한다고 하면서, "만족을 아는 자는 부유하다."[13]고 하였다. 또 도에 반하는 기(氣)를 교정해야 한다고 하면서, "부귀하면서 교만하면 스스로 그 허물을 남기게 된다. 공을 남겨 이름을 이루면 몸을 물러나게 하는 것이 하늘의 도이다."[14]라고 하였다. 또 말 많은 것을 싫어하면서, "많은 말은 자주 궁지에 처하게 하며, 중(中)을 지키는 것만 못하다."[15]고 하였다. 또 자신의 근본사상을 드러내 보이는 데 가장 그럴듯한 박애(博愛)의 미덕에 대해서 말하기를 "덕으로써 원수에 보답한다."[16]고 하였다. 이 말은 기독교정신과도 합치되는 것이며, 공자의 "곧음(直)으로써 원망에 보답하고, 덕으로써 덕에 보답한다."[17]는 사상과도 전혀 다르지 않다. 노자는 이상과 같이 소극적 관점에서 개인 상호 간의 도덕에 관해서는 많은 언급을 하는 반면, 군신 · 부자 · 부부의 도와 같은 사회적 도덕이나 가정의 도덕에 관해서는 별로 언급이 없다.

정치설

노자의 정치설은 윤리설과 대동소이하다. 역시 그의 철학적 근본사상에 근거를 두고 있으며, 윤리설과 밀접한 관계의 연장선상에서 정치설을 주장하고 있다. 노자의 이상은 태고의 순박한 원시사회에 있었으며, 당시의 난세에서 태고의 원시사회로 다시 돌아갈 수 있도록 하는 것을 정치의 최고목적으로 삼았다. 노자는 이 목적에 도달하는 방법을 무위자연의 정치에 있다고 하였다. 무위자연의

---

12) 我有三寶, 持而保之: 一曰慈. 二曰儉, 三曰不敢爲天下先. 慈故勇; 儉故能廣; 不敢爲天下先, 故能成器長.
13) 知足者富
14) 富貴而驕, 自遺其咎. 功成名遂, 身退, 天之道.
15) 多言數窮, 不如守中.
16) 報怨以德.
17) 以直報怨, 以德報德.

정치란 일체의 예악과 형정을 폐지하며, 백성들로 하여금 영아처럼 무지무욕(無知無欲)의 마음상태로 되게 하는 것이다. 그래서 "옛날의 선을 도(道)로 삼는 것이란 백성을 명석하게 하는 것이 아니고 바보스럽게 하는 것이다. 백성을 다스리기 어려운 것은 백성들이 지혜가 많기 때문이다. 그러므로 지혜로써 나라를 다스리면 나라의 적이 된다."[18]고 하였다. 이러한 노자의 정치설은 지식을 배척하는 우민정치(愚民政治)이다. 대개 후세 법가(法家)들이 주장한 우민정치설은 이러한 노자의 사상에 근거한 것이다. 그러나 노자의 우민정치설은 법가의 그것과는 근본적으로 사상이 다르다. 특히 그것은 형(刑)에 관한 견해에서 더욱 상반된다. 주나라 말기에 잔인하고 혹독한 형벌을 이용하여 백성들이 악해지는 것을 막았는데, 노자는 그것을 비난하면서, 형벌을 더욱 많이 사용할수록 백성들은 더욱 법을 어기게 된다고 하였다. 그러나 노자는 형벌을 절대적으로 싫어한 것은 아니며, 다만 잘못 사용하는 것을 비난했을 뿐이었다. 그의 정치설은 방임주의(放任主義)에 속하는 것으로, 그는 다스리는 자는 간섭하지 않고 피치자들에게 자유를 부여해야 한다고 하였다.

노자는 소극적 입장에서 전쟁을 배격하면서, 열국들이 상호 교제할 것을 주장하였다. 즉 "수축시키고자 하면 반드시 팽창하게 되고, 약하게 하고자 하면 반드시 강해지고, 폐지시키고자 하면 반드시 일어나고, 빼앗고자 하면 반드시 주어지게 되는데, 이것을 미명(微明)이라 한다. 부드러움이 약함을 이기고, 단단함이 강함을 이긴다."[19]고 하였다. 이는 당시 열국들이 권모술수로써 처세하는 것에 대해서 한 마디 논평을 가한 것이라 할 것이다.

노자는 태고의 순박한 사회에 대해서 다시 구체적으로 말하기를, "작은 나라에 적은 백성[小國寡民]. 열이나 백 사람이 사용할 기물들이 있지만 이를 사용하지 않는다. 그리고 백성들이 죽음을 중하게 여겨 멀리 이사하지 않는다. 비록 배와 수레가 있으나 이를 타지 않는다. 비록 갑병이 있으나 이를 진열하지 않는다. 백성들이 다시 새끼줄을 매어서 통신의 수단으로 쓰게 한다. 음식을 맛있게 먹고, 옷을 멋있게 입으며, 주거에 편안하고, 풍속을 즐긴다. 나라가 서로 마주 보고

---

18) 古之善爲道者, 非以明民, 將以愚之. 民之難治, 以其智多; 以智治國, 國之賊.

19) 將欲歙之, 必固張之; 將欲弱之, 必固强之; 將欲廢之, 必固興之; 將欲奪之, 必固與 之: 是謂微明. 柔勝弱, 剛勝强.

있고, 닭과 개 소리가 서로 들린다. 백성이 늙어서 죽더라도 서로 왕래하지 않는다."[20]고 하였다.

공자와 노자의 비교

공자와 노자는 주나라 말의 2대 사상가였으나, 그들의 사상은 거의 반대입장에서 있었다. 즉 ① 공자의 사상은 윤리적이었고, 노자의 사상은 철학적이었다. ② 공자의 사상은 사회적이었고, 노자의 사상은 비사회적이었다. ③ 공자의 사상은 경험적, 실제적이었고, 노자의 사상은 형이상학적이었다. ④ 공자의 사상은 적극적, 진보적이었고, 노자의 사상은 소극적, 퇴보적이었다. ⑤ 공자의 사상은 세간적이었고, 노자의 사상은 출세간적이었다. ⑥ 공자의 사상은 낙천적이었고, 노자의 사상은 염세적이었다. 그러나 공자와 노자는 동시대의 사상가로서 이상에서처럼 그 사상에 있어서는 전혀 달랐으나, 부분적으로 공통점도 없지 않았다. 즉 ① 공자와 노자는 모두 상고주의자였다. 공자는 요 · 순시대에서 이상을 찾았고, 노자는 요 · 순 이전 시대에서 이상을 찾았는데, 이처럼 같은 상고주의자이면서도 그 이상을 두는 데 있어서는 차이가 있었다. ② 공자와 노자는 둘 다 그들의 윤리설을 확충하여 정치설로 삼았다. 즉 그들에게 있어 윤리설과 정치설은 구별되지 않으며, 윤리설이 곧 정치설이었다. ③ 공자와 노자는 둘 다 수기치인을 근본으로 삼았다. ④ 공자와 노자는 모두 경세치국의 경륜을 말하였는데, 어떻게 천하국가를 다스릴 것인가 하는 문제로 그들의 사상을 관철하고 있었다. 한편, 공자와 노자는 둘 다 주나라 말의 난세를 목격하였는데, 공자는 적극적으로 그 난세를 구제하려 하였고, 노자는 소극적으로 그것을 싫어하고 피하려 하였던 것이다. 대체로 난세에는 그 난세에 대처하는 두 가지 사상적 경향이 나타나게 되는데, 이상에서 보는 것처럼 공자와 노자가 그 대표적인 전형을 보여주고 있는 것이다.

---

20) 小國寡民, 使有什伯之器而不用, 使民重死而不遠徒, 雖有舟輿無所乘之, 雖有甲兵無所陳之, 使人復結繩而用之, 甘其食, 美其服, 安其居, 樂其俗, 鄰國相望, 雞犬之聲相聞, 民至老死, 不相往來.

노자사상의 계승자

노자의 사상은 아주 광범위하게 영향을 미쳤다. 이를테면 후에 나타난 양가(楊家), 명가(名家), 형가(刑家), 법가(法家) 등은 직접 혹은 간접적으로 노자의 영향을 받았으며 그 학설의 일면을 발전시켰던 것이다. 그러나 노자철학을 이어받아 서술하고 그 근본사상인 도를 논하고, 노자학의 정통으로 인정받을 수 있는 것은 이른바 도가학파이다. 『한서예문지』(漢書藝文志)에 의하면 도가에는 37가(家) 938편이 있는데, 그 가운데 특히 두드러진 사람은 관윤자(關尹子), 열자(列子), 장자(莊子) 등이다.

관윤자(關尹子): 성은 윤(尹)이고 이름은 희(喜)이다. 자는 공문(公文) 혹은 공은(公殷)이다. 문시(文始) 선생으로 불리었으며 진(秦)나라 사람이다. 태어나고 죽은 날짜는 정확히 알려지고 있지 않으나 노자와 동시대에 살았던 것 같으며, 진나라의 관령(關令)이었기에 관윤자라 불리었다. 전해지는 저서는 6편에 불과한데, 당나라 때에는 『문시진경』(文始眞經)으로 불리었고, 탁월한 사상이 담겨 있다.

관윤자의 사상은 노자의 도에서 출발하여 진일보한 것이었다. 그는 도에 관해 말하기를, "말할 수 없는 도가 있는 것이 아니라, 말할 수 없는 것이 바로 도이다. 생각할 수 없는 도가 있는 것이 아니라, 생각할 수 없는 것이 바로 도이다."[21]라고 하였다. 도가 발현하여 천지만물을 이루는 것으로 생각하였던 것 같다. 즉 하나의 도가 나뉘어져 우주만상에 발현하는 까닭에 만물은 모두 도인 것이며, 하나의 사물도 도 아닌 것이 없다. 만약 내가 도일 수 있다면 한 사물 중에서 천지의 깊고 오묘한 이치에 도달할 수 있다. 이는 만유신교(萬有神敎)적 결론에 이른 것이다. 관윤자는 만유신교적 사상으로 말미암아 만유정신론자였으며, "오로지 정(精)은 하늘에서는 차갑고[寒], 땅에서는 물이 되고, 사람에게서는 정(精)이 된다. 신(神)은 하늘에서는 덥고(熱), 땅에서는 불이 되고, 사람에게서는 신(神)이 된다. 백(魄)은 하늘에서는 건조하고(燥), 땅에서는 쇠[金]가 되고, 사람에게서는 백이 된다. 혼(魂)은 하늘에서는 바람[風]이 되고, 땅에서는 나무[木]가 되고, 사람에게서는 혼이 된다. 오직 나의 정(精)이 천지만물의 정에 합치된다는 것은 여러

21) 非有道不可言, 不可言卽道; 非有道不可思, 不可思卽道.

개울의 물이 하나의 넓은 강으로 합쳐지는 것에 비유되며, 나의 신(神)이 천지만물의 신에 합치된다는 것은 여러 다른 불이 하나의 불덩이로 합쳐지는 것에 비유되며, 나의 백(魄)이 천지만물의 백에 합치되는 것은 쇠로 물건을 만듦에 다른 쇠와 합해져 용해되어 하나의 쇠가 되는 것에 비유되며, 나의 혼(魂)이 천지만물의 혼에 합치된다는 것은 나무로 물품을 만듦에 여러 나무들이 합해져 하나의 나무가 되는 것에 비유된다."[22]고 하였다. 이처럼 천지만물을 모두 나의 정, 나의 신, 나의 백, 나의 혼이라고 생각하였던 것 같다.

관윤자는 더 나아가, "하나의 사물도 볼 수 없는 것이 없으니 하나의 사물도 내가 보는 것이 아닌 것이 없고, 하나의 사물도 들을 수 없는 것이 없으니 하나의 사물도 내가 듣는 것이 아닌 것이 없다. 5물(五物)은 형(形)을 기를 수 있으니, 하나의 사물도 내가 만든 모양이 아닌 것이 없으며, 5미(五味)는 기(氣)를 기를 수 있으니, 하나의 사물도 나의 기가 아닌 것이 없다. 그래서 나의 형기(形氣)가 천지만물이다."[23]라고 하였다. 즉 천지만물은 모두 나의 주관적 작용에 돌아온다는 것이다.

관윤자도 노자처럼 무위자연을 정치의 요체라 생각하였고, "하늘에는 사랑과 미움이 없고, 해에는 두터움과 엷음이 없다."[24]고 생각하였다. 성인의 도 즉 천명(天命)이 저절로 도가 되는 것이 아니며, 성인의 덕이 때에 부합해야지 저절로 덕이 되는 것이 아니며, 성인의 일 즉 인위가 저절로 일이 되는 것이 아니다. 성인이 경우에 응하여 자연스럽게 행하면 저절로 대도(大道)에 합치될 수 있고, 대덕(大德)이 되고 큰 일을 이룰 수 있게 된다. 요·순·우·탕의 천하를 다스림도 자연적으로 행한 것에 지나지 않기 때문에 자연(自然)이 천하를 다스리는 비결이다.

열자(列子)와 장자(莊子)의 사상은 아래에서 상술할 것이다.

---

22) 唯精, 在天爲寒, 在地爲水, 在人爲精. 神, 在天爲熱, 在地爲火, 在人爲神. 魄, 在天爲燥, 在地爲金, 在人爲魄. 魂, 在天爲風, 在地爲木, 在人爲魂. 唯以我之精, 合天地萬物之精, 譬如萬水可合爲一水, 以我之神, 合天地萬物之神, 譬如萬火可合爲一火. 以我之魄, 合天地萬物之魄, 譬如金之爲物, 可合異金而鎔之爲一金. 以我之魂, 合天地萬物之魂, 譬如木之爲物, 可接異木而生之爲一木.

23) 無一物不可見, 則無一物非吾之見; 無一物不可聞, 則無一物非吾之聞. 五物可以養形, 無一物非吾之形; 五味可以養氣, 無一物非吾之氣: 是故吾之形氣天地萬物.

24) 天無愛惡, 日無厚薄.

제 2 절 열자(列子)

열자의 이름은 어구(禦寇) 혹은 어구(圉寇) 혹은 어구(圄寇)라 하였으며, 정(鄭)나라 사람이다. 태어나고 죽은 날짜는 알려지고 있지 않으나, 대략 정무공(鄭繆公)과 동시대인이었으며, 노자보다 후에 태어났고 장자의 선배였으니 대략 기원전 500년대 사람이었음이 분명하다. 세상에 전해지는 기록이 거의 없으나 『열자』 천서편(天瑞篇)에는 "정포(鄭圃)지방에 무식한 사람이 40년간 살았는데, 임금과 경대부가 그를 서민처럼 보았다."[25]고 하였다. 명리를 탐하지 않고 은둔하면서 도를 즐긴 사람이었다. 저서로는 『열자』 8편이 있는데, ① 천서(天瑞), ② 황제(黃帝), ③ 주목왕(周穆王), ④ 중니(仲尼), ⑤ 탕문(湯問), ⑥ 역명(力命), ⑦ 양주(楊朱), ⑧ 설부(說符) 편으로 구성되어 있다. 천서 · 설부 2편은 각 장의 대의(大意)가 그 편의 이름이며, 나머지 6편은 권두의 두 자 혹은 세 자가 편 이름이다. 『열자』의 저자에 대해서는 여러 가지 이설들이 있는데, 책 속에 열자를 존칭하여 자열자(子列子)라 하였고, 열자 이후의 일을 기록하고 있는 점으로 보아 열자의 제자들의 손에 의해 지어진 것으로 보고 있다. 그러나 한편, 천서편은 열자의 자작이고, 나머지 7편은 후세 사람이 증보한 것이라는 설도 있다. 당 · 송 시대에는 열자를 크게 존중하였는데, 당나라의 천보(天寶) 황제 1년에는 열자를 충허진인(沖虛眞人)으로 칭하였고, 그의 책을 『충허진경』(沖虛眞經)이라 하였다. 송나라 경덕(景德) 시대에는 지덕(至德)이라는 두 글자가 첨가되어 『충허지덕진경』(沖虛至德眞經)이라 칭하여졌다.

열자의 사상은 노자의 소극주의 · 퇴보주의의 사상을 더욱 극단적으로 발전시킨 것이었다. 노자의 사상은 열자에 이르러 더욱 출세간적, 비사회적, 우화등선적(羽化登仙的:날개를 달고 신선이 되어 올라감)으로 되었다.

철학설

열자의 철학 중에서 가장 두드러지는 것이 우주론인데, 그 상세함이 고대 철학 중에서는 보기 드문 것이다.

---

25) 居鄭圃四十年, 人無識者, 國君卿大夫視之, 猶衆庶也.

우주론: 열자의 우주론은 천서편(天瑞篇)에 그 요점이 나타나 있다. 우주의 본체를 허무로 본 것은 노자와 같으나 노자가 말한 〈도〉란 말은 없고, 노자의 도에 상응하는 의미가 있을 뿐이다. 그의 설에 의하면, 이름이 있는[有名] 현상세계는 이름이 없는[無名] 진실세계에서 생겨난다. 본체는 무명(無名)이고 허무이고 무극(無極)이며 인식할 수 없는 것인데, 열자는 이를 혼돈(混沌) 또는 혼륜(混淪), 의독(疑獨), 왕복(往復)이라고 불렀다. 그러나 이름이 없는 본체는 변화하여 이름이 있게 되는 필연적 추세가 있다. 이름이 없는 본체로부터 이름이 있는 만물이 생겨나는데, 반드시 태역(太易), 태초(太初), 태시(太始), 태소(太素)라는 4단계를 거친다. 본체는 혼돈한 상태에서 모양[形], 기(氣), 질(質)을 갖추고 있으나 아직 분리되지 않고 있다. 즉 그것은 분리되기 이전의 물질인 것이다. 따라서 비록 보려고 해도 보이지 않고, 들으려 해도 들리지 않는다. 그러나 물질이 없는 것은 아니다. 또 물질이 있다하더라도 그것은 모양은 없다. 혼돈의 상태가 한 번 움직임으로써 태역이 된다. 그러나 태역은 보이지 않는 기이다. 태역으로부터 태초가 생기는데, 태초는 기의 시작이다. 태초에서 태시가 생기는데, 태시는 형(形)의 시작이다. 마침내 태소가 생기는데, 태소는 질(質)의 시작이다.

한편, 열자는 또 다른 방면에서 만물의 발생을 설명하였는데, 만물의 시초는 혼륜이며 혼륜이 변하여 일(一)이 되고 일이 변하여 칠(七)이 되고, 칠이 변해 구(九)가 되고 구가 변해 극(極)이 된다고 생각하였다. 또 극이 변하면 시초의 일에 돌아오고, 맑고 가벼운 것은 위로 올라가 하늘이 되고, 무겁고 탁한 것은 아래로 내려가 땅이 되며, 천지간에 가득찬 충화지기(沖和之氣)로부터 사람이 되고 만물이 생겨난다는 것이다. 이는 노자가 말한 하나[一]가 둘[二]을 낳고, 둘이 삼[三]을 낳고, 삼이 만물을 낳는다는 설보다 더 상세한 것이다.

정명론(定命論): 열자는 극단적인 정명론자였는데, 『열자』의 역명편(力命篇)에서는 그것에 대해서 명백하게 서술하고 있다. 역명편은 역(力)과 명(命)의 문답이다. 역이란 개인간의 자유의지의 노력이며, 명이란 우리 인간의 의지로서는 어떻게 할 수 없는 운명이다. 역이 말하기를, "오래 살 것인가, 일찍 죽을 것인가? 곤궁할 것인가, 영달할 것인가? 귀할 것인가, 천할 것인가? 가난할 것인가, 부유할 것인가? 하는 것은 역이 할 수 있는 바이다."[26]고 하였다. 이에 명이 반박하기를,

"팽조(彭祖)의 지혜는 요 · 순보다 높지 않았으나 800세를 살았고, 안연(顔淵)의 재주는 보통 사람보다 아래가 아니었으나 48세를 살았다. 공자의 덕은 제후보다 아래지 않았으나 진(陳)과 채(蔡)나라에서 곤궁에 처하였다. 은나라 주(紂)의 행실은 삼인(三仁:은나라 말년의 세 충신인 미자, 기자, 비간)의 위에 있지 않았으나 임금의 자리에 있었다. 계찰(季札:상나라로 사신가는 길에 서국을 지나는데 그 나라 임금이 그의 칼을 보고 갖고 싶어하므로 마음속으로 주려고 생각했는데 돌아가는 길에 서국에 들르니 그 나라 임금이 이미 죽었으므로 그 칼을 무덤 옆의 나무에 걸고 갔다는 신의있는 사람)은 오나라에서 벼슬을 하지 못했고, 전항(田恒)은 오로지 제나라에 있었다. 백이와 숙제는 수양산(首陽山)에서 굶어 죽었으며, 계씨(季氏)는 전금(展禽)에서 부유하게 살았다. 만약 이것이 네가 할 수 있는 일이라면, 어찌 그는 오래 살았고 이 사람은 그렇게 일찍 죽었으며, 성인에게는 궁하고 역적에게는 영달을 주며, 현인에게는 천하게 대하고 어리석은 자는 귀하게 대우하며, 선한 자가 가난하고 악한 자가 부유한가?"[27]라고 하였다. 이에 역(力)은 말없이 명(命)에 굴복하였다고 열자는 말하고 있다. 이처럼 열자는 자유의지를 절대 부정하면서 우리들의 일거일동이 모두 명의 스스로 그러함에서 나오는 것이라 보고 있다.

생사관: 열자의 생사관은 노자의 관점과 유사하다. 그 역시 태어남은 본체의 변화에 불과하기 때문에 슬퍼하거나 기뻐할 일이 아니라고 생각하였다. 또 만물 순환의 이치를 말하면서, "태어남[生]은 태어나지 않음[不生]으로 돌아가고 형태있음[有形]은 형태없음[無形]으로 돌아간다. 태어나지 않음이 본래 태어나지 않음이 아니며, 형태없음이 본래 형태없음이 아니다. 태어남이 있으면 그 이치상 반드시 죽음이 있게 마련이고, 죽음이란 것이 영원한 죽음이 아니듯이, 태어남도 영원한 태어남이 아닌 것이다."[28]라고 하였다. 또 "정신은 하늘 위에서 나온 것이고 뼈는

---

26) 壽夭 · 窮達 · 貴賤 · 貧富, 我力之所能也.

27) 彭祖之智, 不出堯舜之上, 而壽八百; 顔淵之才, 不出衆人之下, 而壽四八. 仲尼之德, 不出於諸侯之下, 而困於陳蔡; 殷紂之行, 不出於三仁之上, 而居君位. 季札無於吳; 田恒專有齊國. 夷齊餓於首陽; 季氏富於展禽; 若是汝力之所能, 奈何壽彼而天此, 窮聖而達逆, 賤賢而貴愚, 貧善而富惡邪?

28) 生則復於不生, 有形則復於無形. 不生者非本不生者也; 無形者非本無形者也. 生者理之必終者也. 終者不得不終, 亦如生者之不得不生.

땅에서 나온 것이다. 하늘에 속한 것은 맑고 흩어져 있고, 땅에 속한 것은 탁하고 모여있다. 정신은 형태를 떠나 각기 그 진택(眞宅)으로 돌아가기 때문에 귀(鬼)라 부른다. 귀는 돌아감(歸)이다. 즉 그 진택으로 돌아가는 것이다."[29]라고 말했다. 또 열자는 인간이 태어나서 죽을 때까지를 영아, 장년, 노인, 사망 4기로 나누면서, "영아 때에는 기가 하나에 모아져 있어 지극히 화합하고, 물(物)이 그것을 상하게 하지 못하며, 거기에 덕이 더할 수 없다. 장년 때에는 혈기가 넘쳐흘러 욕망과 사려가 충만하게 생겨나며, 물(物)이 침범하고, 덕은 쇠약해진다. 노인 때에는 욕망과 사려가 약해지고, 신체는 쉬게 되고, 물이 생겨나지 않으며, 영아의 완전함에 미치지는 못하나 장년 때보다는 방정하고 그 중간에 있다. 사망 때에는 휴식에 들어가고, 그 극으로 돌아간다."[30]고 하였다. 또 안자(晏子)의 말을 인용하여 "선하구나. 옛날의 죽음이여! 인자(仁者)는 휴식하고 불인자는 몸을 숨긴다[伏]. 죽음은 덕의 순환이다. 옛날에는 죽은 사람을 돌아간 사람[歸人]이라 하였다. 무릇 죽은 사람은 돌아간 사람이 되고 산 사람은 행위하는 사람이 되어야 한다. 행동을 하다가 돌아올 줄 모르면 집을 잃은 사람이다. 한 사람이 집을 잃으면 일세(一世)가 그르다고 하며, 천하가 집을 잃으면 그름 자체를 모르는 것이다."[31]고 하였다. 열자는 죽음을 돌아감이라고 하면서 윤회전생설(輪廻轉生說)을 분명히 주장하였고, "죽음은 삶과 더불어 있으며, 한번 가고 한번 돌아오는 것이다. 그러므로 여기에서 죽는 자는 저기에서 태어나지 아니함을 어찌 알겠는가."[32]라고 하였다.

윤리설

열자의 이상은 자연적인 생활을 영위하는 것이었는데, 이 역시 노자의 사상과 같은 것이다. 그는 사회발전에 공헌하기보다는 차라리 물러나 일신을 깨끗하게

---

29) 精神者天之分, 骨骸者地之分. 屬天淸而散, 屬地濁而聚. 精神離形, 各歸其眞, 故謂之鬼. 鬼, 歸也. 歸其眞宅.

30) 其在嬰孩, 氣專志一, 和之至也, 物不傷焉, 德莫加焉. 其在小壯, 則血氣飄溢, 欲慮 充起, 物所攻焉, 德故衰焉. 其在老耄則欲慮柔焉, 體將休焉, 物莫生焉; 雖未及嬰孩之全, 方於小壯, 間矣. 其在死亡也, 則之於息焉, 反其極矣.

31) 善哉古之有死也, 仁者息, 不仁者伏. 死也者德之徼也. 古謂死人爲歸人, 夫言死人爲歸人, 則生人爲行人矣. 行而不知歸, 失家者也. 一人失家, 一世非之; 天下失家, 莫知非焉.

32) 死之與生, 一往一反, 故死於是者, 安知不生於彼.

하고 청허무위(淸虛無爲)한 생활을 해야 한다고 생각하였다. 또 "지극한 말은 말을 하지 않는 것이고 지극한 행위는 행위하지 않는 것이다."[33]라고 말하였고, "그 이름이 아니면, 고요함[靜]만 같지 못하고 텅빔[虛]만 같지 못하다. 고요함과 텅빔은 그 거처를 얻는 것이요, 취함[取]과 줌[與]은 그 거처를 잃는 것이다. 일을 깨뜨린 후에 인의(仁義)를 논하는 자가 있다면 그는 회복될 길이 없는 것이다."[34]고 하였다.

이처럼, 무위자연의 생활은 열자의 도덕적 이상이었다. 거기에 나아가려면 어떻게 해야 하는가? 열자는 "3년 후에 마음이 감히 시비(是非)를 생각하지 않고, 입이 감히 이해(利害)를 말하지 않으면 선생께서 한번 돌아볼 뿐이다. 5년 후에 마음이 다시 시비를 생각하고, 입이 다시 이해를 말하면, 선생께서 비로소 얼굴을 펴고 웃을 것이다. 7년 후에 마음이 생각하는 바에 따라 다시 시비가 없고, 입이 말하는 바에 따라 다시 이해가 없으면, 선생께서 비로소 나를 끌어 자리를 함께 하실 것이다. 9년 후에 마음이 생각하는 바를 거슬리고, 입이 말하는 바를 거슬려, 나의 시비와 이해를 알지 못하고 역시 그의 시비와 이해를 알지 못하고, 또한 선생을 나의 스승으로 알지 못하고 마치 나의 친구로 여기면, 내외가 나아갈 것이다. 이후에 눈이 귀와 같고, 귀가 코와 같고, 코가 입과 같아 다름이 없게 된다. 마음과 굳은 몸이 풀려 골육이 모두 녹고, 몸이 기댈 곳과 발이 밟은 곳을 깨닫지 못한다."[35]고 하였다. 이것은 열자가 자기의 경험에 비추어 수양의 단계를 말한 것이다. 열자에 의하면, 무위자연의 생활을 영위하는 방법은 나의 마음[我心]을 버리는 것이다. 나의 마음을 버린다는 것은 세상의 비난과 칭찬을 떠나고, 이해득실을 돌보지 않고, 우주 본체의 허무와 합치는 것이다. 열자는 또 나의 마음을 버리면 내 몸과 우주의 진리가 합체가 된다고 믿었다. 이러한 해탈과 같은 경지에 도달하면 신인(神人)이 되고 지인(至人)이 되며, 무궁무진하게 변화

33) 至言去言, 至爲不爲.

34) 非其名也, 莫如靜莫如虛. 靜也, 虛也, 得其居矣; 取也, 與也, 失其所矣. 事之破石爲而後有舞仁義者, 弗能復也.

35) 三年之後, 心不敢念是非, 口不敢言利害, 始得夫子一眄而已. 五年之後, 心庚念是非, 口庚言利害, 夫子始一解顔而笑. 七年之後, 從心之所念, 庚無是非, 從口之所言, 庚無利害, 夫子始一引吾竝席而座. 九年之後, 橫心之所念, 橫口之所言, 亦不知我之是非利害歟, 亦不知彼之是非利害歟, 亦不知夫子之爲我師, 若爲之爲我友, 內外進矣. 而後眼如耳, 耳如鼻, 鼻如口, 無不同也. 心凝形釋, 骨肉都融, 不覺形之所倚, 足之所履.

하는 신통력을 얻어 물과 불 속에 종횡무진 날아다닐 수 있게 된다. 열자는 또 몇 가지 황당무계한 예화를 들면서 신통력이 있는 신인의 실재를 말하기도 하였다. 이처럼 수양의 결과로 사람은 절대의 영역에 이를 수 있게 된다고 보는 점이 열자 사상의 특징 중에 하나였다.

열자는 황노(黃老)의 사상을 이어받아 극단적인 소극주의를 주장하였다. 그러나 한편, 그는 공자와 묵자의 사상을 전적으로 배척한 것은 아니었다. 그는 오히려 공자를 존중하면서, 중니편(仲尼篇)에서 공자의 언행을 기록하였고, 또 설부편(說符篇)에서, "걸(桀)과 주(紂)는 이(利)를 중시하고 도를 경시하여 망하였다(중략). 사람이 의리가 없고 먹기만 한다면 닭과 개이다. 먹는 것과 몸을 치장하는데 힘쓰며 이익에만 관심을 갖는다면 금수이다. 닭과 개가 되고 금수가 된다면, 다른 사람들이 자기를 존중해 주기를 바라더라도 존경을 얻을 수가 없는 것이다. 자기를 존중해 주기를 바라는 것 자체가 위험과 욕됨이 될 것이다."[36]라고 하였다. 이외에 천서편(天瑞篇) 등에서도 인의를 여러 차례 언급하고 있다. 그러나 이처럼 열자가 공자의 언행을 서술한 목적은 공자의 언행을 빌려서 자기의 사상을 말하려 한 것이지 공자의 진의를 전하려 했던 것은 아니었다.

정치설

열자는 자신의 기본적 사상의 연장선상에서 정치를 논하고 있는데, 이 역시 윤리설과 거의 같다. 무위자연의 생활은 윤리적 이상인 동시에 정치적 이상으로 생각하고 있다. 열자는 사람마다 무위자연의 생활을 영위하는 이상국가를 〈화서씨(華胥氏)의 나라〉라고 불렀다. 열자는 황제의 부탁을 받고 화서씨의 나라에 대해서 구체적으로 그 모습을 서술하였는데, "그 나라에는 스승과 어른이 없고 자연이 있을 뿐이며, 그 백성은 기호와 욕심이 없고 자연이 있을 뿐이다. 삶을 즐김도 죽음을 싫어함도 알지 못하기에 일찍 죽는 사람이 없다. 자기를 친애함도 남을 소원히 함도 알지 못하기에 사랑과 미움이 없다. 배반을 모르고 순종을 모르기 때문에 이해(利害)가 없다. 사랑하고 미워하는 바가 없고, 두려워하고 기피하는 바가 없으니, 물에 들어가도 빠지지 않고, 불에 들어가도 뜨겁지 않고,

---

36) 桀紂唯重利而輕道, 是以亡(中略). 人而無義, 唯食而已, 是雞狗也. 彊食靡角, 勝者爲利, 是禽獸也. 爲雞狗禽獸矣, 而欲人之尊己, 不可得也. 人之尊己, 則危辱及之矣.

찍고 쳐도 상처나 아픔이 없으며, 할퀴어도 아픔과 가려움이 없다."[37]고 하였다. 이는 방임주의를 말하는 것인데, 노자의 설보다 한 걸음 더 나아간 것이라 하겠다.

노자와 열자의 비교

열자는 노자의 사상을 이어받았고, 그의 소극주의를 한층 더 발전시킨 사람이다. 두 사람의 사상을 비교하면, ① 노자는 태고의 순박한 사회를 이상으로 삼았고, 열자는 화서씨의 나라를 말하였다. 노자의 이상사회는 현실의 무위자연적 세계를 떠나지 않았으나, 열자의 이상사회는 전적으로 공상적 유토피아다. ② 노자의 이상적 인물은 고대의 성인이었으나, 열자는 신인(神人)을 들었다. 노자의 이상적 인물은 무위자연의 덕을 지닌 실재하는 인격이었으나, 열자의 이상적 인물은 속세와 교섭하지 않는 선인(仙人)이다. ③ 노자의 소극주의에는 적극적인 측면도 없지 않았다. 그리하여 사회구제의 의미를 논하고 경세치국의 경륜을 말하기도 하였다. 그러나 열자는 철저하게 소극주의를 채택하고 사회구제의 생각이 전혀 없었으며 날개를 달고 신선이 되어 오르는 해탈법을 서술하였다. 노자의 사상은 세상을 개탄하고 나라를 걱정하는 의기가 문장 속에 번득이나, 열자의 이상은 염세은둔의 공기가 지면에 드러나 있다. ④ 노자의 출세간적 사상 중에는 어느 정도 세간적 의미가 들어 있고, 처세의 필요성을 말하는 여러 종류의 실천도덕을 말하였으나, 열자의 사상은 철두철미 출세간적이었다. ⑤ 노자는 "천도는 친함이 없고 오직 선인(善人)과 함께 있을 뿐이다."[38]라고 하였다. 이는 천도와 인도(人道) 사이에는 도덕적 감응이 있음을 암암리에 인정한 것으로, 우리들의 지혜와 덕의 힘이 천도에 영향을 미칠 수 있다고 본 것이다. 그러나 열자는 극단적으로 정명론을 주장하여 인력이 천명을 좌우할 수 없다고 분명히 말하였다. ⑥ 노자는 눈을 속이는 요술[幻術]과 꿈을 언급하지 않았으나, 열자는 자기 가슴속에서 희구하는 바를 요술과 꿈에 의지하여 묘사하였으며, 꿈에 대해서 기이하고

---

37) 其國無師長, 自然而已; 其民無嗜慾, 自然而已. 不知樂生, 不知惡死, 故無夭殤. 不知親己, 不知疎物, 故無愛憎. 不知背逆, 不知向順, 故無利害. 都無所愛惜, 都無所畏忌; 入水不溺, 入火不熱; 斫撻無傷痛, 指擿無痟癢.

38) 天道無親, 惟與善人.

특이한 견해를 말하였다. 우리는 보통 꿈과 깨어남을 구분하여 꿈을 망상으로, 깨어남을 실제로 생각한다. 그러나 열자는 이 두 가지가 전혀 구별이 없는 것으로 생각하여 한번 깨어나고 한번 꿈꾸는 것이 중국사람의 풍속이라 한다. 그들은 꿈에서 보는 것이 망상이며, 깨어나는 것이 실제라 생각한다. 또 한편, 그들은 50일에 한번 깨어난다고 여기는 풍속을 가진 사람들로서, 꿈속에서 행하는 것이 깨어남이며, 깨어남 속에 있는 것이 망상이라 생각하기도 하였다. 그렇다면 어느 것이 진실이며, 어느 것이 망상인지 찾을 수도 알 수도 없는 것이다.

제 3 절 장자(莊子)

장자의 이름은 주(周), 자는 자휴(子休)이며, 후세에 남화노선(南華老仙) 혹은 남화진인(南華眞人)으로 불리었다. 송몽(宋蒙:지금의 화남성 귀덕현) 사람이다. 기원 전 400년 말엽에 태어나 맹자와는 동시대를 살았으나 서로 만날 기회는 없었다. 칠원(漆園)에서 벼슬을 하였다. 칠원은 성(城)이름인데 지금의 하남성에 속하는 땅이다. 그런데 여기서 구체적으로 어떤 벼슬을 했는지는 알 수 없다. 이 당시에 제후들이 서로 다투어 현인을 자기 나라로 초빙하였는데, 초나라 위왕(威王)이 장자의 현명함을 듣고 초빙하여 경상(卿相)을 삼으려 하였다. 이에 장자는 그의 초빙을 천지에 제사지낼 때 소를 희생으로 삼는 것[郊祭犧牛]에 비유하면서 냉소하고 요구를 물리치고 말았다.

장자의 스승에 관해서는 여러 설들이 있는데, 주자(朱子)는 장상공자(長桑公子:관령윤의 제자)를 장자의 스승이라 하였다. 한비(韓非)는 장자가 위(魏)나라의 현인인 전자방(田子方:자하의 문인)에게 배웠다고 하였다. 그러나 장자가 도가의 정통파에 속한다는 점은 아주 분명한 사실이다. 그는 천성적으로 아는 것이 많고 기억력이 좋았으며, 재주가 많고 학식이 풍부하고, 실로 당시의 모든 학문에 통달하였을 뿐 아니라 문장을 잘 짓고 토론에 능하였다. 『장자』 한 권을 통해 그의 사상을 알아 볼 수 있다. 『한서예문지』(漢書藝文誌)에는 장자의 글이 53편 있다고 하였으나, 오늘날 전해지는 것은 불과 33편일 뿐이며, 그것은 내편, 외편, 잡편 등 3편으로 이루어져 있다. 내편은 7편 모두 한 편의 요지로서 제목을 삼았고, 외편은 모두 15편, 잡편은 11편인데 모두 첫머리 두 자를 제목으로 삼았다.

3편중 내편은 문장이 더욱 우수하고 논지가 심오하여 장자가 직접 쓴 것이 분명하다. 외편과 잡편의 문장과 논지는 모두 내편에 미치지 못하는 것으로 보아 문인의 손에 의해 지어진 것 같다. 장자는 도가철학의 대성자였다. 노자사상이 장자에 이르러 크게 빛을 발하게 된 것이다. 공자가 죽은 지 100여 년 지난 후에 맹자가 공자 학문의 본의를 크게 부르짖고, 양 · 묵의 설 역시 천하를 풍미하던 이 당시에, 장자 또한 여기에 합세하여 도가사상을 떨쳐 일으키니, 이때는 실로 중국 철학사에 있어서 일대 장관을 이루었다.

철학설

장자의 철학설은 근본사상에 있어서는 기본적으로 노자와 같으면서도 더 상세하게 전개되고 있다. 특히, 노자나 열자의 경우는 전혀 시도한 적이 없는 변증법에 주목한 것은 장자의 특별한 공적이다.

우주론: 장자가 도를 우주의 본체라 한 것은 노자와 마찬가지다. 그는 도를 '정 없음의 정'[無情之情]이 있지만 깨끗하고 담담하고 고요하니 무위(無爲)라고 하였다. 또 '항상 됨이 없는 믿음'(無常之信)이 있지만 보려 해도 보이지 않으니 무형(無形)이라고 하였다. 즉 본체는 텅 빈 허무이고 절대무차별이고 시간과 공간을 초월하는 것이다. 이러한 사상은 대체적으로 노자와 같으면서 한 걸음 더 나아간 것이다. 그는 노자의 '없음의 위'[無之上]를 이른바 '없음이 없음'[無無]이라 하였다. 만물의 근본은 무(無)인데, 이 무 역시 〈무〉라고 불려질 때에는 다시 나아가 무무(無無)가 되며, 역시 〈무〉라 불려질 때 무무무(無無無)가 된다는 것이다. 그러나 이처럼 장자가 무지상(無之上)을 많은 무무(無無)가 있다는 것으로 해석하는 것은 사고의 유희에 불과하다.

노자가 무명(無名)의 도로부터 천지만물이 생긴다고 여긴 것처럼, 장자도 역시 그렇게 생각하면서 도의 근본이 천지만물의 본체라고 하였다. 천지만물이 도 아님이 없으며, 도 역시 있지 않는 곳이 없다. 여기에 화답하면서 동곽자(東郭子)는 땅강아지와 개미, 피, 기와, 똥과 오줌에도 도가 존재하지 않음이 없다고 하였다. 대종사(大宗師)편에서 도는 만물 중에 있다고 말하면서, "물(物)이 되어서는 보내지 않음이 없고, 맞이하지 않음이 없고, 훼손되지 않음이 없고 이루지지 않음이 없다. 그 이름을 영영(攖寧)이라 한다. 영영은 어지러우면서 이루어진다는 것이다."[39]고 하였다. 즉, 영영이라 말하는 것은 만물 속에 어지럽게 살고 있으면서 항상 불변하는 체(體)를 지니고 있다는 것이다. 장자는 도를 정신적 측면에서 해석하면서, 도를 진군(眞君) 혹은 진재(眞宰)라 부르고, 신체는 없어지나 도는 없어지지 않는다고 생각하였다. 진군 혹은 진재라는 말을 쓴 것은, 도란 밖에서 인식할 수 없는 영지적(靈智的)인 존재이며, 밖에 서 있지 않으면서 우주를 주재하는 신이라는 것이다.

인생관: 장자는 세속적 현실에 비관적이었으나 절대적인 염세론자는 아니었다. 그래서 그는 인생을 최대의 고통의 계곡이라 생각하였다. 또 한편으로 그는 낙천적인 인물도 아니었다. 그래서 그는 인생을 최선의 세계라 생각하기도 하였다. 즉, 그에게 있어 세계란 싫어할 것도 즐길만한 것도 아니라는 것이다.

만물일체설: 장자는 그의 본체론에서 출발하여 만물일체설을 주장하면서, 인생의 가치에 대하여 비관적인 결론을 내렸다. 현상계의 만물이 모두 본체로부터 발현되었는데, 인간이 되고 만물이 되는 것은 반드시 필연이 아니고 우연적인 것이라는 것이다. 인간과 만물은 동일한 본체가 발현한 것인데, 현상계에 인간이 있고 만물들이 서로 같지 않으나, 본체로부터 볼 때 그것들은 구별되지 않고 같은 것이다. 따라서 인생이란 조금도 기뻐할 만한 것이 아닌 셈이다.

숙명론: 인간은 본체로부터 우연히 발현하는데 조물주의 마음 즉 하늘의 명령[天命]에 따른 것이며, 이는 만물도 마찬가지다. 보통 숙명론을 지지하는 사람은 부귀, 빈천, 현우 모두를 운명에 속하는 것이라고 생각하는데, 장자는 더 나아가 인간의 의도적 행위[人爲]도 천명이라고 생각했다. 이 설에 의하면, 세상에 이른바 인위의 작용은 없으며, 인간은 천명에 따라 행위하지 않을 수 없다. 즉, 인간의 행위는 결국 운명의 힘에 따른 것인 셈이다. 이것은 절대적 숙명설이다.

---

39) 其爲物, 無不將也, 無不迎也, 無不毁也, 無不成也. 其名爲攖寧; 攖寧也者, 攖之而成者也.

생사관: 장자는 아내가 죽자, 대단히 슬퍼하면서 통곡하다가 천지의 지극한 이치를 깨닫고는, "그 시작을 살피면 본래 태어남이 없으며, 본래 형태가 없으며, 본래 기가 없었다. 황홀한 가운데 섞여서, 변하여 기가 있고, 기가 변하여 형태가 있고, 형태가 변하여 태어남이 있는데, 이제 또 병으로 죽음에 이르렀다. 이것은 춘하추동 4시의 순행과 같다."[40](至樂篇)고 하였다. 또 큰 도에 달관하게 되면 삶과 죽음에 대한 구별이 없어지기 때문에, 삶을 기뻐할 것도 없고 죽음도 슬퍼할 것이 없다고 하였다. 인생은 한바탕 꿈일 뿐이며, 인간의 일생은 한 차례의 꿈을 꾸는 것에 비유하면 너무 길고, 영겁의 죽음에 비유하면 일순간의 꿈에 불과하다. 인생을 진정으로 깨닫게 되면 한 차례의 짧은 꿈에 불과하여 역시 꿈에서 깨어난 후 그것이 꿈이었음을 깨닫게 된다. 장자는 꿈에 나비가 되어 매우 유쾌해 하면서 자기가 장주임을 잊었는데, 깨고 나니 자기가 나비가 아니고 의연히 장주였던 것이다. 이는 장주가 꿈에서 나비가 되었던 것인지, 나비가 꿈에서 장주가 되었던 것인지를 알 수가 없는 것이다. 장자는 여기에서 인생은 한 차례 짧은 꿈에 불과하며, 죽음도 두려워할 것이 못됨을 넌지시 깨우쳐 주고 있는 것이다. 이는 일종의 해탈관을 보여주는 것이라 하겠다. 소년이 고향을 떠나면 진정한 고향을 잊고, 현재 살고 있는 곳이 고향이 되어 진정한 고향에 돌아가기를 원치 않는다. 사람이 죽음을 두려워하는 것은 진정한 고향에 돌아가기를 원치 않는 것과 다름이 없다. 이러한 해탈을 체득한 사람을 장자는 지인(至人), 진인(眞人), 성인(聖人)이라 불렀다.

변증법: 장자는 필생을 변증법 연구에 쏟았다. 변증법은 일종의 논리술이다. 춘추시대 말부터 전국시대에 논리술이 어느 정도 발달하였다. 이때는 국제관계가 아주 복잡하여 이른바 합종연형(合從連衡)의 정책이 있었고, 술자리에서 외국사신과 담소하면서 담판을 벌여 자국의 주장을 관철시키고 문제를 해결하는 경우가 아주 많았기 때문에 변설의 필요성이 크게 제기되었다. 이 때문에 변론에 능한 자는 일약 영달을 얻게 되는 사람들이 있었는데, 예를 들어 소진(蘇秦)과 장의(張儀) 등은 그 대표적인 사람들이다. 시대적 추세가 변론술의 발달을 촉진시켰으며,

---

40) 察其始也, 而本無生, 而本無形, 而本無氣. 雜乎芒芴之間, 變而有氣, 氣變而有形, 形變而有生, 今又變而之死: 是相與爲春夏秋冬四時行也.

구변에 뛰어난 자들이 속속 배출되었다. 옛날 공자의 문하에 재아(宰我), 자공(子貢)이라는 말솜씨가 아주 능한 자들이 이미 있었으나, 변론술로 특히 이름을 날린 자들은 이때 비로소 나타났다. 장자도 시대의 영향을 받아 변론을 중시하고 자신의 철학설을 변증법적으로 서술하였다. 그 가운데 대표적인 예를 소개해 둔다.

첫째, 상대지변(相對之辯)인데, 소요유편(逍遙遊篇)에 나온다. 여기에서 그는 상대적인 것을 믿을 수 없고 절대의 경지에 유유자적하라고 말하고 있다. 잃은 물건이 크다 작다 하는 것은 상대적으로 그렇게 부르는 것이지 물 자체가 크고 작은 구별이 있는 것은 아니다. 소요유편에서 "초목이 나지 않는[窮髮] 북극에 아득한 바다가 있는데, 그것은 천지[天池:하늘의 연못]이다. 여기에 물고기가 있어 너비가 수천 리이고 길이는 알 수 없는데 그 이름이 곤(鯤)이다. 또 여기에 새가 있어 이름이 붕(鵬)인데, 등은 태산(泰山)과 같고 날개는 하늘을 덮는 구름과 같다. 회오리바람을 타고 힘차게 날개짓하여 하늘로 날아오르기를 구만리이며, 구름을 뚫고 푸른 하늘을 등에 지고 남쪽으로 비행하여 남쪽 끝의 바다로 날아간다. 메추라기가 그것을 보고 비웃으면서 그대는 어찌 날아가려고 하는가? 나는 위로 뛰어올라도 몇 길(仞)에 불과하고, 아래로 날아보았자 쑥[蓬蒿] 사이로, 이것이 최고로 나는 것이다. 그대는 어찌 날아가려 하는가?"[41]라고 하였다. 상대적 견지에서 말하면, 붕은 크고 메추라기는 작으며, 메추라기는 붕을 비웃지만 붕의 큰 뜻을 알지 못하는 하나는 알고 둘은 모르는 헛소리[小知小言]이다. 그러나 하나를 크다고 말하고 다른 하나를 작다고 말하는 것은 결국 상대적 세계를 벗어나지 못한 대소의 구별인 것이다. 절대적 견지에서 말하면, 크다 작다고 할 것이 없다. 붕은 메추라기에 비해서 확실히 크지만, 구름과 바람을 얻을 수 없고 마음대로 할 수 있는 바가 없으니, 이는 진실로 큰 것이 아니다. 상대적 경지를 떠나서 절대적 경지에 도달하면 크고 작음이 결국 하나로 귀결된다. 이것이 지인(至人)이며, 신인(神人)이며, 성인(聖人)의 경지이다. 이와 같이 장자는 변증법으로 해탈관에 도달하였던 것이다.

---

41) 窮髮之北, 有冥海者, 天池也. 有魚焉, 其廣數千里, 未有知其修者, 其名爲鯤. 有鳥 焉, 其名爲鵬, 背若泰山, 翼若垂天之雲, 摶扶搖羊角而上者九萬理, 絶雲氣, 負青天, 然後圖南, 且適南冥也. 斥鴳笑之曰: 彼且奚適也? 我騰躍而上, 不過數仞, 而下翱翔蓬蒿之間, 此亦飛之至也. 而彼且奚適也?

둘째, 대동지변(大同之辯)이다. 장자는 제물편(齊物篇)에서 천하에 유행하는 일체의 물론(物論)을 타파하고 무차별의 경지에 돌아갈 것을 주장하고 있다. 이 당시에는 유가, 묵가, 명가, 병가 등의 무리들이 각기 자신의 학설을 가지고 서로 논쟁을 벌이고 있었다. 장자는 구구한 차별에 얽매이는 어리석음을 비난하면서 대동지변의 견해를 가지고 논증을 시도하였다. 그는 세상에 물론(物論)이 분분한 것은 모두 세상 사람들이 상대적 차별상에 얽매여 절대적 무차별의 경지에 도달하지 못한 까닭이라고 생각하였다. 사람의 지혜에 대소의 구별이 생기면 생각하는 것 역시 같지 않아, 각각 옳은 것은 옳다하고 그른 것은 그르다고 여기는 물론(物論)이 생겨난다. 사람들이 모두 큰 지혜의 경지에 도달하게 하면 자연스레 물론이 생겨날 이유가 없게 된다. 소인(小人)은 작은 지혜[少智]에 빠지고, 큰 지혜[大智]의 경지에 도달할 수 없으며, 감정의 방해를 받게 된다. 감정에는 12가지 즉 기쁨[喜], 노여움[怒], 슬픔[哀], 즐거움[樂], 염려[慮], 한탄[嘆], 변함[變], 뜨거움[熱], 아름다움[姚], 편함[佚], 열림[啓], 모양[態] 등이 있다. 사람이 인정에 이끌리게 되면 성심(成心), 즉 치우친 마음[僻心]이 생겨난다. 어리석은 자만 그런 것이 아니라 지혜로운 자도 마찬가지이다. 사람이 자신의 성심을 가지고 다른 사람에 대해 옳고 그름을 판단한다면, 한 사람이 옳다고 하는 것을 다른 사람이 그르다고 할 것이며, 한 사람이 그르다고 하는 것을 다른 사람은 옳다고 할 것이기 때문에 시비의 다툼이 일어나고 대도(大道)가 밝아질 수 없는 것이다. 저 작은 지혜를 달게 여기고 단연코 성심으로 기울어지게 되는 것은 도가 숨어버리기 때문이다. 큰 본질에 달관하게 된다면 도가 밝아지고 시비의 논쟁이 허무한 것임을 깨닫게 될 것이다. 이처럼, 장자의 제물론은 절대 무차별의 견지에서 상대적 차별을 비난하고 공격한다.

윤리설

장자의 윤리설은 그의 철학설에 근거하고 밀접한 관계에 있기에 분리하여 논할 수가 없다. 이 역시 노자의 경우와 비슷하다.

목적론: 장자는 우주본체인 도에 돌아가는 것을 윤리의 궁극적인 목적으로 삼았

다. 도는 허무이고, 시간과 공간을 초월하는 것이며, 절대 무차별한 것이다. 도에 돌아간다는 것은 상대적 유한세계에서 벗어나 절대적 무한세계에서 소요(逍遙)한다는 것이다. 장자는 도에 돌아간 이상적 인물을 지인, 신인, 진인이라 부르고, 그 인격적 특징을 상세하게 서술하고 있는데, "지인의 덕은 만물을 혼합하여 하나로 만들려는 것이다. 세상 사람들은 세상을 편안하게 만들어주길 바라지만, 어찌 애를 써서 세상을 위해 일하겠는가? 지인은 물(物)로 피해를 입지 않으니 홍수가 나서 하늘에 닿을 지경이라도 빠지지 않고, 가뭄이 심하여 쇠붙이와 돌이 녹아 흐르고 흙과 산이 타들어도 뜨거운 줄을 모른다. 먼지나 때, 쭉정이와 겨를 가지고서도 요·순을 만들 수 있는데 어찌 물(物)을 위해 일하려 하겠는가?"[42](逍遙遊)라고 하였다.

또 "옛날의 진인(眞人)은 상대방이 약하다고 하여 학대하지도 않았고, 자신이 강하다 하여 뽐내지도 않았으며, 뛰어난 선비를 뽑아 그들을 부리려 하지도 않았다. 그와 같은 사람은, 설혹 잘못을 하더라도 언제까지나 그것을 마음에 새겨 두거나 하지 않고, 무리없이 일이 되어 가도 크게 기뻐하거나 하지 않는다. 또, 아무리 높고 위험한 곳에 오르더라도 두려워하지 않으며, 큰 물에 들어가더라도 빠지지 않고, 큰 불 속에 들어가도 타지 않으며, 어떠한 일에도 마음이 움직이는 법이 없다. 요컨대, 그 지혜가 도에 이르면 이처럼 어떠한 경우에도 그 행동이 일정한 것이다. 옛날의 진인은 잠을 자도 꿈을 꾸지 않고, 깨어 있어도 근심이 없었으며, 맛있는 음식을 찾지 않았고 숨을 깊이 쉬었다. 진인은 발꿈치로 숨을 쉬고, 범인은 목구멍으로 숨을 쉰다. (중략) 옛날의 진인은 삶을 기뻐할 줄 몰랐으며 죽음을 미워할 줄 몰랐고, 태어남을 기뻐하거나 죽음을 거역하지도 않았으며, 유유히 가고 유유히 올 따름이었다. 그 생명이 어디에서 시작되는 지를 잊지도 않지만, 그렇다고 하여 그것이 언제 끝날지에 관해 안달하며 알려고 하지 않고, 생명을 받으면 그것으로 기뻐하고, 생명이 다하면 그 돌아가는 바에 맡겨 둔다. 이처럼 하는 것을, 인간의 얕은 마음을 쓰지 않아 도에 어긋나는 짓을 하지 않고 또 인위적으로 자연스러움을 무리하게 파괴하는 짓을 하지 않는다고 하는 것이다. 이런 경지를 진인이라 부른다. 이러한 사람은, 그 마음에는 어떠한 생각도

---

42) 至人也, 之德也, 將旁礴萬物, 以爲一世蘄乎亂; 孰弊弊焉以天下爲事? 至人也, 物莫之傷, 大浸稽天而不溺, 大旱金石流土山焦而不熱; 是其塵垢粃糠, 將猶陶鑄堯舜者也, 孰肯以物爲事?

없고, 용모가 고요하며 이마는 크고 보기 좋게 튀어나왔다. 그 마음의 기운이, 가을처럼 냉정하면서도 또 봄처럼 따스하다. 요컨대, 그 기뻐하고 슬퍼하는 마음의 작용이, 자연스런 계절의 갈마듦과 일치하고, 늘 물(物)과 적당한 조화를 보지하고 있어, 그 마음의 작용에는 어떠한 제한도 없는 것이다."[43](大宗師)고 하였다. 장자는 지인의 경지에 도달하면 불에서도 타지 않을 수 있고, 물에서도 빠지지 않을 수 있다고 생각하였다. 이른바 지인은 장자가 이상화, 심령화시킨 신인(神人)적 인격인 것 같다. 절대 무한세계는 하늘과 사람이 하나로 합치되고[天人合一], 물과 내가 일체이며[物我一體], 생사가 하나인[死生如一] 경지이며 태어나고 소멸되고 변화하는 세계를 초월하여 영원히 불멸하는 경지이다. 장자는 이 절대경지의 인격을 심령화시키고 초인적인 신통력이 있다고 생각하였다. 이것은 특이하나 괴담이라고 배척할 수만은 없는 것이다.

수양론: 장자의 수양론은 지인의 경지에 도달하는 방법론이다. 그래서 그의 수양론 역시 일종의 해탈관에 속한다. 지인의 경지에 도달하는 것은 상대적 유한세계를 떠나서 절대적 무한세계에 소요하는 것이다. 지인의 경지에 도달하는 방법은 무엇인가? 장자의 말을 요약하면, 무위자연의 대법(大法)을 따라 그 마음을 비우고 없애는[虛無] 것이 그것이다. 그 마음을 비우고 없애는 방법으로 장자는 4·6의 해(害)를 제거할 필요가 있다고 말한다. 4·6의 해란 첫째, 뜻의 해(志之害)인데, 귀(貴)·부(富)·현(顯)·엄(嚴)·명(名)·이(利) 여섯 가지 이며, 둘째, 마음의 해(心之害)인데, 용(容)· 동(動)·색(色)·이(理)·기(氣)·의(意)이고, 셋째, 덕의 해(德之害)인데, 거(去)·욕(欲)·희(喜)·노(怒)·애(哀)·락(樂)이며, 넷째, 도의 해(道之害)인데, 거(去)·취(就)·취(取)·여(與)·지(知)·능(能)이 그것이다. 장자는 항상 무위자연을 말하고 무욕(無欲)을 존중하고 성심(成心:치우친 마음)을 배척하였는데, 그것은 수양의 방법론으로, 사람들로 하여금

43) 古之眞人, 不逆寡, 不雄成, 不暮士. 若然者, 過而弗悔, 當而不自得也. 若然者, 登高不慄, 入水不濡, 入火不熱, 是知之能登假於道也若此. 古之眞人, 其寢不夢, 其覺無憂, 其食不甘, 其息深深. 眞人之息以踵, 衆人之息以喉.(中略) 古之眞人, 不知說生, 不知惡死, 其出不訢, 其入不距, 翛然而往, 翛然而來而已矣. 不忘其所始, 不求其所終, 受而喜之, 忘而復之, 是之謂不以心捐道, 不以人助天; 是之 謂眞人. 若然者, 其心忘, 其容寂, 其顙頯凄然似秋, 煖然似春, 喜怒通四時, 與物有宜, 而莫知其極.

그 마음을 비우게 하여 절대무차별의 경지에 들어가게 하는 것이었다.

장자는 수양방법에 순서가 있다고 하였다. 즉 "나는 어느 때처럼 도를 지키면서 간간히 가르치길 3일간, 그는 천하의 일을 완전히 잊어버리게 되었네. 천하의 일을 완전히 잊어버린 다음, 나는 재차 도를 지키면서 간간이 가르치길 7일간, 그는 모든 물사(物事)를 완전히 잊어버렸네. 모든 물사를 완전히 잊어버린 다음, 나는 다시 도를 지키면서 간간히 가르치길 9일간, 그는 자신이 살아 있다는 것을 완전히 잊게 되었네. 자신이 살아 있다는 것을 완전히 잊어버린 다음, '맑고 밝은 경지'[朝徹]에 이르게 되었네. 맑고 밝은 경지에 이르자, 비로소 도와 하나가 된 '절대 독립의 경지'[見獨]를 깨닫게 되었네. 절대 독립의 경지를 깨닫자, 비로소 인간 세상의 고금의 추이로부터 초월할 수 있는 영원불멸의 경지에 들 수 있었던 것이네."[44](大宗師)라고 하였다. 여기서 조철이란 환하게 크게 깨닫는다[豁然大悟]는 뜻이며, 견독이란 본성을 본다[見性]는 뜻이다.

인의(仁義)의 배척: 장자는 인의를 극단적으로 배척하는데, 그것은 해탈을 방해하는 것으로 생각하였고, 인의가 있으면 해탈의 경지에 들어갈 수 없다고 생각하였다. 인의는 자연의 성정(性情)을 상하게 하고 양생(養生)에 누를 끼친다는 것이다. 천하의 속인(俗人)들은 인의를 따르면 군자이고 재물을 따르면 소인이지만 그 따르는 점에서는 마찬가지다. 즉, 삶을 해치고 본성을 손상시키는 점에서 군자와 소인은 역시 다를 바가 없다는 것이다. 도척(盜蹠)과 백이(伯夷)도 역시 구별하기 어렵다. 인(仁)은 특별한 것이 아니며, 죄악을 방지할 수 없고 도리어 그것을 조장하는 매개체인 것이다. 대패를 훔치는 자는 죽이면서 나라를 훔친 자는 제후가 되며, 제후의 문에 인의를 지킨다면 악인이 인의를 이용하여 자기를 지키는 무기로 삼는다. 그래서 성인이 인의를 말하며 죄악을 방지하려 하지만, 그 결과는 도리어 대악(大惡)을 조장하게 된다. 하물며 인의가 시세에 적응하지 못하는 도덕이라면, 공자가 주나라 시대의 옛 덕을 노나라에서 가르치고 베풀었던 것이 옛 것을 존중하고 지금 것을 비하시키는 일이 될 뿐이다. 장자는 이런

44) 吾猶守而告之三日, 而後能外天下. 已外天下矣, 吾又守之七日, 而後能外物. 已外物矣, 吾又守之九日, 而後能外生, 已外生矣, 而後能朝徹, 朝徹而後能見獨, 見突而後能無古今, 無古今而後能入於不死不生.

여러 가지 이유로, 인의를 배척하고, 무위자연의 도를 말하면서, "성(聖)을 끊고 지(知)를 버리면 큰 도둑이 없어지고, 옥을 긁어버리고 진주를 쪼개버리면, 작은 도둑이 생겨나지 않는다. 도장을 불태우면 백성들이 순박해지고, 말[斗]을 깨부수고 저울[衡]을 없애버리면 백성들이 다투지 않으며, 천하의 성법(聖法)을 모두 없애면 백성들이 비로소 서로 의논할 것이다."[45](胠篋篇)고 하였다. 이러한 장자의 해탈관은 당시의 인의도덕(仁義道德)과 서로 어울리지 않는 것이었던 것 같다.

처세론: 해탈적 윤리설에 바탕을 둔 장자의 처세론은 현세를 떠나서 이상향에서 소요하고 초연히 천수를 다하는 것이었다. 장자는 적극적으로 일체 세상사를 멀리하고 담백한 생활을 영위해야 한다고 역설하였다. 소극적 방법으로 세상 사람들이 이용하지 않는 인물이 될 필요성을 말하였다. 나무에 비추어보면, 유용한 것은 일찍 베어지고, 무용한 것은 천수를 다한다. 따라서 유용함은 자기의 몸을 해치고, 무용함은 최고의 처세법이다. 이것 역시 난세에 대해 분개하는 말이다. 장자는 그의 중심사상인 해탈관에 근거하여 초월적 처세론을 말하면서도, 인정(人情)상 중요한 여러 가지 교훈을 전하고 있다. 즉, 장자는 개인과 사회의 관계를 인정하고, 인간은 세상에서 혼자 생존할 수 없음을 믿었으며, 또 사람이 이 세상에서 살아가려면 반드시 나를 보호해주는 임금이 있어야 하고, 반드시 나를 낳고 길러주는 부모가 있어야 하며, 임금과 신하, 아버지와 아들 관계는 결코 끊을 수 없다고 생각하였다. 아들의 부모 대함은 명(命)이며, 신하의 임금 섬김은 의(義)이다. 명은 하늘로부터 부여받은 것이고, 의는 인위적인 것인데 모두 벗어날 수 없는 제약이다. 장자는 명과 의를 대계(大戒)라 불렀다.

정치설

장자는 현세를 떠나 절대의 경지에 도달하는 것을 인생의 궁극목적으로 삼았기 때문에, 정치론은 무의미하다고 생각하여 이에 대해서는 그리 논하지 않았다. 초나라 왕이 초빙하여 재상으로 삼으려할 때, 장자는 그의 처세법인 무용장생론(無用長生論)을 설명하면서, 희생에 쓰이는 소는 평소에는 대접을 받지만, 제사

45) 絶聖棄知, 大盜乃止; 擿玉毀珠, 小盜不起; 焚符破璽而民朴鄙, 掊斗折衡而民不爭; 殫殘天下之聖法, 而民始可與論議.

때에는 그 생명을 버리지 않을 수 없으니, 희생되는 소가 되어 목숨을 잃기보다는 차라리 개울도랑에서 진흙을 둘러쓴 거북이로 오래 살겠다고 하였다. 그래서 재상 자리를 사양하고 나아가지 않았다. 이처럼, 장자는 정치를 경시하였다.

그러나 이러한 그의 학설이 정치에 무가치한 것은 아니었다. 후세에 장자를 추앙하는 무리들이 그의 뜻을 미루어 찾으면서 정치법이 재유편(在宥篇)에 나타나고 있다고 보았다. 즉 "천하를 재유(在宥:自在寬宥의 준말로 무위로써 천하를 다스림)한다고는 들었으나 천하를 다스린다고 듣지 못했다."[46]고 하였다. 이른바 재(在)라는 것은 보존하여 없어지지 않고, 자연이 준 그대로 더함이 없음을 말한다. 그리고 유(宥)란 풀어놓지 않고 동산의 물(物)에 놓아두는 것을 말한다. 재(在)하는 것은 천하가 그 본성을 음란케 할 것을 두려워함이요, 유(宥)라는 것은 천하가 그 덕을 바꿀까 두려워함이다. 천하가 그 본성을 음란케 하지 않고, 그 덕을 바꾸지 않으면 됐지 천하를 다스릴 필요가 없는 것이다. 요컨대, 그의 정치론은 무위하여 그 성정(性情)을 안전하게 하는 것이 천하를 다스리는 최선의 방법이라는 것으로, 이것은 노자의 정치론과도 비슷하다. 노자는 형벌을 배척하였고, 장자도 역시 그랬으나, 그 이유는 다르다. 노자는 형벌이 사람을 공포에 떨게 하는 폐단이라고 하였고, 장자는 천하의 인민을 넓히면 마침내 그 상벌을 행할 수 없기 때문에 폐지함만 못하다고 하였다. 재유편에 서술된 것이 장자의 직접적인 설이라고는 할 수 없더라도 실로 그의 견해가 함축되어 있는 것은 사실이다.

제 4 절 기타 도가

할관자(鶡冠子)

초나라 사람으로 성과 이름은 알 수 없다. 깊은 산 속에 은거하여 나오지 않았으며 항상 할단새(꿩과 비슷한 모양의 새)의 꼬리 깃으로 관을 만들어 썼는데, 그것을 보고 사람들이 그의 이름을 몰라서 할관자라 불렀다. 장자와 맹자보다 후대에 태어났으며, 전해지는 책은 『할관자』 19편이다. 한유(韓愈)의 말에 의하

46) 聞在宥天下, 不聞治天下.

면, 그의 사상은 황노(黃老)와 형명(刑名)의 사상을 섞은 것이다. 그러나 대체로 노자의 계통에 속한다.

철학설: 도를 우주의 본체라 여기면서 도로부터 원기(元氣)가 생기고, 사시(四時)가 운행하고, 만물이 생성되는 순서를 상세히 서술하고 있다. 그의 학설에 의하면, 우주 원시존재의 본체는 하나[一]이며, 하나가 만물의 기원인 까닭에 큰 하나[太一]라 부른다. 하나로부터 먼저 생겨나는 것이 기(氣)인데, 그것을 태홍의 기[太鴻之氣]라 부르며, 원기의 시작이다. 기가 생겨난 이후에 의(意)가 있고, 의가 생긴 후에 도상(圖象)이 있고, 도상이 있으면 비로소 이름[名]이 있게 되고, 이름이 있으면 비로소 형(形)이 있고, 형이 있으면 비로소 일(事)이 있으며, 일이 있으면 비로소 약(約)이 있게 된다. 이 여덟 가지를 갖추어도 아직은 혼돈의 상태를 벗어나지 못한다. 약이 터지면 시(時)가 생기고 시가 서면[時立], 물(物)이 생성된다. 그 근원을 살펴보면 모두 기로부터 발생하며, 이것을 통하게 하는 것이 도이다. 따라서 그 생성은 법에 따르는 것이며, 법은 우주를 지배하고 멀거나 가깝거나 변화시키지 않는 것이 없다. 할관자는 그것을 신(神)이라 불렀다. 발생 순서에 대한 위의 설명은 열자의 우주관과 비슷하다.

윤리설: 할관자는 우주에는 만물을 지배하고 멀거나 가깝거나 변화시킬 수 있는 이법(理法)이 엄연히 존재한다고 생각하면서, 만물은 이 이법으로 말미암아 필연적으로 발생하는데, 명(命)이라 부를 수 있다고 하였다. 만물은 명(命)으로 말미암아 생기고, 명으로 말미암아 지배된다는 것이다. 이 설에 의하면, 성인은 명을 잘 알고, 도덕은 명을 잘 체인(體認)하는 것이다. 그래서 "성인은 하늘의 마디마디를 본받아 땅을 펼치고 지키며[列地守之], 백성을 나누어 통솔한다[分民部之]. 추운 자는 옷을 얻고, 굶주린 자는 음식을 얻고, 억울한 자는 이치를 얻고, 수고하는 자는 휴식을 얻는 것, 이런 것들은 성인이 기대하는 바이다."[47]고 하였다. 할관자 역시 인의를 귀하게 여기고 예악을 중시하였는데, 이는 공자 · 맹자와 완전히 부합되는 것이다. 그러나 "성인의 도는 무엇을 앞세우는가? 사람을 앞세운다.

---

47) 聖人法天之節以斷之, 故列地守之, 分民部之; 寒者得衣, 饑者得食, 寃者得理, 勞 者得息: 聖人之所期也.

인도(人道)는 무엇을 앞세우는가? 군사를 앞세운다."[48]라는 그의 말은 분명히 병가(兵家)의 설을 이어 받은 것이라 하겠다.

48) 聖人之道何先? 曰先人. 人道何先? 曰先兵. 是又明襲兵家之說矣.

제4장 양가(楊家)

양자(楊子)의 이름은 주(朱)이고 자는 자거(子居)인데, 장자(莊子)가 양자(楊子)라 불렀다. 춘추 말 전국 초의 사람으로 공자와 묵자보다는 늦고, 맹자와 장자보다는 앞서 살았다. 그의 행적은 상세하게 알 수 없고 전해지는 저서도 없다. 다만 『열자』(列子), 『장자』(莊子), 『맹자』(孟子), 『한비자』(韓非子) 등을 통하여 간접적으로 그의 학설의 대략을 살필 수 있을 뿐이다.

학설상의 계통

양자학설의 계통에 관해서는 견해가 분분하다. 혹자는 노자에게서 배웠다고 하고, 혹자는 노자에게서 직접 배운 것이 아니라 노자를 사숙하면서 그의 영향을 받았을 뿐이라고도 한다. 그러나 그의 학설이 노자로부터 나왔다는 것은 믿을 만하며, 오늘날도 그렇게 보는 사람이 많다. 이렇게 보는 논거는 두 가지이다. ① 사상적으로 유사한 점이 있다. 양자의 이기주의는 노자의 염세적 인생관이 극단적으로 발전한 것으로, 그러한 경향이 이미 노자의 사상 속에서도 보인다. ② 노장학파의 이름 속에 종종 양자의 이름이 언급된다는 점이다.

철학설

양자의 설을 가장 상세하게 소개하고 있는 책은 『열자』(列子)이다. 『열자』에서는 특별히 「양자편」(楊子篇)을 마련하고 있을 뿐만 아니라, 「황제편」(黃帝篇), 「역명편」(力命篇), 「설주편」(說朱篇) 등에서도 양주를 논한 글들이 보인다. 『열자』 이외에 또 양자를 소개하고 있는 책은 『맹자』의 「등문공편 하」(藤文公篇 下), 「진심편 상」(盡心篇 上), 그리고 『장자』(莊子)의 「응제왕편」(應帝王篇), 「산목편」(山木篇), 「우언편」(寓言篇)과, 『한비자』의 「설림상하」(說林上下) 등이 있다. 이 책들에서 언급된 바에 의하면, 양자의 주요한 설은 도덕론이다. 도덕론 이외에 철학설이라고 인정할만한 것은 거의 없다. 그의 세계관과 인생관이 기술되어 있더라도 도덕론의 근거로는 매우 약하다고 하겠다.

정명론(定命論): 양자의 세계관은 명백한 정명론이다. 일체의 현상은 일체의 필연적이고 자연적인 법칙에 지배되어 자유의지로 좌지우지할 수가 없는 것이라고 보았다. 인간의 수명(壽夭) · 시비(是非) · 순역(順逆) · 안위(安危) 등은 모두가 명(命) 아닌 것이 없으며, 사람의 힘으로 어떻게 할 수가 있는 것이 아니라 한다.

염세관: 양자의 인생관은 명백히 염세론적이다. 사람의 생사는 명에 달려 있거니와, 누구를 막론하고 죽음에서 벗어날 수는 없는 것이라고 하였다. 현실의 인간들에게는 비록 성현과 어리석은 자, 귀하고 비천한 자 등의 차별과 구별이 있지만, 죽으면 모두가 육체는 썩어 문드러지게 마련인 것이다. 사람이 현세에 살아있는 기간이 대체 얼마나 되는가? 인생이란 잘해야 100년 수명을 보전하는 이도 드물거니와, 가령 100년 장수를 한다 해도 어린아이 시절과 늙은이 시절을 제외하면 남은 삶이란 겨우 50년일 뿐이다. 또 그 중에서도 잠자는 시간을 제외해 버리면 25년이 될 뿐이라고 한다. 또 25년도 근심 걱정 그리고 고통과 아픔으로 반은 소모해 버리게 된다. 그러면 비록 100년 장수를 한다고 해도 아무 걱정없이 즐겁게 보낼 수 있는 날이란 겨우 10년 정도에 불과한 것이다. 인생이란 진실로 아침이슬과도 같으면서 구차하게 인륜만 만들뿐이라는 것이다.

윤리설

양자는 이상의 정명론과 염세관에 기초하여 극단적인 쾌락주의와 이기주의를 주장하였다. 즉, 그의 윤리설은 이기적 쾌락설이라 할 수 있다.

쾌락주의의 요점: 양자에 의하면, 사람의 생사는 명에 달렸다. 인생이란 아침이슬과도 같은 존재에 불과한 것이기 때문에 살아있을 때 쾌락을 추구해야 한다는 것이다. 그러므로 그의 염세관은 한마디로 쾌락주의로 전환될 수 있는 것이다. 그러나 그가 말하는 쾌락이란 대체 무엇을 말하는가? 양자는 ① 화려한 저택, ② 좋은 옷, ③ 맛있는 음식, ④ 아름다운 여자 등 네 가지가 인간들이 응당 추구하는 쾌락이며 이외에는 없다고 하였다. 부정적인 것은 싫증나지 않는 성욕

(性慾)인데 그것은 음양의 좀이 되어 일신에 손해를 가져오기에 충분한 것이다. 양자는 또한 ① 장수, ② 명예, ③ 지위, ④ 부 등 네 가지는 인간생활에 불안을 가져올 뿐이라고 하였다. 즉 "사람들은 장수를 하려하기 때문에 귀신을 두려워하고, 명예를 위하기 때문에 사람을 두려워하고, 지위를 원하기 때문에 권위를 두려워하고, 부자 되기를 추구하기 때문에 형법을 두려워하는 것"[1]이라 하였다. 여기서 명예를 구함은 다른 사람들을 숨게 하는 것이 되어 명(命)을 어김을 뜻한다. 이처럼 양자는 일체의 장수, 명예, 지위, 부 등을 배척함으로써 처음부터 원초적인 쾌락을 추구했다고 할 수 있다.

쾌락주의의 특색: 양자가 주장하는 쾌락주의의 특색은 첫째, 염세적 인생관에 기초하고 있다는 점이다. 이것은 위에서 말한 바이므로 재차 언급하지 않겠다. 둘째는, 육체적 쾌락주의라는 점이다. 앞서 양자가 사람들이 추구할만한 것으로 거론한 화려한 집, 좋은 옷, 맛있는 음식, 아름다운 여자 등은 모두 육체적인 쾌락에 속하는 것이다. 셋째는, 감각적이고 찰라적인 쾌락주의라는 점이다. 양자는 "당신은 당신의 귀로 듣고 싶은 것을 듣고, 눈으로 보고 싶은 것을 보고, 코로 맡고 싶은 것을 냄새 맡고, 입으로 말하고 싶은 말을 하고, 몸의 안락함을 추구하고, 의지가 하고 싶은 대로 행동하라."[2]고 말했다. 넷째는, 개인주의적 쾌락주의라는 점이다. 쾌락주의에 가장 철저한 것은 바로 자기위주적 쾌락주의 즉 이기설이다. 양자의 쾌락주의는 명백한 이기주의설이다. 양자는 그 점을 다음과 같이 말하고 있다. "옛날 사람들은 하나의 터럭이라도 손해를 보면서 천하를 얻으려 하지 않았다. 누구도 일신을 다하여 천하를 받들려고 하지 않는다. 사람마다 터럭 하나라도 손해를 보지 않으며, 사람마다 천하를 이롭게 하려 하지 않는다면 천하는 저절로 다스려질 것이다."[3] 이것이 양자가 강력하게 주장하는 쾌락설이다. 무릇 타인의 이익을 돌보는 것은 정말 불필요한 것이다. 그러나 또한 남에게 위험과 손해를 끼치는 일은 더 안될 일이다. 천하의 이익을 위하여 머리카락 하나라도 뽑지 않는 것이 일신을 천하에 바치는 쾌락보다 낫다. 사회의 외적인

---

1) 人爲壽, 故畏鬼; 爲名, 故畏人; 爲位故畏威; 爲貨故畏刑.
2) 汝其耳恣所欲聽, 目恣所欲視, 鼻恣所欲聞, 口恣所欲言, 體恣所欲安, 意恣所欲行.
3) 古之人, 捐一毫而利天下, 不與也; 悉天下以奉一身, 不取也, 人人不捐一毫, 人人不利天下, 而天下治.

것을 초탈하여 자신의 쾌락을 추구하는 것은 순전히 개인주의이다. 이것은 비록 이기주의라고 말할 수는 있겠지만, 자기만능주의를 주장한 것은 아니다.

기타 안심입명론 및 양생론

양자는 그의 이기적 쾌락주의에 기초하여 안심입명론(安心立命論)과 양생론(養生論)에 대해서도 말하였다. 그가 말하는 안심입명론의 경지란 명(命)을 따라 장수, 명예, 지위, 부 등의 유혹을 배척하며 진정한 쾌락을 추구하여 유유자적하는 생활을 하는 것이다. 또 양생론은 거듭 태어나 사는 여러 번의 생이나 장수를 추구하는 것을 말하는 것이 아니라, 자기 의지가 하고 싶은 것을 하는 쾌락을 누리면서 천수를 마치는 것이다. 그렇게만 할 수 있다면 하루가 한 달 같으며 일 년이 십 년같이 살 수 있게 될 것이다. 이 같은 삶을 사는 사람을 순민(順民) 혹은 달인(達人)이라 한다. 양자에 의하면, 양생법은 순민이나 달인이 되는 것 외의 다른 것이 아니다.

양자는 이상과 같은 이기주의적 관점에서 고대의 성현들을 혹평하고 있다. 예컨대, 순(舜) · 우(禹) · 주공(周公) · 공자(孔子) 등은 비록 성인이라는 명성을 얻었지만, 그들은 일생을 고통 속에서 보냈다. 그러나 걸(桀)이나 주(紂)는 폭군으로써 악명을 얻었으나 일생을 쾌락 속에서 지냈다. 헛된 명예를 얻어 일생동안을 성인이라는 고통 속에 보내는 것보다는 차라리 쾌락 속에서 일생을 즐긴 걸 · 주가 낫다. 예를 들면, 송손조(公孫朝) · 송손목(公孫穆) · 단목숙(端木叔) 등과 같이 방종한 생활을 하며 생을 즐긴 자들을 달인이며 존경받을 사람들이라고 양자는 말하였다.

비판

양자의 학설은 당시의 시대적 배경을 타고 한동안 천하에 풍미한 바 있었다. 이에 대해 맹자도 양 · 묵의 말이 천하에 가득하다고 언급한 바 있다. 그의 학설로 백성들의 마음을 해친 점이 적지 않았다. 첫째, 국가의 조직이 허물어져 버렸다. 사회를 살아가는 사람들이 모두 타인의 이익을 고려하지 않게 되면 사회의 제도는 유지될 수 없는 것이다. 이러한 점 때문에 맹자는 양자설에는 나만 있고 군주가 없다고 비난하였던 것이다. 아마도 양자가 처음부터 군주를 경시하려는 뜻은 없었을 것이다. 그러나 그의 학설을 따라 가다보면 결국 맹자의 비난을 받을 만한 데로 이르게 되는 것이다. 둘째, 양자의 학설은 사람의 정서[情]에 반하는 것이다. 인간은 천성적으로 사회적인 생활을 하는 존재이다. 만약 양자처럼 사회적 상호관계를 떠나버린다면 인정을 허물어 버리게 될 것이다. 태고적 몽매한 사회에서는 사람이 죽더라도 친소를 묻지 않고 누구나 들에 버려졌을 것이며, 양자는 바로 그러한 것을 찬양한 것이다. 죽어서 생명이 없는 자는 자신이 태워지든 아무렇게 버려지든 개의치 않는다. 그러나 그것은 사람의 정리에는 어긋나는 것이 아닐 수 없다. 그러므로 양자의 설은 한동안 풍미했었다 하더라도 얼마 못 가서 사라져 버렸다. 그런 점으로 보아도 그의 사상은 많은 결함을 갖고 있는 것이라 할 수 있다.

제5장 묵 가(墨家)

묵자의 이름은 적(翟)이고, 송(宋)나라 사람이다. 공자(孔子)보다는 늦게, 양자(楊子)나 열자(列子)보다는 먼저 산 사람이다. 주(周)나라 말에 큰 학파를 형성하여 철학(哲學)에서 일파를 이루었을 뿐만 아니라 기계술(器械術)에도 장기가 있었다. 일찍이 송(宋)나라에서 벼슬하여 대부(大夫)가 되었다. 세상의 어지러움에 분개하고 떨치고 일어나 사방을 분주히 돌아다니며 공리공익을 위하여 수고로움을 다하였다. 이른바 공자가 앉아 있으면서 한가하지 않았다면, 묵자는 직접 부딪히면서 집의 굴뚝이 검어질 수 없을 정도로 분주하였다. 『한서예문지』(漢書藝文志)에 의하면, 묵자의 저서가 71편이 있다고 하나 오늘날 전해지고 있는 것은 겨우 53편 뿐이다. 그 중에는 묵자 자신이 직접 저술한 것도 있고, 그의 문인들이 스승의 설을 더욱 구체화시켜 저술한 것도 있다. 그러나 그 사상은 묵자의 사고로 일관되고 있다. 묵자의 설은 한동안 상당할 정도로 세상에 보급되었다. 그 점은 맹자의 "양 · 묵의 말이 천하에 가득 차 있다."[1]라는 지적에서 보아도 분명하다. 또 『장자』의 「천하편」(天下篇), 『순자』의 「예론악론」(禮論樂論)에서의 언급, 그리고 『한비자』의 「현학편」(顯學篇)에서도 공 · 묵(孔墨)의 학문이 당시 천하에서 가장 유행하던 학문이라고 지적하고 있다. 이것으로 보아 묵자의 학설은 그 세력이 양자의 세력보다도 더 우위에 있었다고 보여 진다.

학설의 계통

묵자학설의 계통에 대해서는 그 설이 다양하다. 첫째, 대우(大禹)의 언행이 묵자의 학설과 부합되며, 그래서 묵자의 설은 그로부터 나왔다는 설이다. 둘째, 주사각(周史角)의 자손에서 나온, 즉 여씨춘추(呂氏春秋)의 설이라는 것으로, 주나라 천자가 사각(史角)을 뽑아 노(魯)나라로 보내 노(魯)의 학자들과 머물면서 그 설을 만들었다는 것이다. 셋째, 묵자가 처음에는 유학을 연구하다가 주례(周

1) 楊墨之言盈天下.

禮)의 번잡함에 염증을 느끼고 하우(夏禹)의 예법을 간단하게 변화시킨 것이라는 설로, 이는 회남자의 주장이다. 넷째, 묵자의 설은 종묘의 유지를 청렴하게 하려는 데서 나왔다는 설이다. 이는 『한서예문지』에 쓰여있는 주장이다. 종묘를 청렴하게 한다는 것은 주나라의 선조인 강원(姜嫄)이 묘에 제사를 드릴 때 그 구조와 제사 등을 소박하게 치렀다는 것에서 나왔다. 노인을 봉양하는 예(禮)를 보아도 겸애(兼愛)의 뜻을 보여주고 있다. 선조의 영(靈)에 제사를 드리고 귀신을 공경하는 것 등은 묵자의 사상과도 실로 일치한다. 그러므로 묵자의 설은 종묘를 청렴히 한다는 것에서 나왔다고도 볼 수 있으며, 그것은 노자의 설이 사관(史官)에서 나온 것과도 비슷한 것이다. 이상의 여러 설들은 모두 나름대로의 근거가 있으나, 묵자 학설의 계통에 대해 정확하게 해석한 것들은 아니다. 아마도 묵자의 설은 어느 한 스승의 설을 이어받았다기보다는 여러 가지 학설을 참작하여 하나의 학파로 재조직한 것으로 보는 것이 더 타당하리라 본다.

철학설

묵자는 자신의 학설을 서술할 때 일종의 논증법(論證法)을 사용하면서 논의의 가부를 결정하였다. 그러므로 그의 학설을 서술함에 있어서 우선 분명하게 해두어야 할 것은 그 논증법에 관한 것이라 하겠다.

논증법: 묵자는 세 가지 조건을 제시하여 논의의 표준으로 삼고 있다. 첫째, 근본에 맞아야 한다는 것이다. 여기서 근본에 맞춘다는 것은 천귀(天鬼)의 뜻과 선왕(先王)의 언행에 근본을 둔다는 것으로, 논의되는 바가 반드시 천귀의 뜻을 따라야 하고 선왕의 언행에 부합되어야 한다는 것이다. 둘째, 원칙에 맞아야 한다는 것이다. 즉 그것은 선왕의 제도에 비추어 전거(典據)가 맞아야 하며 백성들의 이목(耳目)을 살펴 그것에도 부합되어야 한다는 것이다. 여기서 선왕의 전거(典據)에는 비록 맞는다 하더라도 백성들의 이목에 부합되지 않는다면 그 어떠한 논의도 옳은 것이 아니다. 셋째, 효용성이 있어야 한다는 것이다. 즉 그것은 천하의 정치에 유용해야 한다는 것으로, 현실정치에 응용되어 그것이 백성들을 이롭게 하는 것이라면 그 논의는 온당한 것이 된다. 묵자는 이러한 논증방식을

3법(三法) 혹은 3표(三表)라 명명하였다. 삼법은 곧 묵자의 논리술이다. 제1법칙은 연역법이다. 제2법칙 중에 선왕의 전거를 검토하는 것은 연역법이고 백성들의 이목에 부합되는 지를 검토하는 것은 귀납법이다. 그리고 제3법칙은 귀납법이다. 이것은 비록 유치한 논리방식에 불과하지만 당시에 그러한 연역과 귀납논법을 사용하여 논의를 전개하였다는 것 자체만으로도 실로 탁월한 견해였다고 할 것이다.

천론(天論): 중국인들은 예로부터 하늘을 신앙의 대상으로 인식하여 왔다. 묵자는 이러한 고유의 배천사상과 귀신관념을 도덕률의 기초로 하여 만물의 최고표준으로 삼았다. 그러나 그가 말하는 천(天)이란 종교적인 성질을 가진 주재자(主宰神)이다. 즉 천(天)은 ① 만물을 창조하고, ② 상하를 감독하고, ③ 상벌과 화복을 내리는 전지전능한 주재신이다. 천이 만물의 창조자라는 것은 조물주라는 것으로, 일체의 사회조직은 마땅히 하늘의 뜻을 받들어 만들어져야 한다는 것이다. 하늘이 상하의 감독자라는 것은 하늘의 감독을 받는 자는 백성들뿐만이 아니라 천자 역시 하늘의 감독을 받지 않을 수 없다는 말이다. 하늘이 상벌과 화복을 내린다는 것도 백성들에게만 해당되는 것이 아니라 천자 역시 하늘의 제재를 받지 않을 수 없다는 것이다. 하늘은 전지전능하므로 하늘이 하고자 하는 것은 의로운 것이고, 하늘이 원치 않는 것은 의롭지 못한 것이 된다. 하늘의 뜻을 따라 의롭게 행동하는 자는 영화롭고, 하늘의 뜻을 거역하는 자는 파멸하게 된다. 개인은 물론 국가도 이에서 벗어날 수 없다.

귀신론: 묵자는 최고의 표준으로써 하늘 이외에도 일종의 표준을 설정하고 있는데, 귀신이 그것이다. 그가 말하는 귀신이란 ① 천신(天神), ② 지지(地祇), ③ 인귀(人鬼) 등 세 가지이다. 천신이란 천상계의 귀신을 말하며, 지지란 산천의 귀신을 말하며, 인귀란 인간영혼의 귀신을 말한다. 묵자는 이 귀신의 존재를 밝힘에 있어서 그의 본(本)·원(原)·용(用)이라는 삼논법으로 논증하고 있다. 첫째, 옛날의 성왕들은 종묘사직의 제사만을 중시한 것이 아니라 정치를 행함에 있어서 종묘에서는 상(賞)을 내리고 사직에서는 죄를 벌하였다. 이것은 성왕이 귀신의 존재를 믿어 의심치 않은 것이다. 둘째, 선왕의 전적(典籍) 속에는 귀신에

대해 언급하지 않은 책이 없으며, 백성들도 예로부터 항상 그것을 보고 들어왔다. 이것으로 보아 귀신의 존재를 결코 부정할 수 없다. 셋째, 귀신의 존재를 가정하여 정치를 하면 백성들이 그것을 두려워하여 법을 지키며 악을 행하지 않을 것이므로 천하가 반드시 다스려지게 된다. 그러므로 귀신의 존재를 현실정치에도 응용하면 이익이 되며 그것을 배척하면 안 된다는 것이다.

묵자는 귀신을 상벌·선악의 힘을 가진 존재로 보고 있으나, 천(天)과 귀신의 관계에 대해서는 명확한 설명을 하지 않았다. 아마도 하늘을 최고의 표준으로, 귀신을 제2의 표준으로 인식했던 것으로 생각되며, 그 양자간에 모순은 전혀 없는 것 같다.

비명론(非命論): 묵자는 정명론(定命論:宿命論)을 비판하고 비명론(非命論)을 주장하고 있는데, 열자(列子)와는 정반대되는 견해다. 중국에서는 예로부터 정명론이 성행하여 왔는데, 묵자가 비명론을 주장한 것은 실로 독창적인 것이다. 묵자는 그 비명론을 주장함에 있어서도 본(本)·원(原)·용(用)의 삼논법을 사용하고 있는데, 그 대요를 보기로 하자. 첫째, 옛날 사람들의 사적(事蹟)을 들추어보면 운명의 존재를 믿을 수가 없다. 걸(桀)·주(紂) 때 천하가 어지러운 것은 걸·주의 죄이다. 탕(湯)·무(武) 때 천하가 다스려진 것은 탕·무의 노력에 기인한 것이다. 다스려짐과 혼란함의 구분은 정치하는 자의 손에 달려 있는 것이지, 운명에 돌리는 것은 부당한 것이다. 둘째, 성왕의 책들 속에서는 모두 선을 행하라고 하지 악을 저지르라고는 하지 않고 있다. 숙명론 같은 데는 선을 행하라는 것도 없으며 아무 이익도 없다. 또 그것은 악을 행하라는 것도 없으며 어떤 해로움을 주는 것도 아니다. 예로부터 만민들 중에는 운명의 실체를 본 사람도 없으며 운명의 목소리를 들은 사람도 없다. 백성들의 이목을 살펴보면 역시 운명존재의 어떤 증거도 없다. 셋째, 정명론을 만약 현실정치에 응용한다면 국가는 반드시 멸망하게 될 것이다. 아마도 모든 것을 운명의 힘으로 돌린다면 왕은 국사를 돌보는 데 최선을 다하지 않을 것이고, 백성들은 가사를 돌보는 데 최선을 다하지 않을 것이다. 바로 이것은 천하가 혼란의 시작으로 들어서는 것이 된다. 이상과 같은 논증으로 볼 때, 묵자는 단연코 정명론을 믿지 않았던 것이 분명하다. 그러나 묵자가 강력히 배척한 운명론이 유교의 천명론과 같은 것이 아니라는 것은 자명하다.

윤리설

묵자는 천(天)과 귀신을 만물의 표준으로 삼았을 뿐만 아니라, 도덕 법률도 또한 그것에 근거를 두었다. 선악의 판별은 천(天)으로부터 정해진다. 하늘이 하고자 하는 것은 의로운 것이고 하늘이 원치 않는 것은 의롭지 않은 것이다. 그렇다면 하늘이 하고자 하는 것이란 무엇인가? 그것은 사랑[愛]과 이로움[利]이다. 그러므로 사랑과 이로움은 도덕의 2대 원리가 되며, 이른바 겸애교리설(兼愛交利說)을 주창하는 것이다. 아마도 묵자의 윤리설은 일종의 신의적 공리설(神意的功利說)로써, 즉 겸애교리는 하늘[주재자]의 의지에서 나오는 것이라 할 수 있다.

겸애설: 묵자는 겸애를 하늘의 뜻에 기초하는 도덕의 최고 원리라고 생각하였다. 겸애(兼愛)란 무엇인가? 자신을 사랑함과 타인을 사랑하는 마음이 같은 것, 자신과 친한 사람을 사랑함을 타인의 친한 사람을 사랑함과 같도록 하는 것으로 친소(親疎)의 구별이 없는 것이다. 겸애와 반대되는 것을 묵자는 별애(別愛)라고 한다. 별애는 자신과 타인 사이에 후박과 차별이 있는 사랑이다. 묵자는 겸애를 주장함에 있어서도 본(本) · 원(原) · 용(用)의 삼논법을 사용하여 논증하고 있다. 첫째, 하늘은 사랑하지 않음이 없다. 둘째, 요(堯) · 순(舜) · 우(禹) · 탕(湯) · 문(文) · 무(武) 등 옛 성인들이 백성들을 사랑함에는 어떠한 차별도 없었다. 셋째, 겸애로써 정치를 하면 천하가 반드시 다스려지게 될 것이다. 자기를 사랑하는 것처럼 타인을 사랑하면 천하에 어떠한 전쟁이나 혼란도 일어나지 않을 것이다. 아마도 묵자는 이 당시에 세상의 혼란이 그치지 않고 인심을 불안하게 하고 각국들이 서로 치고받는 싸움을 일삼았기 때문에, 이러한 혼탁한 세상을 구제하는 데는 인간들이 평등하게 서로 사랑하는 것 외에 다른 타당한 방법이 없다고 생각했던 것 같다. 그런 것으로 보면, 묵자가 주장하는 겸애설의 직접적인 목적은 사회를 구제하는 경세적인 측면에 두고 있음이 분명하다.

교리설(交利說): 묵자는 겸애와 교리를 항상 병칭하여 사용하였다. 겸애와 교리는 하나이면서 둘이요 둘이면서 하나인 것으로, 겸애를 분리하여 교리를 설명할 수 없고, 교리를 분리하여 겸애를 설명할 수 없는 것이라 생각하였다. 아마도 겸애교리의 네 글자는 묵자학설에서 가장 눈에 띠는 것이다. 교리란 모든 인류의 행복을 의미한다. 묵자의 뜻에 의하면, 겸애는 곧 교리이므로, 인류를 널리 사랑하는 동시에 널리 인류를 이롭게 함이다. 다스려짐과 혼란함의 결정은 인간들이 서로 사랑하느냐 사랑하지 않느냐에 달려 있다고 묵자는 생각했다. 즉, 천하가 어지럽게 되는 이유는 인간들이 서로 자기 이익만을 생각하고 남의 이익은 돌아보지 않는 데 있다는 것이다. 만약 남의 나라 보기를 자기 나라와 같이 하고, 남의 가정 보기를 자기 가정을 돌보는 것과 같이 하고, 남 보기를 자신을 돌보는 것과 같이 한다면 천하에는 어떠한 혼란도 일어나지 않을 것이다. 그 천하의 이익을 일으키고 천하의 해로움을 제거하는 자야말로 어진 사람[仁人]이다. 이상에서처럼 모든 사람의 행복을 인생목적의 요체라고 말하는 것이라면, 묵자의 윤리설은 명백하게 공중적 쾌락설(公衆的快樂說), 즉 공리설(功利說)인 것이다. 그러나 공리의 근거는 하늘에서 연역된 것이기 때문에 또한 신의적 쾌락설(神意的快樂說)이라 할 수도 있다.

근검주의(勤儉主義): 묵자가 겸애교리에 기초하여 주장한 실천도덕설은 한마디로 근검주의라 할 수 있다. 그것의 강령은 절용론(節用論), 절장론(節葬論), 비악론(非樂論) 등이다.

절용론(節用論): 절용은 일상생활 중에서 무익하게 낭비되는 것이 없는가를 살피는 것이다. 무릇 우리가 살아가는 데 있어서 의 · 식 · 주는 반드시 필요한 것이다. 그러나 의 · 식 · 주를 반드시 화려하고 아름답게 하기 위하여 다툴 필요는 없다. 의복은 추위와 더위를 막을 수 있으면 족하고, 음식은 생명을 유지할 수 있을 정도면 족하며, 집은 바람과 비 등을 막을 수 있으면 족한 것이다. 그 밖의 쓰임에는 절약할 수 있으며 또 마땅히 절약해야 한다. 사치와 낭비는 결과적으로 각종 폐해만을 낳을 뿐이며, 국가의 혼란을 가져올 뿐이다. 당시의 왕공(王公) · 대인(大人)들 중에는 백성들의 고혈(膏血)을 짜내서 사치스럽고 화려한 생활에 탐닉하는 자들이 많았다. 묵자가 이러한 때 절용론을 주장한 것은 재물의 낭비를 경계하고, 인구의 증식과 산업의 진흥을 장려하여 사회를 구제해 보려는 데 있었음은 자명한 것이다.

절장론(節葬論): 절장은 장례(葬禮)를 간소하게 하는 것을 말한다. 유교가 후장(厚葬)을 중시하는데, 이에 대해 묵자는 강력히 반대하였다. 후장(厚葬)은 재물을 낭비하고 생산력을 감소시키는 등 유해무익 하다는 것이다. 동관(桐棺)은 3촌(三寸)이면 되고, 수의는 3겹 정도면 충분하다고 한다. 또 무덤구덩이도 반드시 깊이 팔 필요도 없다. 관을 매장하여 시체 썩는 더러운 냄새가 풍겨나지 않을 정도면 족하다는 것이다. 또 3년상이야 절대 폐지할 수 없는 것이지만, 이에서 지나쳐 상(喪)을 오래도록 지내는 것은 전혀 필요 없는 짓이다. 그렇지 않으면 왕공(王公)·대인(大人)들은 정치를 할 수가 없게 되며, 백성들은 농사일을 하는 데 어려움이 있게 되며, 사회적으로도 큰 불이익을 초래하게 되는 것이다. 그러므로 장례를 일단 마치면 곧 그 직무에 다시 임할 수 있어야 하는 것이다. 그는 이러한 것들이 모두 성왕의 법이었다고 강조하고 있다. 당시에는 장례를 화려하게 하고 상을 오래도록 지내는 습속이 있었는데, 묵자의 절상론(節喪論)은 바로 그러한 폐습을 고쳐보려고 한 것이라 하겠다. 그러나 이러한 극단적인 절장론의 주장으로 묵자는 많은 비난을 받았다. 그것은 인정(人情)에 반하는 아설(牙說)이라는 것이다. 그리하여 순자(荀子)는 묵자의 설에 대해 비판하기를 '죽음을 해치고 삶을 증식하는 자'[刻死者而增生者]라고 했다. 또한 맹자도 묵자의 절장론을 비난한 바 있다.

비악론(非樂論): 비악론은 음악을 배척하는 것을 말한다. 유교는 예악(禮樂)을 정치의 주요 수단으로 인식하였다. 그러나 묵자는 이에 반대하여 비악론(非樂論)을 주장하였다. 그 요점을 보면, 위에 있는 자가 음악에 심취하면 정치를 게을리하여 국가와 국민의 이익과 복리를 모르게 된다는 것이다. 또 백성들이 음악에 탐닉하게 되면 자기의 직무에 게을리 하게 되어 자산을 잃어버리게 된다고 한다. 그러므로 음악은 재물을 낭비하고 생산력을 감소시키며 선량한 풍속을 해치는 유해무익한 것일 뿐, 그렇게 중요시할 것이 못된다고 주장한다. 이러한 묵자의 설은 당시 폐습에 대한 반항으로 볼 수 있다. 당시 왕공(王公)·대인(大人)들이 음악에 빠져 밤새도록 연회를 벌이곤 하였는데, 이는 결국 백성들의 세금부담을 늘게 하는 데까지 이르게 한 것이다. 묵자의 이러한 극단적인 비악론은 당시의 사회를 각성시키려는 데 그 목적이 있었지 음악을 배척하려는 데 진의가 있었던 것은 아니다. 즉, 음악의 지나친 탐닉과 남용을 싫어했을 뿐인 것이다. 유학계통의 학자들은 항상 묵자의 그러한 비악론을 공격하였다. 예를 들면, 순자는 특히 그의 악론편(樂論篇)에서 음악의 기원과 효능을 밝히면서 묵자의 비악론을 배척해야 한다고 주장하고 있다.

정치설

겸애교리는 윤리설의 근본사상인 동시에 정치설의 근본사상이었다. 묵자의 윤리설과 정치설이 서로 확연히 구분되는 것이 아니다. 그러므로 겸애교리의 근본사상에 근거하여 묵자는 실리주의(實利主義)의 정치설을 주장하고 있다.

실리주의: 묵자는 겸애와 교리로 하여 별애(別愛)가 없어야 이롭다고 하였다. 백성들의 행복을 증진하여 겸애설에 도달하는 것을 정치의 근본원리로 삼았던 것이다. 그러나 당시의 사정은 묵자를 실망시키지 않는 일이 없었다. 쟁탈과 정벌이 없는 때가 없었을 뿐만 아니라 왕공(王公)·대인(大人)들은 주색잡기에 빠져 백성들의 세금을 과중시켰고, 이로 인하여 백성들은 고통의 나날을 보내고 도처로 떠나 방황하도록 하였던 것이다. 그러므로 백성들의 행복을 증진시키기 위해서는 우선 현재의 사회적 결함을 구제해야할 필요가 제기되었다. 이에 묵자는 근검주의(勤儉主義)와 비전론(非戰論)을 주장하였던 것이다. 앞서 본 그의 절용론·절장론·비악론 등도 정치적 의미가 깃들어 있는 실천도덕론이라 할 것이다. 묵자는 이처럼 백성들의 행복을 증진시켜야 한다는 실리적 견지에서 엄격한 근검주의를 고취시키고자 하였다. 그리하여 그는 일상생활의 물량을 절약하고 장례를 검소하게 하며 음악도 필요치 않다고 말했던 것이다. 아마도 이처럼 묵자는 국가의 생산력을 증진시키고 백성들의 의·식·주를 안정되게 하고자 했기에 결국은 인정(人情)을 돌아보지 않고 정신적 쾌락도 인정하지 않는 극단적인 설을 주장했던 것이다. 묵자의 이러한 실리주의는 비난받을 점이 적지 않다.

그러나 그의 의도가 당시의 사회를 구제해 보려는 데 있었다는 점에서 보면 칭찬 받을 만한 가치도 충분하다고 할 수 있다.

비전론(非戰論): 전쟁은 백성들을 해치며 재물을 소모하고 나라를 망친다. 백성들의 행복에 반하는 것이 이보다 큰 것이 없으며 실로 불인불의(不仁不義)의 극단이다. 한 사람을 해하고 한 사람의 재물을 탈취하는 것은 천하에 불의한 것이다. 많은 사람을 해치고 국가를 탈취하는 것은 더욱 의롭지 못한 일임은 자명하다. 그러나 천하를 가지고서 불의를 저질러 뜻있는 의로움을 행하는 경향에 반대하지 않는다면 그 모순은 매우 크다 하겠다. 이는 검은 돌이 하나이면 검은 것이 되지만, 백이나 2백 개이면 흰색이 되는 꼴이다. 전쟁은 아마도 백해무익한 것이라 할 것이다.

정치의 요도: 묵자는 상현(尙賢) · 상동(尙同)이라는 두개의 요건을 정치의 요도로 삼고 있다. 상현(尙賢)이란 인재를 발탁하는 것을 말하며, 상동(尙同)이란 민의(民意)를 잘 인도하는 것을 말한다. 다스려지고 어지러움의 구분은 현명한 선비가 많으냐 적으냐에 달려 있다. 현명한 선비가 많으면 나라는 다스려 지고, 현명한 선비가 적으면 국가는 쉽게 혼란에 빠진다. 그러므로 계급이나 빈부에 구애되지 말고 마땅히 현자를 천거하여 국정을 수임하도록 해야 한다. 정치하는 자를 높이는 데에는 작(爵) · 녹(祿) · 단(斷)의 세 가지 근본이 있다. 옛날의 성왕은 현자에게는 반드시 작(爵)을 내리고 녹(祿)을 주었으며 단(斷)을 맡겼다. 대개 작위(爵位)가 높지 않으면 백성들이 존경하지 않고, 녹(祿)이 후하지 않으면 백성들이 믿지 않으며, 명령이 단(斷)하지 않으면 백성들이 두려워하지 않는다. 성왕들은 이 세 가지 근본을 들어 현자에게 주고 단지 그 현명함에만 상(賞)을 내리는 데 국한하지 않고 충분히 모든 정치적 수완을 발휘하도록 하였다. 현자를 천거하고 어리석은 자를 배척하는 것은 공의(公義)를 중시하고 사적인 원한을 피하는 것으로 선량한 정치를 하는 기초이다. 만약 사적인 정(情)에 이끌려 권력을 준다면 어리석은 자가 위에서 현자를 제어하니, 그러면 천하는 다스려지기 만무한 것이다. 그러나 현자 중에서도 대소의 차별이 있다. 그 차별로 인해 그 쓰임이 다른 것이다. 일국을 다스리기에 충분한 자에게 국가를 맡겨야 하며 향촌을 충분

히 다스릴 수 있는 자에게 향촌의 다스림을 맡겨야 하는 것이다. 천성으로 받은 품위에 따라서 그 능력을 충분히 발휘할 수 있도록 한다. 이에 천하의 정무와 질서가 바르게 되고 쉽게 진행될 수 있게 되는 것이다.

천하를 다스리는 자는 현량한 선비를 발탁할 뿐만 아니라 백성들을 존중하면서 한마음[一心]·한덕[一德]을 지니도록 하는 것이다. 만약 백성들이 서로 다른 마음을 갖게 되면 천하는 다스려지지 않는다. 천하 백성들이 능히 한 마음을 갖지 못하는 것은 위에 현량한 선비가 없기 때문이다. 그러므로 현명한 선비를 가려서 천자(天子)와 삼공(三公)을 삼아야 한다. 천자와 삼공을 모두 현명한 선비로 충당하게 되면 백성들의 마음은 분명히 하나로 모아지게 될 것이다. 위에서 그렇게 하면 반드시 아래 사람은 따르게 되는 것이며, 위에서 잘못하면 아래 사람도 잘못하게 되는 것이다. 또 위에서 과오가 있으면 그것을 간하고, 아래 사람이 잘한 일이 있으면 그것을 칭찬해 주어야 한다. 위에서 상을 받으면 그 공로를 아래 사람의 덕으로 돌린다. 이처럼 하면 반드시 천하는 다스려질 것이다.

유교와 묵자의 비교

유교와 묵자의 사상은 공히 ① 사회적이고 인륜을 중시하며, ② 수신·제가·치국·평천하(修身齊家治國平天下)를 궁극적인 목적으로 삼으며, ③ 하늘을 숭상하고 귀신을 공경하고 제사를 중시하며, ④ 낙천적인 사상을 포함하고 있다고 하겠다. 그러나 전혀 상반되는 측면도 많다. ① 유교는 주례(周禮)의 사용을 주로 하나, 묵자는 주례의 번잡함을 싫어하고 간단 소박한 하례(夏禮)를 취한다. ② 유교설의 주요개념은 인(仁)으로 사랑함에서 친소후박의 차별을 두고 있으나, 묵자는 겸애설로서 평등무차별의 사랑을 주장하고 있다. ③ 유교는 일종의 숙명론을 믿고 있으나, 묵자는 명백하게 비명론(非命論)을 말하고 있다. ④ 유교는 화려한 장례와 상을 오래도록 모시는 것을 중시하나, 묵자는 간단한 장례와 상을 짧게 지낼 것을 주장하고 있다. ⑤ 유교는 예악(禮樂)을 정치의 주요수단으로 삼고 있으나, 묵자는 음악을 무익한 것에 불과하다고 여긴다.

비 판

맹자는 항상 양·묵(楊墨)을 모두 들어 이단설의 대표적인 것들이라고 하였다. 그러나 묵자의 학설은 양자의 학설처럼 천박한 것은 아니며, 당시의 사회적 영향력이라는 측면에서 보아도 묵자의 설이 양자보다는 훨씬 우위에 있었다. 한비자(韓非子)가 묵자의 학설에 대해 말하는 것을 보면 유교와 대비될 정도이다. 또한 그 학설은 깊은 철학적 근거도 있으며 유교보다도 더 심오한 측면이 있다. 하물며 당시에 변증법을 주장하여 논의의 기초로 삼고 있다는 점에서 보면 더욱 무시할 수 없는 탁견을 보여준 것이라 할 수 있다. 묵자의 근본사상인 겸애설은 무차별적으로 평등한 사랑을 주장한 것으로 이웃을 사랑하라는 아름다움을 가진 기독교의 사랑과도 흡사하다. 맹자는 겸애를 아버지가 없는 것이라 비난하였으나, 사실인 즉 묵자의 겸애가 아버지가 없는 것이 아니다. 어떤 사람이 다른 사람의 아버지를 사랑하면 다른 사람은 반드시 그 사람의 아버지를 사랑하게 되니, 다른 사람의 아버지를 사랑하는 것이 자기의 아버지를 사랑하는 것이 되는 것이다. 그러기에 그것은 몰아적(沒我的)인 애타주의(愛他主義)가 아니다. 이런 관점에서 말하면, 묵자의 겸애는 기독교의 사랑과 같지 않다.

세상이 도탄에 빠져있고 민심이 황망해진 사회현실에서 넓디넓은 평등적 사랑을 주장하여 사회의 구제를 꿈꾸었던 묵자의 정신은 실로 표할 수 없는 경의를 받아 마땅하다. 하물며 비전론(非戰論)은 천고불멸의 진리가 아니겠는가? 묵자가 사랑과 이익을 혼동함에 이르러 실리주의를 중시하고 정신적 측면을 경시하여, 항상 물질적 측면에 있어서는 극단적 근검주의로 학설이 발전한 것은 당시의 세태와 인정에 반하는 것으로 묵자학설의 큰 결함이다. 그러나 당시의 상황을 고려한다면, 그것은 경세적인 탁견으로 묵자의 면목을 잘 보여주는 것이라 하겠다. 아마도 당시의 어지럽고 황망한 민심을 구제하려는 관점에서 보면 평등 무차별적인 사랑을 주장하는 것 이외에 다른 좋은 방법이 없었을 것이다. 오직 민심을 교화하려면 무엇보다 먼저 그 생활이 안정되어야 한다. 그러나 당시 왕후(王侯)·대인(大人)들은 백성들의 고혈을 뽑아 한가한 나날을 보내고 있었다. 이러한 상황에서 절용론을 주장하지 않는다면 결코 그것을 구제할 수가 없는 것이다. 또 당시는 유교의 화려한 장례와 상을 오래 지내는 풍습으로 백성들의 자유를 구속하여 각종 볼 수 없는 폐해를 발생시키고 있었으니, 절장론(節葬論)을 주장하지 않을 수 없었던 것이다. 또 음악은 원래 심성을 도야하고 향상시키는 것인데, 이 당시에는 열등하고 향락적인 음악에 빠져 있었기에 묵자는 마땅히 비악론(非樂論)을 주장하여 그것의 남용을 비난한 것이다. 그러므로 묵자의 학설은 가장 명백하게 시대적 상황을 반영한 것이었으며, 그의 겸애교리설은 시대가 만들어낸 것이라 하겠다. 이처럼, 우리가 단지 주장하는 학설을 보고 그것의 결함과 모순만을 볼 것이 아니라, 그 정신을 취하여 그가 주장한 고원한 이상에 주목한다면 우리는 묵자에게 경의를 표하지 않을 수 없다.

제6장 법 가(法家)

유가는 도덕을 정치의 기초로 삼으며, 예악을 치도의 주요 수단으로 삼았다. 이와는 대조적으로, 도덕을 경시하고 예악을 배척하며, 법률과 형정을 제왕의 도로 삼는 것이 바로 법가사상이었다. 이 학파의 주요인물로는 관자(管子), 신자(申子), 상자(商子), 한비자(韓非子) 등이 있었다. 『한서예문지』(漢書藝文志)에서는 법가를 10가(十家) 217편으로 들고 있다. 관자(管子)는 도가(道家) 계열에도 속하는 것으로 보고 있다. 그러나 『수당지』(隋唐志)에서는 관자를 법가계열로 보고 있는데, 여기서는 이 설을 따르기로 한다.

법치주의와 도덕주의는 치국안민의 근본문제에 관해서 서로 견해가 다르다. 덕치주의는 인성(人性)을 선(善)으로 보고 사람은 본래 견고한 도덕심을 지니고 있다고 본다. 이에 반해 법치주의에서는 인성을 악(惡)한 것으로 보고 사람들의 도덕심이란 박약하고 믿을 수 없는 것으로 본다. 덕치주의는 법치주의를 비난하여, 법이 백성에게 가해지면 표면적으로 지배당하는 것처럼 하나 정신적으로는 복종하지 않는다고 한다. 한편, 법치주의는 덕치주의를 비난하기를, 덕으로 나라를 다스린다는 것은 군주의 현명하고 어리석음에 따라 백성들의 행·불행이 결정된다는 것이다. 즉, 현명한 군주를 만나면 백성들은 그 은택을 입을 수 있을 것이나, 어리석은 군주를 만나게 되면 백성들은 부득이 학정에 시달리게 되고 만다는 것이다.

법가는 법(法)·술(術)·형명(刑名)을 정치의 근본으로 삼는다. 그러나 그것이 한갓 가혹한 법으로 백성들을 압박하는 것을 목적으로 하는 것은 아니다. 아마도 법·술·형명은 백성들의 생활을 보장하려는 데 있는 것이며, 현실이 이상적 세계일 수는 없다는 관점이라 하겠다. 그러므로 법가는 항상 황노의 사상을 취하여 그 학설의 근저로 삼고 있다.

제 1 절 관자(管子)

관자의 이름은 중(仲)이고 자는 이오(夷吾)이며 영상(潁上) 사람이다. 언제 태어났는지는 분명치 않고 주(周)나라 양왕(襄王) 7년(B.C.645)에 죽었다. 제환공(齊桓公)을 도와 패자(霸者)로 만든 공신이었다. 그에 대한 사적(事跡)은 『사기』(史記) 「열전」(列傳) 제세가(齊世家)와, 『좌전』(左傳), 『국어』(國語) 등에서 보인다. 『한서예문지』에 「관자」(管子) 86편이 실려 있었다고 하나, 오늘날까지 전하는 것은 76편뿐이고, 그 중에서도 취해 볼 수 있는 것은 오직 경언(經言) 9편이다. 모든 책이 한 사람의 손에 의해 나온 것도 아니며 동시에 나온 것도 아니다. 76편중에 상세한 설은 「재정」(財政), 「병마」(兵馬), 「입법」(立法), 「도덕」(道德) 등 4편에 들어 있다.

정치설

관자의 학설이 잘 전해지고 있는 부분은 정치설이다. 그의 도덕론도 이 정치설의 일부분에 불과하다. 관자는 패도(霸道)를 실행한 자였고, 그의 정치설 또한 패도를 고취하는 것이 주가 되고 있다. 관자의 뜻에 따르면, 패도의 큰 뜻은 부국강병의 방법을 강구하는 데 있다. 그러므로 그의 정치설은 아주 농후한 공리주의적 색채를 띠고 있다고 하겠다.

정치설의 근거: 관자의 정치설은 도가사상에 기초하고 있다. 따라서 항상 고요하고 허한 무위(無爲)의 도를 말하고 있다. 아마 그의 정치설은 법치를 통하여 무위(無爲)의 정치에 도달하는 것이라 할 수 있다. 관자는 고요함과 허함은 천(天)·지(地)라는 두 개의 도(道)로 말미암아 일어난다고 말하였다. 즉, "천(天)은 허함[虛]이요, 지(地)는 고요함[靜]이니 서로 벌(伐)하지 아니한다."[1](心術上篇)고 하였다. 또 그는 말하기를, "인군(人君)이 바로 서서 고요함과 허함을 지킨다면 신하는 임금이 좋아하는지 싫어하는지를 알 수가 없기 때문에 전전긍긍하면서 그의 직무를 열심히 하게 된다. 그러나 만약 임금이 고요함과 허함을 지키지

---

1) 天曰虛, 地曰靜, 乃不伐.

아니하여 좋아하고 싫어함이 알려지거나 혹은 허망(虛亡)이 지나치게 되면, 반드시 갑자기 신하들이 임금 위에 올라타려고 할 것이다."[2](心術上篇 大意)라고 한다. 관자는 도(道)의 허함에 대하여 말하기를, "도(道)는 체허(體虛)로써 오직 성인만이 그것을 얻을 수 있다. 비록 그렇지만, 허(虛)와 사람 사이에 간격이 없으면, 도(道)와 사람 사이에도 간격이 없다. 다만 보통사람은 도(道)를 알지 못하기 때문에 처하지도 얻지도 못하는 것이다."[3](心術上篇 大意)라고 하였다. 또 "도(道)는 눈과 귀로 보고 듣는 것을 초월하여 뿌리도 없고 줄기도 없고 낙엽도 없으나, 만물은 이로부터 나고 자라고 훼손되고 멸하게 될 뿐만 아니라, 마음을 닦고 몸을 바르게 하는 것도 여기에서 나오는 것이다."[4](內業篇 大意)고 하였다. 이처럼 관자는 도(道)를 무형의 본체로 보며 만물의 기원이 되는 것으로 본다. 이는 노·장사상과 전적으로 유사한 것으로, 그의 정치설은 도가사상과 같은 맥락에 있는 것이 분명하다고 하겠다.

왕패지변(王霸之辯): 관자는 제도(帝道)·왕도(王道)·패도(霸道)에 대해서 말하였다. 즉, "백성을 덕으로 교화하여 자연스럽게 다스려지는 것은 제도(帝道)이다. 제도와 문명은 있으나 그것을 사용하지 않는 것은 왕도(王道)이다. 스스로 귀하다고 생각하여 벌(伐)하지 않는 것은 패도(霸道)이다."[5]라고 하였다. 제도(帝道)와 왕도(王道)는 유교에서 이미 언급되어 왔다. 패도정치를 후세에 전한 것은 바로 관자의 공로였다. 맹자와 순자에 의해 왕패지변에 대한 논의가 자못 상세하게 되었는데, 왕도와 패도의 확실한 구분 점은 전자가 도덕을 중시한다면 후자는 권력을 중시한다는 것이다. 도덕을 중시하면 자연히 덕치주의가 되고, 권력을 중시하면 자연히 법치주의에 기울어지게 된다. 덕치주의는 인정(仁政)을 궁극적 목적으로 한다. 반면, 법치주의는 공리(功利)를 최고의 표준으로 삼는다. 이것 때문에 맹자가 패도정치를 배척한 것이었다.

2) 人君自正位, 守靜虛, 則臣下不得知其好惡, 戰戰兢兢而盡其職. 人君若不靜虛而洩好惡, 或過於虛亡, 則必忽爲臣下所乘.
3) 道之體虛也, 唯聖人得之. 雖然, 虛與人無間, 則道與人亦無間. 但常人不知道, 故不能並處而得.
4) 道超越耳目之見聞, 無根, 無莖, 無葉, 無榮, 不僅萬物由之生成毀滅, 卽修心正形亦出於此.
5) 化民以德, 自然而治者, 爲帝道; 始有制道文明, 不用之者, 爲王道; 爲以自貴而不伐者, 爲霸道.

공리주의: 패자(覇者)의 정책은 반드시 공리주의이다. 관자는 환공(桓公)을 도와서 패업(覇業)을 이루게 하였는데, 가장 절실히 필요하다고 느낀 것은 부국·강병(富國强兵)의 두 가지 일이었다. 그러므로 그의 정치설의 목적은 당연히 부국강병의 공리주의였다. 그는 치국의 세 강령을 들었는데, 그 첫 번째가 백성들을 부유하게 하는 것이다. 백성들을 부유하게 하려면 어떻게 하여야 하는가? 관자는 이에 대하여 소극적 방법과 적극적 방법으로 나누어 제시하고 있다. 먼저, 소극적 방법으로는 ① 군주 스스로가 사치를 금하고 백성들을 돌보는 데 힘씀, ② 백성들의 낭비를 막으며 반드시 모든 경비를 절약하도록 함 등이다. 다음으로 적극적 방법은 ① 산림과 연못을 경영함, ② 수리(水利)를 정돈함, ③ 양잠(養蠶)과 기타 부업을 부흥시킴, ④ 목축을 장려함 등이다. 이상으로 보면, 아마도 관자는 농본주의적 근검주의 정책을 부국의 핵심적 방법으로 삼은 것 같다. 그가 제시한 치국의 세 강령 중에 두 번째는 백성들을 교화하는 것이다. 백성들을 교화하기 위해서는 먼저 군주 자신이 솔선수범하여 법과 제도를 지킨다면, 백성들은 그것을 본받고 화목하여 다툼이 일어나지 않을 것이라는 말이다. 예·의·염·치(禮義廉恥)라는 사유(四維)가 유지되면 군주의 명령도 자연히 이행된다. 그러나 관자는 백성들을 교화하려면 무엇보다 먼저 백성들이 부유해져야 한다고 본다. 즉, "창고가 실하면 예의를 알고, 의복이 풍족하게 되면 영욕(榮辱)을 알게 된다."[6] 고 하였다. 그가 제시하는 치국의 세 번째 강령은 신명(神明)을 존경하는 것이다. 만약 귀신·산천·종묘를 존경하고 받들지 않는다면, 군주의 명령이 이행되지 않으며 국가의 화평도 기대할 수가 없다는 것이다. 이상의 세 강령을 실제 정치에 적용하고 그 정책을 실행함으로써 제(齊)나라가 다스려진 것이었다.

도덕론

관자의 도덕론은 이미 전술한 바와 같이 정치설의 일부에 포함될 뿐이다. 아마 관자는 패도가 이루어지는 것을 원하였을 것이다. 도덕적으로도 그것은 필요하다. 그가 제시했던 패도와 도덕은 사유(四維)였는데, 사유(四維)란 예·의·염·치였다. 그러므로 그는 "나라에는 사유(四維)가 있다. 여기서 일유(一維)가 끊어

6) 倉廩實而知禮義, 衣食足而知榮辱.

지면 기울어지고, 이유(二維)가 끊어지면 위험하게 되고, 삼유(三維)가 끊어지면 무너지고, 사유(四維) 모두가 끊어지면 나라는 멸망하게 된다."[7]고 하였다. 또한 그는 예 · 의 · 염 · 치에 대하여 설명하기를, "예는 절도를 넘지 않는 것이요, 의는 스스로 나아가지 않는 것이요, 염은 악을 숨기지 않는 것이요, 치는 옳지 못한 일을 따르지 않는 것이다."[8] 계속하여, "절도를 넘기지 않으면 윗자리가 안정되고, 스스로 나아가지 않으면 백성들이 속이지 않으며, 악을 숨기지 않으면 행동이 자연스럽게 이루어지고, 옳지 못한 것을 따르지 않으면 사악한 일이 일어나지 않는다."[9]고 하였다. 이처럼, 관자는 절도를 벗어나지 않음, 스스로 모험하여 나아가지 않음, 죄악을 숨기지 않음, 사악한 것을 따르지 않음 등을 도덕의 네 가지 강령으로 삼고 있는 것이다. 이 네 가지 강령은 패자의 도덕적 이상을 나타낸 것이라 할 수 있다. 따라서 이것을 보면 패자의 도덕을 알 수 있으며, 이는 겨우 방탕하고 사악한 것을 어떻게 방지할 것인가에 초점을 두고 있는 소극적 방법일 뿐이라 하겠다.

제 2 절 신자(申子)

신자(申子)의 이름은 불해(不害)이고 정(鄭)나라 사람이다. 태어난 때는 알 수 없고, 주(周)나라 현왕(顯王) 22년(B.C.337)에 죽었다. 형명(刑名)과 법술(法術)에 능하여 한소후(韓昭候) 밑에서 벼슬하였다. 한(韓)나라가 진(秦) · 초(楚)의 강대국 사이에 끼어서도 나라를 유지할 수 있었던 것은 신자(申子)의 공로가 컸다. 그의 저서는 『한서예문지』에 6편이 들어 있고, 『사기』에 2편이 있다. 그러나 오늘날에는 순자의 「해폐편」(解蔽篇)과 한비자의 「정법편」(定法篇) 및 『옥함산방집일서』(玉函山房輯佚書) 등에 간간히 나타나는 것으로 그의 학설의 일단을 엿볼 수 있을 뿐이다.

신자는 법(法)과 명령[令]을 나라를 다스리는 주요 수단으로 삼고 황제(黃帝)와 요(堯)임금의 정치도 모두 법에서 나왔다고 보았다. 그가 말하는 법이란 무엇인가? 공로[功]와 서열[位]을 보고, 재주[才]에 따라서 관직을 주는 것, 즉 인재등용술

7) 國有四維. 一維絶則傾, 二維絶則危, 三維絶則覆, 四維絶則滅.
8) 禮不踰節, 義不自進, 廉不蔽惡, 恥不從枉.
9) 不踰節則上位安, 不自進則民不詐, 不蔽惡則行自全, 不從枉則邪事不生.

로써 그것은 오늘날의 법률의 뜻과는 다르다. 신자는 현명한 신하를 얻어서 천하를 다스리는 것의 필요성을 깊이 깨달았던 것이다. 인재를 등용함으로써, 임금은 보고 들음을 자의적으로 할 수 없고, 자신의 지식과 힘을 마음대로 할 수 없고, 사사로운 정으로 좌지우지 할 수 없게 되어, 마땅히 고요하고 텅빈 무위(無爲)의 마음으로 공법(公法)에 의하여 나라를 다스릴 수 있는 것이다. 아마도 신자는 사람들의 보고 듣는 것이란 매우 천박하며, 또 지식에는 한계가 있는 것이라고 생각했기 때문에, 그러한 주관적이고 특수한 지식보다는 차라리 객관적이고 보편적인 법이나 술이 더 확실성이 있다고 보았던 것 같다. 또 임금이 사사로운 정에 얽매여 옳고 그름을 잘못 판단하게 되면, 항상 군주들의 뜻에 영합하게 되고 또 그 군주들도 반드시 인재를 잘못 쓰게 될 것이다. 그렇게 하지 아니하면 임금은 능히 속일 수 없고 그 실상이 명백해질 것이기 때문이다. 아마도 신자가 발하는 인재등용의 비결은 노자의 무위자연(無爲自然)을 체득하는 것 이외의 것은 아니었다. 사마천이 말하기를, "신자의 학설은 황노사상에 근본을 두면서 형명(刑名)을 주장하고 있다."[10]고 하는데 옳은 말이라 하겠다.

제 3 절 상자(商子)

상자의 이름은 앙(鞅)이고 위(衛)나라 서공(庶公)의 아들이다. 성은 공손(公孫)으로, 조상은 희(姬)씨 성(姓)에서 나왔다. 어려서부터 형명(刑名)의 학문을 좋아하였고, 후에 진효공(秦孝公)을 도와 그의 기발한 재주를 발전시켰고, 부국강병 정책을 강구하여 진(秦)나라를 강대국으로 만들었다. 효공이 죽자 원한을 품은 자들로부터 참소되어 체포당하고 거열형(車裂刑)에 처하여졌다. 상자의 성품은 매우 냉혹하였다. 태사공(太史公)이 그를 평하기를, "상앙은 그 천성이 각박한 사람이었다. 그가 제왕술로써 효공에게 벼슬을 구할 때 부풀리는 말을 많이 한 것은 그의 본성이 아니다. 아양 떠는 폐신(嬖臣)들 때문이었다. 등용되어 송자건(公子虔)을 처형하고 위(魏)나라 장수인 앙(卬)을 속이고 조량(趙良)의 말을 따르지 않은 것도 기발한 그의 작은 은덕이었다. 내가 일찍이 전쟁을 하는 방법에 대해서 쓴 그의 책들을 읽어보았는데, 그 행사(行事)가 나와 상통하는 측면들이

10) 申子之學, 本於黃老, 主刑名.

많았다. 결국에 그가 진(秦)나라에서 악명을 떨진 데는 그만한 이유가 있었던 것이다."[11]라고 하였다. 상자의 저서는 『한서예문지』에서 29편이 있었다고 하지만, 현재 남아있는 것은 24편이다.

상자는 순수한 법치주의자였다. 관자는 정치설 속에서 그래도 도덕을 논하고 있는데, 상자는 한마디 언급조차 없이 철저하게 도덕을 배척하고 있다.

정치설

신자(申子)는 오로지 술(術)을 논하였는데, 상자는 오로지 법(法)을 논하였다. 상자는 나라를 다스리는 데 있어서 첫 번째로 할 일은 제도와 법률의 개정이라 하였다. 그 정책의 목적은 곧 제도와 법률을 개정하고 부국강병을 실현하여 진(秦)나라를 산동의 패후국(覇候國)으로 만들고자 하는 것이었다.

부국(富國)의 방법: 상자는 농본주의적 제도를 부국의 방법으로 삼고 있다. 농업을 가장 중시하여, 국가의 성쇠가 바로 농업에 종사하는 자가 많고 적음에 따라 정해진다고 하였다. 어떤 나라에서 백 사람은 농업에 종사하고 나머지 한 사람은 다른 사업에 종사한다면, 그 나라는 반드시 천하에서 패자가 될 것이다. 열 사람은 농업에 종사하고 나머지 한 사람은 다른 사업에 종사한다면, 그 나라는 강하게 된다. 그러나 열 사람 중에서 다섯 사람이 농업 아닌 다른 사업에 종사하게 되면, 그 나라는 위험에 빠질 것이다. 이처럼 상자는 농본주의적 견지에서 모든 방법으로 농민을 보호하여, 백성들로 하여금 농사에 종사하고 토지를 개간하도록 하면서 부국의 실현을 획책하였다. 그가 실시한 농본주의 정책의 대요를 보면, 먼저 적극적 방법으로는 ① 농민을 존중하고 농업을 천시하는 악습을 제거함, ② 모든 유휴 노동력을 끌어들여 강제적으로 농업을 하도록 함 등이다. 그리고 소극적 방법으로는 ① 학문을 배척하고 순박우직한 백성들을 위함, ② 상인들에게 곡식을 팔지 못하도록 하여 상인의 이익을 막음, ③ 여관[旅宿]을 없애고 교통을 불편하게 함, ④ 고기와 술에 세금을 많게 하고 가격도 높게 함, ⑤ 관세와 영업세를

---

11) 商君, 其天資刻薄人也. 跡其欲干孝公以帝王術, 挾持浮說, 非質矣. 且所因由嬖臣; 及得用, 刑公子虔, 欺魏將卬, 不師趙良之言, 亦足發明商君之少恩矣. 余嘗讀商君開塞耕戰書, 與其人行事相類. 卒受惡名於秦, 有以也夫.

높게 하여 시장으로 유입되거나 매매되는 물품에 세금을 부여하고 가격을 높게 매기는 등 여러 가지 방법들을 연구하여 되도록 많은 백성들로 하여금 우직하게 농업에 종사하도록 하였다. 진(秦)나라는 면적에 비해 인구는 매우 적은 편이었다. 그러므로 토지를 개간하는 데 힘을 써 인구가 조밀한 나라로부터 백성들이 이주해 오면 그를 환영하였다. 옛날에 행해지던 정전법(井田法)을 폐지하고 밭과 길을 개간하고 경지를 정리하였다. 아울러 분가법(分家法)을 실시하여 부자형제(父子兄弟)가 동거하는 것을 금지시켰다.

강병(强兵)의 방법: 상자는 전쟁을 장려하여 국민들로 하여금 호전적이게 만들었다. 엄중한 상벌을 적용하여 백성들의 용기를 고무시켰다. 그 상벌규칙에서 보면, 한 명의 적을 잡아온 자에게는 1계급 진급, 두 명의 적을 잡아오면 2계급 진급을 시켜주었고, 적의 우두머리를 잡아오면 관리가 되게 해 주는 동시에 봉록(俸祿) 50석(石)을 주었고, 적의 우두머리급 두 명을 잡아오면 관리가 되게 해 주는 동시에 봉록 100석을 주었다. 그러나 이처럼 백성들의 용기를 고무시키면 나라 안에서조차 살벌한 기운이 생기게 되고 반드시 소란과 폭동이 일어날 수 있다. 그러나 상자는 그럴 가능성을 대비하여 벌칙에 사사로운 싸움을 엄금한다는 규정을 정해 놓고 있었다. 그리하여 진(秦)나라 백성들은 공적인 전쟁에서는 용맹하고, 사사로운 싸움에는 겁먹었다고 한다.

내치(內治)의 방법: 상자는 치국의 세 강령으로 ① 법(法), ② 신(信), ③ 권(權)을 들었다. 법이란 법률(法律)을 말하며, 신이란 신의(信義)를 말하며, 권이란 권력(權力)을 뜻한다. 나라를 다스릴 때 우선 법률을 정하지 않을 수 없으니, 법률이야말로 치국에 필요한 것이다. 법률이 일단 정해지면 어떤 일이든 막론하고 결코 지켜지지 않을 수 없다. 군주는 스스로 신의를 지키지 않으면 안되며, 법을 범한 사람은 반드시 권력으로 그를 벌주어야 한다. 권력은 군주가 백성을 제어할 수 있는 힘이다. 그러므로 권력이 있으면 군주는 백성에 대하여 능히 위엄을 지킬 수 있다. 그러나 권력을 잃으면 군주는 신하와 백성들에게 업신여김을 받게 되며 그 지위를 위협받게 된다. 이상의 법 · 신 · 권은 치국에 있어 필수 불가결한 것이라 할 수 있다.

법률을 시행함에 있어서 상자는 엄중하게 상벌을 적용했다. 법치주의란 신상필벌(信賞必罰)을 표방하는 것으로, 상자는 그것을 실제상에 엄격히 적용했던 것이다. 상과 벌 중에서도 상자는 벌을 더 중시하였다. 벌은 간사한 일을 못하게 하는 것이지만, 상은 금지된 일을 못하도록 보조하는 수단에 불과하기 때문이다. 그러므로 벌이 더 많고 상이 적은 나라가 더 잘 다스려 진다. 벌이 아홉이고 상이 하나인 나라는 강한 나라가 되고, 벌과 상이 반반인 나라는 쇠약해진다고 한다. 상자는 또 형벌은 악을 징벌하는 데 목적이 있는 것이며, 벌이 가벼우면 효험이 적으며 백성들이 그것을 업신여겨 죄를 범하는 자가 많게 된다고 한다. 만약 형벌을 과중하게 하면 백성들은 그것이 두려워 죄를 범하는 자가 없게 된다. 이처럼 중형을 사용함으로써 결국 형벌은 무용하게 된다고 말하고 있다. 이러한 이유를 들어, 상자는 각종의 가혹한 형벌을 만들어냈다. 후대 사람들이 말하기를, '상자가 위수(渭水)를 바라보며 형벌에 대해 말할 때 흐르는 물이 빨갛게 되었다.'고 하였으니, 그럴만한 이유가 있다. 십오연좌법(什伍連坐法)은 중형 중의 하나였다. 상자는 나라 안의 모든 악인들을 없애기 위하여 다섯 사람을 오(伍)로 묶고, 열 사람을 십(什)으로 묶는 제도를 만들었다. 그리하여 만약 그 십오(什伍)의 팀 안에서 악한 사람이 나오면 마땅히 서로 고발하게 하고, 먼저 고발한 자에게는 상을 주고 숨겨준 자와 악한 사람은 함께 죄를 받았다. 이에 악을 행하는 자가 그 숨을 곳이 없게 되었고, 진나라가 크게 다스려졌다고 한다.

도덕 배척론: 상자는 백성들을 오로지 농업과 전쟁에 종사하도록 하면서 국가의 부강을 꾀하였다. 그러므로 학문이나 도덕은 강력히 배척할 수밖에 없었다. 즉, 그는 "말 잘하고 지혜로운 자는 난을 도울 뿐이고, 예악은 부실함을 증명하는 것일 뿐이고, 자비와 인(仁)은 과오의 어머니일 뿐이며, 명예는 간사함의 좀도둑일 뿐이다."[12]라고 하였다. 이것으로 보면, 그가 학문과 도덕에 대하여 어떤 견해를 갖고 있는지를 짐작할 수 있겠다. 나라에 시(詩) · 서(書) · 예(禮) · 악(樂) · 선(善) · 수(修) · 인(仁) · 염(廉) · 변(辯) · 혜(慧)라는 열 가지가 있다면, 그 나라는 반드시 약상한 나라라고 상자는 말한다. 그러므로 백성들로 하여금 반드시 농업과 전쟁에 종사하게 함으로써 우직한 백성이 되게 하는 방침을 채택하여야 한다

12) 辯慧者, 亂之贊也; 禮樂者, 淫泆之徵也; 慈仁者, 過之母也; 任譽者, 奸之鼠也.

는 것이다. 이는 아마도 노자의 지혜에서 나온 크게 잘못된 사상이라 할 것이다. 진시황제가 시서(詩書)를 불사르고 유학자들을 쫓아낸 것은 바로 상자의 건의에서 비롯된 것이었으며, 진나라의 군국주의 정책의 창설자도 상자임이 틀림없다.

비 판

군웅할거하며 서로 세력을 다툴 즈음에 상자가 진나라의 패업(霸業)을 크게 달성시켰으며, 어떤 사람도 그의 기발한 재주를 흠모하지 않는 자가 없을 정도였다. 패업을 크게 달성하는 계획으로서 상자의 정치설은 아주 세밀하면서도 우수한 견해를 담고 있다. 그러나 도덕적으로는 매우 비난받고 있다. 그 첫 번째 비난은 국민들로 하여금 전쟁을 좋아하도록 양성한다는 것이다. 예를 들어 적의 우두머리급 한 명을 잡으면 봉록 50석을 준다는 것은 실로 엄청나게 악한 제도인 것이다. 두 번째의 비난은 농본주의적인 부국정책이다. 농민을 보호하며 농업을 장려한다는 것은 좋은 일이다. 그러나 각종의 소극적 수단들을 동원하여 백성들로 하여금 농업에만 종사하게 하는 것은 너무나 비정한 정치 수단이라 하지 않을 수 없다. 세 번째 비난은 학문과 도덕을 배척한다는 점이다. 학문과 도덕이 때로 폐해를 가져올 경우도 없지 않으나, 일면적인 폐해만을 보고 그 이익 되는 바를 무시한다는 것은 치졸함의 극치라 하지 않을 수 없다. 아마도 학문과 도덕을 배척하면서 선정(善政)을 행한다는 것은 어려운 일이라 할 것이다. 우직한 백성을 기르는 것을 나라의 안정과 평화를 도모하는 길이라고 보는 소극적 정책은 절대적으로 오류이다. 네 번째 비난은 중형론(重刑論)이다. 중형제도가 상자의 생각처럼 형벌을 무용하게끔 하지는 못한다. 그리고 그의 십오연좌제도는 더욱 인정에 반하는 것이며, 기괴한 법을 만들어 스스로를 죽이는 짓은 말아야 할 것이다.

제 4 절 한비자(韓非子)

한비(韓非)는 한(韓)나라 제공(諸公)의 아들이며, 이사(李斯)와 함께 순자(荀子)의 문하에서 함께 배웠다. 형명법술(刑名法術)의 학문에 아주 뛰어 났다. 말은 더듬으면서도 문장에는 유별났다. 한나라가 사방의 적으로부터 둘러싸여 매우 위급한 상황이 되자, 한비자는 그냥 침묵으로 있을 수 없어 강력한 사상을 발표하고 왕에게 여러 차례 상서를 올리기도 하였다. 그러나 왕은 그것을 받아들이지 않았다. 진시황제가 그의 책을 읽고 탁견에 감복하고는 그를 만나기 위하여 한나라 정복을 꾀하였다. 이에 한나라를 위하여 한비자는 진나라로 갔다. 그리하여 비로소 진시황은 한비자를 만날 수 있게 되었던 것이다. 진나라 재상이던 이사(李斯)가 그의 재주를 시기하여 황제에게 참소하고 그를 독살하였다. 황제는 후에야 뉘우치고는 사람을 시켜 그를 구하고자 하였으나 이미 한비자는 죽고 없었다. 저서로 『한서예문지』에 25권 55편이 있다. 제1권은 「초견진」(初見秦)이고, 제2권은 「존한」(存韓) 2편으로 되어 있다. 그것들은 한갓 당시의 형세를 밝히고자 한 것이었지만, 진나라에 남아 있던 글들을 모아 초 권에 게재하고 있으며, 나머지 각 편들은 한비자가 직접 쓴 것이 아니다.

학설상의 계통

한비자는 선진(先秦) 사상계에서 대성한 학자이다. 그의 학설은 황노 및 순자의 학설과, 앞서 본 신자와 상자의 학설들을 결합하여 일종의 조화설을 제기하고 있다. 즉, 법가의 법술사상을 집대성시킴에 있어서, 도가의 무위자연설과 유가의 예설(禮說)을 가지고 그것을 보완하고 있는 것이다. 그리하여 법가의 사상은 한비자에게 와서 가장 체계적인 사상적 발전을 이루고 있다. 정치설은 다른 법가학자들과 비슷하다.

정치설

신자의 술(術)은 인재등용술이었고, 상자의 법(法)은 법치론 및 중형론이었다. 한비자에 이르러 이들 두 가지 설은 체계적으로 결합되고 있다. 소철(蘇轍)이 그를 평하기를, "상앙은 오로지 법을 말했고, 신불해는 오로지 술을 말했는데, 한비자는 법과 술을 같이 말하였다."[13]고 하였다. 한비자는 법과 술을 결합하고 그것에 근거하여 체계적인 학설을 수립하고 법치지상주의(法治至上主義)를 주장

13) 商鞅專說法, 申不害專說術, 韓非法術兼說.

하였다.

법치지상주의: 한비자는 법치를 지상의 원리로 삼고 유교 · 묵가 등 다른 학파의 정치설을 배척하였다. 오늘날과 같은 시대에 유가나 묵가의 설을 가지고 천하를 다스린다는 것은 마치 '나무를 지키면서 토끼를 기다리는'[守株待兎:시대의 변천을 모르는]격이라고 한다. 노장사상은 무위염담(無爲恬淡)한 마음을 강조하는데, 욕심 없이 천하를 다스리고자 함에 있어 세상에 실제로 나타나야 할 것은 각각의 응당한 도(道)이다. 즉, 자식 된 자는 어버이를 받들지 아니하면 안되고, 신하된 자는 임금을 받들지 않으면 안되는 것이다. 그런데 노장처럼 오로지 무위염담만을 가지고서는 세상을 구제할 수 없다. 또한 명가(名家)류는 궤변술을 가지고 세상에 처하는 방법을 말하고 있는데, 세상에 실제로 나타나야 할 것은 충신성실(忠信誠實)이 아닐 수 없다. 황홀한 말을 가지고 세상을 속일 수는 없는 것이다. 그러므로 이상의 노장사상이나 명가의 설들은 천하를 미혹하는 술수일 뿐이다. 천하를 다스림에 최선의 방도는 법률을 제정하고 그것을 엄격히 집행하는 것이다. 오늘날과 같은 세상에 법률이 없는 것은, 비유컨대 마치 사나운 말을 모는데 고삐가 없는 격이라 하겠다. 법률은 거울과 같은 영물(映物)이요, 저울과 같은 양물(量物)로서, 그 사이에는 어떠한 추호의 사적인 존재도 허용될 수 없는 것이다. 일단 한번 정해진 후에는 비록 임금도 그것을 고칠 수 없고 신하도 바꿀 수 없다. 또한 지혜 많은 자도 그것에 다른 말을 추가할 수 없는 것이며, 용기있는 자라도 감히 그것에 도전할 수 없는 것이다. 그러므로 한 나라의 법률이 그 마땅함을 얻으면 명석한 군주와 선량한 백성들이 없다고 하더라도 국가를 부강하게 만드는 데 어려움이 없게 된다고 말한다. 이상이 대개 한비자가 말하는 법치지상주의의 요점이다.

한비자는 또한 순자(荀子)의 성악론(性惡論)을 가지고 법치지상주의의 학술적 근거로 삼았다. 즉, 인간의 본성은 이기적이며, 일체의 행동은 자기에게 이익되지 않는 것을 목적으로 삼지 않는다. 고용주는 상품을 만들기 위하여 부릴 사람을 씀에 그들에게 기대할만한 최대한의 노동을 요구하게 되며, 고용주를 위하여 노동하는 사람도 그들이 노력하여 만든 상품에 상당할 정도로 요구하게 된다. 즉, 자기에게 이익 되지 않는 계책이란 없는 것이다. 심지어 부자 · 부부관계조차

도 자기 이익의 동기에서 성립되는 것이기 때문에 결코 신뢰할만한 것이 아니다. 군신관계 역시 그러하다. 신하와 백성들이 결코 임금을 사랑하여 충성을 다 바치는 것이 아니라 자기 이익이라는 목적 때문에 군주를 섬기는 것이다. 옛날 태고의 순박한 시대 사람들의 생활은 그렇게 곤란하지는 않았다. 그러므로 덕으로써 백성들을 교화할 수 있었다. 그러나 오늘날의 사회란 생활이 복잡하여 덕으로써 백성들을 교화한다는 것은, 나무를 지키며 토끼를 기다리는 격으로, 지극한 어리석은 짓이라 하지 않을 수 없다.

중형론(重刑論): 한비자는 중형의 필요성을 주장하는 점에 있어서 상앙과 비슷하다. 즉, 천하의 백성들이 모두가 법을 잘 지키는 선량한 사람들이 아니다. 옳은 법을 잘 준수하지 않는 악인들이 때로는 있게 마련이다. 악인들에 대해서는 부득이 중형을 시행하여 법의 권위를 보호하지 않을 수 없다. 형벌은 법의 위력을 보여주어 암울한 사람들의 마음을 벌벌 떨게 만들어 사악한 마음을 갖지 못하도록 하며, 죄악에 빠지는 것을 미연에 방지하는 것이 목적이다. 그러므로 마땅히 엄중하게 하여야 한다. 그렇게 하면 누가 황금을 길에서 잃어버린다 해도 사람들은 그것을 줍지 않을 것이며, 도적이라 할지라도 손으로 그것을 만지지 않을 것이다. 그러므로 형벌을 무겁게 하면 범법자가 없게 될 것이며, 범법을 하는 악인이 없게 되면 선량한 백성들이 더 행복하게 될 것이다.

인재등용술: 한비자는 신불해(申不害)의 사상을 이어받아 인재등용술의 필요성을 인정하였다. 즉, 비록 어떤 잘 정돈된 법률이 있다 하더라도 인재를 얻지 못하면 결국 천하는 다스려지지 않을 것이라고 하였다. 그러므로 군주는 반드시 신하들의 재능을 잘 식별하여 그 재능에 맞게 활용하여야 한다. 한비자는 이것을 참험(參驗) 혹은 형명참동(刑名參同) 혹은 참오(參伍)라고 불렀다.

인재등용에 있어서 가장 필요한 조건은 무엇인가? 한비자는 노자의 학설에 바탕을 두고 고요함과 허함[靜虛]을 주도(主道)로 삼았다. 즉, 군주는 백성들에 대하여 부득이 냉정한 태도를 취하지 않을 수 없으며, 좋고 싫음의 생각을 표면에 나타내지 않으면서 백성들의 본성을 관찰하여야 한다. 만약 군주가 좋고 싫음의 감정을 밖으로 나타내게 되면 신하와 백성들은 거짓 꾸미고 그 본성을 감추어

버리게 된다. 그러므로 군주에게는 가장 주의해야 할 것이 8가지가 있는데, 그것을 한비자는 8간(奸)이라 하였다. 이 8간(奸)은 ① 동상(同牀), ② 재방(在旁), ③ 부형(父兄), ④ 양앙(養殃), ⑤ 민맹(民萌), ⑥ 유행(流行), ⑦ 위강(威强), ⑧ 사방(四方)을 말한다. 동상이란 부인(夫人)들을 지칭하며, 재방이란 배우(俳優)와 주유(侏儒)를 말하며, 부형이란 군주의 백부 혹은 종형제들을 말하며, 양앙이란 땅 · 나무 · 수레 · 말들을 말하고, 유행이란 세간의 불만을 말하며, 위강이란 장사(壯士)를 키움을 말하며, 사방이란 외각의 제후들을 말한다. 신하와 백성들은 항상 이 8간을 이용하여 그들의 세력을 확장하고자 하니, 군주는 이것들에 주의하지 않을 수 없는 것이다. 힘 있는 사람들과 힘 있는 신하들은 술집의 맹견과 같아서 현명한 신하들을 막아버리는 자들이니, 그들을 배척할 필요가 있는 것이다. 신하들을 잘 통솔하려면 또한 형벌과 보상을 잃어서는 안 되는 것이다. 만약 고요함과 허함을 할 수 있고, 좋고 싫음의 감정을 내색하지 않고, 8간을 방지할 수 있고, 형벌을 바르게 한다면, 인재를 등용하여 신하들을 부릴 수 있는 방법을 터득하게 될 것이라 하였다.

비 판

한비자의 학설은 비난받을 점이 많은데, 그것은 다른 법가사상가들과 다르지 않다. 이른바 법치지상주의, 중형론, 인재등용술 등은 모두 결점들을 갖고 있다. 그러나 당시의 사정을 고려해 본다면, 그의 학설은 매우 탁견이라 할 것이다. 아마도 당시의 혼란상으로 보아, 유가의 인애(仁愛)나 묵가의 겸애(兼愛)를 가지고서는 세상 사람들을 선도할 수 없었을 것이다. 또한 순자의 예설(禮說)도 이미 효능이 없었다. 오직 한비자가 법술론을 정치의 근본으로 삼고, 박애인의(博愛仁義)의 도를 어리석다고 설파한 것은 실로 지극한 인정의 발로라 하겠다. 그는 우국지사이며 세상을 구한 위인이다. 그의 이름은 역사에 계속 남아있게 될 것이다.

제7장 명가(名家)

주(周)나라 말의 여러 학파들 중에서 가장 사변력(思辨力)이 뛰어난 학파가 명가(名家)였다. 명가의 목적은 명(名)과 실(實)의 관계를 밝히는 데 있다. 명(名)이란 우리 마음에 있는 관념을 뜻하며, 실(實)이란 밖으로 드러나는 형태와 성질을 말한다. 명과 실의 관계를 밝히는 것이란 관념과 사물의 관계를 밝히는 것을 말한다. 당시 사회질서가 혼란하여 명실의 관계도 명확하지 못하였기 때문에, 명가학자들은 이 명실(名實)을 밝히는 것을 사회개혁의 우선순위라고 생각하였다. 『한서예문지』에 명가는 7명의 학자에 36편이 있었다고 하나, 오늘날 전하는 것은 등석자(鄧析子), 윤문자(尹文子), 혜시(惠施), 공손룡(公孫龍) 네 사람이다. 등석자와 혜시는 정치적으로 권력있는 관리였으며, 윤문자와 공손룡은 순수한 학자였다.

명가의 학자들은 논리술에 능통하였기 때문에 상식적으로 자명한 이치를 설명하는 것에 불만을 가졌고, 항상 신기한 것을 좋아하고 다른 이론을 가지고 종종 기존의 이론에 반하는 궤변을 주장하였다. 특히 혜시(惠施)가 그러하였다. 명가는 법가의 성격을 띠기도 하였다. 법가가 법률·제도의 운용을 강구하였다면, 명가는 법치의 근본원리를 논구하였다. 예를 들어, 등석자와 윤문자는 대표적인 경우였다. 명가는 또한 황노의 설을 자기 학설의 기초로 삼고 있다는 점에서 법가와 비슷하다. 법가는 법치를 함으로써 무위의 정치를 달성할 수 있다고 생각하였다. 그에 반해 명가는 명실을 밝힘으로써 선량한 질서를 유지하고 무위의 사회를 실현할 수 있다고 생각하였다. 아마도 명가와 법가의 두 학파는 모두 궁극적으로 치세가 가능하며, 무명(無名)의 대도(大道)에 돌아갈 수 있음을 믿었던 것 같다. 예컨대, 윤문자 같은 이는 명가·법가·유가·묵가 모두가 황노라는 큰 도(道)의 말지에 속하는 것들이라고 언명하고 있다. 명가의 설은 윤리사상과는 무관하지만, 그 대표적인 것들만 보기로 한다.

등석자(鄧析子)

정(鄭)나라 대부였으며 명(明)과 법(法)을 겸했던 학자이다. 그는 궤변술로 자산(子産)의 정치를 비난하였는데, 이것으로 인하여 피살되었다. 『한서예문지』에는 「등석자」 2편이 있고, 『백자전서』(百子全書)에는 「무후」(無厚), 「전사」(轉辭) 2편이 실려있다.

명(名)에 따라 실(實)을 부과하는 것이 명가의 주안점이었다. 등석자는 그것을 통하여 군신관계를 상세히 설명하고 있다. 즉, "명에 따라 실을 부과하는 것은 임금의 일이요, 법을 받들고 명령을 따르는 것은 신하의 직분이다. 아래에서 마음대로 행동하지 못하도록 위에서 권세를 잡고 있는데, 이치에 어긋나게 하는 경우는 있지 않았다."[1](無厚篇)고 하였다. 또 "명군은 대신들을 독려함에 명(名)을 좇아서 실(實)을 부과한다. 신하는 그 무거운 채찍이 두려워 감히 사사로운 일을 하지 않는다."[2](轉辭篇)고 하였다. 대개 등석자의 명실론은 군주가 신하를 부리는 술수를 보여주고 있는 것으로, 비록 명가에 속하면서도 한편으로는 실로 법가에 가깝다고 하겠다. 그의 이론에서는 정치설이 주가 되고 있는데, 형식적 논법에 속하는 것도 있었다.

이른바 〈산연평〉(山淵平)이라는 말이 있는데, 그것은 산과 물이 같은 평면에 있기 때문에 평평하다[平]는 것이다. 하늘과 땅도 역시 이와 같은 논리가 통한다. 더욱 특이한 것은 낚싯바늘에도 수염이 있으며 계란에도 털이 있다는 주장이다. 낚싯바늘은 고기를 낚는 데 사용된다. 고기가 낚싯에 걸리면 입의 수염이 낚싯바늘에 있게 된다. 또 계란이 부화되면 털이 있는 병아리가 생긴다. 계란 속에 그 능력이 있는 것이지 무생(無生)의 상태로부터 있게 되는 것은 아니다. 전자는 우주로부터 확대된 관점으로 산과 물을 보는 것이고, 후자는 낚싯과 계란에 대한 가능성의 측면으로 본 관점이다. 여기에서 우리는 궤변의 일단을 알 수 있다.

윤문자(尹文子)

공손룡(公孫龍)보다 앞서 산 사람이다. 일찍이 학설로써 제선왕(齊宣王)을 설

1) 循名責實, 君之事也; 奉法宣令, 臣之職也. 下不得自擅, 上操其柄, 而不理者, 未之有也.
2) 明君之督大臣, 緣名而責實. 臣懼其重誅, 於是不敢行其私.

득하였다. 그의 저서로는 『대도상하』(大道上下) 두 편이 있고, 황노의 대도(大道)에 근거하여 온건한 학설을 주장하였다. 그는 명실(名實)이라는 용어를 사용하지 않고 형명(形名)이라는 용어를 사용하였다. 실(實)은 형(形)의 범위에 비해 넓은 개념인데, 윤문자에게서는 같은 개념으로 사용되었다. 대도(大道)는 소리도 냄새도 없고 형상도 없는 것으로, 최초에는 부합되는 명칭이 없다. 그것이 사물에 이르게 되면 최초에는 이름이 없었으나, 우리가 그것에 부합되는 명칭을 부여하여 일정한 개념을 구성케 함으로써 마땅한 칭호를 얻게 되는 것이다. 형(形)은 밖으로 나타나는 것이며, 명(名)은 밖으로 나타난 형상에 기초하여 마음속의 개념으로 성립되는 것이다. 형(形)과 명(名)은 항상 부합되는 성질을 가지고 있으나, 그것이 성립된 후에도 종종 형과 명이 서로 떨어지는 경우도 있다. 그러므로 선한 명에 선하지 못한 실이 있을 수 있고, 악한 명에 악하지 않은 실이 있을 수 있다. 바로 이러한 점 때문에 형명론(形名論)이 필요한 것이라 한다. 아마도 윤문자의 학설은 다른 명가의 궤변술과는 같지 않은 것 같다. 그의 이론 중에는 법가를 언급하는 부분도 많은데, 역시 법가류처럼 법치주의를 기초로 삼는 것은 탁견으로 보인다.

혜시(惠施)

장자(莊子)와 동시대의 사람이며, 공손룡(公孫龍)보다 조금 앞선 시대 사람이다. 그의 저서는 어느 정도 많은 편인데, 『장자』「천하편」(莊子天下篇)에서 이르기를, "혜시는 여러 방면에서 다섯 수레나 되는 책이 있다."[3]고 하였는데, 아마 저서가 다섯 수레를 가득 채울 정도로 많다는 뜻일 것이다. 그러나 오늘날 전하는 것은 전무하고, 겨우 『장자』(莊子), 『순자』(荀子), 『여씨춘추』(呂氏春秋), 『회남자』(淮南子) 등을 통하여 그 대략적인 논법(論法)이 전해지고 있을 뿐이다. 그는 날카로운 사고력과 호기심이 많았고, 명가 학자들 중에서도 가장 궤변을 많이 말한 학자였다. 그러나 궤변을 궁극적 목적으로 삼은 것이 아니라, 그의 소박한 뜻은 명실관계를 명확히 하여 이상적 치세에 도달하는 것이었다. 위왕(魏王)이 제(齊)나라를 토벌 할 때 혜시가 사람을 시켜 부당함을 간하게 하였는데, 위(魏)와

3) 惠施多方, 其書五車.

제(齊)나라 간의 싸움은, 광대한 우주로부터 볼 때, 마치 달팽이 뿔 위의 만(蠻)·촉(觸) 두 나라가 서로 다투는 꼴과 다를 게 없다고 하였다. 이에 위왕은 망연해지고 말았다. 그 궤변적 논법의 예를 살펴보면 다음과 같다. ① 닭은 발이 세 개가 있다. 두 발 이외에 또 건널 수 있는 것이 있기 때문에 합하여 발이 세 개인 것이다. ② 날아가는 새의 그림자는 움직이지 않는다. 새가 날면 그 그림자의 움직임도 보이나, 갑(甲)의 순간에는 갑(甲)의 그림자가 있고 을(乙)의 순간에는 을(乙)의 그림자가 있는데, 그 순간은 움직이지 않는 고로 날아가는 새의 그림자는 움직이지 않는다. ③ 화살은 앞으로 나아가지 않으며 멈추지도 않는다. 그 이유는 앞의 경우와 같다. ④ 흰 개는 검다. 오직 개의 눈만을 보면 작은 개라고 불릴 것이다. 그런 즉 흰 개의 눈은 검다. ⑤ 일척되는 몽둥이를 날마다 그 반쪽을 취해도 영원히 다하지 못할 것이다. ⑥ 비록 머리털이 없더라도 대머리라 부를 수 없다. 대개 머리털 하나라도 뽑히면 대머리라 할 수 없고 두 개가 뽑혀도 대머리라 할 수 없다. 이와 같이 계속하여 셋, 넷을 뽑아 머리털이 완전히 없어진다고 하여도 대머리를 기약할 수는 없다.

공손룡(公孫龍)

조(趙)나라 사람으로 자는 자병(子秉)이며, 일찍이 평원군(平原君)의 식객[客]이 되었다. 그의 저서로는 『한서예문지』에 4편이 있다고 하는데, 오늘날 전하는 것은 5편으로 그의 자작품이다. 그는 명실의 관계를 밝히기 위하여 ① 백마비마론(白馬非馬論), ② 지물론(指物論), ③ 통변론(通變論), ④ 견백론(堅白論), ⑤ 명실론(名實論) 등을 수립하고 있다. 이 중에서 유명한 것은 백마비마론과 견백론으로, 공손룡 학문의 생명이다.

백마비마론(白馬非馬論): 흰말은 말이 아니다. 대개 말이란 것은 형(形)을 지칭하고, 희다는 것은 색(色)을 이른다. 흰말이란 것은 형과 색을 동시에 지칭하는 것이다. 흰말이라는 명칭의 개념과 말이라는 명칭의 개념은 같지 않다. 따라서 흰말은 말이 아니다. 이것은 개념을 분석한 것이다.

견백론(堅白論): 견백석이란 용어에는 견(堅)·백(白)·석(石)이라는 세 가지 개념의 집합으로 세 가지 속성이 있다. 그러나 공손룡은 두 가지 개념이 합져진 것이라고 한다. 즉, 견석(堅石)과 백석(白石)이라는 두 가지 개념을 들고 있는 것이다. 돌의 형상이라는 개념에 관해서는 잠시 제쳐놓고, 견(堅)과 백(白)이라는 두 개념만 논하고 있다. 견석(堅石)임은 피부로 알 수 있고, 백석(白石)임은 눈으로 알 수 있는 것이다. 따라서 그 개념은 전혀 다른 것이라고 한다. 이것은 지각하는 방법을 분석한 것이다.

제8장 병가(兵家)

전국시대에는 군웅들이 활거하고 서로 자웅을 다투었다. 그래서 전투법(戰鬪法)을 말하는 자가 많았는데, 이들을 총칭하여 병가(兵家)라고 한다. 손무(孫武), 오기(吳起), 위료(尉繚) 등은 그들 중에서 가장 유명한 자들이었다. 그들은 스스로 제후의 군사(軍師)가 되어 뛰어난 공을 세운 경우가 많았다. 무릇 병(兵)이란 흉기인데, 마땅히 사용하기를 좋아해서는 안되고, 오직 사회의 질서를 유지하기 위하여 부득이 사용할 뿐인 것이다. 병가의 학자들은 병(兵)을 흉기로 인식한다. 그러므로 그들은 병법을 흉기를 운용하는 방법이라 생각하지 않고, 흉기를 피하는 기술이라 생각하였던 것이다. 비록 천성적으로 각박하다고 이름난 오자(吳子)조차도 역시 국가의 강약은 덕에 달려 있지 무기에 있는 것이 아니라고 하면서, 입이 마르도록 백성들의 화합을 주장하였다.

손(孫) · 오(吳) 이전의 병서

남아있는 병가의 책들에서 가장 유명한 책은 『손자』(孫子)와 『오자』(吳子)이다. 그러나 이 손(孫) · 오(吳) 이전에도 병술을 설한 책들은 적지 않았다. 예컨대, 『악기경』(握奇經), 『육도』(六韜), 『삼략』(三略), 『사마법』(司馬法) 등은 대표적인 책들이었다.

『악기경』(握奇經): 『악기경』(握機經)이라 하기도 하고 또 『악기경』(幄機經)이라 하기도 한다. 전하는 바에 의하면, 황제헌원씨(黃帝軒轅氏)의 신하인 풍후(風后)가 찬(撰)하였다고 하나, 사실은 후대의 위작이다. 『한서예문지』에는 「풍후」(風后) 13편이 있으나, 『악기경』이란 이름은 없다. 『송사예문지』(宋史藝文志)에서 그것이 처음 보인다.

『육도』(六韜): 전하는 바에 의하면, 태공망여상(太公望呂尙)이 쓴 것을 장자방

(張子房)이 이상노인(圯上老人:黃石公을 지칭함)으로부터 얻었다고 한다. 『한서 예문지』 병가편에는 그 이름이 기록되어 있지 않으며, 오직 유가 중의 주사(周史)의 『육도』(六도) 6편이 게재되어 있다. 또 『수지』(隋志)에 비로소 태공(太公)의 『육도』(六韜) 5권이 게재되어 있는데, 주문왕(周文王)의 장군인 강망(姜望)이 찬(撰)한 것이라 한다. 『당 · 송지』(唐宋志)에도 기록이 『수지』(隋志)에서와 같다.

『삼략』(三略): 전하는 바에 의하면, 이것도 태공망(太公望)의 작품으로, 황석공(黃石公)이 장자방(張子房)에게 이 책을 주면서 이르기를, "이 책을 읽으면 왕을 장군으로 만든다."[1]고 했다고 한다. 패공(沛公)은 이 책 속의 책략을 써서 진(秦)나라를 토벌하고 항우(項羽)를 멸하여 천하를 평정하였다고 한다. 『삼략』은 상략(上略), 중략(中略), 하략(下略)으로 되어 있다. 약(略)이란 요점(要)을 말하는 바, 음모와 위계를 쓰지 않고 도덕에 근본을 두고 병법을 논하고 있다는 것이다.

『사마법』(司馬法): 제(齊)나라 사마(司馬)인 양저(穰苴)가 찬(撰)한 것이라고 한다. 양저(穰苴)는 경공(景公)의 장군이 되어 연(燕)과 진(晉)나라의 공격을 막아내는 공을 세워 사마(司馬)가 되었다고 한다. 이 책은 전적으로 양저가 혼자 찬한 것이 아니라 제나라의 여러 신하들에 의하여 추집(追輯)된 것이다. 도덕을 중시하고 권모술수를 배척하는 내용이 많이 담겨 있다. 반고(班固)는 이 『사마법』을 예류(禮類)의 책에 포함시키고 있다.

손자(孫子)

손자는 이름난 무장이고, 제(齊)나라 사람이다. 오왕 합려(吳王闔閭)를 섬겨 장군이 되어 인접국들을 눌렀다. 손자의 유서로는 13편이 있는데, 그 문장이 간결 명석하고 수미일관하며 조리가 정연하여 한 글자도 더 보태고 뺄 것이 없다. 이 책은 중국의 병서(兵書)들 중에서도 뛰어난 걸작일 뿐만 아니라 문학적으로도 매우 귀중한 책이다. 13편의 편명을 보면 다음과 같다. ① 시계(始計), ② 작전(作戰), ③ 모공(謀功), ④ 군형(軍形), ⑤ 병세(兵勢), ⑥ 허실(虛實), ⑦ 군쟁(軍爭),

---

1) 讀此書, 則爲王者師.

⑧ 구변(九變), ⑨ 행군(行軍), ⑩ 지형(地形), ⑪ 구지(九地), ⑫ 화공(火功), ⑬ 용간(用間) 등이다. 손자는 병을 거느림에 있어 인명의 손실을 종용하지 아니하며, 병술의 요점은 약한 적을 굴복시키는 것이라 생각하였다. 그러므로 모략을 써서 적을 굴복시키는 것이 죽음이나 부상 등 참해를 피하는 방법이라고 말하였다. 예로부터 전해지기를, 손자는 동(同)을 말하고, 오자(吳子)는 화(和)를 말했다고 한다. 동(同)이란 백성들의 마음이 하나가 된다는 것이고, 화(和)란 백성들의 마음을 친화롭게 한다는 뜻이다. 시계편(始計篇)에서 이르기를, "병(兵)은 국가의 대사이다. 그것은 생사의 땅이요, 존망의 도이다. 그러므로 잘 살피지 않을 수 없는 것이다."[2]고 하였다. 이 말은 손자병법의 강령이라 하겠다.

오자(吳子)

오자의 이름은 기(起)이고, 위(衛)나라 사람이다. 일찍이 증자(曾子)를 스승으로 모셨는데, 어머니가 죽어도 찾아뵙지 아니하자 증자가 그를 버렸다. 노(魯)나라에 가서 병법을 배우고 임금을 섬겼다. 나중에는 위문공(魏文公)의 장군이 되기도 하였고, 초도왕(楚悼王)의 재상이 되기도 하였다. 초(楚)나라에 있을 때 인접국들을 평정하는 데 큰 공을 세워 그 활약이 손자에 뒤떨어지지 않았다. 그러나 천성적으로 잔인하고 각박하여 나라를 어지럽히는 자를 활로 쏘아 죽여 버렸다. 『한서예문지』에는 「오기」(吳起) 48편이 있었다고 하나, 오늘날 남아 있는 것은 ① 도국(圖國), ② 요적(料敵), ③ 치병(治兵), ④ 논장(論將), ⑤ 응변(應變), ⑥ 여사(勵士) 등 6편이다. 모두가 오자(吳子) 자신이 찬한 것은 아니고, 그 문하생들이 모아 편집한 것이다. 손자와 비교할 때 조금 떨어지는 감은 있으나, 그 이론의 정확성과 질서정연함은 예로부터 보기 드문 것으로 손자와 더불어 병서들 중의 걸작이라 할 수 있다. 오자는 화(和)를 병략의 요체로 삼고 있으며, 예우(禮遇)로써 군사들을 고무시키는 것이 필요하다고 말하였다.

위료자(尉繚子)

위료자의 행적(行蹟)은 분명치가 않아 예로부터 이설들이 많다. 『사기』(史記)

---

2) 兵者國之大事, 死生之地存亡之道, 不可不察.

의 「진시황」(秦始皇) 본기(本紀)에는 위료(尉繚)가 나오나 『위료자』라는 저서에 대해서는 알 수가 없다. 위(魏)나라 사람으로 귀곡(鬼谷)이라는 사람의 뛰어난 제자라고 주장하는 사람도 있다. 『한서예문지』에서는 위료를 병가학파 속에 포함시키고, 그의 저서가 31편이 된다고 기록하고 있다. 그러나 오늘날 전하는 것은 겨우 24편으로, (1)천관(天官), (2)병담(兵談), (3)제담(制談), (4)전위(戰威), (5)공권(攻權), (6)수권(守權), (7)12능(十二陵), (8)무의(武議), (9)장리(將理), (10)원관(原官), (11)치본(治本), (12)전권(戰權), (13)중형령(重刑令), (14)오제령(伍制令), (15)분새령(分塞令), (16)속오령(束伍令), (17)경졸령(經卒令), (18)근졸령(勤卒令), (19)장령(將令), (20)종군령(踵軍令), (21)병교상(兵敎上), (22)병교하(兵敎下), (23)병령상(兵令上), (24)병령하(兵令下)이다. 문장이 간명하면서도 웅기하여 주해(註解) 없이도 문리가 분명하다. 그렇기 때문에 예로부터 『위료자』를 주해한 자가 없었던 것이다. 24편의 글들은 모두 이치를 바르게 하고 법(法)을 밝히는 것으로 되어 있을 뿐, 권모술수에 대해 논한 것은 없다. 아울러 병(兵)이란 좋아해서 사용하는 것이 아니며, 병법은 사람을 죽이고 다치게 하는데 있는 것이 아니라고 역설하였다. 전국시대적 상황에서 그가 지인(至仁:지극히 인자한 사람)이 지불인(至不仁:지극히 불인한 사람)을 토벌하는 것을 병법의 진수로 삼은 것은 실로 흠모하지 않을 수 없는 탁견이라 하겠다.

제9장 잡가(雜家)

유가 · 도가 · 양가 · 묵가 · 법가 · 명가 · 병가 중의 어느 학파에도 속하지 않은 사람들을 잡가(雜家)라고 부른다. 그 중에서 두드러진 것이 제설들을 절충 조화하여 하나의 절충조화파(折衷調和派)를 이루고 있다는 것이다. 잡가(雜家)라는 용어를 사용함에 있어서도 옛날과 지금의 해석이 일정하지 않다. 협의로 그것을 해석하면 절충조화파를 잡가라 부를 수 있는 것이다.

절충조화파(折衷調和派)

자기의 견해를 제가(諸家)의 학설들의 장점을 취하여 세웠던 자들이다. 유가와 도가를 혼합하기도 하고, 유 · 도 · 법 · 병을 혼합하기도 하며 그 종류가 매우 많아 여기서 다 서술할 수가 없다. 따라서 여기서는 중요한 두 세 개의 설을 살펴 볼 수 있을 뿐이다. 앞서 거론했던 관윤자(關尹子), 할관자(鶡冠子) 등은 도가(道家)를 중심으로 하여 제설의 장점을 취하고 있는데, 이들도 이 학파에 속한다고 볼 수 있다.

송경자(宋牼子): 송(宋)나라 사람으로 맹자, 장자와 동시대 사람이다. 황노의 과욕주의(寡欲主義)와 묵자의 비공주의(非攻主義)를 절충하여 과욕비공주의(寡欲非攻主義)를 주장하였다. 그가 이상으로 삼고 있었던 것은 천하의 안녕과 평화, 그리고 백성들의 의복이 무궁무진할 것 등이다. 그리하여 즐거움을 만끽하며 천수를 누리는 것이다. 이러한 목적에 도달하려면 반드시 백성들로 하여금 욕심을 버리며 공벌(攻伐)을 금지토록 하여야 한다고 생각하였다. 전국시대를 맞이하여 천하의 사람들이 사사건건 공벌을 일삼고 있을 때 이처럼 만국평화라는 견해를 제시한 것은 분명 존경받을 만한 일이다.

안자(晏子): 이름은 영(嬰), 휘호는 평중(平仲)으로 제(齊)나라 사람이다. 역대로 영공(靈公), 장공(莊公), 경공(景公)에게서 벼슬하여 제(齊)나라의 중책을 담당한 사람이었다. 그의 저서로는 『안자』(晏子) 혹은 『안자춘추』(晏子春秋)라 하는 책이 있다. 학설상의 계통은 불분명하여, 유가에 포함시키기도 하고 묵가에 포함시키기도 한다. 그의 저서에는 유가의 육경(六經)의 내용이 있기도 하고, 묵가의 절약하고 검소한 행동을 하라는 절검역행(節儉力行)의 내용이 들어 있기도 하다. 요컨대, 안자는 유가와 묵가를 혼합한 공리주의자라 하겠다. 그가 주장하는 공리주의는 일면 관중(管仲)과 비슷하다. 그러하기에 예로부터 관·안공리설(管晏功利說)이라 함께 불러왔던 것이다.

자화자(子華子): 정자(程子)에 의하면 그의 이름은 주(朱)이고 자는 자화(子華)로 진(晉)나라 사람이다. 공자(孔子)와 동시대의 인물이다. 공자가 일찍이 자화자를 만나고는 천하의 현사(賢士)라고 극찬한 바 있다. 그의 우주관은 도가의 사상을 잇고 있으며, 윤리설은 유교를 바탕으로 묵가를 혼합한 것이다.

시자(尸子): 이름은 교(佼)이고 노(魯)나라 사람이다. 맹자와 동시대 인물이며, 진상군(秦商君)의 스승이기도 하였다. 그의 저서로는 20편이 있다. 그가 말하기를, "묵자는 겸(兼)을 귀하게 여기고, 공자는 공(公)을 귀하게 여기며, 황자(皇子)는 충(衷)을 귀하게 여기고, 전자(田子)는 균(均)을 귀하게 여기고, 열자(列子)는 허(虛)를 귀하게 여기고, 요자(料子)는 별(別)을 귀하게 여긴다. 원래 그 학문의 상(相)은 오래지 않아서 모두 사사로움을 덮어 버리게 된다."[1]고 하였다. 여기에서 우리는 시자(尸子)의 조화적 태도를 엿볼 수가 있다. 시자는 여러 설 중에서도 유가와 묵가를 중시하여, 이 두 설의 조화적인 의(義)를 자기 학설의 근본사상으로 삼고 있다. 의(義)를 중시하는 점은 유·묵의 공통적인 것이다.

종횡가(縱橫家)

권모술수이야 말로 전국시대에서 승리할 수 있는 도(道)라고 제후들에게 설교하고 다닌 자들이 이 종횡가들이다. 귀곡자(鬼谷子)와 그의 문하인 소진(蘇秦),

---

1) 墨子貴兼, 孔子貴公, 皇子貴衷, 田子貴均, 列子貴虛, 料子貴別: 原其學之相非數世, 皆弇於私也.

장의(張儀) 등이 이 학파의 대표적인 인물들이다.

귀곡자(鬼谷子): 초(楚)나라 사람으로, 전기(傳記)도 이름도 알 수 없다. 주(周)나라 때 귀곡(鬼谷)에 은거하여 살아서 자호로 귀곡선생(鬼谷先生)이라 했다. 오늘날 『귀곡자』(鬼谷子)라는 저서 2권이 있다. 그의 설에 따르면, 도(道)란 천지를 이루는 교묘하고 불가사의한 신령(神靈)이다. 천지의 일체의 만물은 모두 이 신령으로부터 만들어진다. 그러므로 모두가 일정한 법칙의 지배를 받게 된다. 이 도(道)를 아는 것은 모두 마음의 작용이다. 마음이 발함은 입에 있다. 즉 지의(志意)·희욕(喜欲)·사려지모(思慮智謀) 등은 입을 통하여 출입하는 것이다. 그러므로 술(術)이 있으려면 우선 부득이 그 적의 상황을 상세히 알아야 하고, 주인을 설득하려면 주인의 마음을 우선 상세히 알아야 하는 것이다. 이것을 취(揣)라 말한다. 일체의 사물은 상호교류하며, 따라서 하나의 단서를 미루어 능히 다른 단서를 알 수가 있게 된다. 이를 일컬어 마(摩)라고 한다. 마시(摩時)에 응하여 오는 것을 부(符)라고 한다. 요컨대, 종횡가들은 천지의 이치를 쫓아서 동정변화(動靜變化)를 관찰하며 자기의 의지를 관철시키는 것에 주안점을 두고 있다.

소진(蘇秦)과 장의(張儀): 둘 다 귀곡선생을 스승으로 모셨고, 그의 학설을 천하에 실천하기 위하여 때와 사람을 기다렸다. 전국 7웅이 서로 다투고 천하 인심은 흉흉했다. 그 중에 진(秦)나라는 서쪽의 함곡관(函谷關)에 근거하여 일대 대국을 건설하여 항상 산동의 여러 나라들을 위압하고 있었다. 산동의 제국들은 서로 힘을 합치지 않고는 진(秦)나라를 제어할 수 없는 상황이었다. 소진(蘇秦)이 이런 상황을 감지하고는 6국합종(六國合從)을 유세하고 돌아다녔다. 합종이란 산동의 여섯 나라(조·한·위·연·제·초)의 동맹을 의미한다. 그리하여 소진은 동맹조약의 장이 되고 6국의 재상을 겸하면서 마치 왕처럼 위세를 부렸다. 그러나 진(秦)이 제(齊)와 위(魏)나라를 속이고 조(趙)를 정벌해 버리자 동맹조약은 깨지고 말았다. 이번에 장의(張儀)가 권모술수를 부리며 연횡(連橫)을 주장하였다. 연횡이란 6국이 진나라와 개별적으로 횡적인 조약을 맺는 것이다. 합종이 파괴되고 연횡이 이루어지자 장의의 세력은 매우 막강해졌다. 그 후에 연횡이 깨지자 다시 합종을 주장하였다. 소진(蘇秦)과 장의(張儀)는 일개의 서생으로서 교묘하게 왕들의 마음을 사로잡고 일약 재상의 지위에까지 오른 사람들이었다. 이 때문에 천하의 선비들이 다투어 그들을 본받으려 하였다. 예를 들어, 공손연(公孫衍), 소대(蘇代), 소려(蘇厲), 주최(周最), 누완(樓緩) 등은 그 대표적인 인물들이었다.

잡가(雜家) 중 위에서 서술된 것 이외에도 농가(農家), 음양가(陰陽家), 소설가(小說家) 등이 있는데 생략한다.

유가(儒家)이외의 제가(諸家) (요약)

도가(道家)

✤ 노자(老子)

❐ 학설적 연원

(1) 제1설: 지형적인 영향. 남방은 기후가 온화하고 땅이 비옥하여 무위자연(無爲自然)의 설이 발생하는 데 적합함.

(2) 제2설: 인도의 바라문[波羅門]의 영향. 노자의 사상은 중국 고유의 사상과는 부합되지 않으며, 따라서 노자사상은 인도사상의 계통에 속함.

(3) 제3설: 용성(容成)의 사상에 바탕을 둠. 용성(容成)은 태고시대의 선인(仙人).

(4) 제4설: 역(易)사상에 연원. 역(易)사상에는 노자의 사상과 부합되는 측면이 많음.

(5) 제5설: 사관(史官)에서 출발. 사관직(史官職)에 있는 자들이 옛날 사람들의 성패(成敗)의 사례를 검토하고는 이 설을 주창함.

(6) 제6설: 시대적인 반동으로 생겨남.

(7) 제7설: 황제(黃帝) 이래 중국사상 속에 이미 준비되어 있었는데, 노자가 이 중 한 측면을 집대성한 것임.

❐ 철학설(哲學說)

(1) 우주관(宇宙觀)

① 우주론에 대해 가장 심오한 사색을 시도한 것이 노자 학파의 특징.

② 우주(宇宙)와 심령(心靈) 사이에는 밀접한 관계가 있다고 봄. 우주의 본체가 곧 우리 마음의 본체임.

(2) 본체론(本體論)

① 본체를 도(道)라고 함.

② 도(道)란 ⓐ인식, ⓑ시간 · 공간, ⓒ인과율, ⓓ상대계를 초월한 것으로, 천지만물의 존재보다도 앞선 것.

③ 도란 천지만물의 본원으로, 무명(無名)이면서 현묘한 것임. 그것이 발동함에 미쳐서는 유명(有名)으로 중묘(衆妙)의 문(門)이 되어 천지만물을 생성하게 됨.

④ 도는 만물을 낳을 수 있는 능력을 갖고 있는 동시에 만물을 섭렵할 수 있는 지배력도 갖고 있음.

(3) 현상론(現象論)

① 일체의 현상은 모두 본체로부터 나옴.

② 본체는 허무(虛無)하고 인식을 초월한 것임. 그러나 아무 것도 없이 전무(全無)한 것은 아니며 만물을 낳는 능력을 갖고 있음.

③ 도(道)는 일(一)을 낳고, 일(一)은 이(二)를 낳고, 이(二)는 삼(三)을 낳고, 삼(三)은 만물을 낳음(만물발생의 순서).

④ 본체는 무위(無爲)하여 하등의 의지도 없으나 자연스럽게 만물을 발생함.

(4) 인성론(人性論)

① 비록 인성의 선악에 대해서는 분명하게 말하지 않았지만, 성선설(性善說)에 입각하고 있는 것이 사실임.

② 노자는 태고시대의 순박한 사회를 이상으로 여기기 때문에 인성은 선하다고 가정함.

(5) 인생관(人生觀)

① 태고시대의 사회를 이상으로 여기기 때문에 그는 혼탁한 사회를 싫어하고 은둔하는 염세론을 기도함.

② 비록 현세적 사회를 싫어하여 기피하였으나 소극적 해탈을 주장하기보다는 이상적 사회를 실현하고자 함.

③ 삶이란 도(道)가 발현하는 기간이며, 죽으면 다시 도(道)에 돌아가는 것으로 봄. 즉, 생사(生死)란 도(道)의 변화에 불과한 것.

❒ 윤리설(倫理說)

(1) 목적론(目的論)

① 철학설의 기본사상을 윤리설의 기초로 삼고 있음. 도(道)에 복귀함을 윤리의 최고 목적으로 봄.

② 도(道)에 복귀함이란 청허무위(清虛無爲)하여 자연상태를 보존하는 것.

③ 도(道)의 무위자연(無爲自然)은 마치 갓난아기[嬰兒]의 상태와 같음. 따라서 도(道)에 합치되는 것이란 갓난아기[嬰兒]의 상태로 돌아가는 것임.

(2) 수양론(修養論)

① 도(道)에 돌아감이란 현상계를 떠나는 것이 아니라 실재계(實在界)에 돌아가는 것. 인간은 대우주에 합치될 수 있음.

② 도(道)로 돌아가는 방법은 다음과 같음.

ⓐ 인위적인 것을 배척하고 무위자연으로 돌아감.

ⓑ 적극적이 아니라 소극적이 됨(동적인 것에서 정적으로, 양에서 음으로).

ⓒ 청정염담(清靜恬淡)을 중시함(명리에 대한 생각을 끊고 지혜를 버림).

ⓓ 겸손하여 다투지 않음, 즉 마음을 겸허하게 하여 다른 사람과 다투지 않음.

③ 처세상 필요한 여러 도덕을 주장함.

❐ 정치설(政治說)

(1) 목적론(目的論)

① 노자의 정치설은 윤리설을 정치적으로 논구한 것에 불과.

② 정치의 최고 목적은 태고시대처럼 순박한 사회로 돌아가는 것.

(2) 방법론(方法論)

① 정치적 이상을 달성하려면 무위자연의 정치를 하면 됨.

② 무위자연의 정치란 일체의 예악형정(禮樂刑政)을 폐지하고 백성들로 하여금 마치 갓난 아기처럼 무지무욕(無智無欲)하게 하는 것.

③ 노자의 정치설은 치자(治者)가 간섭을 안 하는 방임주의임.

④ 노자는 소극주의적인 견지에서 전쟁을 배척함.

❐ 계승자(繼承者)

(1) 개설

① 노자사상은 여러 방면에 영향을 줌.

② 양가(楊家) · 명가(名家) · 형가(刑家) · 법가(法家) 등은 노자로부터 직접 간접으로 영향을 받음.

③ 노자철학을 이어받고 그 근본사상을 계승한 정통학파는 도가(道家)임.

(2) 도가(道家)

① 『한서예문지』에 도가는 37명에 938편이 실려 있으며, 중요한 인물로는 관윤자(關尹子), 열자(列子), 장자(莊子) 등이 있음.

② 관윤자(關尹子): 노자의 도(道)에서 한 걸음 더 나가 만유신교(萬有神敎)적인 사상을 주장함.

③ 열자(列子): 따로 설명함.

④ 장자(莊子): 따로 설명함.

❐ 공자 · 노자의 비교

(1) 다른 점

① 공자의 사상은 윤리적, 노자의 사상은 철학적.

② 공자의 사상은 사회적, 노자의 사상은 비사회적.

③ 공자의 사상은 경험적이고 실제적, 노자의 사상은 형이상학적.

④ 공자의 사상은 적극적 · 진보적, 노장의 사상은 소극적 · 퇴보적.

⑤ 공자의 사상은 세간적(世間的), 노자의 사상은 출세간적.

⑥ 공자의 사상은 낙천적, 노자의 사상은 염세적.

(2) 공통점

① 공자와 노자는 모두 상고주의자(尙古主義者).

② 공자와 노자는 공히 윤리설을 확대하여 정치설로 삼고 있음.

③ 공자와 노자는 모두 수기치인(修己治人)을 근본으로 삼음.

④ 공자와 노자는 모두 경세치국(經世治國)의 경륜을 주장.

✣ 열자(列子)

❐ 요지

(1) 전하는 바는 상세치 않으나, 명리를 탐하지 않고 은둔하면서 도를 즐긴 사람.

(2) 저서로 남아 전하는 것은 『열자』 8편이 있으나, 사람들은 대부분 그것이 그의 제자들에 의해 만들어진 것으로 보고 있음.

(3) 노자의 소극주의적이고 퇴보주의적인 면과 비교해 볼 때 매우 큰 발전이 있음.

❐ 철학설(哲學說)

(1) 우주론(宇宙論)

① 우주의 본체를 허무(虛無)라 함. 노자가 사용한 도(道) 자는 없음.

② 유명(有名)의 현상세계(現象世界)는 무명(無名)의 진실세계(眞實世界)로부터 나오는 것임. 본체는 무명(無名)임.

③ 본체로부터 만물이 생김에 태역(太易), 태초(太初), 태시(太始), 태소(太素)의 4단계를 경과함.

(2) 정명론(定名論)

① 열자는 극단적 정명론자인 바, 역명편(力命篇)에서 그것을 명백히 밝히고 있음.

② 자유의지를 절대 부정하여 인간의 일거일동이 모두 명(命)의 자연스런 발현으로 봄.

(3) 사생관(死生觀)

① 생사는 본체의 변화에 불과. 기뻐하거나 슬퍼할 이유가 없는 것임.

② 죽음은 돌아가는 것이라 봄으로써, 명백하게 윤회전생설(輪廻轉生說)을 주장하고 있음.

❐ 윤리설(倫理說)

(1) 이상론(理想論)

① 무위자연적인 생활을 하는 것을 윤리의 최고 이상으로 봄.

② 사회에 나아가 공헌하기보다는 차라리 물러나 일신을 청결히 간직하는 것이 바람직함.

(2) 방법론(方法論)

① 무위자연적인 생활을 하는 방법은 마음을 제거하는 것임.

② 마음을 제거함이란 훼예포폄(毁譽褒貶:남을 칭찬하거나 헐뜯으며 평가하는 것)을 떠나고, 이해득실을 돌아보지 않으며, 그윽이 허무(虛無)에 합일하는 것임.

③ 우주의 진리에 합일하고 해탈의 극치에 도달한 사람을 신인(神人), 지인(至人)이라 함.
④ 신인(神人)은 신기한 신통력을 지녀 물 불 속에서도 종횡무진함.

❐ 정치설(政治說)

(1) 윤리설과 비슷, 근본사상을 정치설로 삼음.
(2) 무위자연적인 생활을 정치의 이상으로 봄. 그 이상을 달성한 국가를 화서씨국(華胥氏國)이라 부름.
(3) 노자보다 더 방임주의적임.

❐ 노자 · 열자의 비교

(1) 노자는 태고의 순박했던 시대를 이상적 사회로 보았는데, 열자는 그 이상적 국가를 화서씨국(華胥氏國)이라 함.
(2) 노자는 고대의 성인을 이상적 인물로 보았는데, 열자는 신인(神人)을 주장함.
(3) 노자는 소극주의적이나 경세치국의 경륜을 주장한 데 대하여, 열자는 우화등선(羽化登仙)적인 해탈을 주장.
(4) 노자는 출세간적 사상 속에서도 처세적인 실천도덕의 필요성을 주장한 데 대하여, 열자는 철저히 출세간적 태도를 보임.
(5) 노자는 천도(天道)와 인도(人道) 사이의 감응(感應)을 인정한 데 대하여, 열자는 극단적 정명론(定名論)을 주장함.
(6) 노자는 환상과 꿈을 말하지 않았는데 대하여, 열자는 그것에 대해 누누히 언급하고 있음.

✚ 장자(莊子)

❐ 요지

(1) 맹자와 동시대에 살았으나 서로 만날 기회는 없었음.
(2) 천성이 넓고 강직하고, 학문과 문장에 뛰어났고 아울러 논변도 월등하였음.
(3) 『장자』 1권이 현재 전하는데, 33편으로 내(內) · 외(外) · 잡(雜)의 3부로 나뉘어 있음.
(4) 가장 뛰어난 도가철학자로써, 노자의 사상을 더욱 발전시킴.

❐ 철학설(哲學說)

(1) 우주론(宇宙論)
① 노자와 같이, 도(道)를 우주의 본체로 봄.
② 본체는 허무하고 절대 무차별하며, 시간과 공간을 초월함.
③ 노자의 본체론보다 진일보, 무(無) 위에 무무(無無)가 있다 함.
④ 도(道)는 천지만물의 본체이므로 처하여 존재하지 않는 곳이 없음.

(2) 현상론(現象論)

① 본체로부터 나온다는 만물일체설을 주장.

② 현상계의 만물이 모두 본체로부터 발생하는데, 사람이 되고 만물이 되고 하는 것은 우연적인 것임.

③ 사람으로 태어났다고 해서 결코 기뻐할 것이 없음.

(3) 숙명론(宿命論)

① 사람이나 다른 만물이나 마찬가지로 본체의 우연적인 발현임.

② 인간만사가 모두 조물주의 마음에 달린 것, 즉 일체가 천명(天命)에 달렸음.

③ 다른 숙명론자보다 더 진일보, 인위적인 작용까지도 천명에 돌림(절대적인 숙명론).

(4) 사생관(死生觀)

① 달관대도하여 생과 사에 대한 구별이 없음.

② 살았다고 기뻐할 것이 아니요, 죽었다고 슬퍼할 것이 아님. 인생이란 꿈과 같은 것.

③ 일찍이 꿈에서 나비를 본 것을 예로 들어 인생이 꿈과 같음을 상세하게 설명함.

④ 외롭게 죽은 자는 손님이 타향에 오래 머물러 고향으로 돌아가기를 싫어하는 자와 같음.

(5) 변증법(辯證法)

① 변증법에 필생의 힘을 기울임.

② 춘추전국 시대적 상황은 변론술의 발달을 촉진하였고, 변론술을 종지로 삼는 한 학파까지 탄생함.

③ 장자는 시대적 영향을 받아 변증적으로 자신의 학설을 서술함.

④ 장자의 변증술에서 특징적인 것은 상대변(相對辯)과 대동변(大同辯)임.

⑤ 상대변(相對辯)이란 상대가 믿을 수 없는 것을 논하는 것으로, 절대의 경지에서 소요(逍遙)하고 자적(自適)하는 것을 말함.

⑥ 대동변(大同辯)이란 당시의 유행하는 물론(物論)을 대파하여 무차별의 경지로 크게 돌아가는 것.

❐ 윤리설(倫理說)

(1) 목적론(目的論)

① 윤리의 최고 목적을 철학설에서 구함.

② 우주본체의 도로 복귀하는 것이 윤리의 궁극 목적.

③ 도에 복귀하는 것이란 상대적인 유한세계를 벗어나 절대적인 무한의 세계에서 소요하는 것.

④ 도에 복귀한 이상적 인물을 지인(至人), 진인(眞人)이라 함.

⑤ 지인의 경지에 도달한 사람은 불에 들어가도 타지 않으며 물에 들어가도 빠지지 않음.

(2) 방법론(方法論)

① 장자의 수양론은 지인의 경지에 도달하여 해탈하는 것임.

② 지인의 경지에 도달하려면 마땅히 무위자연의 대법을 좇아 그 마음을 허무하게 가져야 함.

③ 수양의 방법은 순서가 있음.

(3) 인의배척(仁義排斥)

① 인의(仁義)는 해탈을 방해한다고 봄. 극단적으로 그것을 배척함.

② 인의를 따르나 재화를 따르나, 그 따르는 것은 동일한 것.

③ 삶을 해치고 본성을 상하게 하는 것은 군자나 소인이나 같음.

(4) 처세법(處世法)

① 현세를 벗어나 무하유(無何有)의 고을에서 소요하면서 천수를 보전하는 것이 처세의 목적임.

② 그것의 적극적 방법; 일체의 현세적 일에서 벗어나 염담(恬淡)한 생활을 함.

③ 그것의 소극적 방법; 현세적 인물에 보탬이 없게 함.

❒ 정치설(政治說)

(1) 현세에서 이탈하는 것이 인생의 궁극적 목적이기에, 정치론을 생각지 않음.

(2) 초왕(楚王)의 초빙을 받았을 때도 무용장생론(無用長生論)을 주장하며 초빙을 사양함.

(3) 장자는 비록 정치를 도외시하였으나, 그 학설은 정치적으로 적용할 수 있음.

(4) 장자학도들은 장자의 논지를 따라 정치를 논하고 있는데, 재유편(在宥篇)에서 장자의 정치론이 보인다고 말하고 있음.

✚ 할관자(鶡冠子)

❒ 요지

(1) 이름과 성이 불분명함. 깊은 산에 은거하였고 할단새[鶡]의 깃으로 관을 만들어 썼다 하여 그것이 이름이 됨.

(2) 저서로『할관자』3권 19편이 있음.

(3) 비록 황·노와 형명(刑名)이 혼합된 사상이나, 대체로 보면 노자의 계통에 속한다고 볼 수 있음.

❒ 철학설

(1) 도를 우주의 본체로 보며, 만물이 이 본체에서 나왔다고 봄.

(2) 본체로부터 만물이 발전하는 순서를 상세히 서술하고 있음.

(3) 우주가 만물을 지배한다고 보며, 원근에는 모두 변화의 이법(理法)이 있다고 함.

(4) 만물을 지배하는 우주의 이법을 명(命)이라고 함.

❐ 윤리설

(1) 만물이 명(命)으로 말미암아 지배됨.

(2) 성인은 명(命)을 알며, 도덕은 능히 명(命)을 체인(體認)하는 것.

(3) 인의 · 예악을 중시하는 점은 공 · 맹학설과 부합됨.

(4) 성인의 도는 사람보다 앞서고, 사람의 도는 병기보다 앞선다는 두 구절은 병가(兵家)의 설과 비슷함.

양가(楊家)

✤ 양자(楊子)

❐ 요지

(1) 사적(事蹟)이 불분명하고, 저작도 없음. 그의 학설은 『장자』와 기타 다른 책을 통하여 겨우 알 수 있음.

(2) 학설상의 계통에 대해서는 여러 가지 이설들이 많음.

(3) 그래도 양자의 학설은 노자계통에 속한다고 보는 견해가 지배적임.

❐ 철학설

(1) 우주관(宇宙觀)

① 명백한 정명론(定命論)을 주장.

② 일체의 현상이 모두 필연적이고 자연적인 법칙에 지배당함.

③ 수요(壽夭) · 시비(是非) · 순역(順逆) · 안위(安危) 등은 모두가 명(命)인 것이며, 자유의지로 어떻게 할 수 있는 것이 아니라고 함.

(2) 인생관(人生觀)

① 명백한 염세관을 주장.

② 생사가 명에 달린 것이며, 인간은 죽음을 면할 수가 없음.

③ 현세에서 비록 현우 · 귀천의 차별이 있지만 죽으면 누구의 육체도 모두 썩어 문드러지는 것.

④ 현세에서 살아있는 기간이란 매우 짧은 것. 100세 수명을 다 채우는 자가 매우 적음.

❐ 윤리설

(1) 요지

① 정명론(定命論)과 염세관(厭世觀)에 근거하여 극단적인 쾌락주의와 이기주의를 주장.

② 인생은 아침이슬과 같은 것. 살아 있을 때 모두 쾌락을 충분히 즐겨야 함.

③ 인간이 응당 추구해야할 쾌락은 ⓐ 화려한 집, ⓑ 아름다운 옷, ⓒ 맛있는 음식, ⓓ 자태로운 여자 이외의 것이 아님.

④ 항상 인간생활을 불안하게 만드는 것은 수명 · 명예 · 지위 · 재물임.

⑤ 수명 · 명예 · 지위 · 재물을 배척하고 진정한 쾌락을 얻어야 함.

(2) 특색

① 염세적 인생관에 기초한 쾌락주의.

② 육체적 쾌락주의.

③ 감각적, 찰라적 쾌락주의.

④ 개인적 쾌락주의.

(3) 기타

① 쾌락설에 기초한 안심입명론(安心立命論)과 양생론(養生論)을 주장함.

② 안심입명론이란 진정한 쾌락을 얻어 유유자적하는 생활을 함.

③ 양생(養生)이란 욕심을 마음대로 하여 나머지 생을 즐김.

④ 쾌락설의 견지에서 고대 성현들을 혹평함.

묵가(墨家)

✤ 묵자(墨子)

❐ 요지

(1) 주(周)나라 말기의 대 유학자. 철학의 일가를 이루었을 뿐만 아니라 기계술에도 능함.

(2) 난세를 보고 깊이 개탄하고 사방을 분주히 돌아다니며 공리공익을 소리 높여 주장함.

(3) 유작으로 53편이 있으나 자작은 아님. 그러나 그 사상은 일관되고 있음.

(4) 그의 학설은 한 때 많은 세력을 뻗쳐 천하를 풍미한 바 있음.

❐ 학술상의 계통

(1) 제1설: 대우(大禹)의 사상을 계승한 것.

(2) 제2설: 주사각(周史角:주나라의 박식가)의 자손.

(3) 제3설: 처음에 유학을 배웠는데, 주(周)나라의 예(禮)의 번잡함에 염증을 느끼고 간소한 하례(夏禮)를 이어 배움.

(4) 제4설: 청묘(淸廟:주나라의 시조인 강원 姜源의 묘에 제사하는 것)를 지키는 것에서 시작.

(5) 제5설: 한 스승이 전하는 것을 지킨 것이 아니라 여러 가지 설을 참작하여 하나의 학파로 재조직.

❐ 철학설

(1) 논증법(論證法)

① 본(本) · 원(原) · 용(用)의 세 가지를 논증의 표준으로 삼음.

② 본(本): 천귀(天鬼)의 뜻과 선왕의 언행에 바탕을 둠.

③ 원(原): 선왕의 책에서 증거를 들고 백성들의 이목에 비추어 봄.
④ 용(用): 정치에 유용성이 있는지를 봄.

(2) 천론(天論)

① 중국 고래의 배천사상과 귀신관념을 도덕률의 기초로 삼음.
② 천(天)은 만물의 최고 표준으로 종교적 성질을 갖고 있는 주재자.
③ 천이 만물을 창조. 일체의 사회조직도 하늘의 뜻으로부터 생겨남.
④ 천은 상하 모두를 감독, 백성뿐만 아니라 천자도 지배당한다고 함.
⑤ 천이 상벌과 화복을 내림.

(3) 귀신론(鬼神論)

① 귀신은 천신(天神) · 지지(地祇) · 인귀(人鬼)의 세 가지로 분류됨.
② 본(本) · 원(原) · 용(用)의 논증법에 따라 귀신의 존재를 논증.
③ 귀신에게는 선악에 대해 상벌하는 힘이 있음.
④ 천(天)과 귀신의 관계는 불분명.

(4) 비명론(非命論)

① 정명론을 비난하고 비명론(非命論)을 주장. 묵자의 독창적인 면.
② 본 · 원 · 용 논법에 따라 정명(定命)의 존재를 부정함.
③ 묵자가 부정한 명(命)과 유교의 천명(天命)은 같은 개념이 아님.

❒ 윤리설

(1) 겸애설(兼愛說)

① 천(天)과 귀신이 만물의 표준이라는 철학설에 기초하여 겸애설을 주장.
② 선악의 구별은 하늘의 뜻에서 생겨남. 하늘이 하고자 하는 것은 사랑이요 앎임.
③ 겸애는 하늘의 뜻에 기초하는 도덕의 최고 원리.
④ 겸애란 친소구별이 없이 평등한 사랑.
⑤ 본 · 원 · 용의 논법에 따라 겸애를 주장.
⑥ 겸애설을 주장한 그 직접적인 목적은 사회를 구제할 경세의 방안을 제시하기 위한 데 있음.

(2) 교리설(交利說)

① 묵자는 겸애라는 말과 교리(交利)라는 말을 항상 병칭하고 있음.
② 겸애와 교리는 둘이면서 하나요 하나이면서 둘.
③ 교리는 인간의 일반적 행복을 의미, 즉 공중적(公衆的) 쾌락설.
④ 교리의 근거를 하늘의 뜻에서 연역, 이는 신의적(神意的) 공리설.

(3) 근검주의(勤儉主義)

① 겸애교리의 근본사상에 기초하여 근검주의의 실천도덕을 주장.

② 근검주의의 3강령: ⓐ절용론(節用論), ⓑ절장론(節葬論), ⓒ비악론(非樂論)

③ 절용론: 일상적 생활용품의 무익한 낭비를 살핌.

④ 절장론: 장례를 간단하게 함(유교의 후장론을 반대).

⑤ 비악론: 음악을 배척함.

❐ 정치설

(1) 실리설(實利說)

① 겸애교리 사상에 기초하여 실리주의를 주장.

② 백성들의 행복을 증진하는 것을 정치의 근본원리로 삼음.

③ 근검주의를 고취함은 백성들의 행복을 증진하는 방법.

(2) 비전론(非戰論)

① 겸애교리 사상에 기초하여 비전론(非戰論)을 주장.

② 전쟁은 무고한 인민을 해치고 백성들의 행복에 가장 배치되는 것.

③ 전쟁은 불인(不仁)·불의(不義)의 극치로 백해무익한 것.

(3) 방법론(方法論)

① 정치의 요도로 상현(尙賢), 상동(尙同)의 두 가지 조건을 듦.

② 상현(尙賢)이란 인재를 발굴하는 것. 천하가 다스려지느냐 어지러워지느냐는 현명한 선비가 많으냐 적으냐에 달린 것.

③ 상동(尙同)이란 백성들의 마음을 선도하는 것. 마땅히 백성들을 한 마음이 되도록 선도하여야 함.

❐ 유교·묵가의 비교

(1) 공통점

① 사회적이며 인륜을 중히 여김.

② 수신·제가·치국·평천하를 종국적 목적으로 삼음.

③ 하늘을 숭배하고 귀신을 존경하며 제례를 중시함.

④ 낙천적이고 상식적인 교리.

(2) 차이점

① 유교는 주례(周禮)를, 묵가는 하례(夏禮)를 채택하고 있음.

② 유교는 인(仁)을, 묵가는 겸애(兼愛)를 주장함.

③ 유교는 일종의 숙명론(宿命論)인데, 묵가는 명백한 비명론(非命論)을 주장하고 있음.

④ 유교는 후한 장례와 상을 오래도록 모시는 것을 주장하는 데 반해, 묵가는 장례를 간소하게 그리고 상은 짧게 모시는 것을 주장.

⑤ 유교는 예악을 치국의 요도로 삼는 데 반해, 묵가는 음악을 무익한 유물로 취급.

❒ 비판

(1) 장점

① 맹자는 양·묵을 모두 이단설의 대표적인 것이라 비난했지만, 묵자의 설은 양자의 얄팍한 설과는 같지 않음.

② 당시의 민심에 끼친 영향으로 볼 때 묵자의 설은 가히 유교와 대비될 수 있을 정도임.

③ 깊은 철학적 근거로 놓고 말한다면 유교보다도 우수함.

④ 변증법을 주장하여 논증의 기초로 삼은 것은 실로 탁견.

⑤ 민심이 매우 혼란한 시기에 넓은 평등적 사랑의 정신을 주장한 것은 가히 경의를 표하지 않을 수 없는 것.

⑥ 비전론(非戰論)은 파격적이고 영원불멸의 진리를 주장한 것.

(2) 단점

① 사랑(愛)과 이익(利)을 혼동하여 실리주의에 따를 것을 주장함.

② 극단적인 근검주의를 주장한 것.

법가(法家)

✤ 관자(管子)

❒ 요지

(1) 제환공(齊桓公)을 도와서 패업(覇業)을 달성한 공신.

(2) 저서로 오늘까지 전하는 것은 76편이 있으나, 모두 자작이 아님.

(3) 저서에서 주장하는 것들은 주로 재정(財政), 병마(兵馬), 병법(兵法), 도덕(道德) 등에 관한 것임.

❒ 정치설

(1) 전할 만한 학설은 정치임.

(2) 정치설에서 주요한 것은 패도를 크게 달성하는 것인데, 패도를 크게 달성하는 방법은 부국강병을 하는 데 있음.

(3) 원래 도가의 사상에 근거하여 법치로 무위의 정치를 달성하는 것을 정치의 이상으로 봄.

(4) 제도(帝道), 왕도(王道), 패도(覇道)에 대해 논변함.

(5) 치국의 3강령: ①백성을 부유하게 함, ②백성을 가르침, ③신명(神明)을 존경함.

(6) 부국에 도달하는 방법

① 소극적 방법: ⓐ 군주 스스로 사치를 금지하고 백성들의 힘을 기름.
ⓑ 백성들의 낭비를 막고 경비를 절약케 함.

② 적극적 방법; ⓐ 산림과 못을 경영함.

ⓑ 수리(水利)를 다스림.

ⓒ 잠업(蠶業)과 기타 부업을 부흥시킴.

ⓓ 목축을 장려 함.

(7) 관자의 정책은 농본주의이며 근검주의.

❐ 도덕설

(1) 도덕론을 정치설의 일부로 간주.

(2) 도덕론을 패자(覇者)가 필요한 도(道)로 봄, 즉 패자도덕(覇者道德).

(3) 패자도덕에는 사유(四維), 즉 예(禮) · 의(義) · 염(廉) · 치(恥)가 있음.

✤ 신자(申子)

❐ 요지

(1) 한소후(韓昭侯)에게서 벼슬하여 한(韓)나라의 세력을 유지시킨 현명한 신하.

(2) 『순자』(荀子)와 기타 다른 책을 통해 학설의 일단을 엿볼 수 있음.

❐ 학설(學說)

(1) 법(法)과 영(令)을 치도의 수단으로 삼음. 황제(黃帝)와 요(堯)임금의 정치까지도 모두 법치였다고 봄.

(2) 신자(申子)의 법과 오늘날의 법률과는 그 뜻이 같지 않은데, 그것은 인재등용술임.

(3) 인재등용의 법은 보고 듣는 것도 믿지 않고 지식도 믿지 않으며, 청허무위(靜虛無爲)하게 공적인 법에 입각할 뿐임.

(4) 사람의 보고 듣는 것, 지식 등을 믿기보다는 법술의 확실성을 더 신뢰함.

✤ 상자(商子)

❐ 요지

(1) 진효공(秦孝公)의 재상이 되어 기재를 발휘하여 나라를 강하게 만듦.

(2) 천성이 각박하여, 진효공이 죽은 후에는 참소되어 거열(車裂)형에 처해짐.

(3) 현존하는 저서로는 21편이 있음.

(4) 순수한 법치주의자로 철두철미하게 도덕을 배척함.

❐ 정치설

(1) 요점

① 신자(申子)가 오로지 술(術)을 논했다면, 상자(商子)는 전적으로 법(法)을 논함.

② 제도와 법률을 개정하는 것을 치국의 일차적 과제라 생각함.

③ 제도와 법률을 개정하는 목적은 부국강병을 실현하는 데 있음.

(2) 부국책(富國策)

① 농본주의적 제도를 정하여 국가의 성쇠는 농민이 많고 적음에 따라 정해진다고 봄.

② 농본주의 정책의 대요:

적극적 방법: ⓐ 농민을 존중.

ⓑ 강제적으로 농민에게 근로하도록 시킴.

소극적 방법: ⓐ 학문배척.

ⓑ 상인에게 쌀을 파는 것을 금지시킴.

ⓒ 여관 및 기숙하는 곳을 폐지시킴.

ⓓ 술과 고기에 대해서 세금을 과중하게 매김.

ⓔ 관세 및 영업세를 크게 함.

(3) 강병책(强兵策)

① 전쟁을 장려하여 국민들이 전쟁을 좋아하게 함.

② 엄격한 상벌을 적용하여 인민들의 용기를 고무시킴.

(4) 내치(內治)의 방법

① 법(法) · 신(信) · 권(權)을 치국의 3강령으로 삼음.

② 법을 시행할 때 엄중한 상벌을 적용.

③ 상벌 중에서도 벌을 더 중시하고 상은 보조수단으로 사용.

④ 중형(重刑)의 목적은 형벌을 소용없도록 만드는 데 있음.

❒ 도덕배척(道德排斥)

(1) 국가를 부강하게 하려면 오로지 백성들로 하여금 농사와 전쟁에 전력투구하도록 함.

(2) 학문과 도덕은 백성들이 농사와 전쟁에 전력하는 데 방해가 됨으로 강력하게 배척.

❒ 비판

(1) 군웅들이 서로 다투는 시대에 진나라의 패업을 달성시킨 그의 기재는 가히 경탄할 만한 것.

(2) 크게 패업을 달성한 정치설은 조밀하면서도 식견을 보여주는 것임.

(3) 오늘날의 도덕적 견지에서 말한다면 매우 비난받아야 할 것임.

✤ 한비자(韓非子)

❒ 요지

(1) 순자(荀子)의 문하에서 이사(李斯)와 동학하였고, 형명(刑名)과 법술(法術)에 능하였음.

(2) 당시 나라가 위급하고 존망의 위기에 처하자 한왕(韓王)에게 상서를 올려 간하였으나 받아들여지지 않았음.

(3) 진시황제가 한비자의 책에 감격하였는데, 이 때 진나라에 있던 이사(李斯)가 그것을 질시하여 한비자를 독살시킴.

(4) 저서로 20권 55편이 있는데, 모두 스스로 찬(撰)한 것임.

❐ 학설상의 계통

(1) 도가: 황·노의 무위자연설
(2) 유가: 순자의 예설
(3) 법가: 신자의 인재등용설
상자의 법치중형설
→ 조화: 선진(先秦) 사상계를 집대성.

❐ 정치설

(1) 요점

① 신자의 술(術;人材登庸論)과 상자의 법(法;法治論, 重刑論)을 조직적으로 결합함.

② 법과 술을 결합하여 법치 지상주의를 주장함.

(2) 법치설(法治說)

① 법치를 지상의 원리로 삼음.

② 유가·묵가 및 기타 정치설을 배척. 즉 유·묵은 뿌리만 지키고 노장은 술을 미혹한다고 생각.

③ 천하를 다스리는 최선의 도는 법률을 제정하여 엄격히 집행하는 것.

④ 법이 일단 제정된 후에는 군주나 권신도 변동할 수 없음.

⑤ 만약 한 나라의 법률이 제대로 정해져 있으면 비록 명석한 군주가 없더라도 그 나라는 부강하게 됨.

⑥ 순자의 성악론에 근거하여 법치 지상주의의 기초를 삼음.

⑦ 인성은 이기적이라 덕으로 교화할 수 없는 것임.

(3) 중형론(重刑論)

① 천하의 백성들이 모두 법을 잘 지키는 양민이 아님. 악인이 있기에 형벌이 필요함.

② 형벌은 법의 위력을 보여주는 것으로, 그것은 미연에 죄악의 발생을 방지하는 것이 목적.

③ 형벌은 모름지기 엄중해야. 삭금(鑠金)이 백일(百鎰)이라도 도적들이 훔치지 않을 것임.

④ 중형(重刑)을 쓰면 법을 범하는 악인이 없을 것임.

(4) 인재등용론

① 법률제도가 어떤 식으로든 잘 정돈되어 있으면 인재가 없더라도 천하는 다스려질 것임.

② 군주는 마땅히 신하의 재주와 능력을 식별하여 그 합당한 데 기용하여야 함.

③ 인재등용 시에 필요한 것은 허정(虛靜)하게 하여 본성을 감추는 것.

④ 군주가 마땅히 경계하여야 할 것은 동상(同牀), 재방(在旁), 부형(父兄), 양앙(養殃), 민맹(民萌), 유행(流行), 위강(威强), 사방(四方) 등의 8가지 간계임.

❐ 비판

(1) 다른 법가사상가와 마찬가지로 비난받을 점은 많음.

(2) 법치지상주의, 중형론, 인재등용론 등은 가히 논의될 만한 것임.

(3) 당시 시대적 상황을 고려할 때 그의 학설은 실로 탁견이라 할 것임.

명가(名家)

✤ 명가(名家)

❐ 개설

(1) 주(周)나라 말의 제 학파 중에 가장 사변력이 날카로운 학파.

(2) 명(名)과 실(實)의 관계를 밝히는 것을 목적으로 삼음(명이란 관념을 말하며, 실이란 밖의 사물을 말함).

(3) 비록 논리술에는 뛰어났지만, 자명한 이치에 대해서도 불만을 가져 궤변술을 펼 때가 왕왕 있음.

(4) 명가(名家) 중에는 법가적(法家的) 성격도 적지 않음.

(5) 등석자(鄧析子), 윤문자(尹文子), 혜시(惠施), 공손룡(公孫龍) 등은 명가 중에 뛰어난 인물들임.

❐ 등석자(鄧析子)

(1) 명가와 법가를 겸하였고, 궤변술을 쓰다 죄를 얻어 죽음을 당함.

(2) 명(名)을 따라 실(實)을 부과하는 명가에 바탕하여 군신관계(君臣關係)를 상세히 설파함.

(3) 그의 명실론(名實論)은 사람을 통제하고 신하를 부리는 기술이 됨.

(4) 궤변의 예: 산과 못은 평평함, 하늘과 땅은 같음, 낚싯바늘에 털이 있음, 계란에도 털이 있음.

❐ 윤문자(尹文子)

(1) 황 · 노의 대도사상에 근거하여 온건한 설을 주장함.

(2) 명실(名實)이라는 용어 대신 형명(形名)이라는 용어 사용, 형(形)과 실(實)은 같은 뜻의 용어.

(3) 형과 명이 비록 부합되더라도 항상 떨어져 버림. 그러기 때문에 형명론(形名論)이 필요한 것.

(4) 궤변을 폈던 것은 없고, 논의 중에 보면 항상 법(法)에 대해 말하는 것이 발견됨.

❒ 혜시(惠施)

(1) 저서가 자못 많았다 하나 남아 전하는 것은 없음.

(2) 담론을 보면 명가 중에서 가장 궤변적 성격이 강함.

(3) 궤변의 예:

① 닭은 발이 세 개이다. 두 발 외에도 건널 수 있는 능력이 있음.

② 날아가는 새의 그림자는 움직이지 않는다. 순간 동안은 움직이지 않기 때문임.

③ 쏜 화살은 움직이지 않는다. 역시 순간 동안은 움직이지 않는 것이기 때문임.

④ 흰 개는 검은 개이다. 그 눈이 검기 때문임.

(4) 궤변이 종국적인 목적은 아니었음. 명실을 바르게 하여 이상적 치세에 도달하는 것에 실제 뜻이 있었음.

❒ 공손룡(公孫龍)

(1) 조(趙)나라 사람으로 평원군(平原君)의 객이 됨. 유저는 불과 5편이 있음.

(2) 학설 중 유명한 것은 백마비마론(白馬非馬論)과 견백론(堅白論)이 있음.

(3) 백마비마론: 말(馬)은 형명(形名)이고, 희다(白)는 것은 색명(色名)임. 따라서 말과 흰 말은 같은 개념이 아님.

(4) 견백론: 단단한 돌과 하얀 돌은 그 개념이 같지 않음.

병가(兵家)

✤ 병가(兵家)

❒ 요지

(1) 전국시대에 출현, 전투법을 유세한 일파를 가리켜 병가라 함.

(2) 병가 중에는 제후의 군사가 되어 혁혁한 공을 세운 자도 적지 않음.

(3) 병가들은 병술에 대해서는 말했으나, 흉기[무기]를 쓰는 것에 대해서는 말하지 않았음.

(4) 손무(孫武), 오기(吳起), 위료자(尉繚子) 등이 유명한 학자.

❒ 손(孫)·오(吳) 이전의 병서(兵書)

(1) 『악기경』(握奇經): 황제(黃帝)의 신하인 풍후(風后)가 찬한 것이라 전해지고 있음.

(2) 『육도』(六韜): 태공망 여상(太公望呂尙)이 저술한 것으로 전해짐.

(3) 『삼략』(三略): 역시 태공망의 유저로 전해지고 있는데, 도덕을 중시한 병법론임.

❒ 손자(孫子)

(1) 오왕(吳王) 합려(闔閭)의 장수가 되어 인접국들을 위압하였음. 유저 13편이 있음.

(2) 유저의 문장이 매우 수미일관하고 조리 정연하여 병서 중 가장 걸작으로 알려지고 있음.

(3) 병술의 핵심은 인명을 다치지 않고 적을 굴복시키는 것.
(4) 그래서 손자는 동(同)을, 오자(吳子)는 화(和)를 강조하였음.

❒ 오자(吳子)
(1) 노군(魯君), 위문공(魏文公), 초도왕(楚悼王) 등을 섬기며, 큰 무공을 세움.
(2) 천성이 매우 각박하여 난신들에게 죽음을 당함. 유저 6편이 있음.
(3) 논설이 정확하고 질서정연하기가 손자와 비슷.
(4) 전적으로 화(和)를 병법의 요체로 삼아, 예우(禮遇)로 병사들을 독려할 필요가 있음을 주장.

❒ 위료자(尉繚子)
(1) 사적은 불분명하고, 유저로 24편이 있음.
(2) 문장이 간단하면서도 힘이 있어 주해 없이도 자명하게 이해됨.
(3) 정리(正理)와 명법(明法)을 주장하고 권모술수를 주장하지 않음.
(4) 지인(至仁)으로 불인(不仁)을 주살하는 것이 병법의 요체라고 한 주장은 실로 탁견이라 할 것임.

잡가(雜家)

✣ 잡가(雜家)

❒ 요지
(1) 잡가에 대한 정의는 정설이 없음.
(2) 이 책에서는 유 · 도 · 양 · 묵 · 법 · 명 · 병 등의 제가에 속하지 않은 자들을 잡가로 보았음.
(3) 잡가 중에 유명한 것은 절충조화의 설을 주장하는 이들로 스스로 한 학파를 형성하고 있음.

❒ 절충조화파
(1) 자신의 견해를 수립함에 있어 제 설의 장점을 뽑아서 만듦.
(2) 관윤자(關尹子): 생략.
(3) 할관자(鶡冠子): 생략.
(4) 송경자(宋牼子): 황 · 노의 과욕주의(寡欲主義)와 묵자의 비공주의(非功主義)를 절충.
(5) 안자(晏子): 유 · 묵을 절충한 공리주의자(功利主義者).
(6) 자화자(子華子): 우주관은 도가를 따르고, 윤리설은 유교를 주로 하여 묵가를 혼합.
(7) 시자(尸子): 특히 유 · 묵을 중시하여 두 설의 의(義) 개념을 조화하여 자기 학설의 근본

으로 삼음.

❐ 종횡가(縱橫家)

(1) 권모술수를 제후들에게 설하여 전쟁에서 이기는 도를 유세함.

(2) 귀곡자(鬼谷子): 천지의 리(天地之理)를 주장. 즉 동정변화를 관찰하여 자기의 의지를 관철시키는 방법.

(3) 소진(蘇秦): 귀곡자를 스승으로 섬기고, 합종책(合從策)을 설하여 6국의 재상이 됨.

(4) 장의(張儀): 역시 귀곡자를 스승으로 모셨고, 연횡책(連橫策)을 설하여 권세를 누림.

(5) 공손연(公孫衍), 소대(蘇代), 소려(蘇厲), 주최(周最), 누완(樓緩) 등도 역시 이 학파에 속하는 자들임.

❐ 기타: 잡가 중에는 이외에도 농가(農家), 음양가(陰陽家), 소설가(小說家) 등이 있으나 이 책에서는 생략하였음.

제 2 편

중 세

제2편 중 세

여기에서 중세(中世)라 함은, 진(秦)나라가 중국을 통일한 때로부터 시작하여 한(漢)·당(唐)을 거쳐 오대말(五代末)까지로써, 그것은 기원전 246년부터 기원후 963년에 이르는 약 1,200여 년 동안을 지칭한다. 이를 세분하면 6기(六期)로 나눌 수 있는 데, 그것은 ① 진대(秦代), ② 한대(漢代), ③ 육조대(六朝代), ④ 수대(隋代), ⑤ 당대(唐代), ⑥ 오대(五代)이다. 이에 따라 대략 그 사상적 변천을 살피기로 한다.

제1장 진대(秦代)의 윤리사상

중국 서방으로부터 일어난 진(秦)나라는 일찍이 모종의 계획을 수립하였는데, 그것은 산동지방의 제후국들을 통합하고 천하를 제패하여 정권을 장악하는 것이었다. 이러한 계획은 시황제(始皇帝)에 이르러 실현되는데, 중국을 통일하고 일대 제국을 건설하였다. 진나라에 의한 통일 후부터 중국은 춘추시대 이래의 정세(政勢)가 일대 변혁을 가져오게 되어 역사상 새로운 한 시기를 열게 되었던 것이다.

시대상황: 당시 정세를 개관하기로 한다. 진나라의 통일은 정치적으로 일대 혁명을 가져왔다. 진나라는 주대제도(周代制度)의 폐단을 인식하고, 시정과 방침을 종래의 것과 전혀 달리 추진하였다. 우선 봉건제를 군현제로 고쳐 중국을 36군으로 구분하였다. 이러한 혁신을 꾀함에 있어 시황제는 이사(李斯)를 등용하고 그의 견해를 따랐다. 그런데 당시 학자들의 사상은 이사(李斯)와 정치적 견해를 달리하였다. 그래서 조정의 시정을 따르지 않는 자들이 속출하였고, 유학자들은 이사가 성현들의 유법(遺法)을 경시하는 것에 대해 분개하며 더욱 맹렬히

그를 공격하였다. 이러한 유학자들의 비난에 대해 이사는 백성들을 미혹케 하여 위아래 간에 알력을 조성하려는 것이라 생각하였고, 진시황에게 건의하여 이들을 과감히 처치할 것과 언론을 억압할 것을 건의하였다. 이에 진시황은 민간 서적을 불태우고 책 읽는 것을 금지토록 하는 등 우민정책(愚民政策)을 시행하였다. 그럼에도 불구하고 학자들의 언론을 완전히 통제하는 것은 불가능하였고, 학자들 중에는 다시 진시황의 정책을 비난하는 자가 있었다. 이에 진시황이 크게 노하여 함양(咸陽)에서 460명의 유생들을 갱살(坑殺)하는 사태가 벌어졌다. 이러한 대수난이 사상사적으로 가져온 영향이 어느 정도인가를 가늠해 보는 것은 그리 어렵지 않을 것이다.

윤리사상: 고찰할 만한 윤리사상이 없다. 시황제는 중국을 통일함으로써 자손만대의 이상을 거머쥐게 되었으나, 2대 황제에 이르러서는 제국의 지위를 잃게 되었다. 국토가 붕괴되고 와해됨으로써 진나라는 매우 단명하고 말았다. 따라서 진대의 사상은 특별하게 주목할 만한 것이 거의 없다. 군국주의적 태도로 일관함으로써 오히려 학문의 발달을 저해하였을 뿐이다. 다만 당시의 학자들 중에는 권세에 굴복하지 않고, 소신을 가지고 자기주장을 내세운 자들이 있었다는 점은 주목하여 둘 가치가 있겠다.

제 2 장　한대(漢代)의 윤리사상

제 1 절 개 설

2대 황제 때에 중국이 분열하자 난민(亂民)들이 앞 다투어 일어났는데, 그 중에 보다 강한 세력을 가진 자들이 항우(項羽)와 유방(劉邦)이었다. 유방이 먼저 함양에 쳐들어가 진나라를 멸하였다. 초(楚)나라의 명문출신인 항우는 무용(武勇)으로 사방의 군웅들을 위압하였다. 유방도 처음에는 그의 지배하에 있었다. 후에 두 영웅이 4년 동안 서로 싸워서 유방이 마침내 항우를 멸하고 황제로 즉위하여 도읍을 장안(長安)에 정하니, 그가 곧 한고조(漢高祖)이다. 고조(高祖)로부터 혜제(惠帝), 문제(文帝), 경제(景帝), 무제(武帝)를 거쳐 선제(宣帝)에 이르러 조정의 세력이 약해지게 되었다. 이때부터는 외척왕씨(外戚王氏)가 정치를 전횡하게 되었다. 선제(宣帝)로부터 원제(元帝), 성제(成帝), 애제(哀帝)를 거쳐 평제(平帝)에 이르러 외척인 왕망(王莽)이 황제를 죽이고 선제(宣帝)의 어린 손자인 유자영(孺子嬰)을 즉위시켰다가, 그의 유약함을 들어 왕망이 직접 천자직(天子職)을 섭정하였다. 이미 백성들의 신망을 잃은 지 오래된 한(漢)나라는 동족인 유수(劉秀)에게 멸망당하게 되었다. 유수는 도읍을 낙양(洛陽)에 정하여 다시 한왕실(漢王室)을 일으키니, 그가 곧 광무제(光武帝)이다. 역사가들은 광무제 이전을 전한(前漢), 광무제 이후를 후한(後漢)이라 부른다. 후한은 광무제로부터 명제(明帝), 장제(章帝), 화제(和帝), 상제(殤帝), 안제(安帝), 소제(少帝), 순제(順帝), 충제(沖帝), 질제(質帝), 환제(桓帝), 영제(靈帝)를 거쳐 헌제(獻帝)에 이르러 조조(曹操)의 아들인 조비(曹조)에게 멸망당한다. 고조(高祖) 즉위로부터 이때까지는 24대, 426년이다.

한고조(漢高祖)의 정책: 한고조는 진(秦)의 고립정책을 거울삼아 광대한 토지를 동족 자손들에게 봉(封)하여 주고 왕실을 돕도록 하였다. 한편으로는 봉건제를 채택하고 또 한편으로 직할지에 대해서는 군현제를 실시하였다. 이에 한족(漢族)

이 중국에 두루 퍼지게 되고 기세가 날로 상승하여 한동안 한왕실은 결속과 안정을 다질 수 있었다. 그러나 얼마 안되어 제후국의 왕들이 점차 횡포를 부리게 되었다. 특히 가장 세력이 강한 오왕(吳王)이 왕실의 명령을 받들지 않았다. 경제(景帝)가 제왕들의 횡포를 징벌할 것을 결심하고 법을 위반하는 왕의 영토를 소환하려 하였다. 이에 오·초(吳楚) 등 칠국(七國)이 모두 불만을 토로하고, 서로 합세하여 한왕실에 반기를 들었다. 이를 오초칠국(吳楚七國)의 난이라 한다.

전한(前漢)의 대외적 발달: 전한시대에 가장 주목할 만한 것은 한왕조가 밖에서 국위를 떨쳤다는 것이다. 그 공은 무제(武帝)에게 돌려야만 할 것이다. 무제는 흉노(匈奴)를 견제하고, 조선(朝鮮)을 아우르고, 대원(大宛)으로 하여금 공납하게 하는 등 여러 차례에 걸쳐 대외정벌군을 동원하였다. 이에 한왕실의 국력이 사방을 휩쓸게 되었고, 또한 각 국가 간에 교류가 점점 번창하게 되었다. 그러나 과도한 대외정벌정책은 재정의 궁핍을 초래하였고, 이를 메우기 위해 백성들에게 잡다한 명목을 붙여 세금을 징수함으로써 결국 백성들은 도탄에 빠질 수밖에 없었다.

후한(後漢)의 대외교류: 후한의 광무제는 온 힘을 기울여 한왕실을 다시 일으켰다. 그는 전한(前漢)의 폐정(弊政)을 거울삼아 법제(法制)를 정비하고 학문을 장려하니 왕실의 위세가 다시 커지게 되었다. 이 때 흉노가 다시 쳐들어오자 명제(明帝) 이후 여러 차례에 걸쳐 토벌에 나섰다. 서쪽으로는 도호(都護)인 반초(班超)가 서역(西域)의 제국들을 공략하니, 이후 한의 세력은 총령(葱嶺)을 넘어서까지 미치게 되었다. 또한 로마제국과 처음으로 교류를 시작하였다. 일본 구주지방은 전한 때부터 이미 왜국(倭國)으로 교류가 있었으나, 이때에 이르러 교류가 더욱 많아지게 되었다. 또 인도불교가 중국에 들어왔다. 이 당시 대월지[大月氏: 터키 계통의 민족이 세운 나라]가 중앙아시아로부터 인도의 일부를 병합하여 세력이 매우 막강하였는데, 불교를 믿는 자들이 매우 많았다. 명제가 그러한 사실을 듣고는 바로 사신을 보내어 승려를 초빙하고, 불상 및 불경 등을 구하여 오도록 하였고, 낙양에 백마사(白馬寺)를 건축하였다.

제2절 전한(前漢)의 윤리사상

한고조는 중국을 다스림에 문사(文事)의 중요성을 인식하고 학문을 크게 장려하였다. 그런데 진화의 액[秦火之厄]과 항우의 병선[項羽之兵燹]을 겪으면서 많은 중요한 전적(典籍)들이 사방으로 분실되었다. 이로 인하여 이 당시의 학자들은 선진 제가의 학설을 수집하는 데 모든 노력을 경주하였고, 철학적 사색에 잠길 여가는 없었기 때문에 독창적 사상을 내놓기는 매우 어려웠다. 이른바 〈진화의 액〉이란 진시황제가 책을 불태운[焚書] 사건을 말한다. 선진시대에는 아직 종이가 발명되지 않았기 때문에 책이란 것이 대체로 대나무에 써서 편(編)하고 권(卷)을 만들어 보관하였다. 이 당시에도 서적이 매우 많았으나 중국 각지에 산재하고 한 곳에 보관할 수가 없었다. 진시황제는 이사(李斯)의 건의를 받아들여 의약과 점술서, 파종과 식수에 대한 책을 제외하고는 모든 책들을 불살라 버렸다. 그러나 당시에는 정부의 명령이 곳곳에 미치지 못하였기 때문에 분서를 피하여 책을 벽장 속에 은닉하여 보관한 경우가 적지 않았다. 또한 시황제가 천하의 책을 불태웠지만 아방궁(阿房宮) 속에는 아직도 책들이 많이 남아 있었다. 그런데 항우에 이르러 다시 한 번 수난을 당하게 됨으로써 아방궁 속에 있던 책들까지도 불에 훼손되기에 이르렀던 것이다. 이를 〈항우의 병선〉이라 부른다. 한고조가 중국을 통일하고 12년 후인 혜제(惠帝) 4년에 와서 비로소 협서령(挾書令)을 폐지하고 선진유서(先秦遺書)들을 찾아 구하자 죽간(竹簡)들이 각지로부터 나타나게 되었다. 그러나 완전한 것들은 아니었다. 또한 글자의 많은 부분이 과두문자(蝌斗文字)로 쓰여 져서 읽어내기가 쉽지 않았다. 문제(文帝), 경제(景帝) 때에 이르러 경학(經學)을 전공하는 자들이 생겨났다. 예를 들면, 원고생(轅固生)·한영(韓嬰)·신배공(申培公)·모공(毛公)은 『시경』(詩經)을 전공하였고, 복생(伏生)·구양생(歐陽生)·하후승(夏侯勝)·하후건(夏侯建)은 『서경』(書經)을 전공하였고, 후창(后倉)·대성(戴聖)·대덕(戴德) 등은 『예기』(禮記)를 전공하였다. 대체로 흩어져 있던 전적들을 모으고 읽어내는 것은 한나라 학자들에게 주어진 일대 사업이었다. 그리고 제자백가의 책들이 후세에 전할 수 있게 된 것도 바로 한나라 학자들의 노고 덕택이라 할 것이다.

전한(前漢)시대를 통틀어 가장 성행했던 사상은 유가(儒家)와 도가(道家)의 학설이다. 묵가(墨家) · 양가(楊家) · 명가(名家)의 학설은 전해지는 것이 거의 없고, 법가(法家) · 병가(兵家) 등도 역시 미진하다. 오히려 이 당시에 특별하게 주목해야 할 것은 음양설(陰陽說), 오행설(五行說), 참위설(讖緯說)이 유행했다는 점이다.

도가(道家): 전한 · 후한의 전시대를 통틀어 가장 성행한 것은 도가(道家)의 학설이다. 조정은 무위자연설(無爲自然說)을 실제 정치상에 실현하려 하였고, 백성들도 역시 그것을 따르려 하였다. 이를테면, 한고조가 법을 삼장(三章)으로 요약하고 진나라의 까다로운 법을 폐지한 것은 그것을 현저하게 보여주는 예이다. 아마도 한나라 초기 여러 해 동안 가혹한 정치와 병란에 시달려 삶의 문제가 매우 심각한 어려움에 처해 있었기 때문에 그러한 무위자연의 설이 사람들에게 많은 위안을 줄 수 있었을 것이다. 즉, 그러한 상황이 바로 도가의 설을 상하 모두가 선호하게 되었던 까닭인 것이다. 도가의 계통에 속하는 인물 중에 가장 유명한 학자로는 회남자(淮南子)가 있다.

유가(儒家): 한대의 학자들은 어렵게 유가(儒家)의 고서(古書)들을 수집하여 연구에 매진하였다. 도가의 학문을 좋아하는 학자들은 대체로 옛 성인들처럼 은둔하여 고담준론이나 하는 것을 좋아하였지, 유서(遺書)들을 찾아 주소(注疏)하는 것을 일로 삼으려 하지 않았다. 전한시대에 가장 유학이 성행한 시기는 무제(武帝) 때이다. 한고조도 비록 유가의 설을 듣고 유학의 필요성은 깨달았으나, 아직 적극적으로 권장하고 장려하지는 않았다. 효문제는 황노(黃老)와 형명(刑名)의 학설을 좋아하고, 그것을 보급하는 데 주력하였다. 오직 무제(武帝)만이 유학을 가장 좋아하여, 황노 및 백가의 설들을 배척하고, 정통 유학자 수백 명을 천거하여 등용하자 이름 있는 유자들이 많이 배출되었고, 오경(五經) 중의 하나의 경전[一經]만을 전공하는 학자도 이때에 나온 것이다. 한편, 한대의 유학자들은 오로지 필생의 노력을 다하여 고서를 찾고 그것을 훈고하는 데 바쳤기 때문에 새로운 독창적인 학설은 없었다. 숙손통(淑孫通), 육가(陸賈), 가의(賈宜), 동중서(董仲舒), 양웅(揚雄), 사마천(司馬遷), 한영(韓嬰), 유향(劉向), 유흠(劉歆), 환관(桓寬) 등이 대체로 전한대(前漢代)의 저명한 유학자들이다. 그러나 이들 중에서 동중서, 양웅을 제외한 나머지 학자들에게는 특별히 윤리학설이라 할 만한 것이 없었다.

음양오행설(陰陽五行說): 음양오행설이 이 시기에 성행했다는 것은 특이한 사실이다. 음양오행설은 본래 『역』(易)과 『상서』(尙書)의 홍범(洪範)에서 기원한 것이라고 볼 수 있는데, 각종 기괴한 설(說)들이 붙여져 주말전국시대(周末全國時代) 간에 성행하였다. 이것이 또 한대(漢代)에 이르러 최고로 융성하게 되었는데, 당시 사상들은 그것의 영향을 받지 않은 것이 거의 없을 정도였다. 음양설은 역법에 있는 역의 음양문자를 참작한 것으로, 일 년을 나누어 4계절, 8방위, 12개월, 24절기 등으로 정한다. 그리하여 매월의 행사를 정하고, 이에 미신적인 사유가 곁들여져 행사를 따르면 번영하게 되고 행사를 따르지 않으면 망하게 된다고 하였다.

오행설은 홍범에 나오는 목·화·토·금·수(木火土金水)를 말하는데, 이를 미신적으로 해석하는 추연(騶衍)의 오행상승설(五行相勝說)과 추석(騶奭)의 오행상생설(五行相生說)이 있다. 오행상승설이란 금(金)은 목(木)을 이기고, 수(水)는 화(火)를 이기고, 토(土)는 수(水)를 이기며, 목(木)은 토(土)를 이기고, 화(火)가 금(金)을 이긴다는 것이다. 그리하여 역대 중국의 통치자들이 이 오행의 덕(德)의 강함과 약함에 따라 정해져 왔다는 것이다. 즉, 우(虞)는 토의 덕[土德]으로 왕이 되었고, 하(夏)가 목의 덕(木德)으로 그것을 이었으며, 상은 금의 덕[金德]으로 하를 이었듯이, 역대 통치자들이 모두 이러한 원칙에 입각하여 이어졌다는 것이다. 오행상생설이란 목(木)이 화(火)를 낳고, 화(火)가 토(土)를 낳고, 토(土)가 금(金)을 낳고, 금(金)이 수(水)를 낳고, 수(水)가 목(木)을 낳는 순서로 역대 왕조가 변해왔다고 보는데, 강한 자가 그 앞의 왕조를 멸망시키고 대를 잇는 것이 아니라, 곧 앞의 왕조로 말미암아 뒤의 왕조를 낳는다는 것이다. 즉, 태호(太皥)는 목덕(木德)으로서 천하를 다스렸는데 염제(炎帝)는 화덕(火德)으로 그를 이었고, 황제(黃帝)는 다시 토덕(土德)으로 염제(炎帝)를 이었듯이, 후자가 차례에 따라서 전자에게서 받는다는 것이다. 이것들은 상식적인 수준의 언설에 불과하며 실제로는 완전히 믿을 수 없는 괴설이라 할 것이다. 그러나 춘추전국시대가 정치적으로 매우 혼란스럽고 민심이 흉흉하였기 때문에, 이러한 괴설은 매우 설득력있게 먹혀들 수 있었다. 그리하여 수많은 민중들이 이에 미혹되었고, 또한 유교와 도교도 아주 변태적인 이단을 낳게 만들었다. 어쨌든 사상사적으로 볼 때, 이 음양오행설은 실로 업신여길 수 없는 세력을 갖고 있었던 것이다.

1. 회남자(淮南子)

한대(漢代)에 있어서 유일하게 철학자라고 칭할 수 있을 만한 사람은 전한대(前漢代)의 회남자뿐이라 할 수 있다. 회남자의 성은 유(劉)요, 이름은 안(安)으로 한고조의 손자인데 회남의 왕으로 책봉되었기 때문에 회남자라고 불려지고 있다. 천성이 총명하고 야심이 많았다. 아버지인 여왕(勵王) 장(長)은 문제(文帝) 때에 죄를 얻어 죽었는데, 이 때문에 한왕실에 대해 원한을 품고 있었다. 그러던 차에 무제(武帝) 때에 거사를 일으켰으나, 실패하여 주살당하고 말았다. 『한서예문지』(漢書藝文志)에는 회남자의 저서로 내편 21편, 외편 33편이 있었다고 한다. 그런데 오늘날 전해지는 것은 내편 21편뿐이다. 그것도 한 사람이 쓴 것이 아니고 여러 사람이 쓴 글을 모아 편집한 것으로 추측되고 있다.

회남자의 사상은 도가, 유가, 병가, 명가, 법가 및 기타 제설을 포괄하고 있어 『여씨춘추』(呂氏春秋)와 비슷하다. 그래서 학파 분류상으로는 잡가 중에 속하는 것으로 보는 관점이 타당한 것 같다. 그러나 그의 사상은 도가적인 쪽으로 매우 기울어져 있으며, 도가의 학설을 기초로 하여 다른 각종 사상을 취합했다고 할 수 있다.

철학설

회남자의 본체론과 인성론이 노장사상(老莊思想)에서 나왔다는 점은 아주 명백하여 의심스러운 데가 없다 할 것이다.

본체론: 회남자는 도(道)를 우주의 본체로 보면서, 「원도훈」(原道訓) 편에서 아주 홍미로운 문장으로 도의 특성을 상술하고 있다. 즉, 도란 〈시간과 공간을 초월하는 보편적 가치로서의 절대성〉인 것이다. 좀 더 명확하게 말하면, 도는 허무(虛無)한 것으로 그 실체를 알 수 없고, 무위자연(無爲自然)적인 것이다.

이는 노장이 말하는 것과 거의 동일한 개념이다. 도는 만물의 기원이 되는 본체요, 태일(太一)이며, 태극(太極)이다. 태일의 도가 음양을 낳고, 사시(四時)와 팔극(八極)을 낳고, 다시 만물을 낳는 것이라 한다. 이러한 관점은 노자의 사상에 역의 설이 혼용된 것임에 다름 아니라 할 수 있다. 인간과 만물이 같지 않음에 대하여 회남자는 그 원인을 음양 두 기(氣)의 정예함[精]과 번쇄함[煩]에 돌린다. 즉, 만물이 생성 시에 음양 두 기의 정도의 차이에 따라서, 그것이 정기(精氣)를 얻으면 인간이 되고 번기(煩氣)를 얻으면 동물[蟲]이 된다고 말한다. 이 점은 노장이나 역(易)사상보다는 진일보한 면이라 할 것이며, 송유학(宋儒學)도 여기에서 사상적 영향을 받았다고 볼 수 있다.

인성론: 회남자는 도를 만물의 본성이요 본체요, 시간과 공간을 초월한 절대요, 무위자연이고 허정(虛靜:텅 빔과 고요함)한 것으로 본다. 만물의 본성은 모두 이 본체의 도가 되며, 따라서 인간의 본성도 역시 도가 된다. 인성은 곧 도이다. 그러므로 성(性)은 인간행동의 표준이 되는 것이다. 그는 말하기를, "배를 타고 가다 방향을 잃으면 하늘의 북극성을 보면 알 수 있듯이, 바로 성(性)은 인간의 북극성에 비유될 수 있다."[1](齊俗訓篇)라고 하였다. 여기서 보면 그가 성선설(性善說)을 가정하고 있음은 분명하다. 실로 회남자는 본성은 선이고, 악의 원인은 욕심[慾]에 돌려야 하는 것으로 생각했다. 즉, 인성은 본래 선한데, 욕심이 그것을 가리기 때문에 악한 일이 생기게 된다는 것이다. 마치 그것은 맑은 날씨가 구름으로 가린 것과 같고, 깨끗한 물이 회석으로 오염된 것과 같다고 말할 수 있다.

인생관: 만물의 근원은 본체의 도에 있으며, 인간과 만물은 동일하게 한 기운에서 생성된 것이기 때문에 생성의 측면에서 볼 때 그 양자 사이에는 어떠한 구별도 없다. 천하는 나를 위하여 존재하며, 나는 천하를 위하여 존재한다. 이는 일종의 천인합일설(天人合一說)이라 할 수 있는데, 회남자는 다시 육체적 측면에서 그것을 논하고 있다. 즉, 우리의 육체는 정신과 동일한 본체로부터 생기는 것이다. 인간은 천지(天地)와 유사한 점이 매우 많다. 즉, 머리의 둥글음은 하늘과 흡사하며, 발의 평평함은 땅과 흡사하다. 또 하늘에 사시(四時;春夏秋冬) · 오행(五行;木

1) 夫乘舟而惑者, 不知東西, 見斗極則寤矣. 夫性亦人之斗極也.

火土金水) · 구해(九解;여덟 방위와 중앙) · 365일[1년]이 존재하는 것은 마치 인간에게 사지(四肢) · 오장(五臟) · 구규(九竅) · 360개의 관절이 있음과 비슷하다. 또 하늘에 바람 · 비 · 추움 · 더움이 있음은 인간에게 희 · 노 · 애 · 락이 있음과 비슷하다. 아마 이러한 관점들은 노장사상과 음양오행설의 영향인 것 같다.

만물교통론(萬物交通論): 만물은 도로부터 생기고 도는 만물을 관통한다. 이로 인하여 만물들 간에는 서로 교통할 수 있는 것이다. 그 교통은 만물들 간에 이루어지고, 인간들 간에서도 이루어지며, 하늘과 인간 간에도 이루어진다. 하지와 동지 즈음에 양의 뿔이 닳게 되고, 달이 기울때 물고기가 감소하는 것과 같은 현상은 바로 물과 물 사이의 교통을 보여주는 일례라 하겠다. 또 성인이 덕으로 사람들을 교화함은 인간과 인간간의 교통을 보여 주는 예이다. 왕이 무죄한 자를 죽이면 가뭄이 많이 나타나고, 백성들이 왕의 명령을 따르지 않으면 홍수와 같은 재해가 나타난다. 이것은 하늘과 인간 사이의 교통을 보여주는 예이다. 한편, 회남자는 만물들 간에 교통이 있음을 추측할 수 없는 것을 신명(神明)이라 하고 있다.

윤리설

회남자의 윤리설은 그의 본체론 및 인성론과 밀접한 관련이 있다. 본체론은 목적론의 기초가 되며 인성론은 수양론의 기저를 이룬다.

목적론: 회남자의 윤리설은 본체인 도에 합일하는 것을 목적으로 한다. 이 본체의 이상적 인물에 합일되는 상태를 지인(至人), 진인(眞人), 대인(大人), 혹은 대장부(大丈夫)라고 칭한다. 지인은 무욕무망하고 무위자연하여 명예를 탐하지 않으며 득실을 논하지 않는 사람을 말한다. 이는 장자의 설과 매우 흡사하다고 할 수 있다. 회남자는 누구나 수양하면 지인이 될 수 있다고 본다. 수양의 목적은 바로 지인의 경지에 도달하는 것이라 말한다.

수양론: 우리는 어떻게 해야 본체의 도에 합일하여 지인이 될 수 있을까? 회남자는 그의 인성론을 기초로 삼아 수양론을 전개하고 있다. 즉, 도는 만물의 본성이

며 따라서 인성도 역시 도라고 한다. 그러므로 인성은 본래 선한데, 욕심으로 가려지면 본성을 잃게 되고 악이 생겨나게 되는 것이다. 만약 본성에 따르고자 노력한다면 우리는 반드시 도에 합일 할 수가 있는 것이다. 우리의 본성은 본질적으로 선하기 때문에 악을 행하는 것이 선을 행하는 것보다 어려운 것인 바, 본성을 따라서 하려고만 한다면 결코 불가능한 것이 아니라고 한다. 회남자는 이처럼 악의 원인을 욕심이 존재하는 탓으로 돌리고 있는데, 그렇다고 절대적으로 욕심을 배척만 하는 것은 아니다. 욕심은 비록 본성에 해를 끼치기는 하지만, 그것은 사람으로 하여금 욕심 밖의 것까지 자극하여 본성을 기르는 데 도움을 주는 면도 적지 않다. 예를 들어, 눈이 색에 대한 것, 귀가 소리에 대한 것, 입이 맛에 대한 것, 코가 냄새에 대한 것 등은 모든 사람에게 필수적인 것이다. 그러므로 욕심이라 해서 절대적으로 배척할 수는 없는 것이며, 본성을 기르는 데 도움이 되는 것은 필요한 것이다. 이런 점에서 회남자는 금욕주의자가 아니라 제욕주의자(制欲論者)라 할 수 있다.

인의인위설(仁義人爲說): 회남자는 인의(仁義)를 인위적인 것이라고 본다. 여기서 인위[僞]적이라 함은 순자가 썼던 용어와 같은 것이다. 즉, 사람이 만든 것, 조작한 것이란 뜻이다. 회남자는 인의가 말세적 필요에 임박하여 사람이 인위적으로 만들어낸 것이라고 생각한다. 옛날 상고시대 사람들은 무의식적으로 행동하는데도 그것이 도에 합일되었다. 그런데 말세에 이르러 소위 인의라는 특별한 법을 만들어야만 했는데, 이는 그것이 없으면 사람의 행위가 도에 합일될 수가 없기 때문이라고 한다. 이러한 그의 사상을 맹자와 비교해 보면 매우 흥미로운 대조를 보여 주고 있다.

정치설

회남자는 도에 합일하는 정치적 이상을 제시하였다. 이러한 그의 정치설은 윤리설과 동일선상에 있다고 할 수 있다. 도는 무위자연이고, 도에 합일하는 정치는 무위자연의 정치를 말한다. 회남자는 무위자연의 정치를 행하는 사람을 이상적인 정치가라고 생각하였다. 예컨대, 복희(伏羲) · 신농(神農)같은 사람들이 그런 사람이라 한다. 즉, 그는 원도훈(原道訓)편에서 "태고에 두 왕께서는 도의 권세를 얻어 중앙에 세우시고 신과 더불어 노시며 사해를 어루만지셨다. 이들은 능히 천운(天運)과 지체(地滯)를 운전하시며 막힘이 없으셨다."[2]라고 말하고 있다.

2. 동중서(董仲舒)

동중서의 호는 계엄자(桂巖子)이고 광천(廣川) 사람이다. 대략 회남자와 동시대 사람이며 유명한 춘추학자(春秋學者)로 경제(景帝) 때에 박사가 되었다. 행동거지를 매우 엄숙히 하여 예가 아니면 행동하지 않았다. 휘장을 내려 학생을 가르치면서 3년 동안 정원을 내다보지 않았다고 한다. 한무제가 현명한 정책방안들을 구할 때 동중서도 세 가지 방안을 올렸는데, 이것을 계기로 그는 강도(江都)의 재상이 되어 역왕(易王)을 섬겼다. 그 후에 다시 교서(膠西)의 재상이 되었다. 이때에 『재이설』(災異說)을 지어, 천재지변은 하늘이 사람을 경계하는 것이라고 주장하였다가 죄를 얻게 되었다. 그러나 황제가 죽자 그는 면책되었다. 이에 그는 벼슬에서 물러나 종신토록 저술에만 전념하였다. 저서는 상소문 123편과 『춘추』(春秋)에 관한 글 수십 편이 있는데, 오늘까지 전해지는 것은 겨우 『문집』(文集) 1권과 『춘추번로』(春秋繁露) 17권뿐이다.

철학설

동중서는 천(天)을 그의 학설의 기저로 삼고 있는데, 그 유명한 "도의 큰 근본은 천(天)에서 나온다."[3]라는 말이 있다. 아마도 천(天)은 정치와 도덕의 근원도 된다는 점까지 암시해 주고 있는 것 같다. 이는 유교의 관점에서 매우 중요한 의의를 갖는다고 할 수 있다.

천론(天論): 천(天)이란 무엇인가? 동중서에 의하면, 하늘은 만물창조의 조물주요, 길흉화복을 지배하는 일체의 권한을 갖는다. 하늘이 이미 만물을 창조하였다

---

2) 泰古二王, 得道之柄, 立於中央, 神與化游, 以撫四方. 是能天運地滯, 輪轉而無廢.

3) 道之大原出於天.

는 것은 일체의 만물이 모두 하늘로부터 생겨났다는 것이다. 그 중에서 오직 하늘의 깊은 은덕을 얻는 자만이 사람이 되는데, 그러기에 사람은 만물의 영장이 되는 것이다. 사람은 하늘의 사랑하는 자식으로써 하늘과 유사한 점이 많다. 사람의 사지는 하늘의 사시와 같고, 사람의 오장은 하늘의 오행과 같고, 사람의 12개의 큰 마디는 하늘의 12개월과 같으며, 사람의 작은 366개의 마디는 하늘의 366일과 같은 것이다. 또 사람에게 희로애락이 있음은 하늘에 춘하추동이 있음과 비슷하며, 사람에게 휴식이 있음은 하늘에 주야가 있음과 비슷하다. 하늘이 만물의 지배자라는 것은 일체 만물이 하늘의 명령에 복종하지 않을 수 없다는 것으로써, 하늘을 어기게 되면 하늘은 벌을 준다는 말이다. 대개 동중서는 하늘과 인간 간의 감응(感應)을 믿어, 만약 사람이 악을 행하면 하늘이 그것을 경계하고 선행을 하면 하늘이 상을 내린다고 보고 있다.

인성론: 동중서는 맹자의 성선설과 순자의 성악설을 반대하고, 양설을 조화한 일종의 성론을 주창했다. 즉 그에 의하면, 인성은 절대선도 절대악도 아니다. 인성은 탐욕과 인(仁)을 동시에 가지며, 이처럼 인성이 탐욕과 인으로 구성되어 있는 것은 마치 하늘이 음과 양으로 이루어진 것과 같다. 탐욕은 이기심이 되고, 인(仁)은 동정심이 된다. 인성 속에 이기심과 동정심이 동시에 있기 때문에 인성이 곧 선이라고 말 할 수 없는 것이다. 이기심은 오직 교화에 의해 선으로 고칠 수 있는데, 그것은 마치 구슬을 갈아 옥을 만들고 고치를 길러 실을 만드는 것에 비유될 수 있다. 동중서는 또한 성(性)과 선(善)의 관계를 벼와 쌀의 관계에 비유하기도 한다. 즉, 그는 "성은 벼에 비유되고 선은 쌀에 비유된다. 쌀은 벼로부터 나오나 그것이 반드시 다 좋은 쌀이 된다고는 볼 수 없는 것처럼, 선은 성으로부터 나오나 성이 반드시 선이 될 수는 없는 것이다."[4]라고 말하고 있다. 요컨대, 성은 선도 악도 아닌 상태로써, 그것은 선도 악도 될 가능성을 갖고 있는 것에 불과한 것이다. 그 가능성을 잘 선도하도록 하는 것이 교화이다.

---

4) 性比禾, 善比米. 米由禾出, 米未必盡善; 善由性出, 性未必盡善.

윤리설

동중서에 있어서 도의 근원이 하늘에 있는 것처럼, 일체의 도덕법칙도 모두 하늘에서 연역될 수 있다고 본다. 예컨대, 하늘에는 오행이 있다. 또 목이 화를 낳고, 화가 토를 낳고, 토가 금을 낳고, 금이 수를 낳고, 수가 목을 낳는 상생의 순서가 있는 데, 여기서 전자가 하는 것을 후자가 이어서 완전하게 하는 것이다. 이와 비슷하게 인간에게서는 자식이 부모의 업을 이어서 완전하게 해나가면, 그것이 곧 하늘의 도를 행하는 것이 된다고 말할 수 있다. 아마도 이러한 주장은 억지로 말을 끌어다 붙이어 이치에 맞추는 것 같다. 그러나 그는 "도의 근원은 하늘에서 나온다. 하늘은 변하지 않으며, 도 또한 변하지 않는다."[5]라고 말하고 있다. 이처럼 도덕률의 권위를 제고시키려는 주장은 실로 칭송할 만한 가치가 있는 견해라 하겠다.

윤리사상사적으로 동중서의 공로는 오상(五常)의 도를 주장한 것에 있다. 오상의 도란, 인(仁)·의(義)·예(禮)·지(智)·신(信)을 말한다. 중용에서는 삼덕(三德)을 들고 있고, 맹자는 사덕(四德)을 들고 동중서는 오상을 거명함으로써 유교의 덕론이 비로소 완비되었다. 이러한 덕의 분류는 이후 윤리사상사적으로 계속하여 영향을 미쳤다.

정치설

동중서의 정치관은 근본적으로 세 가지이다. 첫째는, 하늘의 뜻을 받들고 하늘의 명을 따르는 것이요, 둘째는, 교화로써 백성을 다스려 인성을 선량하게 하는 것이요, 셋째는, 법도를 바르게 하여 상하의 질서를 수립하고 탐욕을 방지하는 것이다. 그에 의하면, 하늘이 만물의 지배자가 된다는 것은 만물을 취하는 데 있어 천명(天命)이 절대적인 권위를 갖는다는 것을 말한다. 그가 천명으로써 정치의 기준을 삼는 것은 사실 그의 철학설에서 볼 때 당연한 귀결이라 할 수 있다. 또 동중서는 천인감응설(天人感應說)을 정치에 적용하고 있다. 즉, 그는 인간은 하늘의 사랑하는 자식이며, 그들 중에 더욱 하늘의 총애를 받는 자가 왕이 되는 것이라고 생각한다. 왕의 덕은 천지와 같으며, 하늘이 그에게 특별한

---

5) 道之大原出於天. 天不變, 道亦不變.

총애를 주어 천하를 다스리게 한 것이다. 그 증거로 천명의 계시 같은 것이 있게 되는데, 예컨대 무왕(武王) 때에 흰 물고기가 배에 들어온 것, 공자(孔子) 때에 기린이 나온 것을 들고 있다. 그러므로 왕은 마땅히 하늘을 본받아서 나라를 다스려야 한다. 곧 정부의 조직도 역시 하늘의 수[天數]를 상형하여 하지 않으면 안 된다. 천수란 무엇을 뜻하는가? 3·4·10·12가 그것이다. 일·월·성(日月星), 천·지·인(天地人), 한·서·화(寒暑和) 등이 3수를 의미하며, 춘·하·추·동(春夏秋冬)은 4수를 가리킨다. 천·지·음·양·화·금·수·목·토·인(天地陰陽火金水木土人)이 10수가 되며, 일년 12달이 12수이다. 이상과 같은 3·4·10·12를 하늘의 수라 하면서 그것에 따라 정부의 조직도 짜여져야 한다는 것이다. 왕은 그 아래에 3공(三公), 3경(三卿), 3대부(三大夫) 및 3사(三士)를 두는바, 그것이 3수를 본뜸이다. 공·경·대부·사의 4계급으로 나눔이 4수를 본뜸이요, 12신하를 1조로 삼는 바, 그것이 12수를 본뜸이다. 그리고 3공, 9경, 27대부, 81사를 합계하여 10조를 이루고 모두 120신하가 됨이 곧 10수를 본뜸이 되는 것이다. 이러한 관점은 오늘의 시점에서 보면 우습기 그지없다. 또 동중서는 하늘이 항상 왕의 정치를 감독한다고 생각한다. 그리하여 정치를 잘하면 상서로운 상을 내리며 정치를 잘못하면 재화를 내려 경계를 하며, 경계하여도 고치지 않으면 벌을 내려 왕위를 빼앗아 버린다는 것이다.

비 판

동중서는 한대의 유학자 중에서 가장 뛰어난 학자로, 유학에 대한 학설이 독창적일 뿐만 아니라 당대 유학의 발흥에도 지대한 공헌을 하였다. 한무제가 책략을 펼 때 동중서는 온갖 마음을 기울여 자신의 계획을 피력하였는바, 그것이 모두 채택되어 곧 학제의 개혁을 촉진할 수 있었다. 또한 무제는 그의 말을 받아들여 태학을 재건하고 오경박사를 설치하여 시·서·예·역·춘추를 교수하게 하였다. 이로 말미암아 유학은 한대의 국교가 되어 정치와도 밀접한 관계를 갖게 되었고, 다른 학파의 학설들을 억누르고 유학의 융성을 가져올 수 있었다. 동중서는 유학을 사회에 실천하는 데만 노력을 기울인 것이 아니었다. 즉, 학문적으로도 오상(五常)의 도를 주창하여 유교의 덕목을 완성함으로써 중국윤리사상사적으로 불후의 공로를 세웠다고 할 수 있다. 그러나 애석하게도 그는 당시 사상계의 영향을 받아 음양오행설을 수용하고, 하늘의 계시와 같은 미신적인 것을 신봉하는 등 믿을 수 없는 말들을 하고 있어 그 한계를 보여 주고 있다.

3. 양웅(揚雄)

양웅의 자는 자운(子雲)이고 촉(蜀)나라 성도(成都) 사람이다. 선제감로(宣帝甘露) 원년(B.C. 35)에 태어났다. 어려서부터 학문을 좋아하여 제자백가를 섭렵하였다. 성품이 워낙 과묵하여 말이 없었고 방안에만 틀어박혀 사색에만 몰두하였다. 젊은 시절에 사마상여(司馬相如)의 시(詩)를 좋아하여 암송하곤 하였는데, 모방한 작품이 많다 하여 나중에는 그의 시를 비하하고 내팽개쳐 버렸다. 나이 40세 때 그는 『대현』(大玄)과 『법언』(法言)이라는 책을 저술하였다. 『대현』은 『역』(易)을 모방하여 쓴 것으로 매우 난해하였다. 그래서 친구인 유흠(劉歆)은 이 책을 평하기를 후세에 누구도 그 책을 읽지 않을 것이라 하면서 항아리 속에 처박아 넣으라고 하였다. 그리고 『법언』은 『논어』(論語)를 모방하여 쓴 것인데, 여기에서 그는 성인들을 비방하면서 그들의 궤변들을 우롱하는 한편, 주나라 말의 제자(諸子)들의 논변들까지 비판하면서 나름대로 유학의 도를 밝히고 있다. 이 책의 구성을 보면 ① 학행(學行), ② 오자(吾子), ③ 수신(修身), ④ 문도(問道), ⑤ 문신(問神), ⑥ 문명(問明), ⑦ 과견(寡見), ⑧ 오백(五百), ⑨ 선지(先知), ⑩ 중려(重黎), ⑪ 연건(淵騫), ⑫ 군자(君子), ⑬ 효지(孝至) 등 13편으로 되어 있고, 여기서 그는 도덕 · 학술 · 사부(辭賦)에서부터 인물성론까지 두루 논하고 있다. 또한 창힐(倉頡)을 모방하여 『훈찬』(訓纂)을, 우잠(虞箴)을 모방하여 『주잠』(州箴)을 썼다. 왕망(王莽)이 한(漢)나라의 신하를 죽였을 때 사신이 양웅의 집으로 왔다. 그때 양웅은 천록각(天祿閣)에서 책을 읽고 있었는데 사신이 온다는 것을 듣고는 크게 놀라 계단 아래로 떨어져 버렸다. 왕망이 웃으면서 그를 부축하고는 대부로 삼았다. 이로 인하여 후세사람들은 그를 비웃곤 하였던 것이다. 천봉(天鳳) 5년(18)에 71세로 죽었다.

철학설

양웅은 현(玄)을 우주의 본체로 보면서 모든 현상들은 이 현(玄)의 작용이라고 하였다. 그는 『대현』이라는 책에서 우주론을 상세하게 논의하고 있다. 그에 의하면, 현은 시작과 끝도 없이 독립적으로 존재하는 본체로서 우주에 널려 있으며 어떠한 사물도 그것에서 벗어날 수 없다고 본다. 이미 우주의 본체이기에 그것은 모든 만물을 낳으며 동시에 모든 만물을 지배할 수 있다. 이른바 그의 〈현〉이란 것은 노자에게 있어서 〈도〉의 개념과 흡사하다 할 것이다. 『대현』이 비록 『역』(易)을 모방하여 쓴 것이지만 여기에는 노장사상이 많이 스며 있다고 할 수 있다. 즉, 그는 노장사상으로 역(易)의 설을 보완하고 있는 것이다. 양웅은 비록 스스로를 유가의 종주라고 자처하면서 노장을 배척한다고 하지만 그의 사색적 성격은 도리어 노장의 사상을 연구한 것이라고 보아도 무리는 아니며, 앞서 보았듯이 그의 우주론도 노장사상과 매우 흡사한 면을 보여주고 있는 것이다. 역(易)은 음양의 원리만으로 현상세계의 생성을 설명하는데, 『대현』은 시작 · 중간 · 끝의 세 가지를 가지고 설명한다. 이러한 점이 역(易)사상에 대비되는 『대현』의 새롭고 특이한 측면이라 할 수 있다. 또 본체의 발현으로 발생하는 만물의 순서에 대해서 노자가 1 · 2 · 3을, 장자가 1 · 7 · 9를 말하고 있는 데 반해, 『대현』은 1 · 3 · 9 · 27을 주장하는 점이 노장사상과 대비되는 특징이며 창조적인 측면이다. 또한 그것이 실재를 동적으로 묘사한다는 것도 노장사상을 완전히 모방한 것이라고만 말할 수는 없다. 양웅의 인성론은 인성을 선악의 혼합으로 본다는 측면에서, 그것은 맹자의 성선이나 순자의 성악 및 동중서의 선악가능설과도 전혀 다르다.

윤리설

양웅의 윤리설은 대체로 원시유교의 정신을 이어받고 있다고 말할 수 있다. 그는 공맹중심의 사상인 수신 · 제가 · 치국 · 평천하의 사상을 중시한다. 또한 요순이래로 내려온 중도사상(中道思想)을 중시하였다. 그의 의무론은 중용과 맹자에 나오는 오륜사상을 취하였고, 덕론은 동중서가 주장했던 오상설을 이어받았다. 또한 인성론의 기초로 수양론을 말하였다. 그에 의하면 인성은 스스로 선과 악의 혼합으로 이루어져 있는데, 그 선한 측면을 기르면 선한 사람이 되고 악한 측면을 기르면 악한 사람이 된다고 한다. 선하게 되고 악하게 되고 하는 것은 기(氣)에서 비롯된다. 즉, 사람의 선함과 악함은 바로 기의 작용에 있다는 것이다. 그러나 그는 기가 구체적으로 어떤 것이냐에 대해서는 상세한 설명을 하지 않고 있다. 그는 수양의 가치를 인식하고 있는데, 그 수양이 어떠하냐에 따라 선악의 성향이 정해진다고 보는 것이다. 또한 학문의 필요성에 대해서도 언급하고 있다. 즉, "학문은 성을 수양하는 것이다. 보고 듣고 말하고, 모방하고, 사색하는 것을 성의 소유가 되게 하여야 한다. 학문을 하면 바르게 되고 그렇지 않으면 사악하게 된다."[6]고 하였다.

4. 기타 학자들

전한시대에 있어서 회남자 · 동중서 · 양웅을 제외하고도 학자로 칭할 만한 사람은 많다. 예컨대, 숙손통, 육가, 가의, 한영, 조착, 사마천, 공손경, 유향, 유흠, 환관 등도 당대에 유명한 학자였다. 그들은 비록 체계적인 윤리설을 주장하지 않았지만 중세의 사상계에 상당한 공헌을 했음은 물론, 역사적으로도 각기 독자적인 위치를 차지하는 사람들이라 할 수 있다. 따라서 그들에 대한 개략적인 소개만이라도 하기로 한다. 연대순에 따라 설명하되 동시적으로 설명하기도 할 것이다.

숙손통(叔孫通): 설(薛)나라 사람이다. 진시황 때 박사가 되었고, 2대 황제말년에는 진나라를 떠나 항양(項梁)을 따랐고, 다시 초나라 회왕을 섬겼다. 초회왕이 죽은 뒤에는 다시 한고조의 신하가 되었다. 한고조가 천하를 평정한 후 노(魯)나라 유자들과 함께 궁중법도를 일으켜 황제에게 크게 신임을 얻어 대관(大官)을 제수 받았다. 그 후 효제와 경제 때 다시 의례[儀式]을 만들었다. 당시에는 임금을 바꾸어 섬기고 아첨하는 소인배가 허다하였다. 그러나 가지고 있는 경륜을 실현하기 위해서는 현명한 임금을 선택하지 않을 수 없었으며, 나라를 새로 창건하는 왕을 만나야 자신의 목적을 달성할 수 있었다. 그렇기 때문에 난세에 임금을

---

6) 學所以修性. 視聽言貌思, 爲性之所有, 學則正, 不然則邪.

바꾸어 섬기는 일이 있어도 욕할 수 없었고 옹호될 수 있었다. 그가 한왕조를 섬김에 각종 의례가 행해졌고, 군신의 질서가 바로 잡힐 수 있었다. 사마천(司馬遷)도 그를 크게 칭찬하여 한왕조에 있어서 유가의 조종이라 하였다. 다만 윤리학설의 측면에서는 특별히 전하는 것이 없다.

육가(陸賈): 초(楚)나라 사람으로 변론가로서 유명하다. 한고조 때에 벼슬을 하여 고조를 설득시켜 인의의 정치를 하도록 하였고, 여러 번에 걸쳐 그의 변론으로 한왕실을 옹호하였다. 저서로 널리 알려지고 있는 『신어』(新語)가 있다. 『한서예문지』에는 그의 글이 23편이라 전한다. 그러나 오늘날 남아있는 것은 겨우 12편뿐이다. 그 책에서 보면, 육가는 우주창조로부터 인류사회 성립까지, 그리고 도덕과 정치에 대한 견해까지 보여주고 있다. 그는 하늘을 도의 근본으로 보고, 도를 정치도덕의 표준으로 삼고 있다. 또 그는 선왕의 정치는 하늘의 이상적 정치를 본뜬 것이라 하면서, 인의를 권장하고 예악을 존중하면서 그것의 실현이 가능하다고 보았다. 비록 도가적인 요소가 없는 것은 아니나, 육가는 분명 유학계통의 학자라고 할 수 있다.

가의(賈誼): 낙양사람이다. 효문제 때 박사로 초대되었다. 23세 때 매일 효문제가 찾아와 하문(下問)하였으나 돌아보지도 않고 도도하게 거절하다가, 드디어 태중대부(太中大夫)에 제수되었다. 문제(文帝) 6년에 27세의 나이로 제도개혁에 대한 건의서를 올렸으나 받아들여지지 않았다. 법령을 개정하고 반열에 따라 제후들에게 영토를 봉하도록 한 것은 바로 가의로부터 나온 방안이었다. 그러자 당시 주발(周勃)과 관영(灌嬰)의 세력들이 그를 시기하여 나이도 어린 초학자가 나라를 어지럽히려는 음모를 꾸민다고 문제에게 문책할 것을 주장하였다. 이에 문제가 그들의 주장을 받아들여 그를 장사왕(長沙王)의 태부(太傅)로 좌천시켰다. 장사 땅은 기후가 습하고 살기에 불편한 곳이었다. 후에 양회왕의 대부가 되었다. 회왕이 말에서 떨어져 죽자 가의는 세상을 바르게 할 수 없게 됨을 슬퍼하다 몇 년 후에 죽으니, 겨우 향년 33세였다. 유서(遺書) 56편이 있는데 시무책, 정치론, 경제론, 도덕론 등을 논하고 있고, 필체도 매우 훌륭하고 화려하였다. 그의 치안책(治安策)과 동중서의 천인책[天人策:賢良對策]이 함께 세상에 칭해지고 있다.

가의는 불세출의 천재로서 번뜩이는 예민한 사고로 조심스럽게 일을 처리하고 매우 급진적인 의견을 제시하였다. 그러나 문제(文帝)의 총명함으로도 그의 의견을 받아들여 실행하지 못하고 버려졌던 것이다. 그가 건의했던 개혁안들은 비록 실행되지는 못했으나, 매우 특이한 점들이 발견되는 것들이었다. 예컨대, ① 달력의 개정, ② 황색의 숭상, ③ 5수의 사용, ④ 옷에 색을 놓도록 함, ⑤ 관직명을 정함, ⑥ 예악을 일으킴 등이었다. 이 중에 중요한 것은 ⑤의 제도개혁과 ⑥의 예악 진흥이었다. 가의는 예악의 필요성을 깊이 인식하고 그것이야말로 백성을 통치하는 요체라 생각하였다. 예악이 인심을 미연에 방지하는 것이라면, 법률은 인심이 흐트러진 이후에야 제동을 가하는 것이다. 그러므로 예악과 법률은 대립되는 것이며, 예악을 진흥한다면 곧 백성들을 선도할 수 있다고 가의는 말했다.

가의의 도술(道術)에 관한 견해도 경청할만하다. 그는 말하기를, "도란 좇아서 사물에 접근하는 것이다. 그 근본을 허(虛)라 하고 말(末)을 술(術)이라 한다. 허는 정미(精微)하여 평소에는 베풀어짐이 없다. 술이란 어떤 물체의 동정(動靜)을 제어할 수 있는 작용이다. 무릇 이런 것이 모두 도이다."[7](道術篇)라고 하였다. 한편, 가의는 성삼품설(性三品說)을 주장하고 있는데, 그것은 "성은 서로 가까우나 습관은 서로 멀다. 오직 위의 지혜로움과 아래의 어리석음은 서로 옮길 수가 없다."[8]라는 공자의 말에 기초한 것으로 보인다.

한영(韓嬰): 연(燕)나라 사람이다. 경제(景帝)때 상산왕(常山王)의 태부(太傅)가 되었다. 사람됨이 정한하고 일을 처리하는 데 있어 민첩하였다. 일찍이 동중서와 한무제 앞에서 다투었고, 동중서 또한 그를 어려워하지 않았다. 『시경』을 깊이 외워 그 뜻을 미루어 『내외전』(內外傳)을 지었다. 『한서예문지』에 게재되어 있는 그의 저서는 『한시고』(韓詩故) 36권, 『한시내전』(韓詩內傳) 4권, 『한시외전』(韓詩外傳) 6권, 『한시설』(韓詩設) 41권이다. 현재 전해지는 것은 겨우 『한시외전』뿐이다. 그의 윤리에 대한 견해는 『시경』으로부터 연역해 볼 수 있는 것이 많으나 체계적인 논술은 거의 없다.

---

7) 道者所從以接物也, 其本謂之虛, 其末謂之術. 虛者謂其精微, 平素無設施. 術者所從以制物, 動靜之數也. 凡此皆道.

8) 性相近, 習相遠, 唯上智與下愚不移.

조착(晁錯): 전한시대의 법률학자이다. 경제 때 제후의 세력을 누르고 한왕실을 강화해야 한다는 건의서를 제안하여, 오 · 초 7국의 난[吳楚七國之亂]을 야기 시켰다. 오 · 초 7국은 조착을 제거해야 한다는 이유를 들어 한왕실을 배반하였다. 조착은 곧 한왕실에 의해 죽임을 당했다. 그는 법률학자였을 뿐만 아니라 법률의 실행자였다. 항상 유가에 반대하고 법률로써 천하를 다스리고자 하였다. 그러나 그 계획은 당시 상황에 부적절하였고 자기 자신에게도 실행할 수 없었다고 전해진다.

사마천(司馬遷): 자는 자장(子長)이고, 용문(龍門) 출생이다. 천하를 여행하여 제(齊)와 노(魯)나라에서 배우고, 한왕실에서 벼슬하여 태사(太史)가 되었다. 일찍이 공자 학통을 잇는 것을 자기 임무로 삼았고, 저서로 오늘날까지도 전해지는 것은 『사기』(史記)가 있다. 이 책은 황제헌원씨(黃帝軒轅氏)로부터 한무제(漢武帝)까지 약 3,000년간의 역사적 사실들을 기록하고 있을 뿐만 아니라, 경서(經書)에 대해서도 접근하고 있어 윤리적으로도 주목된다.

사마천은 체계적인 윤리설을 제시하지는 않았지만 『사기』 속에서 여러 차례 도덕적 견해를 언급하고 있다. 예컨대, 백이숙제전(伯夷叔齊傳)은 후학자들에게 윤리적으로 중요한 문제를 던져주고 있는 것이라 하겠다. 소위 "백이숙제 같은 사람은 선인(善人)인가 아닌가! 인(仁)을 쌓고 행동을 고결하게 함을 그와 같이 하다 굶어 죽었다. 또한 공자 제자 70명중에서 중니는 유독 안연만을 들어 학문을 좋아하였다고 하는데 그는 요절하고 말았다. 이처럼 하늘이 선인(善人)에게 베푼 것이란 그 무엇인가? 도적(盜賊)은 날마다 죄 없는 사람을 죽이고 잔인무도하고 방자했어도 목숨이 다하도록 살았다. 이러한 하늘의 도가 옳은 것인가 그른 것인가?"[9]라고 의문을 던지고 있는데, 아마도 사마천은 한숨을 쉬면서 그것을 말했으리라. 하늘의 도가 옳은 것인가 그른 것인가 하는 그 물음은 후세에 각종 해석을 불러일으켜서 하늘의 도를 의심하고 도덕을 경시하는 자가 나타나기도 하였다. 그러나 사마천은 회의적이거나 염세적인 사상가가 아니며 유교윤리에 충실하게

9) 若伯夷叔齊可謂善人者非耶! 積仁絜行如此, 而餓死. 且七十子之徒, 仲尼獨薦顔淵爲好學, 而卒早夭. 天之報施善人, 其何如哉? 盜跖日殺不辜, 肝人之肉, 暴戾恣睢, 竟以壽終. 儻所謂天道, 是耶? 非耶?

봉사했던 사람이다. 위의 말은 한탄 섞인 말일 뿐 다른 뜻이 있는 것은 아닐 것이다.

공손경(公孫卿): 한무제 때 신선술의 학자였다. 무제가 신선술을 신봉함에, 공손경이 기괴한 설을 무제에게 올렸는데, "만약 수산(首山)의 구리를 채취하여 형산(荊山) 아래에서 솥을 주조하면 반드시 용이 제후를 맞이하여 승천할 것이다."[10] 라고 하였다. 이에 무제가 그 말을 따라 형산 아래에서 솥을 주조하고 각 제후국을 순방하며 누대(樓臺)를 건립하였다. 그러나 후에 그것을 후회하며 공손경과 그 무리들을 모두 배척하였다.

유향(劉向): 원래 이름은 경생(更生)인데 후에 향(向)으로 바꿨다. 자는 자정(子政)이며 소제원봉(昭帝元鳳) 원년(B.C.80) 생이다. 선제(宣帝) 때 이름 있는 유학자가 되었고 천거되어 한왕실에서 벼슬하였다. 이 때 석현(石縣), 홍공(弘恭)의 세력들이 권세를 탐하여 유향을 여러 번 옥에 집어넣었다. 성제(成帝) 때 유향은 왕씨족이 발호하는 것을 보고는 『서경』(書經)의 홍범(洪範)에 근거하여 『홍범오행전』(洪範五行傳) 11편을 저술하였다. 여기서 그는 예로부터 진 · 한 때까지의 상서로운 일과 재난 등을 기록하여, 천자의 행동은 반드시 하늘에 준하여야 함을 밝히고 있다. 성제는 이러한 유향의 주장을 신임하고 그의 말대로 왕씨족을 축출하였다. 한나라가 건국된 지 약 30여 년이 된 성제원정(成帝元廷) 4년(B.C. 9)에 72세의 나이로 죽었다. 천성적으로 학문을 좋아하여 낮에는 성현의 책을 가까이 하였고 밤에는 천문을 고찰하였다. 저서에는 『홍범오행전』외에도 『유향설원』(劉向說苑), 『유향신서』(劉向新序) 등이 있다.

유향의 사상 중에서 탁월하다고 평가할 수 있는 것은 인성론에 대한 것이다. 그는 "인성에 원래부터 선악이 존재하는 것이 아니라, 사물을 접한 후에야 비로소 움직이는 것"[11]이라고 하였다. 여기서 〈사물〉이란 외부의 자극을 말하며, 〈움직이는 것〉이란 선악이 일어난다는 뜻으로, 즉 외부의 자극으로 인하여 선악이 있게 된다는 것이다. 외부의 자극 중에서 영향력이 가장 큰 것으로 유향은 음악을

---

10) 若採首山之銅, 鑄鼎於荊山之下, 則必有龍迎帝昇天.

11) 人性不在善惡, 感於物而後動.

들고 있다. 유향은 또 "성(性)과 정(情)은 서로 상응한다."[12]고 했다. 성정이 서로 상응한다고 생각하기 때문에 그것은 선도 악도 될 수가 없는 것이다. 후에 한나라 학자인 순열(荀悅)은 맹자와 순자 이래의 모든 인성론을 비판적으로 검토한 다음 유향의 견해가 가장 타당하다고 평하고 있다. 그러나 왕충(王充)은 유향이 한갓 성정의 음양과 내외를 말할 뿐, 그것의 선·악에 대해서는 말하고 있지 않다고 하여 배척하고 있다.

유향은 예악(禮樂)을 매우 중시하여, 예악은 사람을 기르는 반면, 형법은 사람을 벌하며 심할 경우 사람을 죽이는 데 이른다고 생각하였다. 만약 예악이 일어나지 않게 될 경우 법률이 제정되어 질 수밖에 없으며, 이는 사람을 죽이려고 노력하는 것이지 사람을 기르려고 하는 것이 아니라고 역설하였다. 그리하여 그는 성제에게 학교를 세우고 예악을 일으킬 것을 권고하고 있다. 한편, 그의 음악에 대한 견해에 대해서도 경청할 필요가 있다. 그에 의하면, 음악이란 사람의 마음이 반영된 것이라는 것이다. 마음의 희·노·애·락·사(思)·경(敬) 등이 감응하여 외부의 음성으로 표출된 것이 곧 음악이라고 한다. 즉, 음악의 소리와 마음의 상태는 완전히 부합된다. 또한 그는 이러한 음악론을 인성론에 결부시켜, 성은 선악이 없고 외부의 자극으로 말미암아 선악이 있게 된다고 한 것이다. 그리하여 그는 외부의 자극 중에서 성에 가장 큰 영향을 미치는 것을 음악으로 보고, 바르고 단정한 음악을 들으면 마음이 저절로 선해지게 되고, 사악한 음악을 듣게 되면 마음도 악해진다고 말하였던 것이다.

유향은 재난을 믿는 점에서는 한대의 다른 학자들과 다를 바 없다. 그러나 그는 귀신은 믿지 않았다. 그런데 귀신에게 제사는 지내야 한다고 하는데 그 이유는 분명하지 않다.

유흠(劉歆): 유향의 막내아들로 자는 자준(子駿)이다. 시서(詩書)에 능통하였고 문장에서도 유명하였다. 한왕실에서 벼슬하여 경학을 강의하고 율력을 만들었으며, 학문을 연구하고 보급하는 데 있어서 아버지인 유향과 다를 바 없었다. 그러나 왕망(王莽)의 왕위찬탈이 있은 후에 그는 왕망의 밑에서 국사(國師)로 벼슬하였는데, 이 때문에 후세 학자들은 그를 매우 비난한다. 아마도 유흠은 재주와

12) 性情相應.

학문에 비범하였으나 인격적인 면에서는 유향보다 못했던 것 같다. 유향이 매우 충직하고 성실하며 학덕을 겸비한 군자였다면, 유흠은 충효의 도라는 측면에서 아버지에 미치지 못했던 것 같다. 윤리사상에 대해서는 특별히 언급할만한 것이 없다.

환관(桓寬): 자는 차공(次公)으로 여남(汝南) 사람이다. 선제 때 낭관(郎官)이 되었다. 순수하게 유가 계통의 학자로 문자에 유통하고 유가의 덕치주의적 정치론을 주장하였다. 그의 정치론은 매우 이채로운 면이 있는데, 이와 관련하여 그가 쓴 책은 『염철론』(鹽鐵論)으로 모두 16편으로 되어 있다. 소제시원(昭帝始元) 6년에 학문에 뛰어난 현량의 선비들을 천거토록하여 백성들의 어려움을 물었다. 이때 환관은 염철(鹽鐵) · 주각(酒榷) · 균수(均輸)의 관직을 폐지할 것을 주장하였는데, 당국자들에게 그것이 먹혀들었다. 그 결과로 각고(榷酤)는 폐지되고 염철관만이 존속되었다. 『염철론』은 현량의 선비들과 당국 간의 논의를 모아, 덕치주의와 법치주의에 대한 논쟁을 기록한 것으로, 선왕의 도를 매우 깊이 있게 전하고 있다.

제 3 절 후한대(後漢代)의 윤리사상

후한대는 광무제(光武帝)로부터 한나라가 멸망한 시기까지를 말한다. 후한의 사상은 거의 전한대의 사상과 비슷한데, 아래에서 개략적으로 살펴보기로 한다.

학파의 경향: 전한대의 무제가 유학을 보급하였기 때문에 유학이 한나라의 정교(正教)가 되었으며, 다른 학파는 억압되었다. 그리하여 유학세력이 후한에 와서는 크게 성행하게 되었다. 그러나 전한 말기에 들어 학계가 매우 부패하고, 학자들은 자신의 보신을 위하여 왕망에게 아첨하며 그를 떠받드는 상황이었다. 광무제가 그러한 폐풍을 일소하고 절개 있는 유자들을 초빙하자, 사방에 은둔해 있던 거유들이 속속 사회에 나타났다. 전한(前漢) 때처럼 훈고학이 성행하였으나, 한 가지 경전만을 전공하는 학자는 사라지고 한 사람이 여러 경전을 두루 학습하는 것이 성행하였다.

노장사상: 역시 당대의 사람들 마음속에 깊이 침투해 있었다. 예컨대, 광무제와 그의 아들인 효명제(孝明帝)도 노장을 받아들인 것 같다. 광무제는 유순한 도[柔道]로써 정치를 하였으며, 효명제는 태자 때 아버지에게 간하기를, 폐하께서 우·탕의 총명함을 얻기 위해서는 황노의 '성을 기르는 도'[養性之道]를 잊어야 한다고 하였다. 이런 것을 보면 분명 노장사상의 영향을 받은 것이라 하겠다.

음양오행설: 음양사상도 이때에 성행하였다. 이름 있는 유학자들 중에도 그것을 신봉하는 자가 매우 많았다.

불교의 전래와 그 영향: 후한의 사상계에 가장 큰 영향을 미친 것은 바로 불교의 전래이다. 정사(正史)에 의하면, 불교가 중국에 전래된 것은 후한 명제(明帝) 때이다. 그러나 이보다 앞서 중국인에게는 이미 인도에 관한 지식이 있었는데, 열자(列子)와 장자(莊子)를 보면 그것은 자명하다. 불교사상의 감화설(感化說)과 기타 다른 사상이 실제 사회에 크고 작은 영향을 주었고, 이미 전한 때부터 일부 사람들의 마음속에 침투되어 있었으며, 염세적인 사상이 전파되기도 하였다. 염세적 사상은 한말의 사회적 상황과 관련되어 있었다. 이에 대해서는 뒤에서 상론하겠다.

1. 왕 충(王充)

후한의 학자로는 우선 왕충을 들어야 할 것이다. 왕충과 왕부(王符), 중장통(仲長統)을 들어 한나라 말엽의 삼재(三才)라 칭하고 있는데, 이 중에서도 왕충이 가장 뛰어났다. 왕충은 회계(會稽)의 상우(上虞) 사람으로 자는 중임(仲任)이다. 태학에서 배우고 스승으로 반표(班彪)를 모셨다. 집이 가난하여 책을 살수가 없어 매양 책방에 서서 책을 보았는데, 한번 읽으면 모두 암기해 버렸다고 한다. 제자백가의 언설에 능통하였고 의견을 개진하고 토론하기를 좋아하였으며, 남이 생각하지 못할 견해들을 많이 제시하였다.

속유(俗儒)들이 글만 고수하고 진실을 잃어버리는 데 분개하여 문을 걸어 잠그고 사색에 잠기곤 하였다. 저술에는 『논형』(論衡) 85편이 있는데, 물류(物類)들에 대한 동이(同異)를 논했고 잘못된 당시 시속들을 바로 잡고 있다. 명제가 그를 불렀으나 병을 핑계로 사양하였다. 영원(永元) 때 70세의 나이로 죽었다. 죽기 전에 『양성서』(養性書) 16편을 저술하기도 하였다.

철학설

당시 이름이 알려진 학자들, 즉 환관, 중장통, 서간 등은 주로 정치를 논하였을 뿐인데, 왕충은 세속의 미혹한 것들을 해결하고자 노력하여 인생의 길흉화복, 장수와 단명, 빈부, 요괴, 상서로움, 생과 사, 골상(骨相), 기수(氣壽), 명록(命祿), 장제(葬祭) 등 통속적인 것들에 대해 독창적 설명을 하였다. 『논형』에서 그는 본체론과 인성론을 논의하고 있는데, 여기서 그의 철학설의 일단을 엿볼 수 있다.

본체론: 왕충은 '일원기'(一元氣)를 우주의 본체로 본다. 천지간의 모든 만물은 일원기의 활동으로 말미암아 생기는 것이다. 일원기가 나뉘어 음양의 두 기가 되고 또 그들이 서로 교섭하여 만물을 낳는다는 것이다. 아마도 역(易)사상에 근본을 두고 있는 것이라 하겠다. 왕충은 만물의 생성을 사람의 태어남에 비유하고 있는데, 일원기가 만물을 낳는 것은 남자와 여자가 자식을 낳는 것과 비슷하다는 것이다. 남녀가 처음부터 자식 낳는 것을 목적으로 하는 것은 아니나 그들의 기가 서로 합해지면 자연히 자식이 생기게 된다. 이처럼 일원기도 처음부터 만물을 낳을 뜻을 갖고 있었던 것은 아니나 곧 자연스럽게 만물을 낳게 된다는 것이다. 이는 아마도 우주의 의지를 부정하는 것이라 할 수 있다. 사람이 이미 일원기로부터 태어났고, 만물도 그러하다. 따라서 인간과 만물의 성질은 근본적으로 다른 것이 아니다. 그러므로 "사람은 만물이다."[13]라고 말할 수 있다. 그러나 사람과 만물의 구별은 지혜가 있고 없음에 의해 생긴다. 즉, 사람과 만물의 같지 않음은 현명하고 어리석음에서 생기는 것이다. 그렇다면 현우(賢愚)의 차별은 어떻게 생기는 것인가? 왕충에 의하면, 그것은 받는 바의 기가 많고 적음, 후하고 박함, 원만하고 편벽함에 따라 나누어진다는 것이다. 이러한 왕충의 생각은 바로 후에 오는 송유(宋儒)들이 주장하는 기질설(氣質說)의 선구가 되었다고 하겠다.

---

13) 人者萬物也.

인성론: 왕충은 고래의 인성론을 비판하면서 자신의 독창적인 견해를 밝히고 있다. 맹자가 성선을 주장할 때, 그가 지칭하는 성(性)이란 중인이상(中人以上)의 성을 가리키는 것이다. 순자가 선악을 주창하는 바, 그가 지칭하는 성이란 중인이하(中人以下)의 성을 말한다. 또 양웅이 성의 선악혼합설을 주창하는데, 그것은 중인의 성을 가리킨다. 성에는 선악이 있는 것이며, 그것은 명(命)에 귀천과 빈부가 있음과 같은 이치라고 본다. 또 그는 "인성이 선함도 있고 악함도 있음은 마치 사람의 재주에 고하가 있음과 같다. 재주가 많은 사람이 적은 사람과 같을 수 없고, 재주가 적은 사람이 많은 사람과 같을 수 없다. 명(命)에는 귀천이 있는 것이고 성(性)에는 선악이 있는 것이다."[14]라고 말했다. 성이 선악을 낳는 이유가 된다는 데 이르러 왕충은 그것을 기(氣)의 많고 적음, 후하고 박함, 원만하고 편벽함에 돌리고 있다. 사람은 일원기를 받아서 태어나는데, 그 기가 후하고 박함이 있기 때문에 태어나면서 선악 · 현우의 차이가 있게 된다는 것이다. 또한 그는 "소인과 군자는 품수 받은 성에 따라서 차이가 있게 되는 것으로, 비유하면 마치 오곡(五穀)과도 같다. 즉, 쓰임에는 차이가 없으나 그 실효가 각기 다른 것은 품수 받은 기에 후박(厚薄)이 있음에서 비롯되는 것이다. 그러므로 성에는 선과 악이 있다."[15]고 말한다. 이와 더불어 그는 성에는 이미 선함과 악함이 있기 때문에 교화로써 악의 성을 가진 자를 선인으로 만들 수 있다고 본다. 이는 마치 하얀 실에 감색을 물들이면 청색이 되고 빨강색을 물들이면 적색이 되는 것과도 같다. 이처럼 교육의 가능성을 인정하는 그의 인성론도 역시 송유(宋儒)의 설과 매우 유사한 것이다.

숙명론: 왕충은 극단적인 숙명론자이다. 그는 인생의 행과 불행, 시절을 잘 타고 났느냐 그렇지 못했느냐, 생과 사, 장수와 단명, 빈부, 귀천 등은 모두 명(命)에 달린 것으로 돌린다. 그의 숙명론에는 이론적 근거가 있다. 천지만물이 이미 일원기로부터 생겨나는 것이므로 각 현상들은 일정한 기로서 주어지는 것이다. 이미 일정한 기가 있으므로 반드시 이 기를 유지하는 형상이 있게 마련이다. 사물의 운명은 형성될 때 정해지는 것이다. 기의 형상과 운명은 상관관계가 있다.

14) 人性有善有惡, 猶人才之有高下. 高不可下, 下不可高. 命有貴賤, 性有善惡.
15) 小人與君子, 因稟性而異, 譬如五穀焉, 爲用不異而實效殊者, 稟氣有厚薄也. 故性有善惡.

명(命)은 형상으로부터 만들어지고, 형상은 기로부터 결정되는 것이다. 따라서 형상이 있으면 반드시 기와 명이 있게 된다. 즉, 사람이라는 형상이 있다는 것은 바로 사람의 기와 명이 있는 것이고, 소와 말의 형상이 있다는 것은 바로 소와 말의 기와 명이 있다는 것이다. 바꿔 말하면, 하나의 일정한 기에는 반드시 그것에 상응하는 형상이 있고, 또 그것에 상응하는 명이 있다. 명에 차이가 있는 것은 곧 그 형상의 기가 후하고 박함이 있기 때문이다.

또한 왕충은 골상설(骨相說)을 주장하고 있는데, 그것의 논거 또한 이 숙명론에 두고 있다. 즉, 일정한 기에 상당하는 형상이 반드시 있으며, 형상이 바로 골상이 되는 것이라 보았다. 이른바 골상이란 단순히 얼굴에만 국한되는 것이 아니고 신체의 다른 부분들도 포함된다. 그리고 골상과 명 사이에는 아주 밀접한 관계가 있다. 즉, 명에는 반드시 골상이 있으며, 그 골상을 관찰하면 그 사람의 명을 알 수 있다. 또한 그는 "인명은 하늘에서 받은 것이며 신체에 그 징표가 있게 된다. 그 징표를 관찰하면 명을 알 수 있다. 그것은 마치 되[斗斛]를 보면 용량을 알 수 있는 것과도 같다. 징표라는 것은 골상법을 일컫는다."[16]고 말했다. 또한 왕충은 여러 가지 실례를 들어가면서 귀천, 빈부와 기타 다른 운명들이 모두 골상에 표시되어 나타난다고 설명하였다.

윤리설

왕충의 윤리설은 그의 인성론으로부터 나온다. 인성에는 선함과 악함이 있다. 그러나 수양을 한 결과에 따라 악인의 성도 변화하여 선인이 될 수 있다는 것이었다. 따라서 왕충은 학문을 가장 중요한 것으로 여기면서 그것이 바로 수행공부라고 생각하였다. 사람은 학문을 함으로써 성품을 교정하여 덕을 이룰 수 있다고 보았던 것이다. 곡물은 먹을 수 있어 영양상 불가결한 식용물이 된다. 그러나 먹을 수 없는 곡물은 신체의 건강에 해로움을 끼친다. 학문을 하지 않는 사람은 바로 먹을 수 없는 곡물일 뿐이다. 그가 교화를 중시하고 수행공부를 해야 한다고 본 것은 실로 탁견이라 하지 않을 수 없다. 이러한 왕충의 윤리설은 거의 유교적 도덕관이라 볼 수 있다. 이는 곧 그가 순수한 유가계통의 학자라는 것을 말해준

16) 人命稟於天, 則有表候於體. 察表候以知命, 猶察斗斛以知容矣. 表候者骨法之謂也.

다. 다만 시대적 영향을 받아서 도가의 사상을 수용하고 황노(黃老)를 존경하여 가끔 무위자연의 도(道)를 말하곤 했던 것이다 .

기타 귀신론: 당시의 미신적 행동에 대해 왕충은 맹렬히 공격하였는데, 그러한 내용은 서허(書虛) · 변허(變虛) · 이허(異虛) · 감허(感虛) · 복허(福虛) · 화허(禍虛) · 뢰허(雷虛) · 도허(道虛)편 등에서 찾아 볼 수 있다. 서허편에서는 책에 전하는 망령에 대해 비판하였고, 변허편은 하늘이 노하여 사람을 응징한다는 망령을 비판하였고, 이허편에서는 이상스런 여러 가지 망령에 대하여 비판하였고, 감허편에서는 하늘과 사람이 서로 감정이 통한다는 망령에 대해서 비판하고 있으며, 화허 · 복허편에서는 인과응보의 망령됨을 비판하고 있으며, 도허편에서는 선인이 하늘로 승천한다고 보는 망령에 대해 비판하고 있다.

왕충은 천인관계(天人關係)를 부정하고 귀신을 배척하고 있는데, 그러한 논의 중에는 경청할만한 것이 있다. 고래로 중국민족은 하늘과 인간 사이에는 밀접한 관계가 있는 것으로 믿어, 하늘이 만물을 지배하며 상벌을 내리는데, 선한 자에게 복을 주고 악한 자에게 화를 내린다고 생각하여 왔다. 또 군주는 천명을 받아 만민을 통치하고 선정을 베풀면 하늘이 상서로움의 징표로 상을 내리고, 폭정을 하면 재화를 내려 그를 경계하고, 고치지 않으면 벌을 준다고 생각하였다. 그러나 왕충은 이러한 고래의 천명론을 강력히 비판 · 배척하고 있다. 즉 그에 의하면, 자연과 인간 간에는 고래로 전해오던 바와 같은 관계란 없으며 천재지변이란 것도 우연히 일어나게 된 변화일 뿐이라는 것이다. 또 인간의 병(病)이라는 것도 이른바 하늘의 의지와는 아무 관계가 없다는 것이다. 이른바 성왕의 통치 시에 기린과 봉황이 나타났다고 하나, 금수는 말도 통하지 않으며 국정이 선한지 악한지에 대한 판단도 할 수가 없으며 천사가 될 수도 없다는 것이다.

귀신적인 미신에 대해서도 왕충은 통렬히 공격한다. 당시 사람들은 귀(鬼)란 투시하는 빛이 되고 병의 기가 되고, 사물의 정(精)이 되고, 사람의 영혼이 된다고 생각하였다. 그러나 왕충은 이러한 모든 생각들은 유치하기 그지없는 것들이라고 말했다. 사람이 죽은 뒤에는 그 영혼이 귀신이 되어 살았을 때의 은혜와 원수에 대해 보복을 한다고 하는 생각은 더욱 말이 되지 않는다. 사람과 만물은 모두 일원기로부터 생기는 것인데, 만물이 죽은 후에 귀신이 된다는 것은 들을만한 것이 못된다. 따라서 만물과 성질이 근본적으로 같은 사람이 귀신이 된다는 이유를 찾을 길이 없는 것이다. 죽으면 불과 같이 사라지는 것이며, 알 수도 인식할 수도 없는 것이다. 어찌 천지지간에 귀신이 있다고 말할 수 있을까. 즉, 귀신은 사람의 영혼이 아니라는 생각이다. 생각에 잠겨있을 때 종종 헛것이 보일 때가 있다. 그렇다고 귀신이 실재하는 것이 아니라 환상에 불과할 뿐이며 실제로 외부에 나타난 것은 아니다. 이처럼 왕충은 귀신을 신경작용으로 생기는 환영일 뿐이라고 보았다.

2. 기타 학자

후한대의 학자는 왕충 이외에 저명한 사람으로 반표(班彪) · 반고(班固) · 왕부(王符) · 마융(馬融) · 정현(鄭玄) · 순열(荀悅) · 중장통(仲長統) · 서간(徐幹) 등이 있다. 이들 각자에 대한 약력과 학설의 대요를 살펴보기로 한다.

반표(班彪): 왕망의 난 때의 학자이다. 20세에 『왕명론』(王命論)을 저술하여 외효(隗囂)를 비꼬고 있다. 요컨대, 한왕실은 요(堯)의 뒤를 잇고 있는데, 왕의 후사된 자는 책략으로 천하를 빼앗으면 안 된다는 것이다. 이는 중국 고유의 정명론(定命論)으로 국가의 흥망에도 적용된다. 후에 외효는 물러나고 두융(竇融)이 벼슬에 올랐다. 두융이 광무제에게 신하로 인정받는 데 이르자, 반표 또한 크게 광무제의 신뢰를 얻었다. 후에 병으로 면직하고서 오로지 역사 연구에만 매진하여 사마천의 『사기』를 능가하는 『전한서』(前漢書)를 편찬하였다. 건무(建武) 30년(54)에 52세의 나이로 죽었다. 그의 윤리사상으로는 특별히 전하는 것이 없다.

반고(班固): 반표의 아들이다. 재주와 학문이 깊어 장제(章帝) 때에 등용되어 교서랑(校書郎)이 되었다. 시부(詩賦)에 능하여 『양도부』(兩都賦)라는 걸작이 있다. 또한 20여 년의 세월을 『한서』를 완성하는 데 바쳤다. 또 다른 저서들 중에서 널리 알려진 것으로는 『백호통』(白虎通)이란 책이 있다. 이 책은 장제가 백호에서 유자들과 만나 오행에 대해 토론할 때 반고가 거기에 참석하였는데, 그 때 유자들과의 토론내용을 기록한 것이기 때문에 『백호통』이라 하였다고 한다. 그러므로 이 책은 전적으로 반고의 사상을 반영하고 있다고는 볼 수 없고, 당시 한나라의 일반적인 사상을 보여 주는 책이라 할 것이다. 후에 일이 잘못되어 투옥되었고, 영원(永元) 2년(90)에 61세로 죽었다.

주나라 때에는 오행(五行)을 객관적인 존재의 현상으로 보았는데, 한대에 이르러서 오행은 사람의 도덕으로 해석되는 데에 이르렀다. 반고 때에 오행을 명명하여 오기(五氣)라 하였고, 그 오기는 각기 사람의 신체상의 특별한 기관을 만든다고 보았다. 또한 육율(六律)을 육기(六氣)라 하기도 하였다. 반고는 당시의 이러한 사상적 영향을 받아 사람의 성(性)과 정(情)을 구별하여 성은 양기(陽氣)로부터 나오고, 정은 음기(陰氣)로부터 생긴다고 보았다. 즉, 양기로부터 나온 성은 인(仁)이 되면서, 그 인은 인·의·예·지·신(仁義禮智信)을 포함한다. 그리고 음기로부터 나온 정은 탐욕이 되어, 거기에는 희·노·애·오·애·락(喜怒愛惡哀樂) 등이 포함된다. 또 성의 5덕은 오행기(五行氣)로부터 생기고, 정의 6류는 육율기(六律氣)로부터 생긴다. 나아가 활동적인 성정(性情)인 5장과 6부 또한 이 오행과 육율에서 이루어진다고 말하고 있다.

왕부(王符): 자는 절신(節信)이고 임경(臨涇) 사람이다. 마융·장형 등과 깊은 우정을 나누었으며, 학문을 좋아하고 절의를 중시하여 세속적인 것과 타협을 불허하는 성품이었다. 종신토록 벼슬하지 않고 『잠부론』(潛夫論) 30여 편을 저술하여 자기의 뜻을 담았다. 이 책은 주로 한말 폐정을 비판하는 내용이나, 도덕적인 견해도 발견된다. 그의 사상은 매우 복잡하고 체계적이지는 못하나, 대체로 일원기적 우주관을 인정하는 것으로 보인다. 즉, 천·지·인 세 가지는 일원기로 말미암은 관계로, 인간의 힘은 족히 천하를 움직일 수 있다고 한다. 또한 그는 유교의 배천사상(拜天思想)을 인정하여, 하늘은 백성을 가장 사랑한다고 생각하였다. 그리하여 백성들에게 선정을 베풀면 천심이 위로 받아 오곡이 풍년이 든다. 그러나 백성들의 원망을 사게 되면 하늘은 진노하여 기근을 내린다. 그러므로 하늘의 정치를 대신하는 천자와 그 하급관리들까지도 백성들의 희노애락을 살펴 선정을 행하지 않으면 안 된다고 하였다.

마융(馬融): 부풍(扶風) 사람으로 건초(建初) 3년(78)에 태어났다. 지순(摯恂)에게 배웠으며 영초(永初) 4년(110)에 교서랑중(校書郎中)이 되었다. 당시의 등태후(鄧太后)가 권력을 자의적으로 휘두르며 무기를 갖추고 활을 만들며 각지를 횡행하였다. 이에 마융이 상서를 올려 비유적으로 간했다가 죄를 얻어 고향에 금고 되었다. 안제(安帝) 때에 이르러 동부지방을 순회하면서 지은 『동순부』(東巡賦)를 헌납하였는데, 이를 계기로 다시 복직되어 낭중(郎中)이 되었다. 그 후에도 자주 벼슬에서 쫓겨났다 복직되었다 하였다. 마융은 박학다문하여 학문에만 정통한 것이 아니라 거문고, 피리 등 음악에도 능통하였다. 그에게 사숙하고자 하는 무리가 무려 천명에 이를 정도였고, 노상(盧相) · 정현(鄭玄) 등이 모두 그의 문인이었다. 환제정희(桓帝廷喜) 9년(166)에 89세로 죽었다. 주석(註釋) · 부(賦) · 기(記) 등 저작이 자못 많은 편이며, 윤리에 대한 저작으로는 『충경』(忠經)이 있다. 이 책은 마융 자신의 본래 전집에는 보이지 않고 『수서경적지』(隨書經籍志)나 『당서예문지』(唐書藝文志)에도 게재되지 않다가, 겨우 송(宋)나라 때에 와서 『숭문총목』(崇文總目)에 그 책 제목이 올라가게 되었다. 이러한 이유로 후대 사람들은 그 책을 위작이라고 생각하는 이도 있었다. 『충경』은 『효경』(孝經)을 모방하여 신하가 임금을 섬기는 도리를 18장으로 나누어 설명하고 있다. 그 충(忠)자에 대한 상세한 설명은 따로 할 수 없으나, 『충경』에서는 충의 의의를 밝히고 있는데, 그것은 임금을 위하여 전일한 마음을 갖는 것이다. 아울러 충은 경우에 따라서 달라진다. 재상에게는 재상으로서의 충이 있고, 백관은 백관으로서의 충이 있으나, 그 임금에 대한 전일한 마음이라는 점에서는 동일하다. 『충경』은 충을 가장 중히 여겨, 곧 그것은 천하를 안정되게 하는 근본이라고 한다. 또한 충효일체론을 주장하여 충과 효는 근본적으로 일치할 뿐만 아니라, 충신은 불효의 집안에서 나오지 않는다고 말하고 있다.

정현(鄭玄): 자는 강성(康成)이고 북해고밀(北海高密) 사람이다. 순제영건(順帝永建) 2년(127)에 태어났다. 마융의 문인으로 그가 죄를 얻어 귀향가게 되었을 때, 마융은 제자들을 돌아보며 한탄하여 말하기를 "정현이 오늘 귀향감에 우리의 도가 동으로 가는 것이다."[17]라 하였다. 미리 귀향지에 강학을 열었는데, 이에 쫓아오는 자가 갑자기 수 백 명에 달하였다고 한다. 헌제건안(獻帝建安) 5년(200)

17) 鄭生今去, 吾道東矣.

에 74세로 죽었다. 주석한 책이 매우 많아 모두 백여만 편에 이른다. 훈고학 또한 마융을 능가한다. 비록 독창적인 새로운 학설은 아니나, 성현(聖賢)의 책을 주석하고 유자의 윤리설을 더욱 자세히 풀이한 그 공적이 지대하다.

순열(荀悅): 자는 중예(仲豫)이고 영천(潁川) 사람이다. 환제건화(桓帝建和) 2년(148)에 태어났다. 천성적으로 학문을 좋아하였다. 헌제(獻帝)에게서 벼슬하였는데, 여러 차례 속박된 속에서 임금을 모시고 강의하였고, 정치에 대한 상서를 올렸다. 건안(建安) 40년(209)에 62세로 죽었다. 저서로서 『중감』(中鑑), 『한기』(漢紀), 『숭덕정론』(崇德正論) 등이 있는데, 대부분 당시의 정치를 논하고 있다. 후세에 소순자(小荀子)라 칭해졌다.

순열은 전래의 인성론을 비판하고 유향의 설을 가장 합당하다고 보았다. 또한 그는 "성에는 삼품(三品)이 있는데, 상지(上知)와 하우(下愚)는 서로 옮길 수 없고 그 가운데는 사람의 일[人事;경험]에 달렸다. 명(命)은 서로 가까우나 경험이 서로 다르면, 길흉이 구별되는 것과 같다. 그러므로 궁리하여 성을 다함으로써 명(命)에 이른다고 말한다."[18]고 했다.

중장통(仲長統): 자는 공리(公理)이고 산양고평(山陽高平) 사람이다. 헌제 말년 41세로 죽었다. 왕충 · 왕부와 함께 한나라 말엽의 삼재(三才)라 칭해진다. 염세적인 인생관을 가져 세속을 떠나 소요하며 지내는 뜻 높은 선비들을 사모하였다. 무릇 제왕을 좇아 노는 것은 입신양명하고자 하는 것이나, 이름은 항상 존재하는 것이 아니며 인생은 쉽게 사라지는 것이니, 누웠다 일어났다 하면서 자유롭게 노닐어 스스로 즐기는 것이 합당하다고 하였다. 매양 고금 시속을 논하면서 항상 분개하고 탄식하였다. 저서로는 『낙지론』(樂志論)과 『창언』(昌言) 등이 있는데, 시의에 적절한 내용이 적지 않다.

서간(徐幹): 자는 위장(偉長)이고 북해극(北海劇) 사람이다. 영제건녕(靈帝建寧) 4년(171)에 태어났다. 명예와 관직을 대수롭지 않게 여겼다. 헌제건안(獻帝建安) 23년(218)에 48세로 죽었다. 저서로 세상에 알려진 것으로는 『중론』(中論)이 있

18) 性有三品, 上下不移, 其中則存於人事. 若命相近, 事相遠, 則吉凶殊. 故曰窮理盡性以至於命.

다.

서간은 지식을 중히 여기고 덕행을 중히 여기지 않았는데, 그는 "사람의 행동에는 효(孝)보다 큰 것이 없고 밝기로는 청(淸)보다 밝은 것이 없다. 증삼(曾參)의 효는 대순(大舜)도 바꿀 수 없었으며, 원헌(原憲)의 청렴은 백이(伯夷)도 어쩔 수 없었다. 그러나 능히 자유(子游)·자하(子夏)와는 더불어 4과의 범주[四科之內]에 나란히 포함될 수 없으니, 그 재주가 같지 않기 때문이다."[19]라고 말하였다.

서간은 또 법상론(法象論)을 주장하는데, 군자는 위엄하고 의로운 용모를 지닐 필요가 있음을 말하면서, "법상(法象)이란 군자의 자세를 갖추는 방법을 말한다. 법상은 먼저 용모를 바르게 하고 삼가 위엄을 갖춘다. 그렇기 때문에 선왕들이 예를 제정함에 있어 관모 관복 및 색깔로써 그것을 표시하고, 옥으로 된 패물을 차고 노리개를 울려서 소리 낸 것은 존귀함과 장엄함을 보이기 위한 것이니, 어찌 게으르고 거만할 수 있겠는가?"[20]라고 말하였다.

제 4 절 한말 사조의 특색

한말의 일반적인 민심은 매우 염세적인 색채를 띠었는데, 이는 당시의 사회상황과 사상적 영향에 기인하는 것이다.

사회상황: 사회상황은 충분히 일반 민심을 염세적으로 경도시킬만하였다. 그 중에 특히 심한 것은 ① 조정의 권위실추, ② 군웅의 봉기, ③ 오랑캐의 침략 등이었다. 조정의 권위실추는 몇 가지 원인이 있었다. 환관(宦官)과 당인(黨人)들의 충돌이 주요인이었다. 한왕실에서 먼저 환관들이 조정을 문란케 하였는데, 그 환관들은 천자와 가까웠기 때문에 쫓아내기가 쉽지 않았다. 주목(朱穆)이 환관을 폐지할 것을 간청하였는데, 황제는 도리어 그러한 간청에 노하였다. 그러므로 환관들이 조정을 해침이 날로 심각해졌으나 강개하고 절개 있는 선비들이 일어날 수가 없었다. 이에 당인(黨人)이라 불리는 자들이 생겨나게 되었다. 당인

19) 人之行莫大於孝, 莫顯於淸. 曾參之孝, 大舜不能易; 原憲之淸, 伯夷不能間. 然不能與子游子夏並列四科之內, 以其才不如也.

20) 法象所以立君子. 法象者先正容貌, 愼威儀. 是故先王之制禮也, 爲冕服采章以旌之, 爲珮玉鳴璜以聲之, 欲其尊欲其莊也, 焉可懈慢耶?

들은 환관을 배척하고 수차에 걸쳐 충돌을 하다가 마침내는 환관들에게 잡혀서 투옥되고 말았다. 당인들이 천하의 여망을 등에 업고 출발하였으나 도리어 죄를 받게 되자 민심은 더욱 한왕실을 떠나게 되었다. 이로부터 한왕실은 쇠퇴하기 시작하니, 호걸들이 사방에서 할거하면서 서로 세력을 다투었다. 손권(孫權)은 강남에서, 유비(劉備)는 촉에서, 조조(曹操)는 천자를 끼고서 중원에서 호령하니, 천하는 일대 혼란에 빠져들었다. 중앙정부는 이미 오랑캐들을 방어할 힘을 잃었다. 변방에서는 오랑캐들이 점차 세력을 키워 중원을 침입해 왔다. 사회상황이 이러하니 민심은 위협과 두려움 속에 휩싸이고 그러한 가운데 염세적인 사상이 유포되게 되었다.

사상적 영향: 사상적인 영향으로는 우선적으로 불교를 들 수 있다. 불교는 현세를 고뇌로 가득 찬 세계라고 보며 항상 이 고뇌에서 벗어나 열반의 세계에 도달해야 함을 주장한다. 종래의 중국사상은 대체로 현실주의적이고 실제주의적인 특색을 갖는다. 그러나 불교는 그렇지 않아서, 완전히 초월주의 · 출세간주의적 견지에 서 있는 것이다. 명제 때부터 불교가 들어오기 시작해서 경전이 번역되고 불상이 주조되는 등 날로 성장하였다. 불교가 보급되면서 민심은 염세적이 되어갔던 것이다.

불교 외에 중국인의 사상을 염세적이게 만든 것은 도교였다. 도교와 유교는 중국민족사상에 있어 양대 세력이었다. 전한기의 한무제가 강력히 유교를 장려함으로써 한 때 유교가 다른 학파들을 압도하였다. 그러나 완전히 도교사상, 황노의 도를 소멸시킬 수는 없었다. 오히려 그것은 은둔하여 큰 세력을 사회에 형성하고 있었던 것이다. 거록(鉅鹿) · 장각(張角) 같은 자들은 황노의 도를 신봉하면서, 물을 다스리고 병을 치료하였다. 또 사방에 제자들을 파견하여 동지들을 포섭하기를 10여 년 동안 하니, 신자가 수십만 명에 이르게 되었다. 중국인에게 도교의 세력이 어느 정도였는지는 가히 짐작할만한 것이다. 도가사상에 염세적 경향이 있음은 앞서 여러 차례 언급하였다. 도교가 이미 보급되었기에 일반민심이 염세적이 되지 않을 수 없었던 것이다.

조정의 환관들이 매우 흉폭해지자 현인군자들은 은둔하지 않을 수 없었다. 이에 영웅호걸들이 사방에서 일어남으로써 천하는 혼란하였고 일반백성들은 사회에 실망하는 데 이르렀다. 이러한 때에 위안을 주었던 것이 불교와 도교였다. 즉, 불교와 도교의 염세적 인간관은 민심을 달래는 데 도움이 되었다. 한말의 민심이 염세적이게 되었던 것은 이상에서 살펴 본 것처럼 사회상황과 사상적 영향에 기인한 것이었다.

염세적 사상이 가져온 몇 가지 경향: 한말 염세적 사상이 농후해져감에 따라 다음과 같은 여러 가지 특징적 경향이 나타났다. 즉 ① 개인주의의 발흥, ② 양성론의 발달, ③ 신비설의 유행 등이 그 주요 현상들이었다. 이러한 현상들은 서로 상호관계가 있으며 모두 염세적 사조와 동반하여 나타난 것들이었다.

개인주의의 발흥: 사회질서가 혼란하고 일반적 사조가 염세적으로 기울게 되면, 반드시 사람들은 세상을 피하여 일신의 보전을 생각하게 마련이다. 이러한 개인주의적 사상이 이때에 민심 속에서 나타나기 시작하였다. 한(漢)에서 시작하여 삼국육조(三國六朝)시대에 와서는 개인주의 사상이 최고조에 이르게 되었는데, 마치 로마제국 말기와 흡사하였다.

양성론(養性論)의 발달: 개인주의는 반드시 사회의 고통에서 도피하여 일신의 평정을 기약하려 한다. 이러한 사상은 자연히 양성론의 발달을 촉진하기 마련이다. 회남자는 인성을 허정(虛靜)으로 보고 성(性)의 허정적 생활에 순종할 것을 주장하였는데, 이것도 일종의 양성론이다. 한말에 이르러 양성론을 주장하는 이가 이상할 정도로 증가하였는데, 앞서 본 순열 · 서간 등도 모두 그것을 주장하였다. 소위 천하의 은자라 일컬어지는 저명한 인사들에게서도 양성론이 나왔다. 천하의 은자들은 영(靈)을 사람됨의 본성이라 보고, 사람은 자연의 영기를 받아서 태어난다고 하며, 이 영기가 바로 사람의 본성이 된다고 보았다. 영기를 발휘하면 세속에 미혹되지 않고 사악에 빠지지 않으며 나아가 신선이 된다고 한다. 영기를 발휘하여 신선에 도달하려면 다음과 같은 다섯 단계를 거친다. 즉 ① 제계(齊戒), ② 안처(安處), ③ 존상(存想), ④ 좌망(坐忘), ⑤ 신해(神解)가 그것이다. 제계란 목욕하여 더러움을 제거하고 먹을 것을 조절하여 적당한 정도의 배고픔을 유지하며, 피부를 마찰하여 냉기를 제거하는 것이다. 안처의 단계란 명암이 적당한 실내에 앉아 있는 것이고, 존상이란 마음을 외부에 두지 말고 내부에 잠겨 고요함을 말한다. 좌망이란 일체를 잊어버리고 행동하는 것으로, 즉 그 행동함에 항상 윤리에 반하지 않도록 하는 것이다. 그리고 신해란 신선의 상태에 도달한 것을 말한다.

신비설의 유행: 양성론과 신비설은 어느 정도 가깝다. 즉, 양성론의 말류가 곧 신비설인 것이다. 양성론은 인간의 본성을 영적이라고 해석하면서, 본성을 기르는 것을 수행의 최고 목적으로 생각한다. 또 한 걸음 더 나아가 인간의 정신은 신과 교통할 수 있다고 믿는 데까지 이른다. 즉, 인간의 정신이 어떤 상태에 이르면 신과 교통할 수 있다는 것이다. 이처럼 신비설이 생겨나고 그것이 극단에 이르게 되면, 또한 수많은 황당무계한 설들이 발생하게 되는 것이다.

제 3 장 육조시대(六朝時代)의 윤리사상

제 1 절 개 설

후한이 멸망하고부터 수(隋)에 의한 천하 재통일이 이루어질 때까지의 약 400여 년 동안을 육조시대라 한다. 그 사상의 변천을 대략 살펴보기로 한다.

육조란 소위 강남 건강(江南建康)에 도읍을 정한 오(吳)·진(晉)·송(宋)·제(齊)·양(梁)·진(陳)나라를 말한다. 당시 이들 각국의 흥망성쇠가 매우 복잡하기 때문에 그 세력의 변천을 약술할 수 있을 뿐이다. 대개 윤리사상과 시대상황은 밀접한 관계가 있기 때문에 시대적 상황을 이해하지 못하면 윤리사상에 대한 이해도 곤란하다.

삼국의 분립: 후한이 멸망하고 삼국으로 분열되었는데, 삼국이란 곧 오(吳)·위(魏)·촉한(蜀漢)을 말한다. 후한 말기에 내정이 혼란하고 군웅이 사방에서 일어났다. 그 중 조조(曹操)·유비(劉備)·손권(孫權) 세 사람이 가장 세력이 강하였다. 조조가 죽고 난 후에는 그의 아들 조비가 후한을 멸하고는 위(魏)라 칭하였고, 또 정확하게 알 수 없지만 유비가 촉한(蜀漢)을, 손권이 오(吳)를 세움으로써 천하는 3분되고, 이들 간의 세력대립 양상이 나타나게 되었다. 먼저, 유비 세력이 중원을 통일하려는 뜻을 품고 위 땅을 칠 기회를 엿보다가 일을 성사시키지 못한 채 유비는 죽었는데, 나중에 도리어 촉한이 위나라에 합병되고 말았다. 이로 인해 위의 영토는 매우 광활하고 그 세력도 자못 커졌다. 그러나 동족을 죽이고 왕실을 고립시키는 데 미쳐서는 권신인 사마담(司馬淡)에게 나라를 빼앗기고 말았다. 사마담은 오나라를 멸하여 천하를 통일하고는 서진 무제(西晉武帝)라 하였다. 한나라의 분열로부터 다시 서진으로 통일될 때까지 약 80여 년이 걸렸다.

양진 및 남북조: 서진 무제는 위나라가 왕실을 고립시키다가 멸망당하는 것을

보았다. 그래서 서진 무제는 사방 요지들을 동족인 제왕들에게 봉해주고 왕실을 위하여 변방을 지켜 주도록 하였다. 그러나 이들 동족들 간의 알력과 갈등이 일어났다. 여덟 왕들 간의 알력과 혼란으로 나라의 기강이 무너지자, 북방 및 서방의 오랑캐들이 상승하던 진으로 하여금 외부로 눈을 돌릴 틈을 주지 않고 침입해 왔다. 그 북방의 침입자들은 흉노족, 선비족 등으로 몽고종족에 속하는 자들이었다. 그리고 서방 침입자들은 저(氐)종족, 즉 도백특종(圖伯特種)이었다. 수도인 낙양을 흉노에게 침탈당하자 원제(元帝)는 수도를 동남 건강(東南建康:오늘날의 南京)으로 옮겨 동진(東晉)이라 하였다. 저종족의 부견(符堅)이 세력을 키워 북방의 갈 부족들을 병합하고는 나라를 전진(前秦)이라 부르고, 대대적으로 동진 요수를 공격했다가 패하고는 와해되고 말았다. 선비족의 척발(拓跋)씨가 전진(前秦)을 대신하여 일어나 황하유역을 통일하고 후위(後魏)라 칭하였다. 그런데 곧 후위는 다시 동위와 서위로 분열되고 말았다. 그리고 다시 동위는 북제에게 찬탈당하고 말았고, 서위는 북주에게 멸망당하고 말았다. 다시 북제는 북주에게 병합되었다. 동진은 수도를 옮긴이래 다시 세력이 커지지 못하고 송(宋)에게 멸망당하고 말았다. 또 송은 제(齊) · 양(梁) · 진(陳)을 거쳐 수(隋)나라로 통일되었다. 후위에서 북주에 이르기까지 북방 황하유역에 일어난 나라들을 북조(北朝)라 하고, 송(宋)에서 진(陳)에 이르기까지 강남지방에 일어났던 나라들을 남조(南朝)라 한다. 그리고 이 시대를 통칭하여 남북조 시대라 한다.

남북조 대립시대
- 남조 – 송 – 제 – 양 — 진 → 수
- 북조 – 후위 – 동위 – 북제 / 서위 → 북주 → 수

사상적 개관: 국가의 흥망이 그처럼 빈번함이 육조시대 같은 때가 없었다. 아마도 이 시기는 중국의 암흑시대로 도덕이 완전히 무너져 천자를 살해하는 난신 · 적자들을 일일이 다 열거할 수 없을 정도였다. 사회상황이 이렇게 되자 민심은 더욱 염세적인 사상으로 젖어 들었다. 따라서 불교가 이러한 경향을 타고 점점 깊숙이 보급되어 갔다.

후한이래 서역의 스님들이 중국에 일거에 몰려와 불교 교의를 포교하였다. 남북조시대에는 불교가 왕왕 군주의 존경과 신임을 받기도 하여, 정치적인 세력

을 얻기도 하였다. 양무제 때 불교는 최고로 융성하였고, 그 영향이 조선은 물론 멀리 일본에까지 미쳤다. 남천축(南天竺)의 명승, 보리달마가 중국에 와서 선종을 전한 것도 이때의 일이었다. 경전의 해석 또한 날로 성숙하였다. 『수서경적지』(隋書經籍志)에 보면, "민간의 불교경전이 6경에 비해 수백 배나 더 나왔다."[1]고 쓰여 있는데, 이는 당시 추세를 짐작케 하고도 남는다. 불교의 보급으로 인하여 웅장한 가람이 각지에 건립되었고, 더불어 불교미술의 발달도 촉진되었다.

때로는 불교와 충돌하기도 하고 때로는 불교와 교섭하면서도 근근이 그 세력을 유지해 온 것이 노장의 학파였다. 노장학의 유행은 사회에도 여러 가지 영향을 미쳤다. 한대에 당쟁의 사화로 절개 있는 선비들이 어지러운 속세를 떠나 일신을 보전하기 위해 산림으로 은둔해 버리는 자가 많았다. 이러한 은둔적 풍속과 노장학은 매우 밀접하게 결합된다. 외족들이 중원을 침입해 한족과 세력을 다투니 세상은 일대 혼란에 빠져들었고 그 난을 피해 산림으로 들어가 노장을 연구하는 학자들이 많았다. 그러한 풍으로 유명한 인물은 원적(阮籍)·산도(山濤)·계강(稽康)·향수(向秀)·유령(劉伶)·원함(阮咸)·왕융(王戎) 등이었다. 이들은 모두 술을 탐닉하고 예법을 무시하였고, 노장학을 연구하면서 스스로 '청담학파'(淸談學派)라 불렀고, 세인들은 그들을 죽림칠현(竹林七賢)이라 불렀다. 노장의 학풍이 유행하게 되자 학자들도 사상적으로 많은 영향을 받았다. 예컨대, 왕숙(王肅)·하안(何晏) 등은 유교적 경전을 해석함에 종종 노장사상과 혼동하기도 하였다고 한다.

유교세력은 불교와 도교에 비하여 매우 쇠약해졌지만, 그 명맥은 유지되어 일관되게 중국사상의 주류적 위치를 잃지 않았다. 아마도 육조시대의 사상은 유교·도교·불교였다고 요약할 수 있다.

제 2 절 육조시대의 유교

육조시대의 유교는 한대에 비해 침체하기는 하였으나, 중국의 정통을 잇는 학문으로 인정되었다. 육조시대에 남북조간의 학풍은 서로 달라, 북조는 마융·정현 등 동한(東漢) 제가의 주석을 받아들였고, 남조의 학풍은 하안(何晏)·한강

1) 民間之佛經, 較六經多出數十百倍.

백(韓康伯)·왕필(王弼)·두예(杜預) 등 위진(魏晉) 제가의 주석을 취하였다. 이들 간에 오래도록 논쟁이 그치지 않았고, 그로 인해 각종 폐해가 나타났다. 그러나 당(唐)대에 와서 그러한 소모적 논쟁은 끝났고, 『정의』(正義)가 쓰여 짐으로써 남북 학풍이 통일될 수 있었다. 육조시대 유학자 중 주요한 인물들에 대해 살펴보기로 한다.

부현(傅玄): 자는 휴혁(休奕)이고, 호는 순고자(鶉觚子)로 북방의 니양(泥陽) 사람이다. 후한 헌제 건안(獻帝建安) 24년(217)에 태어나 진무제 함녕(晉武帝咸寧) 4년(278)에 62세로 죽었다. 박학하고 문장에 능해 유서로 수십만 글이 있다 하나 대부분 산실되고 오늘날까지 남아 전하는 것은 겨우 24편뿐이다.

부현은 순수하게 공맹주의적 정치도덕을 고취하였다. 이 당시에 모든 사람들이 시세의 조류에 빠져 청담이나 탐닉하고 정무를 게을리 함으로써 선량한 풍속이 파괴되는 것이 못내 아쉬운 때였다. 이러한 때 부현이 홀로 유교를 일으키고 세상 폐해를 구제해 보고자한 것은 탁견이라 하지 않을 수 없다. 부현은 '믿음'[信]을 매우 중히 여겼다. 즉, 그는 "화 중에 믿지 않는 것보다 큰 것이 없다. 믿지 않으면 친해질 수 있는 방법이 없다. 친해지는 방법을 모르면 모든 사람이 자기를 의심하지 않을 수 있겠는가. 그런데 하물며 천하야 어떠하겠는가?"[2]라고 말했다. 아울러 단언하기를, 믿음이 없으면 군신·부자·부부·형제·붕우의 사이에서도 인륜이 없어지고 말 것이라 하였다. 아마도 이러한 부현의 학설은 실천도덕적으로 매중 귀중한 교훈을 담고 있는 것으로 보여 진다.

도연명(陶淵明): 자는 원량(元亮)인데, 일설에는 잠(潛)이라 하기도 한다. 호는 연명(淵明)이며, 심양시상(潯陽柴桑) 사람이다. 진나라 애제 홍녕(哀帝興寧) 3년(365)에 태어났고, 대사마(大司馬)인 간(侃)의 증손이다. 어려서부터 총명하고 문장에 뛰어났고 학문이 매우 박학하였다. 시를 잘 지어 후세에 이 시인을 모르는 이가 없다. 유송 문제 원가(劉宋文帝元嘉) 4년(427)에 63세로 죽었다. 유서로 『연명집』(淵明集) 8권이 있는데, 시(詩)·잡문(雜文)·부(賦)·전(傳)·찬(贊)·소(疏)·제문(祭文) 등이 실려 있다.

2) 禍莫大於無信. 無信則不知所親; 不知所親, 則左右無疑己, 況天下乎?

도연명의 사상은 원래 유교를 근본으로 삼고 있다. 그러나 그에게도 염세적인 일면이 있었다. 그것은 분명 불교와 도교의 영향을 받은 것 같다. 그의 염세적 인생관은 종종 그의 시에서 엿보인다. 그의 학설에 의하면, 인생이란 기우(寄寓)에 불과한 것으로 마치 시장의 소음과도 같이 하나도 그 근본 뿌리란 없는 것이며, 살아 있을 때 쾌락을 구할 뿐인 것이다. 도연명은 술을 좋아했으며 그로 인하여 모든 걱정을 털어 버리고 괴짜시인들과 같이 어울리곤 하였다. 그의 이러한 인생관은 『오류선생전』(五柳先生傳)에 잘 나타나 있다. 또한 그는 『도화원기』(桃花源記)를 저술하여 이상적 사회상을 제시하고 있다. 종신토록 고답하고 은밀하게 지냈지만, 진(晉)나라의 명문가문에서 태어나 사회의 실정을 목격하였으며, 항상 세상이 때를 잃어버림을 근심하는 마음은 어쩔 수 없었다. 즉, 속세를 벗어난 생활은 할 수 있었으면서도 당시 시대상황을 탈피할 수는 없었던 것이다.

관랑(關朗): 자는 자명(子明)으로 동해(東解) 사람이고, 북위(北魏) 태화 영안(太和永安) 간의 유학자이다. 저서로는 『통극진경』(洞極眞經), 『관씨역전』(關氏易傳) 등이 있다. 역리와 산수에 능하였고 경제에 대한 재능도 뛰어났다. 그의 학설의 근본은 역의 수[易數]에 있었으며, 천지인(天地人) 3재(三才)의 도(道)를 논하면서 천도(天道)로부터 인도(人道)를 연역해 내고 있다.

『통극진경』에서 그는 3의 수를 우주의 근본원리로 삼고 있다. 역의 2원리를 버리고 3원리를 주장한 사람은 양웅이었다. 관랑은 바로 양웅의 사상을 계승하여 3수를 주장하고 있는 것이다. 관랑은 우주가 천지인(天地人) 3재(才)로부터 생성된다고 한다. 천사(天司)가 낳고 땅이 기르며, 인간은 천지(天地)를 본받아 법을 만들고 제도를 제정한다. 천(天)이란 일 · 월 · 성 · 신을 가리키며, 지(地)란 산 · 천 · 초 · 목을 지칭하며, 인간이란 오랑캐와 금수까지 포함하는 것이다. 아마 관랑은 하늘의 낳음, 땅의 기름, 그리고 인간의 자질을 우주의 3원리로 보고 있는 것이라 하겠다.

안지추(顔之推): 양나라 대동(大同) 5년(539)에 태어나, 수나라 말에 죽었다. 안회(顔回)의 후예로서 대대로 유학자 집안이었다. 저서에 『안자가훈』(顔子家訓)이 있다.

당시 사회가 문란해서, 안지추는 친족관계를 매우 중시하면서 친족을 유일한 윤리공동체라 하였다. 그래서 확고한 도리를 모색하였다. 즉 ① 부부, ② 부자, ③ 형제를 한 집안의 3친(三親)이라 하였고, 일체의 친족류를 9족으로 하면서도 3친을 그 기초로 삼았다. 아버지가 자애로우면 자식이 효도하고, 형이 사랑하면 동생이 공경하며, 남편이 의로우면 아내가 순종한다. 항상 위에서 아래를 감화하는 까닭에 위에 있는 자가 먼저 도덕을 닦고 솔선해야 한다고 보았다. 이처럼 그가 윗사람의 도덕을 중시한 것은 탁견이라 하겠다.

안지추는 노장을 배척하여 노장의 책은 모두 성(性)을 기르며 물질로부터 번거로움을 당하지 않으려는 무리일 뿐이라고 생각하였다. 그러나 그는 불교는 크게 믿어 불교서는 내전(內典)이며, 유교서는 외전(外典)이라 하였다. 내외 양전은 본래 일체가 되어 깊고 얇음이 거의 차이가 없다. 내전에는 외전의 오상(五常)에 비견되는 5종의 금지사항이 있다. 즉, 인(仁)은 살인하지 말라는 것이요, 의(義)는 도적질하지 말라는 것이요, 예(禮)는 사악하지 말라는 것이요, 지(智)는 음란하지 말라는 것이요, 신(信)은 속이지 말라는 것 등과 같다. 그는 불교를 비난하는 자들에 대해 일일이 반박하였다.

유협(劉勰): 자호는 운문자(雲門子)이다. 어렸을 때 고아가 되어 집이 가난하였으나 학문을 좋아하였다. 양(梁)나라에서 벼슬하여 통사사인(通事舍人)이 되었다. 그의 사상을 엿볼 수 있는 것으로는 겨우 『문심조룡』(文心雕龍)이라는 한 권의 책이 있을 뿐이다. 그 책에서 그는 중국문학의 유파를 다음과 같이 분류하고 있다. (1)소(騷), (2)시(詩), (3)악부(樂府), (4)부(賦), (5)송찬(頌讚), (6)축맹(祝盟), (7)명함(銘咸), (8)뢰비(誄碑), (9)애조(哀弔), (10)해학(諧讔), (11)잡문(雜文), (12)사전(史傳), (13)제자(諸子), (14)논설(論說), (15)논책(論策), (16)격이(檄移), (17)봉선(封禪), (18)장표(章表), (19)주계(奏啓), (20)논대(論對), (21)서기(書記) 등이다. 일일이 그 유파의 기원과 변천 및 성격을 논하였다. 이 가운데 수사학을 최고로 삼았다. 그는 글을 마음의 말이라고 하였다. 그래서 글을 쓰고 구두점을 달려면 반드시 깊은 사고와 생각이 있어야 한다는 것이다. 이러한 그의 문장론 속에는 식견이 있으나, 윤리설로 전하는 것이 없다.

제 3 절 육조시대의 도교

진 · 한 이후 황노사상이 점차 보급되었고, 노 · 열 · 장 3자의 주석도 심도 있게 진행되어 왔다. 노자를 명쾌하게 주석한 것으로는 손등(孫登)의 주(註), 유중융(劉仲融)의 주, 왕필(王弼)의 주 등이 있다. 열자(列子)에 대한 주석으로는 장담(張湛)의 주가 있고, 장자에 대한 명쾌한 주석으로는 향수(向秀)의 주, 곽상(郭象)의 주 등이 있다. 특히 곽상의 주석은 자구(字句)의 해석에만 그친 것이 아니라 장자사상의 진수를 밝혀주고 있다. 그래서 사람들은 장자에 대한 곽상의 주가 장자사상을 가장 명확하게 밝혀준 것이라고 말한다. 유학자들 중에도 예컨대 왕숙(王肅), 하안(何晏)과 같이 황노사상을 좋아하여 연구하는 자가 적지 않았다. 대체로 한나라 이전까지의 도교연구가 철학적이었다면, 남북조시대에 와서는 그것이 미신적 종교로 변하여 단우(壇宇)를 설치하고 부록(符籙)을 교수하였다. 그리고 노장의 허무주의적 사상과 당시 사회의 염세적 인생관이 결합하여 소위 청담학파라 불려지는 죽림칠현(竹林七賢)이 나타나기도 하였다.

죽림칠현은, 앞에서 본 바와 같이 위(魏)나라 말에 나왔는데, 원적(阮籍) · 산도(山濤) · 계강(稽康) · 향수(向秀) · 유령(劉伶) · 원함(阮咸) · 왕융(王戎)을 일컫는다. 그들은 모두 유능한 재주를 가지고 있었으나, 노장학을 탐닉하여 일체의 속세적인 것을 경시하면서 고론방담(高論放談)을 낙으로 삼았으며, 항상 모두 술 마시는 것을 즐겨 비록 예법에 어긋나더라도 개의하지 않았다. 특히 기이한 행동들이 많았다. 예컨대, 원적(阮籍)은 어머니가 죽었다는 소식이 와도 두던 바둑 두기를 멈추지 않았으며, 상을 지내면서도 계속 술을 즐겼다. 또 유령(劉伶)은 술을 마시면서 작은 수레를 타고 좇는 자로 하여금 호미를 짊어지고 따라오게 하면서 죽거든 나를 묻어달라고 말하였다고 한다. 당시 사대부들은 그들 모두를 현인이라 생각하면서 그 기이한 행동의 경향을 모방하였다. 그러나 부현(傅玄) 같은 사람은 도리어 그러한 풍조를 비판하면서 성인의 도를 주장하였다. 청담(淸談)이란 기이한 행동을 하는 사람들을 가리키는 것으로 본래 노장학파의 본지는 아니다. 그러므로 『수서경적지』(隋書經籍志)에서는 어리석은 선비들이 그런 행동을 하여 노장사상의 본질을 추구하지 않았으며, 세속적인 행위를 숭상하는 것과는 달리 미치광이 짓을 더 숭상하여 사람들을 속이는 괴이한 행동을 함으로써 그 진실을 잃어버렸다고 전하고 있다.

포박자(抱朴子): 육조시대의 도가 사상가 중에서 특히 뛰어난 사람이었다. 성은 갈(葛)이고 이름은 홍(洪)이며, 자는 치천(稚川)이고, 포박자(抱朴子)는 그의 호이다(포박이란 성품이 소박한 사람을 뜻한다). 단양구용(丹陽勾容)에서 태어났다. 어려서부터 성품이 차분하고 말이 없었다. 명예와 이익추구의 어리석음을 깨달아, 동진 원제(東晉元帝)가 그를 불렀으나 응하지 아니하고 나부산(羅浮山)에 은거하면서 신선술(神仙術)을 연구하였다. 성제 성화(成帝成和) 연간에 81세로 죽었다. 유서로는 『신선전』(神仙傳) 10권과 『은일전』(隱逸傳) 10권, 『포박자』(抱朴子) 2권을 비롯하여 『잡저』(雜著) 백여 권이 있다.

포박자는 유교와 도교를 비교하여 도교를 내적인 것, 유교를 외적인 학문으로 규정하고, 수신(修身)을 하는 데는 도교를, 세상을 다스리는 데는 유교를 취해야 한다고 보았다. 즉, 그에 의하면 "도교는 유교의 근본이요, 유교는 도교의 말지이다. 무릇 유교는 넓어 요약이 적고 수고로우나 공은 작다. 묵가는 검소하나 따르기 어려워 누구나 수도할 수 없다. 또 법가는 엄격하나 은혜로움이 적고 인의를 해칠 수 있다. 오직 도교만이 사람으로 하여금 정신을 전일하게 하며 움직이고 합함이 인위적이지 않다. 또 유가와 묵가의 선(善)을 포함하며, 명가와 법가의 요체를 총괄하고 있으며, 시의에 따라 변할 수 있고 사물의 변화에 따라 응할 수 있으며, 요약하여 밝히기도 쉽고, 일은 적으나 공은 많고, 힘씀은 큰 공(大功)과 큰 마루(大宗)의 소박함에 둠으로써 진정한 근본을 지킬 수가 있다"[3](明本篇) 고 말하였다. 이것은 아마도 도교를 유가·묵가·명가·법가 등 4가를 포함하는 총괄적인 사상으로 보고 있는 것이라 할 수 있다.

포박자는 노자의 설에 근본을 두고, 현(玄)을 우주의 본체로 보면서 현의 체용(體用)을 상술하였다. 즉, "현은 자연의 시조요, 모든 만물의 큰 마루[大宗]이다. 그것은 깊을 심(深)보다 더 묘매(眇昧)하다. 그러므로 미(微)라 한다. 또 그것은 멀 원(遠)보다 더 면막(綿邈)하다. 그래서 묘(妙)라 한다. 그것이 높이인 즉 관으

---

3) 道者儒之本也; 儒者道之末也. 夫儒者博而寡要, 勞而少功; 墨者儉而難遵, 不可偏修; 法者嚴而少恩, 傷破仁義. 唯道家之教, 使人精神專一, 動合無爲, 包儒墨之善, 總名法之要, 與時遷移, 應物變化, 指約而易明, 事少而功多, 務在全大功大宗之朴, 守眞正之源者也.

로 아홉 하늘이요, 그 넓이가 농탁(籠窧)의 8우(寓)이다."[4]라 하였다. 아울러 포박자는 우주의 본체로써 윤리적 이상으로 삼았다. 즉, 현(玄)에 도달하는 것이 최고의 목적이었다. 현에 도달하려면 절대의 경지에 들어가야 한다. 절대의 경지에 들어간 사람은 곧 신선이요, 신선이란 바로 이상적 인물이었다. 이러한 발언들로 볼 때, 포박자는 진대(晉代) 도가의 대표적 인물이라 하겠다. 진나라 때의 도가들은 신선을 현도(玄道)에 합일되는 사람으로 인정하였다. 이는 마치 유가에서 성인이 천도(天道)에 합일되는 것과 같다. 또 염담무욕(恬淡無慾)하고 마음을 맑게 하려면 산림 속에 들어가 충 · 효 · 화순(和順) 등의 덕행을 닦아야 하며, 덕행을 닦지 않으면 신선의 경지에 들어 갈 수 없다고 보았다. 또 포박자는 약을 써서 절대의 경지에 도달하는 괴이한 설을 주장하기도 하였다.

도홍경(陶弘景): 양(梁)나라 사람이다. 송문제 원가(宋文帝元嘉) 29년(452)에 태어나, 양무제 대동(梁武帝大同) 2년(536)에 85세로 죽었다. 구용산(勾容山)에 은거하며 오로지 도교를 연구하였다. 학문이 매우 깊고 넓어 무제(武帝)로부터 대단한 신임을 얻었고, 여러 차례에 걸쳐 황제에게 자문을 올리곤 하여 당시 사람들이 산중(山中) 재상이라 불렀다. 윤리설은 전하는 것이 없다.

요신(姚信): 오(吳)나라 사람이다. 그의 유저로는 『사위』(士緯)가 있다. 사람은 자연의 영향을 받아서 태어나며, 사람 중에 가장 우수한 성인은 자연산물의 가장 순수한 것이라고 보았다. 성인의 덕은 높기가 끝이 없으며 깊이를 측량할 수 없다. 이러한 덕은 하늘에서 받고 사시(四時)에서 받고 원기(元氣)에서 받는 것이라고 하였다. 요신은 또한 인성(人性)을 바꿀 수 있다고 믿었다. 즉, 인성은 마치 물의 성질과 같아 물이 뜨거워지면 끓고 차가워지면 어는 것처럼, 인성도 바꿀 수 있으며 물의 성질과 다르지 않다는 것이다.

화담(華譚): 진(晉)나라 사람이다. 저서로 『변도』(辯道) 30권이 있었다고 하나 현재까지 남아있는 것이 없다. 화담은 노자의 사상을 계승하고 있다. 즉, 상대세

---

4) 玄爲自然之始祖, 萬殊之大宗也. 眇眛乎深, 故稱微, 綿邈乎遠, 故稱妙. 其高則冠蓋九霄, 其曠則籠窧八寓.

계의 일체 현상은 절대세계의 발현일 뿐이라고 보았다. 그러므로 절대세계의 경지에 도달하게 되면 현상계의 자유를 터득할 수 있게 된다는 것이다. 또 그는 무성(無聲)은 모든 음(音)의 시조가 되고, 무형(無形)은 모든 만물의 우두머리가 된다고 한다. 그 시조를 연구하면 모든 음의 묘(妙)함을 통달하게 되고, 그 우두머리에 능통하게 되면 모든 만물의 모습을 바로 파악할 수 있게 된다. 나아가 정(情)의 좋아함과 싫어함[好惡]에 따라서 현상을 관찰하는 것이 크게 차이가 있게 된다고 하였다. 그러므로 정(情)의 좋아함과 싫어함[好惡]을 조절할 필요가 있게 된다. 성인이 예를 정하고 그 중용에 처하는 이유가 바로 여기에 있다는 것이다.

손유지(孫柔之): 태어난 곳은 명확하지 않다. 저서에 『서응도』(瑞應圖)가 있다. 이 책은 천인감응설(天人感應說)에 근본을 두고 있는데, 이 설은 중국 고래로 여러 사람에 의해 주장되고 믿어져왔던 것이다. 예를 들면, 한대의 학자인 동중서·유향 등은 대표적인 인물이었다. 이 『서응도』는 체계적인 서응설을 보여주고 있는데, 방대하면서도 도해(圖解)를 이용하여 자세히 설명하고 있다. 이를테면, 태양에 바퀴모양으로 누런 띠가 둘러지면 이는 군주가 토지를 얻을 전조(前兆)를 의미하며, 단맛 나는 샘[醴泉]이 솟아오르면 이는 군주가 덕이 있다는 징후를 보여주는 것이라고 한다. 이처럼 군주의 일거일동은 모두 하늘로부터 영향을 받으며, 그런 반응은 자연현상 속에 나타나 보인다는 것이다. 그리하여 그는 이러한 반응을 나타내는 규칙에 대해서 상술하고 있다.

유주(劉晝): 자는 공소(孔昭)이고, 북제(北齊)의 발해 부성(渤海阜城) 사람이다. 저서로는 『유자』(劉子) 55편과 『고재불우전』(高才不遇傳) 3편 등이 있다. 자칭 박물기재(博物奇才)라 하였고 언행이 매우 불손하였다. 일찍부터 그는 저서에서 유교·도교·형가·명가·법가 및 기타 9종류의 사상을 조화시켜 보고자 하였다. 그의 도덕론은 유교를 중심으로 보고, 마음[心]은 형상의 주축이요, 정신[神]은 마음의 보고[寶]라고 본다. 그리하여 정신을 고요하게 하고 마음을 화하게 하며 형상을 완전하게 해야 한다. 정신의 고요함을 방해하는 것은 정(情)이다. 정(情)은 외부로부터 들어와 정신을 움직이게 하여 덕을 파괴하고 삶[生]을 손상시킨다. 그러므로 수행을 하는 근본문제는 바로 이 정(情)을 제어하는 데 있다. 그는 또 길흉화복론을 논하고 있다. 그는 화와 복은 근본적으로 뿌리가 같으며 요사스러움과 상서로움도 그 경계가 같은 것이다. 따라서 행운도 화가 될 수 있으며, 화가 행운이 될 수도 있다. 또 상서로움이 기쁨을 만족시키기에 부족할 수도 있고, 요사스러움이 걱정과 근심을 불필요하게 할 수도 있다고 말하고 있다.

제4절 육조시대의 불교

후한 명제 때 전래된 불교는 삼국(三國) 이후에 계속하여 세력을 확장하고 있었다. 삼국 때 강거(康居)라는 나라의 사문(沙門:출가하여 불도를 수행하는 사람)인 강승회(康僧會)라는 사람이 건강(建康)에 와서 손권(孫權)에게 설법을 전하였다고 한다. 손권(孫權)은 그의 설이 계시하는 바에 따라 건초사(建初寺)를 건립하였다. 이로부터 강남(江南) 지방에 불교가 성행하기 시작하였다고 한다. 삼국이 망한 후에 불교는 군주로부터 강력한 옹호를 받으면서 세력을 확장하여 나갔다. 특히 진(晉)나라 원제(元帝)·명제(明帝)·성제(成帝)에 이르러서는 불교를 매우 숭상함으로써 더욱 융성할 수 있었고, 또 명승들도 많이 배출되었을 뿐만 아니라 각종 종파도 생겨났다. 명승인 나십(羅什)이 처음으로 『대승경』(大乘經)을 강론하면서부터 중국불교는 일대 변신을 가져오게 되었다. 동진(東晉)이 망하고 천하는 남·북조(南北朝)로 양분되었는데, 남조의 송나라 문제(文帝)는 승 혜림(惠林)을 총애하여 그로 하여금 정치에도 관여하게 함으로써, 그 승을 세상 사람들은 흑의재상(黑衣宰相)이라 부르기도 하였다. 승려가 정치세력을 갖기 시작한 것도 바로 이 때부터였다. 한편, 북조 후위(後魏)의 태무제(太武帝)는 도교를 숭상하고 불교를 완전히 없애고자 하였다. 그래서 이때는 불교가 남조에서처럼 쉽게 발전하지 못하였다. 그러나 문성제(文成帝)가 즉위하면서부터 불교를 장려함으로써 다시 진흥하게 되었다. 이처럼 불교는 남북조시대에 와서 크게 전파되어 왕에서부터 서민에 이르기까지 불교를 믿는 자들이 많아지게 되었다.

불교의 보급은 여러 종파를 낳게 되었는데, 그 중 중요한 것으로는 ① 삼론종(三論宗), ② 성실종(成實宗), ③ 열반종(涅槃宗), ④ 지론종(地論宗), ⑤ 정토종(淨土宗), ⑥ 선종(禪宗), ⑦ 섭종(攝宗), ⑧ 구사종(俱舍宗), ⑨ 천태종(天台宗) 등이었다. 삼론종과 성실종은 나십(羅什)이 시조(始祖)이다. 열반종은 천축(天

竺)의 담무식(曇無識)이라는 사람이 시조이다. 그리고 지론종은 후위(後魏)의 선무제(宣武帝)가 천축(天竺) 도희(道希)에게 법보의 뜻을 해석해 내도록함으로써 만들어졌다. 정토종은 담란(曇鸞)이 시조이고, 천태종의 시조는 천태지의(天台智顗)라고 한다.

제5절 육조시대의 조화사상

불교사상이 중국 전역에 만연해지자 이제 중국에서는 예로부터 있어왔던 유교·도교사상과 불교 간에 교섭이 이루어질 수밖에 없었다. 이들 세 사상 간에는 적지 않은 알력과 갈등이 생기기도 하였으나, 또 한편 이들 간의 교섭은 일종의 새로운 사상을 만들어냈다. 그것이 바로 조화사상(調和思想)이다. 예를 들어, 북제의 안지추(顔之推)는 불교서적을 내전(內典), 유교서를 외전(外典)이라 하면서 이 내외 양전은 일체가 된다고 하였는데, 이것이 곧 일종의 조화사상이라 할 것이다, 이에 대해서는 앞서 살폈으므로 생략하고 여기서는 조화사상의 다른 시도들에 대해서 살펴보기로 한다.

손작(孫綽): 자는 흥공(興公)이고 진(晉)나라 사람이다. 박학하면서 특히 시문에 뛰어났다. 저서로는 『손정위집』(孫廷尉集)이 있다. 당시 불교사상이 상하를 막론하고 풍미하였는데, 손작은 깊은 연구 끝에 유·불일치설을 주장하였다. 즉, 그는 "주공(周孔) 즉 불(佛)이고, 불(佛)인 즉 주공(周孔)이다. 다만 그 이름이 내와 외로 다를 뿐이다. 황제가 있기 때문에 황제가 되는 것이고, 왕이 존재하기 때문에 왕이 되는 것이다. 불(佛)은 범어인데 진(晉)나라 말로는 깨우칠 각(覺)이 된다. 이 각(覺)이란 사물을 깨닫는다는 뜻이다. 맹가(孟軻)도 성인으로서 먼저 깨달은 자라는 점에서 차이가 없다. 세상에 맞도록 사물을 꿰어냄 즉 시의 적절하도록 하는 것이다. 주공(周公)과 공자(孔子)도 극도로 피폐된 세상을 구제해 보려했던 것이고, 불교도 그 근본을 밝혔을 뿐인 것이다. 따라서 그 머리가 되고 꼬리가 되든, 그 다다름에는 차이가 없는 것이다."[5]라고 하였다.

---

5) 周孔卽佛也, 佛卽周孔也, 蓋外內其名耳. 故在皇者爲皇, 在王者爲王. 佛, 梵語也. 晉訓爲覺. 覺之義悟物之謂也; 孟軻以聖人爲先覺, 其旨一也. 應世而軌物, 蓋又隨於時. 周孔救極弊, 佛敎明其本

장융(張融): 자는 사광(思光)이고 오군(吳郡) 사람이다. 송(宋)나라 문제 원가(文帝元嘉) 21년(444)에 태어나, 제(齊)나라 명제 건무(明帝建武) 4년(497)년에 53세로 죽었다. 일생을 소박 담백하게 살면서 천지의 일민[天地逸民]임을 자처하였다. 기이한 행동을 많이 보이곤 했는데, 임종 시에는 왼손에 『효경』(孝經)과 『노자』(老子)를, 오른손에 조그만 『법화경』(法華經)을 잡고는 유언을 말하였다고 한다. 그의 저서로는 대화형식으로 된 것이 있는데, 그것은 주옹(周顒)과 쟁론을 벌인 내용을 담고 있다.

장융은 유 · 불 · 도 3교의 근본은 일치된다고 인식하였다. 그가 주옹(周顒)과 더불어 도교와 불교의 근원론에 대해 토론한 내용에 의하면, 도 · 불은 모두 적막하여 움직임이 없고, 그 근본은 하나이며 단지 그 발현되는 형식의 차이가 있는 것에 불과할 뿐이라고 하였다. 또한 장융은 예를 들면, 옛날에 한 마리의 기러기가 하늘 높이 날아갈 때, 월(越)나라 사람은 그것을 보고 오리라 하고, 초(楚)나라 사람은 그것을 새라고 하였다. 이처럼 보는 관점에 있어서는 오리일 수도 새일 수도 있는 차이가 생기지만 사실은 기러기인 것이다. 이처럼 그 흔적만을 보고는 근본을 알 수 없는 것이며, 그렇기 때문에 쟁론이 발생하게 되는 것이라고 그는 말하였다.

주옹(周顒): 자는 언륜(彦倫)이고 송(宋)나라 사람이다. 두루 백가(百家)를 섭렵했고, 특히 불교에 능통하여 『삼종론』(三宗論)을 저술하기도 하였다. 장융과 논쟁을 벌이곤 하였는데 수일을 넘겨도 토론이 끝나지 않았다고 한다. 그도 장융의 3교 일치설에 동의하면서도 그 근본론에 대해서는 이의를 제기하고 있다. 그 근본이 비록 적막하고 부동한 것은 공통적이라 할지라도 도교의 허무(虛無)와 불교의 허무는 같지 않다는 것이다. 즉, 도교의 허무는 형식적이나 불교의 허무는 법성(法性)으로 그것은 실재하는 것이라고 한다. 아마도 장융이 도교의 허무와 불교의 법성을 동일한 것으로 본 것에 대한 주옹의 이러한 설은 보다 진일보한 관점이라 할 수 있다.

고환(顧歡): 자는 경이(景怡)이고 오군(吳郡) 사람이다. 집이 가난하여 어렵게

耳. 爲其首尾, 其致不殊.

공부하였는데, 그는 도교와 불교에 정통하였다. 은거하여 벼슬하지 않고 천태산(天太山)에서 학생들을 가르쳤다. 말년에는 입는 것과 먹는 것을 끊어버리고 사람들과도 접촉을 하지 않았다. 영명(永明) 초년에 45세로 죽었다. 저서로는 『효자헌치강』(孝子獻治綱), 『노자의소』(老子義疏), 『이하론』(夷夏論), 『주역계사주』(周易繫辭注), 『논어주』(論語注) 등이 있다. 『이하론』은 불교와 도교가 서로 비방하고 헐뜯는 것을 비난한 내용으로 그의 조화사상을 엿볼 수 있는 대표적인 책이다.

고환은 도교와 불교는 일치한다고 전제하면서도, 좀 더 심층적인 의미를 부여하여 그들 간의 차이를 지적하고 있다. 즉, 도·불의 형이상학적 도(道)는 서로 같다. 그러나 형이하학적 기(器)는 다르다는 것이다. 불교에서는 정진(正眞)이라 하고, 도교에서는 정일(正一)이라 한다. 즉, 태어나지 않음에 돌아가는 것이나 죽지 않음에 돌아가는 것은 모두 절대적인 것이다. 그 이름은 비록 다르나 그 실질은 같은 것이다. 절대를 체득할 수 있는 사람은 성인이다. 절대는 하나이지만 그것이 발현하면 차이가 있게 되는 것이다. 그러므로 공자, 노자, 석가가 그 이름들은 달리하면서도 하나의 절대적인 것을 체득한 성인들이라는 점에서는 모두 같다고 하였다.

제 4 장 수대(隋代)의 윤리사상

제 1 절 개 설

북조의 북주(北周)가 북제(北齊)를 합병하고 얼마 안 되어 외척인 양견(楊堅)이 왕위를 찬탈하였다. 그가 다시 남조의 진(陳)나라를 멸망시키고 남북조를 통일하여 대제국을 건설하였다. 그가 바로 수문제(隋文帝)이다. 문제는 도읍을 장안(長安)으로 옮기고 백성들을 위한 훌륭한 정치를 하였다. 그러나 그의 아들 양제(煬帝)는 사치를 좋아하여 별궁을 짓고 대운하를 건설하고 정벌군을 일으킴으로써 나라의 혼란을 자초하였다. 결국 그는 강도(江都)에서 피살당하고 말았다. 이때부터 수(隋)나라는 완전히 멸망의 길을 걷기 시작했으며, 결국 당(唐)에게 멸망당하고 말았다.

수(隋)나라는 문제가 천하통일을 한 때부터 시작하여 겨우 36년 만에 망하고 말았다. 이처럼 그 치세 기간이 짧았기 때문에 학술 및 사상적으로도 별로 관찰할 만한 것이 없다. 그래도 순수문학의 방면에서는 시(詩)·문(文) 등 여러 주목할 만한 저서와 작자가 있다. 예를 들면, 이덕림(李德林), 노사도(盧思道), 우홍(牛弘), 설도형(薛道衡) 등은 대표적인 인물들이었다. 그러나 윤리사상의 측면에서 거론될 만한 인물은 겨우 문중자(文中子) 한 사람 뿐이었다.

제 2 절 문중자(文中子: 王通)

왕통(王通): 자는 중엄(仲淹)이고 문중(文中)은 그의 시호(詩號)이다. 수 개황원년(隋開皇元年, 589)에 하동 용문(河東龍門)에서 태어나 의령(義寧) 2년(618)에 38세로 죽었다. 어려서부터 재주가 비범하고 면학하여 육경(六經)에 능통하였다. 세상을 구제하고 백성들을 제도할 뜻을 품고 인수(仁壽) 4년(604) 장안에 와서 문제를 알현하고 태평책(太平策) 12조를 상소하였다. 문제가 그것을 보고 크게 감탄하였으나 채용해 주지는 않았다. 후에 고향으로 돌아와서 오로지 문인들을 가르치는 데 전념하니, 멀리서 소문을 듣고 배움을 청해 찾아오는 자들이 매우 많았다. 당(唐)나라 공신 중에는 그의 문하출신들이 적지 않았다. 저서로는 『예론』(禮論) 15편과 『악론』(樂論) 20편, 『속서』(續書) 150편, 『시』(詩) 360편, 『원경』(元經) 50편, 『찬역』(贊易) 70편 등이 있는데, 이들을 모두 합쳐 『왕씨육경』(王氏六經)이라 불려지고 있다. 그러나 대부분 산실되어 전해오는 것은 거의 없는데, 현존하는 것으로 『원경』을 들고 있으나 그것도 위서(僞書)일 뿐이다. 그가 남긴 책이라 할 만한 것으로는 『중설』(中說) 10편이 있는 정도이다. 그것은 『논어』를 모방하여 문인들이 편집한 것이다. 모방이 너무 심하여 상당한 비난을 받고 있다.

학설계통으로 보면, 문중자는 순수한 유학계열의 학자이다. 수나라 때는 불교와 도교의 세력이 강하였고 유교는 쇠퇴한 상태였으나, 문중자가 이러한 유교를 다시 일으키고자 분투하였던 것이다. 당시 학자들은 한갓 박학하고 문(文)에 능통함을 보였으나, 문중자는 그러한 학자들의 폐단을 깊이 인식하고 옛 성인들의 진정한 정신을 발휘하여 도의가 완전히 무너진 사회를 구제하려 하였다. 아마도 그는 당시 유교의 부흥자이고 혁신자인 동시에 경세적 정론가였다고 할 수 있다.

윤리설

문중자의 윤리설은 유교를 이어받고 있는 바, 요순(堯舜) 이래의 역대 성현들이 중요하게 다루었던 학설들에서 그의 학설의 요점을 뽑아내고 있다. 그의 윤리설과 정치설은 중(中: 中庸)의 해설에 다름 아니었다.

문중자는 인성(人性)을 상 · 중 · 하의 3품(三品)으로 나누면서, 학문을 통하여 누구나 성인이 될 수 있다고 보았다. 아울러 학문의 목적은 인격을 완성하여 성인이 되는 데 있는 것이지, 오로지 박학과 문장에 힘쓰는 것은 진정한 학문이 아니라고 하였다. 당시 학자들은 한갓 문학에나 빠져 있었는데, 문중자가 이처럼 그들의 폐단을 지적한 것은 대단한 탁견이라 할 것이다.

문중자는 오륜설(五倫說)을 취하여 의무론으로 삼고 있으며, 오상설(五常說)을 취하여 덕론으로 삼고 있다. 오륜 중에서도 특히 한나라의 유학인 삼강설(三綱

說), 즉 군위신강(君爲臣綱) · 부위자강(父爲子綱) · 부위부강(夫爲婦綱)을 중요시하였다. 또 오상 중에서도 인의(仁義)를 중시하여 그것을 가르침의 근본으로 삼고, 나머지 도덕들은 모두 그것으로부터 나오는 것이라 보았다. 그리고 그는 예악(禮樂)으로 인의(仁義)를 보완하였다. 특히 주목할 만한 것은 충효(忠孝)를 실천도덕으로 보면서, 충(忠)과 효(孝)의 관계를 규정하고 있는 점이다. 즉, "효(孝)가 설 때에 충(忠)도 역시 이루어진다."[1]고 함으로써, 그는 충효를 하나의 근본적 도덕으로 보고 있음을 암시하고 있다. 이외에 그는 정의(正義)와 충서(忠恕)에 대해서도 설명하고 있는데, 이처럼 실천도덕적으로 그에게 경청할 만한 것들이 매우 많다.

문중자의 윤리설은 분명히 유교적인 것이나 당시의 시대적 영향을 전혀 받지 않았다고 볼 수 없다. 그에게도 은연중 노장사상이 유입되어 나타나고 있는데, 사람은 한번 태어나고 죽을 뿐이라는 점을 직시하고 모든 이해득실을 잊어버려야 지인(至人)이 될 수 있다고 보는 점을 일례로 들 수 있을 것이다.

정치설

문중자는 나라를 다스리고 세상을 구제할 사상을 품고 있었다. 그가 유교를 고취하려한 목적은 '학문을 위한 학문'에 두지 않고, 유교를 보급하여 육조시대 이래로 문란해진 사회질서를 회복하고 천하의 백성들을 구제해 보려는 데 있었다. 즉, 그것은 왕도정치를 실현해 보려는 이상이라 할 것이다. 이처럼 왕도정치를 실현할 뜻을 가졌기 때문에, 그는 유교를 보급할 필요성을 깨달았던 것이다. 그는 일찍이 말하기를, "나를 쓰는 자가 있다면, 나는 그 주공(周公)이 하고자 했던 바를 할 것이다."[2]고 하였다. 젊었을 때 그는 문제에게 태평책을 상소한 바 있다. 이처럼 그는 정치적 식견이 뛰어난 학자였음을 짐작할 수 있다.

문중자의 정치설은 '중'(中)을 근본원리로 삼고 있다는 점에서 윤리설과 비슷하다. 왕도정치를 실현하는 방법은 중용(中庸) 이외의 다른 것이 아니었다. 즉, 그는 "천하가 위험하면 천하를 안정시키고, 천하를 잃으면 천하를 바르게 한다. 천만번 변화하여도 나는 항상 중용을 지켜 결코 움직이지 않을 것이며 무감불통

1) 孝立時忠亦遂.
2) 如有用我者, 我其爲周公所爲乎!

(無感不通)하리라. 이것이야말로 황제의 규칙인 것이다."[3]라 하였다. 그의 사상에 의하면, 중(中)은 사회 속의 사람들로 하여금 정도(正道)를 얻게 하는 것이다. 이 도(道)는 때와 장소에 따라서 변화하는데, 변화에 대응하면서 도를 지킬 수 있어야 지덕인(至德人)이 될 수 있다. 또 그는 "의(議)는 천하의 마음을 다하는 것"[4]이요, "의(議)는 천자가 얻어듣고자 하는 까닭이다."[5]라고 하였다. 이것은 민심의 소리를 듣는 제도를 인정한 것이라 하겠다.

기 타

문중자는 유교적 전통을 이어받고 유교를 고취시키고자 하였다. 그렇다고 그가 도교와 불교를 배척한 것은 아니었다. 항상 공평한 태도로 그것들을 비평하고 또 근본이 일치되는 점에 있어서는 인정하기도 하였다. 그는 중(中)을 정치의 근본원리로 삼았는데, 그것은 천하를 바르게 하는 도(道)인 것이다. 천하의 백성을 바르게 한다는 점에서 보면 유 · 불 · 도 모두가 한가지로 동일한 목적을 추구하는 것이다. 즉, 정치의 근본원리는 중(中)이라는 데 이들 3교는 일치한다는 것이다. 요컨대, 도교와 불교는 세상을 다스리고 구제하는 데 있어 유교에는 못 미치기에, 유교를 제외하고 다른 두 교를 취할 수는 없다. 그러나 이 두 교가 세상을 다스리는 데 보탬이 됨에는 틀림없다고 본다.

---

3) 天下危則與天下安之, 天下失則與天下正之; 千變萬化, 吾常守中, 卓然不動, 無感不通, 此之謂帝制.

4) 議, 盡天下之心.

5) 議, 天子之所以兼採博聽也.

제5장 당대(唐代)의 윤리사상

제1절 개 설

시대적 개관: 이연(李淵)이 수(隋)나라 말엽에 난을 일으켜 장안을 함락하고 즉위하니, 그가 곧 당고조(唐高祖)이다. 고조를 이어 계승한 자가 태종(太宗)이다. 태종은 고조가 당(唐)을 창업하는 데 큰 공적을 세웠을 뿐만 아니라, 즉위해서는 많은 현신들을 등용하고 나라를 돌봄에 힘쓰는 등 정치에 전력을 다하였다. 그리하여 천하는 크게 다스려지게 되었다. 후세 사람들은 그의 정치를 정관의 정치[貞觀之治]라 부른다. 이때에 당(唐)나라의 국위가 돌궐(突厥), 토번(吐蕃), 인도(印度), 거란(契丹), 실위(室韋), 말갈(靺鞨) 등 인접 여러 나라들에까지 미쳤으며, 일본 또한 태종 때부터 당말(唐末)에 이를 때까지 당나라에 유학생을 보내는 등 당의 문화를 받아들였다.

고종이 죽자 그 황후가 국정을 문란케 하였는데, 그녀가 측천무후(則天武后)이다. 중종황후(中宗皇后)인 위씨(韋氏) 또한 정치를 독점하고 폭정을 일삼으니 국위가 점점 기울어지게 되었다. 현종(玄宗)이 위씨(韋氏)를 내쫓고 즉위하여 그 동안의 여러 폐정을 일소하고 현상(賢相)을 등용하고 사치를 경계하며 정치를 크게 펼침으로써 다시 국력이 회복될 수 있었다. 이를 개원의 정치[開元之治]라 부른다. 이때부터 국가는 점점 부강해졌고, 사방요지에 절도사(節度使)를 두어 변방을 확고히 하기도 하였다. 그러나 절도사의 권력이 날로 강해지고 발호하는 데까지 이르게 됨으로써 통제가 불가능해져 버렸다. 안록산(安錄山)의 난이 그 대표적인 예이다. 안록산의 난 이후에 나라의 제도와 재정이 크게 혼란하게 되었다. 밖으로는 절도사들이 발호하였고, 안으로는 환관(宦官)들의 전횡이 끊이지 않으면서 정권을 좌지우지하였다. 드디어는 천자를 폐위시켰으며, 국정의 부패는 극도에 달하게 되었다. 이때에 오랑캐들이 동방에서 일어나 장안을 함락하고 당 왕실을 멸망시키고 말았다. 당나라는 고조(高祖)에서 시작하여 태종(太宗),

고종(高宗), 중종(中宗), 예종(睿宗), 현종(玄宗), 숙종(肅宗), 대종(代宗), 덕종(德宗), 순종(順宗), 헌종(憲宗), 목종(穆宗), 경종(敬宗), 문종(文宗), 무종(武宗), 선종(宣宗), 의종(懿宗), 회종(僖宗), 소종(昭宗)에 이르기까지 모두 19황제 290년 만에 망하였다.

사상적 개관: 당나라 창업 초기에 관제(官制), 전제(田制), 병제(兵制), 학제(學制) 등 각종 제도가 정비되었다. 그 중 학제를 보면, 서울에 국자학(國子學)·대학(大學)·사문학(四門學) 등이 설치되었고, 주와 현[州縣]에도 각종 학교가 설치되었다. 학교 출신자들을 생도(生徒)라 불렀다. 또 주현(州縣)에서도 시험을 치러 널리 인재를 뽑았으며, 시험에 급제한 자들을 향공(鄕貢)이라 불렀다. 생도와 향공들은 다시 서울의 예부(禮部)에서 시험을 치러, 급제한 자들은 관리로 등용되었다. 태종(太宗)은 학문을 매우 좋아하여 즉위 초부터 홍문관(弘文館)을 설치하고, 문학하는 선비들을 뽑아 학사(學士)로 삼았고, 천하의 명유(名儒)들을 뽑아 학관(學官)으로 삼았다. 안사길(顔師古)에게 명하여 오경(五經)의 오탈자를 교열하게 하였으며, 공영달(孔穎達)에게 『오경정의』(五經正義)를 편찬하게 하였다. 이때부터 은거하고 있던 학자들이 하나 둘 세상으로 나왔고, 천하에 산실되어 있던 책들이 속속 수집되었다. 태종(太宗)과 현종(玄宗) 재위 기간 동안에 숨겨졌다가 나온 책들이 수만 권에 달하였다. 이 당시의 책들은 대부분 초본(抄本)들뿐이었는데, 그것은 그때까지도 인쇄술이 없었기 때문이었다. 고조(高祖), 태종(太宗)의 학문장려로 학풍이 자못 융성하게 되었다. 그러나 당시의 학풍은 대체로 시문(詩文)에만 열중하였고, 경전에 대한 연구는 매우 미진하였다.

육조시대 이래 항간에는 도교와 불교가 성행하고 있었는데, 이때에 와서 더욱 융성하게 되었다. 역대 군주들 중에서도 도교를 믿고 그것을 자신의 보호자로 삼는 자들이 있었다. 그래서 도교의 보급이 별 어려움 없이 이루어질 수 있었다. 그럼에도 불구하고 도교의 세력은 불교에 미치지 못하였다. 중국 고래의 불교는 수당(隋唐) 시기에 가장 융성하였다. 이 때 명승(名僧)들이 배출되고 새로운 종파가 많이 탄생하였다. 이러한 불교의 융성은 드디어 불교미술의 발달을 가져왔고, 그 영향은 조선과 일본에까지 미치게 되었던 것이다.

당나라는 인접 국가들에까지 위엄을 떨쳐 이들과 빈번한 교류를 하였다. 그래서 이때에 요교(祆教), 경교(景教), 마니교, 유태교 등의 새로운 종교들도 유입되었다. 요교란 조로아스터교(Zoroaster)를 말하며, 경교(景教)는 네스토리우스(Nestorius)파의 예수교[耶蘇教]를 말한다. 이 두 종교는 태종(太宗) 때 파사(波斯; 페르시아) 지방으로부터 들어와 빠르게 전파되었으나, 그 세력이 불교나 도교에 미치진 못하였다.

제 2 절 당대의 유교

당태종은 매우 뛰어난 군주였다. 그는 고조(高祖)의 유풍을 이어받아 학문을 적극 장려하였다. 당시의 사상계는 일반적으로 도교와 불교가 지배하였고, 태종도 노자와 석가를 존경하였다. 그러나 태종은 유교가 국가를 다스리는 치도(治道)임을 깨달아 유교를 국가통치이념으로 삼고 크게 강구하고 보급하는 데 주력하였다.

당나라 군주들의 장려로 박학하고 문학에 능통한 인물들이 속출하였는데, 육덕명(陸德明), 공영달(孔穎達), 안사길(顔師古) 등이 그 대표적인 학자들이었다. 또 문장가로는 한유(韓愈), 유종원(柳宗元) 등이 있었고, 시인(詩人)으로는 이백(李百), 두보(杜甫), 백거이(白居易) 등을 시조로 하여 왕발(王勃), 양경(楊烱), 노조린(盧照隣), 낙빈왕(駱賓王), 두심언(杜審言), 왕창령(王昌齡), 고적(高適), 왕건(王建), 두목(杜牧) 등이 있었다. 또 서예가로는 안진경(顔眞卿), 우세남(虞世南), 저수량(褚遂良), 구양순(歐陽詢), 장욱(張旭) 등이 있었다. 그러나 이처럼 시문(詩文)은 매우 발달하였으나, 경전의 연구는 대체로 부진한 편이었다. 당나라 290여 년을 통틀어서 사상사적으로 거명할 만한 학자는 한유(韓愈)와 이고(李翱) 두 사람뿐이었다. 경전연구가 부진하였기 때문에 이와 관련된 책도 거의 없었는데, 특이할 만한 책이 있다면 그것은 『오경정의』(五經正義)가 편찬되었다는 것뿐이다. 남북조시대이래 경전해석을 둘러싼 논쟁이 계속되어 왔는데, 태종이 그런 논쟁을 불식하고 학설을 통일하고자 공영달(孔穎達)로 하여금 『오경정의』를 편찬케 하였던 것이다. 이 『오경정의』는 『주역정의』(周易正義) 10권, 『상서정의』(尙書正義) 20권, 『모시정의』(毛詩正義) 70권, 『예기정의』(禮記正義) 70권, 『춘추좌전정의』(春秋左傳正義) 60권으로 되어 있다. 『오경정의』가 편찬된 후부터는 남북 학설간의 논쟁이 끝나게 되었고 학자들은 『오경정의』에 수긍하고 그것을 암송할 뿐 새로운 학설을 주장하는 이가 없었다. 그렇기 때문에 유교의 연구는 미진할 수밖에 없었다.

한유(韓愈)

자는 퇴지(退之)이고, 등주 남양(鄧州南陽) 사람이다. 창려(昌黎)에서 살았는데, 그 지명을 따서 호로 삼았다. 대종 대력(代宗大曆) 3년(768)에 태어나 목종 장경(穆宗長慶) 4년(824)에 57세로 죽었다. 세살 때 부모를 여의고 형수인 정씨(鄭氏)에게서 자랐다. 분투 노력하여 육경(六經)과 제자백가에 능통하였다. 진사(進士)에 급제하고 헌종(憲宗) 때 공임형부시랑(功任刑部侍郎)으로 벼슬하였다. 품행이 완고하여 한마디로 강직한 선비였다. 후에 헌종이 불사리[佛骨]를 궁중에 모시려 하자, 한유는 『불골표』(佛骨表)를 지어 바치며 불가함을 충언하였다. 이 때문에 한유는 헌종의 노여움을 사서 사형에 처해질 뻔 했다가 감해져서 조주(潮州)의 자사(刺使)로 좌천 유배를 당하였다. 그러나 나중에 다시 부름을 받아 병부시랑(兵部侍郎)이 되었고 이부시랑(吏部侍郎)으로 진급되기도 하였다. 문장이 매우 뛰어나 사마천(司馬遷) 이후 유일하게 문(文)의 시호를 받았다고 한다. 남아 있는 저서로는 『한창려집』(韓昌黎集) 40권, 『논어필해』(論語筆解) 11권, 『순종실록』(順宗實錄) 1권이 있다. 그런데 『논어필해』의 작자에 대해서는 다른 견해가 있다. 한유는 순수한 유학자임을 자임하면서, 불교와 노장사상을 배척한다고 말하였다.

인성론: 한유의 인성론은, 그의 『원성론』(原性論)이라는 글에서 찾아볼 수 있는데, 공자의 "성은 서로 가까우나 습관으로 서로 멀어진다"[性相近 習相遠]는 것과 "상지(上智)와 하우(下愚)는 서로 옮길 수 없다"[上智與下愚 不移]는 말을 인성론의 기초로 삼으면서, 성삼품설(性三品說)을 주장하였다. 또한 한유는 성(性)과 정(情)을 구별하여, 성(性)은 나면서부터 가지고 태어나는 것이나 정(情)은 태어난 후 사물을 접하게 되면서 얻어지게 되는 것이라고 보았다. 인(仁) · 의(義) · 예(禮) · 지(智) · 신(信)이 성(性)에 구비되는 것은 곧 성이 성되는 조건이다. 또

희(喜)·노(怒)·애(哀)·구(懼)·애(愛)·오(惡)·욕(欲)이 정(情)의 성질이 되는 것은 곧 정이 정되는 조건이다. 성과 정은 각기 상·중·하의 3종류가 있는데, 상은 선(善)이 되며, 중은 상이나 하로 인도될 수 있으며, 하는 악(惡)이 된다. 또 성(性)의 상(上)자는 신(信)을 근본으로 삼고 인(仁)·의(義)·예(禮)·지(智)를 구비하고, 성(性)의 중(中)자는 오덕(五德)을 완전히 구비하지 못하며, 성(性)의 하(下)자는 그 덕을 전혀 구비하지 못한다. 또한 정(情)의 세 종류를 말하고 있는데, 정(情)의 상(上)자는 비록 7정(七情)을 움직이면서도 항상 그 중용에 처하며, 정(情)의 중(中)자는 과불급이 있으나 겨우 중용에 복귀하고, 정(情)의 하(下)자는 과불급하여 그 중용에 다다르지 못한다고 하였다. 또 성과 정의 관계를 서술하여, 성(性)의 상(上)자는 정(情)도 상(上)자가 되며, 성(性)의 중(中)자는 정(情)도 중(中)자가 되며, 성(性)의 하(下)자는 정(情)도 하(下)자가 된다고 하였다.

윤리설: 한유의 윤리설은 『원도론』(原道論)에서 나타나고 있다. 즉, 『원도론』은 바로 그가 윤리설을 논술하는 데 주력한 글이다. 그의 윤리설은 실로 유가계통에 속하며 스스로도 유가의 맥을 잇고 있다고 자임하였다. 즉, 그는 자신이야말로 유가의 전통을 제대로 이어받고 있다고 자처하면서, 맹자에 이르러 전통이 끊어졌는데 이를 자신이 유일하게 이어받았다고 하였다. 그는 유교의 설을 서술할 때, 종종 스스로 마음 속 깊이 얻은 바가 있음을 내비치면서 『대학』(大學)이야말로 유교의 정신을 제대로 전하는 책이라 강조하고 있는데, 이는 하나의 탁견으로 보인다. 공자가 말한 인(仁), 그리고 맹자가 말한 인의(仁義)에 대비하여, 한유는 인(仁)·의(義)·도(道)·덕(德) 혹은 인(仁)·의(義)·예(禮)·지(智)·신(信)을 말하였다. 아마도 인(仁)·의(義)·도(道)·덕(德)을 연이어 사용한 것은 한유에서 시작된 것일 듯하다. 그가 인의도덕(仁義道德)을 설명한 것에 의하면, "널리 사랑함을 인(仁)이라 하며, 행동함이 마땅함에 들어맞는 것을 의(義)라 한다. 인의(仁義)로부터 말미암아 나아감을 도(道)라 하며, 자기에게 만족하고 외부에 의지하지 않음을 덕(德)이라 한다."[1]고 하였다. 도덕(道德)이라는 두 자는 노자가 사용하였던 것이다. 그런데 노자가 말한 도덕과 공자가 말한 도덕은 글자는 같으

1) 博愛之謂仁; 行而宜之之謂義; 由是而之焉之謂道; 足於已無待於外之謂德.

나 그 뜻은 다른 것이다. 한유는 바로 노자의 도덕이라는 용어와 구별하기 위하여 위와 같은 새로운 용어를 사용한 것이다. 고래의 오륜설(五倫說)과 관련해서도, 한유는 군신(君臣)·부자(父子)·사우(師友)·빈주(賓主)·곤제(昆弟)·부부(夫婦)를 주장, 육륜(六倫)으로 대신하는 새로운 설을 내세웠다.

도·불배척론: 한유는 유학의 정통자임을 자처하면서 『원도론』을 저술하였고, 여기에서 도교와 불교를 맹렬히 공격하였다. 그가 도교와 불교를 강력히 배척했던 이유는 이 두 교가 나라를 다스리는 치도(治道)에 반한다는 것에 있었다.

먼저, 그는 노자의 이상론을 논박하였다. 즉, 노자는 태고시대의 이상사회로 돌아가야 한다고 생각하였는데, 이는 태고시대를 치평이 잘된 이상사회로 가정하는 망론에 불과하다는 것이다. 실제로 태고시대란 치평이 이루어지던 시대가 아닌, 부자간에 친애함도 없고 형제간에 사랑도 없던 몽매한 사회에 불과했으며, 서로 간에 다투고 쟁탈을 벌인 사회였던 것이다. 성인(聖人)이 예악을 만들어 사람들의 성정(性情)을 창달해야만 비로소 투쟁 상태가 구제될 수 있는 것이다. 성인께서 예악을 제작한 것은 천하의 치평을 이루기 위한 필수 불가결한 것이었다. 노자의 "성인이 죽지 않으면 대도(大盜)가 끊이질 않는다."[2]는 말은 성인의 진정한 의미를 전혀 알지 못하는 것이다. 또한 한유는 노자의 인의설(仁義說)을 배척하였다. 노자가 인의(仁義)를 작다고 보는 생각은 마치 우물가에 앉아 하늘을 보며 하늘이 작다고 하는 것과 같다. 즉, 노자는 베풂을 인(仁)이라 보며, 홀로 외로움에 섬을 의(義)라 보았는데, 성인이 말한 인(仁)이란 그와 같이 협소한 뜻이 아니었다. 아마 인(仁)이란 널리 사랑함이요, 의(義)란 행동을 마땅하게 함을 말하며, 인(仁)과 의(義)를 합쳐 도덕(道德)이라 할 수 있다. 결국 노자가 인의(仁義)를 협소하게 본 것은 성인의 뜻을 제대로 이해하지 못한 것이라 할 것이다.

한유는 불교란 기괴한 속임수와 경고 투성이의 말들일 뿐이며, 그것은 민심을 현혹하고 해치기에 충분하다고 하였다. 즉, 불교에는 군신(君臣)도 없고 부자(父子)도 없으며, '서로 낳고 길러주는 상생상양의 도'[相生相養之道]도 금지하여 맑고 고요함을 구할 뿐이라는 것이다. 그래서 그것은 자기 자신의 마음을 다스리려

2) 聖人不死, 大盜不止.

할 뿐 천하국가는 안중에도 없어, 자식은 자기 아버지를 아버지로 여기지도 않으며, 신하는 자기 군주를 군주로 여기지도 않으며, 자기의 일을 일로 여기지도 않는다. 그러나 인간은 태어날 때부터 서로 낳고 서로 길러주는 도가 정해져 있는 것이니, 만약 군주가 명령을 했는데도 신하가 그 명령을 받들지 않는다면 인간은 완전한 삶을 살아갈 수 없게 되는 것이다. 이처럼 한유는 군신(君臣)으로의 나뉨과 부자(父子)간의 의리와 같은 양생의 도[養生之道]들은 결코 폐기될 수 없는 것이라고 말했다. 한유는 일찍이 『불골표』(佛骨表)를 헌종(憲宗)에게 상소하면서, 불교는 오랑캐와 같은 사람을 만들 것이라 말하였다. 그것을 믿음으로써 장수를 누리고자 하는 것은 원하는 바처럼 그렇게 해주는 것도 아니며, 도리어 화를 재촉하고 백성들을 미혹시킬 뿐이라고 하였다. 아마도 생존한 부처가 조정에 왔다는 것도 한갓 배알(拜謁)을 받고자하는 것에 불과할 뿐이다. 그런데 지금 궁중에다 불사리를 모시려한다는 것은 말도 안되며, 마땅히 물이나 불속에 집어던지고 천하의 미혹을 풀어야 한다고 주장하였다. 이것을 볼 때, 한유가 얼마나 불교를 배척했는가를 충분히 알 수 있다.

비판: 한유는 육조시대 이후에 나타난 제일의 문장가인 동시에 경학자로 당대에서 그를 능가하는 학자는 없었다. 육조시대 이래 이른바 병려체(駢儷體)라는 것이 유행하여 문장이 점차 기운과 혼을 잃어 왔는데, 한유는 사마천과 반고(班固)의 문체를 연마하여 웅대하고 강건한 문체를 보여 주었다. 그래서 소동파(蘇東坡)는 그를 찬양하여 말하기를, "8대 동안 허물어져 온 문장을 다시 일으켰다."[3]고 하였다. 또한 한유는 경륜을 갖고 있는 곧은 선비로서 위엄과 무용을 굽히지 않았으며 강직하게 논리를 펼침으로써 종신토록 모험에 빠지지 않았다. 그의 이러한 청백한 마음은 정말 존경받을 만하다. 또한 한유는 순수한 유학자를 자임하여 강력하게 도교와 불교를 배척하였다. 이러한 그의 태도는 너무나도 선명하여, 송명(宋明)의 유학자들이 겉으로는 도·불을 배척하면서도 안으로는 도·불에 섞여버린 점과 비교된다고 하겠다. 그러나 한유는 도·불에 대한 깊은 연구 없이 그것을 배척만 함으로써, 그의 그러한 논의는 매우 피상적인 것이었고, 또 그의 사상도 대체로 천박한 수준을 넘어설 수 없었다 할 것이다. 비록 문장은

---

3) 文起八代之衰.

뛰어났으나, 사상적인 깊이는 부족하다고 하겠다. 당대의 유일한 사상가의 사상이 이러할진대, 당시의 철학계의 침체가 어느 정도인지는 충분히 알만하다.

이고(李翱)

자는 습지(習之)이며, 어려서부터 한유를 좇아 문장을 배워 당대의 유명한 학자가 되었다. 그는 선학(禪學)을 깊이 연구하였다. 성품이 강직하여 소신을 가지고 의견을 개진하고 거리끼는 것이 없었다. 원화(元和) 초에 국자박사 사관수선(國子博士史館修選)이 되어, 당시 역사가들의 통폐에 분개하여 건의문을 올리기도 하였다. 남긴 책은 『이문공집』(李文公集) 18권이 있다. 그 중에서 가장 주목할 만한 글은 『복성서』(復性書) 3편이다. 『복성서』는 『중용』(中庸)의 의리(義理)론을 부연 설명하면서 자신의 복성설(復性說)을 기술하고 있다.

이고의 인성론을 간략히 말하면, 성선정악설(性善情惡說)이다. 그는 성(性)과 정(情)을 구분하여 말하기를, "사람을 성인이 되게 하는 조건이 성(性)이고, 사람의 그 성(性)을 미혹하게 하는 것이 정(情)이다. 희(喜)·노(怒)·애(哀)·구(懼)·애(愛)·오(惡)·욕(欲)은 모두 정(情)이 만드는 것이다. 정(情)이 이미 혼미하니 성(性)은 숨어버리고 이는 성(性)의 잘못이 아니다."4)고 하였다. 즉 그의 설에 의하면, 성(性)은 본래부터 선(善)이며, 그 선한 성(性)을 미혹하여 악(惡)이 생기게 하는 것이 정(情)이라는 것이다. 그러나 이고는 정(情)이 절대적으로 악(惡)이 되는 것은 아니라고 하였다. 즉, "정(情)은 선도 되고 악도 되나, 성(性)에는 불선(不善)이 없다." 또 "성(性)의 자연스러움은 성(誠)이다. 오직 정(情)은 선(善)도 불선(不善)도 될 수 있다."5)고 하였다. 그의 수양론에 의하면, 정(情)에 미혹 당하지 않고 본성에 머무를 때 성인이 될 수 있다. 그리고 정(情)에 미혹되어 본성의 선(善)함을 가리게 되면 보통사람이 된다. 그러나 저 본성의 정(情)에 미혹됨을 배척하고 다시 본성의 선(善)에 돌아간다면 보통사람도 역시 성인이 될 수 있다고 보았다. 아마도 그는 본성의 선(善)함에 돌아가고자 하였던 것 같다. 그렇기 때문에 정(情)의 제거를 주장한 것이다. 그러나 정(情)의 작용을

---

4) 人之所以爲聖人者, 性也. 人之所以惑其性者, 情也. 喜怒哀懼愛惡欲皆情之所爲也. 情旣昏, 性斯匿, 非性之過也.

5) 情有善有不善, 性無不善. 性自然也, 誠也. 唯情可爲善可爲不善.

완전히 없앨 수 있다고 주장하지는 않았다. 이것으로 보면, 그가 정(情)을 절대적으로 악(惡)한 것으로 본 것은 아님이 드러난다.

이고는 성(性)과 정(情)의 관계에 대하여, 정(情)은 성(性)으로부터 나오고 성(性)은 하늘이 명한 바라고 하였다. 성(性)이 없으면 정(情)이 생겨날 수 없으며, 성(性)이 있어야 비로소 정(情)이 생겨나게 되는 것이다. 성(性)은 본체이고 정(情)은 현상이다. 본체인 성(性)은 절대적으로 선(善)이 되고, 그것이 발하여 현상이 되어 선(善)함과 불선(不善)함으로 나누어지게 되는 것이라 말하고 있다.

제 3 절 당대(唐代)의 도교

당왕실은 노자(老子)와 같은 성씨(姓氏)라는 점으로 인하여 노자를 특별히 존중하였고, 왕실의 계보를 멀리 노자에게서부터 구하고자 하였고 왕실의 존엄을 보호코자 하였다. 그리하여 태종(太宗)은 노자(老子)를 석가(釋迦)보다도 높은 위치에 놓았다. 또 고종(高宗)은 노자를 태상현원황제(太上玄元皇帝)로 존중하였다. 현종(玄宗)은 서울과 각 주에 현원묘(玄元廟)를 설치하였고, 무종(武宗)은 불교와 기타 종교를 금지시키며 도교의 보급에 주력하였다. 도교는 이처럼 왕실의 보호를 받으면서 급속히 융성하였으며 도사(道士)의 수도 크게 증가하였다. 그러나 당시 사람들은 도교를 단지 하나의 종교로 믿었을 뿐, 학문으로 인정하여 연구하는 자들은 거의 없었다. 그래서 그 학설도 소개할 만한 것이 거의 없다.

담초(譚峭): 자는 경승(景升)이며, 국자사업(國子司業)인 수(洙)의 아들이다. 어려서부터 총명함이 뛰어나 모든 책을 섭렵하지 않은 게 없을 정도였다. 아버지가 진사(進士) 시험에 응시할 것을 권유하였으나, 담초는 하고 싶지 않아 오로지 뜻을 도교에 두고 종남산(終南山)에 은거하여 버렸다. 후에 남악(南嶽)으로 옮겨 연단(煉丹)을 통한 양생술(養生術)을 연구하였고, 청성산(靑城山)에 들어가 있다가 죽었다. 저서로 『담자화서』(譚子化書)가 있다.

담초는 도교와 유교의 두 종교를 조화시키려 했던 사람이었다. 그러나 도교를 근본으로 삼고 유교는 도교로부터 나온다고 보았는데, 이는 포박자(抱朴子)의 도내유외설(道內儒外說)과 유사한 것이다. 담초는 노자(老子)의 설을 따라 도(道)

를 우주의 본체로 보고, 도는 허무(虛無)요 신명(神明)이요, 만물의 진성(眞性)이라고 하였다. 이처럼 도가 만물의 진성(眞性)이 되는 까닭에 일체의 만물은 서로 교통할 수 있다. 이를 대동(大同)이라 부른다. 노자와 장자가 도를 일체의 만물을 발현하는 소이연이라 했다면, 담초는 도를 인(仁) · 의(義) · 예(禮) · 지(智) · 신(信)을 낳는 소이연이 된다고 말하였다. 즉, "텅 비고 무위(無爲)하니, 이것을 도(道)라 한다. 도(道)는 스스로 능히 지키니, 이를 덕(德)이라 부른다. 또 덕(德)이 만물을 낳으니, 이를 인(仁)이라 부른다. 인(仁)은 안위(安危)를 구하니 이를 의(義)라 부른다. 의(義)는 나아가 취하니, 이를 예(禮)라 한다. 예(禮)는 변통함이 있으니, 이것을 지(智)라 부른다. 지(智)는 성실함이 있으니, 이를 신(信)이라 부른다. 이상을 통용하여 성(聖)이라 이름한다."[6](得一篇)고 하였다. 이러한 담초의 말은 다음과 같은 노자의 말과는 정반대이다. 즉, 노자는 "도(道)를 잃은 후에 덕(德)이 생겨나고, 덕(德)을 잃은 후에 인(仁)이 생겨나고, 인(仁)을 잃을 후에 의(義)가 생겨나고, 의(義)를 잃은 후에 예(禮)가 생겨난다. 그러므로 예(禮)가 생겨났다는 것은 충신(忠信)이 거의 없고 사회가 극도로 어지럽게 되었다는 반증이다."[7]고 하였던 것이다. 이런 점에서 아마 노자는 소극적으로 유교를 배척하였다면, 담초는 적극적으로 도교와 유교의 조화를 꾀하고 있었던 것 같다. 도(道)로부터 어떻게 인(仁) · 의(義) · 예(禮) · 지(智) · 신(信)이 나뉘어 지는가? 담초는 다음과 같이 말한다. "도(道)는 허무하다. 아무것도 없이 스스로를 지킨다. 그러므로 덕(德)이 주어지게 된다. 덕(德)은 맑고 고요하다. 아무것도 없이 스스로 쓰인다. 그러므로 인(仁)이 주어지게 된다. 인(仁)이 쓰이면서 만물이 생기고, 만물이 생기다 보면 반드시 안위(安危)가 있게 된다. 그러므로 의(義)가 주어지게 된다. 의(義)는 안위를 구제하려 하며 그에는 반드시 부정의한 것이 있게 되며, 따라서 예(禮)가 주어지게 된다. 예(禮)는 규범을 가지니 이에는 반드시 막힘이 있게 되며, 따라서 지(智)가 주어지게 된다. 지(智)는 통하여 변함이 많다. 그러므로 신(信)이 주어지게 된다. 신(信)은 만물을 이루는 도(道)이다."[8]

---

6) 曠然無爲, 是名爲道. 道能自守, 是名爲德. 德生萬物, 是名爲仁. 仁救安危, 是名爲義. 義有去就, 是名爲禮. 禮有變通, 是名爲智. 智有誠實, 是名爲信. 通而用之, 是名爲聖.

7) 失道而後德, 失德而後仁; 失仁而後義; 失義而後禮; 故禮者薄忠信而亂之首也.

8) 道, 虛無也, 無以自守, 故授之以德, 德, 淸靜也, 無以自用, 故授之以仁. 仁用而萬物生, 萬物生必有安危, 故授之以義. 義, 救安助危, 必有不臧, 故授之以禮. 禮, 持規秉範, 必有凝滯, 故授之以

(得一編). 여기서 만물이라는 것은 일체의 현상을 가리키는 것이 아니라, 일체의 윤리를 지칭하는 것으로, 우리들의 일상적인 행위규범을 말한다. 아마 담초는 자연적인 필요에 따라서 도(道)로부터 인(仁)·의(義)·예(禮)·지(智)·신(信)이 나누어진다고 보는 것이 틀림없다고 하겠다.

제 4 절 당대의 불교

당대에 가장 최고로 융성한 것은 불교였다. 그 세력을 도교와 유교는 미칠 수가 없었다. 신자들이 상하를 막론하고 있었는데, 그 수가 매우 많았다. 승려 또한 계속 배출되었고, 혹자는 경론을 저작하고 번역하기도 하였고 혹자는 새로운 종파를 창업하기도 하였다. 그 저명한 대표적인 인물들로는 도선(道宣), 선도(善導), 현장(玄奬), 규기(窺基), 법장(法藏), 선무외(善無畏), 김강지(金剛智), 불공(不空), 길장(吉藏), 두순(杜順), 지엄(知儼), 현수(賢首), 신수(神秀), 형계(荊溪), 종밀(宗密), 위산(僞山), 임제(臨濟), 동산(洞山) 등 일일이 다 거론할 수가 없을 정도였다. 새로 나타난 종파도 율종(律宗), 법상종(法相宗), 화엄종(華嚴宗), 진언종(眞言宗) 등이었다. 율종은 다시 법려(法礪) 율사의 상부종(相部宗)과 회소(懷素) 율사의 동탑종(東塔宗), 도선(道宣) 율사의 남산종(南山宗)의 3파로 나누어졌다. 남산종이 가장 널리 유행하였다. 법상종은 인도 전래의 종교로 현장(玄奬)에서 시작되어 규기(窺基)가 진력하여 널리 포교하였다. 화엄종은 두순(杜順), 지엄(知嚴), 현수(賢首) 등에 의하여 보급되었고 그 종파의 기초자는 현수(賢首)이다. 진언종의 시조는 선무외(善無畏), 김강지(金剛智), 불공(不空) 등이었다. 당대의 불교는 이상의 각 종파 중 어느 하나에 속하였다. 즉 성선(成禪), 화엄(華嚴), 지론(地論), 구사(俱舍), 천태(天台), 정토(淨土), 삼론법상(三論法相), 섭론(攝論), 진언(眞言), 율(律), 성실(成實), 열반(涅槃) 등 모두 13종이었다.

불교가 이처럼 보급되자, 머리를 삭발하고 승이나 비구니가 되는 자가 점차 많아졌고, 그 중에는 군역을 피하여 삭발하는 폐습도 나타나게 되었다. 이에 무종(武宗)은 국가를 크게 해롭게 하는 일이라 보고 완전히 그것을 없애려고 하였다. 그래서 무종(武宗) 이후 백 년 동안에 불교는 자연히 쇠락해져 갔다.

智. 智通則變多, 故授之以信. 信, 成萬物之道也.

그러나 사람들의 마음속에는 이미 불교가 각인되어 있었기에 제왕이 권력으로 눌렀음에도 불구하고 끝까지 세력을 절멸시키지는 못하였다. 예컨대, 선종(禪宗)의 경우는 더욱 융성하여 유학에도 크게 영향을 미쳤으며 근대 철학을 발생시키는 단서를 열기도 하였다.

불교계의 고승 중에 심도 있는 철학사상을 갖고 있는 자가 많았으나, 여기서는 일일이 다 검토할 수는 없고, 그 중 한 두 사람에 대해서만 보기로 한다.

두순(杜順): 옹주 만년(雍州萬年) 사람이다. 18세 때 집을 버리고 인성사(因聖寺)에 들어가 승진선사(僧珍禪師)에게서 불교를 수련하였다. 성품이 담백하고 명예와 이익을 구하지 않았으며 해탈의 풍모를 보였다. 정관(貞觀) 14년(640) 84세로 죽었다. 화엄(華嚴)의 진리를 발휘하기 위하여 『화엄법계관문』(華嚴法界觀門)이라는 책을 저술하였다. 여기서 그는 우주를 진여계(眞如界)와 현상계(現象界)로 나누고, 진여계(眞如界)를 리(理), 현상계(現象界)를 색(色) 혹은 사(事)라 하였다. 진여계(眞如界)와 현상계(現象界)가 서로 떨어져 있는 것이 아니라고 하였다. 또 일체의 현상계(現象界)는 실체도 없고 자성(自性)도 없다. 그러므로 일체의 현상(現象)은 평등하고 차별이 없는 것이다. 평등하여 차별이 없는 고로 일체의 현상은 진여(眞如)가 된다. 현상(現象)은 곧 진여(眞如)이고, 진여(眞如)는 곧 현상(現象)으로, 하나가 둘이고 둘이 하나로 서로 분리되지 않는다는 것이다.

종밀(宗密): 선종(禪宗)의 고승이면서 역시 화엄(華嚴)에 통하였다. 무종 회창(武宗會昌) 원년(844)에 62세로 죽었다. 저서로는 『화엄경소』(華嚴經疏), 『선원전』(禪源詮), 『원인론』(原人論) 등이 있다. 『원인론』(原人論)은 인류의 기원에 대해 논한 책으로, 여기서 그는 유교 · 도교 · 소승불교 · 대승불교의 제설을 비평하면서 최후로 자신의 설을 제시하였다. 유교와 도교는 천지만물이 하나의 큰 원기(元氣)로부터 생긴다고 보았다. 소승불교는 인간이 몸과 마음으로부터 이루어진다고 본다. 즉, 몸은 지(地) · 수(水) · 화(火) · 풍(風)이 되고, 마음은 수(受) · 상(想) · 행(行) · 식(識)이 되어 〈나〉라는 존재는 없다는 것이다. 대승불교인 법상교(法相敎)에 의하면, 일체의 유정(有情)이 그 시작이 없는 이래 계속 8종류의 식(識)이 있다. 여기서 8번째의 아뢰야식(阿賴耶識)이 근본이 되어 나머지 7개의

식(識)을 낳는다. 일체의 만상이 모두 환상이며 꿈과 같이 실법(實法)이 없는 것이다. 또 대승불교인 파상교(破相敎)에 의하면, 일체의 모든 식(識)은 모두 인연(因緣)으로 말미암아 나왔으며 모든 것이 공(空)이다. 마음의 거울도 공(空)이요 몸도 역시 공(空)이다. 한편, 종밀(宗密)은 『원인론』(原人論)에서 이상의 제 교의 해석들은 일면의 진리를 내포하고 있으나, 역시 그것은 일부분일 뿐이고 전체를 알지 못하는 편견일 뿐이라고 한다. 아울러 일체의 유정(有情)은 시작이 없는 이래부터 밝디 밝은 진심(眞心)이 있다고 한다. 그것이 바로 불성(佛性)이요, 여래장(如來藏)이다. 망상으로 인하여 그것이 가려져서 그 진심(眞心)을 자각하지 못하기 때문에 스스로 자신을 보기를 하등한 것으로 여기는 것이다. 그러므로 불행이 생겨나고 생사의 고통을 받게 되는 것이라고 하였다.

제6장 오대(五代)의 윤리사상

황소(黃巢)의 도적장인 주전충(朱全忠)에 의하여 당나라는 쇠망의 길에 들어섰다. 그는 당왕조를 멸망시키고 뒤를 이어 국호를 후양(後梁)이라 하였다. 후양(後梁)이 멸망한 후에는 후당(後唐), 후진(後晉), 후한(後漢), 후주(後周)가 서로 흥망을 거듭하며 황하유역에서 나타났다가 사라졌다. 이때가 약 50여 년 동안인데, 이 기간을 오대(五代)시대라 부른다. 또 당나라 내에서도 말엽에 절도사들이 독립하여 십여 개 나라를 세우고 서로 세력을 다투니 천하가 마치 난마(亂麻)와도 같았다. 사상계도 매우 부진하여 진박(陳搏)을 제외하면 사상가라 부를만한 이도 거의 없었다.

진박(陳搏): 후에 이름을 고쳐 박(博)이라 하였고, 자는 도남(圖南)이다. 또 이름을 희이(希夷)라 하기도 하고, 호는 부요자(扶搖子), 청허처사(淸虛處士), 목암도인(木巖道人) 등으로 불렸다. 호주 진원(亳州眞源) 사람이다. 당나라 말에 태어나 오대(五代)를 거쳐 송태종(宋太宗) 단공(端拱) 2년(989)에 100여세로 죽었다. 제자백가에 능통하고 신선술도 수련하였다. 후주(後周)의 세종(世宗)과 송(宋)의 태종(太宗) 등이 모두 그를 불러 정사를 물었는데, 희이선생(希夷先生)이란 호는 바로 태종이 내린 것이다. 남긴 책은 『목암문집』(木巖文集)이다.

진박은 입교(立敎)에 주안점을 두고, 유 · 불 · 도 3교를 조화하고자 하였다. 그 대요를 살펴보면, 공자가 말한 정심성의(正心誠意)는 사람으로 하여금 자신의 몸을 수양토록 하는 것이며, 노자가 말한 연신양기(煉身養氣)는 사람으로 하여금 자신의 몸을 단련하고 기르도록 하는 것이며, 석가가 말한 명심견성(明心見性)은 사람으로 하여금 자신을 깨닫도록 하는 것으로, 3교는 결코 모순되지 않는다고 하였다. 또 그는 노자설에 의거하여 우주관을 수립하고 만물일체설을 주장하였다. 즉, 만물이 생겨나고 자라는 점을 관찰하여 보면 천차만별이다. 그러나 이 천차만별의 기(氣) 속에는 하나의 일관된 리(理)가 있어, 영고성쇠가 모두 이

리(理)의 지배로 말미암아 생기는 것이라 한다. 만물은 기(氣)가 주가 되면서 리(理)를 구비하지 않음이 없으니 따라서 만물은 일체라는 것이다. 이런 것을 보면, 송유학(宋儒學)의 리기설(理氣說)의 선구가 된다고 하겠다. 송유학의 태극도설(太極圖說)에도 큰 영향을 주었던 것 같다. 그의 인생관은 염세적이어서 세상을 환상처럼 변화무쌍한 것이라고 보았다. 즉, 인생은 공화(空花)와 같음을 깨달아 반드시 리(理)의 진상(眞常)에 도달하여야 한다. 따라서 마음을 닦고, 생을 기르고, 마음을 깨닫는 세 가지 일을 해야 하는 것이다. 이상과 같은 그의 주장들은 아마도 유·불·도 3교의 조화를 기하고자 한 것이라 하겠다.

중세의 윤리사상 (요약)

진대(秦代)의 윤리사상

❒ 시대적 배경

(1) 진의 천하통일은 정치적으로 일대 혁명임. 봉건제를 군현제로 바꿨음.

(2) 이사(李斯)의 정책을 따라 언론을 압박하고 책을 불태우고 유학자들을 말살시킴.

(3) 2대로 왕위를 잃고 나라가 멸망함.

❒ 윤리사상

(1) 윤리사상이라 말할 수 있는 것이 없음.

(2) 군국주의적 정책으로 인해 학문과 문화의 발달이 저해됨.

(3) 당시 학자들 주에는 권력에 항거하여 소신을 개진하는 자가 있었는데, 이는 주목할 가치가 있음.

한대(漢代)의 윤리사상

✤ 시대적 배경

❒ 한대(漢代): 한나라는 고조(高祖)로부터 24대를 경유하는 426년 동안으로 헌제(獻帝)에 이르러 멸망함.

❒ 고조(高祖)의 정책

(1) 진나라가 고립되었던 경험을 거울삼아 진나라와는 달리 방대한 토지를 동족인 자제들에게 봉해줌.

(2) 이로 인하여 한왕실은 잠시 안정되었으나 머지않아 제왕들이 전횡을 기도함.

(3) 경제(景帝) 때 제왕들의 전횡을 징벌하기 위하여 법에 접촉되는 왕의 영토를 몰수해버림.

(4) 결과적으로 오초칠국(吳楚七國)의 난이 발생하고 한왕실은 위험에 빠짐.

❒ 전한(前漢)

(1) 한나라의 국력이 외부에까지 매우 발전.

(2) 무제(武帝)의 정벌정책 - 흉노, 조선, 대원 등.

(3) 무제의 정벌정책으로 한나라의 국력이 매우 빛났고, 외국과의 교류도 빈번해짐.

(4) 후에 재정이 궁핍해지고 백성들의 조세부담으로 곤란에 처함.

❐ 후한(後漢)

(1) 광무제(光武帝)의 선정으로 한왕실이 다시 국력을 회복.

(2) 명제(明帝) 이래 여러 번에 걸쳐 흉노를 징벌함.

(3) 서역제국을 경략하여 후한(後漢)의 국위를 총령(葱嶺) 너머까지 미침.

(4) 로마와 교류를 시작, 일본과의 교류가 더 밀접해짐.

(5) 명제 때에 대월지[大月氏]로부터 불교가 전래되어 보급됨.

✤ 전한(前漢)의 윤리사상

❐ 개 설

(1) 한조고가 천하를 다스림에 문사(文事)를 소홀히 않고 학문을 장려.

(2) 혜제(惠帝) 4년에 협서령(挾書令)이 폐지됨.

(3) 진나라와 항우(項羽)의 분서로 인해 산실되었던 전적(典籍)들을 수집함.

(4) 한나라의 유학자들은 산실된 전적들을 수집하고 해석하는 것을 일대 과제로 삼음. 그래서 독창적인 철학사상은 거의 없었음.

(5) 전한시대를 통틀어 가장 융성했던 사상은 유교와 도교임.

도교: ① 한나라 전역에 상하를 막론하고 널리 보급됨.

② 유명한 학자; 회남자.

유교: ① 무제(武帝)의 장려로 크게 보급됨.

② 유명한 학자; 숙손통, 육가, 가의, 동중서, 사마천, 양웅 등.

(6) 기타 이 당시의 특이한 현상은 음양오행설이 유행했다는 것임.

❐ 회남자(淮南子)

(1) 요지: ① 한나라의 유일한 철학자로 한고조의 손자.

② 도교 · 유교 · 병가 · 명가 · 법가 및 기타 제설을 두루 연구한 포괄적인 학자.

③ 도가의 학설을 기초로 하여 다른 각종 사상을 포용함.

(2) 철학설

본체론: 도(道)를 우주의 본체로 봄. 불가지적이며 무위자연적.

인성론: 도는 곧 성(性)이요, 성은 인간행위의 표준.

인생관: 만물은 일기(一氣)에서 생김. 인간과 만물이 구별되는 바가 없음.

만물교통론: 도는 일체의 만물을 관통함으로 만물들 간에는 서로 교통할 수 있음.

(3) 윤리설

목적론: 도에 합치되는 것이 목적. 도에 합치될 때 지인(至人)이 될 수 있음.
수양론: 욕심을 제어하고 본성, 즉 도에 합치되는 법에 따라야.
인의설: 인의(仁義)는 인위적인 것이라고 봄.

(4) 정치설

목적론: 도에 합치되는 정치가 이상적인 정치. 윤리설과 동일.
방법론: 무위자연적인 정치를 해야함. 예컨대, 복희 · 신농.

❐ 동중서(董仲舒)

(1) 요지: ① 회남자와 동시대의 인물로 유명한 춘추학자임.
② 몸가짐을 엄격히 하여 예가 아니면 행동하지 않음.
③ 무제(武帝)에게 세 가지 정책을 상소, 강도(江都)의 재상이 됨.
④ 관직을 사임한 후에는 종신토록 저술에 종사함.
⑤ 천(天)을 학설의 근저로 삼고 도(道)의 근원은 하늘에 있다고 봄.

(2) 철학설

천론(天論): 천(天)은 만물의 창조자이며 지배자.
인성론: 성(性)은 선하지도 악하지도 않은 선악의 가능태.

(3) 윤리설

도덕천칙설(道德天則說): 일체의 도덕과 법은 하늘에서 연역된 것.
오상설(五常說): 인 · 의 · 예 · 지 · 신을 제시, 유교의 덕론을 처음으로 완비함.

(4) 정치설

대책: ① 하늘의 뜻을 받들고 하늘의 명을 따름.
② 교육을 통하여 백성들을 교화.
③ 법도를 바르게 하여 상하의 질서를 유지.
정치천칙설: ① 천명을 정치의 표준으로 삼음.
② 천인감응설을 정치에 적용함.
③ 정부조직을 천수(天數)에 맞도록 함.

(5) 비판

① 한나라의 쟁쟁한 유학자.
② 한나라의 유학의 발흥은 동중서의 노력에 있음.
③ 그의 견해를 무제(武帝)가 채용하여 학제의 개혁을 촉진함.
④ 오상(五常)설을 주장한 것은 유학사상 가장 큰 공적.
⑤ 당시 사상계의 음양오행설을 추종하여 믿을 수 없는 주장을 남김.

❐ 양웅(揚雄)

(1) 요지: ① 어려서부터 학문을 좋아하여 제자백가를 섭렵함.

② 초기에 많은 글을 지었으나, 후기에는 글을 쓰는 것을 비하하여 짓지 않음.
③ 40세에 서울로 옮겨, 『대현』(大玄)과 『법언』(法言)이라는 두 책을 저술함.
④ 왕망(王莽)의 밑에서 벼슬하여 후대 사람들에게 비난받음.
⑤ 비록 유학연구를 중심으로 하였으나 사상적 성격은 노장연구의 냄새가 풍김.

(2) 철학설: ① 현(玄)을 우주의 본체로 봄. 현은 시작도 끝도 없는 독립자존의 본체임.
② 일체의 현상은 현의 작용으로 돌아감.
③ 본체로부터 만물이 질서정연하게 발생, 즉 1 · 3 · 9 · 27.
④ 인성에는 선악이 혼합되어 있음.

(3) 윤리설: ① 대체로 유교의 정신을 이어받음.
② 공자와 맹자의 중심사상인 수신 · 제가 · 치국 · 평천하를 중요시함.
③ 요순 이래 역대의 가르침인 중도(中道) 사상을 강조.
④ 오륜설(五倫說)을 취하여 의무론으로 삼았고, 오상설을 덕론으로 삼음.
⑤ 인성의 선을 증대하기 위하여 수양의 중요성을 강조.

❐ 기타 학자

(1) 숙손통(叔孫通)
① 고조 때 노(魯)의 학자들과 같이 공동으로 조정의 의례를 만듦.
② 가슴속에 경륜과 책략을 가져 여러 임금을 바꾸면서 일함.
③ 사마천이 그를 한나라의 유학자라고 극찬함.
④ 윤리설은 특별한 것이 없음.

(2) 육가(陸賈)
① 변론에 능하여 고조를 설득시켜 인의의 정치를 하게 함.
② 천도의 근원[天道之根源]을 정치의 표준으로 삼음.
③ 하늘의 정치를 본받음을 이상적인 정치로 봄.
④ 이상적인 정치를 실현하기 위하여 인의(仁義)를 장려하고 예악(禮樂)을 중시함.
⑤ 비록 다소 도가와 비슷한 점이 있으나, 유학계통의 학자임.

(3) 가의(賈宜)
① 27세 때 한나라의 제도를 개혁할 것을 건의.
② 의견을 개진함에서는 선배도 고려하지 않음으로써 많은 질시를 받음.
③ 33세의 나이로 일찍 죽음. 비록 불세출의 영재였으나 사상적으로는 깊지 못함.
④ 제도개혁과 도술(道術)에 관련해서는 주목할 견해가 많음.
⑤ 성(性)에는 3품(三品)이 있음을 인정.

(4) 한영(韓嬰)
① 경제(景帝) 시에 상산왕(常山王)의 태부(太傅)가 됨.
② 사람됨이 정한(精悍)하여 일에 대처함에 기민한 재주가 있음.

③ 무제(武帝) 앞에서 동중서와 쟁론을 폄. 동중서가 대답을 못하고 어려워함.

④ 『시경』에 능통하여 그 뜻을 추구하여 『내외전』(內外傳) 등 수많은 글을 씀.

⑤ 윤리설은 『시경』으로부터 연역한 것이 많음.

(5) 조착(鼂錯)

① 전한시대의 법률학자.

② 경제(景帝)에게 책략을 주어 제후세력을 제압하고 한왕실을 강하게 함.

③ 결국 오초칠국(吳楚七國)의 난이 일어나 한왕실 멸망.

④ 항상 유학을 반대하고 법률로써 정치를 할 것을 주장.

(6) 사마천(司馬遷)

① 한왕실에서 벼슬하여 태사(太史)가 됨.

② 공자계통의 학자임을 자처하였으며, 『사기』를 저술하여 세상에 유명하게 됨.

③ 체계적인 윤리설은 없으나, 『사기』에서 간혹 도덕적인 견해를 보여주고 있음.

④ 「백이 숙제전」(伯夷叔齊傳)은 윤리적으로 중요한 문제를 암시해 줌.

(7) 공손경(公孫卿)

① 한무제를 설득하여 신선학자가 되게 함.

② 무제가 뉘우치고 깨달아 다른 방면의 사상을 배척함.

③ 무제에게 권고하여 솥을 주조하고 누대(樓臺)를 경영토록 함.

(8) 유향(劉向)

① 선제(宣帝) 때 명유(名儒)로 뽑혀 한왕실에서 벼슬함.

② 왕씨족의 발호함을 개탄하여 성제(成帝)에게 경계토록 권고.

③ 낮에는 성현의 책을 가까이 하고 밤에는 천문을 관측하는 데 전력함.

④ 인성론: 성(性)은 선악이 분리되지 않은 것이며, 사물에 접촉을 한 후에 움직임.

⑤ 예악론: 예악은 성숙한 인간을 기르는 조건. 특히 음악을 중요시함.

⑥ 천재지변을 믿는 것은 한대의 일반적인 학자들과 비슷하였으나, 귀신은 믿지 않음.

(9) 유흠(劉歆)

① 유향의 막내아들로, 시 · 서에 능통하였고 문장에도 뛰어남.

② 아버지와 같이 한왕실에서 벼슬, 경학을 강구하고 율력을 고안함.

③ 왕망(王莽)이 찬립함에, 그 밑에서 국사(國師)가 되었고, 이 때문에 후세 학자들에게 비난받음.

④ 인격이 유향과는 같지 않음.

(10) 환관(桓寬)

① 선제(宣帝) 때 벼슬하였고, 순수한 유학계통의 학자임.

② 문자(文字)에 유창하였고 덕치주의 정치를 주장함.

③ 『염철론』(鹽鐵論)을 저술.

✤ 후한(後漢)의 윤리사상

❐ 개 설

(1) 후한(後漢)의 사상계는 전한(前漢)과는 매우 다름.

(2) 유교: 광무제(光武帝)의 우대정책으로 인하여 기질있고 절개있는 학자들이 배출됨.

(3) 도교가 사람들 마음속에 깊이 스며듦.

(4) 음양오행설: 극성을 띰. 이름있는 유학자들 중에도 이것을 신봉하는 자가 많았음.

(5) 불교의 전래: 명제(明帝)때 전래되어 백성들에게 많은 영향 미침.

(6) 불교사상의 감화가 실제 사회적 상황과 서로 맞물리는 가운데 염세적 사상이 퍼지게 됨.

❐ 왕충(王充)

(1) 요지: ① 후한시대의 학자 중에 가장 많이 알려진 사람.

② 항상 의론을 펴는 것을 좋아하여 사람들에게 의표를 찌르는 의견을 토로하였음.

③ 속유들이 글만 좋아하며 진실을 잃어버리는 것을 개탄하여 『논형』(論衡)을 저술함.

(2) 철학설

① 본체론: 일원기(一元氣)를 본체로 삼고, 모든 만물은 이 일원기의 활동으로 말미암아 생겨난다고 봄.

② 인성론: 사람의 성(性)은 선도 악도 있음.

③ 숙명론: 극단적인 숙명론을 주장.

(3) 윤리설

① 그의 인성론에 바탕을 두고 윤리설을 세우고 있음.

② 사람은 수양과 공부를 하면 악성(惡性)도 가히 변화시킬 수 있음.

③ 학문은 수양의 수단으로 중요시함.

④ 그의 도덕적 견해들은 유교적인 것들임.

(4) 기타: ① 당시의 미신적인 것들에 대해 일일이 공격을 가함.

② 천인관계를 부정하고 귀신을 배척하는 그의 견해 중에는 주목할 만한 것들이 있음.

③ 천재지변이나 질병은 자연적인 변화에 기인한다고 봄.

④ 귀신은 신경작용으로부터 생기게 되는 것이며 일종의 환상에 불과한 것이라고 함.

❐ 기타 학자

(1) 반표(班彪)

① 왕망(王莽)의 난 때의 학자.

② 정명론(定命論)을 국가의 흥망에 적용하여 외효(隗囂)를 간함.

③ 광무제의 신하가 되었을 때 매우 신뢰를 얻음.

④ 병을 핑계로 관직을 사임한 후에는 『전한서』(前漢書)를 편집.

⑤ 윤리사상은 특별한 것이 없음.

(2) 반고(班固)

① 반표의 아들로 시부(詩賦)에 능하였음.

② 20여 년을 투자하여 『한서』(漢書)를 완성함.

③ 『백호통』(白虎通)을 저술.

④ 성(性)과 정(情)을 구별하여, 성은 양기(陽氣)에서 나오고 정은 음기(陰氣)에서 생기는 것이라 봄.

⑤ 성(性)은 인(仁) · 의(義) · 예(禮) · 지(智) · 신(信)이요, 정(情)은 희(喜) · 노(怒) · 애(愛) · 오(惡) · 애(哀) · 락(樂)이라고 함.

⑥ 성(性)의 오덕은 오행의 기[五行之氣]로부터 만들어지며, 정(情)의 6종은 육율의 기[六律之氣]로부터 만들어지는 것임.

⑦ 성(性)과 정(情)이 5장 6부를 활동하게 하며, 그것도 오행과 육율로 말미암아 만들어지게 됨.

⑧ 오행설로 감화를 주는 점이 많음.

(3) 왕부(王符)

① 학문을 좋아하고 절의를 중시하여 속인들과 어울리지 않음.

② 『잠부론』(潛夫論)을 저술하여 한나라 말의 폐정을 비난함.

③ 천지인(天地人) 일체가 일원기(一元氣)로부터 생겨난다고 봄.

④ 유교의 배천사상(拜天思想)을 옹호.

(4) 마융(馬融)

① 장제(章帝) 때 벼슬하면서 비꼬는 투의 상서를 올렸다가 죄를 얻음. 나중에 면죄됨.

② 박학다문하고 모든 학문에 정통함.

③ 윤리에 관한 저술로 『충경』(忠經)이 있음.

④ 『충경』에서 충(忠)의 의미를 규정하고 임금을 섬기는 데 마땅히 한마음으로 하여야 한다고 봄.

⑤ 충과 효는 근본적으로 일치한다고 봄.

(5) 정현(鄭玄)

① 마융의 문인으로 훈고학이 그 스승을 능가함.

② 주석서(註釋書)가 매우 많음.

③ 새로운 학설은 없었으나, 유교를 더 풍부이한 공은 큼.

(6) 순열(荀悅)

① 천성적으로 학문을 좋아함. 헌제(獻帝)에게서 벼슬하면서 누차 궁중에서 강의함.

② 정치에 대한 견해가 많고 '소순자(小荀子)'라 칭하여짐.

③ 종래의 인성론을 비교하면서 유향(劉向)의 설이 가장 타당하다고 봄.

(7) 중장통(仲長統)

① 왕충(王充) · 왕부(王符)와 더불어 계한 3재(季漢三才)라 불림.

② 염세적 인생관을 가졌고, 소요하며 속세를 등지고 있는 뜻있는 선비들을 사모함.

③ 매양 고금시속을 논하면서 분개하고 탄식함.

④ 시의에 적절한 주장을 많이 함.

(8) 서간(徐幹)

① 명예심이 약하고 관직을 경시함.

② 저서로 세상에 알려지고 있는 것으로 『중론』(中論)이 있음.

③ 지식을 중시하고 덕행은 중시하지 않음.

④ 법상론(法象論)을 주장하며 위엄있는 용모의 필요성을 논함.

✤ 한말(漢末)의 사상적 특성

❐ 염세론의 기원

(1) 사회적 배경: ① 조정의 권위실추
② 군웅들의 봉기
③ 오랑캐들의 침입

(2) 사상적 영향: ① 불교의 영향(초월주의와 출세간주의에 감화됨)
② 도교의 영향

❐ 염세론의 결과

(1) 개인주의의 발흥

① 세상의 어지러움을 피하여 자기일신을 보전하고자 떠나감.

② 한말에서부터 삼국 및 육조시대까지 매우 성행.

(2) 양성론(養性論)의 발달

① 양성론을 주장하는 자가 매우 증가함.

② 천은자(天隱子)와 같은 이름있는 양성론자도 나옴.

(3) 신비설의 유행

① 양성론이 한 걸음 더나가 신비설이 됨.

② 사람의 정신은 신과 교통이 가능하다고 믿음.

육조(六朝)시대의 윤리사상

✤ 육조(六朝)의 윤리사상

❐ 개 설

(1) 후한의 멸망한 때부터 수(隋)에 의한 천하 재통일까지 400여 년 간을 육조시대라고 함.
(2) 육조란 대체로 강남 건강(江南建康) 지역에 도읍을 정한 오(吳) · 진(晋) · 송(宋) · 제(齊) · 양(梁) · 진(陳)나라들을 지칭함.
(3) 각 국의 흥망성쇠가 매우 복잡함. 삼국분립-남북조 대립 등.
(4) 중국의 암흑시대라 칭하여지며, 난신 · 적자들이 매우 많았음.
(5) 불교와 도교가 가장 융성함.
(6) 유교는 비록 미약했으나 그 명맥은 그치지 않고 유지됨.

❐ 유교(儒教)

(1) 요지: ① 남북조간 학풍의 차이
북조: 마융(馬融) · 정현(鄭玄) 등 동한(東漢)지역의 학자들의 주석을 받아들임.
남조: 하안(何晏) · 한강백(韓康伯) · 왕필(王弼) · 두예(杜預) 등 위진(魏晉)나라 학자들의 주석을 수용함.
② 남북조 학풍간의 논쟁으로 각종 폐해가 발생함.

(2) 부현(傅玄)
① 박학하고 문장에 능하여 많은 저서가 있었다고 하나 전하는 것은 없음.
② 순수한 공맹주의 도덕을 고취하고자 노력.
③ 믿을 신(信)을 가장 중시하고, 믿음이 없게 되면 인륜이 절멸된다고 함.
④ 유익한 교훈들로 실천도덕적인 주장이 많음.

(3) 도연명(陶淵明)
① 어려서부터 총명하여 글재주가 풍부하였음. 시를 써서 후세에 유명해짐.
② 비록 유교를 사상의 근본으로 삼았으나, 염세적인 일면이 보여 도교와 불교의 영향을 받았음.
③ 인생관: 인생이란 우연적인 것으로 근본 뿌리란 없는 것이라 봄.
④ 걱정을 잊고 술을 좋아함.
⑤ 속세적인 생활에서 탈출하고자 하였으나 당시의 시대적 상황을 완전히 벗어나지는 못하였음.

(4) 관랑(關朗)
① 역리와 산수에 장기가 있었고 경제에 대한 재능이 있었음.
② 3숫자를 우주의 근본원리로 생각함.
③ 하늘의 낳음 · 땅의 기름 · 인간의 자질, 이 세 가지가 우주의 3원리임.

(5) 안지추(顔之推)
① 안회(顔回)의 후손으로 대대로 유학자 집안.
② 친족을 유일한 윤리적 단체로 봄.
③ 부부 · 부자 · 형제, 3친을 중심으로 나머지 친족은 모두 여기에 근본을 둠.

④ 항상 위에 있는 자가 아랫사람을 감화시켜야 한다고 봄. 따라서 윗사람이 먼저 솔선하여 도덕을 지켜야 함.

⑤ 노장사상을 배척하여 노장을 미친 무리들이라 비난.

⑥ 불교는 믿어, 불교책은 내전(內典)이요 유교서는 외전(外典)이라 함.

(6) 유협(劉勰)

① 집이 가난하여 어렵게 공부함. 저서로 『문심조룡』(文心雕龍)이 있음.

② 『문심조룡』은 중국 최고의 수사학(修辭學) 책임.

③ 문장론은 매우 주목할 만한 것이 많으나 윤리설은 거의 없음.

❒ 도교(道敎)

(1)요지: ① 황·노사상의 보급과 노·장자에 대한 주석이 매우 많음.

② 왕숙(王肅)과 하안(何晏) 등과 같이 유학자들 중에서도 황노사상을 연구하는 자가 많았음.

③ 황노의 학은 남북조시대에 들어와서는 미신적 종교로 변해 버림.

④ 당시 염세적인 사회상황과 결합되면서 청담학파들이 등장함.

(2) 죽림칠현(竹林七賢)

① 위(魏)나라 말의 원적(阮籍)·산도(山濤)·계강(稽康)·향수(向秀)·유령(劉伶)·원함(阮咸)·왕융(王戎)을 말함.

② 일체의 세상사를 경시하고 노장의 학에 심취하면서 고론방담(高論放談)을 즐김.

③ 항상 모여서 음주하기를 즐기고 고래의 예법에 거슬리더라도 신경쓰지 않음.

④ 기이한 행동을 많이 하여 도교 속에서도 이단으로 됨.

(3) 포박자(抱朴子)

① 육조시대 도교학자 중 가장 뛰어난 인물임.

② 명리를 구하지 않고 나부산(羅浮山)에 은거하면서 신선술을 연구함.

③ 도교는 내적인 학문이요 유교는 외적인 학문으로 봄.

④ 수신을 하는 데는 도교를, 치세를 하는 데는 유교를 취함.

⑤ 현(玄)을 우주의 본체로 봄으로써 노자의 설을 따름.

⑥ 현(玄)에 도달하는 것을 도덕의 최고 목적으로 봄.

⑦ 현(玄)에 도달한 이상적 인물을 신선이라 함.

⑧ 마음을 편안히 갖고 욕심을 갖지 않는 것을 현도에 도달하는 수양방법이라 함.

⑨ 충·효·화순(和順) 등의 덕행을 닦지 않으면 선(仙)의 경지에 들어갈 수 없다고 함.

(4) 도홍경(陶弘景)

① 양(梁)나라 사람으로 구용산(勾容山)에 은거하면서 오로지 도교의 연구에만 매진함.

② 학문이 매우 깊어 무제(武帝)에게 신뢰를 얻었고 자문에 응함.

③ 윤리설에 관해서는 전하는 것이 없음.

(5) 요신(姚信)

① 오(吳)나라 사람. 저서로 『사위』(士緯)가 있음.

② 인간은 자연의 영향을 받아서 태어난다고 봄.

③ 성인은 자연산물 중에 가장 순수한자라고 함.

④ 인성은 변화시킬 수 있다고 믿었고 그것을 물에 비유함.

(6) 화담(華譚)

① 진(晉)나라 사람. 『변도』(辯道)를 저술함.

② 노자의 사상을 계승, 상대계는 절대계의 발현일 뿐이라 함.

③ 절대의 경지에 도달하면 현상계에서 자유를 얻게 된다고 함.

④ 정(情)의 호악(好惡)을 조절할 필요성을 논함.

(7) 손유지(孫柔之)

① 태어난 곳이 분명치 않음. 『서응도』(瑞應圖)을 저술함.

② 서응(瑞應)은 본디 천인감응론(天人感應論)을 말하는 것으로 예로부터 중국에서는 그것을 믿는 자들이 많았음.

③ 『서응도』라는 책은 서응설을 크게 부각시키고 그것을 도해(圖解)로 설명한 책임.

(8) 유주(劉晝)

① 북제(北齊) 사람.

② 심(心)은 육체의 주인이고 신(神)은 심(心)의 보고[寶]라 함.

③ 신(神)을 맑게 하는 것을 수양의 목적으로 삼음.

④ 수양의 방법은 정(情)을 제어하여 신(神)의 맑음을 방해하지 못하도록 함.

❐ 불교(佛敎)

(1) 요지: ① 삼국(三國) 이후에 이미 불교세력은 업신여길 수 없을 정도가 됨.

② 삼국시대에 손권(孫權)이 강승회(康僧會)의 설을 듣고 건초사(建初寺)를 건축함.

③ 군주의 옹호에 힘입어 점차 민간에 보급됨.

④ 진(晉)나라 때는 군주가 신앙을 믿음으로써 더욱 빠르게 융성.

⑤ 북조에서는 남조에서만큼 보급은 안되었으나 점차 세력이 커져감.

⑥ 불교의 보급으로 인하여 동시에 명승들이 배출되었고 신흥종파들이 전래됨.

(2) 신흥종파: ① 삼론종(三論宗), ② 성실종(成實宗), ③ 열반종(涅槃宗), ④ 지론종(地論宗), ⑤ 정토종(淨土宗), ⑥ 선종(禪宗), ⑦ 섭론종(攝論宗), ⑧ 구사종(俱舍宗), ⑨ 천태종(天台宗)

❐ 조화사상(調和思想)

(1) 요지: ① 불교의 보급과 더불어 유교와 도교가 서로 접합되면서 조화사상이 생겨남.

② 예컨대 북제(北齊)의 안지추(顔之推)는 불교책을 내전(內典), 유교서를 외전(外典)으로 보는 조화사상을 제시.

③ 조화사상을 주장하는 자가 많았음.

(2) 손작(孫綽)

① 진(晉)나라 사람. 박학능문하였고 시재(詩才)에 능통함.

② 오로지 불교사상에 연구에 매진하고 유 · 불일치설을 주장.

③ 주 · 공(周 · 孔)이 곧 불(佛)이고, 불(佛)도 곧 주 · 공이라 함.

(3) 장융(張融)

① 오군(吳郡) 사람. 천하의 미천한 백성임을 자임하면서 생애를 청백하게 삶.

② 임종 시에 왼손에는 『효경』과 『노자』를, 오른손에는 『소품법화경』을 들고 죽었다 함.

③ 매양 주옹(周顒)과 토론을 하였고 그 토론내용을 모아 저서로 묶어냄.

④ 유 · 불 · 도 3교는 그 근본이 일치한다고 봄.

⑤ 도교와 불교는 공히 숙연 부동하여 근본이 일치한다고 함.

(4) 주옹(周顒)

① 송(宋)나라 사람. 두루 백가를 섭렵하고 불교에도 능통함.

② 장융과 같이 3교의 근본이 일치한다고 보면서도 통원론(通源論)에서는 차이가 있다고 봄.

③ 근본적으로는 숙연 부동한 것이지만 도교의 허무와 불교의 법성(法性)은 같지 않다고 함.

(5) 고환(顧歡)

① 오군(吳郡) 사람. 어렵게 공부하여 도 · 불에 능통함.

② 은거하여 출사하지 않았으며 천태산에서 수도함.

③ 도 · 불 2교일치설을 주장.

④ 도 · 불은 형이상(形而上)의 도(道)에서 동일, 형이하(形而下)의 기(器)에서 다름.

⑤ 절대적인 것을 '하나'[一]로 보고 그것이 발현됨으로써 차이가 있게 될 뿐이라 함.

수대(隋代)의 윤리사상

❐ 개 설

(1) 남북조는 수문제(隋文帝)에 의하여 통일됨.

(2) 수(隋)나라는 문제(文帝)로부터 양제(煬帝)를 거쳐 공제(恭帝)에 이르기까지 36년으로 멸망함.

(3) 치세가 매우 짧았기 때문에 학술사상도 볼만한 것이 없음.

(4) 시문(詩文)방면에서는 그래도 저명한 학자가 배출되었으나 윤리사상과 관련해서는 겨우 문중자(文中子) 한 사람이 있을 정도임.

❐ 문중자(文中子)

(1) 요지: ① 어려서부터 비범한 재주가 있었고 근면 노력하여 육경에 능통하였으나 38

세의 젊은 나이로 절명함.

② 장안(長安)으로 가서 문제(文帝)에게 태평책을 건의하였는데 문제(文帝)가 그것에 크게 감동함.

③ 향리에서 학문을 가르쳐 문인이 자못 많았음.

④ 당(唐)나라 공신(功臣)들 중에서 그의 문하생들이 많음.

⑤ 저서로 『왕씨육경』(王氏六經)이 있다 하나 지금은 산실되어 없음.

⑥ 그의 사상을 엿볼 수 있게 하는 것으로는 그의 문인들이 편집한 『중설』(中說)이라는 한 권의 책이 있음.

⑦ 순수하게 유학사상을 이어받아 전승하는데 노력을 기울여 당시 약세였던 유교의 부흥을 시도.

⑧ 그는 유교 부흥을 위한 혁신가였을 뿐만 아니라 경세적 정략가이기도 했음.

(2) 윤리설

① 요순(堯舜) 이래의 성현들이 중요시하여 온 학설들 속에서 그의 윤리설의 요점을 삼음.

② 인성을 3품으로 나누고, 학문을 잘 하면 누구를 막론하고 성인이 될 수 있다고 봄.

③ 인격완성을 학문의 목적으로 보았으며 문학만을 고집하는 폐습을 배척함.

④ 오륜설(五倫說)을 취하여 의무론을 삼았고, 오상설(五常說)을 취하여 덕론으로 삼음.

⑤ 오륜 중에서도 특히 삼강론(三綱論)을 중시함.

⑥ 오상 중에서도 인 · 의(仁 · 義)를 더욱 중시하여 가르침의 근본으로 삼음.

⑦ 충(忠)을 강력히 역설하여 실천도덕으로 삼으면서 충효의 근본을 암시함.

(3) 정치설

① 경세치국의 이상을 갖고 있는 경륜가임.

② 천하의 백성들을 구제하기 위하여 유교를 고취코자 함.

③ 왕도의 실현을 이상으로 삼고 유교의 보급을 왕도의 실현 수단으로 봄.

④ 정치설은 중(中)사상으로 그 근본을 삼고 있음.

⑤ 왕도정치를 실현하는 데는 중(中) 밖에 없다고 함.

⑥ 중(中)이란 사회 사람들로 하여금 정도(正道)를 얻도록 하는 것이라고 함.

⑦ 중의제도(衆議制度)를 인정한 것은 실로 탁견으로 보임.

(4) 기 타

① 비록 유교를 고취하고자 노력하였으나 그렇다고 도교와 불교를 배척만 한 것은 아님.

② 항상 공평한 입장에서 도교와 불교를 비평함.

③ 중(中)사상을 가지고 천하의 백성을 바르게 인도하고자 한 점에서 보면 한마디로 3교는 일치한다고 봄.

④ 도교와 불교는 수신과 치국에 있어서 유교에는 못 미치나 그렇다고 사상(捨象)해 버릴 것은 아니라고 함.

당대(唐代)의 윤리사상

❐ 개 설

(1) 당(唐)나라는 고조(高祖)로부터 멸망할 때까지 약 290년임.

(2) 고조에 이어 즉위한 태종(太宗)은 뛰어난 군주로 후세에 정관의 정치[貞觀之治]를 했다고 칭하여짐.

(3) 태종 때 국위가 멀리 사방 각 국까지 뻗침.

(4) 고종(高宗)과 중종(中宗)대에 와서는 국위가 쇠락해짐.

(5) 현종(玄宗)이 폐정을 개혁하는 정치를 행함으로써 후세에 개원의 정치[開元之治]를 하였다고 칭하여짐.

(6) 현종 때 사방에 절도사를 설치하였는데 후에 이 절도사들이 전횡을 행하여 국가가 망하는 데까지 이름.

(7) 고조와 태종의 장려에 힘입어 유학이 크게 진작되긴 하였으나 대체로 시문(詩文)에서만 그러하였음.

(8) 도교와 불교가 백성들 사이에 더욱 보급 전파됨.

(9) 교통의 발달로 요교(祆敎)·경교(景敎)·마니교·유태교 등의 신종교가 중국에 동시에 들어옴.

❐ 유교(儒敎)

(1) 요지: ① 태종이 유교를 믿어 나라를 다스리는 치도로 삼았고 그리하여 유교는 국가의 정교(政敎)가 됨.

② 역대 군주들의 장려에 힘입어 박학능문한 학자들이 배출됨.

③ 특히 시문(詩文)분야가 전에 없이 발달, 유명한 시인들이 배출됨.

④ 그러나 경전의 연구에는 미진, 한유(韓愈)와 이고(李고) 두 사람을 제외하면 학자가 거의 없음.

⑤ 경전연구 부진의 주요 원인은 『오경정의』(五經正義)가 선정 된데 있었음.

(2) 한유(韓愈)

① 육경과 제자백가에 능통하였고 진사(進士)에 급제.

② 『불골표』(佛骨表)를 써서 헌종(憲宗)에게 간했다가 죄를 얻음.

③ 문장에 있어 사마천(司馬遷) 이후 가장 뛰어남.

④ 순수 유학자임을 자임하며 도·불을 강력히 배척.

⑤ 인성론: 성삼품설을 주장하며, 성(性)과 정(情)을 구분.

⑥ 윤리설: 유교에 근거를 두고 인의도덕(仁義道德)이라는 신조어를 사용하고 육륜(六倫)을 주장.

⑦ 배노론(排老論): 태고시대를 이상적인 사회로 보는 것은 태고시대가 치평이 잘 이루어

지던 시대로 가정하는 것 이외에 아무 것도 아님. 인의(仁義)를 소홀히 하는 것은 그 것을 보는 자의 안목이 작기 때문이라 함.

⑧ 배불론(排佛論): 불교의 괴이한 말들은 백성들의 마음에 해독을 끼칠 것이라 함.

⑨ 도교와 불교를 배척하는 근본적인 이유는 그것들이 치국의 도에 부적합하기 때문임.

(3) 이고(李翺)

① 문장에 뛰어났고 선학(禪學) 연구로도 널리 알려짐.

② 성품이 매우 강직하여 항상 소신을 떳떳이 개진하고 거리끼는 것이 없었음.

③ 『복성서』(復性書)에서 인성(人性)을 논하고 있는데, 가장 볼만한 책임.

④ 인성론: 성선정악론(性善情惡論)

⑤ 정(情)에 미혹되지 아니하고 본성의 선함을 발휘하면 성인이 될 수 있다고 함.

⑥ 정(情)에 미혹되지 아니하고 다시 본성으로 돌아가는 것을 수양의 최고 목적으로 삼음.

⑦ 성정(性情)의 관계에 있어서, 정(情)은 성(性)으로 말미암아 생긴다고 봄.

❒ 도교(道教)

(1) 요지: ① 당왕실과 노자는 성(姓)이 같아, 특별히 노자를 숭상함.

② 태종은 노자를 석가보다 위에 위치 지움.

③ 고종은 노자를 숭상하여 그를 태상현원황제(太上玄元皇帝)라고 함.

④ 무종은 불교와 기타 종교를 금지시키고 도교를 장려함.

⑤ 도교가 비록 상당할 정도로 융성하긴 하였으나 그것은 일종의 신앙종교에 불과함.

(2) 담초(譚峭)

① 종남산(終南山)에 들어가 은사(隱士)가 됨.

② 도교를 근본으로 삼았고, 유교는 도(道)로부터 나왔다고 함.

③ 도(道)를 우주의 본체로 봄.

④ 도(道)는 허무하고 신명(神明)하며 만물의 진리라고 함.

⑤ 도(道)를 만물의 진성(眞性)으로 봄으로써 일체의 만물은 서로 교통할 수 있다고 봄.

⑥ 인(仁) · 의(義) · 예(禮) · 지(智) · 신(信)을 도(道)에서 나오는 것으로 봄으로써 노자의 설과 상반된 입장을 취함.

⑦ 모든 덕(德)이 생겨나는 원인을 도(道)로 돌림.

❒ 불교(佛教)

(1) 요지: ① 당대에 있어서 가장 융성한 것이 불교임.

② 불교의 세력은 도교나 유교보다 훨씬 우위를 차지.

③ 고승들이 속출하고 새로운 종파가 일어남.

④ 신종파: 율종(律宗), 법상종(法相宗), 화엄종(華嚴宗), 진언종(眞言宗).

⑤ 불교의 보급과 동시에 각종 폐습도 발생함.

⑥ 무종(武宗)이 불교가 국가에 크게 폐해를 끼친다고 보고 불교를 금지시킴.

⑦ 그러나 불교가 이미 백성들 속에 깊이 침윤되어 있었기 때문에 근본적으로 그것을 절멸시키는 것은 불가능하였음.

⑧ 선종(禪宗)이 더욱 성행하여 유교에까지 영향을 미침.

(2) 두순(杜順)

① 성품이 매우 담백하여 명리를 구하지 않음.

② 화엄의 진실한 뜻을 전하기 위하여 『화엄법계관문』(華嚴法界觀門)을 저술함.

③ 우주를 진여계(眞如界;理)와 현상계(現象界;色)으로 구분함.

④ 진여계(眞如界)와 현상계(現象界)는 서로 떨어져 분리되어 있는 것이 아니라고 함.

(3) 종밀(宗密)

① 선종(禪宗)의 고승으로 화엄에도 능통함.

② 『원인론』(原人論)에서 인류의 기원을 밝히고 있는데 이 책이 가장 유명한 것임.

③ 일체의 유정(有情)은 시작도 없는 것이며 밝디밝은 진심(眞心;佛)이 있다고 함.

오대(五代)의 윤리사상

❐ 개 설

(1) 후양(後梁)·후당(後唐)·후진(後晉)·후한(後漢)·후주(後周)의 50여 년 동안을 오대(五代)시대라 함.

(2) 오대는 공히 황하유역에서 흥망하였음.

(3) 그 나머지 다른 지역에서 10여 개 나라가 서로 투쟁을 벌임.

(4) 천하가 마치 난마(亂麻)와도 같았으며 사상계도 거의 부진한 상태에 머무름.

❐ 진박(陳搏)

(1) 오대시대에 있어서 유일한 사상가임.

(2) 제자백가에 능통하고 신선술도 겸비함.

(3) 유·불·도 3교를 조화하여 입교(立教)의 주안으로 삼음.

(4) 공자교는 수신(修身), 노자교는 양생(養生), 불교는 오심(悟心)으로 3교가 서로 모순되지 않는 것으로 봄.

(5) 노자의 설에 바탕을 두고 우주관을 세우고 만물일체설을 주장.

(6) 만물은 기(氣)에서 생기면서 리(理)를 구비하고 있다고 봄. 이것은 송유학(宋儒學)의 기설(氣說)의 선구가 됨.

제 3 편

근 세

제3편 근 세

송(宋)나라 초기로부터 청(淸)나라 말기까지 약 950년 동안을 근세라 한다. 근세를 ① 송대(宋代), ② 원대(元代), ③ 명대(明代), ④ 청대(淸代) 등 4기로 나누어 윤리사상의 변천을 살펴보기로 한다.

근세의 큰 특색은 유교가 갑자기 부흥하여 중국의 사상계를 다시 지배한 것이다. 근세의 유교는 도교와 불교의 영향을 받아 새롭게 하나의 철학을 형성하였는데 이른바 송·명 성리학(性理學)이 그것이다. 성리학 중에는 경험을 중시하는 정주학파와 사색을 중시하는 육왕학파가 생겨났는데, 모두 예로부터 전해 내려온 유교 교의에 심오한 철학적 사색을 더하여 새로운 해석을 꾀하였다.

성리학이 극단으로 흘러 멀리 원시유교의 정신에 배치될 때, 이에 대한 반동으로 일어난 것이 청조의 고증학파였다. 그러므로 근세유교를 학파의 측면에서 보면 정주(程朱), 육왕(陸王), 조화(調和), 고증(考證)학파의 네 종류로 크게 나눌 수 있다. 정주, 육왕, 고증 3학파의 정립은 근세 사상계에 빛나는 큰 광채를 이루었다.

제1장 송대(宋代)의 윤리사상

제1절 개 설

시대상황의 개관: 오대(五代) 말엽에 후주(後周)의 노련한 장수 조광윤(趙匡胤)은 부하장수의 도움으로 후주(後周)를 교체하여 천자가 되고, 서울을 변경(汴京)으로 정하니, 이가 송나라 태조(太祖)였다. 태조가 즉위한 초기에는 지방에 아직도 7개의 독립국이 있었으나, 태종(太宗)에 이르러 비로소 평정하여 중국을 통일하였다. 태조는 조보(趙普)와 의논하여 잘못된 정치를 개혁하였고, 이후 송나라는 국위를 점점 떨치게 되었다. 태종 때에는 요(遼)나라와의 전쟁에서 패하였다.

인종(仁宗) 때에는 서하(西夏)의 침입을 받아 굴욕적인 강화를 맺기도 하였다.

신종(神宗)은 약하고 무너진 국위를 회복하고자 왕안석(王安石)을 등용하여 정치의 혁신을 꾀하였다. 이에 왕안석은 청묘법(靑苗法), 시역법(市易法), 균수법(均輸法), 보갑법(保甲法) 등을 제정하여 부국강병의 방법을 강구하였는데, 이것이 이른바 왕완석의 신법(新法)이었다. 그러나 왕안석의 신법을 적용하였지만 실정에 맞지 않아 백성들이 원망하고 욕하였다. 사마광(司馬光) 등의 보수당은 개혁을 좋아하지 않았다. 이에 기회를 엿보아 신법의 폐해를 지적하면서 왕안석을 배척하였다. 이때부터 신 · 구 양당간에 당쟁이 발생하였다.

얼마 안되어 송나라의 강적이 다시 북방지역에 나타났다. 상경(上京:하얼빈의 동남)에서 일어난 금(金)나라는 남으로 내려와 요(遼)나라를 멸망시키고 송나라에 침입하여 서울 변경을 함락시켰다. 고종(高宗)은 강남으로 피난하고 서울을 임안(臨安)으로 옮기어 남송(南宋)이라 불렀다. 그 뒤에 비록 여러 번 북방을 회복하려고 꾀하였으나 번번이 실패하였다. 이 때 금의 배후에 있던 몽고족이 새롭게 일어나니, 금은 앞 · 뒤로 적을 맞이하여 드디어 무너졌다. 몽고족은 이웃나라를 차차 점령하여 나라이름을 원(元)으로 고치고, 송에 침입하여 서울 임안을 함락시켰다. 충신 문천상(文天祥) 등은 송의 회복을 위해 노력하였으나, 보람없이 송은 마침내 무너졌다. 송나라는 태조(太祖), 태종(太宗), 진종(眞宗), 인종(仁宗), 영종(英宗), 철종(哲宗), 휘종(徽宗), 흠종(欽宗), 고종(高宗), 효종(孝宗), 광종(光宗), 영종(寧宗), 이종(理宗), 도종(度宗), 공종(恭宗), 단종(端宗), 제병(帝昺) 모두 18대, 320년간이었다.

송의 사상계: 송의 주된 사상의 조류는 유교이며, 별도로 자세히 설명하겠다. 문학 또한 매우 번성하여 역사상 유명한 문인인 구양수(歐陽修), 소동파(蘇東坡), 육방옹(陸放翁) 등이 연이어 나왔다. 그러므로 당과 송나라 시대는 중국문학의 전성기라 일컬을 만하다.

이 때 도교와 불교 또한 민심을 지배하는 힘을 잃지 않았다. 당나라 무종(武宗)은 불교가 국가에 크게 해롭다고 하여 엄하게 금지시켰으며, 후주의 세종(世宗)도 불교를 전멸시키기 위해 노력하였던 바 있다. 이처럼 불교를 백성들의 마음으로부터 단절시키고자 하였으나 끝내 불가능하였다. 그리하여 불교는 은밀히 그 세력을 보존하였을 뿐만 아니라, 선종은 송대에 이르러 더욱 번성하기도 하였다.

회화와 서예 분야도 또한 크게 발달하여 유명한 사람들이 배출되었으나, 사상과는 직접적인 관계가 없으므로 생략하겠다.

제 2 절 근대철학의 발흥

근대철학의 특색: 원래 유학은 실천도덕을 연구하는 데 주력하였다. 그러나 송대의 유학은 수신, 제가, 치국, 평천하의 도를 설명하는 것에 만족하지 않고, 그 원리를 연구하였다. 그러므로 가르침의 근본을 성(性)에서 구하고, 성의 근본을 우주에서 구하며, 또 일상도덕의 철학적 기초를 논하였다.

송 · 명(宋明)의 신유교(新儒敎)는 인성(人性)과 우주의 관계를 중시하며 리 · 기 · 심 · 성(理氣心性)을 연구하였다. 이를 총칭하여 송 · 명 성리학(性理學)이라 부른다. 성리의 연구는 이미 원시유교의 범위를 벗어났기 때문에 이를 유학의 확충이라 해도 옳고, 유학의 갈림길에 서 있다고 볼 수도 있다.

근대철학 발흥의 원인: 송대에서 이와 같은 특색의 신철학이 발생하였는데, 그 원인은 어디에 있는가? 대체로 사회의 상황과 사상의 영향으로 말미암은 것이다. 특별한 사회상황은 송나라가 유학을 장려하였다는 점이다. 사상의 영향이라는 것은 불교와 도교의 영향을 받았다는 것과, 훈고학에 대한 반동이라는 점이다.

송나라의 유학 장려: 송나라 태조는 왕위에 오르자마자 유학을 장려하면서, 무신들도 마땅히 독서할 것을 항상 강조하였다. 태조 자신도 학문을 좋아하여 군에 주둔할 때도 언제나 글을 읽었다. 어쩌다 기이한 책을 발견하면 돈을 아끼지 아니하고 책을 구입하였다. 태종도 또한 태조의 뜻을 계승하여 학문의 보급에 힘을 다 하였다. 사관에게 명령하여 『태평어람』(太平御覽) 1,000권을 편찬하고 또 사방에 흩어진 책들을 구하라는 조서를 내리니, 천하의 기이한 책들이 매우 많이 나왔다.

제왕의 장려로 유교를 연구하는 사람이 더욱 많아졌다. 그 결과 비판적 정신을 조성하고, 유교의 혁신적이고 진보적인 기운이 촉진되었다. 먼저, 당의 이정조(李

鼎祚), 담조(啖助) 등이 이미 유교에 관한 새로운 연구의 실마리를 일으켰고, 송에 이르러서는 그러한 경향이 더욱 명료해졌다. 손명복(孫明復)은 『춘추존왕발미』(春秋尊王發微)를 지어 경전을 읽고 옛 것을 따름이 잘못된 것이라 하였고, 구양수(歐陽修)는 『춘추론』(春秋論)을 저술함으로써 『춘추3전』의 오류를 바르게 하였다. 이와 같은 비판적인 정신은 유교의 혁신을 촉진하는 데만 머무르지 않았다.

불교의 영향: 육조(六朝) 때 불교는 유교에게 여러 가지의 영향을 주었다. 첫째로, 유교를 자극하고 격려하여 유교학자로 하여금 연구심을 일으키게 하였다. 역대의 제왕은 유교를 많이 장려하고, 동시에 불교 및 도교를 보호하였다. 유교, 불교, 도교의 3교는 이에 항상 정립하여 그 우열을 다투었다. 유학자는 불교, 도교에 대항하여 항상 연구심을 고무하고 격려하였다. 둘째로, 유교의 사상으로 하여금 사색적이 되게 하였다. 불교의 교의는 그 사상이 오묘한 점과 사색이 정밀한 점에서 유교가 대적할 바가 아니었다. 불교는 이미 상하 모든 사람들에게 풍미되어 다수의 유학자들이 선(禪)을 연구하였으니 더욱 흥미가 있게 되었다. 선은 "마음으로써 마음을 전함, 문자를 세우지 아니함, 직접 사람의 마음을 직시함, 본성을 보고 부처를 이룸"[1]을 교지로 삼아 심성 내면을 응시하는 주관적 종교이다. 선은 유교에 영향을 끼쳐 유교로 하여금 사색적이게 하였음은 거의 부인할 수 없는 사실이다.

도교의 영향: 도교의 교의는 사회 초월적인 것이며, 반면 유교는 사회적인 것이다. 교의의 정신으로 보면, 유교와 도교는 완전히 상반된다. 그러나 한나라 이후 양교는 점점 접근하였으니, 한나라 학자 중에는 유교와 도교를 혼동한 사람들이 많았다. 오대(五代)에서 송에 이르러 유교, 불교, 도교의 3교일치설이 더욱 왕성하였다. 당시 학자 중에는 도교 풍에 젖어 들어 세속의 번거로운 일을 벗어나 명상에 빠짐으로써 유유자적하게 생활하는 이른바 은사들이 배출되었다. 은사들의 학문적 조예 또한 매우 깊어 상하 모든 사람들이 그들을 존경하고 사모하였다. 유학자들도 그들에게 감화를 받아 유교를 해석함에 도교의 사상을 들여옴으로써

1) 以心傳心, 不立文字, 直指人心, 見性成佛.

새로운 철학 발생의 한 원인이 되었다.

훈고학에 대한 반동: 훈고학자의 연구방법은 여러 가지 결함을 가지고 있었다. 그 중에 대표적인 결함을 들기로 하면 첫째, 옛 설을 굳게 지켜 훈고학의 선배인 복건(服虔), 정현(鄭玄) 등의 의견만을 중시하여 공자, 맹자의 본뜻을 돌아보지 않았다. 둘째, 너저분하고 좀스러운 글귀나 문자해석에만 힘을 쏟아 다섯 가지 가르침[五敎]의 큰 정신을 잊어버렸다. 또 훈고학자 중에는 당시 유행하는 음양오행설을 믿고 미신적인 기이한 이야기를 만들어 민심에 해독을 끼침이 또한 적지 않았다. 이처럼 누적된 폐단 때문에 유교사상은 시들해지고 있는 터였다. 이에 이러한 천한 풍습의 반동으로, 문자와 글귀의 하찮은 부분에 얽매이지 아니하고 또 옛 설에서 이탈하여, 자기의 생각으로부터 입교(立敎)의 큰 정신을 밝힘으로써 근대의 철학이 나타나게 되었다.

근대 철학의 계통: 앞서 말한 바와 같이, 근대 철학의 계통은 정주학파, 육왕학파, 조화학파, 고증학파의 4파로 나눌 수 있다. 정주학파는 주렴계(周濂溪)로부터 근원이 되어, 두 정자[정명도(程明道), 정이천(程伊川)]가 그 설을 밝히고, 주자에 이르러 크게 형성되었다. 육왕학파는 육상산(陸象山)이 창시자이며, 명나라 왕양명(王陽明)이 이를 계승하였다. 조화학파는 정주학파에 치우치지 아니하고 또 육왕학파에도 기울지 아니하여 두 파의 좋은 점만 취한 것이다. 고증학파는 청나라 때부터 일어났는데, 뒤에서 따로 설명하겠다.

제 3 절 근대철학의 선구자

중국의 근대철학은 주렴계를 시조로 삼으나 이미 2, 3명의 선구자가 이전에 있었다. 예를 들면 아래의 사람들이다.

호안정(胡安定): 이름은 원(瑗)이고, 자는 익지(翼之), 호는 안정이다. 태주여고(泰州如皐) 출신이다. 태종순화(太宗淳化) 4년(993)에 태어나, 인종가우(仁宗嘉祐) 4년(1059)에 67세로 죽었다. 저서로는 『논어설』(論語說), 『역전』(易傳), 『주역구의』(周易口義), 『홍범구의』(洪範口義), 『중용의』(中庸義), 『경우악의』(景祐樂議) 등이 있다. 당시 학풍을 배척하고 명체달용(明體達用:본체와 작용 관계를 밝힘)의 학을 창시하여 20여 년 동안 1,000여 명이 넘는 제자를 가르쳤다. 문인 중에 뛰어난 사람들이 매우 많았는데, 그 중에 가장 뛰어난 사람은 서적(徐積)이다. 서적의 자는 중거(仲車)이고 산양(山陽) 출신으로, 『순자변』(荀子辯)을 지어 성악설을 반박하였다.

손태산(孫泰山): 이름은 복(復)이고, 자는 명복(明復)이며, 호는 부춘(富春) 또는 태산이다. 진주평양(晉州平陽) 출신이다. 태종 순화 3년(992)에 태어나, 인종가우 2년(1057)에 66세로 죽었다. 저서 15권 가운데 『존왕발미』(尊王發微)가 가장 유명하며, 석조래가 그 문하에서 나왔다.

석조래(石徂徠): 이름은 개(介)이고, 자는 수도(守道)이며, 호는 조래이다. 봉부(奉符) 출신이다. 진종경덕(眞宗景德) 2년(1005)에 태어나, 인종경력(仁宗慶曆) 5년(1045) 41세로 죽었다. 손태산의 문하에서 배워 국자감직강(國子監直講), 태자중윤(太子中允)이 되었으며, 저서로는 『조래집』(徂徠集) 30권이 있다. 또 『당감』(唐鑑)은 간신, 환관, 궁녀를 경계하기 위하여 지었는데, 간사한 신하와 소인배의 미움을 받아 자신을 보존하기도 어려웠다. 또 『괴설』(怪說)과 『중국론』(中國論)은 훈고의 폐단과, 불교와 노자의 폐단을 지적하였다.

호안정, 손태산, 석조래 3인은 당시 학풍에 반항하여 정학정신(正學精神)을 제창하였는데, 송왕조가 등장한 지 80년 후의 일이다. 비록 조직적인 학설로 인정될 수는 없었지만, 사장과 훈고의 학풍을 변화시켜 근세철학 발흥의 기초를 넓혔으므로, 그 공이 또한 많다고 할 것이다.

제 4 절 주렴계(周濂溪)

주렴계(周濂溪)의 원래 이름은 순실(惇實)인데, 영종(英宗)의 옛 이름을 피하여 돈이(惇頤)로 고쳤다. 혹은 같은 뜻을 가진 글자를 사용하여 돈(敦) 혹은 순(惇)으로 지었다. 자는 무숙(茂叔)이며 도주영도현(道州營道縣) 출신이다. 진종천희(眞

宗天禧) 원년(1017)에 태어났으며 그 출생지인 염계를 호로 삼았다. 어렸을 때 홀로 자랐으며, 15세에 서울로 옮겨 외삼촌 정향(鄭珦)의 집에서 컸다. 정씨는 그의 재주를 아끼어 자기 아들 같이 여겼다. 어렵게 공부하며 힘껏 시행하여 20세에 장작감주부(將作監主簿)가 되었다. 3년 후 홍주분녕현주부(洪州分寧縣主簿)로 더욱 높이 기용되었으며, 선량한 관리의 이름에까지 오르게 되었다.

남안군사리참군(南安軍司理參軍)에 임명되었을 때에 남안통수락(南安通守洛) 출신인 정향(程珦)이 주렴계가 비상한 사람임을 알고 두 아들 명도, 이천으로 하여금 그를 스승으로 섬기게 하였다. 이때가 주렴계 30세, 정명도 15세, 정이천 14세였다. 후에 빈주현령(郴州縣令), 홍주남창현령(洪州南昌縣令), 우부원외랑(虞部員外郎), 영주통판(永州通判), 소주(邵州)를 관할하는 지사, 남경분사(南京分司)가 되었다. 신종희녕(神宗熙寧) 6년(1073)에 57세로 죽었다. 그 학문의 경지가 매우 깊어 일찍이 왕안석을 만나 이야기할 때 밤낮을 가리지 않았다고 한다. 왕안석은 돌아와서는 침식을 잊고 주렴계를 깊이 생각하였다고 한다.

항상 욕심이 없고 깨끗하여, 봉급을 친족 중 가난한 사람에게 나누어주었다. 그러나 성품은 지극히 강직하였다. 남안(南安)에서 관리로 있을 때, 한 죄수가 자꾸 돌아서자 왕규(王逵)는 사형을 언도하였다. 이에 주렴계는 잘못된 법을 가지고 사람을 죽음에 빠뜨리는 것은 잘못된 것이라며 왕규와 크게 다투었다. 결국 왕규는 그의 정의로움에 감동하고, 현명함에 탄복해 하며 스스로 그를 천거하였다.

그가 쓴 책이 후세에 전해지고 있는데, 『태극도설』(太極圖說) 1편, 『통서』(通書:또한 『역통』 이라고도 함) 40장, 『유문』(遺文) 9편, 『시』(詩) 28수가 있다. 후에 주희가 『주자전서』(周子全書) 3책 7권, 『장자전서』(張子全書) 13권 19책을 편집하였으며, 이를 합하여 『주장전서』(周張全書)로 불렀다.

주렴계가 누구를 스승으로 섬겼는지는 명확치 않다. 송나라 조공무(晁公武)의 『독서지』(讀書誌)에서는 윤주학림사 수애(潤州鶴林寺 壽涯)에게 가르침을 받았다고 하였다. 『효영운와기』(曉瑩雲臥紀)에서는 불인선사(佛印禪師)와 더불어 도를 담론하였다고 하며, 『공곡상직경』(空谷尙直經)에서는 동림총선사(東林總禪師)에게 태극도를 물었다고 한다. 또 모기령(毛奇齡)은 위백양(魏伯陽)의 설을 기본으로 삼아 주렴계의 『태극도설』은 도사 진단(陳摶)으로부터 나왔다고 한다.

문헌에서 밝힌 바가 없어 확정적으로 말하긴 어렵지만, 그의 학설이 유교와 도교의 조화적 관점에 선 것임은 분명하다.

철학설

주렴계의 철학설은 『태극도설』과 『통서』에서 볼 수 있다. 『태극도설』은 태극도(太極圖)를 가지고 철학적 설명을 한 것이다. 중국 고래의 우주만물 발생설인 태극도는 가장 교묘하게 표명되었으며, 누가 만든 것인지에 대해서는 여러 다른 해석이 있다. 청나라 주이존(朱彛尊)은 『경의고』(經義考)에서 멀리 도서(道書)를 근본으로 하였다고 한다. 즉, 하상공(河上公)으로부터 위백양(魏伯陽)에 전해졌고, 위백양은 종리권(鍾離權)에 전하고, 종리권은 여암(呂岩)에게 전하고, 여암은 도남 진씨에게 전하였는데, 도남(圖南)은 이로부터 무극도(無極圖)를 지었고, 주렴계는 이를 다시 태극도로 고쳤다. 주자(朱子)와 장남헌(張南軒)은 태극도와 『태극도설』을 모두 주렴계가 만든 것이라고 생각했다. 그러나 사산육(梭山陸)은, 『태극도설』이 『통서』와 그 사상이 다른 것으로 보아, 주렴계가 지은 것이 아니라고 의심하였다. 주희와 사산육은 정반대의 견해를 가졌던 것이다. 사실 주렴계는 도가의 무극도를 참조하여 태극도를 유교철학적인 사상의 재료를 삼았던 것이다. 그러므로 태극도와 『태극도설』은 근대철학의 근원이라 부를 수 있다.

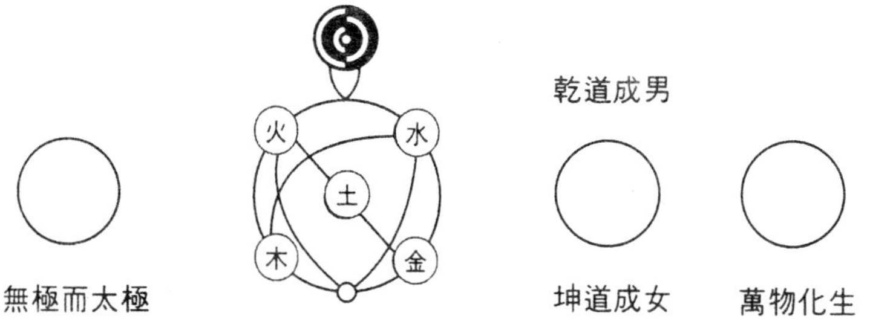

여기에 『태극도설』 전문을 옮겨본다.

“무극(無極)이면서 태극(太極)이다. 태극이 움직여 양을 낳고, 움직임이 극에 달하면 고요해진다. 고요하면 음을 낳고, 고요함이 극에 달하면 다시 움직인다. 한번 움직이고 한번 고요함이 서로 그 뿌리가 되어 음으로 나누어지고 양으로 나누어져서 양의(兩儀)가 거기에 성립하게 된다. 음과 양이 결합하고 변화하여 수·화·목·금·토의 오행이 생겨난다. 이 다섯 기(氣)가 순조롭게 퍼져서 사계절이 운행된다. 오행은 하나의 음양이고, 음양은 하나의 태극이며, 태극은 본래 무극이다. 오행이 생성되면 각각 그 독특한 성질을 갖게 된다. 무극의 참된 본체인 진(眞:원리)과 음양·오행의 정수[精]가 묘하게 결합하여 응결되는데, 건도(乾道)는 남자를 형성하고 곤도(坤道)는 여자를 형성한다. 남녀 음양의 두 기가 서로 감응하여 만물을 생성한다. 만물이 생겨나고 또 생겨나서 변화가 그 속에 무궁하다. 오직 사람만이 빼어남을 얻어 가장 영험하다. 인간의 형체가 이미 생겨남에 정신이 지각을 계발시킨다. 오성이 감동하여 선악이 나누어지고 만사가 나타나게 된다. 성인은 자신을 중정(中正)과 인의(仁義)로써 규정하고 고요함을 주요소로 삼아 사람의 표준을 세운다. 그러므로 성인은 천지와 더불어 그 덕을 합하고, 일월과 그 밝음을 합하고, 사계절과 그 차례를 합하며, 귀신과 그 길흉을 합한다. 군자는 이러한 도를 닦게 되니 길하고, 소인은 이러한 도를 거스르니 흉하다. 그러므로 말하기를, 하늘의 도를 정립하여 음과 양이라 하고, 땅의 도를 정립하여 부드러움과 강함이라 하며, 사람의 도를 정립하여 인과 의라고 한다. 또 시작에 근원해서 마침내 돌아가는 까닭으로 죽고 삶의 이치를 알게 된다. 크도다. 주역이여! 지극하도다."[2)]

『태극도설』의 내용은 위에서 인용한 전문을 보면 자명한데, 그 전반은 철학설이고, 후반은 윤리설이다. 주렴계의 철학설은 『태극도설』로 기초를 삼고 있는데, 그것을 간략히 보기로 하면 다음과 같다.

우주론: 주렴계는 태극을 우주의 본체로 삼는 한편 무극이라 칭하였기 때문에 무극이면서 태극이다. 우주의 본체는 색도 없고 소리도 없으므로 무극이라 불린

---

2) 無極而太極. 太極動而生陽, 動極而靜; 靜而生陰, 靜極復動: 一動一靜, 互爲其根分陰分陽, 兩儀立焉. 陽變陰合, 而生水火木金土, 五氣順布, 四時行焉. 五行, 一陰陽也; 陰陽, 一太極也; 太極, 本無極也; 五行之生也, 各一其性. 無極之眞, 二五之精, 妙合而凝: 乾道成男, 坤道成女. 二氣交感, 化生萬物, 萬物生生, 而變化無窮焉; 惟人也, 得其秀而最靈. 形旣生矣, 神發知矣, 五性感動而善惡分, 萬事出矣. 聖人定之以中正仁義, 而主靜, 立人極焉. 故聖人與天地合其德, 日月合其明, 四時合其序, 鬼神合其吉凶. 君子修之, 吉; 小人悖之, 凶. 故曰: 立天之道, 曰陰與陽, 立地之道, 曰柔與剛, 立人之道, 曰仁與義. 又曰原始反終, 故知死生之說. 大哉易也! 斯其至矣.

다. 조화의 근본이 되어 만물을 발전시키므로 태극이라 부르고, 합하여 무극이면서 태극이라 한다. 태극과 무극은 구별되는 것이 아니며, 또한 태극 밖에 무극이 있는 것이 아니고 무극 밖에 태극이 있는 것이 아니다. 태극은 움직임과 고요함의 두 성능(性能)을 가진다. 움직이면 양을 낳고 고요하면 음을 낳는다. 움직임이 극에 달하면 고요해지고 고요함이 극에 달하면 움직인다. 한번 움직임과 한번 고요함이 서로 뿌리가 되어 혼돈의 태극에 음과 양의 구별이 생겨 양의가 성립한다. 음양의 양의가 성립하면 음과 양이 결합하고 변화하여 수·화·목·금·토의 5원소가 생겨나는데 이를 오행(五行) 혹은 오기(五氣)라 부른다. 오기가 순조롭게 펴져서 사계절이 운행될 것이니, 이는 만물이 생성되기 이전의 상태이다. 태극이 있으면 음양의 양의로 나누어지고, 음양이 있으면 오행을 생성하니 이는 필연적인 힘이다. 오행은 음양이고, 음양은 태극이며, 태극은 무극이니 그 성(性)은 하나이다. 오행의 생성은 모두 태극에 근본한다. 음양의 양의가 나누어짐에 미쳐 오행이 순조롭게 펴지면 우주는 두 원리를 생성하니 남녀 양성이다. 그러므로 무극의 참된 본체인 진(眞)과 음양·오행의 정(精)이 묘하게 결합하여 응결되니, 건도는 남자를 형성하고 곤도는 여자를 형성한다. 만물은 이 두 원리로부터 생성된다. 개별의 만물이 발생할 때에 오기 혹은 오행의 기가 재료가 되는데, 순전히 빼어나고 아름다운 것을 얻으면 사람이 되고, 조잡한 것을 얻으면 물질이 된다. 사람은 만물 중에서 가장 우수한 것을 얻어 태어났기에 오행의 본성을 갖춘다.

『주역』에서는 태극을 무극이라고 말하지 않는다. 무극은 노자(老子)가 사용했던 용어이다. 『주역』의 태극은 활동적인데, 주렴계의 태극은 고요하고 그치는 것이다. 그 본체를 고요하고 그치는 것으로 보는 관점은 역시 노자에 근본을 두고 있다. 그러므로 주렴계의 『태극도설』은 『주역』의 사상과 노자의 학설이 조화된 것이라 하겠다.

인성론: 사람과 만물은 다같이 본체로부터 발생한다. 그런데 사람은 생성 시에 오행의 기 가운데 가장 우수한 것을 받아서 그 본성이 순수하고 지극히 선하다. 주렴계는 이를 성(誠)이라고 불렀고, 성(誠)의 근본을 태극으로 삼아 태극과 성은 차이가 없다고 생각하였다. 우주의 본체에서 말한다면 태극이고, 사람의 본성으

로 말한다면 성(誠)이다. 사람은 우수한 오행의 기를 받아 태어남에 오성(五性)이 있다. 오성이란 무엇인가? 인 · 의 · 예 · 지 · 신 오상(五常)이 그것이다. 오상은 오행의 기에 상당하니 인(仁)은 목, 의(義)는 금, 예(禮)는 화, 지(智)는 수, 신(信)은 토이다. 성(誠)은 사람의 태극이고, 오성은 사람의 오행이다. 오성이 외물과 접촉하여 감동할 때에 선악이 생성된다. 그러므로 움직임은 선악의 분별을 낳고, 고요함은 부동의 본성이며 평상시의 선이다. 오행을 오상으로 읽은 것은 사실 주렴계의 주장이 아니고 한나라 동중서(董仲舒)가 이미 주장한 것이다. 주렴계는 더욱 진일보시킨 것에 불과하며, 오상은 음양에 근본하고 음양은 태극에 돌아갈 뿐이다.

윤리설

주렴계의 윤리설은 성선론에 근본한다. 그 대의(大意)를 보기로 한다. 인간의 본성은 성(誠)으로, 즉 인 · 의 · 예 · 지 · 신 오상(五常)이다. 그것은 원래 우리 본성 안에 있는 것이다. 따라서 성(誠)은 오상의 근본이고 모든 행동의 원천이다. 사람의 성(性)은 본래 선한데 외물과 접촉하여 감동할 때 선악이 거기에서 나누어진다. 대개 사람은 우주의 본체로부터 발생하는데, 우주 본체의 태극은 무극이고, 인위적으로 함이 없으며, 정적부동(靜寂不動)이다. 그러므로 태극으로부터 생성되는 사람의 본성은 또한 인위적으로 함이 없으며, 정적부동이다. 그 정적부동의 근본은 선이며 외물과 접촉하여 동요할 때에 선악이 생성한다. 본성의 움직임을 삼가고 고요함을 보존하는 이가 성인(聖人)이다. 성인은 사람 중에 가장 빼어나고 아름다운 자이다. 주렴계는 성인을 다시 명확하게 설명하기를, "고요하여 움직이지 않는 것이 성(誠)이다. 감응하여 드디어 통하는 것은 신(神)이다. 움직이지만 아직 형체가 없어서 있는지 없는지를 알 수 없는 것이 기(幾)이다. 성은 고요하므로 밝다. 신은 응하므로 미묘[妙]하다. 기는 미세하므로 그윽[幽]하다. 이 성 · 신 · 기 (誠神幾)를 일러 성인이라 한다."[3)]라고 하였다.

주렴계는 또 성인의 도를 온전하게 함을 수양의 목적으로 삼으면서, 성인의 도를 구체적으로 제시하고 있는바 중정(中正)과 인의(仁義)의 덕이 그것이다.

---

3) 寂然不動者, 誠也; 感而遂通者, 神也; 動而未形, 有無之間者, 幾也. 誠精, 故明; 神應, 故妙; 幾微故幽. 誠神幾, 曰聖人云.

『태극도설』에서 말하기를, "성인은 자신을 중정과 인의로써 규정하고 고요함을 주요소로 삼아 사람의 표준을 세운다."[4]고 하였다. 『통서』에서는 "성인의 도는 인의와 중정일 뿐이다. 지키면 귀하고, 시행하면 이로우며, 넓히면 천지와 같다. 어찌 간편하지 않으랴? 어찌 알기 어려우랴? 지키지 않고, 시행하지 않고, 넓히지 않을 따름이다."[5]라고 하였다. 이에 의하면, 군자와 소인의 구별은 중정과 인의의 도를 온전히 보전하느냐의 여부에 달려있다.

중정과 인의의 도를 완전하게 보전한 이는 성인인데, 군자는 마땅히 어찌 하여야 하는가? 주렴계는 ① 생각[思], ② 무욕(無欲) 두 법을 들어 수양공부로 여겼다. 생각함이 어떠하냐하는 것이 성인과 범인이 되고, 선과 악의 갈림길이 된다는 것이다. 즉, "'생각없음'[無思]은 근본이고, '생각통함'[思通]은 쓰임이다. 기미는 저기[無思:역자]에서 움직이고 성(誠)은 여기[思通]에서 움직인다. '생각없음'이면서도 이치에 '통하지 않음이 없음'[無不通]이 성인이다. 생각하지 아니하면 미세함도 통할 수 없고, 예리하지 않으면 '통하지 않음이 없음'도 불가하다. '통하지 않음이 없음'은 미세함을 통함에서 비롯되고, 미세함을 통함은 생각에서 비롯된다. 그러므로 생각이라는 것은 성(聖)과 공(功)의 근본이고, 길흉의 실마리이다."[6]라고 하였다. 이것은 무욕(無欲)의 필요성을 말한 것이다. 즉 "욕심을 없애면 곧 마음이 고요하고 텅 비게 되며, 움직이면 곧게 된다. 마음이 고요하고 텅 비면 밝아지고, 밝아지면 통하게 된다. 움직임이 곧으면 공정하고, 공정하면 두루 미치게 된다. 밝게 통하고 공정하게 두루 미치면 거의 성인에 가깝다."[7]고 하였다.

대체로 주렴계가 생각함을 통하여 성인에 가까이 갈 수 있다고 하였던 것과, 그 생각함을 성인과 범인의 갈림길로 삼았던 것은 『상서홍범』(尙書洪範)의 뜻에 근거한 것이었다. 그의 윤리설은 유교의 사상과 도교의 사상을 잘 조화시킨 것이다. 성(誠)을 사람의 표준으로 삼는 것은 『중용』에 근거한 것이며, 움직임을 악의 근본으로 삼아 고요함을 주장하며, 욕심을 없애는 것을 수양공부의 목표로 삼은

---

4) 聖人定之以中正仁義, 而主靜, 立人極焉.

5) 聖人之道, 仁義中正而已矣. 守之貴, 行之利, 廓之配天地. 豈不易簡耶? 豈爲難知? 不守, 不行, 不廓耳.

6) 無思, 本也; 思通, 用也. 幾動於彼, 誠動於此. 無思而無不通, 爲聖人. 不思則不能通微, 不睿則不能無不通. 是則無不通生於通微, 通微生於思. 故思者聖功之本, 而吉凶之機也.

7) 無欲則靜虛動直: 靜虛則明, 明則通; 動直則公, 公則溥. 明通公溥, 庶矣乎!

것은 노자에 근거한 것이다.

정치설

주렴계는 유교의 덕치주의를 계승하고 있다. 그래서 정치의 큰 근본은 도덕에 있다고 밝혔으며, 특히 군주의 덕행을 중시하였다. 군주가 품행이 바르면 그 덕이 반드시 만민에게 이르러 천하를 잘 다스릴 수 있다고 여겼다. 또 그는 말하기를, "열 집이 사는 마을에서 사람마다 귀를 잡고 가까이서 가르쳐도 미치지 못하는데 넓은 천하와 많은 백성들의 무리에 미칠 수 있겠는가? 그 마음을 순수하게 할 뿐이다. 인·의·예·지(仁義禮智) 네 가지와 동·정·언·모·시·청(動靜言貌視聽)이 어긋나지 않음을 순수라 한다. 마음이 순수하면 어진 인재가 돕고, 어진 인재가 도우면 천하가 다스려진다. 그러므로 마음을 순수이 하고 어진 인재를 등용하는 것이 요긴하다."[8]고 하였다. 또 "성인이 윗자리에 있으면서 인(仁)으로 만물을 자라게 하고, 의(義)로 모든 사람들을 바르게 한다. 하늘의 도가 운행하니 만물이 순행하고 성인의 덕을 닦으니 모든 사람들이 감화된다."[9]고 하였다.

주렴계는 예악(禮樂)이 세상을 다스리는 중요한 도구임을 인정하면서, "옛날에는 성왕(聖王)이 예법[禮]을 제정하고 다스리어 교화시키며, 삼강(三綱)이 바르고 9개의 법도에 순서가 있어 백성들이 크게 화목하고 만물이 모두 같았다. 이에 악(樂)을 만들어 8풍(八風)의 기를 바르게 함으로써 천하의 심정을 고르게 하였다. 그러므로 음악 소리는 담담하면서도 해치지 않았고, 화목하면서도 음탕하지 않았으며, 귀에 들어가서는 마음을 움직여 담담하면서도 화목하지 않음이 없었다. 담담하면 욕심이 평정되고, 화목하면 조급해 하는 마음이 풀린다. 우아하고 부드럽고 평정하고 알맞음이 덕의 왕성함이다. 천하가 알맞음에 화합이 다스림의 지극함이다. 이를 도가 천지에 짝하는 것이라 이른다."[10]고 하였다. 예와 악에 나아가는 선후에 대해서 주렴계는 예에 먼저 나가고 악을 뒤로 한다고 하였다.

---

8) 十室之邑, 人人提耳而敎且不及, 況天下之廣, 兆民之衆哉? 曰純其心而已矣. 仁義禮智四者, 動靜言貌視聽, 無違之謂純. 心純則賢才輔, 賢才輔則天下治. 純心要矣 用賢急矣.

9) 聖人在上, 以仁育萬物, 以義正萬民. 天道行而萬物順, 聖德修而萬民化.

10) 古者聖王制禮法, 修敎化, 三綱正, 九疇敍, 百姓太和, 萬物咸若, 乃作樂以宣八風之 氣, 以平天下之情. 故樂聲淡而不傷, 和而不淫; 入其耳, 感其心, 莫不淡而且和焉. 淡則欲心平, 和則躁心釋. 優柔平中, 德之盛也; 天下化中, 治之至也: 此之謂道配天地.

그 이유는 만물이 각각 그 이치를 얻은 후에 화목하게 된다고 여겼기 때문이다. 또 형벌은 비록 나라를 다스림에 불가결한 것이긴 하지만, 그것은 부득이한 경우에만 사용해야 한다고 보았다. 이런 점도 유교의 통설과 합치한다.

제 5 절 소강절(邵康節)

소강절의 이름은 옹(雍)이고, 자는 요부(堯夫)이며, 강절은 시호이다. 범양(范陽) 출신이다. 진종대중(眞宗大中) 상부(祥符) 4년(1011)에 태어나, 신종희녕(神宗熙寧) 10년(1077) 67세로 죽었다. 소년 시절에는 세상의 불의에 개탄하며 큰 뜻을 품어 사방을 두루 돌아 다녔다. 북해의 이지재(李之才)에게 선천상수학(先天象數學)을 배웠는데, 이지재의 학문은 도사 진단(陳摶)으로부터 나온 것이다. 30세에 부모를 이수(伊水) 상류지역에 장사지내고 거기에서 살았다. 치평(治平)년에 천진교 위를 거닐다가 두견새 우는 소리를 듣고 천하가 어지럽게 될 것을 예언하였다. 후에 그 예언이 맞아 떨어졌는데, 왕안석이 신법을 강행하는 소요였다. 그의 명성은 점점 높아졌고, 항상 조그마한 수레를 타고 낙양(洛陽)을 노니는데, 사대부들이 다투어 그를 영접하였다. 저서 가운데 유명한 것은『황극경세』(皇極經世) 12편이다.『황극경세』는 천지의 원리로 인간세상을 측정하는 것이며, 각 편의 이름은 관물(觀物)이다. 관물이라는 것은 눈으로 보며 마음으로 보는 것이다. 기타 문인들이 모아서 기록한『관물내외편』(觀物內外篇) 2편이 있다.『선천도』(先天圖) 역시 그의 저작이다. 그의 일생사를 서술한『어초문대』(漁樵問對) 1편이 있으나, 소강절 자신의 저작인지는 의문이 있다. 그리고 율시(律詩) 1,000편을 모은『이천격양집』(伊川擊壤集)이 있다.

소강절은 스스로를 공자학도로 자임하면서도, 노장학파들을 이단으로 보지 않고 언제나 그 좋은 점을 인정하였다. 이지재에게 학문을 배웠기 때문에 그의 학문은 도교와 맥락을 같이 하였다.

철학설

소강절의 철학설은 선천학(先天學)이라 하며『황극경세서』,『관물외편』,『선천도』 등에 나타나고 있다. 선천학이란 무엇인가? 『주역』의 우주관을 계승하여 그 원리를 자연계와 정신계의 양 측면에 모두 적용하여, 대 · 소 양 우주의 법칙이 모두 동일하다고 보는 것이다. 그 철학설의 특색은 한마디로 우주에 대한 수적 해석(數的解釋)이라 요약할 수 있다.

우주의 법칙: 『주역』의 "태극은 양의를 낳고, 양의는 사상을 낳고, 사상은 팔괘를 낳는다."[11]는 것을 우주의 근본법칙으로 삼았다. 우주의 자연계와 정신계의 현상은 모두 이 법칙의 지배를 받는다는 것이 선천학의 요지이다.

『주역』의 태극설을 우주관의 근저로 삼아 만물의 생성을 논하는 사람은 매우 많다. 그러나 소강절의 선천학은 이전 사람의 설과 같지 않다. 소강절은 "선천학은 심법(心法)이다. 그림은 모두 중심으로부터 일어나고, 만 가지 변화와 만 가지 일은 모두 마음으로부터 생겨난다." 또 "마음이 태극이다."[12]라고 하였다. 소강절은 선천학을 심법으로 삼고, 마음을 태극으로 삼았다. 그러나 우주의 삼라만상은 모두 마음에서 생성된다는 유심론자(唯心論者)의 주장과 같은 것이 아니며, 사물과 마음이 동법임을 말한 것에 불과하다. 태극에 대해서는 대우주라 하고 마음에 대해서는 소우주라 하면서, 대우주의 법칙이 소우주의 법칙에 통한다고 명확히 주장하였다. 그러므로 만법은 심법이다. 우리들의 정신은 자연계와 동일하게 『주역』의 원리에 의해 지배를 받는다. 자연계와 정신계는 같은 법칙으로 지배를 받으므로, 우주 사이에 내 마음이 사유할 수 없는 것이란 없다. 만약에 내 마음을 기본으로 삼으면 우주의 사물을 일일이 알기가 어렵지 않다. 그래서 소강절은 "천지의 도는 사람에게 갖추어 있다."[13]고 하였다.

현상 4수론(現象四數論): 『주역』은 특히 양의(兩儀)를 중시하여 음양의 두 근원으로부터 만물을 설명하였다. 그런데 소강절은 사상(四象)을 중시하여 4수(四數)가 일체 현상을 지배한다고 하였다. 소강절은 태극 · 양의 · 사상 · 팔괘를 각각 『주역』의 설명과 다르게 해석한다. 즉, 태극은 한번 움직임(動)과 한번 고요함(靜)의

---

11) 太極生兩儀, 兩儀生四象, 四象生八卦.
12) 先天學心法也. 圖皆由中而起. 萬化萬事生於心也.
　心爲太極.
13) 天地之道備於人.

사이[間]를 말하며, 양의는 움직임과 고요함을 말하며, 사상은 음·양과 강함·부드러움[剛柔]을 말하며, 팔괘는 태양(太陽)·태음(太陰)·소양(少陽)·소음(少陰)·태강(太剛)·태유(太柔)·소강(少剛)·소유(少柔)를 말한다. 또 음양을 하늘에 짝하고, 강유를 땅에 짝하며, 태양·소음·태음·소음을 하늘의 4시(四時)로 삼고, 태강·소강·태유·소유를 땅의 4유(四維)로 삼고 있다. 그리고 이 4시와 4유로 말미암아 일체의 현상이 생성된다고 보고 있다.

천지의 과정: 소강절은 멀고 아득하며 끝이 없는 천지를 시간으로 그 과정을 측정하였다. 먼저, 원·회·운·세(元會運世)로 하늘의 4시를 삼고, 세·월·일·신(歲月日辰)을 땅의 4유로 삼는다. 신(辰)은 시간의 단위로서 12신으로 1일을 삼고, 30일로 1월을 삼고, 12월로 1년을 삼는다. 그리고 1년은 한번 만물을 새롭게 한다. 다시 30년으로 1세(一世)를 삼고, 12세로 1운(一運)을 삼고, 30운으로 1회(一會)를 삼고, 12회로 1원(一元)을 삼았다. 그리고 1원은 한번 천지를 새롭게 한다. 그러나 천지의 과정은 1원으로 끝나는 것이 아니다. 1원이 다하면 다시 1원이 있어, 30원으로 원의 세를 삼고, 12원의 세로 원의 운을 삼고, 30원의 운으로 원의 회를 삼고, 12운의 회로 원의 원으로 삼았다. 원의 원으로 천지는 다시 한번 새롭게 된다. 옛날에 당나라 승려 일행이 인도의 역법에 참가하여 대연력(大衍曆)을 만들었는데, 이상과 같은 소강절의 숫자는 바로 대연력에 근거한 것이다.

만물생성론: 만물은 4시와 4유로 말미암아 생성된다. 하늘의 4시는 일(日:태양), 월(月:태음), 성(星:소양), 신(辰:소음)이며, 땅의 4유는 수(水:태유), 화(火:태강), 토(土:소유), 석(石:소강)이다. 일·월·성·신의 교류는 하늘의 바탕이 되고, 수·화·토·석의 교류는 땅의 바탕이 된다. 하늘에는 일·월·성·신에 대응하여 추위·더위·낮·밤이 있고, 땅에는 수·화·토·석에 대응하여 비·바람·이슬·천둥이 있다. 추위·더위·낮·밤은 하늘의 사물을 변화시키는 원동력이며, 비·바람·이슬·천둥은 땅의 사물을 변화시키는 원동력이다. 더위는 사물의 본성[性]을 변화시키고, 추위는 사물의 실정[情]을 변화시키고, 낮은 사물의 형상[形]을 변화시키고, 밤은 사물의 바탕[體]을 변화시킨다. 본성, 실정, 형상, 바탕의

교류는 움직이고 자람의 느낌[感]이다. 비는 달리는 사물을 변화시키고, 바람은 날으는 사물을 변화시키고, 이슬은 풀류의 사물을 변화시키고, 천둥은 나무류의 사물을 변화시킨다. 달리는 짐승, 나는 새, 풀, 나무의 교류는 움직이고 자람의 응함[應]이다. 느낌[感]과 감응[應]이 합하여 만물이 생성된다. 그러나 감응의 의의를 소강절은 명확히 말하지 않았다.

일 · 월 · 성 · 신의 추위 · 더위 · 낮 · 밤에 응함과, 수 · 화 · 토 · 석의 비 · 바람 · 이슬 · 천둥 등에 응함은 모두 만물 생성의 원동력이다. 이 원동력으로 말미암아 본성 · 실정 · 형상 · 바탕과 짐승 · 새 · 풀 · 나무가 변화하고, 움직이고 자람의 감응이 일어나며, 감응이 서로 합하여 만물이 생성한다. 사람은 특별한 감응을 받았다. 사람은 만물의 영장이고 일체의 만물을 겸하며, 만물 가운데 만물이다. 사람 중에 가장 빼어난 자가 성인(聖人)이다. 성인은 일체의 사람을 겸하며, 사람 중의 사람이다. 만인 중의 성인은 만인이 공통으로 가진 보편성을 갖춘 사람이므로 "성인은 사람의 지극함이다."[14]라 하였다.

인사 4수론(人事四數論): 소강절은 4의 수가 자연현상을 지배할 뿐만 아니라 또 인간세계도 지배한다고 보았다. 예를 들면, 옛날 천하를 다스리는 군주들은 그 명령을 ① 정명(正命), ② 수명(受命), ③ 개명(改命), ④ 섭명(攝命)으로 나누었다. 즉, 3황(三皇)은 정명이고, 5제(五帝)는 수명이며, 3왕(三王)은 개명이고, 5백(五伯)은 섭명이다. 이를 4계절에 비유하여 말하면, 3황은 봄에 해당하고, 5제는 여름에 해당하고, 3왕은 가을에 해당하고, 5백은 겨울에 해당한다. 한나라로부터 오대에 이르기까지 이 분류는 당연시되었고, 앞으로 천백 세대의 끝까지도 또한 추측하여 이를 알기가 어렵지 않을 것으로 보았다. 그러나 이는 심한 궤변임을 면할 수 없다.

인성론: 소강절은 성선을 주장하면서, 인 · 의 · 예 · 지를 본성에 본래부터 있는 것으로 생각했다. "성(性)은 도(道)의 형체이다. 도는 미묘하여 형체가 없고, 성은 인 · 의 · 예 · 지를 갖추어 그 형체를 드러낸다." 또 "성은 도의 형체이다. 성이 상하면 도 또한 성을 따라서 상한다. 마음은 성의 외곽으로, 마음이 상하면 성도

---

14) 聖者人之至也.

마음을 따라서 상한다. 몸은 마음의 구획이다. 몸이 상하면 마음도 몸을 따라서 상한다. 물(物)은 몸의 배와 수레이다. 물이 상하면 몸도 따라서 상한다."[15]고 하였다.

인생관: 소강절은 만물이 모두 하늘의 4시와 땅의 4유의 감응으로부터 발생한 것이라 여겼다. 사람이 발생하는 방법도 만물과 같으므로, 본질상 사람과 만물은 같다. 다만 사람이 주관적인 자기의 관념으로 만물을 봄으로써 물(物)과 자기의 차별을 생성한다. 만약 객관적으로 이것을 고찰하면 물(物)과 자기의 사이에는 어떠한 본질적인 차별이 없으며 만물은 한 바탕이다. 사람이 만물의 영장이라고 불려지는 까닭은 그 생성 시에 특별하게 천지의 감응을 받기 때문이다. 사람에 어질고 어리석음이 있는 것은 물(物)에 크고 작음이 있음과 같으며, 가장 어진 사람이 성인이다. 그러나 사람의 어질고 어리석음은 또한 4시와 4유가 감응하는 정도가 같지 않음에 불과하며 본질적인 차별이 아니다. 사람은 누구나 본체로부터 발현하는 것이므로 천인합일의 경지에 도달하는 것도 어렵지 않다.

윤리설

소강절은 우주의 비밀과 심오함을 탐구하는 것을 좋아하여, 도덕과 정치에 대한 연구는 별로 없다. 그러나 도덕론과 정치론이 전혀 없는 것은 아니다. 그는 천인합일의 경지를 지극한 선이라 하였다. 천인합일이라는 것은 사물과 나의 그윽한 합침이다. 『관물외편』에서 "나에게 의지하면 정(情)이 생긴다. 정이 생기면 가려지고, 가려지면 혼미해진다. 그러나 사물에 의지하면 성(性)이 생긴다. 성이 생기면 신(神)이고, 신이면 밝다. 하늘과 땅이 잠기면 행하지 않아도 이르니, 음양에 포섭되지 아니하는 것을 신(神)이라 한다."[16]고 하였다. 이러한 그의 설은 의문스러운 점이 매우 많다. 대체로 소강절은 성선론자로서, 정(情)이 성(性)을 가릴 수 있다고 여겼다. 정을 제거하면 선의 본성을 발달시킬 수 있게 된다.

---

15) 性者, 道之形體也. 道妙而無形, 性則具仁義禮智而體著.
性者, 道之形體也; 性傷則道亦從之矣. 心者, 性之郛郭也; 心傷則性亦從之矣. 身者, 心之區宇也; 身傷則心亦從之矣. 物者, 身之舟車也; 物傷則身亦從之矣.

16) 任我則情, 情則蔽, 蔽則昏. 因物則性, 性則神, 神則明. 潛天潛地, 不行而至, 非陰 陽所攝者, 神也.

이것이 그가 주장하는 도덕상의 이상이다. 물(物)과 내가 그윽이 합한다는 것은 착한 본성을 자각하고 정(情)에 의한 방해를 배제하는 것이다.

수양공부: 소강절은 단편적인 교훈으로 "사람은 반드시 안을 중요시해야 하는데, 안을 중요시하면 바깥은 가벼워진다. 진실로 안을 가볍게 하면 반드시 바깥을 중시하게 되며, 이익을 좋아하고 이름을 좋아하기가 이르지 않는 곳이 없다."[17](觀物外篇)고 하였다. 또 그는 무위(無爲)의 뜻에 대한 질문에 스스로 답하기를, "때가 된 후에 말하면, 사람들은 그 말을 싫증내지 않는다. 즐겁게 해준 뒤에 웃으면, 사람들은 그 웃음을 싫증내지 않는다. 의롭게 한 뒤에 구하면 사람은 그 구하는 것을 싫증내지 않는다. 이것이 이른바 무위이다."[18](觀物外篇)라고 말하였다. 모두 불후(不朽)의 명언(名言)들이다.

비 판

소강절은 『주역』의 철학을 계승하여 풍부한 사색으로 수론(數論) 철학을 형성하였으므로 그 노력을 인정하지 않을 수 없다. 그러나 그 학설은 억지로 만들어낸 점이 역력해 보인다. 우주간의 일체 현상을 4수(四數)로 설명한 것은 지나친 독단임을 면할 수 없다. 정이천은 그 학설을 공중에 누각을 세운 꼴이라고 하였는데, 결코 지나친 혹평이라고 할 수 없다. 소강절은 처음에 그 학설을 정명도 · 정이천에게 전수하였는데, 두 정자는 그 설에 억지로 꾸며진 점이 매우 많음을 깨닫고는 겸손한 어조로 말하기를, "이것만을 전문으로 20년 동안 배우지 않으면 깨달을 수 없다."[19]고 하였다. 문인 중에 그의 학설을 바로 세워 이해한 사람이 전혀 없었던 것은 아니나 계속하여 그것을 계승한 사람은 없다. 후에 주희가 비로소 그의 『주역』에 대한 설을 선택적으로 가려내서 더욱 발전시켰다.

---

17) 人必重內, 內重則外輕. 苟內輕必外重, 好利好名, 無所不至.
18) 時然後言, 人不厭其言; 樂然後笑, 人不厭笑; 義然後取, 人不厭其取: 此所謂無爲也.
19) 非專門學二十年, 不能悟也.

제 6 절 장횡거(張橫渠)

장횡거의 이름은 재(載)이고, 자는 자후(子厚)이며, 횡거는 호이다. 대양(大梁) 출신으로 진종천희(眞宗天禧) 4년(1020)에 태어나, 신종희녕(神宗熙寧) 10년(1077)에 58세로 죽었다. 일찍 고아가 되었으나, 자립하여 학문에 힘쓰고 특히 병학(兵學)을 좋아하였다. 18세에 뜻을 세우고, 글을 올려 범문정(范文正) 공을 만났다. 공은 그 재주가 비범함을 인정하면서도 너무 병학에 경도되어 있음을 경계하여 『중용』 1편을 주었다. 장횡거는 크게 기뻐하며 『중용』 읽기를 좋아하였다. 그러나 『중용』 1편으로 만족치 못하여 다시 불교 · 노자의 책을 읽었다. 수년 후 불교 · 노자의 설을 모두 연구하였으나 또한 얻은 바가 없어 육경을 정독하였다. 가우(嘉祐) 초년에 서울로 와 정명도와 정이천을 만났다. 더불어 도학의 대요에 대해서 토론하고는 크게 느낀 바가 있어 단호히 다른 학문을 버렸다. 가우 2년에 진사에 급제하여 숭문원(崇文院) 설서(說書)의 관직에 나아갔으나, 다른 사람들과 의견이 맞지 않았다. 관직을 버리고 종남산(終南山) 아래에 은거하며 오로지 책을 쓰고 독서하는 생활을 하였다. 후에 부름을 받아 동지태상예원(同知太常禮院)에 임명되었으나 맡은 관직에 부임하기도 전에 죽었다. 저서로는 『정몽』(正蒙), 『동명』(東銘), 『서명』(西銘), 『경학』(經學), 『리굴』(理窟), 『역설』(易說), 『어록』(語錄) 등이 있다. 그 중에서 가장 유명한 것은 『정몽』, 『동명』, 『서명』의 세 책인데, 장횡거 스스로도 일찍이 문인들에게 "이 책들은 내가 수 년 동안 생각을 다하여 얻은 것이다."[20]라고 하였던 바 있다.

장횡거는 유학의 계승자라고 할 수 있다. 그의 학설은 『주역』을 종주[宗]로 삼고, 『중용』을 목표[的]로 삼고, 『예』를 바탕[體]으로 삼고, 공자 · 맹자를 극처[極]로 삼았다. 그러나 한편으로는 불교 · 노자를 배척하면서도 그 영향을 크게 받았다. 이것은 그의 학설을 한번 보면 알 수 있는 사실이다.

철학설

장횡거의 철학설은 우주관의 심원함과 정밀함이 그 특색이다. 장횡거는 불교 ·

---

20) 此書係予歷年所致思而得者也.

노자와 기타 송 유학의 설을 배척하고 독특한 우주관을 주장하였다. 불교의 우주관은 무(無)를 잡기 위하여 유(有)를 알지 못하고, 노자의 우주관은 무로부터 유가 생기는 것으로 보고 있는데, 그는 이들을 모두 배척하였다. 특히 그는 주렴계의 태극, 소강절의 선천학, 정자의 리기설 등을 빌리지 않고, 자신의 용어 즉 '태허'(太虛)라는 개념을 개발하여 우주의 본체와 현상을 해석하였다.

태허론: 장횡거는 태허(太虛)를 우주의 본체로 삼았다. 태허는 무엇인가? 형체가 없는 기(氣)이다. 기가 응집하여 모일 때를 음(陰)이라 하고, 기가 발산하여 움직일 때를 양(陽)이라 한다. 그러므로 음은 기의 고요함이고, 양은 기의 움직임이다. 음·양 2기는 태허의 실질이며 속성이다. 기가 태허에서 생성되는 것이 아니라, 태허가 기이고 기가 태허이다. 이처럼 태허와 기가 분별될 수 없으므로, 이 설은 기일원론(氣一元論)이라 할 수 있다.

장횡거는 태허를 우주의 본체로 삼으면서, 우주간 만물은 모두 이 본체인 태허의 활동으로부터 생성된다고 여겼다. 태허는 스스로 활동하는 성능을 가지고 있다. 그러한 활동의 성능이 있기에 장횡거는 태허(太虛)를 태화(太和)라고도 불렀다. 태허와 태화는 그 이름이 비록 다르지만 그 실질은 같다. 태허는 그 안에 자신의 성능을 가지고 있기 때문에 필연적으로 응취(凝聚)나 발산(發散)의 활동을 하지 않을 수 없다. 응취 시에 형상이 생성되어 만물이 되고, 발산 시에 형상을 잃어 태허로 돌아간다. 만물은 태허가 모이고 흩어짐으로 말미암아 생성되고 소멸되는 것이다. 그러나 태허는 모이고 흩어진다고 해서 그 본질이 변경되는 것은 아니다. 모이면 만물이 되고 흩어지면 태허로 돌아가는 것으로, 다만 그 상태가 다를 뿐이지 본질은 다름이 없다. 우주간의 만물은 천차만별이라 동일하지 않는데, 이러한 까닭은 무엇인가? 장횡거는 음양 2기의 교합 정도가 같지 않기 때문이라 여겼다.

장횡거의 태허설은 허(虛)로부터 기가 생성되는 것으로, 노자의 무(無)로부터 유(有)가 생성된다는 것과는 다른 것이다. 그러나 태허 즉 기의 사상은 노자의 허무론(虛無論)과 『주역』의 태극양의설(太極兩儀說)을 합한 것이라고 볼 수 있다. 그리고 그의 현상론도 불교사상의 영향을 받은 것이다.

귀신론: 장횡거는 태허설을 바탕으로 귀신(鬼神)에 대해 철학적 해석을 하였다. "귀신은 음양 2기의 양능(良能:선천적 기능)이다." 또 "귀신은 가고 오고 굽히고 폄[往來屈伸]의 뜻이다."[21]라고 하였다. 중국에서 귀신에 관한 유래를 보면 여러 가지 해석들이 있다. 통상 귀신이라는 문자는 제사의 대상을 지칭하는 것이었으나 철학적 해석을 하는 사람도 있었다. 일례로 『주역』의 계사전(繫辭傳)에서는 음양 2기의 굽힘과 폄, 소멸과 성장[屈伸消長]으로 귀신을 설명하고 있다. 장횡거는 이러한 철학적 해석을 더욱 명쾌하게 주창하여, 귀신은 음양 2기의 양능이라고 했던 것이다. 즉, "귀는 음이고 신은 양이다. 음양 2기가 굽히고 폄으로써 자연의 교묘한 작용은 천지 만물을 발생시킨다. 그러므로 2기의 양능을 귀신이라 이른다. 지성(至誠)으로 하늘의 도를 얻는 것을 성(聖)이라 이르며, 태허로써 교묘하게 응하는 것을 신(神)이라 이른다. 귀신, 성, 신은 하나일 뿐이다. 천지의 모든 현상은 신의 조화[神化]의 찌꺼기일 따름이다."[22]라고 하였다.

인성론: 우주간의 만물은 태허의 활동으로부터 생성되었으며, 태허의 모양에 불과하다. 사람이 태허의 모양으로 된 것도 만물과 동일하다. 대체로 태허의 본성은 허명(虛明)이다. 태허가 엉기어 모임으로 말미암아 사람이 형성되고, 그 본성도 반드시 허명이므로 사람의 본성은 착하다. 그러나 사람에 착하고 악한 자가 있음은 왜 그런가? 장횡거는 사람의 본성은 허명으로 그 근본을 삼았으나, 태허가 엉기어 모일 때에 밝기도 하고 흐리기도 하여 기질의 같지 않음이 생성된다고 보았다. 그래서 '천지의 성'[天地之性]은 본연의 성으로 원래 착한 것이나, '기질의 성'[氣質之性] 때문에 선악의 구별이 있게 된다. 이는 예로부터 중요한 문제로 다루어 왔던 성선 · 성악론이다. 장횡거는 '천지의 성'과 '기질의 성'을 구별하여 두 성을 조화시켰다. 그러나 그의 인성론은 명쾌하지 않은 점이 있었다. 만약 태허 즉 기가 엉기어 사람이 생성되었다면 천지의 성 이외에 기질의 성은 왜 생성되는 것일까? 장횡거는 이에 대해 명확한 답을 말하지 않고 있다.

---

21) 鬼神者, 陰陽二氣之良能也.
鬼神者往來屈伸之義也.

22) 鬼, 陰也; 神, 陽也. 陰陽二氣屈伸, 以自然之妙用發生天地萬物. 故謂二氣之良能爲鬼神. 以至誠得天道言之, 謂之聖; 以太虛妙應言, 則謂之神. 鬼神也, 聖也, 神也, 一而已. 若夫天地之法象者, 神化之糟粕耳.

사람의 본성은 허명이다. 그렇다면 사람에게는 또한 마음이 있는데 마음과 성(性)은 어떠한 관계가 있으며 어떻게 생성되는가? 장횡거는 태허가 엉기어 마음이 형성되고 물(物)에 접촉하여 지각이 생성된다고 여겼다. 그래서 "사람은 본래 마음이 없었는데 물(物) 때문에 마음이 생겼다."[23]라고 하였다. 장횡거는 성(性)과 지각(知覺)을 합하여 마음이라 불렀고, 성(性)이 바깥 사물을 지각할 때에 기쁨 · 노여움 · 슬픔 · 즐거움[喜怒哀樂]의 정(情)이 일어난다고 하였다. 성은 본체[體]이고 정은 작용[用]이며, 본체가 움직이면 작용이 된다. 마음에는 즉 성(性)이 스스로 지각하고 작용하는 측면이 있다는 것이다. 그러므로 마음은 성과 정[性情]을 통섭하는 것이다. 그러나 장횡거는 오직 귀와 눈을 통해서 바깥 세계를 지각하는 것을 마음이라 하지 않았다. 즉 "보고 듣는 것을 마음이라 할 수 없다. 만약 보고 듣는 것을 마음이라 한다면, 마음은 천하의 사물을 일일이 보고들을 수도 없거니와, 결국 이러한 해석은 마음을 작게 만들어 버릴 뿐이다. 모름지기 마음만이 태허와 합한다. 마음이 허(虛)하면 공평해지고, 공평해지면 옳고 그름의 판별을 가능하게 하고, 할 수 있는 일과 할 수 없는 일을 스스로 알 수 있게 한다."[24]고 하였다. 장횡거는 태허가 일체의 원리를 포함하는 것으로 여겼다. 태허가 엉기어 사람의 마음이 생성되며, 그것이 허명할 때는 태허의 원리가 분명히 나타난다. 그러므로 장횡거는 지식을 두 종류로 나누고 있는 것이다. 귀와 눈으로 바깥 사물을 보고 듣는 것을 작은 지식이라 하였고, 선천적으로 고유한 지식을 큰 지식, 즉 양지(良知)라고 하였다.

인생관: 장횡거는 태허론을 바탕으로 천인합일설과 만물일체설을 주장하였다. 사람은 본체인 태허가 엉기어 생성되었기 때문에 사람과 본체는 그 타고난 성질이 다르지 않다. 이처럼 하늘과 사람이 동등한데, 오로지 나를 위하는 이기주의적 관념으로 말미암아 스스로를 작게 만들어 버리는 것이다. 만약 나를 떠나 그 마음을 크게 한다면 하늘과 일체가 될 수 있다. 만약 넓은 천지의 관념을 기초로 하여 널리 보고 높은 데서 바라보게 되면 사물과 내가 일체로 돌아간다. 명저인 『서명』(西銘)에서 그는 이 천인합일설, 즉 물아일체(物我一體)의 사상을 상세히

---

23) 人本無心, 因物而爲心.

24) 聞見不可爲心. 若以聞見爲心, 則天下之物, 一一不可聞見, 畢竟小其心而已. 但心須合太虛. 心旣虛, 則公平; 公平則是非較然可見, 可爲不可爲之事自能知之矣.

논하고 있다.

장횡거의 설에 의하면, 만물의 생장과 소멸은 태허의 모임과 흩어짐에 불과하다. 즉 태허설에 기초하여 사람의 생사를 논해 보면, 사람의 생사 또한 외부의 태허가 모이고 흩어지는 것이 아니라, 삶은 태허가 엉기어 모이는 것이고 죽음은 태허의 흩어짐이다. 태허가 모여서 나의 몸이 되고 흩어져도 나의 몸이 된다. 이것은 물이 얼어서 얼음이 되고 얼음은 물이 변한 것이되, 그 본성은 조금도 변함이 없는 것과 같다. 이처럼 결국 생과 사도 모두 한가지라는 것이다.

윤리설

장횡거의 윤리설은 그의 인성론에 기초를 두고 있다. 그는 인성을 '천지의 성'과 '기질의 성'으로 나누었다. 천지의 성은 항상 허명(虛明)하며, 기질의 성은 청탁(淸濁)이 있다. 악(惡)이란 바로 기질의 성의 탁한 측면으로 인해 생긴 것이다. 기질의 청탁은 비록 천부적인 것이긴 하나, 수양을 함으로써 그것을 변화시킬 수 있는 가능성이 있다고 본다. 즉, 수양의 목적은 기질의 성을 변화시켜서 천지의 성으로 돌아가게 하는 데 있다. 그 수양의 방법으로 장횡거는 ① 안으로 마음을 바르게 하고, ② 밖으로 예(禮)를 중시하는 것이라고 하였다. 만약 마음을 바르게 하여 허심평기(虛心平氣)의 경지에 다다르게 되면, 기는 스스로 천지의 성에 합칠 수 있다고 여겼다. 또 만약 예를 중히 여겨서 그것을 지킨다면 천인합일과 물아일체의 이상을 체험할 수 있다. 예라는 것은 만물이 생성될 때 만들어지는 일정한 질서로써, 태허의 중심에 스스로 포함되어 있으며, 사람에 의해서 만들어지는 것이 아니라 하늘의 도에서 나오는 것이다. 그래서 장횡거는 "예를 지키는 것은 성(性)을 지니는 까닭이며, 성을 지니는 것은 근본으로 돌아가는 까닭이다."[25] 라고 하였다. 이것은 수양공부의 방법으로서 예의 중요성을 분명하게 밝히는 말이다.

비 판

장횡거 학설의 큰 장점은 그 사상이 지극히 체계적이고 매우 분명하다는 점이

25) 守禮所以持性, 持性所以反本.

다. 그의 근본사상은 태허론과 기일원론이다. 이 근본사상을 토대로 하여 우주일체의 현상을 설명하고 인성을 논하면서 수양공부를 설명하였다. 대체로 그의 전체 학문은 하나의 근본사상으로 일관하였다. 다만 근본사상인 기일원론으로 말한다면, 인성을 천지의 성과 기질의 성으로 나누었던 것은 철저하지 못한 면이 있는 것 같다.

수양공부의 방법으로서 예를 특별히 중시한 것에 대해서도 여러 가지 비판이 있다. 장횡거와 동시대인으로 충(忠)과 신(信)을 중요시한 정명도는 "장횡거가 사람을 예로써 가르침은 시대의 추세에 맞지 않다. 비록 얼굴을 바르게 하며 신중하고 절제할지라도 그것은 목찰(木札:지저깨비)을 먹는 것과 흡사하다. 오래 되면 혐오의 정(情)이 일어나 이 학문을 전하는 사람이 없을 것이다"[26](上蔡語錄)고 하였다. 또 장횡거가 특히 예를 중시한 점은 순자와 같다. 그의 문하에서 형벌과 제도[刑名度數]를 다루는 제자들이 많이 나온 것은, 순자의 문하에서 한비자(韓非子)·이사(李斯)가 나온 것과 비슷하다. 장횡거의 인성론은 후에 주희가 계승하였고, 태허설은 겨우 왕양명 정도가 이어 받았다.

제 7 절 정명도(程明道)

정명도의 이름은 호(顥)이고 자는 백순(伯淳)이며, 명도는 그의 시호이다. 인종명도(仁宗明道) 원년(1032)에 하남낙양(河南洛陽)에서 태어나, 신종원풍(神宗元豊) 8년(1083) 54세로 죽었다. 정이천의 형으로, 사람들은 명도를 대정자(大程子)라 하고 그의 동생 이천을 소정자(小程子)라 하며, 합하여 두 정자라 불렀다. 어릴 때부터 총명하여 4~5세에 시와 글을 암송하고 10세에는 시를 잘 지었다. 주렴계에게 감화를 받아 벼슬을 위한 과거시험을 싫어했고, 학문에 큰 뜻을 두었다. 진사에 급제하여 영조부호현(永兆府鄠縣)의 주부(主簿), 강녕부상원현(江寧府上元縣)의 주부, 택주진성령(澤州晉城令) 등 여러 관직을 두루 거쳤다. 이르는 곳마다 선정을 베풀어 백성들의 신임을 크게 얻었다. 택주에서는 학교를 세워 아동들에게 책을 나누어주고, 그들을 위하여 책에 구두점을 바르게 해주기도

26) 橫渠敎人以禮, 此激於時勢也. 雖然只管正容謹節, 宛然如喫木札, 久而起嫌惡之情, 以此學者無傳之者.

하였다. 여유가 있을 때마다 학교를 방문하여 아동의 부형들과 이야기를 나누었다. 그 결과 3년이 안되어 저급한 풍속이 모두 고쳐지고, 도적질과 다툼이 없어졌다. 신종(神宗)은 정명도의 명성을 듣고 그를 불러 태자중윤(太子中允)으로 임명하였다. 신종은 또 그에게 숨은 인재들을 추천토록 하였는데, 이에 정명도는 여러 사람을 추천하였는데 장횡거도 이 때 추천되었다. 당시에 왕안석(王安石)이 득세하여 신법(新法)을 모의하여 시행하려고 하자, 정명도는 이를 비난하며 정성과 인애를 다하여 신종에게 신법시행의 부당함을 간하였다. 그러나 신종이 정명도의 주장은 적합하지 않다고 받아들이지 않자, 그는 관직을 사임하고 말았다. 철종(哲宗) 때 정치를 쇄신시켜 보자는 의도에서 다시 정명도를 종정시승(宗正寺丞)이란 관직으로 불렀는데, 애석하게도 그는 취임하기 전에 병으로 죽고 말았다. 저서로는 『명도문집』(明道文集) 5권, 『이정유서』(二程遺書) 28권, 『이정외서』(二程外書) 12권이 있다.

정명도는 순수한 유교주의를 표방하였으며, 그의 치적으로 본다면 한편 선량한 정치가였다. 그러나 또 한편, 학자로서 덕행가로서 말한다면 송나라 제일의 인물이다. 송학이 융성하고 주렴계 · 소강절 같은 유명한 철학자가 배출되었음에도 불구하고, 유학적 정신으로 철학의 발전을 가져온 것은 정명도 한 사람에 의해서이다. 그의 아우인 정이천이 지은 행장에 의하면, "선생께서는 1,400년 후에 태어나 남겨진 경전 속에서 그동안 전해 오지 않던 학문을 다시 일으키셨다."[27]고 하였다. 지나친 평이 아님은 분명하다.

철학설

정명도의 철학설은 『주역』에 근본을 두었다. 『주역』의 태극양의설을 근본사상으로 삼아 우주관을 세우고 인성론과 윤리설을 연역하였다.

우주관: 『주역』에서는 태극으로부터 음양 양의를 낳고, 음양 양의로부터 만물을 낳는다고 하였는데, 정명도의 우주관은 거의 주역설과 같다. 또한 천지간의 만물은 음양 2기로부터 생기는데, 정명도는 태극이라는 말을 사용하는 대신 건원일기

---

27) 先生生於千四百年之後, 得不傳之學於遺經.

(乾元一氣)라는 용어를 만들어 냈다. 건원일기는 우주관의 궁극적 원리인데, 이러한 관점에서 말한다면, 정명도의 우주관은 건원일원기론(乾元一元氣論)이라고 할 수 있다.

만물이 음양 2기의 교감으로 생성되는 것이라면, 곧 모든 만물들은 같은 뿌리를 가진 일체이다. 그런데 만물은 왜 사람, 금수, 초목 등의 구별이 생기는가? 정명도는 만물이 생성할 때 음양 2기가 언제나 그 교감의 정도가 달라, 즉 교감의 정도가 바르거나 기울기 때문에 만물의 구별이 생긴다고 하였다. 음양의 교감이 기울면 새, 짐승, 풀, 나무, 오랑캐 따위가 되고, 바름을 얻으면 사람이 된다는 것이다.

인성론: 정명도는 성(性)에 대해서 말하기를, "삶[生]을 성(性)이라 한다. 성이 곧 기(氣)이며, 기가 곧 성이라 말할 수 있다."[28]고 하였다. 여기서 기란 건원일기이다. 이처럼 정명도는 성을 생(生)이라 하고 사람도 건원일기로부터 생성되는 것으로 여겼다. 그러므로 인성과 건원일기는 하나이며 나누어지지 않는다. 이러한 점에서 보면 사람의 성은 선도 악도 아니다. 그러나 각 개인들이 태어날 때 건원일기를 얻음이 치우치거나 바름의 정도가 같지 않기 때문에 타고난 성격과 품격이 과불급(過不及)의 구분을 낳아, 성(性)의 선과 악이 유래하는 것이다. 과불급이 없으면 선이고 과불급이 있으면 악이다. 이런 구별이 있기 때문에 성선도 성악도 있게 되지만, 성(性)의 중심에서는 선과 악이 대립하지 아니한다고 하였다. 정명도는 또 성(性)을 물에 비유하면서 "모든 물은 흘러서 바다에 이르러 탁함이 없어지니, 이것은 사람의 힘으로써 할 수 있는 것이 아니다. 물이 흘러 아직 멀리 가지 않을 때에는 탁함이 많을 수도 적을 수도 있다. 이처럼 청탁이 서로 다를 수는 있다 하더라도 그 탁함을 가지고 물이 아니라고 할 수 없는 것이다."[29]고 하였다. 이처럼 정명도는 기일원론에 입각하여 성의 선과 악을 논함으로써, 그것을 이해하기가 쉽지 않다. 반면 장횡거는 천지의 성과 기질의 성을 대립시킴으로써 이 문제를 해결하려고 시도하였는데, 그 결과는 우리가 앞에서 보았듯 그는 철저하지 못한 일원론을 제시함에 머물렀었다. 정명도는 비록 성(性)을 나누지는 않았지만 마찬가지로 그 결과가 명료하지 못하였다.

---

28) 生之謂性. 性卽氣, 氣卽性之謂也.
29) 皆水也流而至於海, 有不濁者. 此非人力而能如斯, 流而未遠, 則濁有多有少, 淸濁雖不同, 然不能以其濁而以爲非水.

인생관: 정명도가 우주론과 인성론을 기초로 하여 인생관을 수립한 점은 장횡거와 비슷하다. 정명도는 천지간의 만물이 건원일기로부터 생겨난다고 하였다. 그래서 하늘과 사람의 본질이 다르지 않고, 사람과 다른 만물 사이의 본질도 같다. 사람의 생사(生死)라는 것도 일기(一氣)의 변화일 뿐이다. 그의 천인합일(天人合一), 물아일체(物我一體), 사생여일(死生如一)적인 인생관은 우주관으로부터 파생된 결론인 것이다. 뒤에서 볼 정이천의 설도 이 점에서는 조금도 차이가 없다.

윤리설

정명도가 가장 중요시 한 것은 인(仁)이며, 인에 도달하는 것을 최고 목적으로 삼았다. 『식인편』(識仁篇)에서 그는 그것에 대해 자세히 설명하고 있다. 정명도는 인의 뜻을 매우 넓게 해석한다. 인은 모든 행실을 통괄한다고 보면서 "인은 혼연이 사물과 같은 바탕이다." 또 "의 · 예 · 지 · 신이 모두 인이다."[30]라 하였다. 그러면 어떻게 인에 도달할 수 있는가? 그에 의하면, 성(性)을 통솔하면 성의 천진(天眞)함을 발휘할 수 있다고 한다. 정명도는 성과 인을 하나로 보았다. 그리고 만물의 근원을 건원일기라고 했다. 이런 점에서 일원기는 절대적인 것이며, 성이며, 인이며, 일원기 외에는 없다. 즉, 성은 고요한 일원기의 상태이고, 인은 움직이는 일원기의 상태이다. 그러므로 성도 인도 일원기이다. 사람이 그 성의 천진함을 발휘하는 것, 이것이 곧 인에 도달하는 방법이다. 이처럼 사람들의 본성이 인(仁)이기에 어떠한 인위적인 방법도 사용하지 않고, 또 자연에 따름을 방해받지 않고 행동할 수 있다면 따로 수양이란 소용이 없는 것이라고 말한다. 그러나 이것은 성인의 경지에 있는 사람에게나 가능한 것이며, 대다수의 일반 사람에게는 수양이 필요하다. 대개 사람이 태어날 때 기의 품수에는 치우침과 바름이 있게 된다. 이처럼 기의 치우침과 바름 때문에 성(性)은 선과 악의 차별을 낳는다. 절대선의 성을 온전히 갖추어 과불급이 없으면 거의 성인이다. 그러나 일반 사람들은 과불급의 기를 얻어 태어나기 때문에, 노력과 수양을 하지 않으면 그 천진함을 발휘하는 것이 불가능하다. 이처럼 기를 얻음에는 과불급이 있기

---

30) 仁, 渾然與物同體.
義禮智信, 皆仁也.

때문에, 사람은 쉽게 물욕으로 그 본성을 가리게 되는 것이다.

한편, 정명도는 마음을 도심(道心)과 인심(人心)으로 나누었다. 원기(元氣)가 한 몸의 주재(主宰)로 된 것을 도심이라 부르고, 도심의 밝음이 인욕으로 가려진 것을 인심이라 부른다. 이른바 수양은 인심을 제거하고 도심의 밝음을 발휘하는 것이다. 그리고 정명도는 수양공부는 경(敬)과 의(義)로 해야 한다고 하면서 "경은 내면의 마음을 곧게 하며, 의는 밖의 행동을 방정하게 한다."[31]고 하였다. 즉, 경은 내면적 수양의 방법이고, 의는 외면적 수양의 방법이다. 경은 주일무적(主一無適)이다. 주일무적이란 여러 가지 각종 유혹을 물리치며 마음을 하나에 집중하여 정신통일의 습관을 기르는 것이다. 의는 외부의 규범을 따르는 것으로 즉, 천성을 발휘하고 세우는 것이다. 대체로 경(敬)은 장횡거의 허(虛)와 유사하며, 의(義)는 장횡거의 예(禮)와 유사하다. 요컨대, 정명도는 선천적인 양지(良知)를 계발시켜 나가는 것을 수양의 주안점으로 삼은 것이라 할 수 있는데, 이러한 그의 설은 후에 육·왕학파가 계승하였다.

제 8 절 정이천(程伊川)

정이천의 이름은 이(頤)이고 자는 정숙(正叔)인데, 이천백(伊川伯)에 봉함을 받았었기 때문에 사람들이 이천이라 불렀다. 인종명도(仁宗明道) 2년(1033)에 태어나, 휘종대관(徽宗大觀) 원년(1107)에 75세로 죽었다. 정명도의 한살 밑의 동생으로, 형과 같이 주렴계에게 배웠다. 일찍이 태학(太學)에서 배울 때 안자호학론(顔子好學論)을 지었는데, 선생인 호안정(胡安定)이 크게 놀라 학관(學官)으로 임용하였다. 가우(嘉祐) 2년에 장횡거와 같이 진사에 합격하였다. 철종(哲宗)이 왕위에 오름에 시강(侍講)으로 추천되어 최선을 다해 철종을 돕고 인도하여 천하에 이름을 떨쳤다. 소동파(蘇東坡)와 충돌하여 낙·촉(洛蜀)의 당쟁을 야기하게 되었는데, 이로 인해 벼슬에서 쫓겨나 부주(涪州)로 귀양갔다. 그러나 전혀 낙심하지 않았고 오히려 기쁜 마음으로 도를 논하였다. 세상에 전하는 저서로는 『역전』(易傳) 4권, 『이천문집』(伊川文集) 8권, 『이정자유서』(二程子遺書) 25권, 『이정외서』(二程外書) 12권, 『수언』(粹言) 2권이 있다.

---

31) 敬以直內, 義以方外.

정명도와 정이천의 학문적인 활동이 비슷했기 때문에, 그 학설 또한 공통점이 많다. 그러나 정명도의 사람됨이 온후하고 독실한 편이라면, 정이천은 엄격하고 강직한 기상을 가졌다. 서로 다른 인품이 학풍에도 영향을 주어 두 사람의 학문은 다소 다른 방면으로 발전하였다. 두 사람의 학문이 천하에 보급될 수 있었던 것은 정이천의 힘이 컸다.

철학설

정이천의 철학설은 리기이원론(理氣二元論)을 근본사상으로 삼았다. 정명도는 기일원론을 제창한 결과 인성론이 매우 불명료했었다. 정이천은 리기이원론으로 악(惡)의 유래를 명석하게 설명하고, 성선론을 크게 발전시켰다.

우주관: 정이천은 우주가 리기(理氣)의 이원(二元)으로부터 형성된다고 여겼다. 즉 위로는 해, 달, 별로부터 아래로는 산천, 초목에 이르기까지 천지간의 만물은 모두 리기의 이원으로부터 형성된다. 만물의 형상[形]을 이루는 것은 기(氣)이며, 형상에 중심의 도를 부여하는 것은 리(理)이다. 그러므로 리는 형이상(形而上)이고, 기는 형이하(形而下)이다. 리는 보편적 원리이며, 기는 개별적 원리이다. 만물은 음양의 교감으로부터 생성되거니와, 여기서 음양은 기이다. 그리고 만물이 생성되는 데는 일정한 도(道)가 있거니와, 여기서 도는 리(理)이고 음양과 분리되어서 존재하지 않는다. 음양이 존재하지 않는 곳에는 이른바 도가 없다. 또한 음양이 사라지면 도 또한 없어진다. 리(理)와 기(氣)는 각각 따로 존재하지 않는다. 리가 있으면 기가 있고 기가 있으면 리가 있는 것이다. 이처럼, 리와 기는 항상 서로 의지하며 존재한다고 정이천은 생각했다. 이상과 같은 정이천의 우주론은 명백한 리기이원론이라고 하겠다.

인성론: 정이천은 리기이원론을 근본으로 여기고 종래의 인성론을 종합하였다. 우주간의 만물은 모두 리기의 이원으로 말미암아 생성되었다. 따라서 사람도 리기의 이원으로부터 형성됨은 다른 만물이나 매 한가지다. 리(理)로부터 성(性)이 생겨나고 기(氣)로부터 재(才)가 생겨남으로써 성과 재가 있게 된다. 성은 리에 근본하여 생겨나기 때문에 모든 사람이 선(善)하다. 그러나 재는 기에 근본

하여 생겨나기 때문에 각각 사람마다 같지 않은데, 청한 기를 받아 생기면 선(善)하고, 탁한 기를 받아 생기면 불선(不善)이 된다. 사람의 본성은 모두 선한데, 선악의 구별이 있게 되는 것은 재(才) 때문인 것이다. 이처럼 성과 재의 구분으로 악의 유래를 밝힌 것은 정이천 학설의 큰 특징이다. 정명도는 기일원론으로 근저를 삼음으로써 성(性)을 기(氣)라고 여겼었다. 그러나 정이천은 리기이원적 입장에서 성을 리, 재를 기로 봄으로써 성과 재를 완전히 분리되는 것으로 여겼다. 그리하여 사람에게는 성도 있고 재도 있는데, 성으로 말하면 모든 사람이 선하고, 재로 말하면 선도 있을 수 있고 불선도 있을 수 있다는 것이다. 이러한 관점에서 정이천은 맹자의 성선론은 성(性)만을 대상으로 삼은 것이었고, 양웅(揚雄)의 성선악혼합설(性善惡混合說)이나 한유(韓愈)의 성삼품설(性三品說)은 재(才)만을 대상으로 삼은 것에 불과하다고 하였다.

정명도는 우주의 본체를 정적인 것으로 설명하였는데, 정이천은 동적인 것으로 보았다. 즉, 정명도는 기(氣)를 성(性)이라 하면서, 그것을 정적인 것으로 보았다. 그러나 정이천은 성(性)의 활동성을 인정하여 성이 발하여 정이 된다고 보았다. 즉, 성은 본체[體]이고 정은 작용[用]이다. 성이 이미 선함으로 정 또한 스스로 선하지 않을 수 없다. 그러나 희 · 노 · 애 · 락의 정은 '아직 발하지 않는 경우'[未發]와 '이미 발한 경우'[旣發]의 구분이 있다. 미발의 경우는 성이 아직 움직이지 아니하여 겉으로 나타나지 않은 것이고, 기발의 경우는 성이 발하여 겉으로 정이 나타난 것이다. 정이 겉으로 나타나면 선할 수도 악할 수도 있다는 것이다. 이러한 그의 학설은 해석하기에 지극히 어려운 점이 있다고 하겠다.

정이천은 성(性)과 마음[心]은 바탕이 같은데 명칭만 다른 것이라고 했다. 사람은 음양 2기의 교감으로부터 형성되거니와, 여기에 리가 부여되어 마음이 된다. 따라서 마음이 곧 성이고, 성이 곧 리[性卽理]이다. 그리고 리 · 성 · 심 · 명 · 천(理性心命天) 등은 모두 명칭은 다르나 내용은 같은 것이다. 그래서 그는 "하늘에서는 명(命)이 되고, 사물에서는 리(理)가 되고, 사람에서는 성(性)이 되며, 몸의 주인은 심(心)이 되는데 그 내용은 한가지이다."[32]라 하였다. 이 설에 의하면 천지를 관통하는 것은 오직 리 하나이며, 한 마음의 성은 천지의 리이다. 그러므로 "한 사람의 마음은 천지의 마음이고, 한 물건의 이치는 만물의 이치이며, 하루

---

32) 在天爲命, 在物爲理, 在人爲性, 主身爲心, 其實一也.

의 운수는 1년의 운수이다."[33]라 하였다.

정이천은 또 '충막무짐'(沖漠無朕:공허하고 광막하여 아무 조짐도 볼 수 없음)이라는 말로 그러한 마음의 실재 상태를 형용하였다. 그는 말하기를 "충막무짐하며, 만상삼연(萬象森然:만 가지 형상이 죽 늘어선 모양)함은 나에게 갖추어져 있다. 응(應)하기 전에는 앞이 없고, 이미 응하면 뒤가 없는 것은 백 척의 나무와 같이 근본으로부터 일관되어 있다."[34]고 하였다. 충막무짐이란 형체도 없고 조짐도 없어, 사람의 움직임을 기다리지 아니하고 안배(安排)함으로써 사람의 마음을 진흙 속에 난 바퀴자국[塗轍]으로 끌어들임을 말한다. 즉, 충막무짐이라는 것은 고요하고 무심한 것으로, 어떠한 흔적도 없음을 형용한다. 마음은 형체도 없고 조짐도 없으면서 일체 만물의 이치를 구비하고 있기 때문에 정이천은 충막무짐이라는 말을 사용하여 마음의 상태를 형용한 것이다. 정이천은 이 충막무짐의 상태를 잃지 말아야 성인이 된다고 하면서 "성인의 마음은 맑은 거울과 잠잠한 물과 같다."[35]고 하였다. 또 그는 어린아이처럼 되면 성인에 가깝다고 하면서, 맹자가 말했던 '대인(大人)은 어린아이의 마음[赤子之心]을 잃지 않는다'는 것이 바로 그러한 의미라고 하였다.

윤리설

정이천의 인성론에 의하면, 악(惡)은 기(氣)에 근본한 재(才)로부터 생겨나는 것이다. 성(性)은 언제나 절대선인 반면, 재(才)에는 선도 있고 악도 있으므로, 여기서 악한 재와 탁한 기를 배제할 필요가 있게 된다. 그래서 정이천은 수양공부의 방법으로 여러 가지를 들고 있는 데, 특히 두 가지 강령으로 거경(居敬)과 궁리(窮理)를 주장한다.

거경(居敬): 경(敬)은 정명도의 윤리설에서 이미 주장되었던 것으로, 그것은 마음을 한 곳에 전일하여 주일무적(主一無適)하는 것이었다. 마음을 한가지 일에만 집중하게 되면 번잡하고 혼란스러운 생각이 자연스럽게 소멸되어, 속이지 않게

---

33) 一人之心, 天地之心也; 一物之理, 萬物之理也; 一日之運, 一歲之運也.
34) 沖漠無朕, 萬象森然, 而具於己. 未應不之先, 已應不之後, 猶百尺之木, 由根本而一 貫.
35) 聖人之心如明鏡止水.

되고 게으르지 않게 되며, 깊은 속마음에서부터 부끄러움이 없게 된다. 그래서 정이천은 "사람의 마음은 두 가지 일을 동시에 사용할 수 없다. 한가지 일에만 전념하면 다른 일에는 들어갈 수가 없는 것이다. 이것은 일로써 주인을 삼는 것이다. 일을 주인으로 삼는다는 것은 번잡하고 혼란스러운 생각을 않는 것을 말한다. 이처럼 경(敬)을 오로지 한다면 번잡하고 혼란스러운 생각을 하는 병폐가 어찌 생겨나겠는가?"[36]라고 말하고 있다. 대체로 경은 우리들의 행위를 조절하는 것이기 때문에, 실행을 함에 있어서 제일차적인 의의로써 경을 중요시한 것이라 할 것이다. 정이천은 고요히 앉아 한가지만을 생각하는 것을 거경하는 방법이라 생각했다. 마음을 오로지 한가지에만 전일하려면 먼저 용모와 태도를 엄숙히 보전하지 않을 수 없다. 대개 외적인 용모를 단정하게 하면 마음에서 경이 생겨나게 된다. 어떤 사람이 이에 대해서 묻기를, "사람이 편안하게 거(居)하여 몸을 태만하게 하면 마음도 게을러지지 않겠습니까?"하니, 답하기를 "어찌 편안히 있다고 해서 마음이 게을러지겠는가? 학자는 모름지기 공경(恭敬)하여야 한다. 그러나 마음을 구속[拘迫]하는 것은 옳지 않다. 구속시키면 오래 가지 못한다".[37]고 하였다.

궁리(窮理): 정이천은 거경과 더불어 궁리를 또한 중시하였다. 궁리라는 것은 조화에 이르는 것이며, 하나 하나의 사물에 대하여 그 이치를 깊이 연구하는 것이다. 하나 하나의 사물에 대하여 그 이치를 깊이 연구하면 우주의 삼라만상을 확연히 설명할 수 있다. 그는 궁리의 방법으로 세 가지를 들고 있는데, ① 독서를 통하여 의리(義理)를 밝힘, ② 고금의 인물을 논하여 옳고 그름을 가림, ③ 사물에 접해서는 그 마땅함에 처함 등이다. 또 정이천은 학문에 대해서 여러 가지 유익한 교훈적인 말을 하는 가운데, "학문하는 선비는 경작하는 농부와 같다. 농부가 밭을 갈지 않으면 먹을 것이 없고 먹을 것이 없으면 살아가지 못한다. 이처럼 선비가 학문을 하루라도 그만둘 수 있겠는가? 학문은 조급히 서둘러서도 안되며, 게을리 해서도 안 된다. 너무 조급한 생각을 가지고 서두르는 마음이 앞서면

---

36) 人心不可二用. 用於一事則他事便不能入, 此以事爲之主也. 事爲之主, 猶無思慮紛擾之患, 若主敬又焉有此患耶?

37) 人之燕居, 形體怠惰, 心可不慢否?
安有箕踞而心不慢者? 學者須恭敬, 但不可拘迫, 拘迫則難久也.

배울 수가 없다. 학문은 수많은 일들을 배워나가는 것인데, 어찌 박절한 마음을 가지고서 할 수 있겠는가?"[38]라고 하였다.

정이천이 정명도와 견해를 달리하는 것 중의 하나가 지식을 중시한다는 점이다. 수양공부에 있어서, 정명도는 경(敬)과 의(義)를 제시하였는데, 정이천은 경(敬)과 궁리(窮理)를 주장하였다. 여기에서 정이천이 지식을 중시함이 드러나는데, 그는 말하기를, "지식[知]이 지극하면 마땅함[當]도 거기에 이르고, 지식이 끝나면 마땅함도 거기에서 끝난다. 모름지기 지식으로 근본을 삼는다. 깊이 알면 반드시 행하는데, 알지 못하면 행할 수가 없다. 알면서도 행할 수 없는 것은 지식이 깊지 못하기 때문이다. 사람이 굶주려도 새의 부리를 먹지 않고 물과 불에 뛰어들지 않는 것은, 그것의 부당함을 알기 때문이다. 사람이 불선을 저지르는 것은 알지 못하기 때문이다."[39]라고 하였다. 『이정전서』에서 대개 사람이 선을 알면 반드시 선한 행동을 하고, 악을 알면 반드시 악을 피한다고 하였다. 선의 깊음과 얕음을 알면 선의 깊음과 얕음에 따라서 행동한다. 이는 일종의 지행합일론(知行合一論)으로, 왕양명(王陽明)의 선구이다. 정이천은 또 지식을 '견문의 지식'[見聞知]과 '덕성의 지식'[德性知]으로 구분하였다. 견문지는 경험적 지식이고, 덕성지는 선험적 양지양능(良知良能)이다. 견문지는 가끔 교묘하고 거짓되며, 도리에 어긋나고 편벽에 빠짐으로 인하여 양지양능에 해롭다. 만약 견문지에 방해되는 것을 피할 수만 있다면 양지양능을 확충할 수 있고, 누구를 막론하고 모두 성인이 될 수 있다. 이러한 점에서 말한다면, 정이천은 또한 왕양명이 주장한 양지설(良知說)의 선구이다.

두 정자의 학풍과 학설

정명도와 정이천의 학풍과 학설을 다시 개괄적으로 요약하고, 그들이 후대에 미친 사상적 영향에 대해서 언급해 두기로 한다. 두 정자의 성격은 매우 달랐다. 정명도는 온후하고, 정이천은 엄숙하였다. 정명도는 사람을 잘 받아들이고 큰

---

38) 士之於學也, 猶農夫之於耕. 農夫不耕則無所食, 無所食則不得生. 士之於學, 可一日舍乎? 學不欲速, 然亦不可怠. 一有欲速之心, 便不學. 學廣大之事, 豈能以迫切之心爲之耶?

39) 知至則當至於此, 知終則當終於此. 須以知爲本. 深知之, 則必至行之, 無知之而不能行者. 知而不能行, 知得淺也. 飢不食鳥喙, 人不蹈水火, 知之也. 人爲不善, 卽爲不知也.

도량이 있어 가까이 있는 자들을 덕으로써 교화시켰다. 정이천은 강직한 기상으로 조정의 높은 관리들도 그를 꺼리었다. 사람들은 정명도에게서 봄바람과 봄의 화창함을 느꼈지만, 정이천에게서는 가을 서리와 따가운 햇살의 느낌을 받았다. 정이천은 소동파와 충돌하여 낙·촉의 당쟁을 야기시켰고, 정명도의 인격은 정적(政敵)인 왕안석을 굴복하게 하였다. 문인들도 또한 정명도를 가까이 하고, 정이천을 두려워하였다. 교육가적인 측면에서 보면, 정이천은 정명도에 미치지 못하였으며, 학문의 정밀도라는 측면에서 정이천이 정명도를 능가하였다. 두 사람의 성격이 같지 않았기 때문에, 학풍상으로도 달라 정명도가 덕을 존중하였다면, 정이천은 지식을 중시하였다. 정명도의 연구태도는 직각적(直覺的)·오도적(悟道的)·연역적(演繹的)이라면, 정이천의 연구태도는 경험적이고 귀납적이다. 정명도의 학풍은 육상산(陸象山)을 통하여 왕양명에게 전해 주었고, 정이천의 학풍은 주자에게 전수되었다. 사상사적으로 본다면 송학의 주요 인물들 중에서도 두 정자는 매우 중요한 자리를 차지한다고 하겠다.

제9절 정학(程學)의 계승자

정명도와 정이천이 그 성격·학풍·학설에 있어서 각기 다름은 앞에 설명한 바와 같다. 그러나 당시에 두 사람은 따로 학파를 세우지 않고 하나의 문호에서 문인들을 가르쳤다. 그러므로 문인들은 정명도의 문인이라든지 정이천의 문인인 것이 아니라, 그냥 정학(程學)의 문인일 뿐이었다. 그러나 정명도는 50여세에 생을 마쳤기 때문에 그 후 모든 문인들은 정이천에게 배웠다고 볼 수 있다. 특히 정이천은 70생애 동안 학풍을 널리 일으킴으로써, 정학을 천하에 풍미하도록 만들었다. 따라서 정학을 보급한 공으로 말한다면, 정명도이라기보다는 정이천의 공이 컸다. 정자 문하에서 배운 사람은 매우 많았으며, 그 주요 인물은 아래의 표와 같다. 여기서 유질부(劉質夫)로부터 여남전(呂藍田)까지는 두 정자에게서 배웠고, 여희철(呂希哲) 이하는 거의 정이천에게 배웠다.

두 정자(정명도)(정이천)

- 유질부
- 이단백
- 사상채 — 주 진
- 유치산 — 여자미 — 왕옥산
- 양귀산 — 장구성 — 왕옥산
- 양귀산 — 왕진책
- 양귀산 — 나예장 — 이연평 — 주 희
- 양귀산 — 호치당
- 양귀산 — 호오봉 — 장남헌
- 여진백 (양귀산과 함께 장구성·왕진책·나예장·호치당·호오봉으로 이어짐)
- 여화숙 (양귀산과 함께 장구성·왕진책·나예장·호치당·호오봉으로 이어짐)
- 여남전 (양귀산과 함께 장구성·왕진책·나예장·호치당·호오봉으로 이어짐)
- 호안국(사숙) (양귀산과 함께 장구성·왕진책·나예장·호치당·호오봉으로 이어짐)
- 여희철 — 여호문 — 여자미 — 여대기 — 여동래
- 윤화정 — 여자미
- 왕진택 — 육경단 — 임삼헌
- 원 개 — 설계선 — 진지재, 섭수심, 진용천
- 주행기 — 정백옹(사숙) — 진지재, 섭수심, 진용천
- 허경형 — 임죽헌 — 진지재, 섭수심, 진용천
- 초천수 — 호 헌 — 주 희
- 초천수 — 장 준 — 장남헌

위의 문인 중 사상채(謝上蔡), 양귀산(楊龜山), 유치산(游廌山), 여남전(呂藍田) 등 네 사람을 '정자문하의 4선생'이라 칭한다. 문하에서 배출된 인재들에 의해서 정자학은 천하에 풍미하게 되었는데, 이를테면 여진백(呂晉伯), 여화숙(呂和叔), 여남전(呂藍田)에 의해 관중(關中) 지방으로, 사상채(謝上蔡)에 의해 호북(湖北) 지방으로, 초천수(譙天授)에 의해 사천(四川) 지방으로, 주행기(周行己)에 의해 절강(浙江) 지방으로, 왕진택(王震澤)에 의해 강소(江蘇) 지방으로 전해짐으로써 정자학은 천하에 풍미하게 되었다. 또 이 계통에서 다시 주자(朱子)가 나타나 정자학을 크게 이루었다.

정자 문하의 대다수 학자들은 대체로 스승의 학설을 지켜 나갔다. 그러나 두 정자 사상의 깊숙한 부분을 철저히 밝혀 더욱 발전시킨 사람은 사상채와 양귀산 두 사람뿐이었다. 특히 낙·촉 당쟁으로 정이천이 관직에서 물러나 귀양간 이후, 정자 문하의 뛰어난 인재 중에는 불교에 귀의한 자도 많았다. 그러나 오직 사상채와 양귀산은 시종일관 변치 않는 절개로 스승의 학설을 지켜 나갔다.

사상채(謝上蔡): 이름은 양좌(良佐)이고, 자는 현도(顯道)이다. 상채(上蔡) 출신으로 지명을 호로 삼았다. 저서로는 『논어설』(論語說) 외에 주자(朱子)가 편찬한 『사상채어록』(謝上蔡語錄) 3권이 있다.

사상채는 두 정자의 가르침을 받았으나 특히 정명도에게서 더 많은 가르침을 받았다. 그는 정명도의 학설 중 선(禪)의 개념을 빌려서, '간이직절'(簡易直截:간단하고 쉬우며 직접적으로 재단하는)적 철학을 세워 육상산(陸象山)의 선구가 되었다. 주자는 사상채를 평하기를 "사상채는 인(仁)을 말하고 각(覺)을 말하여, 선(禪)을 분명히 하였다."[40]고 하였다.

사상채는 정명도의 인설(仁說)을 자기 학설의 근본사상으로 삼아 인(仁)을 마음[心]으로 나아가 천리(天理)로 해석하였다. 또 그는 정명도와 같이, 인을 원기(元氣)로, 성(性)으로, 도심(道心)으로 해석하기도 하였다. 이처럼 우리의 마음이 곧 인이요, 인은 곧 천리라는 해석은 분명 선천양심론(先天良心論)의 입장이라 하겠다. 선천양심론자들은 양심을 방해하는 것을 악의 원인으로 생각하는데, 사상채 역시 이러한 관점에 서 있는 것이다. 여기서 그는 양심에 방해되는 것으로 인욕(人欲)을 들고 있다. 그는 천리와 인욕을 서로 대립적인 것으로 생각한다. 즉, 작은 인욕이라도 생겨나면 그 정도의 천리가 없어지는 것이며, 작은 천리라도 있게 되면 그 정도의 인욕을 이길 수 있다. 이처럼 인욕이 생겨나면, 천리는 없어진다. 임의적으로 사사롭게 하여 일을 그르침은 이른바 인욕이 간여한 것이다. 대개 순수한 양심의 밝음을 가리는 것이 인욕이며, 인욕을 제거하면 천리가 밝아지게 된다. 따라서 천리 즉 양심을 밝히는 것이 수양의 목적이 된다. 이것은 당연한 결론이라 할 수 있다.

그렇다면 인욕을 제거하는 방법은 무엇인가? 불교에서는 견성(見性)을 주장하고, 유가에서는 궁리(窮理)를 중시하고 있음을 전제하면서, 그는 유학 쪽에다가 선(禪)의 뜻을 더 첨가할 것을 주장하고 있다. 그리하여 그는 수양방법으로 유가의 학설을 받아들여 궁리의 필요성을 역설하고 있으며, 불교에서 하학공부(下學工夫)를 하지 않는 것은 잘못된 관점이라고 비판하고 있다. 그는 또 지식을 진지(眞知)와 견문지(見聞知)로 구분하면서, 진지가 견문지보다 더 중요하다고 말하고 있다.

---

40) 上蔡說仁說覺, 分明禪也.

양귀산(楊龜山): 이름은 시(時)이고 자는 중립(中立)이다. 장락(將樂) 출신으로, 귀산(龜山)은 그의 호이다. 인종황우(仁宗皇祐) 5년(1035)에 태어나 고종소흥(高宗紹興) 5년(1153) 83세로 죽었다. 저서로는 『귀산집』(龜山集) 35권 외에, 『삼경의변』(三經義辨), 『어록』(語錄) 등이 있다. 양귀산은 정명도의 우주론을 이어받아 기일원론을 주장하였다. 우주의 본체는 일원기(一元氣)이며, 우주간의 현상은 본체 일원기의 이합집산에 불과하다고 여겼다. 사람 또한 일원기의 집산에 따라 생멸함은 다른 만물들과 다름이 없다. 그는 사람의 생과 사를, 물이 얼음이 되고 얼음이 물로 되는 변화 정도에 비유하고 있다.

양귀산은 유교의 성설(性說)을 불교의 학설과 비교하면서 성선론을 주장하고 있는데, 그는 말하기를, "불경에서는 십식(十識)을 주장하고 있다. 제팔암마라식(第八庵摩羅識)을 백정무구(白淨無垢)라 하고, 제구아뢰야식(第九阿賴耶識)을 선악종자(善惡種子)라 한다. 백정무구란 이른바 맹자가 말했던 성선(性善)을 뜻한다. 성선이라고 말한 것은 그 근본을 보고서 주장한 것이고, 성 곧 선악혼돈으로 말하는 것은 선악이 이미 무너진 곳에서 본 것이다. 이것을 왕형공(王荊公)은 알지 못했던 것이다."[41]고 하였다.

양귀산은 수신 · 제가 · 치국 · 평천하로 나아가는 것을 도(道)라고 생각하면서, 이러한 도를 행하는 까닭은 오로지 성(誠)을 실현하고자 하는 데 있다고 여겼으며, 나아가 도를 알고자 하면 마땅히 격물 · 치지해야 한다고 하였다. 이러한 생각은 대체로 『대학』과 『중용』의 학설을 종합하여 나름대로의 전문적 견해를 세운 것이라 할 수 있다.

여남전(呂藍田): 이름은 대림(大臨)이고, 자는 여숙(與叔)이며, 경조남전(京兆藍田) 출신이다. 자신이 태어난 지명을 호로 삼았다. 장횡거의 문인이었는데, 장횡거가 죽은 후에는 정명도를 스승으로 섬겼다. 많은 책들을 섭렵하여 지식이 풍부하였고 문장에도 능하였다. 성품이 근엄하고 예를 중시하여, 홀로 있을 때도 근엄하게 단정히 앉아 덕을 수양하였다. 원우(元祐:송나라 철종의 연호 1086-1093)때 태학박사(太學博士)를 지냈으며 47세의 나이로 죽었다. 저서로는 『남전문집』(藍

---

41) 經中說十識: 第八庵摩羅識, 唐言白淨無垢; 第九阿賴耶識, 唐名善惡種子. 白淨無垢, 卽孟子之所謂性善是也. 言性善者, 謂探其本也; 謂善惡混者, 乃於善惡已崩處看. 此王荊公所不知也.

田文集) 28권, 『시설』(詩說) 1권, 『대학설』(大學說) 1권, 『중용설』(中庸說) 1권, 『극기명』(克己銘), 『미발문답』(未發問答) 등이 있다. 간략하게 학설의 요지를 본다.

장횡거와 정이천의 인성론을 이어받아, 여남전은 인성을 '본연의 성'[本然之性]과 '기질의 성'[氣質之性]으로 나누면서, 선악 · 현우의 구별이 있게 되는 것은 기질의 성을 품수받기[氣稟] 때문이라고 하였다. 또 그는 '어린아이의 깨끗한 마음'[赤子之心]을 양심(良心)으로 보고 있다. 적자지심은 인간이 천지의 중심을 받음으로써 생겨나는 것이다. 그러기에 적자지심을 양심이라고 할 수 있는 것이다. 그리고 양심의 작용이 맑음과 밝음을 더 하게 하는 것, 이것이야말로 수양의 최고목적이 되며, 양심의 청명을 위해 노력할 때 비로소 적자지심이 보존될 수 있는 것이다. 그리고 이처럼 적자지심을 보존함으로써 천지의 중심으로부터 받은 마음상태를 보존할 수 있게 되는 것이다. 이러한 여남전의 수양론은 『중용』과 『맹자』를 종합한 것이라고 할 수 있다.

호오봉(胡五峯): 이름은 굉(宏)이고, 자는 인중(仁中)이다. 오봉은 그의 호이다. 숭안(崇安) 출신으로 저명한 석학이었던 호안정(胡安定)의 막내아들이다. 훌륭한 가문에서 태어나 형산(衡山)에서 20년이라는 긴 세월 동안을 독서에 매진하여, 마침내 사람들이 숭앙해 마지않는 한 세대의 사표(師表)가 되었다. 그의 학식의 풍부함과 절개의 고결함에 대해서는 주자도 찬양했던 바 있다. 저서로 전하는 것은 『호자지언』(胡子知言) 5권, 『시문집』(詩文集) 5권, 『황토대기』(皇土大紀) 80권, 『오봉역외전』(五峯易外傳) 1권이 있다. 그의 철학설이 나타나 있는 책은 『호자지언』이다.

호오봉은 성(性)을 절대지선한 것으로 보면서, "크도다 성이여! 만물을 구비하였구나! 천지도 이로부터 세워졌다. 세상 유학자들이 말하고 있는 성이란 대략 하나의 리(理)를 지칭할 뿐, 아직 천명(天命)의 전체를 보지 못하고 있다."[42](『胡子知言』)라고 하였다. 여기서 세상의 유학자라 함은 아마 맹자, 순자, 양자 등을 지칭하는 것 같다. 이처럼 오봉은 성(性)을 천명(天命)으로 보면서 그것은 만 가지 이치를 갖추고 있는 것이라 생각했다. 어떤 사람이 성(性)의 선악을 묻자, 그는 "성은 천지 귀신의 심오한 것이다. 선이라 말하는 것도 오히려 부족하거늘

42) 大哉性也! 具萬物, 天地由之而立. 世儒之言性者, 類指一理言之, 未見天命之全體者也.

하물며 악이라 할 수 있으리오?"[43]라고 하였다. 대개 오봉의 인성론은 양귀산의 성선론보다도 더 철저한 성선론이다.

오봉은 성(性)과 마음[心]의 관계에 대해 성을 본체로, 마음을 작용으로 보았다. 아울러 마음과 성을 구별하여 성을 정지적인 것으로, 마음을 활동적인 것으로 여겼다. 그러나 비록 성은 정지적인 것이긴 하지만 동시에 활동의 가능성도 있는 것이다. 즉 그에 의하면, "성은 움직이지 않을 수 없다. 그러나 움직이면 곧 마음이 된다."[44]라고 한다. 그는 또 마음은 천지를 알고 만물을 주재한다. 그러므로 성이 생겨나게 된다고 여겼다. 말하기를, "천명을 성(性)이라 부른다. 성은 천하의 큰 근본[大本]이다. 요 · 순 · 우 · 탕 · 문 · 무 · 공자 여섯 분의 군자들이 모두 마음에 대해서만 말을 하고, 성에 대해서는 말을 하지 않은 까닭이 무엇인가? 그것은 마음이 천지를 알고 만물을 주재함으로써 성이 생겨나기 때문인 것이다. 여섯 분의 군자는 마음을 다 하였으므로 천하의 큰 근본을 잘 세웠으며, 사람들이 오늘에 이르기까지도 이를 믿고 의지하고 있는 것이다."[45](『胡子知言』)라고 하였다.

오봉의 학설은 비교적 명쾌한 편이다. 그러나 그는 일면 정자의 학을 계승하면서도 가학(家學:한 집안에 대대로 전해 오는 학문)의 전통을 답습하는 측면이 있다. 그래서 그의 학설 속에는 정자학의 범위를 이탈한 면이 적지 않다. 이 때문에 주희, 장남헌, 여동래 등은 그의 학설을 비난하면서 정자의 학설과는 거리가 멀다고 하였던 것이다.

왕진택(王震澤): 이름은 빈(蘋)이고, 자는 신백(信伯)이며, 진택은 그의 호이다. 복주복청(福州福清) 출신이며, 정이천을 스승으로 섬겼다. 그는 동문의 선배인 양귀산도 매우 공경하였다. 고종(高宗)이 부르자 찾아가 뵙고는 자신의 정치적 견해를 피력한 바 있었는데, 황제는 그의 견해를 흔쾌히 받아들였다고 한다. 저서로는 노년에 『논어집해』(論語集解)를 짓다가 완성하지 못하고 세상을 떠나고 말았다.

---

43) 性者天地鬼神之奧也, 善猶不足言之, 況惡耶?
44) 性不能不動, 動卽心也.
45) 天命之謂性. 性, 天下之大本也. 堯舜禹湯文武仲尼六君子, 先後相紹, 必曰心而不曰性何耶? 曰以心知天地宰萬物而成性也. 六君子盡心者也; 故善立天下之大本, 人至今賴之.

나예장(羅豫章): 이름은 종언(從彦)이고, 자는 중소(仲素)이며, 예장은 그의 호이다. 남검(南劍) 출신으로 신종희녕(神宗熙寧) 5년(1072)에 태어나, 고종소흥(高宗紹興) 5년(1135)에 64세로 죽었다. 처음에는 오의(吳儀)를 스승으로 삼아 경전을 배웠으나, 후에 양귀산을 만나고 크게 깨달은 바가 있어 지금까지 배운 것을 모두 버리고 그를 스승으로 섬겼다. 일찍이 양귀산과 『주역』을 같이 공부하다가, 건괘의 구사효[乾之九四之爻]에 이르러 이에 대한 정이천의 주해가 이치에 맞음에 감탄하고는 낙(洛)으로 가서 그에게 면담을 요청하였다. 건염(建炎) 4년에 박라(博羅) 지방의 주부(主簿)가 되었다. 임기를 다 마친 후에는 나부산(羅浮山)에 들어가 여생을 조용히 보냈다. 『예장문집』(豫章文集) 16권, 『춘추지귀』(春秋指歸), 『태형요어』(台衡要語), 『중용설』(中庸說) 등을 비롯한 여러 저작들이 있다.

이연평(李延平): 이름은 통(侗)이고, 자는 원중(愿中)이며, 연평은 그의 호이다. 남검(南劍) 출신으로 철종원우(哲宗元祐) 3년(1088)에 태어나, 효종융흥(孝宗隆興) 원년(1163)에 71세로 죽었다. 양귀산, 나예장과 더불어 남검 3선생으로 불리었다. 24세부터 나예장에게 배웠다. 당시 나예장의 학문은 아직 명성을 얻지 못하고 있었으나, 연평은 그를 매우 존경하며 가르침을 받았다. 이후 나예장의 가르침을 떠나 40여 년 동안을 은거하면서 세상사를 잊어버리고 학문에 전심전력하였다. 성격은 매우 거만한 편이었는데, 수양의 결과로 매우 겸손하고 사양함을 알게 되었다. 그리고 부모를 잘 모시고 형에게 순종하여, 효도와 우애가 있다는 명성이 원근의 사람들에게 알려졌다. 그러나 학설상으로 보면, 연평은 정자학의 실행자였을 뿐, 새로운 학설을 제시하지는 않았다. 그래서 문장도 짓지 않았고 저서도 없다. 다만 간접적으로나마 『주자어류대전』(朱子語類大全)에 나와 있는 몇 구절과, 주희가 편찬한 『연평답문』(延平答問) 2권을 통해서 그의 학설의 일단을 엿볼 수 있을 뿐이다.

연평 학문의 핵심은 정좌(靜坐)에 있다. 정좌를 하여 천리를 체득함으로써 희·노·애·락이 마음속으로부터 일어나지 않도록 하는 것, 바로 그것을 그는 수양의 근본문제로 삼았다. 연평은 그것을 단순히 입으로만 말했던 것이 아니라 언제나 이를 실천하였다. 『연평문답』에서 "학문의 도는 말이 많음에 있지 않고, 오직 마땅히 묵묵히 앉아 마음을 맑게 하여 천리를 체득함에 있다. 만약 진실로 보여지는 바가 있으면 비록 한 터럭의 사사로운 욕심을 발하더라도, 물러나 힘써 듣기를 오래하면 거의 차차 밝아지는 것은 학문을 연구하는 힘이 있기 때문이다."[46] 라고 하였다. 연평은 가끔 문인으로 하여금 종일토록 방에 단정히 앉아 한마디의 잡스러운 말도 내지 못하게 하였다. 단정히 앉아 깊이 생각함으로써 일체의 의문이 바로 풀린다고 여겼다. 『연평문답』에서 "크게 의심나는 곳이 있으면 마땅히 단정히 앉아 몸으로써 연구한다. 인륜은 반드시 천리를 밝히고, 날마다 쓰는 곳에서 환히 살핀다. 힘을 다하여 볼 수 있고 단서가 잡히면 그것에 힘 쓸 뿐이다."[47]라고 하였다.

연평은 또 맹자의 설을 수용하여 야기(夜氣)의 보존을 수양의 한 방법으로 삼았다. 야기라는 것은 밤에 사악한 생각이나 망상이 소멸될 때 나타나는 마음거울의 깊고 고요한 기운이다. 연평은 일체의 사악한 생각과 망상은 밤에 소멸되고, 이때에 양심은 가장 청명한 상태에 있다. 따라서 주야를 구분하지 않고 야기를 보존하는 것이 정신수양 방법에서 매우 필요한 것으로 여겼다.

주자는 24세 때 처음 연평의 학설을 듣고, 공언(空言)과 쾌의(快意)를 부끄럽게 여겼다고 한다. 그래서 주자는 연평을 스승으로 섬기며, 정신을 함양하는 데 전력하였다. 이러한 주자를 연평은 자주 칭찬하였다고 한다. 이처럼 주자는 비록 연평을 존경하여 그 문하에서 배우기는 하였으나, 학설상으로는 정이천으로부터 사상의 감화를 많이 받았다. 즉, 연평이 주자에게 영향을 끼친 것은 순수한 리철학(理哲學) 방면이 아니고 실천적인 수양법에 있었다.

제10절 주자(朱子)

주자의 이름은 희(熹)이고, 자는 원회(元晦) 또는 중회(仲晦)이며, 어렸을 때의 자는 오이(五二)였다. 호는 회암(晦菴), 회옹(晦翁), 운곡노인(雲谷老人), 창주병수(滄洲病叟), 둔옹(遯翁) 등으로 불린다. 그가 거처했던 집을 무이정사(武夷精

46) 學問之道不在多言, 惟宜默坐澄心, 體認天理. 若眞有所見, 則雖發一毫之私慾而又退聽用力久則庶幾漸明因有講學之力耳.

47) 大率有疑處, 則宜靜坐而體究. 人倫必明天理, 明察於日用之處, 着力可觀在端緖者勉之耳.

舍), 고정(考亭), 창주정사(滄洲精舍)라 이름했다. 휘주무원(徽州婺源) 출신으로, 고종건염(高宗建炎) 4년(1130)에 태어나 영종경원(寧宗慶元) 6년(1200)에 71세로 죽었다. 그의 아버지인 주송(朱松)의 자는 교년(喬年), 호는 위재(韋齋)로, 이연평과 같이 나예장의 문하에서 배웠다. 진사에 급제하고 관직을 맡았었는데, 금(金)나라와의 화평협상 문제를 놓고 재상인 진회(秦檜)와 뜻이 달라 사직하고 말았다.

주자는 어려서부터 매우 총명하여 다른 아이들의 추종을 불허하였다. 14세 때부터 적계(籍溪) 호원중(胡原仲), 백수(白水) 유치중(劉致中), 병산(屛山) 유언중(劉彦仲)에게 나아가 배웠으며, 22세에 진사에 급제하였다. 24세 때 비로소 이연평을 만나 그의 학설을 듣고는, 종래의 공허한 언설들에 진실이 없음을 자각하고 이연평의 문인이 되었다. 효종(孝宗)이 즉위하여 직언을 구하니, 이에 답하기를 첫째, 제왕의 학은 격물 · 치지(格物致知)하고 성의 · 정심(誠意正心)으로써 천하에 임해야 한다. 둘째, 금나라 사람의 그릇됨을 지적하면서 화평을 논하는 것의 불가함을 주장하였다. 그러나 재상 탕사퇴(湯思退) 등이 화평을 주장함으로써 주자의 의견은 끝내 채택되지 못했다. 이 때 문인이 이미 수백 명이 되고 명성은 날로 높아져 큰 세력을 이루었다. 감찰어사(監察御史) 진고(陳賈)가 효종에게 참소하기를, 주자는 도학의 이름을 빌려 거짓을 전한다고 하였다. 수부시랑(水部侍郞) 임률(林栗)도 또한 주자를 탄핵하기를, 장횡거 · 정이천의 설을 가지고서 세상을 속이고 있다고 하였다. 59세에 다시 효종에게 상소하는 글을 올렸는데, 효종은 이를 보고 크게 감동하여 그를 비각수찬(祕閣修撰)에 임명했다. 그 뒤 광종(光宗) 때는 담주(潭州) 지사가 되었다. 또 영종(寧宗)이 즉위함에 부름을 받아 서울로 왔으나, 당시 권세가였던 한탁주(韓侂胄)의 횡포에 대해 왕에게 직언을 하였다가 오히려 원한을 사서 겨우 46일만에 파면되고 말았다. 이 때 심계조(沈繼祖), 호굉(胡宏) 유덕수(劉德秀) 등 반대당의 일파들은 이 기회를 이용하여 주자의 학이 거짓된 학이라고 매도하고, 임금의 자리를 엿보는 역적의 무리라고 배척하였다. 이 사건을 '경원의 당화'[慶元之黨禍]라고 한다. 주자는 비록 이와 같은 박해를 받았으나 태연히 학문을 연구하였다. 한편, 그가 죽자 문(文)이라는 시호를 내려졌으며 중대부(中大夫)로 증직되었다. 이종보경(理宗寶慶) 3년 다시 태사(太師)라는 벼슬을 제수 받았으며, 나아가 신국공(信國公)에 봉해졌다. 후에 다시 휘국공(徽國公)으로 고쳐졌다.

저서는 아주 많은데, 그 주요한 것을 들면 『학용논집주』(學庸論集註) 26권, 『논맹혹문』(論孟或問) 34권, 『중용집략』(中庸輯略) 1권, 『논맹정의』(論孟精義) 34권, 『역본의』(易本義) 12권, 『역학계몽』(易學啓蒙) 4권, 『시집전』(詩集傳) 8권, 『의례경전통해』(儀禮經傳通解) 37권, 『가례』(家禮) 5권, 『효경간오』(孝經刊誤) 1권, 『서명해의』(西銘解義) 1권, 『태극도설해』(太極圖說解) 1권, 『통서해』(通書解) 2권, 『정몽해』(正蒙解) 2권, 『이락연원록』(伊洛淵源錄) 14권, 『근사록』(近思錄) 14권, 『소학』(小學) 6권, 『자치통감강목』(資治通鑑綱目) 60권, 『한문고이』(韓文考異) 10권, 『초사집주』(楚辭集註) 4권 등이 있다. 이외에도 후세 사람이 주자의 문집을 편찬한 『주자문집』(朱子文集) 120권, 『주자어류대전』(朱子語類大全) 141권, 『주자전서』(朱子全書) 66권 등이 있다. 또 간단한 것으로 『주자서절요』(朱子書節要) 20권, 『주자학적』(朱子學的) 2권이 있다.

중국의 태고이래 전해져온 사상을 주자는 모두 망라하고 융합 · 조화하여 자기의 학설을 세웠는데, 이는 유럽 근세의 대표적 철학자인 칸트와 아주 유사하다. 중국사상사의 흐름에서 학설상 현저하게 드러나는 것들로 고대에서 공자의 인(仁), 자사(子思)의 성(誠), 맹자의 인의(仁義)이고, 근세에서 주렴계의 태극도설(太極圖說), 정이천의 리기이원론(理氣二元論) 및 거경궁리설(居敬窮理說), 장횡거의 심성설(心性說), 소강절의 선천학(先天學) 등이다. 대개 이러한 학설들을 주자는 하나의 큰 체계로 조직하였다. 주자는 유학 서적만을 연구했던 것이 아니라, 불교와 노자 서적에 나와 있는 학술용어를 자유롭게 활용하였다. 그리하여 유교의 학설은 주자에 이르러 새롭게 그 면모를 일신하게 되었다. 요컨대 주자는 중국사상의 집대성자이며, 유교철학의 건설자로서 세계사상사 상에 이름을 남긴 일대의 큰 위인이었다.

철학설

주자는 그 넓고 해박한 지식으로 고대 중국철학상의 큰 문제, 이를테면 우주론과 인성론 등의 철학의 기본문제들에 대해 가장 명석한 해석을 시도하였다. 특히 우주론와 인성론의 두 가지 문제는 주자에 이르러 더욱 철저한 결론에 도달하였다.

우주론: 주자의 우주론은 주렴계의 태극도설과 정이천의 리기이원론을 융합한 것이다. 주렴계는 우주의 본체를 무극(無極)이면서 태극(太極)이라고 말하였고, 정이천은 리기이원(理氣二元)을 우주의 원리로 삼았다. 주자는 이 두 설을 조화하여, 우주의 본체를 태극으로 삼고, 태극을 리기이원의 종합이라고 여겼다. 즉, 그의 우주론의 특색은 리기이원을 태극으로 귀착시키는 데 있었다.

리기론: 우주의 본체는 태극이다. 태극은 무극이며, 시간과 공간의 범위 밖에 존재하고, 처음과 끝이 없으며 영구 불멸한 것이다. 태극과 리(理)는 동일물이며, 각자 이름이 다름에 불과하다. 즉 태극은 리이며, 리는 태극이다. 눈으로 보이는 만물의 근저에 놓여있는 실재가 곧 태극이다. 보이는 것과 기(氣)의 상대적인 우주원리가 곧 리이다. 태극은 유일의 절대이나, 리와 기는 서로 상대되는 원리이다. 리는 반드시 기와 상대하여 존재하며, 리가 있으면 기가 있고 기가 있으면 리가 있다. 리가 없는 기는 없으며 기가 없는 리 또한 없다. 리기를 그 작용의 측면에서 구별하면, 리는 형이상의 도로써 만물생성의 원리이고, 기는 형이하의 그릇으로써 리로 말미암아 주조될 질료이다. 리와 기는 시간적인 전후로 구분할 수는 없으나, 그 존재의 자격으로 말한다면, 리는 근본적이고 기는 부수적이다. 즉, "리가 있으면 기가 있다. 리는 기의 근본이다."[48]라 하였는데, 자기존재의 지위상 그 본말이 정해지는 것이다. 무릇 기에 상대하여 리가 있으며, 리에 상대하여 기가 있다. 그러나 이처럼 리와 기는 비록 서로 상대적으로 구별은 할 수 있다하더라도, 두 가지의 물(物)로 나눌 수는 없다. 리는 항상 기 가운데 있는 것이지, 기 밖에 따로 존재하는 것이 아니다. 따라서 리와 기는 하나의 물이다.

리(理)-형이상의 도(道)-(만물발생의 원리)-근본적	시간적으로 전후는 없음
기(氣)-형이하의 기(器)-(만물주형의 질료)-부수적	

48) 有此理便有此氣. 理者氣之本也.

주자는 태극으로 리기이원을 종합하려고 시도하였나 결국 리기이원론을 벗어날 수 없었다. 그는 태극이 리이고, 리와 기는 하나의 물(物)임을 강력히 주장하였으나, 이는 형식상의 종합에 불과하며, 리와 기는 전과 다름없이 대립된 두 원리이다. 오히려 여기에 한가지 의문이 발생한다. 만약 태극은 리이고, 리와 기는 상대적이라면, '태극의 리'와 '리기는 상대적이라 할 때의 리'는 동일물인가, 다른 물인가? 주자의 관점에서 본다면 동일물이라 한다. 그러나 그것이 이미 동일물이라면 리가 기를 생성하는 이유는 명확치 않다. 이 점에 관한 주자 자신의 명확한 설명은 없다.

만물생성론: 천지간의 만물은 모두 우주의 본체인 태극으로부터 발생하였다. 태극은 리(理)이다. 주자는 리를 만물 발생의 원리로 여기면서, 만물의 생성되는 순서를 다음과 같이 설명하였다. 태극은 한 곳에 엉켜있어 차별이 없다가, 기의 움직임과 고요함으로 차별이 생기며 만물 생성의 원인이 된다. 기가 움직이면 양을 낳고, 고요하면 음을 낳는다. 음양 2기의 교감으로 다시 수·화·목·금·토의 5행이 생성된다. 5행이 갖추어짐으로써 비로소 만물이 생성된다.

2기 5행은 기의 움직임과 고요함으로부터 생성된다. 기는 리에 상대되고, 리는 태극이다. 주자에 의하면, 만물생성의 원인은 태극 가운데 갖추어져 있다. 태극의 원리가 내재함으로 말미암아 2기 5행을 낳고 천지만물을 생성한다. 그러므로 태극은 우주에 널리 퍼져 있어, 음양과 5행의 가운데에 존재하며 만물 가운데에 존재한다. 따라서 만물의 성은 곧 태극이다. 대체로 만물은 모두 태극의 발현이며, 태극은 만물 가운데 널리 퍼져 있다. 개개의 물체는 각자 하나의 작은 태극이다. 태극(理)을 구비하고 있다는 점에서 본다면 만물의 본질은 모두 동일한 것이 된다. 그렇다면 만물의 종류는 어떻게 생겨나게 되었는가? 주자에 의하면 그것은 기의 청탁(淸濁)이 있기 때문이다. 리는 무차별이지만, 기에는 청탁이 있다. 만물이 생성될 때에 맑고 깨끗한 기[淸爽之氣]를 품수 받을 수도 있고, 혼탁한 기[混濁之氣]를 품수 받을 수도 있다. 이처럼 받는 기가 같지 않기 때문에, 리가 모든 만물 속에서 완전히 평등하게 실현될 수 없는 것이다. 이것이 만물의 차별과 종류가 있게 되는 까닭이다. 만물 중에서 가장 맑은 기를 받아서 생성된 것이 사람이며, 기타 만물은 사람에 견주어 볼 때 혼탁한 기를 받아서 생성되었다.

따라서 사람 중에서도 등급이 있게 되는 것이고, 기타 만물 중에도 등급이 있게 되는 것으로, 그 종별을 일일이 헤아릴 수가 없는 것이다.

인성론: 주자는 우주론을 기초로 하여 인성론을 제시하고 있다. 그는 인성을 '본연의 성'[本然之性]과 '기질의 성'[氣質之性]으로 나누어 설명함으로써, 악의 유래를 해결하는 데 있어서 가장 명쾌한 해석을 내릴 수 있었다. 이와 같은 인성에 대한 이원적 해석은 이미 그의 우주론인 리기론의 필연적 결과이다. 장횡거와 정이천의 인성론과 비교하면 주희의 인성론이 더욱 선명해질 것이다.

본연성과 기질성: 주희는 인성을 본연성(本然性)과 기질성(氣質性)으로 나누어, 본연성은 리(理)로부터 생겨나고, 기질성은 기(氣)로부터 생겨난다고 생각했다. 무릇 본연성은 리로부터 생겨나고, 절대적으로 선인바 지선순일(至善純一)하다. 반면, 기질성은 기로부터 생겨나는데, 기는 음양 2기이기에 여기에는 수 · 화 · 목 · 금 · 토 5원소가 있다. 이 5원소의 배합으로 인하여 기에는 청탁의 구별이 있게 된다. 따라서 기로부터 생겨나는 기질성은 부득이 차별이 나타나게 된다. 맑은 기를 받아 태어나면 성(聖)이고 선(善)이며, 탁한 기를 받아 태어나면 범(凡)이고 악(惡)이다. 이처럼 성인과 범인, 선과 악의 구별이 있게 되는 것은 기의 청탁이 있기 때문인 것이다.

본연성은 선으로써 여기에는 인 · 의 · 예 · 지 · 신의 덕을 구비하게 된다. 선과 악은 기질성으로 말미암아 나누어지며, 기질성은 본연성의 발휘를 방해한다. 비유컨대, 본연성은 해나 달과 같고, 기질성은 구름이나 안개와 같다. 해와 달이 구름과 안개로 덮였을 때는 그 빛을 발할 수 없고, 구름과 안개를 제거하면 해와 달이 다시 빛난다. 또 비유하면, 본연성은 물과 같고, 기질성은 물을 담는 그릇과 같다. 물이 비록 맑으나 깨끗하지 못한 그릇에 담기면 더러워지므로, 물의 맑은 본성을 보존하고자 하면 깨끗한 그릇에 담아야 하는 것이다. 그러므로 본연성을 발휘하고자 하면 부득이 기질성을 변화시켜 그 더러움을 제거해야 한다. 이러한 견해를 가지고 있었기 때문에 주자는 기질변화설(氣質變化說)을 주창하여 수양론의 기초로 삼았던 것이다.

주자는 누구를 막론하고 모두 본연성과 기질성을 가지고 있다고 여겼다. 성인도 또한 기질성을 가지고 있으며, 범인도 또한 본연성을 갖추고 있다. 그래서 비록 우둔한 사람일지라도 반드시 명석한 소질을 가지고 있으며, 유연한 사람일지라도 반드시 강직한 소질을 가지고 있다는 것이다. 이러한 관점에서, 주자는 맹자의 성선론은 본연성에 주목한 것이고, 양웅의 성선악설은 기질성에 주목하여 그 설들을 주장했던 것이라고 하였다.

심성정(心性情)의 구별: 주자는 심 · 성 · 정 세 가지를 구별하여 명료하게 설명하기를, "마음은 한 몸의 주재이며, 여러 이치를 갖추어 만사에 응한다. 마음의 본체를 성이라 하고, 마음의 작용을 정이라 부른다."[49]고 하였다. 주자는 또 마음이 성과 정을 다스린다고 생각하여 "성은 리(理)를 말하는 것이고, 정은 작용이 발하는 곳[發用之處]이다. 마음이 성과 정을 관장한다."[50]고 하였다. 그의 설에 의하면, 이른바 성과 정은 마음의 체와 용에 불과하다. 비유하면, 마음은 종자(種子)와 같은 것이다. 그 종자 속에 구비되어 있는 성의 리(理)도 또한 종자이다. 양기로부터 발생하여 종자의 싹을 생성하는 것은 정이다. 이러한 그의 설은 맹자와 장횡거로부터 많이 모방한 것이다. 주자는 스스로 "성 · 정 · 심은 오직 맹자와 장횡거가 잘 깨달은 것이다. 인(仁)은 성이고 측은(惻隱)은 정이며, 모름지기 마음으로부터 발생하여 나온 것이다. 마음은 성과 정을 통솔하는 것이다."[51](『語類』)고 하였다.

인심과 도심: 주자는 또 마음을 도심(道心)과 인심(人心)으로 나누어, 본연성이 작용하는 것을 도심이라 하고, 기질성이 작용하는 것을 인심이라 여겼다. 사람은 누구를 막론하고 모두 인심이 있으며, 또한 도심도 있다. 성인이라도 또한 인심이 있으며, 범인이라도 또한 도심이 있다. 도심은 절대적으로 지극한 선이기는 하나 쉽게 정욕에 의해 가려지게 된다. 그래서 그는 "도심은 오직 미약하다."[52]고 하였다. 인심은 정욕을 말한다. 목이 마르면 물을 바라고 추우면 옷을 바라니, 이것이 모두 정욕이다. 그렇다고 인심이 곧 악을 의미하는 것은 아니다. 인심도 천리에

---

49) 心爲一身之主宰, 具衆理, 應萬事. 心之體名性, 心之用名情.
50) 性以理言; 情卽發用之處; 心卽管攝性情者也.
51) 性情心, 惟孟子橫渠得好. 仁卽性; 惻隱卽情; 須由心上發生而來. 心卽統御性情者也.
52) 道心惟微.

합하여 바르게 되면 선이 된다. 그러나 과불급(過不及)하거나 바름[正]을 얻지 못하면 악이 된다. 말하자면, 정욕은 그 중심을 얻게 될 때는 선이 되는 것이고, 중심을 얻지 못하게 될 경우에는 악이 된다. 그러나 정욕(즉 인심)은 언제나 과불급에 처할 가능성이 많아서 악에 빠지기 쉽다. 그러기에 주자는 "인심은 오직 위태롭다."[53]고 하였던 것이다.

성인은 언제나 인심의 바름을 얻어 도심이 밝아지고, 범인은 인심의 바름을 얻지 못하여 도심이 가려진다. 성인이라도 인심은 있으며, 범인이라도 도심이 있다. 사람은 누구를 막론하고 모두 도심과 인심을 가지고 있다. 그러므로 범인일지라도 정욕을 바르게 하여 천리와 합치되면 본연성으로 돌아갈 수 있게 되며, 따라서 범인도 또한 성인이 될 수 있는 것이다.

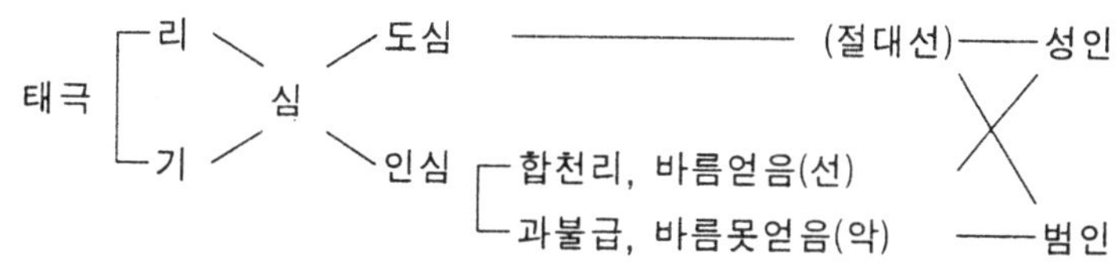

윤리설

주자의 윤리설은 우주론 및 인성론의 필연적 귀결이다. 그 가운데 이상론과 수양론에 대한 것은 매우 명쾌하다.

이상론: 주자는 도덕의 이상을 인(仁)이라고 하였다. 인은 넓은 의미의 인과 좁은 의미의 인이 있는데, 도덕의 이상은 넓은 의미의 인이라 하였다. 넓은 의미의 인이란 무엇인가? 우주의 본체인 리(理)를 윤리적인 관점에서 관찰하는 것이다. 리 즉 태극은 천지간 만물 중에 두루 퍼져 있다. 인은 사람들 속에 존재하는 리이다. 인은 사람의 마음이며, 윤리적 관점에서 보는 마음이 곧 인이다. 인은 도의 근본이며, 인 · 의 · 예 · 지의 덕들은 모두 인 속에 포용된다. 인이 발함에 사람에 대해서는 애정(愛情)이 되고, 사물에 대해서는 지각(知覺)이 된다. 이처럼, 인 속에는 애정과 지각의 가능성을 포함하고 있다. 애(愛)는 인의 발현이며 스스로 인성 가운데 갖추어져 있다. 인이 활동할 때는 부득이 그 애를 발현하지

53) 人心惟危.

않을 수 없다. 그것이 애(愛)와 불애(不愛)로 나뉘는 것은 사사로운 정에 가려지기 때문이다. 누군가 인에 대해서 질문을 하면, 주자는 그림을 그리면서 인을 설명하였다고 한다.

수양론: 주자는 본연성은 선이고, 기질성은 선도 악도 될 수 있다고 하였다. 따라서 그는 악의 유래를 기질성에 두었다. 또 그는 기질변화설을 제창하여, 기질을 변화시키면 악이 선으로 될 수 있다고 여겼다. 이러한 인성론에 근거하여 그는 기질의 성을 변화시키는 데 수양의 주안점을 두었다. 무릇 기질의 성을 변화시키는 것은, 본연성의 절대 선을 발휘하도록 하기 위한 까닭이다. 바꾸어 말하면, 도덕의 최고 이상인 인을 실현하기 위한 것이라 할 수 있다. 주자는 또 정이천의 설을 받아들여 거경(居敬)과 궁리(窮理)를 수양 공부의 2대 강령으로 삼았다.

거경: 경(敬)은 마음을 한 곳에 집중하여 일체의 잡념을 버리고[主一無適] 그 마음을 한결같이 변치 않도록 하면서[專一其心] 자기의 덕성을 함양하는 것으로, 이른바 『중용』의 존덕성(尊德性), 맹자의 존심양성(存心養性)을 말한다. 주자는 경(敬)이란 한 글자를 성인의 문에 들어가는 제일의 뜻으로 인정하였고, 안팎의 두 가지 공부를 갖추는 것으로 여겼다. 즉, 성찰은 경의 내면적 공부이며, 단정히 앉아 있음[靜坐]은 경의 외면적 공부이다. 성찰은 말할 필요도 없이 자명하며, 정좌하면 마음이 자연히 가라앉게 되는바 그것은 전일기심하는 최선의 방법이다. 송나라 유학자 가운데 이것을 논한 사람이 매우 많았는데, 정좌란 좌선(坐禪)처럼 생각을 단절하는 것이 아니라 그 마음을 수렴하여 방종하지 않게 하는 것이다. 경에는 사경(死敬)과 활경(活敬)이 있다. 실제 일에 처하여 옳고 그름을 판별할 수 없는 것이 사경이다. 좌선으로 선정에 들어 생각을 단절해 버리는 것도 사경이다. 그러나 수양공부는 활경을 가장 중시한다.

송나라 유학자들은 정좌와 더불어 야기(夜氣) 보존의 필요성에 대해서도 말했다. 야기라는 것은 밤중에 사사로운 마음이 편안해 지고 고요해지는 정신상태이다. 야기를 보존하는 것은 양심의 광명을 발휘케 하여 스스로 거경을 체득하도록 하기 위함이다.

궁리: 궁리(窮理)란 『대학』에서 말하는 치지 · 격물(致知格物)하는 것이다. 치(致)는 미루어 미침이며, 지(知)는 앎이다. 치지라는 것은 우리들의 지식을 궁구하는 것이며, 그 지식을 다하지 않음이 없고자 하는 것이다. 격(格)은 지극함이며, 물(物)은 일[事]과 같다. 격물은 사물의 이치를 극진히 하여, 그 지극하지 않음이 없도록 하는 것이다. 결국 궁리는 사물의 이치를 궁구하여 지식을 넓히는 것이다.

거경과 궁리는 수양공부의 2대 강령으로, 이 중 어느 하나라도 결여되면 목적에 도달할 수 없다. 주자는 이것을 양발에 비유하기도 하였다. 그러면서도 그는 궁리를 더 우선하였다. 수양의 제1보로 먼저 바른 도리를 알아야 한다고 여겼으며, 그 이치를 알지 못한 체 행동하는 것은 망녕된 행위라 하였다. 선지후행설(先知後行說)을 주장한 셈이다. 그러나 지식을 중시했다고 실천을 경시한 것은 아니었다. 지식은 있으면서 실천하지 않는 것을 배척하면서, 실천하지 않는 지식이란 무익한 것이라 하였다. 무릇 선후 관계로 본다면 지식을 앞세운 것이고, 경중(輕重)으로 따지자면 덕행을 중시한 것이다.

명분론(名分論): 주자의 저서 『통감강목』(通鑑綱目)은, 『춘추』(春秋)의 필법에 근거하여, 역대 제왕의 사적(事蹟)에 포폄(褒貶:칭찬함과 나무람)을 가함으로써 대의명분을 밝혀주고 있는 책이다. 동시에 국민의 배외(排外:외국의 문물이나 사상 등을 배척함)정신을 고취시키고 있다. 사마온공(司馬溫公)의 『자치통감』(資治通鑑)은 삼국시대의 형세를 논하면서 위(魏)나라를 정통으로 인정하였으나, 주자의 『통감강목』은 촉(蜀)나라를 정통으로 인정했다. 사마온공은 북송(北宋) 출신이므로 북송의 천자를 정통으로 세우고자 하여, 삼국시대 이래 중원을 지배한 위나라를 정통으로 인정할 수밖에 없었다. 주자는 남송(南宋) 출신인데 당시 중원은 금(金)나라의 지배를 받고 있었다. 그래서 만약 중원을 지배하는 것으로 정통을 삼는다면 남송은 정통성을 얻지 못하게 되는 것이다. 따라서 주자는 남송을 정통으로 주장하려고 삼국시대로 소급하여 촉나라를 정통으로 삼았던 것이다.

비 판

주자는 중국사상을 크게 발전시킨 박학다식한 위대한 위인이었다. 그 학설의 특색은 집대성함에 있었다. 주자는 고금의 사상을 가려 자기의 심중으로 끌어안고자 주력하였다. 계통적으로 배열하고 조직함으로써 이채로운 대 학설을 이루었던 것이다. 그 학설의 체계와 사상의 명석함은 중국 철학사상 보기 드물다. 리기이원론을 제창하고, 본연·기질 두 성으로 나누어 송나라 초기 여러 학자의 우주관과 인생관을 종합적으로 밝혀냈다. 이러한 업적으로 말한다면 중국철학자의 이름에 반드시 길이 전하여 영구히 없어지지 아니할 것이다. 그러나 엄밀히 따져본다면, 그의 학설에도 여러 가지의 단점이 있다. 이를테면, 그의 학설은 모두가 고래의 사상을 종합했을 뿐이지 자신의 창조적인 견해를 제시한 것은 아니었다. 여러 학설을 채용하여 하나의 큰 체계를 조직적으로 이룬 것에 대해서는 확실히 높은 평가를 해야 한다. 그러나 새롭고 독창적인 견해가 없다. 그래서 그의 방대한 학설 중에는 모순되는 것들이 있고, 애매하며, 설명이 부족한 점이 있다. 그러나 이러한 것은 지극히 미세한 측면일 뿐이며, 이런 점이 지적된다고 하여 그의 위대한 업적이 손상되는 것은 아니다.

제 11 절 주자학의 계승자

주자의 문하에서 배운 사람은 매우 많으나, 그 중에서 가장 유명한 사람은 채서산(蔡西山), 채구봉(蔡九峯), 황면재(黃勉齋), 진북계(陳北溪) 등이었다. 이 중에서도 진북계는 가장 유명한 계승자였다. 주자의 학설을 계승한 사람들을 주자학파(朱子學派)라 하는데, 그 학설의 시조인 정자학(程子學)과 합하여 정주학파(程朱學派)라 불린다.

채서산(蔡西山)

이름은 원정(元定)이고 자는 계통(季通)이며, 서산은 그의 호이다. 건양(建陽) 출신으로 아버지의 이름은 발(發)이고 호는 목당노인(牧堂老人)인데, 많은 서적들을 섭렵하였으며 아들인 서산의 교육에 심혈을 기울였다. 이처럼 어린 서산은 훌륭한 가정교육을 받으면서 자라났고 이미 소년시절에 주자의 이름을 듣고 그의 문하로 들어갔다. 주자는 서산의 학문에 놀라 그를 친구로 대접하였다. 경원(慶元)

초년에 주자가 위학금제지화(僞學禁制之禍:거짓된 학문을 유포하지 못하도록 하는 금지법)를 당하여 유배가게 되었는데, 이때 서산도 도주(道州)로 귀양가게 되었고 결국 그는 유배지에서 죽었다. 시호는 문절(文節)이다. 그의 저서로는 『대연상설』(大衍詳說), 『율려신서』(律呂新書), 『연락군변』(燕樂群辨), 『황극경세태현』(皇極經世太玄), 『잠허지요』(潛虛指要), 『홍범해』(洪範解), 『팔진도설』(八陣圖說) 등이 있다. 서산은 유학에 달통하였을 뿐 아니라, 천문 · 지리 · 악률(樂律) · 역수(歷數) · 병진(兵陣) 등 여러 설에도 박학하여 동문들 가운데 그를 따를 자가 없었다. 그러나 전해지는 그의 학설은 거의 없다. 언제나 사람들을 가르침에 성(性)과 천도(天道)를 우선으로 하였으며, 또 스스로 효제충신(孝悌忠信)의 모범을 보여, 그를 스승으로 섬기는 사람들이 진실로 깊이 복종하였다. 서산은 주자가 어렵게 얻은 수제자였으며, 도덕적인 면에서도 도에 힘쓴 의로운 사람이었다.

채구봉(蔡九峯)

이름은 침(沈)이고 자는 중묵(仲默)이며, 건양(建陽) 출신으로 서산의 막내아들이다. 효종건도(孝宗乾道) 3년(1167)에 태어나, 이종소정(理宗紹定) 3년(1230)에 64세로 죽었다. 일찍이 아버지의 감화를 받았고, 후에 주자를 스승으로 섬겼으며, 독실한 학문과 높은 절개로 이름이 알려졌다. 주자가 만년에 여러 경전을 훈고하고 전(傳)을 붙였는데, 이미 대부분의 경전에 대한 작업은 대략 끝났고 아직 남은 것이 『서경』에 대한 작업이었다. 이에 주자는 문하의 제자들 가운데 이 사업을 맡을 사람으로 구봉을 선택하였다. 작업을 맡은 구봉은 수십 여 년을 전심으로 연구에 전력하여 점차적으로 그 책을 완성하여 갔다. 홍범(洪範)의 가르침이 이미 오랫동안 전해지지 않아, 자료들을 모으고 그것을 책으로 내는 것은 참으로 힘든 대사업이었다. 경원(慶元:남송 영종의 연호 1195~1200)에 거짓 학문을 금한다하여 서산이 관직에서 물러나 귀양갈 때, 구봉은 아버지를 따라 유배지에 갔다. 여기에서 아버지가 돌아가자 그는 다시 고향으로 돌아왔다. 이 때 구봉의 나이 겨우 30세였고, 생계와 명리(名利)를 구하지 않고 성인의 학문을 즐기면서 생을 마쳤다. 시호는 문정(文正)이며, 저서로 남긴 것은 『서전집』(書傳集) 6권이다. 구봉의 사상은 비록 주자와 같지 않고 구별되기를 바랐으나, 주자학의 정통에 속하는 것은 매우 분명한 사실이다.

황면재(黃勉齋)

이름은 간(幹)이고 자는 직경(直卿)이며, 면재는 그의 호이다. 민현(閩縣)에서 태어나 주자를 스승으로 섬기고, 힘써 행하여 밤에도 긴 의자를 놓지 않고 띠를 풀지 않았다. 고달프면 침대 곁에 있는 객실에서 지내며 새벽에도 글을 읽었다. 주자는 그 인물됨을 아껴 딸을 주어 사위로 삼았다. 때마침 금(金)나라 군대의 침입을 맞아 국사를 논하다가 죽었다. 시호는 문숙(文肅)이다. 주자가 『예서』(禮書)를 편찬할 때 상제(喪祭) 2편을 면재에게 맡겼다. 주자가 죽자 그는 심상(心喪) 3년을 지켰다. 저서로는 『경해』(經解), 『면재문집』(勉齋文集) 등이 있으며, 스승의 전함을 밝히는 것을 평생의 임무로 삼았다.

진북계(陳北溪)

이름은 순(淳)이고 자는 안경(安卿)이며, 북계는 그의 호이다. 용계(龍溪) 출신으로 고종소흥(高宗紹興) 23년(1153)에 태어나, 영종가정(寧宗嘉定) 10년(1217)에 65세로 죽었다. 처음 그가 주자에게 갔을 때, 주자는 도를 닦음은 먼저 그 근원을 궁구하는 데 있다고 말하였다. 10년 후 다시 주자를 만나 그 터득한 것을 말하자, 주자는 근원을 이미 궁구한 그를 칭찬하면서, 이번에는 조정에서의 직무와 관련한 가르침을 내렸다. 3개월 후 주자가 돌아가자, 북계는 스승의 가르침을 받들어 더욱 분발하여 힘썼고, 점차 재주와 학문으로 이름을 떨쳤다. 고을의 군수 이하 많은 사람이 그를 존경하였다. 저서로는 『논어구의』(論語口義), 『맹자구의』(孟子口義), 『대학구의』(大學口義), 『중용구의』(中庸口義), 『시예여학』(詩禮女學), 『성리자의상강』(性理字義詳講) 등이 있다. 북계의 문인이 모아서 기록한 스승의 학설로는 『균곡소문』(筠谷所聞), 『수구소문』(漱口所聞), 『금산소문』(金山所聞) 등이 있다. 그의 아들 구(榘)는 아버지의 글을 편집하여 『문집』(文集) 50권을 만들었다.

북계는 주자학을 받드는 것에 전념하여, 언제나 육상산학을 배격하였다. 육상산학은 선가(禪家)의 교의[宗旨]를 사용하여 형기(形氣)의 허령지각(虛靈智覺)을 천리의 신묘함으로 여긴다. 즉, 그들은 궁리와 격물을 생략한 채 바로 상달(上達: 천리에 도달함)의 경지에 이르고자 하는 것이다. 이는 성문(聖門:성인의 가르침)에 의탁하지 않겠음을 스스로 표방한 것이라고 북계는 비판하였다. 북계는 스승의 학설을 존중하면서 충실하게 전하고, 가끔 주자의 리(理) 개념의 미진한 부분을 지적하였다. 그의 학설을 가장 세밀하게 밝히고 있는 것으로 『성리자의상강』(性理字義詳講)이 있다.

북계는 주자와 마찬가지로 태극을 우주의 실재로 삼았다. 태극의 형상을 원(圓)으로 여겨 "태극의 본체는 원이며, 각개의 사물에 존재한다. 조금이라도 모자라는 곳이 없으며, 진기유(陳幾輿)가 말한 바 있는 일락만천(日落萬川:태양은 모든 연못에 떨어짐)과 같다. 곳곳이 다 원이다."[54]라고 하였다. 북계는 또 우주의 태극을 천도(天道)라 하면서 천도는 움직여 다니는 것으로 보았다. 그래서 그것이 사물에 부여되면 천명(天命)이 되는 것이다. 그는 말하기를 "명(命)에는 두 가지 의미가 있다. 즉, 그것은 혹은 리(理)라 말하기도 하고, 혹은 기(氣)라 말하기도 한다. 그러나 사실 리는 기 밖에 있는 것이 아니다. 대체로 음양의 두 기가 유행하여 낳고 낳음에 쉼이 없다. 그런데 기에는 반드시 그것을 주재하는 것이 있는데 리가 그것이다."[55]라고 하였다. 이러한 주장에서 보면, 그가 말하는 천명 · 천도 · 태극 · 리 등은 모두 동일한 것으로 그 명칭을 달리한 것일 뿐이라 하겠다.

북계는 성(性)을 논하기를 "성은 리(理)이다. 어찌 이를 말하지 않으면서 성을 말하겠는가? 대체로 리는 천지간의 사람과 만물을 포함한 모든 일체의 것들에 공통적인 리를 말함이며, 성은 나에게만 있는 리이다. 오직 도리는 내게 고유한 것이므로 성이라 말한다. 성(性)이라는 글자는 생(生)을 좇고 마음을 좇음을 뜻하며, 이 리(理)는 마음속에 구비되어 있는 것이다. 그러기에 그것을 성이라 하는 것이다."[56]고 하였다.

북계는 마음을 일신(一身)의 주재라 하면서 말하기를, "대저 사람은 천지의

---

54) 太極之本體爲圓, 存在於各物, 毫無缺欠之處, 如陳幾輿所云日落萬川, 處處皆圓 是也.

55) 命有二義; 或以理言, 或以氣言, 其實理不外乎氣. 蓋二氣流行, 萬古生生不息, 此氣 必有以主宰之, 卽此理也.

56) 性, 卽理也. 何以不謂之理而謂之性? 蓋理言一切天地間人物公共之理, 性者爲我之理也. 惟道理爲我所固有, 故謂之性. 性字從生從心, 是理具於心, 方名之謂 性.

리를 얻어 성(性)이 되고, 천지의 기를 얻어 바탕[體]이 된다. 리와 기가 합해짐으로서 비로소 하나의 마음[個心]이 된다. 이 하나의 마음이 허령지각(虛靈知覺)을 얻게 될 때 몸의 주재가 된다. 그러나 개심의 허령지각은 리(理)로부터 발함이 있고, 기로부터 발함이 있어 또 같지 않다."[57]고 하였다. 또 그는 성(性)과 정(情)의 관계에 대해서는 "정과 성은 상대적이며, 정은 성의 움직임이다. 마음이 안에서 발동하지 않는 것이 성이요, 사물에 접촉하여 발동하는 것이 정이다. 오직 정의 움직임은 성 가운데에서 발생하는 바, 그것은 특별한 것들이 아니라, 세목을 보면 희 · 노 · 애 · 구 · 애 · 오 · 욕의 7가지이다."[58]라고 하였다.

주자의 직접적인 문인이 아니면서 주자학의 계통에 속하는 학자들이 매우 많은데, 그 중에서 가장 대표적인 사람이 위학산과 진서산이다.

위학산(魏鶴山)

이름은 요옹(了翁)이고, 자는 화보(華父)이며, 학산은 그의 호이다. 공주포강(邛州蒲江) 출신으로 효종순희(孝宗淳熙) 5년(1178)에 태어나, 이종가희(理宗嘉熙) 원년(1237)에 60세로 죽었다. 주희의 문인인 보한경(輔漢卿)의 친구로, 경원(慶元) 5년 진사에 급제하여 권공부시랑(權工部侍郎) · 권예부상서(權禮部尙書) 등 여러 관직을 역임하였다. 시호는 문정(文靖)이며, 저서는 『구경요의』(九經要義) 263권, 『학산전집』(鶴山全集) 109권, 『경외나초고금고』(經外羅鈔古今考) 등이 있다.

철학설: 학산은 우주의 본체를 태극이라 하고, 태극을 만물의 본원으로 삼았다. 태극이 사람에게 나타나는 것을 마음이라 하면서 천인합일설을 주장하였다. 그는 마음에 대해 설명하기를, "마음이란 사람의 태극이고, 사람의 마음이란 천지의 태극이다. 음양 양의를 근본으로 하여 만물에 수여하는 것도 태극을 넘지 않도록 하였다. 그러므로 하늘의 신명(神明)은 봄 · 여름 · 가을 · 겨울, 바람 · 비 · 서

57) 大抵人得天地之理爲性, 得天地之氣爲體, 合理與氣方爲個心. 個心之有虛靈知覺, 便是身之主宰. 然個心之虛靈知覺, 有由理而發, 有由氣而發, 而又不同.

58) 情與性相對: 情者性之動也. 在心之裏面而未發動者, 性也; 接觸事物而發動者, 情也. 惟情之動卽就性中發生, 並非別物, 其大目則爲喜怒哀懼愛惡欲七者.

리 · 이슬[風雨霜露]이 되고, 땅의 신기(神氣)는 바람과 번개를 널리 유행케 하며 여러 사물을 드러나게 하는 것이다. 사람에 있어서는 청명(淸明)이 몸에 있어, 뜻과 기운[志氣]이 신과 같다. 대체로 사람과 사물은 상하 표리를 이루면서 관통하는데, 스스로 이를 계승하는 것은 선이고, 이를 생성하는 데 이르는 것은 성(性)이며, 모두 한 근본이나 나누어졌다. 인심의 영혼은 사람의 표준[人極]을 정하는 기준이 되며, 사람의 표준이 서면 천지가 자리를 정한다."[59](『鶴山奏箚』)고 하였다. 이러한 그의 철학설에는 허황된 측면이 있는 것 같다.

윤리설: 학산은 자신의 경험을 논거로 하면서, 실천상에 있어서 수양공부의 유익성을 설명하고 있다. 그는 마음을 기르는 법을 논하였고, 인욕이란 것이 반드시 악만은 아니라고 주장하면서, "성현들은 비록 과욕(寡欲)을 말했을지언정, 언제나 무욕(無欲)할 것을 주장하지는 않았다. 성(性)에는 감정적인 측면이 없을 수 없거니와, 사물에 유혹되어 물화가 되어버린다면 그것은 사욕(私欲)이 되는 것이다."[60]라고 하였다. 이러한 그의 결론은, 즉 인욕이 곧 악이 아니라, 그 인욕을 어떻게 이끄느냐에 따라 선도 되고 악도 된다는 것이다. 학산은 또 기질의 변화에 대해 논하고 있는데, 인간마다 기질이 다르므로 인성에는 강하고 부드러움, 선함과 악함, 현명함과 어리석음이 있다고 하였다. 그러나 만약 뜻이 곧고 큰 근본이 선다면, 기질을 변화시켜 부드러움을 강하게 하고, 악을 선으로, 어리석음을 현명하게 바꾸는 것 또한 불가능하지 않다고 하였다.

진서산(眞西山)

이름은 덕수(德秀)이고, 자는 경원(景元)인데 나중에 희원(希元)으로 바꿨다. 서산은 그의 호이며 건주포성(建州蒲城) 출신이다. 효종순희(孝宗淳熙) 5년(1178)에 태어나, 이종단평(理宗端平) 2년(1235)에 58세로 죽었다. 경원(慶元) 5년에 진사(進士)에 급제하였고 벼슬을 하는 10년 동안 수십만 글이나 되는 긴

59) 心者人之太極; 人心, 天地之太極也: 以主兩儀, 以命萬物, 不使越此. 故天之神明, 爲春秋夏冬, 風雨霜露; 地之神氣爲風霆流行, 庶物露生; 其於人也, 則淸明在躬, 志氣如神. 蓋貫通上下表裏之民物, 自繼之者爲善, 至成之者爲性, 皆一本而分也. 人心之靈, 卽所以奠人極, 人極立而天地位矣.

60) 聖賢雖言寡欲, 未常言無欲. 性不能無感, 知誘物化時, 卽私欲也.

상서를 올린 것으로 유명해졌다. 거짓된 학문[僞學]을 금지케 하고 천하에 바른 학문[正學]을 밝힌 것은 서산의 노력이라 할 수 있다. 벼슬은 참지정사(參知政事)에 이르렀으며, 시호는 문충(文忠)이다. 저서로는 『사서집편』(四書集編) 26권, 『문장정종』(文章正宗) 20권, 『서산갑을고』(西山甲乙稿), 『대월갑을집』(對越甲乙集), 『경연강의』(經筵講義), 『서산정훈』(西山政訓), 『서산제발』(西山題跋) 등이 있다.

서산은 학산과 더불어 대유학자로 불려졌다. 학산은 새로운 사상에 충실하였으나, 서산은 정자·주자를 완전히 답습함으로써 학설상으로 특별히 전할 만한 것이 없다. 성(性)을 논하기를, "인·의·예·지·신의 성(性)을 옛 사람들은 오상(五常)이라 하고, 군신·부자·부부·형제·붕우의 도를 옛 사람들은 또 오상이라 하였다. 성의 본체로 말하면 인·의·예·지·신이요, 성의 작용으로 말하면 군신간의 의(義)·부자간의 친(親)·부부간의 별(別)·장유간의 서(序)·붕우간의 신(信)인데 그 내용은 하나이다. 천하에 어찌 성 밖에 리가 있으리오?"[61](『性理大全』)라고 하였다. 서산은 또 단정엄숙[端莊]하며 순수고요[靜一]함을 수양방법으로 여겼다. 단장은 용모로써 근본을 삼고, 정일은 마음으로써 근본을 삼아, 안팎이 서로 바르게 됨을 말하는 바, 합하여 말하면 경(敬)이라 한다. 수양의 목적은 바로 단장정일함으로써 지(知)와 덕(德)을 함양하는 데 있다. 이러한 서산의 생각은 아마도 "함양을 하는 데는 모름지기 경(敬)해야 하며, 학문을 하는 데는 치지(致知)에 있다."[62]는 정이천의 말과 비슷한 뜻일 것이다.

제 12 절 육상산(陸象山)

육상산의 이름은 구연(九淵)이고, 자는 자정(子靜)이며 상산은 호이다. 금계(金谿) 사람이다. 고종소흥(高宗紹興) 9년 (1139)에 태어나, 광종소희(光宗紹熙) 3년(1191)에 54세로 죽었다. 아버지의 이름은 하(賀)이고 자는 도경(道卿)이며, 여섯 아들을 두었는데 자강(子彊), 자의(子儀), 용재(庸齋), 사산(梭山), 복재(復齋),

---

61) 仁義禮智信之性, 古人謂之五常; 君臣父子夫婦昆弟朋友之道, 古人又謂之五常. 以性之體言之, 則曰仁義禮智信; 以性之用言之, 則曰君臣之義,父子之仁,夫婦之別, 長幼之序,朋友之信: 其實一也. 天下豈有性外之理耶?

62) 涵養者須用敬, 進學者在致知.

상산(象山)이 그들이다. 육상산은 타고난 자질이 비범하고 용모와 품은 뜻이 단정하고 곧아 어려서부터 보통 사람이 아니었다. 3~4세 되었을 때 천지가 끝나는 곳을 물어 아버지를 놀라게 하였다. 13세 때 고서(古書)에 나오는 우주(宇宙)의 글자 뜻을 해석하기를, 우(宇)란 상하사방(上下四方)을 말하고 주(宙)란 과거·현재·미래[往古來今]를 뜻하는데, 우주의 일이 곧 내 안의 일이고 내 안의 일이 곧 우주의 일이 된다고 설파하였다. 16세 때는 『삼국육조사』(三國六朝史)를 읽고 무력의 필요성을 깨달았다. 이때부터 문무(文武)의 도에 뜻을 두어, 크게 수양하여 마침내 한 학파를 이루었다. 건도(乾道) 8년 34세에 진사에 급제하여 시험관인 여동래(呂東萊)를 알게 되었다. 후에 여동래의 소개로 형 복재와 같이 신주 아호사(信州鵝湖寺)에서 주자를 만났는데, 서로 자신들의 견해를 주장하며 수 일간 논쟁을 벌였지만 결론을 내리지 못한 채 끝내고 말았다. 이를 계기로 하여 주자와는 점점 더 가까워 졌으나 학문상의 견해 차이는 끝내 좁히지 못하였다. 명성이 자못 높아져 문하에 들어와 학문을 구하는 사람이 매우 많았다. 광종 소희 2년 지형문군(知荊門軍)의 벼슬을 받았으나 이듬해 세상을 떠나고 말았다. 시호는 문안(文安)이며, 저작들은 일찍이 『상산전집』(象山全集) 32권속에 수합되었다. 이 외에도 『어록』(語錄) 2권, 『연보』(年譜) 1권 등이 있는데, 모두 합하면 36권이 된다. 또한 명나라의 『섭량기』(聶良杞)편에도 『육상산집요』(陸象山輯要)가 있다.

육상산의 두 형인 사산(梭山)과 복재(復齋)도 또한 뛰어난 학자이다. 육상산학은 사산에서 그 실마리가 열리고, 복재가 그것을 주창하고, 상산에 이르러 크게 이루게 되었던 것이다. 그 학설의 기원은 멀리 정명도에서 시작된다. 그러나 육자(陸子)와 주자(朱子)의 학은 모두 두 정자(程子)를 연원으로 하였으나, 육상산 학은 정명도 계통을 계승하였고, 주자학은 정이천 계통을 계승하였다. 대개 정명도의 학은 왕진택·사상채를 거쳐서 육상산에게 전해졌고, 정이천의 학은 나예장·이연평을 거쳐서 주자에게 전해졌다. 육상산은 집안에서 내려오는 학문적 전통에 따라, 어릴 때부터 정이천의 학설은 성인의 도가 아니라고 단언하면서 배척하였다.

철학설

육상산의 철학설은 심즉리(心卽理)를 근본사상으로 하고 있다. 직절간명(直截簡明:직각적이고 간단명료함)한 실천적 학풍은 바로 이러한 근본사상으로부터 생성된 것이며, 이것이 또한 주자의 학설과 근본적인 차이를 가질 수밖에 없도록 하는 것이다.

심즉리설(心卽理說): 심즉리는 문자 그대로 심(心)이 곧 리(理)이고, 리가 곧 심[理卽心]이다. 바꿔 말하면, 마음은 리에 갖추어져 있고, 리는 마음에 갖추어져 있다. 또 마음 밖에 리가 없고, 리 밖에 마음이 없다. 육상산은 리를 우주의 본체로 삼아 설명하기를, "리는 우주에 널리 가득 차 끝이 없고 질서가 정연하여 조금도 어질러진 데가 없다. 천지만물이 리로부터 질서가 생기고, 인간 또한 리로부터 인륜이 정하여 졌다."[63]고 하였다. 이외에도 그는 비슷한 말을 자주 하였다.

리는 우주의 본체이며 천지 사이에 가득 차 있으므로, 만물 가운데 리를 갖추지 않은 것이 없다. 그것이 사람에게 나타나는 것이 마음이다. 대개 마음과 리는 동일물이므로 마음이 곧 리가 된다. 우주에 가득 찬 리가 사람에게 갖추어 있으므로 마음은 백 가지 행실의 표준이 된다. 마음에 준하여 행동한다면 결코 천리(天理)에 반하지 않게 된다. 육상산은 이러한 마음을 본심(本心) 또는 양지양능(良知良能)이라 불렀다. 마음을 양지양능이라 표현하는 것은 본래 맹자의 학설에서 나왔다. 그런데 백 가지 행실의 표준이 되는 마음이 그 작용에 있어서 언제나 공정함을 보존할 수만은 없다. 바깥 사물의 유혹 때문에 사사로움[私]에 기울고 혹은 사악함[邪]에 기운다. 육상산은 이처럼 사사로움에 기울고 사악함에 기울어지는 마음을 사심(私心) 혹은 사심(邪心)이라 하여 본심(本心)과 구별하였다. 따라서 심즉리라 할 때의 마음은 반드시 본심(즉, 양지양능 良知良能)을 뜻하는 것이지, 사심(私心)이나 사심(邪心)을 말하는 것이 아니다.

육상산은 인심과 도심의 구별을 배척한다. 즉, "마음은 하나인데 어찌 두 개가 있으리오?"[64]라고 하면서 다음과 같이 그의 견해를 밝히고 있다. 종래의 다수 학자들이 인심과 도심으로 나눈 것은 『서경』의 "인심은 오직 위태로우며, 도심은

---

63) 理者遍滿宇宙, 而無際限, 秩序井然, 一絲不亂; 天地萬物由是而爲序, 人類亦由是而敍彝倫云.
64) 心一也, 安有二心耶?

오직 미약하다."[65]는 두 말에 근거한 것에 불과하다. 인심은 사람에게 갖추어진 점에서 말한 것이고 도심은 도에 바탕을 둔다는 점에서 말한 것으로, 오직 하나인 마음을 다른 방향에서 관찰한 것이지 결코 각각의 마음이 존재하는 것이 아니다. 도심과 인심으로 나누는 것은 지극히 부당하다. 그러므로 도심을 천리로, 인심을 인욕으로 생각하는 학설의 부당함에 대해서는 말할 필요조차 없는 것이다. 천리는 마음의 고요함이고 인욕은 마음의 움직임이다. 고요함과 움직임은 동일한 마음으로부터 나온 것이므로, 옳음과 그름을 구별할 수 없는 것이다. 이처럼 도심을 천리로 인심을 인욕이라 생각하여 천리와 인욕을 구별하는 자들은, 실로 하늘과 사람을 완전히 분리시킴으로써 천인합일 사상을 파괴시키고 있는 것이다.

인성론

육상산은 인성론에 대해서 자세한 언급을 하지 않고 있다. 그러나 심즉리설로 미루어 보면, 성선론이 분명하다. 이 설에 의하면 리즉심(理卽心)이요 심즉리(心卽理)이다. 심·성·정·재[心性情才]의 네 가지 말은 성인이 사람을 가르칠 때 사용하는 동일 내용의 다른 말에 불과하다. 대체로 육상산은 이미 마음으로 근본을 삼아 도심과 인심을 인정하지 않았고, 아울러 천리와 인욕의 구별을 배척하였다. 주자는 인성론에 대해 본연성과 기질성을 대립시켜 말했는데, 육상산은 이를 반대하였다. 그러나 인성을 봄에 있어 육상산은 성선론에 귀착되고 있고, 또 자주 인성의 착함을 언급하고 있다. 이를테면, "대체로 사람은 천지의 가운데 태어남을 받아 그 본심이 선하지 않음이 없다."[66]고 한 말은 대표적인 사례이다. 또 그는 맹자의 성선설을 칭찬하기를, "맹자가 성은 선하다고 말한 곳에 이르면 다함을 얻는 것을 본다."[67]고 하였다. 악이 왜 생겨나는가에 관하여 육상산은 "인성은 선하다. 불선한 것은 사물에서 옮긴 것이다."[68]라고 하고 있다. 또 한편, 그는 "속인들 중에는 기질의 후박, 경중, 대소가 있다."[69]고 하고 있는데, 이는 그가 인성의 선함을 인정하면서도 바깥 세계의 부딪힘에 응하여 선을 가리는

65) 人心惟危, 道心惟微.
66) 蓋人受天地之中而生, 其本心無有不善.
67) 見到孟子性善處, 方是見得盡.
68) 人性善, 其不善者, 遷於物也.
69) 俗人中, 氣質又有厚薄,輕重,大小.

한 측면이 있음을 믿고 있는 것이다. 이 한 측면을 육상산은 기질이라 보고 악의 근원을 기질의 탓으로 돌리고 있는데, 그렇다면 이러한 그의 견해가 주자가 본연성과 기질성의 존재를 인정한 것과 무슨 차이가 있는 것인가! 그럼에도 불구하고 그는 성선을 가리는 기질성의 존재에는 부정적이었다.

윤리설

육상산 학설의 특색은 간이직절(簡易直截)에 있으며, 이론적 측면보다 실천적 측면을 중시하였다. 윤리설은 수양론에 불과하며 매우 간명하다. 나의 마음을 밝게 하는 것, 이 한 마디 말이면 다 된다. 그의 설에 의하면 심즉리(心卽理)요 리즉선(理卽善)이다. 마음을 밝게 하면 선한 사람이 되고, 성현이 되는 데는 이 외의 어떠한 공부도 필요 없다는 것이다. 마음을 밝게 하는 방법은 무엇인가? 마음을 가리는 방해물을 제거하면 되는데 그것은 기질이다. 또 이 외에 우리의 몸과 마음을 가리는 방해물은 안 좋은 풍속 · 습관, 과거제(科擧制) 등과 같은 것이라 한다. 그러나 주요 원인은 주관적인 기질이다.

주자는 기질성을 변화시키는 수양의 2대 공부로 거경(居敬)과 궁리(窮理)를, 그 중에서도 궁리를 더 중요시하였다. 육상산 또한 기질을 교정하는 방법으로 궁리의 필요성을 인정하였다. 그러나 육상산이 주장하는 궁리는 주자의 궁리와 그 의미가 전혀 다르다.

궁리(窮理): 주자는 사물에 관한 지식을 쌓는 것을 궁리라고 하였으나, 육상산은 자기의 본심을 의식하는 것을 궁리라 하였다. 궁리 · 격물은 자기의 전지(田地)를 바깥에서 개척하는 것이 아니며, 아울러 어떠한 물(物)을 자신에게 부가하는 것도 아니다. 궁구함[窮]은 나를 위한 것이지 외물(外物)에 있는 것이 아니다. 나는 육경(六經)에 주를 달지 않았지만, 육경은 나의 각주이다. 즉, 궁리 · 격물은 자신이 갖고 있는 본심을 의식하여, 자기를 밝히고 본능적인 선을 발휘하며 물욕을 제거하는 것이다. 그는 『장자』 망양(亡羊)[70]의 비유를 인용하여 주자의 해석을

---

70) 『莊子』 外篇, 駢拇 第八.
亡羊, 失羊也. 喩不專務當爲之業, 則其業必有失也. 『中文大辭典』 1권 (중화학술 원 인행), 701쪽.

배척하기를, 그의 학설은 '본질을 망각한 독서를 하는 무리'[讀書亡羊者之類]라고 비난하였다.

사고함(思之): 사고함이란 나에게 존재하는 본심을 생각한다는 것이다. 요 · 순 · 우 · 탕 임금은 독서를 통해서 성인이 된 것이 아니고, 깊은 사색을 통해서 성인의 경지에 도달하였던 것이다. 공자의 인(仁)은 결코 자기 마음에서 떠나 있는 것이 아니었으며, 이른바 "내가 인을 하고자 하면 그 인은 다가온다."[71]는 것을 말한 것이었다. 그가 본심의 선을 구하지 않고 다른 사람을 따라 수행하며, 다른 사람의 말을 배우고 육경의 주석에나 고심하며, 자신에게 구비된 본심을 생각할 줄 몰랐다면 그는 썩은 유학자의 무리에 불과했을 것이다.

비 판

육상산의 학풍은 당시의 시세와 학문적 경향에 대한 반동으로 일어난 것이다. 당시의 학문적 경향은 단지 지식을 얻는 것에 급급하고, 육경의 주석에 고심하였다. 이에 대한 반동으로, 육상산은 간이직절의 학풍을 주장하고 실천궁행을 표방하며 공리공론을 배척하고 나섰던 것이다. 그렇게 중시되는 육경의 주석이란 결국 자신의 생각에 불과한 것이며, 본심의 자각을 강조하는 것이야말로 실로 큰 의의가 있는 것이다.

육상산의 학풍과 학설의 두 가지 큰 장점은 직절간명과 실천궁행을 중시함에 있다. 그러나 단점 또한 적지 않다고 할 수 있다. 이를테면, 그는 실천가였기 때문에 학설이나 견해가 너무 단도직입적이라는 데 있다. 그의 학설의 유용성은 실제 행위의 원리를 제시함에 있었다. 그러나 이론적으로 결코 완전하지가 못하다. 그래서 육상산의 제자들이 주자의 학설을 너저분하고 실용에 적합하지 않다고 배척했던 반면, 주자의 제자들은 육상산의 학설을 조잡하고 불완전하다고 비난하였던 것이다.

주자 · 육자의 비교: 주자 · 육자 두 사람은 신주 아호사(信州鵝湖寺)에서 만나

---

71) 我欲仁, 斯仁至矣.

수일간을 서로의 견해를 놓고 토론을 벌였지만 결론을 내리지 못하였는데, 지금까지도 학자들은 종종 그 토론에 대해 언급하곤 한다. 주자 · 육자는 모두 정자학의 계승자이다. 그런 점에서 그들은 모두 ① 선천양심론(先天良心論)을 주장하였고, ② 리(理)를 보편적으로 해석하였고, ③ 성리(性理)를 학문의 대상으로 삼았다. 그러나 주자는 정이천의 학설을 계승하였고, 육자는 정명도의 학설을 계승함으로써 서로 다른 방향의 사상적 발전을 도모하게 되었다. 따라서 주자와 육자의 학설과 학풍간에는 현격한 차이가 있다. 이에 그 차이점을 비교해 보겠다.

첫째, 학풍의 차이이다. 주자의 학풍은 번연총좌(繁衍叢脞:풍부하고 흘러넘쳐 번잡함)한데 반하여, 육자의 학풍은 직절간명(直截簡明:직각적이고 간명함)하다. 이런 점에서 두 사람의 연구방법도 달랐다. 주자는 경험적 지식을 중시하고 귀납적 진리에 도달하였는데, 육자는 직각적인 직관[直覺頓悟]의 방법을 통하여 실천의 원리를 연역적으로 설명하였다.

둘째, 우주관의 차이이다. 주자는 우주의 본체를 태극(太極)으로 보고, 태극은 리(理)와 기(氣)를 포용하는 것이면서도 태극은 곧 리였다. 이른바 주자는 리를 기에 대립시켜 말하고 있다. 그는 태극을 총괄적인 우주의 원리로 보고 있으면서도, 사실은 명백한 리기이원론(理氣二元論)자이다. 이에 반해, 육자는 우주의 본체를 리로 보면서 리에 대립하는 기를 인정하지 않은 리일원론(理一元論)자이다.

셋째, 인성론의 차이이다. 주자는 인성을 본연성과 기질성으로 구분하였다. 본연성은 리로부터 얻게 되고, 기질성은 기로부터 얻는다. 이런 점에서 보아도 주자의 필연적 귀결점은 리기이원론일 수밖에 없다. 육자는 성을 리라 하고,[72] 기질성을 인정하지 않았다. 이처럼 육자는 인성론에 있어서도 리일원론적인 해석을 하고 있다.

넷째, 수양론의 차이이다. 주자는 거경과 궁리를 수양의 2대 공부 방법으로 삼았으며, 이 중에서도 경험적 지식의 집적인 궁리를 더욱 중시하였다. 이에 반해, 육자는 마음을 맑고 밝게 하는 것[明心] 이외의 수양공부 방법의 필요성을 인정치 않았다. 그가 주장하는 궁리도 본심을 밝게 하는 데 필요한 것일 뿐이었다. 요컨대, 주자가 학문을 통한 덕행의 수련을 주장했다면, 육자는 덕행이 바로 학문이라

72) 육상산에 있어 성리(性理)는 곧 심리(心理)로, 그 둘은 서로 같은 개념이다.

고 여겼던 것이다.

제13절 육상산학의 계승자

육상산의 문인은 주자의 문인만큼 많지 않았다. 그러나 직절간명의 실학을 중시하고 당시의 번잡한 학풍을 싫어했던 사람들은 모두 육상산학을 환영하였다. 그래서 육상산에게 배우고자 하는 문인들이 언제나 100여명에 달하였다. 그 문인 중 유명한 사람으로는 양자호(楊慈湖), 원결재(袁潔齋), 서광평(舒廣平), 심병(沈炳) 등을 들 수 있다. 이후에 육상산의 학설을 계승하여 크게 대성한 사람은 명나라의 왕양명(王陽明)이다.

양자호(楊慈湖)

이름은 간(簡)이고 자는 경중(敬仲)이며 자계(慈溪) 출신이다. 지명을 따라 호를 자호라 했다. 고종소흥(高宗紹興) 11년(1141)에 태어나, 이종보경(理宗寶慶) 2년(1226)에 86세로 죽었다. 육상산과 문답(問答)을 벌이다가 크게 감동하여 제자가 되었다. 여러 관직을 역임하였으며, 수많은 모범적 행동을 보여 주었다. 시호는 문원(文元)이다. 저서는 『갑고』(甲稿), 『을고』(乙稿), 『관기』(冠記), 『혼기』(昏記), 『상례가제기』(喪禮家祭記), 『석채예기』(釋菜禮記), 『기역』(己易), 『계폐』(啓蔽) 등이다. 그의 철학사상이 기록되어 있는 책은 『기역』이다.

양자호는 선학(禪學)의 입장에서 육상산의 학설을 발전시켜 극단적인 유심설(唯心說)을 주장하였다. 내가 천지의 중심이며, 우주삼라 일체의 법칙이 곧 내 마음 속의 일이라는 것이다. 즉 그는 『기역』에서, "천지(天地)가 나의 천지이고, 변화가 나의 변화이니 다른 물건에 있지 않다. 사사로움[私]이 되는 것은 내가 갈라져 스스로 작게 된 것이다."[73] 또 "사람이 생겨난 이래로 우리의 전체를 인식한 사람은 아무도 없다. 오직 위에 존재하면서 창창하게 맑고 푸르게 보이는 것을 하늘[天]이라 이름하고, 아래에 존재하면서 후박하고 부드럽게 보이는 것을 땅[地]이라 명명하였다. 청명함이 곧 나의 청명이요 후박함이 곧 나의 후박인데,

73) 天地, 我之天地也; 變化, 我之變化, 不在他物也. 爲私者, 乃裂之而自小也.

사람들이 자신을 깨닫지 못했을 뿐이다. 이처럼 사람들이 자신을 깨닫지 못함으로써 서로 가리키면서 말하기를 저것은 하늘이고 저것은 땅이라고 하였던 것이다."[74]라 하고 있다. 이처럼 양자호는 자신을 천지의 중심으로 삼고, 자기 밖에 천지의 변화도 자기 밖에 천지의 생멸도 인정하지 않는 것 같다. 그러기에 그는 도덕을 논하면서도, "예의 삼백, 위의 삼천이 나의 마음 밖의 물건이 아니다."[75]고 하였다. 대체로 그는 스승의 학설을 이어받으면서도 극단으로 흘렀다. 청나라 전조망(全祖望)이 그를 평하기를, "육상산의 가르침을 무너뜨린 것은 실로 양자호이다. 그러나 자호의 말을 다 믿을 수는 없지만 그의 행동은 마땅히 모범으로 삼아야 한다."[76]고 하였다.

원결재(袁潔齋)

이름은 섭(燮)이고 결재는 그의 호이다. 결재는 육상산에게 배웠고, 그 학설의 영향을 받아 언제나 실천궁행을 중시하였고, 충성 · 신의 · 돈독 · 성실[忠信篤實]을 종지(宗旨)로 삼았다. 육상산의 심즉리설을 근거로, "도란 멀리 있지 않고 본심이 곧 도이다."[77]라 하였다. 또 마음[心]에 대하여 이르기를, "크도다! 마음이여, 천지와 더불어 한가지 근본이다."[78]라 하였다. 사람이 만물에 비해 귀하게 여겨지는 까닭을 결재는 마음의 존재에 돌리면서, "사람이 천지간에 초연히 독립하여, 사물에 비해 귀한 것은 마음 때문이다. 마음은 사람의 큰 근본이다. 마음이 존재하면 비록 비천하더라도 귀한 것과 같고, 존재하지 않으면 귀하더라도 또한 비천하다. 곧음[直]은 하늘의 덕이고 사람이 생성되는 까닭이다. 본심의 어짊은 언제나 곧지 않음이 없으며, 굽히고 둘러싸여 여러 가지 일을 처리하지 못하는 것은 본래의 모습이 아니다."[79]고 하였다.

---

74) 自生民以來, 未有識吾之全者. 唯夫滄滄清明, 見其在上者, 名之曰天; 又夫隤然而博厚, 見其在下者, 名之曰地. 清明者, 吾之清明也; 博厚者, 吾之博厚也: 人自不知耳. 人自不知, 而相與指而名之曰, 彼天彼地.

75) 禮儀三百, 威儀三千, 非吾心外之物.

76) 壞象山之敎者, 實慈湖也. 然慈湖之言不可盡信, 而其行則宜師之.

77) 道不在遠, 本心卽道也.

78) 大哉心也! 與天地一本.

79) 人生於天地間, 超然獨立, 較貴於物者, 以此也. 心者人之大本也, 存在則雖賤猶貴, 不存則雖貴亦賤. 直者天之德, 人所以生也. 本心之良, 未嘗不直, 回曲繚繞
不勝其多端者, 非本然也.

서광평(舒廣平)

이름은 린(璘)이고 육상산을 스승으로 섬겼으며, 다시 장남헌(張南軒)에게도 배웠다. 나라를 근심하는 선비로 백성의 고통을 자기의 고통같이 여겼다. 마음을 논하면서, "사람의 양심은 본래 스스로 명백하다. 특히 근심은 느끼어 일어나지 않는다. 하루아침에 반성하여 깨달으면 사악한 생각은 사라진다. 생각이 관계되는 바는 지극한 선이 아님이 없다."[80]고 말했다. 이를 살펴보면 육상산의 학을 계승하였음이 분명하다.

제 14 절 문학파(文學派)

송대 사상계의 주류적 흐름에는 주렴계로부터 두 정자를 거쳐 주자 · 육자 2대 학파의 탄생으로 이어지는 도학(道學)의 한 계통이 있다. 이외에 비주류적인 방계의 여러 사상이 널리 퍼졌는데, 북송의 사마온공(司馬溫公) · 구양수(歐陽修) · 왕안석(王安石) · 소동파(蘇東坡) 등의 문학파, 남송의 진용천(陳龍川) · 섭수심(葉水心) 등의 이른바 공리파(功利派)가 가장 뛰어났다. 이에 먼저 문학파의 윤리사상을 간단하게 설명하겠다.

사마온공(司馬溫公)

이름은 광(光)이고, 자는 군실(君實)이며, 섬주하현(陜州夏縣) 출신이다. 온국공(溫國公)에 봉해졌기 때문에 사마온공이라 불린다. 진종천희(眞宗天禧) 3년(1019)에 태어나, 철종원우(哲宗元祐) 원년(1086)에 68세로 죽었다. 인종(仁宗) · 영종(英宗) · 신종(神宗)에 걸쳐 벼슬을 했으며 신임이 매우 두터워 국가대사에 자주 참여하였다. 왕안석의 신법에 강하게 반대하였고, 중국 백성들이 존경하고 우러러 받드는 훌륭한 재상이 되었다. 항상 자신의 몸을 신중히 하고, 효성과 우애, 충성과 신의를 중요시하였으며, 공손, 검소, 정직을 실천하여 죽을 때까지 일신에 조그만 망녕됨도 없도록 하였다. 시호는 문정(文正)이다. 저작은 아주 많아 『사마문정집』(司馬文正集) 80권, 『자치통감』(資治通鑑) 324권, 『고이』

---

80) 人之良心, 本自明白, 特患無所感發耳. 一朝省悟, 則邪念釋除, 志慮所關, 無不至善.

(考異) 30권, 『역년도』(歷年圖) 7권, 『통력』(通歷) 80권, 『계고록』(稽古錄) 20권, 『본조백관공경표』(本朝百官公卿表) 6권, 『한림사장』(翰林詞章) 3권, 『주고문효경』(註古文孝經) 1권, 『역설』(易說) 3권, 『주노자도덕경』(註老子道德經) 2권, 『주태현경』(註太玄經) 8권, 『대학중용의』(大學中庸義) 1권, 『주양자법언』(註揚子法言) 13권, 『문중자전』(文中子傳) 1권, 『하수자목』(河水諮目) 3권, 『서의』(書儀) 8권, 『가범』(家範) 4권, 『속시화』(續詩話) 1권, 『유산행기』(遊山行紀) 12권, 『의문』(醫問) 7권, 『잠허』(潛虛) 1권, 『온공역전』(溫公易傳) 3권 등이 저명한 것들이다. 『자치통감』은 전국시대부터 5대(五代)에 이르기까지의 역사로 19년 만에 비로소 완성된 한 시기의 대작이다. 그의 철학사상이 담겨 있는 책은 양웅(揚雄)의 『태현』(太玄)을 본떠서 지은 『잠허』 1권이 있다.

우주론: 사마온공은 우주의 본체를 허(虛)라고 불렀는데, 이른바 허는 양웅이 말한 현(玄)이다. 허를 만물의 시조라고 하면서, "만물은 모두 허를 시조로 삼으며, 기로 말미암아 생성된다. 기로써 체(體)를 삼고, 체로써 성(性)을 받으며, 성으로써 이름(名)을 밝히고, 이름으로 행함을 세우며, 행함으로써 운명(命)을 기다린다. 그러므로 허는 바탕의 갖춤[質之具]이며, 성(性)은 신의 수여함[神之賦]이다. 이름은 일의 나눔이며, 행함은 사람의 힘씀이며, 운명은 때의 만남이다."[81] (『잠허』)라고 하였다.

인성론: 사마온공은 성(性)을 생(生), 즉 갖추어져 있는 자질과 품격이라 하였다. 그는 「성변」(性辨)편에서 맹자 · 순자 · 양자 · 한비자의 인성론을 비평하고 있다. 맹자는 인성의 선하고 선하지 않는 원인을 외물의 유혹에 돌렸고, 순자는 인성의 악하고 선한 원인을 성인의 가르침에 돌렸는데, 모두 일방적인 해석에 치우쳤다. 대개 성은 하늘에서 받아 생성되는데 바로 음양과 같이, 선과 악은 그 가운데 합쳐져 있는 것이다. 따라서 비록 성인이라도 악의 분자를 가지며, 어리석은 사람 또한 선의 분자를 가지는데 다만 많고 적음이 다를 뿐이다. 선의 분자가 많고 악의 분자가 지극히 적으면 성인이고, 악의 분자가 많고 선의 분자가

81) 萬物皆以虛爲祖, 由氣而生, 以氣爲體, 以體受性, 以性辨名, 以名立行, 以行俟命. 故虛者質之具也; 性者神之賦也; 名者事之分也; 行者人之務也; 命者時之遇也.

지극히 적으면 어리석은 사람이며, 선악이 반반씩 있으면 보통사람[中人]이 되는 것이다. 이러한 그의 사상은 성삼품설(性三品說)을 주장한 양웅(揚雄)의 설과 거의 같다.

구양수(歐陽修)

자는 영숙(永叔)이고 영풍(永豊) 출신이다. 진종경덕(眞宗景德) 4년(1007)에 태어나, 신종희녕(神宗熙寧) 5년(1072)에 66세로 죽었다. 인종(仁宗) 때 우정언지제고(右正言知制誥)가 되어, 그 당시 일어난 일에 느낀 바가 있어 『붕당론』(朋黨論)을 상서하였다. 영종(英宗) 초년에 천하의 민심을 진정시키고 위무하여 그 재주를 떨쳤다. 관직이 태자소사(太子少師)에 이르러 죽었는데, 시호는 문충(文忠)이다. 저서로는 『오대사』(五代史), 『구양문충공전집』(歐陽文忠公全集) 등이 있다.

구양수는 유교주의의 정치가이다. 순수한 정통적인 유교를 받들고 노자와 불교사상을 배척한 것이 그의 저술인 『본론』(本論)이다. 이 책은 당시 노자와 불교의 성행을 개탄하여 지은 것이다. 그는 당시 사상계의 중심 문제인 인성론에 관하여, "어지러운 세상을 다스리는 학자는 성(性)을 많이 말한다." 또 "서경 · 논어 · 중용 · 예기에서 성(性)을 논하는 것은 사람을 경계하려 하는 말이지 선악을 논하려는 것이 아니다." 또 "성(性)과 몸[身]은 함께 태어나 사람이 공유하는 것이다. 군자는 몸을 닦아 남을 다스릴[修身治人]뿐이지 선악에 대해서까지 연구할 필요가 없다. 인성의 선해지기 위해서는 나의 몸을 닦지 않을 수 없고, 다른 사람을 다스리지 않을 수 없는 것이다."[82]고 하였다. 이러한 그의 주장은 대체로 당시의 학자들이 오로지 성론(性論)에만 빠져있고 수양론을 경시하는 태도를 비난하고 있는 것이라 하겠다.

왕안석(王安石)

자는 개보(介甫)이고 호는 반산(半山)이며 임천(臨川) 출신이다. 진종천희(眞

---

82) 修患世之學者多言性.
書 · 論語 · 中庸 · 禮記云性, 皆戒人之言, 非論善惡也.
性與身俱生, 人所共有. 爲君子者修身治人而已, 不必究及善惡也. 使性果善, 身亦不可不修, 人亦不可以不治.

宗天禧) 5년(1021)에 태어나, 철종원우(哲宗元祐) 원년(1086)에 66세로 죽었다. 재주와 학식을 겸비한 정치가로 여러 관직을 두루 거치면서 재능을 발휘하였다. 신종(神宗) 때 신법(新法)을 실행하여 천하를 떠들썩하게 하였다. 시호는 문(文)이다. 저서는 『역의』(易義) 20권, 『시경신의』(詩經新義) 30권, 『예기요의』(禮記要義) 2권, 이외에도 『왕개보문집』(王介甫文集), 『왕형공시집』(王荊公詩集) 등이 있다. 왕안석은 일생을 모두 정치와 순수문학의 분야에 바쳐, 전할 만한 철학 및 윤리사상의 측면은 별로 많지 않다.

왕안석은 맹자 · 순자 · 양자 · 한비자 네 사람의 성설을 비판하고 자신의 인성론을 세웠다. 그의 설에 의하면, 성(性)을 선악으로 말하는 것은 옳지 않고, 정(情)이 있음으로써 비로소 선악을 말할 수 있는 것이다. 그는 성과 정의 관계를 논하면서 "희 · 노 · 애 · 락 · 호 · 오 · 욕(喜怒哀樂好惡欲)이 아직 외부로 발하지 아니하여 마음속에 있으면 성이고, 그것들이 외부로 드러나 행동으로 나타나면 정이 된다. 성은 정의 본체이고, 정은 성의 작용이다. 따라서 성과 정은 하나이다. 성과 정이 서로 기다림은 활과 화살이 서로 기다려 쓰임과 같다. 이를 선악으로 말하면 선은 적중한 것이고 악은 적중치 못한 것이다."[83]라 하였다.

한편, 이고(李翱)는 성선정악설(性善情惡說)을 주장하였는데, 이에 대해 왕안석은 거듭 논박하였다. 즉, "세상에는 성선정악을 논하는 자들이 있는데, 이는 단지 성정의 이름만 알고 성정의 실상을 알지 못하는 자들이다. 성을 선하다고 주장하는데, 이는 일찍이 맹자의 글을 읽었으나 맹자의 뜻을 구하지 않았기 때문이다. 또 정은 악하다고 주장하는데, 이는 천하의 일곱 가지(희 · 노 · 애 · 락 · 애 · 오 · 욕)가 악에 속한다는 것만을 알 뿐 그것이 성에서 나온다는 것은 알지 못하는 처사이다. 따라서 이 일곱 가지는 사람이 나면서 누구나 갖고 태어나는 것으로 사물에 접한 후에 움직이게 된다. 발동하여 이치에 맞으면 성인이고 현인이 되며, 이치에 맞지 않으면 소인이 되는 것이다. 소인배들은 단지 정이 외부로 발하면서 외부의 사물에 묶이게 됨으로써 악에 빠지게 되는 것이다. 그러기에 정이 악이 되고 정이 성을 해치게 된다. 반면에 성현들은 오히려 정이 외부로 발하면서 외부의 사물에 감응함으로써 선하게 되는 것이 아니겠는가? 대개 군자

83) 喜怒哀樂好惡欲, 未發於外而存於心, 性也. 喜怒哀樂好惡欲, 發於外而見於行, 情也. 性者情之本, 情者性之用; 故曰性情一也. 性情之相須, 猶弓矢之相待而用. 若夫善惡, 則猶中與不中也.

는 성의 선함을 기름으로써 정 또한 선하게 되며, 소인은 성의 악을 기름으로써 정 또한 악하게 된다. 그러므로 군자가 군자로 되는 까닭도 정이 아님이 없으며, 소인이 소인으로 되는 까닭도 정이 아님이 없다. 성선정악론자들의 잘못은 단지 군자에게서는 성을 구하고, 소인에게서는 정을 구함에 있는 것이다."[84]고 하였다. 이러한 왕안석의 인성론은 양웅(揚雄)과 유사한 점이 있다. 다만 양웅이 성(性) 자체에 선과 악 두 요소가 혼재되어 있다고 인식했던 반면, 왕안석은 정이 활동을 개시한 후에 비로소 선악이 정해진다고 생각하였던 것이다.

소동파(蘇東坡)

이름은 식(軾)이고 자는 자첨(子瞻)이며, 소노천(蘇老泉)의 아들이다. 인종경우(仁宗景祐) 3년(1036)에 태어나, 휘종건중(徽宗建中) 정국(靖國) 원년 (1101)에 66세로 죽었다. 어려서부터 학문을 좋아하고 널리 유교 경서에 통달하였으며, 가의(賈誼) · 육지(陸贄) · 장자(莊子)의 글을 애독하였다. 인종 때 아우인 철(轍)과 같이 벼슬하여 크게 신임을 얻었다. 신종(神宗) 때 이르러 왕안석과 의견이 맞지 않아 내쫓김을 당했다. 그 후 선인후(宣仁后)와 철종(哲宗)에게 다시 등용되어 예부상서(禮部尙書) 겸 한림시독(翰林侍讀)에 임명되었다. 그러나 참소를 당하여 관직에서 쫓겨났고 상주(常州)에서 죽었다. 저서로는 『소씨역전』(蘇氏易傳) 9권, 『동파칠집』(東坡七集) 110권이 있다. 소동파는 한 시대의 문호로서 그 천재성을 발휘했을 뿐만 아니라, 한 몸 다 바쳐 정의를 부르짖던 충신이었다. 자주 충언을 상소하여 비록 위험과 해로움이 자신에게 닥쳤지만 그것을 마다하지 않았다. 이처럼 문장과 절의로는 송대에서 첫 손가락에 꼽히는 인물이었지만, 철학적 사색에서는 장횡거나 정자, 기타 성리학자들에게 미치지 못하였다.

---

84) 世有論者曰性善情惡, 是徒識性情之名, 而不知性情之實也. 彼曰性善, 無他, 是嘗讀孟子之書, 而未嘗求孟子之意耳. 彼曰情惡, 無他, 是有見於天下之以此七者而入於惡, 而不知七者之出於性耳. 故此七者, 人生而有之, 接於物而後動焉, 動而當於理, 則聖也賢也; 不當於理, 則小人也. 彼徒有見於情之發於外者, 爲外物之所累, 而遂入於惡也, 因曰情惡也, 害性者情也. 是曾不察於情之發於外, 而爲外物之所感, 而遂入於善者乎? 蓋君子養性之善, 故情亦善; 小人養性之惡, 故情亦惡. 故君子之所以爲君子, 莫非情也, 小人之所以爲小人, 莫非情也. 彼論之失者, 以其求性於君子, 求情於小人耳.

우주론: 소동파의 시문(詩文) 가운데는 왕왕 우주의 감회를 언급하는 대목들이 눈에 띈다. 이를테면, 『적벽부』(赤壁賦)에서 그는 "손님도 또한 저 물과 달을 아는가! 가는 것이 이와 같다지만 일찍이 가버린 적이 없고, 차고 비는 것이 저와 같다지만 끝내 사라지거나 커짐이 없도다. 대저 그 변하는 것으로 말한다면 천지도 오히려 한 순간일 수 없고, 그 변하지 않는 것으로 말한다면 사물과 내가 모두 다함이 없으니 또 무엇을 부러워하리오? 무릇 천지간의 물건에는 각각 주인이 있으니, 진실로 나의 소유가 아니면 비록 한 터럭일지라도 취하지 말지어다. 오직 강 위의 맑은 바람과 산간의 밝은 달을, 귀는 이를 얻어 소리가 되고, 눈은 이를 만나 빛을 이룬다. 취해도 금함이 없고 써도 없어지지 않으니, 이것이야말로 조물주의 다함이 없는 창고이러라."[85]고 하였다.

인성론: 소동파는 고자(告子)의 인성론을 받아들이고 있다. 성(性)의 선악 구비에 대해서는 인정하지 않고, 선악은 성이 발동한 정에서 비롯되는 것으로 여겼다. 그래서 그는 성을 선으로 보는 맹자의 성선설을 논박하고 있다. 한유(韓愈)는 인·의·예·지·신을 성으로, 희·노·애·락·구·애·오·욕을 정으로 생각하였는데, 이에 대해서도 소동파는 비난하며 성과 정은 나눌 수 없는 것이라고 한다. 희·노·애·락이 있음으로써 비로소 인·의·예·지·신의 존재도 알게 된다는 것이다. 또 한비자는 재질[才]과 성(性)을 혼동하고 있으며 성(性)이라는 글자를 오해하고 있다고 논박하였다. 요컨대, 그의 인성론은 양웅의 학설에 유사하면서도 성선악혼합설에 대해서는 반대하고 있다.

제 15 절 독립학파

이른바 독립학파는 주자학과 육자학 등의 성리학과 완전히 별개의 계통을 말한다. 그 중 진용천(陳龍川), 섭수심(葉水心) 등 이른바 영가공리파(永嘉功利派)가 가장 유명하다. 이 외에 장남헌(張南軒), 여동래(呂東萊) 등에 대해서도 서술하겠

---

85) 客亦知夫水與月乎! 逝者如斯, 而未嘗往也; 盈虛者如彼, 而卒莫消長也. 蓋將自其變者而觀之, 則天地曾不能以一瞬; 自其不變者觀之, 則物與我皆無盡也而又何羨乎? 且夫天地之間, 物各有主, 苟非吾之所有, 雖一毫而莫取. 唯江上之淸風, 與山間之明月, 耳得之而爲聲, 目寓之而成色, 取之無禁, 用之不竭: 是造物者之無盡藏也.

다.

진용천(陳龍川)

이름은 량(亮)이고 자는 동보(同甫)이며 호는 용천 선생으로 영가(永嘉) 출신이다. 주자의 친구로 알려져 있으며, 재기가 뛰어나 토론을 벌일 때에도 격렬하였다. 평생 작은 일에 구애되지 않고 의협심이 많아 감옥에도 들락거렸다. 후에 효종(孝宗)의 신임을 얻어 여러 관직을 역임하였으며, 시호는 문의(文毅)이다. 저서로는 『용천문집』(龍川文集) 30권, 『진용천문초』(陳龍川文鈔), 『삼국기년』(三國紀年) 등이 있다. 남아있는 문집 속에서 특히 「작고론」(酌古論)과 「중흥론」(中興論) 등이 가장 유명하다.

정주학은 공허하게 성명론이나 따지는 우를 범하고 있다고 개탄하면서, 진용천은 실용경제의 학을 주장하였다. 이런 점에서 진용천 등의 학을 공리파(功利派) 또는 절학파(浙學派)라 불린다. 진용천은 대다수 유학자들이 천리와 인욕을 구별하는 것에 대해 비판적이다. 그는 왕도[王]와 패도[霸]를 구분하는 것에 대해서도 논급하고 있는데, 왕도와 패도 간에는 커다란 차별이 있는 것이 아니라 사회가 진보해 감에 따라 나타나게 된 것에 불과하다는 것이다. 그래서 하왕[夏] · 상왕[商] · 주왕[周] · 5패(五霸)라 하는 것이 당연하다. 당시 대다수 학자들이 시론에 따라 이기론이나 심성론을 논담하고 있을 때, 이처럼 분발하고 일어나 실학(實學)을 제창할 수 있었던 진용천의 식견은 칭송할 만하다.

섭수심(葉水心)

이름은 적(適)이고 자는 정칙(正則)이며, 수심은 그의 호이다. 시호는 충정(忠定)이며 영가(永嘉) 출신이다. 고종소흥(高宗紹興) 20년(1150)에 태어나, 영종가정(寧宗嘉定) 16년(1233)에 74세로 죽었다. 저서로는 『수심문집』(水心文集) 28권, 『습학기언』(習學記言) 50권, 『습유』(拾遺) 1권, 『별집』(別集) 16권이 있다. 섭수심도 성리학의 번잡스러움에 염증을 느끼면서, 선왕의 도는 천하를 다스림에 있을 뿐이라고 주장하였다. 특히 섭수심은 옛 사람과 옛 글을 비난하고 비판하는 데 거리낌이 없었던 인물이다. 이를테면, 그는 주렴계 · 장횡거 및 두 정자는 도통을 전하지 못하였다고 단언하면서, 이들이 성리학을 주장한 직접적인 동기는 불교와 노자의 학설에 대항하는 데 있었는데, 오히려 그들이 불교와 노자에 감염되어 결국 중국의 학이 오랑캐의 학과 무엇이 다른지를 밝혀내지 못하고 말았다고 하였다.

한유(韓愈)가 "맹자가 죽은 이후로 그 도통이 전해지지 못했다."[86]고 하였는데, 섭수심은 이를 논박한다. 도통이 결코 맹자로 끝난 것이 아니라 오늘날 사람들이 학습하지 않는 데 있다는 것이다. 또 섭수심은 증자(曾子)가 도통을 이어 전했다는 설에 대해 반대하였고, 중용의 작자가 자사(子思)라는 것에 대해서도 의심하였다. 또 『국어』(國語)의 작자는 좌씨(左氏)가 아니며, 『관자』 및 『노자』의 결점에 대해서도 들추었다. 기타 유향(劉向)의 『오행전』(五行傳) 등에 대해서도 논박하는 등, 섭수심은 고금의 많은 학자들의 저작을 하나 하나 비평하고 있다. 그러나 그가 이들 저작들에 대해 모두 이해하고 비평을 하였다고 말하기는 어려울 것이다. 전조망(全祖望)이 섭수심을 평하기를, "영가 공리설은 섭수심에 이르러 비로소 잘 다듬어졌는데, 자유분방하게 타고난 기질로 인하여 옛 사람을 폄하함에 너무 지나침이 있었다."[87]고 하였다.

주자 · 육자가 죽은 후, 남송의 학계는 주 · 육 2대 학파로 나뉘었다. 여기에 섭수심이 영가 공리학으로 일가(一家)를 이루어 두 학파와 세력을 다투었던 것이다. 섭수심은 자못 문장에 뛰어나 그 영향을 받은 제자 가운데 유능한 문장가가 많이 나왔다. 그러나 그의 학설을 이어 받아 발전시킨 사람은 없었다.

장남헌(張南軒)

이름은 식(栻)이고 자는 경부(敬夫) 또는 낙재(樂齋)이며, 호는 남헌이고 광한(廣漢) 출신이다. 후에 형양(衡陽)으로 옮겼으며, 고종소흥(高宗紹興) 3년(1133)에 태어나, 효종순희(孝宗淳熙) 7년(1180)에 48세로 죽었다. 아버지는 장준(張浚)이다. 남헌은 호오봉(胡五峯)에게 정자학을 배웠고, 주자와 친했다. 언제나 정의(正義)로 방패를 삼고 직언하기를 꺼리지 않았다. 재상과 동문수학한 사람의 원한을 지적하기에 이르러 관직을 파면 당하였다. 백성들의 신임을 크게 얻어, 그가

86) 孟軻死, 不得其傳.
87) 永嘉功利之說, 至水心而始一洗之; 然水心天資高放, 砭議古人, 多有過情者.

죽자 백성들이 애석해 하였다. 시호는 선(宣)이며, 주요 저서로는 『논어해』(論語解) 10권, 『맹자상설』(孟子詳說) 17권, 『계사맹자설』(癸巳孟子說) 7권이 있다.

장남헌은 재주와 학식과 덕망을 겸비한 당시의 대 유학자였다. 항상 주자와 교우하면서 유학을 연구하는 데 몰두하였으며, 당시 학계의 나쁜 폐습을 제거하여 도통의 전함을 밝혔다. 주자와 비교한다면 남헌은 정명도에 가깝고, 주자는 정이천과 비슷하다. 생각건대, 주자는 장수하였고 남헌은 50세도 안되어 죽었는데, 주자에 못지않은 그의 천재성을 다 발휘하지 못하고 죽은 것이 안타깝다.

철학설: 남헌은 우주의 본체와 만물의 본원을 태극이라 하였다. 태극이 움직여 2기(二氣)가 되고, 2기가 존재함으로써 비로소 만물이 생겨난다. 이처럼 태극의 활동으로부터 사람도 기타 만물도 생겨나게 되는 것이다. 일체 모든 만물은 태극을 본근(本極)으로 삼고 있기에 본래 처음에는 어떠한 것도 선하지 않음이 없으며, 천지의 성(性) 또한 선이다. 그러나 맹자가 성선론을 주장하면서 특히 인성(人性)이 선하다고 말하는 까닭은 무엇인가? 사람은 2기의 바름을 받아 생성되고, 사물은 2기의 치우침을 받아 생성되는데, 이것이 사람과 사물의 성이 다르게 되는 까닭인 것이다. 남헌의 우주론과 인성론은 두 정자 및 장횡거와 대동소이하다.

윤리설: 남헌은 체계적인 윤리설을 주장하지는 않았으나 그의 단편적인 견해들 속에는 명언이라 부를 수 있는 것이 적지 않았다. 의리[義]와 이익[利]을 구별하여, 이익은 행동할 만한 이유가 있기 때문에 행동하는 것이고, 의리는 행동할 만한 이유가 없어도 해야 할 행동을 하는 것이라 하였다. 따라서 의리에 따라 행한 행위는 모두 선이고, 이익에 따라 행한 행위는 모두 선이 아니다. 이처럼 선악을 판단하는 행위의 표준을 동기에 두고 있다. 남헌은 또 지경궁리(持敬窮理)를 중시하며 수양공부의 방법으로 여겼다. 비록 특별히 새롭고 기별난 점은 없으나, 한 마디 말이나 짤막한 말 가운데 그 의미를 되새겨볼 만한 것들이 많았다. 이를테면, 지경(持敬)에 대해 그는 "마음을 한 곳으로 집중하는 일은 매우 어렵고 고통스런 일이다. 모름지기 괴로움을 견디어 내며 오래도록 그만두지 않는다면 점차적으로 그 맛을 알게 된다."[88]고 하였다. 또 궁리(窮理)에 대해서도 "이치와

의리[理義]는 본디 모름지기 곰곰이 생각하며 찾아야 한다. 그러나 구함이 정도를 지나치면 도리어 마음에 해로움이 있다. 궁구하고 함양하기를 차근차근 계속해서 깊이 있게 해 나간다면 곰곰이 생각하는 사고력이 늘게 마련이다."[89]고 하였다.

여동래(呂東萊)

이름은 조겸(祖謙)이고 자는 백공(伯恭)이며, 동래(東萊)에 거주했기 때문에 사람들이 동래선생이라 불렀다. 고종소흥(高宗紹興) 7년(1137)에 태어나, 효종순희(孝宗淳熙) 8년(1181)에 45세로 죽었다. 주자와 장남헌은 그의 글동무였다. 비서랑(秘書郎) · 저작랑(著作郎)의 관직을 역임하고, 명도궁(明道宮) 등을 주관하는 벼슬을 하였다. 사람됨이 온후하고 독실하여 격하게 노여움을 내는 일이 거의 없었다. 유명한 저서로는 『동래좌씨박의』(東萊左氏博議) 25권, 『동래춘추좌씨전속설』(東萊春秋左氏傳續說) 12권, 『춘추좌씨전속설』(春秋左氏傳續說) 12권, 『황조문감』(皇朝文鑑) 150권, 『여씨가숙독시기』(呂氏家塾讀詩記) 32권 및 『고주역』(古周易), 『서고정』(書考定), 『서설』(書說), 『관잠』(官箴), 『변망록』(辨忘錄), 『구양공본말』(歐陽公本末) 등이 있다.

여동래는 주자와 육자의 장점을 두루 갖추고 있어 그들과 짝하더라도 부끄러움이 없을 인물이다. 그의 장점은 역사와 문장에 있다. 특히 그가 『춘추좌씨전』에 도통한 것은 누구나 인정하는 바이다. 그러나 철학과 윤리의 측면에서는 독창적인 견해가 없고, 다만 실천적인 도덕적 교훈들뿐이다. 전사산(全謝山)이 그를 평하기를, "대개 송나라 건 · 순(乾淳) 이후, 학파는 크게 주자학 · 육상산학 · 여동래학의 3파로 나눈다. 3파는 서로 어우러지지 못하였다. 주자학이 격물치지를, 육자학이 명심(明心)을 주장했다면, 여동래학은 두 파의 장점을 겸하여 취하였다. 또 중원(中原) 문헌의 통일로 아름다운 광채를 더하였다."[90]고 하였다.

88) 主一之功, 艱難曲折甚多, 須耐苦辛, 長遠不舍, 則寖有味焉.
89) 理義固須玩索, 然求之過當, 反有害於心. 涵泳栽培, 日以深厚, 則玩索之處, 自然有力焉.
90) 蓋宋乾淳以後, 學派大別爲三: 曰朱學, 曰陸學, 曰呂學. 三家同時不甚合: 朱學言格物致知, 陸學言明心, 呂學則兼取其長, 又以中原文獻之統潤色之.

송대의 윤리사상 (요약)

✤ 송대 개설

❐ 시대 개관

(1) 송의 건국 : 5대말 후주의 노련한 장수 조광윤이 부하의 추대로 천자(태조)가 됨.
(2) 태조 때 아직 7독립국이 있었는데 태종 때 비로소 평정됨.
(3) 태종은 요나라에 패하고, 인종은 서하에 시달려 국위가 땅에 떨어짐.
(4) 신종은 국위를 회복하고자 왕안석을 등용하였지만, 신 · 구파간 당쟁의 단서가 됨.
(5) 고종 때 수도를 금나라에 빼앗기고 강남으로 피난하였고 이후부터 국명을 남송으로 칭함.
(6) 몽고가 금의 배후에서 일어나 금을 멸하고, 다시 남하하여 송을 멸함.
(7) 태조로부터 시작하여 모두 18대 임금 320년이 지난 후 멸망함.

❐ 사상계 개관

(1) 송대 사상계의 주된 조류는 유교임.
(2) 문학 또한 매우 번성하여 유명한 시인 · 문사들이 계속 배출됨.
(3) 도교 및 불교도 여전히 민심을 지배하는 힘을 잃지 않았음.
(4) 당 무종은 불교를 억압하였으나 전멸치 못하고, 선종은 남송에 이르러 더욱 번성함.
(5) 회화 및 서예가 크게 발달함.

✤ 중국의 근대철학

❐ 특 색

(1) 실천도덕의 연구는 만족스럽지 못하고 원리적 연구에 치중.
(2) 교학의 근본을 성(性)에서 구하고, 성의 근본은 우주에서 구함.
(3) 인성과 우주의 관계를 주로 논담하였기에 송 · 명 성리학이라 함.
(4) 성리의 연구는 원시유교의 범위를 벗어난 것이므로, 유교의 확장이라고 할 수도 있고 다른 길로 들어서게 된 것이라고도 할 수 있음.

❐ 발흥원인

(1) 송의 유학 장려
(2) 불교의 영향

(3) 도교의 영향
(4) 훈고학에 대한 반동

❐ 계 통
(1) 정주학파 : 두 정자에 이르러 명료해지고, 주자가 대성함.
(2) 육왕학파 : 육상산이 창시하고 왕양명이 계승함.
(3) 조화학파 : 주자 · 육자의 일파에 치우치지 않고 두 파의 장점을 채용함.
(4) 고증학파 : 고증을 사용하여 유학의 정신을 밝힘.

✤ 근대철학의 선구자

❐ 호안정(胡安定)
(1) 24년 동안 제자 1,000여명을 가르침.
(2) 당시의 학풍을 배척하고 명체달용의 학을 주장함.
(3) 제자 가운데 가장 유명한 사람은 서적(徐積)임.

❐ 손태산(孫泰山)
(1) 『존왕발미』(尊王發微)를 지음.
(2) 체계적인 학설은 없음.
(3) 문인 가운데 석조래(石徂徠)가 나옴.

❐ 석조래(石徂徠)
(1) 『당감』(唐鑑)을 지어 간신, 환관, 궁녀를 경계하였지만 소인배들로부터 미움을 받음.
(2) 훈고의 폐단과 불교 · 노자의 해로움을 지적함.
(3) 비록 체계적인 학설은 없으나, 근세철학의 발흥을 촉진함에 공적이 있음.

✤ 주렴계(周濂溪)

❐ 요 지
(1) 어려서 고아가 되어 다른 집에서 자랐으며, 어렵게 공부함.
(2) 여러 관직을 역임하였으며, 가는 곳마다 널리 양리(良吏)로 이름이 남.
(3) 학문의 경지가 매우 깊었고 왕안석에게 문제의식을 심어줌.
(4) 타고난 성질이 강직하며, 자신의 봉급을 가난한 사람에게 나누어 줌.
(5) 누구를 스승으로 섬겼는지는 명확치 않으며, 여러 설이 있음.
(6) 학설은 유교와 도교의 조화라는 관점에서 확립됨.

❐ 철학설

(1) 『태극도설』(太極圖說), 『통서』(通書)에서 그의 철학사상을 알 수 있음.

(2) 『태극도설』은 태극도를 철학적으로 설명한 것임.

(3) 태극도의 작자에 대해서는 다른 설들이 많음.

(4) 우주론 : 태극으로 우주의 본체와 만물의 근원을 삼음.

① 태극이 무극이며, 태극은 무극과 차이가 없음.

② 태극의 움직임과 고요함으로 음양 양의가 성립되며, 양의는 오행을 생성하고 오행은 만물을 생성함.

③ 양의가 성립되면 오행이 분포되어 남녀 양성을 낳음(건도는 남자를 형성하고 곤도는 여자를 형성함).

④ 오행은 음양이고 음양은 태극이며 태극은 무극으로 그 본성이 하나임.

⑤ 오행의 상세함과 소략함 문에 만물과 사람의 구별을 낳게 됨.

(5) 인성론 : 사람의 본성은 순수하고 지극한 선임(이것이 성誠 임).

① 사람은 본체로부터 생성할 때 가장 우수한 오행의 기를 받음.

② 사람의 본성은 성(誠)임(즉, 성은 사람의 태극임).

(6) 우주론은 인성론의 기초가 되며, 인성론은 도덕론의 기초가 되고 있음(성리학).

❐ 윤리설

(1) 인성론에 근거하여 윤리설을 세움.

(2) 사람의 본성은 성(誠)이며, 인 · 의 · 예 · 지 · 신 오상은 본성에 존재하고 있는 것임.

(3) 인성은 선인데, 외부 사물과 접촉하여 느껴 움직일 때 선악이 생성됨.

(4) 본성은 정적부동(靜寂不動)의 상태가 자연스러운 것이며, 이때 본성은 선함.

(5) 본성의 움직임을 삼가하는 것은 그 선함을 보존하고자 하는 것임.

(6) 성인(聖人)의 도를 온전케 하는 것으로 수양의 목적을 삼음.

(7) 구체적으로 성인의 도를 제시하고 있는데, 그것은 중정(中正)과 인의(仁義)의 덕임.

(8) 수양공부의 방법으로 생각[思]과 무욕(無慾)을 들고 있음.

❐ 정치설

(1) 유교의 덕치주의를 이어받고 있으며, 정치의 큰 근본을 도덕에 두고 있음.

(2) 군주의 덕행을 중시하여, 군주의 품행이 바르면 덕이 백성에게 미친다고 함.

(3) 세상을 다스리는 중요한 도구로 예와 악을 들고 있으며, 이중에서도 특히 예를 더 중시함.

(4) 형벌은 모름지기 부득이할 경우에 한하여 사용함.

✤ 소강절(邵康節)

❐ 요 지

(1) 소년시절에 세상의 불의를 개탄하며, 큰 뜻을 품고 여러 지역을 여행함.

(2) 세상이 태평하던 시절, 천진교(天津橋) 위에서 천하가 어지러워질 것임을 예언하였는데, 후에 그 예언이 적중함.

(3) 명성이 점차 높아져, 여러 곳에서 그를 환영함.

(4) 공자학도임을 자임하며 돌아다녔음. 그럼에도 불구하고 노자의 제자들은 그를 이단으로 보지 않고 그의 장점을 인정함.

(5) 이지재(李之才)에게서 선천상수학을 배웠는데, 이지재의 학문이 도교와 밀접한 관계가 있음은 분명함.

(6) 철학설을 선천학이라 부름.

❐ 철학설

(1) 우주의 법칙: 자연계와 정신계의 현상은 모두 『역』의 태극 · 양의 · 사상 · 팔괘의 법칙에 지배됨.

(2) 현상의 4수: 4수(四數)가 일체현상을 발생시킴.

(3) 천지의 과정: 시간의 측정을 원 · 회 · 운 · 세(元會運世)로 함.

(4) 만물의 생성: 만물은 사시(四時)와 사유(四維)로부터 생성됨.

(5) 인간사 4수론: 인간세계의 현상 또한 4수(四數)로 인하여 지배됨은 자연현상과 같음.

(6) 인성론: 인 · 의 · 예 · 지를 고유의 본성으로 삼음(성선론).

(7) 인생관: 만물은 하늘의 사시와 땅의 사유로 말미암아 발생하는데, 사람과 만물은 본질이 서로 같음.

❐ 윤리설

(1) 우주의 비밀과 심오함을 즐겨 탐구한 반면, 도덕과 정치에 대해서는 언급이 적음.

(2) 천인합일의 경지를 지선이라 생각하며, 천인합일은 바로 사물과 인간의 명합(冥合)임.

(3) 성(性)은 선하며, 성을 가리는 것이 정임. 정을 제거하고자 하는 것은 선을 발휘하기 위함임.

(4) 여러 가지 유익한 단편적 교훈을 기술하여 수양공부로 여김.

❐ 비 판

(1) 『역』철학의 계승자임.

(2) 풍부한 사색력으로 수론(數論)철학을 건설하려고 노력함.

(3) 억지로 꾸민 견강부회의 설이 많은데, 현상4수론 같은 것이 그 일례임.

(4) 두 정자는 그의 학설을 계승하려고 하지 않았음.

✣ 장횡거(張橫渠)

❐ 요 지

(1) 일찍 고아가 되었으나 자립하여 학문을 구함.

(2) 정명도 · 정이천의 영향으로 다른 학문을 버리고 유교를 연구함.

(3) 진사에 급제하여 관직에 나갔으나, 의견이 맞지 않아 사직하고 오로지 저술에만 전념함.

(4) 유학의 계승자가 되어 『주역』을 종(宗)으로 하면서, 『중용』을 적(的)으로, 『예』를 체(體)로, 공자 · 맹자를 극(極)으로 삼았음.

(5) 불교 · 노자를 배척하였으나 또한 그 영향도 받음.

(6) 태허(太虛)를 학설의 근본사상으로 삼음.

❐ 철학설

(1) 태허론

① 태허는 우주의 본체임.

② 태허는 무형의 기로써, 기의 응취나 발산으로 인하여 음양을 낳음.

③ 태허와 기는 동일물로, 태허가 기이고 기가 태허임(기일원론).

④ 우주간 만물은 모두 태허의 활동으로부터 생성됨.

⑤ 활동적 본체로 말한다면 태허는 태화(太和)라 할 수 있음.

⑥ 태허가 응취 · 발산을 하더라도 그 본질이 변경되는 것은 전혀 아님.

⑦ 만물의 발생이 천차만별인 것은 음양 2기의 교합정도가 같지 않기 때문임.

⑧ 태허가 곧 기라는 사상은, 노자의 허무론과 『주역』의 태극설을 포함하는 것임.

(2) 귀신론

① 본래 태극설은 귀신의 의의를 철학적으로 설명한 것임.

② 귀신은 음양 2기의 양능(良能:선험적 기능)임.

③ 귀신은 가고 옴[往來], 굽힘과 폄[屈伸]의 뜻임.

④ 귀는 음이고 신은 양임.

⑤ 지극한 정성으로 하늘의 도를 얻는 것을 성(聖)이라 부름.

⑥ 태허가 교묘하게 응하는 것 또한 성(聖)이라 부름.

(3) 인성론

① 만물은 태허의 활동으로 말미암아 생성되니, 태허의 모양에 불과함.

② 사람 또한 태허의 모양임은 만물과 같음.

③ 태허의 본성이 허명(虛明)이므로 인성 또한 허명임(性善論).

④ 성(性)에 선악이 있는 것은 기질이 같지 않기 때문임.

⑤ 기는 태허가 엉기어 모일 때에 생성됨.

⑥ 성(性)과 지각(知覺)을 마음[心]이라 부름.

⑦ 성(性)이 외물을 지각할 때 정이 일어남(성은 본체이고 정은 작용임).

(4) 인생관

① 사람은 태허가 엉기어 모임으로부터 생성됨.

② 사람과 본체의 태허는 바탕이 다르지 않음(천인합일).

③ 나를 떠나 마음을 크게 하면, 사람과 하늘이 일체가 됨.

④ 만물 또한 태허의 발현이니, 사람과 만물은 동질임(만물일체).

⑤ 물건과 나의 구별은 사람의 주관에 얽매임으로 인하여 일어남.

⑥ 삶과 죽음은 태허의 모임과 흩어짐에 불과함(사생여일).

❒ 윤리설

(1) 인성론을 윤리설의 기초로 삼음.

(2) 인성론에 의하면, 천지의 성은 허명이고 기질의 성은 청탁이 있음.

(3) 수양의 목적은 기질을 변화시켜 본성으로 돌아가게 하는 데 있음.

(4) 수양공부는 안으로 마음을 바르게 하고, 밖으로 예를 중히 할 필요가 있음.

(5) 마음을 바르게 하면 허심평기(虛心平氣)의 경지에 도달하고 천지의 성에 합하게 됨.

(6) 예를 지키면 천일합일 · 물아일체의 사상을 체험할 수 있음.

(7) 예를 지킴은 본성을 유지하고자 하는 것이며, 성을 유지하고자 하는 것은 근본으로 돌아가고자 하는 것임.

❒ 비 판

(1) 학설의 큰 장점은 사상이 체계적이고 또 명백하다는 데 있음.

(2) 근본사상인 태허론이 전체의 사상에 일관하고 있음.

(3) 인성을 기질의 성으로 인정하여, 일기론(一氣論)의 철저함이 결핍됨.

(4) 예를 중시하는 것에 대해서는 여러 가지 비평이 있음.

✤ 정명도(程明道)

❒ 요 지

(1) 정이천의 형으로, 주렴계에게 정이천과 같이 배움.

(2) 진사에 급제하여 여러 관직을 역임하였으며, 가는 곳마다 선정을 베풂.

(3) 신종의 심임을 얻어, 전형관[銓官]이 되어 재능있는 사람을 발탁함.

(4) 왕안석의 신법을 반대하여, 지극한 정성과 인애로써 간하기를 그치지 않음.

(5) 순수한 유교주의를 표방하였으며, 치적이 매우 많은 선량한 정치가임.

(6) 학문과 덕행에 있어서 송나라 제일의 인물이었음.
(7) 철학설은 『주역』을 근거로 하고 있음.

❒ 철학설
(1) 우주관
① 『주역』의 태극 · 양의와 같음.
② 태극이라는 용어 대신 '건원일기'(乾元一氣)라는 말을 사용함.
③ 건원일기는 정명도 우주관의 궁극 원리임.
④ 천지간 만물은 모두 음양 2기의 교감으로부터 생성됨.
⑤ 일체의 만물은 같은 뿌리를 가진 일체임.
⑥ 만물에 종류와 구별이 있음은 생성될 때 2기의 교감정도가 같지 않기 때문에 생김.
⑦ 음양의 교감이 치우침을 얻으면 새 · 짐승 · 풀 · 나무가 되고, 그 바름을 얻으면 사람이 됨.
(2) 인성론
① 생(生)은 성(性)이며, 성은 기이고 기는 성임.
② 성은 생과 같으며, 사람은 건원일기로부터 생성되니 기임.
③ 성은 선악이 없고, 기는 태어날 때 치우침과 바름이 있으며, 기품은 과불급이 있음.
④ 기품에 과불급이 없으면 선이고, 있으면 악임.
⑤ 일원론에 입각하여 성의 선악을 논하여 이해하기가 매우 어려움.
(3) 인생관
① 우주관과 인성론으로부터 인생관이 도출됨은 장횡거와 비슷함.
② 천지간 만물은 건원일기의 발현임.
③ 그러므로 하늘과 사람의 본질은 다르지 않음.
④ 사람과 만물간의 본질도 또한 같음.
⑤ 사람의 생사도 건원일기의 변화에 불과함.

❒ 윤리설
(1) 인을 중시하며, 인에 도달하는 것을 최고의 목적으로 삼음.
(2) 인의 뜻을 가장 넓게 해석하면서, 인은 백 가지 행실을 총괄한다고 함.
(3) 인에 도달하는 방법은 성(性)을 따름에 있음.
(4) 성(性)에 따름은 성의 꾸미지 않는 참됨[天眞]임.
(5) 성(性)과 인(仁)은 같으며, 성과 인은 건원일기임.
(6) 사람의 본성은 인이므로, 어떠한 인위적인 작위를 가하지 않더라도 선에 도달함.
(7) 그리하여 성인의 경지에도 도달할 수 있음.
(8) 그러나 다수의 일반인들은 수양이 필요함.
(9) 원기(元氣)가 몸의 주재가 될 때에 도심(道心)이라 부름.

(10) 도심의 밝음을 가리는 인욕으로 인심을 삼으면, 도심과 인심이 분별됨.
(11) 인심을 제거하고 도심을 밝힘이 수양의 가장 중요한 것임.
(12) 수양공부의 방법으로 경(敬)과 의(義)를 강조함.

✤ 정이천(程伊川)

❐ 요 지

(1) 정명도의 1살 적은 아우로, 주렴계에게 배움.
(2) 일찍이 태학에서 배울 때, 호안정이 중요한 인물로 여겨 학관으로 임용함.
(3) 철종을 보좌하여, 천하에 이름을 떨침.
(4) 소동파와 충돌함으로 낙 · 촉의 당쟁을 야기함.
(5) 정명도의 온후 · 독실과는 달리, 강직한 기상을 가짐.
(6) 정명도와 다른 인격은 학풍에도 영향을 주어, 학설도 다름.
(7) 이기이원론을 근본사상으로 삼아, 성선론을 크게 이룸.

❐ 철학설

(1) 우주관
① 우주는 리기이원으로부터 형성됨.
② 만물의 형상을 이루는 것은 기(氣)이며, 형상의 중심에 부여하는 도는 리(理)임.
③ 리는 보편적 원리이며, 기는 개별적 원리임.
④ 리기는 떨어져 따로 존재하지 않고, 리가 있으면 기가 있고 기가 있으면 리가 있음.
(2) 인성론
① 우주간의 만물은 모두 리기이원으로부터 생성되며, 사람도 또한 같음.
② 사람은 성(性)과 재(才)가 있으며, 성은 리에 바탕을 두고 있으며 재는 기에 근본을 두고 있음.
③ 성은 만인의 보편성이며, 재는 사람마다 각기 다름.
④ 성은 선한 것이며, 사람마다 선악의 분별이 있는 것은 재가 서로 다르기 때문임.
⑤ 맑은 기를 받아 생성되는 재는 선이고, 흐린 기를 받아 생성되는 재는 악임.
⑥ 성이 발하여 정이 되니, 성은 본체이고 정은 작용임(리의 동적인 해석).
⑦ 성과 마음[性與心]은 바탕이 같고 이름만 다른 것임.
⑧ 공허하고 광막하여 아무 조짐도 볼 수 없다[沖漠無朕]는 말을 사용하여, 마음의 실재 상태를 형용함.

❐ 윤리설

(1) 성은 절대 지선이며, 선악을 생성하는 원인은 재질임.

(2) 수양의 목적은 악한 재질을 제거하는 데 있음.
(3) 거경(居敬)과 궁리(窮理)를 수양의 두 가지 강령으로 삼음.
(4) 거경은 마음을 한군데로 집중하여 잡념을 버리는 일임[專一其心 主一無適].
(5) 궁리는 하나 하나의 사물에 나아가 궁구하고 치지(致知)에 다다름.
(6) 거경의 방법은 반드시 고요히 앉아 있는[靜坐] 것임.
(7) 궁리의 방법은 독서, 고금의 인물을 논함, 사물에 처하여 마땅함을 얻는 세 가지가 있음.
(8) 학문상 여러 가지의 유익한 교훈을 설명함.
(9) 지식을 중시하는 점에 있어 정명도와 차이가 있음.

❒ 두 정자의 비교

(1) 성격: 정명도는 온후하고 남을 잘 받아들이며, 정이천은 엄격하고 남을 꺼리는 성격임.
(2) 학풍: 정명도는 법을 중시하고, 정이천은 지식을 중시함.
(3) 연구방법: 정명도는 직각적 · 오도적(悟道的) · 연역적이고, 정이천은 경험적 · 귀납적임.
(4) 정명도의 학은 육상산을 거쳐 왕양명에게 전해지고, 정이천의 학은 주자가 크게 이룸.
(5) 교육가로서 말하면 정이천은 정명도에 미치지 못하며, 학문의 정밀함으로 말한다면 정이천이 정명도를 능가함.

✤ 정자학의 계승자

❒ 요 지

(1) 처음에 두 정자는 학파를 세우지 않았으며, 문인들도 정명도 · 정이천으로 나누지 않고 정자학의 문인이라 총칭했었음.
(2) 정명도가 죽은 후, 문인들은 정이천에게 많이 배움.
(3) 정자 문인 가운데 인재들이 배출되어, 스승의 학설을 천하에 전함.
(4) 정자 문하의 많은 학자들이 대체로 스승의 학설을 유지함.
(5) 스승의 학설을 발전시킨 사람은 겨우 사상채와 양귀산 두 사람 정도임.

❒ 사상채(謝上蔡)

(1) 두 정자의 가르침을 받았으나, 정명도에게 더 많이 배움.
(2) 정명도의 학설 가운데 선(禪)설을 참조하여, 간이직절의 철학설을 세워 육상산의 선구가 됨.
(3) 정명도의 인(仁)설을 근본사상으로 삼음.
(4) 인은 마음이요 천리라고 생각한 선천양심론자임.
(5) 양심을 방해하는 것을 인욕이라 하고, 천리와 인욕을 대립시킴.

(6) 수양의 목적은 인욕을 제거하고 천리를 밝히는 데 있음.
(7) 궁리의 필요성을 인정하였으며, 수양의 방법으로 생각함.

❒ 양귀산(楊龜山)

(1) 정명도의 우주론을 이어받아 기일원론을 주장함.
(2) 우주의 본체는 일원기이며, 일체의 현상은 본체의 이합집산에 불과함.
(3) 사람의 생사를 비유하면 물의 변화와 같음.
(4) 유교의 학설을 불교에 비교하며 성선론을 주장함.
(5) 수신 · 제가 · 치국 · 평천하를 도(道)로 삼음.
(6) 도를 행하는 까닭은 성실[誠]하기 위함이며, 도를 알고자 한다면 반드시 격물치지(格物致知)를 해야 한다고 생각함.

❒ 여남전(呂藍田)

(1) 장횡거의 문인인데 장횡거가 죽은 후 정명도를 스승으로 섬김.
(2) 많이 읽고 암기하여 여러 책을 통달하고 문장에도 능통함.
(3) 홀로 거할 때에도 근엄하게 단정히 앉아 그 법을 함양함.
(4) 정이천의 인성론을 계승하여 본연성과 기질성을 인정함.
(5) 선과 악, 어질고 어리석음은 기품으로 인하여 생성됨.
(6) 양심은 어린아이의 깨끗한 마음[赤子之心]임.
(7) 양심의 청명을 더하게 하는 것을 수양의 최고 목적으로 삼음.
(8) 어린아이의 깨끗한 마음을 보존하려면, 천지의 중심으로부터 받은 마음상태를 보존해야 함.

❒ 호오봉(胡五峯)

(1) 석학 호안정의 막내아들임.
(2) 주자가 그의 학식의 풍부함과 절조의 고결함을 모두 찬양함.
(3) 성(性)을 절대 지선이라 함(선악으로 말하지 않았음).
(4) 성은 천명이며, 만 가지 이치[萬理]를 구비함.
(5) 성과 마음의 관계에서, 성은 본체요 마음은 작용이라 봄.
(6) 성은 비록 정지적이나 활동의 가능성이 있음.
(7) 정자학의 영향을 받으면서도, 그의 학설에는 정자학의 범위를 벗어나는 점이 있음.

❒ 왕진택(王震澤)

(1) 정이천을 스승으로 섬기며, 동문인 양귀산을 존경함.
(2) 고종이 불러 묻자, 자신의 정치적 견해를 밝힘.

(3) 노후에 『논어집해』(論語集解)를 지었으나, 완성치 못하고 죽었음.

❐ 나예장(羅豫章)

(1) 양귀산을 만나보고는, 옛날의 배움을 버리고 양귀산을 스승으로 섬김.

(2) 정이천의 주역해석에 심복하여 낙(洛)으로 가 면담을 요구함.

(3) 비록 관직에 나아갔으나 임기가 끝난 후에는 나부산으로 들어가 좌선에 몰두함[靜坐].

❐ 이연평(李延平)

(1) 24세 때 나예장에게 나아가 배움.

(2) 양귀산, 나예장과 같이 남검(南劍) 세 선생으로 불리워짐.

(3) 40 여 년간 세상을 떠나 은거하며 전심으로 학문에 힘씀.

(4) 지혜와 용기가 비범한 성격이나 수양의 결과로 도리어 겸손하고 사양함을 이루었고, 늙어서는 효도와 우애로 이름이 남.

(5) 정자학의 실천자로 새로운 학설을 세우지 않았고, 저서도 없으며 문장도 짓지 아니함.

(6) 좌선에 몰두하는 것[靜坐]을 학문의 제일 뜻으로 삼음.

(7) 문인들에게도 종일토록 정좌케 함.

(8) 맹자의 설을 따라, 야기(夜氣)의 보존을 함양의 한 방법으로 삼음.

(9) 주자에게 영향을 미친 것이 매우 많음.

✤ 주자(朱子)

❐ 요 지

(1) 어려서부터 뛰어나게 총명하였음.

(2) 24세에 이연평의 학설을 듣고 크게 깨달아 바로 그의 문인이 됨.

(3) 고종이 즉위함에 글을 바쳤으나, 쓰여지지 않았음.

(4) 문인이 수백 명이고 명성과 명예가 날로 융성함.

(5) 효종 · 광종 때 여러 관직을 역임함

(6) 영종 즉위 후 반대파에 의해 역적의 무리라고 배척을 당함(경원의 당화).

(7) 역경에 처해서도 뜻을 굽히지 않고, 태연히 학문을 연구함.

(8) 태고로부터 전하여진 중국사상을 종합하여, 자기의 학설을 세움.

(9) 이전의 여러 학설은, 주자에 의하여 하나의 큰 체계로 조직됨.

(10) 불교 · 노자의 서적을 탐구하고, 그 용어를 활용하여 유교를 확장함.

(11) 중국사상의 집대성자이며, 또 유교철학의 건설자임.

❒ 철학설

(1) 우주론

① 주렴계의 『태극도설』과 정이천의 리기이원론을 융합함.

② 우주의 본체는 태극이며, 태극은 리기이원의 종합임.

③ 태극은 리(理)임. 이른바 리는 반드시 기에 상대하여 말함.

④ 리와 기는 동일물임. 리가 없으면 기가 없고 기가 없으면 리가 없음.

⑤ 리는 형이상의 도이며, 기는 형이하의 기임.

⑥ 리는 만물생성의 원리이며, 기는 만물주형의 재료임.

⑦ 리기는 시간적인 전후를 나눌 수 없으나, 존재의 자격으로 말한다면 리가 근본적임.

⑧ 만물은 모두 태극으로 인하여 생성됨.

⑨ 태극은 음양을 낳고, 음양이 교감하여 오행을 낳고, 오행은 만물을 낳음.

⑩ 태극은 만물 중에 있으므로, 만물의 본질은 동일함.

⑪ 만물의 종류는 기의 청탁으로 생성됨.

(2) 인성론

① 인성을 본연성 · 기질성 2종류로 나눔.

② 본연성은 리로부터 생기고, 기질성은 기로부터 생겨남.

③ 본연의 성은 선이며, 인 · 의 · 예 · 지 · 선의 제 덕은 그 가운데 구비되어 있음.

④ 기에는 청탁이 있으며, 기질의 성은 선악의 구별을 낳음.

⑤ 본연의 성은 해와 달에 비유되며, 기질의 성은 구름과 안개와 같음.

⑥ 어떤 사람이든 모두 2종류의 성을 가지고 있음. 즉 성인일지라도 기질의 성이 있으며, 보통사람 또한 본연의 성이 있음.

⑦ 심(心) · 성(性) · 정(情) 3가지를 구별함. 마음은 한 몸의 주재이며, 성은 마음의 바탕이고, 정은 마음의 작용임.

⑧ 마음을 도심과 인심으로 나눔. 본연의 성에 근거한 마음은 도심이며, 기질의 성에 근거한 마음은 인심임.

⑨ 누구를 막론하고 모두 도심과 인심이 있음.

❒ 윤리설

(1) 이상론

① 넓은 의미의 인(仁)으로 도덕의 이상을 제시함.

② 인은 사람 몸에 존재하는 리(理)임.

③ 인은 도덕의 근본이며, 인 · 의 · 예 · 지의 제 덕은 그 중에 포함되어 있음.

④ 인이 발하면 애정(愛情)이 되고, 사물에 대해서는 지각(知覺)이 됨.

⑤ 인은 애(愛)와 지(知)의 가능성을 포함하고 있음.

(2) 수양론

① 악은 기질의 성에서 발생함으로, 기질을 변화시키면 악도 선이 될 수 있음.

② 기질을 변화시키고자 하는 것은 도덕적 최고이상인 인을 실현하고자 하는 까닭임.

③ 거경과 궁리를 수양공부의 2대 강령으로 내세움.

④ 거경···주일무적···내면적 공부 = 성찰, 외면적 공부 = 정좌

⑤ 궁리···격물치지···경험적으로 개개의 지식을 쌓음.

⑥ 궁리를 우선시 함(선지후행설, 그러나 거경을 가벼이 하지 않음).

❒ 비 판

(1) 박학다식한 사상계의 위인.

(2) 학설의 특색은 집대성에 있었음. 고금의 사상을 체계적으로 구성하여 하나의 대 학설을 이룸.

(3) 학설의 체계성과 사상의 명석함으로 말한다면, 중국사상계에 그에 필적할 만한 사람이 거의 없음.

(4) 리기이원론으로부터 우주관과 인생관을 세운 공적은 매우 크다고 할 수 있음.

(5) 학설 전체에 창조적 견해가 없는 것이 가장 큰 결함임.

(6) 학설에 모순되고 애매하며 설명이 부족한 점이 있음.

(7) 그러나 이러한 미세한 결점 때문에 그의 공적을 가릴 수는 없음.

✤ 주자학의 계승자

❒ 채서산(蔡西山)

(1) 훌륭한 가정교육을 받았으며, 어렸을 때 주자 문하에 입문함.

(2) 주자는 서산의 학식을 뛰어나게 여기고 벗처럼 대우함.

(3) 경원(慶元)의 당화로 도주(道州)로 귀양 갔다가 죽었음.

(4) 동문들 중 매우 박학하였으나 독창적인 견해는 결핍됨.

(5) 사람들을 가르침에 성(性)과 천도(天道)를 앞세웠으며, 스스로 효제·충신의 모범을 보임.

❒ 채구봉(蔡九峯)

(1) 채서산의 아들로 주자를 스승으로 섬겼으며, 독실한 학문과 높은 절개로 이름이 알려짐.

(2) 주자가 만년에 『훈전서경』(訓傳書經)을 의탁함.

(3) 명예와 이익을 구하지 않았고, 성학(聖學)을 공부하는 것으로 생을 마침.

(4) 주자의 학설과 조금 다른 면이 있긴 하나, 주자학의 계통임은 명백함.

❐ 황면재(黃勉齋)

(1) 주자를 스승으로 섬기며, 힘써 행하고 항상 밤늦도록 학문에 열중함.

(2) 주자는 그의 인물됨을 아끼어, 딸을 주어 사위로 삼음.

(3) 금나라 군대가 침입하였을 때, 국가에 충성을 다함.

(4) 스승의 전함을 밝히는 것을 평생의 임무로 삼았으며, 독창적인 견해는 보이지 않음.

❐ 진북계(陣北溪)

(1) 주자에게 배울 때, 주자는 근원을 궁구하도록 주의를 줌.

(2) 10년 후 터득한 것을 설명하니, 주자는 다시 정도가 낮은 하학(下學)을 가르침.

(3) 스승의 가르침을 받들어 자기의 재능을 발휘하여, 많은 사람들로부터 존경을 받음.

(4) 오로지 주자학을 받들었고 육상산학을 배척함.

(5) 태극을 우주의 실재로 삼았으며, 태극의 형상을 원형이라 생각하는 점은 주자와 같음.

(6) 태극을 천도라 하였으며, 천도가 유행하여 사물에 부여되는 것을 천명(天命)이라 함.

(7) 성(性)은 나의 고유한 리(理)이니, 성은 곧 리임.

(8) 마음은 한 몸의 주재로, 성과 정이 상대되어 있는 것이라 생각함.

❐ 위학산(魏鶴山)

(1) 주자 문인인 보한경(輔漢卿)의 벗으로 주자학을 받듦.

(2) 진사에 급제하고, 여러 관직을 역임함.

(3) 우주의 본체는 태극이고, 태극은 만물의 본원이라 함.

(4) 태극이 사람에게 나타나는 것을 마음이라 하고, 천인합일설을 주장함.

(5) 자기를 증명하는 실험으로, 실천적으로 유익한 수양공부에 대해 설명함.

(6) 인욕이 언제나 악인 것은 아니며, 그것을 어떻게 인도하느냐 하는 방법에 따라 선이 될 수도 있음.

(7) 기질의 변화설을 믿음.

❐ 진서산(眞西山)

(1) 진사에 급제하여 조정에 선 10년 동안에, 임금에게 올린 글이 수십만 편이나 됨.

(2) 그의 공적은 위학(僞學)을 금지시키고, 정학(正學)을 천하에 밝힌데 있음.

(3) 학산과 더불어 대 유학자로 일컬어짐.

(4) 학산은 새로운 사상이 풍부하였으나, 서산은 완전히 정자 · 주자를 답습하였음.

(5) 단정 · 엄숙 · 고요함의 필요성을 주장하며 수양방법으로 생각함.

✤ 육상산(陸象山)

❒ 요 지

(1) 타고난 자질이 비범하고 용모와 행동이 단정하며, 어려서부터 재능으로 칭송을 받음.

(2) 3~4세에 천지의 끝을 물어 아버지를 놀라게 함.

(3) 13세에 옛 책을 읽다가, 우주의 글자 뜻을 깨닫고 우주는 자기 내부의 일임을 깨달음.

(4) 16세에 무공의 필요를 깨달아, 문무의 도를 수양하여 한 학파를 이룸.

(5) 34세에 진사급제를 하여 시험관인 여동래(呂東萊)에게 발탁됨.

(6) 형 복재(復齋)와 신주 아호사(信州鵝湖寺)에서 주자를 만나 대 토론을 벌임.

(7) 두 형인 사산(梭山)과 복재도 뛰어난 학자임.

(8) 주자와의 우정은 점차 친밀해졌으나 학설은 끝내 조화를 이루지 못함.

(9) 육상산학은 사산이 열고, 복재가 창성케 하고, 육상산이 크게 완성시킴.

(10) 육상산학은 심즉리(心卽理)를 학설의 근본사상으로 삼음.

❒ 철학설

(1) 심즉리설

① 그의 문학에서 보여준 것과 같이 심즉리임.

② 우주의 본체는 리(理)이며, 리는 천지간에 가득 차 있음.

③ 리가 사람에게 나타난 것이 마음이니, 마음과 리는 동일한 것임.

④ 마음이 곧 리이기에, 백 가지 행실의 표준이 됨.

⑤ 마음을 본심, 또는 양지양능이라 칭함.

⑥ 마음은 바깥 사물의 유혹으로 말미암아 사사로움에 기울기도 하고 사악함에 빠지기도 함.

⑦ 인심과 도심의 구별을 배척하여, 마음은 하나인데 어찌 두개가 있을 수 있느냐고 반문함.

⑧ 도심은 천리이고 인심은 인욕으로 구별하는 것은, 천인합일사상에 위배되는 것이라 생각함.

(2) 인성론

① 인성에 관해서는 구체적인 설명이 없음.

② 심즉리설로 보면 그가 성선론자임이 분명함.

③ 심 · 성 · 정 · 재(心性情才)의 네 가지 용어는 같은 내용임.

④ 인성은 선한데, 외부 사물의 유혹으로 인하여 그 선함이 가려진 것임.

⑤ 이것이 기질이며, 악의 원인은 기질에서 말미암은 것임.

❒ 윤리설

(1) 실천을 중시하고 이론을 경시하니, 그의 윤리설은 수양론에 불과함.

(2) 수양론은 내 마음을 밝게[明我心]하는 데 최선을 다한다는 한마디 말임.

(3) 마음을 밝게 하면 선한 사람이 되니, 어떠한 공부도 바라지 않음.
(4) 마음을 밝히고자 하면, 마음을 가리는 방해물을 제거하면 됨.
(5) 마음의 방해물인 기질을 제거하는 주요방법은 궁리, 생각[思]임.
(6) 궁리: 자기의 본심을 의식하는 것으로 주자의 의견과 다름.
(7) 생각함: 나의 본심에 존재하는 것을 생각함.
(8) 육경을 내 마음의 주석으로 여겨, 마음에 구비된 본심을 생각하지 않는 자는 부패한 학자임.

❒ 비 판

(1) 육상산의 학풍은 당시 주석학파(註釋學派)에 대한 반동으로 일어난 것임.
(2) 공리공론을 배척하며, 실천궁행을 표방하고 본심의 자각 등을 주장함은 모두 그럴듯한 가치가 있었음.
(3) 직절간명과 실천궁행은 육상산의 학풍 · 학설의 두 장점임.
(4) 이론적 연구가 적음은 그의 학설의 결함임.
(5) 주자의 제자들은 언제나 육상산의 학설이 조잡하고 불완전하다고 비난함.

✤ 육상산학의 계승자

❒ 양자호(楊慈湖)

(1) 육상산을 만나 문답함에, 크게 감동하여 그의 제자가 됨.
(2) 여러 관직을 역임하였으며, 모범적인 행동이 많았음.
(3) 육상산의 학설에 선(禪)설을 가미하여, 극단적인 유심설(唯心說)을 주장함.
(4) 우주일체의 법칙이 모두 나의 마음 안의 일로 여김.
(5) 전조망(全祖望)은 육상산의 가르침을 깨뜨린 사람이 양자호라 하였는데, 그의 비판을 다 수용할 수는 없음.

❒ 원결재(袁潔齋)

(1) 육상산의 영향을 받아 실천궁행을 중시하며, 충성 · 신의 · 독실을 교의[旨]로 삼음.
(2) 육상산의 심즉리설에 바탕을 두고 본심을 도라 생각함.
(3) 마음을 중시하고 크게 여기며, 천지와 한 근본으로 생각함.
(4) 사람이 만물과 비교하여 귀한 까닭은 마음이 존재함에 있음.

❒ 서광평(舒廣平)

(1) 육상산을 스승으로 섬겼으며, 장남헌(張南軒)에게도 배움.
(2) 나라를 근심하는 선비로, 백성의 고통을 자기의 고통같이 여김.

(3) 양심을 좇으면 그 행동이 반드시 선하다고 여김.

✤ 문학파(文學派)

❒ 요 지

(1) 송대 사상계의 주된 흐름은 주렴계로부터 두 정자를 거쳐 생성된 주자 · 육자의 도학 계통임.

(2) 그러나 이 계통 외에, 방계의 사상 역시 적지 않음.

(3) 문학파 및 영가공리파가 그 주요한 학파임.

(4) 문학파: 사마온공, 구양수, 왕안석, 소동파 등.

❒ 사마광(司馬光)

(1) 인종 · 신종 · 영종 때 관직을 거치면서 언제나 신임을 얻어, 국가대사에 자주 참여함.

(2) 왕안석의 신법에 반대함으로써 중국 백성들이 존경하고 받드는 훌륭한 재상이 됨.

(3) 효성과 우애, 충성과 신의를 중요시하며, 공손함과 검소함, 정직함을 지켜, 평생 한 마디의 망녕된 말이 없었음.

(4) 19년 간 몸과 마음을 다 바쳐『자치통감』을 완성함.

(5) 우주의 본체를 허(虛)라 불렀으며, 허는 양웅의 현(玄)임.

(6) 인성을 태어나면서 구비하는 자질이라 생각함.

(7) 인성에 선악이 있음은 바로 음양과 같음.

(8) 악의 분자가 많으면 악인이요, 지극히 적으면 성인이며, 반반씩 있으면 보통사람(中人)으로 봄.

❒ 구양수(歐陽修)

(1) 여러 관직을 역임하며, 정치적 재능을 크게 펼침.

(2) 유교주의의 정치가이며, 순수하게 유교를 받들고 불교 · 노자를 배척함.

(3) 불교 · 노자의 사상이 널리 퍼짐에 개탄하여『본론』을 저술함.

(4) 당시의 학자들이 인성론에만 빠짐을 경계함.

❒ 왕안석(王安石)

(1) 재주와 학식을 겸비한 정치가로, 여러 관직을 역임하며, 그 재능을 크게 펼침.

(2) 신종 때 신법을 실시하여 중국을 떠들썩하게 함.

(3) 정치 및 순수문학 분야에 일생을 바쳐, 철학사상으로 전할 만한 것은 없음.

(4) 인성에 선악이 있다고 말함은 옳지 않다고 여기며, 정이 있어야 선악이 비로소 나타난다고 봄.

(5) 각 학파의 인성론을 비판하고 자기의 학설을 세움.
(6) 인성론은 비록 양웅과 유사하나, 완전히 일치하지는 않음.

❒ 소동파(蘇東坡)
(1) 소노천(蘇老泉)의 아들이며, 아우 철(轍)과 함께 인종을 섬겨 신임을 얻음.
(2) 신종 왕안석과 의견이 맞지 않아 멀리 귀양 감.
(3) 후에 조정에서 다시 벼슬을 하였으나, 참소를 입어 유배지에서 생을 마침.
(4) 한 시대의 문호이며, 큰 충신임.
(5) 시문 가운데 우주의 감회를 자주 언급하였으나, 학설은 없음.
(6) 인성을 논함에, 선악은 성중에 정이 있기 때문에 생성되는 것이라 함.
(7) 맹자의 성선론을 논박함.

✤ 독립학파(獨立學派)

❒ 요 지
(1) 독립학파라 칭하는 것은 주자·육자의 성리학과 다르며, 별도의 한 계통에 속하는 것임.
(2) 진용천, 섭수심 등 영가공리파는 그 중에 가장 유명함.
(3) 장남헌, 여동래 등도 소개할 만함.

❒ 진용천(陣龍川)
(1) 주자의 친구로 재기가 뛰어나며, 작은 일에 구애되지 않고 의협심이 있어 자주 감옥에 들어감.
(2) 정·주학이 공리공담으로 흐르는 것에 개탄하며, 실용경제학을 주장함.
(3) 당시 유학자들이 천리와 인욕을 구별하고, 왕도·패도를 구별하는 것을 모두 비난함.
(4) 온 세상 사람이 세상 풍조를 따라 리기설에 빠졌을 때, 실학을 제창함은 하나의 큰 식견임.

❒ 섭수심(葉水心)
(1) 성리학의 번잡하고 좀스러움에 염증을 느끼며, 선왕의 도는 천하를 다스림에 있다고 함.
(2) 옛 사람과 옛 글에 대하여 거리낌 없이 비평함.
(3) 주렴계, 장횡거, 두 정자는 도통을 전하지 못하였다고 함.
(4) 한유의 "맹자가 죽은 이후로 그 도통이 전해지지 못했다"는 설을 논박함.
(5) 증자, 관자, 조자, 유향 등도 일일이 비난함.
(6) 주자·육자 2대 학파의 사이에서 공리학의 한 학파를 세움.

(7) 전조망은 영가공리설이 섭수심에 이르러 비로소 잘 다듬어 졌다고 평가함.

❒ 장남헌(張南軒)

(1) 장준(張浚)의 아들로, 주자와 친하였음.
(2) 조정에 섰을 때 말을 곧게 하고 바름을 지키며, 재상과 가까운 사람의 원한으로 배척 당함.
(3) 백성들의 신임이 매우 두터워, 그가 죽음에 온 세상 사람들이 애도함.
(4) 학식과 재주와 덕망으로 한 세대의 대 유학자임.
(5) 있는 힘을 다해서 학계의 나쁜 풍습을 제거하고 도통의 전함을 밝힘.
(6) 우주의 본체와 만물의 본원을 태극으로 봄.
(7) 사람은 태극의 활동으로 말미암아 생성되며, 만물도 같음.
(8) 조직적인 윤리설은 적으나, 실천상의 명언은 매우 많았음.

❒ 여동래(呂東萊)

(1) 주자 및 장남헌의 글동무임.
(2) 사람됨이 따뜻하고 조용하고 성실하며, 종신토록 벼슬하지 않음.
(3) 주자·육자의 장점을 겸비하여 주자·육자와 필적하더라도 부끄러울 게 없음.
(4) 역사 및 문장에 뛰어났으며, 특히 『춘추좌씨전』을 통달함.
(5) 철학 및 윤리에 관한 전할 만한 독창적인 의견은 없음.
(6) 실천도덕적으로 유익한 교훈을 많이 남겼음.

제 2 장 원대(元代)의 윤리사상

제 1 절 개 설

시대상황의 개관

서기 1279년 원(元)나라 세조(世祖:쿠빌라이,忽必烈)가 남으로 송나라를 침입하여 수도인 임안(臨安)을 점령하니, 송이 마침내 멸망하였다. 원나라는 북방 몽고족에서 일어나 세조 때 비로소 국호를 정하였다. 몽고족은 당(唐)나라 때 나타나, 흑룡강 유역에 본거지를 두고 점차 호륜하(呼倫河) 및 극노륜하(克魯倫河) 상류로 이동하였다.

테무진[鐵木眞]은 침착하고 묵직하며 지략이 깊은 장수였는데, 부하들의 추대로 징기스칸[成吉斯汗]의 자리에 올랐으니, 이가 태조(太祖)였다. 태조는 남방의 서하(西夏), 서방의 호라즘왕국[花剌子模國]을 멸하고, 멀리 러시아[俄羅斯], 유럽까지 침입하여 사람들의 간담을 서늘하게 하였다. 태조는 서쪽을 정벌하고 평정한 후에 중아시아의 땅을 둘째 아들 차카타이[察合台]에게 주었는데, 그것이 차카타이칸국[察合台汗國]의 기원이 된다. 태종(太宗:오고타이칸)은 아버지의 뜻을 계승하여 금(金)나라를 멸망시키고, 다시 서쪽정벌군[西征之軍]을 일으켜 독일[德意志], 폴란드[波蘭] 및 헝가리[匈牙利] 등 여러 나라를 병탄하였다. 용기있는 장수 바투[拔都]는 와와하(窩瓦河) 강가에 이르러 킵차크칸국[欽察汗國]을 세웠다.

헌종(憲宗:몽케칸) 때 이르러 다시 아우 훌라구[旭烈兀]로 하여금 페르시아[波斯] 방면을 평정케 하고, 마침내 페르시아에 이란칸국[伊蘭汗國]을 세웠다. 차카타이칸국, 킵차크칸국, 이란칸국은 마침내 몽고대칸(蒙古大汗)에 속하여 세 개의 큰 변방국가[藩]가 되었다. 금나라가 멸망한 후 송나라는 몽고와 국경을 서로 접하게 되어 점차 몽고의 침략을 받게 되었으며, 헌종 이후 세조에 와서 송나라는 멸망당하고 말았다.

몽고는 태조로부터 태종(太宗), 정종(定宗), 헌종(憲宗), 세조(世祖)까지 무릇

5대 90년 간, 유례없는 발전을 하여 아시아 전 지역이 그 영지였으며, 위력을 유럽에까지 떨치었다. 후에 재정의 곤란으로 인하여 정부가 위신을 잃었으며, 권신의 전횡이 심하여 백성들은 명령을 감당하지 못하였다. 라마교(喇嘛教)가 들어와 유행하게 되면서 마침내 용감한 몽고인을 부드럽게 변화시켰다.

정부의 위신이 떨어지자, 드디어 종래 억압받던 한인(漢人)들이 사방에서 홀연히 일어났다. 한족 가운데 걸출한 인물인 주원장(朱元璋)은 원 왕실을 북방으로 몰아내고 명(明)나라를 건설하였다. 원나라는 세조가 국호를 정하고부터, 성종(成宗)·무종(武宗)·인종(仁宗)·영종(英宗)·태정제(泰定帝)·명종(明宗)·문종(文宗)·영종(寧宗)을 거쳐 순제(順帝)에 이르러 멸망하니, 건국한 지 겨우 88년 만이었다.

사상계의 개관

원대에 특히 유행한 것은 라마교였다. 라마교는 티베트[西藏]의 불교에서 행해진 것으로, 그 특색은 비밀스럽게 법을 닦는 기도에 있다. 원 왕실의 여러 황제들은 모두 라마교를 믿고, 라마승을 보호하였으며, 세조는 고승 파스파[八思巴]를 총애하여 그를 왕사(王師)로 받들었다. 파스파는 드디어 티베트의 정권과 교권을 자유롭게 획득하였다. 라마승들은 왕실의 보호로 인하여, 세력을 믿고 제멋대로 하였으며, 드디어 불사기도(佛事祈禱)를 핑계로 매년 많은 액수의 보시(布施)를 요구하여 국비를 적지 않게 남용하였다. 라마교의 보급으로 인하여, 종래 전하여 오던 불교의 각 파들은 점차 쇠미해졌다.

금나라 원나라 두 왕조는 모두 북방으로부터 일어나 무예와 용맹으로 중원(中原)을 공략하였으나, 문물제도는 거의 주목할 것이 없었고 학술방면은 겨우 송나라의 유물을 이어갔다. 원에 유학을 전한 사람은 송나라의 조복(趙復)이다. 원 태종 10년(南宋 理宗 嘉熙 2년)에 조복은 원의 중서행성(中書行省)을 받아 양유중(楊惟中)을 초빙하여 유학을 강의하였다. 이로부터 유학이 원나라에 전파되었으며, 원대의 유학자 가운데 유명한 사람은 허노재(許魯齋), 유정수(劉靜修), 조보봉(趙寶峯), 진정명(陳靜明), 오초려(吳草廬), 정사산(鄭師山) 등이었다. 학파상으로 이들을 구별하면 정주학파, 육학파, 주육조화학파의 세 종류로 나눌 수 있다.

원대 유학은 뚜렷하게 나타나는 특징이 없었다. 금 · 원나라에서 가장 발달한 것은 시문 · 소설 · 희곡 등 순수문학이다. 금나라에는 한방(韓昉), 오격(吳激), 마정국(馬定國), 우문허중(宇文虛中), 이순보(李純甫), 양운익(楊雲翼), 조병문(趙秉文), 뇌연(雷淵), 원호문(元好問) 등 유명한 사람들이 나왔으며, 특히 원호문은 소동파 이후의 1인자로 불리어졌다. 원나라에는 조맹조(趙孟頫), 우집(虞集), 양재(楊載), 범형(范木亨), 게혜사(揭傒斯), 마조상(馬祖常), 살도자(薩都剌), 양유정(楊維楨) 등의 천재들이 나왔으며, 『수호전』(水滸傳), 『삼국지』(三國志), 『서상기』(西廂記), 『비파기』(琵琶記) 등과 같은 걸작들도 이 때에 나왔다.

제 2 절 정주학파(程朱學派)

허노재(許魯齋)

이름은 형(衡)이고 자는 중평(仲平)이며, 노재는 그의 호이다. 시호는 문정(文正)이며, 하내(河內) 출신이다. 송(宋) 영종 가정(寧宗嘉定) 2년(1209)에 태어나, 원(元) 세종 지원(世宗至元) 18년(1281)에 73세로 죽었다. 노재는 스승을 세 번이나 바꾸었는데, 요구(姚木區)를 방문하여 정자 · 주자의 책을 얻었으며, 그 문하의 제자들과 함께 강독하였다. 세조[쿠빌라이]의 총애를 얻어, 여러 관직을 역임하였다. 저서로는 『허노재집』(許魯齋集) 6권, 『허노재전집』(許魯齋全集) 7권, 『허노재선생심법』(許魯齋先生心法) 1권이 있다. 그의 문하에서 원나라의 이름 있는 경대부와 국정에 참여한 사람이 많이 나왔으며, 원나라 사람으로 하여금 성현의 학을 깊이 알게 한 것은 그의 공적이다.

허노재에게 새로운 학설은 없었으며, 우주론과 삼재론(三才論) 등 모두 정자 · 주자의 도를 본받아 서술한 것에 불과하였다. 그러나 실천궁행을 가장 중시했던 그의 수양론은 많은 사람들에게 영향을 미쳤다. 『노재심법』(魯齋心法)은 마음을 다스리는 공부방법에 대해 서술한 것으로, 요컨대 이 책이 담고 있는 뜻은 마음을 공명정대하게 함으로써 마음을 다스릴 수 있다는 것이다. 즉, "천지간에 모름지기 크게 드러나는 마음은 기질에 구애되거나 한 몸에 국한되지 않는다. 가난과 천함, 걱정과 슬픔에 대하여 마음대로 되지 않는다고 괴로워함은 옳지 못하다. 귀한 것으로 말한다면 삼공과 재상이나 교만해서는 안 된다. 천하국가가 생긴 이래로 다소의 성현이 이 자리에 있었음을 우리는 안다. 천한 것으로 말한다면 필부조차도 부끄러워할 필요가 없다. 예로부터 뜻있는 선비와 어진 사람은 다소 굴복하면서라도 스스로 얻지 않음이 없었을 지언정, 어찌 기뻐함과 슬퍼함이 있었으리오."[1] 라고 하였다.

유정수(劉靜修)

이름은 인(因)이고 자는 몽길(夢吉)이며, 호는 정수이다. 시호는 문정(文靖)이며 웅주 용성(雄州容城) 출신이다. 송 이종 순우(理宗淳祐) 4년(1244)에 태어나, 원 세종 지원(世宗至元) 30년(1293)에 45세로 죽었다. 유정수는 처음에 훈고주석학을 배웠으나 만족하지 않고, 마침내 이것을 버리고 조복에게 나아가 주렴계·정자·장횡거·소강절·주자·여동래의 글을 배웠다. 성리학에 심취하여 이를 찬양하기를, "소강절은 지극히 크며, 주렴계는 지극히 정밀하며, 정자는 지극히 바르며, 주자는 큼을 다하고 정밀함을 다하여 바름으로써 이를 꿰뚫었다."[2]고 하였다. 지원(至元) 9년 승덕랑 우찬선대부(承德郎右贊先大夫)가 되어 곁에서 그를 모시는 제자들을 가르쳤다. 얼마 후 어머니의 병 때문에 관직을 그만두고 고향으로 돌아갔다. 다시 불렀으나 굳게 사양하고 관직을 받지 않았다. 황제는 이에 감동하여, "옛날에 이른바 부르지 못하는 신하는 이 사람들의 무리인가!"[3]라 하였다. 저서로는 『정수문집』(靜修文集)이 있다.

유정수는 지극히 고결한 군자로서의 몸가짐을 지녔으며, 허노재와 같이 원나라 사람들에게 유학 정신을 알린 것은 두 사람 모두의 공적이었다. 학설은 특별히 소개할 것이 없으나, 실천도덕상 유용한 교훈을 많이 남겼다. 군신의 의리를 밝힌 한 구절에서, "무릇 우리들이 편안하게 살고 쉬고 먹으며, 그 결과로써 삶의 즐거움을 얻는 것은 모두 임금께서 내리신 것이다. 이로써 무릇 우리 살아 있는 백성들은 혹은 부역을 공여하고 혹은 재능을 발휘하여 반드시 각자의 나타냄이 있어야 한다. 이것은 필연적인 자연의 형세[理勢]로 만고에 바꿀 수 없는 것이니,

---

1) 天地間須大著心, 不可拘於氣質, 局於一己, 貧賤憂戚, 不可過爲隕穫. 貴爲公相, 亦不足驕. 當知自有天下國家以來, 多少聖賢在此位. 賤爲匹夫亦不必恥. 自古志士仁人, 多少屈伏而無不自得, 何欣戚之有.

2) 邵至大也, 周至精也, 程至正也, 朱子盡其大, 盡其精, 而貫之以正.

3) 古所爲不召之臣者, 其斯人之徒歟!

장주(莊周)의 이른바 천지간에 피할 곳이 없다는 것이 이것이다."[4]라 하였으니, 그의 인간됨을 짐작할 수 있겠다.

제 3 절 육학파(陸學派)

조보봉(趙寶峯)

이름은 해(偕)이고 자는 자영(子永)이며, 호는 보봉이고 자계(慈溪) 출신이다. 양자호의 글을 읽다가, 이른바 "삼라만상은 온전히 일체이다."[5]라는 대목을 읽고는 크게 깨달아 "도가 여기에 있으니, 어찌 다른 데서 구하기를 기다리리오."[6]라 하고는 마침내 대보산(大寶山) 기슭으로 은둔하였다. 오로지 학문에 힘써, 그가 은둔하고 있는 마을의 수재들이 모두 그에게 나아가 학문을 닦았다. 벼슬을 권하는 사람이 있었으나, 송나라의 유민(遺民)임을 고집하여 의리상 원나라에서 벼슬할 수 없다고 사양하였다. 저서로는 『보운당집』(寶雲堂集) 2권과 유명한 『문화집』(文華集)이 있다.

조보봉의 학은 마음을 고요하고 공허하게 함[靜虛]을 주안점으로 삼았는데, 선문(禪門)에 가까워 보이는 그의 학문은 대체로 양자호 사상의 영향을 받았기 때문이다. 이를테면 일찍이 정좌(靜坐)에 대해 이르기를, "무릇 이 도를 얻어 융화가 된 이후에는 멋대로 행동[放逸]할 수 없다. 보배[寶]라는 것은 맑음과 넉넉함의 묘합[淸泰之妙]이다. 오히려 흩어져 나올까 두려워 마땅히 정좌함으로써 이를 편안케 한다."[7](『示葉伯奇書』)고 하였다. 또 그는 "무릇 밤낮이라고 이르는 것은 돌아감을 잃을까 두려워함과 같다. 아침 일찍 일어나 밤에 들어갈 때 마땅히 정좌함으로 정신을 집중한다."[8](同上)고 하였다.

---

4) 凡吾人所以得安居暇食, 以遂其生聚之樂者, 皆君上之所賜也. 以是, 凡吾有生之民, 或給力役, 或出知能, 必各有以自效. 此理勢之必然而萬古不可易, 卽莊周之所謂無所逃於天地間也.

5) 森羅萬象, 渾而一體

6) 道在於此, 何待他求.

7) 凡得此道, 融化之後, 不可放逸. 所寶者淸泰之妙也, 猶恐散出, 宜靜坐以安之.

8) 凡日夜之云爲, 若恐迷復者, 則於夙興入夜時, 宜靜坐以凝神.

진정명(陳靜明)

이름은 원(苑)이고 자는 입대(立大)이며, 정명은 호이고 강서 상요(江西上饒) 출신이다. 송 이종 보우(理宗寶祐) 4년(1256)에 태어나, 원 문종 지순(文宗至順) 원년(1330)에 75세로 죽었다. 육상산의 글을 읽고 크게 느낀 바가 있어, 육상산학의 깊은 뜻을 탐구하고, 문하의 제자들에게 설명하였다. 당시 과거시험에서는 주자학을 채택하고 있었는데, 진정명의 학설을 듣고는 비난하고 중상하는 사람들이 매우 많았다. 그러나 진정명은 온갖 어려움을 물리치고 전력을 다하여 옛 경서나 훈고하는 지겨운 학문적 폐풍에서 벗어나 보고자 하였다. 저서로는 주역, 서경, 춘추, 효경, 논어를 비평한 것이 있다. 축번(祝蕃), 이존(李存), 서연(舒衍), 오겸(吳謙) 등은 모두 수제자이며 강동 4선생이라 불려지는 인물들이다.

당시 학풍은 과거시험에 응시하기 위한 공부를 유일의 목적으로 삼았으나, 진정명은 이에 극구 반대하고 육상산학을 보급하는 데 진력하여 육상산학의 진흥에 수훈을 세운 인물이다. 그러나 다만 육상산의 사상을 본받아 서술하였을 뿐 자신의 독창적 학설을 제시한 것은 거의 없다.

제 4 절 주육조화학파(朱陸調和學派)

오초려(吳草廬)

이름은 징(澄)이고 자는 유청(幼淸)이며, 초려는 그의 호이다. 시호는 문정(文正)이며 무주 숭인(撫州崇仁) 출신이다. 송 이종 순우(理宗淳祐) 9년(1249)에 태어나, 원 순종 원통(順宗元統) 원년(1333)에 85세로 죽었다. 20세에 향시에 응시하였고, 지대(至大) 원년에는 사업(司業)이 되었다. 영종(英宗)이 즉위할 때 한림학사로 옮겨, 후에는 경연강관(經筵講官)이 되었다. 저서로는 『오경찬언』(五經纂言), 『초려정어』(草廬精語), 『오문정집』(吳文正集), 『도덕진경주』(道德眞經註) 등이 있다.

오초려는 주자 · 육자 두 선생에 대해, "주자는 학문을 말한 공이 많고, 육자는 덕성의 함양을 위주로 하였다."[9]라하고, 또 "주자 · 육자 두 선생의 가르침을,

---

9) 朱子道學問之功居多, 陸子以尊德性爲主.

12파벌의 어리석은 문인이 각자 주장을 내세워 상호 들추어내고 헐뜯으니, 지금의 학자가 오히려 미혹된다. 아! 심하다. 도의 전하지 않음과, 사람들이 쉽게 미혹되고 깨닫기가 어려움이여!"[10]라 한탄하였다. 오초려의 주자 · 육자 두 선생에 대한 태도는 위의 말을 보면 명백해진다.

리기론: 오초려는 리기(理氣)를 2원으로 삼지 않고, 리는 기 가운데 존재하는 것으로 여기며, 일찍이 "천지가 있기 이전부터 천지가 이미 있은 후에까지 오직 음양 두 기가 있을 뿐이다. 본래는 일기였으나 나누어 말하면 음 · 양이라 이름한다. 음양을 세분하면 오행이 된다. 오행은 곧 두 기이며, 두 기는 곧 일기이다. 기가 이와 같이 되는 까닭은 무엇인가? 리가 그것을 주재하기 때문이다. 리는 별도의 한 물이 아니고, 기 가운데 있으면서 기의 주재가 되는 것이다. 리 밖에 기가 없으며, 또한 기 밖에 리도 없다."[11](『草廬精語』)고 하였다. 오초려는 리기를 노자(老子)의 유무(有無)에 비교하면서 "무(無)는 리를 말하며, 유(有)는 기를 말한다."[12]라고 하였다(同上).

인성론: 오초려는 성선론자로서 "사람은 천지의 기를 얻어 형성되니, 기가 있으면 리가 있다. 모든 리를 성(性)이라 부르며, 이 리가 하늘에 있으면 원형이정(元亨利貞)이고, 사람에 있는 성(性)은 인 · 의 · 예 · 지 · 신이다."[13](『초려정어』)고 하였다. 그는 선악의 원인을 기의 청탁에 돌리면서 "기질은 비록 같지 않으나 본성의 선은 하나이다."[14]라 하였다.

수양론: 초려는 덕성의 함양을 중시하여, 학문의 목적이 덕성의 함양에 있다고 한다. 즉 "학문함을 덕성의 함양에 근본을 두지 아니하면 그 폐단이 말뜻이나

---

10) 朱陸二子之教, 一二家庸劣門人, 各立標榜, 互相詆訾, 至今學者猶惑焉. 嗚呼! 甚矣哉道之無傳而人之易惑難曉也!

11) 自未有天地之前, 至旣有天地之後, 惟陰陽二氣而已. 本是一氣, 分而言之, 則名陰陽; 就陰陽中細分之, 則爲五行. 五行卽二氣, 二氣卽一氣. 氣之所以能如此者何 耶? 以理爲之主宰也. 理非別爲一物, 卽在氣中, 爲氣之主宰者卽是. 無理外之氣, 亦無氣外之理也.

12) 其無字說此理字, 有字說此氣字.

13) 人得天地之氣而成形, 有此氣卽有此理. 所有之理, 是名爲性. 此理之在天地, 則元亨利貞是也. 在人爲性, 則仁義禮智信是也.

14) 氣質雖有不同, 本性之善則一也.

해석하는 말지에 치우치게 된다. 그러므로 배움은 반드시 덕성의 함양을 근본으로 삼아야만 올바른 배움을 얻게 될 것이다."[15]라고 하였다. 또 독서법에 관해서는, "독서를 귀하게 여기는 것은 옛 성현의 말씀으로 리를 밝혀 이 마음을 보존하고자 함이다. 이 마음을 보존치 못하고 이 리를 밝히지 못하면, 비록 성현에 대해서 말할지라도 길거리의 화제와 마을 사람들의 노래 등과 같이 이익이 없다."[16]고 하였다. 이외에도 일상의 실천도덕적 생활에 유익한 많은 교훈적 문구를 남겼다.

정사산(鄭師山)

이름은 옥(玉)이고 자는 자미(子美)이며, 휘주 흡현(徽州歙縣) 출신이다. 문장을 잘 짓고 육경에 능통하였으며, 특히 춘추(春秋) 학자로 불려졌다. 사산은 관직에 나갈 뜻을 끊고, 오로지 저술과 문하생을 가르치는 데 주력하였다. 지정(至正) 14년에 한림대제봉의대부(翰林待制奉議大夫)의 벼슬을 내렸으나, 병을 핑계로 거듭 사양하였다. 17년 명나라 군대가 휘주(徽州)에 들어와 그를 가두자, 두 왕조를 섬긴다는 것은 불결한 일이라 생각하고 의관을 갖춰 북쪽으로 두 번 절하고는 스스로 목을 메어 죽어버렸다. 저서로 전하는 것은 『주역찬주』(周易纂註), 『춘추경전궐의』(春秋經典闕疑) 45권, 『사산집』(師山集) 8권, 『유문』(遺文) 5권, 『부록』(附錄) 1권이 있다.

사산은 주자 · 육자에 대해 평하기를, "육자의 성품은 고명(高明)하여서 간략하고 쉬운 것[簡易]을 좋아하였고, 주자의 성품은 독실하여서 심오하고 정밀함[邃密]을 좋아하였다. 이처럼 각자 그 성품에 따라서 들어가는 길이 달랐던 것이나, 그렇다고 하여 도달하게 된 목표지점인 인의도덕이 어찌 다르리오? 두분 모두 주공 · 공자를 존경하고 불교 · 노자를 배척하였으니, 도에 도달하는 큰 근본이 어찌 다르리오? 후세의 학자들이 같은 점은 구하지 아니하고 오직 다른 점만을 강조하여, 강동(주자파)에서는 강서(육자파)를 가리켜 괴이한 학설이라 하고, 강서에서는 강동을 가리켜 완전하지 못한 학설이라 하였는데, 이것이 어찌 선량한

---

15) 學問不本德性, 則其弊必偏於語言訓釋之末. 故學必以德性爲本, 庶幾得之.

16) 所貴讀書者, 因古聖賢之言以明此理, 欲存此心耳. 不存此心, 不明此理, 則雖言聖賢, 與街談巷議, 塗歌里謠等, 無益也.

학자이겠는가? 주자의 학설은 사람을 가르치는 학문의 표상이요, 육자의 학설은 고명하게 홀로 체득하는 묘법이었다. 그러나 두 파의 학설 또한 폐습이 없지 않으니, 육자의 학은 석가의 공담묘설[談空說妙]로 지리멸렬[鹵莽滅裂]하여 치지(致知)의 공을 다할 수 없는 데 이르렀고, 주자학은 속된 선비들이 독서와 문자에만 구애되어 문자 밖의 참 뜻을 깨닫지 못하고[尋行數墨] 기력이나 정신이 차차로 쇠퇴해져[頹惰委靡] 역행(力行)의 효과를 거둘 수 없는 데 이르렀다. 비록 그러하나 어찌 두 선생의 가르침이 죄 이겠는가? 대개 후세 학자들에게 전해오는 폐습이었을 뿐이다."[17](『送葛子熙序』)라고 하였다. 이는 대개 당시 학자들이 주자·육자의 차이점과 다른 점만을 내세움으로 인하여, 서로 비난하고 공격하는 일에 하나의 큰 경고를 주었던 것이다.

리기론: 사산은 주렴계의 『태극도설』(太極圖說)과 장횡거의 『서명』(西銘)을 비교하여 논하기를, "『태극도설』과 『서명』은 유교 도덕의 본원이다. 태극의 설은 리로 기를 밝힘이요, 서명은 기로 리를 밝힘이다. 태극이 음양을 낳고 음양이 오행을 낳으니, 어찌 리 밖에 기(氣)가 있으리오? 천지의 광대함과 인물의 번성함을 누가 리기의 밖에서 나온다 하리오? 두 책의 말은 비록 천지를 요약하면서도 만물을 갖추지 않음이 없다."[18](『跋太極圖說西銘』)고 하였다. 여기에서 그의 리기론에 대한 견해를 엿볼 수 있다.

수양론: 사산은 지조를 중시하여 난세에 처해서도 절개를 굽히지 않아 마침내 비참한 결과를 가져왔다. 체계적인 학설은 없었으나 수양론상의 단편적인 교훈들은 후세의 학자로 하여금 공경을 불러일으킴이 적지 않았다. 이른바 "선비와

---

17) 陸子之質高明, 故好簡易. 朱子之質篤實, 故好邃密: 各因其質之所近, 故所入之途不同, 及其至也, 仁義道德, 豈有不同乎? 同尊周·孔, 同排佛·老, 大本達道, 豈有不同乎? 後之學者, 不求其所以同, 唯求其所以異. 指江東(朱子派)之江西(陸子派), 則曰此怪說之行: 指江西之江東, 則曰此支離之說: 此豈善學者哉. 朱子之說, 教人爲學之常也; 陸子之說, 才高獨得之妙也. 二家之說, 亦不能無弊: 陸子之學, 其流弊如釋子之談空說妙, 鹵莽滅裂, 至不能盡夫致知之功. 朱子之學, 其流弊如俗儒之尋行數墨, 頹惰委靡, 至不能收力行之效. 雖然, 豈二先生垂敎之罪哉? 蓋學者之流弊耳.

18) 太極圖說, 西銘, 其斯道之本源歟! 太極之說, 卽理以明氣; 西銘之作, 卽氣以明理. 太極之生陰陽, 陰陽之生五行, 豈有理外之氣耶? 天地之大, 人物之繁, 孰能出理氣之外耶? 二書之言, 雖約天地, 萬物無備矣.

군자가 천지간에 존재함에 오직 출처(出處: 관직에 나아감과 물러남)가 중요한 일이다. 그러므로 그 출처의 절개를 보면 그 사람의 어짐 여부를 알 수 있다. 그러나 출처의 즈음에, 재앙과 환난이 오는 것을 피할 수는 없거니와 하늘에 따를 뿐이다."[19](『送徐推官序』)는 것이 일례이다.

19) 士君子之在天地間, 惟出處爲一大事. 故觀其出處之節, 可知其人之賢否. 然出處之際, 禍患之來, 常不可避, 其亦聽之於天而已.

원대의 윤리사상 (요약)

✤ 개 설

❐ 시대상황 개관

(1) 원은 북방 몽고로부터 일어나, 세조 때 비로소 국호를 정함.
(2) 몽고의 국가 기틀을 정립한 사람은 영웅적 인물인 징기스칸(태조)임.
(3) 몽고는 태조로부터 세조까지 5대 간에, 유례 없는 대 발전을 이룸.
(4) 원이 번성한 때에는 그 영역이 아시아 전체 땅을 차지했고, 나아가 그 위력을 유럽에까지 떨쳤음.
(5) 권신의 전횡으로 재정이 곤란해지고, 종교의 해독으로 멸망.

❐ 사상의 개관

(1) 라마교의 유행으로, 종래 전하여 오던 불교는 크게 쇠미함.
(2) 원은 비록 무용으로 중국을 공략하였으나, 학문과 예술은 겨우 송나라의 유물(遺物)을 전하는 정도임.
(3) 원에 유학을 전한 사람은 조복임.
(4) 원의 학파는 정주학파, 육학파, 주육조화학파임.
(5) 시문 · 소설 · 희곡 등에 천재가 많이 배출됨.

✤ 정주학파

❐ 허노재(許魯齋)

(1) 세 번 스승을 바꾸었으나 마침내 정주학에 돌아옴.
(2) 우주론 · 삼재론 등은 정자 · 주자를 본받아 서술한 것에 불과함.
(3) 수양론은 많은 세상 사람들이 경청함.
(4) 마음을 공명정대하게 하는 것을 마음을 다스리는 제일의 뜻으로 삼음.
(5) 원나라 사람들에게 성현의 학문을 전한 것은 진실로 그의 큰 공적임.

❐ 유정수(劉靜修)

(1) 훈고주석에 만족하지 않고 성리학으로 돌아옴.

(2) 스스로 고결함을 지닌 군자가 되고자 노력함.

(3) 주렴계 · 소강절 · 정자 · 주자 등에 관하여 공평한 비평을 가함.

(4) 실천도덕 상 유효한 교훈을 많이 남김.

(5) 허노재와 같이 원나라에 유학을 전함.

✤ 육학파

❒ 조보봉(趙寶峯)

(1) 양자호의 글을 읽고 크게 깨달아 육상산학에 입문함.

(2) 송의 유민으로 원에 벼슬하지 않고, 대보산에 은둔하여 오로지 학문에 전념함.

(3) 고요하고 공허한 마음을 중시하여 선(禪)에 가까움.

(4) 자주 정좌(靜坐) 공부법에 대하여 말함.

❒ 진정명(陳靜明)

(1) 육상산의 글을 읽고 느낀 바가 있어, 그 깊은 뜻을 궁구함.

(2) 당시 학풍은 과거를 유일의 목적으로 삼았는데 이를 극구 반대함.

(3) 육상산학을 보급하는 데는 특별한 공적이 있으나, 전할 만한 독자적 학설은 없음.

(4) 문인으로는 축번, 이존, 서연, 오겸 등 강동 4선생이 있음.

✤ 조화학파

❒ 오초려(吳草廬)

(1) 주자 · 육자 두 선생에 대해 공평한 비평을 함.

(2) 리기론: 리(理)는 기(氣) 가운데 있다고 여기며, 이원설(二元說)을 부인함.

(3) 인성론: 성선이며, 선악의 원인을 기질에 돌림.

(4) 수양론: 덕성을 중시하며, 학문의 목적은 덕성을 함양하는 데 있다고 여김.

❒ 정사산(鄭師山)

(1) 육경에 능통하며, 『춘추』에 가장 밝음.

(2) 벼슬에 대한 뜻을 끊고, 저술과 문하생을 교육하는 데 진력함.

(3) 명나라 군대의 포로가 되자, 두 임금을 섬길 수 없다고 하면서 자살함.

(4) 주자 · 육자 두 선생에 대하여, 온건한 비평을 내림.

(5) 리기론상으로 주렴계의 『태극도설』과 장횡거의 『서명』을 비평함.

(6) 그가 남긴 단편적인 교훈들에 감동하여 분발한 후세 사람이 매우 많음.

제3장 명대(明代)의 윤리사상

제1절 개 설

시대상황의 개관

주원장(朱元璋)이 원나라가 쇠미한 틈을 이용하여 반란을 일으켜 원(元)왕실을 멸하고, 나라 이름을 명(明)이라 정하니 그가 명태조였다. 태조는 몽고인이 한족(漢族)을 억압하는 데 이용되었던 잘못된 제도를 개혁하는 데 힘썼다. 태조를 계승한 황태손 혜제(惠帝:建文帝)는 동족인 여러 제후들이 새로운 제도를 어려워하자 한경제(漢景帝)의 고사를 본받아 억압정책을 취하였다. 이에 혜제의 숙부인 연왕주체(燕王朱棣)는 크게 노하여, 군사를 이끌고 금릉(金陵:지금의 남경)을 함락시키고 건문제를 대신하여 스스로 왕위에 오르니, 이가 성조(成祖)이다. 성조는 수도를 연경(燕京:북경)으로 옮기고, 친히 북방의 타타르[韃靼]와 오이라트[瓦剌]를 정벌하였다. 신하인 정화(鄭和)가 다시 남해 여러 나라를 약탈하니 명의 국위가 더욱 커졌다.

대체로 영락왕(永樂王)과 선덕왕(宣德王) 때는 명나라가 대내외적으로 가장 융성한 시기였다. 원이 멸망한 후 3대 번국의 하나인 차카타이칸국의 재상집에 테무르[鐵木兒]라는 빼어난 인물이 나타났다. 그는 먼저 차카타이칸국, 이란칸국 및 킵차크칸국을 병탄하고, 서방 러시아 및 돌궐을 정복하고, 북인도를 침입하였다. 다시 명나라를 멸망시켜 원수를 갚고자 하였으나 불행히도 중도에서 죽었다. 성조가 정복한 북방의 오이라트와 타타르는 후에 세력을 다시 회복하여 자주 남침함으로써 명을 곤궁에 빠뜨렸다. 일본 서남변의 왜구는 원나라 말기에 자주 중국과 조선 근해에 출몰하여 명나라를 위협하였다. 신종(神宗:萬曆) 때 이르러 조선을 도와 풍신수길(豊臣秀吉)를 패하게 하였지만 국력은 지극히 쇠약하여졌다. 의종(毅宗:崇禎) 때 전국에 기근이 들고 도적의 무리가 속출하였는데, 유적(流賊)인 이자성(李自成)이 드디어 분기하여 나라를 빼앗았다.

명나라는 태조(太祖:洪武)로부터 혜제(惠帝:建文), 성조(成祖:永樂), 인종(仁宗:洪熙), 선종(宣宗:宣德), 영종(英宗:正統), 경제(景帝:景泰), 영종(英宗:重祚天順), 헌종(憲宗:成化), 효종(孝宗:弘治), 무종(武宗:正德), 세종(世宗:嘉靖), 목종(穆宗:隆慶), 신종(神宗:萬曆), 광종(光宗:泰昌), 희종(熹宗:天啓)을 거쳐 의종(毅宗:崇禎)에 이르기까지 17대 277년 만에 멸망하였다.

사상계의 개관

원 왕실의 특별한 보호를 받던 라마교의 타락은 끝이 없었다. 명나라 초기에 유명한 고승인 쭝크파[宗喀巴]라는 사람이 종교개혁을 주장하며 황의파(黃衣派)를 세웠다. 이로부터 황의파의 라마교는 점차 세력을 넓혔고, 쭝크파의 수제자 달라이라마[達賴喇嘛]는 서장(西藏)의 교황이 되어 정권과 교권을 장악하였다. 명나라 말기에 구미인(歐美人)들이 기독교라는 새로운 종교를 전하여, 만력(萬曆) 때는 북경 및 전국에 천주당 건설이 허락되었다. 이로부터 기독교도들은 계속 중국에 들어와 포교하였다. 그들은 포교하면서, 한편으로는 유럽의 학문과 예술을 중국에 전파하여 중국문화의 발달에 적지 않은 공헌을 하였다.

명대의 시문 방면에는 송렴(宋濂), 고청구(高青邱) 같은 명사들이 배출되었으나, 가장 성행했던 것은 도학이었다. 송나라 이후부터 가장 융성한 것은 정주학이나, 유독 말기에는 학리의 유희적 탐색에 빠져 실천을 동반하지 못하는 결함을 낳았다. 당시 실천궁행의 육상산학을 계승 발전시켜 하나의 큰 학파를 이룬 사람은 왕양명(王陽明)이었다. 왕양명이 나타나 정주학파와 대립하니 육왕학파가 비로소 중국사상사에 나타났고, 명대의 도학은 또한 왕양명으로부터 눈부시게 아름다운 광채를 드러냈다. 명대 철학을 상세히 연구하면, 여러 학파로 나눌 수 있다. 이를 정리하면 다음과 같다.

〈명대의 여러 학파〉

정주학파(程朱學派)

조단(曹端) : 자는 정부(正夫) 호는 월천(月川)이며, 하남 승지(河南澠池) 출신 임.

설선(薛瑄) : 자는 덕온(德溫) 호는 경헌(敬軒)이며, 산서 하진(山西河津) 출신임.
여칭(呂稱) : 자는 중목(仲木) 호는 경야(涇野)이며, 섬서 고릉(陝西高陵) 출신임.
왕서(王恕) : 삼원 출신으로 삼원학파(三原學派)
한방기(韓邦奇) : 삼원학파
양일작(楊一爵) : 삼원학파
호여필(胡與弼) : 자는 자전(子傳) 호는 강재(康齋)이며, 무주 숭인(撫州崇仁) 출신임.
호거인(胡居仁) : 자는 숙심(叔心) 호는 경재(敬齋)이며, 요여간(饒餘干) 출신임.
위교(魏校) : 자는 자재(子才) 호는 장거(莊渠)이며, 곤산(崑山) 출신임.
여우(余祐) : 자는 자적(子積) 호는 경재(敬齋)이며, 파양(鄱陽) 출신임.
누량(婁諒) : 자는 극정(克貞) 호는 일재(一齋)이며, 광신 상요(廣信上饒) 출신임.
하상박(夏尙朴)
나륜(羅倫) : 자는 이정(彝正) 호는 일봉(一峯)이며, 길주 여풍(吉州永豊) 출신임.
진진성(陳眞晟) : 자는 잉부(剩夫)이며, 복주 진해위(福州鎭海衛) 출신임.
장무(章懋) : 자는 덕무(德懋) 호는 풍산(楓山)이며, 금화 난계(金華蘭溪) 출신임.
곽도(霍韜) : 자는 위선(渭先) 호는 위애(渭崖)이며, 남해(南海) 출신임.
구준(丘濬)
서분(舒芬)
진건(陣建)
풍가(馮柯)

진백사학파(陳白沙學派)

진헌장(陳獻章) : 자는 공보(公甫) 호는 백사(白沙)이며, 신회 백사리(新會白沙里) 출신임.
이승기(李承箕) : 자는 세경(世卿)이며, 초가어(楚嘉魚) 출신임.
장후(張詡) : 자는 정강(廷康) 호는 동소(東所)이며, 남해(南海) 출신임.

감천학파(甘泉學派)

담감천(湛甘泉)
여 회(呂 懷)
당백원(唐佰元)
양시교(楊時喬)
허부원(許孚遠)
풍종오(馮從吾)

양명학파(陽明學派) : 생략

독립학파(獨立學派)

오정한(吳廷翰) : 자는 숭백(崇伯) 호는 소원(蘇原)이며, 유수(濡須) 출신임.
나흠순(羅欽順) : 자는 윤승(允升) 호는 정암(整菴)이며, 길주 태화(吉州泰和) 출신임.
학경산(郝京山)
내지덕(來知德)
하 당(何 塘)
최 선(崔 銑)
채 청(蔡 淸)
왕정상(王廷相)
황 좌(黃 左)
여 곤(呂 坤)
양동명(楊東明)
황도주(黃道周)

동림학파(東林學派)

고헌성(顧憲成) : 자는 숙시(叔時) 호는 경양(涇陽)이며, 상주 무석(常州無錫) 출신임.
고반룡(高攀龍) : 자는 존지(存之) 호는 경일(景逸)이며, 상주 무석(常州無錫) 출신임.

즙산학파(蕺山學派)

유종주(劉宗周) : 자는 기동(起東) 호는 염대(念臺) 또는 즙산(蕺山)이며, 소흥 산음(紹興山陰) 출신임.
황종희(黃宗羲) : 자는 태충(太沖) 호는 리주(梨洲)이며, 월여요(越餘姚) 출신임.

이상에서 열거한 여러 학파들을 본서에서 하나 하나 설명할 수는 없다. 다만 왕양명을 중심으로 하여 그 전후의 여러 학자들 중 주요한 인물들의 학설을 간단히 소개한다. 왕양명 이후의 학자들은 왕양명의 계승자와 반대자로 나누어 기술한다.

제 2 절 왕양명(王陽明) 이전의 여러 학자들

명대 290여 년 동안의 사상계를 총괄하여 살펴보면, 국초로부터 중세의 효종(孝宗) · 무종(武宗)에 이르기까지는 정주학파가 세력을 떨쳤다. 무종 이후는 양명학이 성행하고, 신종(神宗) 이후는 양명학파, 정주학파, 독립학파가 서로 세력을 다투었다. 여기에 소개하는 것은 왕양명 이전의 여러 학설들이나, 그 중에는 또한 왕양명과 동시대의 인물도 포함된다.

명나라 초기의 대 유학자

명나라 초기의 대 유학자라 말할 수 있는 사람은 유기(劉基), 송렴(宋濂), 방효유(方孝孺) 세 사람이다. 그러나 철학사상으로 볼 때, 세 사람 간에는 차이점이 없다.

유기(劉基): 원나라 말기의 인물로, 주원장을 도와 장막 속에서 책략을 꾸미며 창업 공신이 되었다. 천문, 병법, 성리 등 여러 학문에 능통하였으며, 잡설을 수집하여 묶은 『유리자』(有離子)라는 저서가 있다.

송렴(宋濂): 유기와 더불어 명나라에서 벼슬한 공신이었다. 태조가 불러서 신선(神仙)에 대해 물었을 때 답하기를, "한무제가 신선을 좋아하니 신선의 술법을 닦는 사람이 모이고, 양무제가 불교를 좋아하니 기이한 스님들이 모여들었습니다. 진실로 이러한 마음을 옮기어 현인을 구한다면 천하는 잘 다스려질 것입니다."[1]라고 하였다. 송렴은 명대의 일류 문장가이며, 또 덕행으로도 모범적인 인물이었다. 태자의 사부가 되어 조정에 10여 년을 있어도, 말 한마디 행동 하나도 예에 벗어남이 없었다.

송렴은 육상산처럼, 마음이 일체의 리(理)를 구비한다고 여기는데, 그는 "성인의 한 마음은 모두 리이다."[2]라고 하였다. 나아가 비록 중인(中人)도 모두 리를 구비하였으나 욕심이 방해가 되어 온전하게 할 수 없는 것이다. 따라서 욕심을 제거하여 본심의 바름을 회복하는 것이 수양의 근본 의의이다. 또한 육경은 우리의 참된 심성을 발휘하는 방편에 불과하다고 하였는데, 이는 육상산의 "육경은 모두 우리의 각주다."[3]라는 말과 같은 뜻일 것이다.

---

1) 漢武好神仙而方士至, 梁武好佛而異僧集. 苟移此心以求賢人, 則天下治.
2) 聖人一心, 皆理也.
3) 六經皆吾註脚.

방효유(方孝孺): 역시 원나라 말기의 학자였다. 명대의 촉왕 춘(蜀王椿)이 그의 어짊을 듣고 초빙하여 세자의 사부로 삼았다. 홍무(洪武) 31년 한림박사(翰林博士)가 되어 태조의 신임을 깊이 받았다. 태조는 글을 읽다가 의문이 생길 때마다 그를 불러 물어 보았다. 성조(成祖)가 연(燕)으로부터 들어와 왕위를 계승하자, 방효유는 그의 반역을 매도하다 죽임을 당하였다. 이러한 그의 절개는 또한 후세 선비들의 기개를 고무시키기에 충분하였다.

섭정재(葉靜齋)

이름은 자기(子奇)이고 자는 세걸(世傑)이며, 호는 정재 또는 초목자(草木子)로 괄창용천(括蒼龍泉) 출신이다. 명 태조 때 벼슬하여 파릉군(巴陵郡) 주부가 되었다. 저서로 유명한 것은 옥중에서 만든 『초목자』(草木子)이며, 이외에 『관규』(管窺), 『관물』(觀物), 『원도』(原道), 『구현』(鉤玄), 『극근』(克謹), 『잡제』(雜制), 『담수』(談藪), 『잡조』(雜俎) 등 8편이 있다. 앞의 4편은 철학 및 윤리론이며, 뒤의 4편은 역사에 관한 논설이다.

철학설: 기일원론(氣一元論)을 주장한다. 그는 오행(五行)에서 가장 먼저 생성된 것이 물[水]이라 하면서, "하늘의 시작은 오직 하나의 기이니, 장자(莊子)의 이른바 만물발생의 원기[溟涬]가 이것이다. 그 시초를 헤아리면 물보다 앞섬이 없다."[4]고 하였다. 아울러 물은 흙을 낳고, 흙은 쇠를 낳고, 나무와 불 등 만물의 변화생성의 순서에 관해서, "물 가운데 찌꺼기와 혼탁한 것이 여러 해 쌓여 흙이 된다. 물과 흙이 흔들려 움직이고, 점차 엉기어 모임에, 물과 흙은 떨어져 나타나 마침내 산천(山川)이 이루어진다. 그러므로 산의 형체에는 파도의 형세가 있다. 흙의 억센 것이 돌을 이루고 쇠를 낳으며, 흙의 부드러운 것이 나무를 낳고 불을 낳는다. 오행이 갖추어짐에 만물을 낳고, 만물이 화생(化生)함에 변화가 무궁하다."[5](『管窺篇』)고 하였다.

4) 天之始唯一氣耳. 卽莊子所謂溟涬是也. 欲計其先, 無先於水.
5) 水中之滓濁, 歷歲旣久, 積而成土. 水土震蕩, 漸加凝聚, 水落土出, 遂成山川, 故山形有波浪之勢. 於是土之剛者成石生金, 土之柔者生木生火. 五行旣具, 乃生萬物; 萬物化生, 變化無窮矣.

윤리설: 정재는 고래의 제설들을 비평하면서 자신의 견해를 밝히고 있다. 그는 도에 대해서 형용하기를, "높다고 떨어뜨릴 수 없고, 낮다고 들어 올릴 수 없으니, 도는 정해진 바탕[定體]이 있다. 말을 함으로써 드러낼 수 없고, 묵묵함으로써 감출 수도 없으니, 도는 정해진 형체[定形]가 없다."[6](『原道篇』)고 하였다. 하늘과 사람이 감응하는 정묘함에 대해, "나의 마음이 바르면 천지의 마음 또한 바르니, 이는 중(中)의 공효를 다함이요. 나의 기가 순하면 천지의 기 또한 순하니, 이는 화(和)의 공효를 다함이다."[7](『원도편』)고 하였다. 이는 대체로 『중용』의 이른바 "중화(中和)를 다하면 천지가 제자리에 서고 만물이 자란다."[8]는 뜻을 알기 쉽게 자세히 설명한 것이다. 또 고래의 성현들이 남긴 전통들에 대해 논하기를, "요 · 순은 중(中)으로 마음을 전하였고, 주공 · 공자는 원(元)으로 『주역』을 논하였으며, 무왕 · 기자는 극(極)으로 규범을 지었고, 공자 · 증자는 하나[一]로써 도를 전하였으며, 자사 · 맹자는 성(誠)으로써 덕을 말하였다. 이들은 모두 성현들이 도를 강론하고 요점을 제시하는 방법론의 총칭이고, 마음을 전하는 법전이다."[9](『원도편』)라고 하였다.

오강재(吳康齋)

이름은 여필(與弼)이고 자는 자전(子傳)이며, 호는 강재이고 무주숭인(撫州 崇仁) 출신이다. 명 태조 홍무(太祖洪武) 24년(1391)에 태어나, 헌종 성화(憲宗成化) 5년(1469)에 죽었다. 19세에 서울로 상경해서 『이락연원록』(伊洛淵源錄)을 읽고는 의연히 도에 뜻을 두고, 사서오경을 비롯한 여러 유학자들의 어록의 의미를 음미하였다. 비록 성품이 강분(剛忿)한 면이 있었으나 수양의 결과 완전히 온후한 인물이 되었다. 고향으로 돌아옴에, 그에게 나아가 배우는 사람들이 매우 많았다. 농업에 종사하며 한편으로는 밭을 갈고, 한편으로는 제자와 더불어 학문을 담론하였다. 일찍이 감당할 수 없는 주석[箋註]의 번거로움에 탄식하여 저술하는 것을 가벼이 하지 않았다. 영종(英宗)이 그의 어짊을 듣고 등용하고자 하였으

6) 高而不可貶, 卑而不可抗, 道有定體也; 語而不能顯, 默而不能藏, 道無定形也.
7) 吾心正, 則天地之心亦正, 是致中之功效也; 吾之氣順, 則天地之氣亦順, 此致和之功效也.
8) 致中和, 天地位焉, 萬物育焉.
9) 堯 · 舜傳心以中, 周 · 孔論易以元, 武 · 箕作範以極, 孔 · 曾傳道以一, 思 · 孟語德以誠: 皆聖賢所以講道會要之總名, 傳心之典也.

나, 강재는 시세의 그릇됨을 깨닫고 고사하며 받아들이지 않았다. 진백사(陳白沙)는 그의 수제자였다.

오강재는 순수한 정·주학자이며, 특히 이연평을 추앙하였는데 그의 성품과 언행은 그와 유사한 점이 매우 많았다. 전할 만한 학설은 없으나, 덕망가로서 실천상의 경험들은 후세 사람들에게 유익한 교훈이 되고 있다고 한다. 그는 성인의 도에 들어가는 학문의 방법을 논하면서, "성현의 말씀은 천리를 보존하고 인욕을 없애는 데 있지 않음이 없다. 성현의 행동도 또한 그러하다. 성현을 배우는데 이것을 버리고 무엇으로 말미암을 것인가?"[10](『語錄』)라고 말했다. 여기에서 그의 학문적 태도를 엿볼 수 있을 것이다.

설경헌(薛敬軒)

이름은 선(瑄)이고 자는 덕온(德溫)이며, 호는 경헌이고 산서 하진(山西河津) 출신이다. 명 태조 홍무(太祖洪武) 25년(1392)에 태어나, 영종 천순(英宗天順) 8년(1464)에 73세로 죽었다. 어려서부터 재주가 뛰어나 칭찬을 받았으며, 12세에 시부(詩賦)를 지었다. 자라서는 주렴계, 장횡거, 정자의 책을 읽고, 이것이 학문의 바른 길임을 깨닫고 크게 느낀 바 있어 종래에 지은 시부(詩賦)를 모두 불태우고 오로지 성리학을 연구하였다. 진사에 급제한 뒤부터 감찰어사, 예부우시랑 겸 한림학사(翰林學士) 등을 역임하였다. 소인배 석형(石亨) 등의 전횡에 못마땅함을 못 이겨 스스로 물러나고 말았다. 경헌은 정·주학의 실천가로서 실천궁행을 앞세우고 학문과 기예를 뒤로하였다. 언제나 스스로 모범을 보이며, 한사코 덕행으로 사람을 가르치고 인도하는 일[風敎]을 유지하여 세상 사람들이 그를 설부자(薛夫子)로 존칭하였다.

경헌은 리기(理氣)의 관계에 대해 논하기를, 리기에는 선·후가 없다고 하면서, "기가 없는 리는 없으며, 또한 리가 없는 기도 없다." 또 "기는 모이고 흩어짐이 있으나, 리는 모이고 흩어짐이 없다."[11]고 하였으니 대체로 완전한 송 유학의 학설이지 새로운 학설이라고는 할 수 없다. 그러나 줄기차게 전해온 실천도덕상

---

10) 聖賢所言, 無不存天理, 去人欲. 聖賢之所行, 亦然. 學聖賢者, 舍此何由哉?

11) 無無氣之理, 亦無無理之氣.
    氣有聚散, 理無聚散.

의 명언을 남겼다. 일례로 "학문을 하는 요점은 동정(動靜)의 화합보다 절실함이 없다. 동정의 마땅함은 바로 천리이며, 마땅함에 부합하지 않으면 바로 인욕이다.", 또 "인심은 한 순간이라도 천리가 아니면 바로 인욕이며, 천리와 인욕이 아닌 중립은 있지 않다.", 또 "공부의 절실한 요점은 아침저녁으로 음식을 먹고, 남녀가 옷을 입고, 움직이고 고요하며, 말하고 침묵하며, 사물에 응접하는 어간에 존재한다. 이처럼 하는 일마다 하늘에 부합하면 도는 여기에서 벗어나지 않는다."[12] 라고 하였다. 모두 체험에서 우러나온 이치에 맞는 말이다.

호경재(胡敬齋)

이름은 거인(居仁)이고 자는 숙심(叔心)이며, 호는 경재이고 요의여간[饒之餘干] 출신이다. 명 선종 선덕(宣宗宣德) 9년(1434)에 태어나, 헌종 성화(憲宗成化) 20년(1484)에 51세로 죽었다. 어려서부터 뛰어나게 총명하여 7세에 언행이 이미 어른과 비슷하였다. 오강재의 문하에서 배웠으며, 뜻을 과거 응시에 두지 않고 매계산(梅溪山) 속에 집을 짓고 오로지 학문을 닦았다. 후에 대학자를 방문하고, 누일재(婁一齋), 나일봉(羅一峯), 장동백(張東白)과 더불어 학회를 설립하여 제자를 가르쳤으며, 빈곤과 궁핍에는 마음을 두지 않았다. 경(敬)을 중시하여 비록 집에 있더라도 조정과 종묘에 있는 것 같이 하고, 처자식에 대해서도 손님을 접대하는 것 같이 하였다. 저녁마다 하루의 행위를 기록하여 그 선악을 살피고, 기록한 글로써 자신을 경계하고 반성하는 자료로 삼았다. 저서로는 『거업록』(居業錄)이 있다.

철학설: 경재는 주자의 리기설을 받들어, 리기(理氣)가 분리될 수 없는 것임을 역설하면서 "리가 있은 연후에 기가 있으며, 기가 있는 곳에 리는 반드시 동반한다."[13]고 하였다. 리기의 특징을 기술하기를, "리는 만고불변이며, 기는 사라짐과 늘어남, 모임과 흩어짐[消長聚散]이 있다."[14]고 말했다. 장횡거는 기의 모임과

---

12) 爲學之要, 莫切於動靜合. 動靜之宜者, 便是天理; 不合宜者, 便是人欲.
人心一息之頃, 非天理, 便人欲, 未有非天理人欲而中立者.
工夫之切要, 在夙夜飮食, 男女衣服, 動靜語默, 應事接物之間, 於此事事合於天, 則道不外於此.
13) 有理然後有氣, 有氣之處, 理必伴之.
14) 理萬古不變, 氣有消長聚散.

흩어짐을 얼음의 엉김과 풀림에 비유하면서 만물이 흩어지면 태허에 돌아간다고 하였다. 이에 대해 경재는 잘못된 생각이라고 비판하면서, 기가 모이면 형태를 이루고 흩어지면 사라지는 것이기에 그것을 얼음의 엉김과 풀림에 비유할 수 없는 것이라 하였다.

윤리설: 경(敬)을 수양의 제일의 뜻으로 삼아, 자신의 서재를 경재(敬齋)라 불렀다. 경은 예로부터 모든 성현들이 중히 여겨왔으며 수양공부의 방법으로 삼아왔다. 흠(欽), 인(寅), 공(恭), 외(畏), 익(翼), 계구(戒懼), 전긍(戰兢), 재장(齋莊) 등의 글자는 모두 공경의 뜻을 포함한다. 공자의 이른바 "문을 나서면 귀한 손님을 모시듯 한다."[15]는 말과 같이 공경이다. 정자 · 주자에 이르러 지경(持敬)의 학설은 더욱 정밀해졌고, 정이천은 거경 · 궁리를 수양의 2대 강령으로 삼았다. 주자는 이를 계승하여 더욱 구체적으로 지경의 방법을 제시하였다. 경재는 다시 고래 성현들의 언행을 들어가면서 지경의 필요성을 역설하기를, "단정하고 장엄함[端莊], 의용이 바르고 엄숙함[整肅], 엄하고 위풍 있음[嚴威], 근엄하고 조신함[儼恪]은 경으로 들어가는 으뜸이다. 후진을 가르쳐 인도함[提撕], 어리석은 사람을 깨우침[喚醒]은 경을 지속시키는 것이다. 주일무적(主一無適), 담연순일(湛然純一)은 경의 공효이다."[16](『居業錄』)라고 하였다. 경재는 지경 이외의 마음을 보존하는[存心] 방법을 인정하지 않았으며, "사람들은 주자의 호흡을 고르는 방법[調息箴]을 존심의 방법이라 생각하는데, 이는 기를 고르게 하는 방법일 뿐이다. 오직 공경(恭敬)과 안상(安詳:성질을 차분하고 세밀하게 함)만이 존심하는 방법이요, 어찌 한가히 숨을 고르게 함[調息]으로 존심이 되겠는가? 이러한 존심 방법은 오히려 도를 해치는 수가 많은 것이다."[17](同上)라고 하였다. 경재는 또한 경으로써 앎과 실천을 일관하여, 아직 알기 전에 수양을 하지 않으면 마음이 혼미해지고, 의리의 본원을 상실하면 앎에 이르지 못한다. 이미 안 후에 또 정신을 수양하지 않으면 방자 태만하고 게을러져 천리를 잃고 그 앎을 보존할 수

---

15) 出門如見大賓.

16) 端裝 · 整肅 · 嚴威 · 儼恪, 是敬入頭之處. 提撕 · 喚醒, 是敬持續之處. 主一無適, 湛然純一, 是敬效驗之處.

17) 人以朱子之調息箴爲存心, 此特調氣耳. 惟恭敬安詳, 便是存心, 豈暇調息以存心哉? 以此存心, 則害道亦甚.

없다. 수양함이 지경(持敬)의 방법이다. 그러나 지경은 앎의 근본이요 행위의 용사[事]이지만, 아직 실천된 행위는 아니라고 하였다. 경재가 실천을 중시함은 왕양명과 유사하나, 양명의 실천과 경재의 실천은 그 뜻이 다르다. 경재는 "행위는 앎의 뒤에 있다."[18]고 하였는데, 이는 선지후행설(先知後行說)을 명백히 주장한 것이다. 글동무인 진백사(陳白沙)는 경을 고요하고 정숙하여 움직이지 않는다[靜寂不動]는 의미로 해석하였는데, 그의 경이 선학(禪學)에 빠졌다고 비판하였다. "이른바 우리들의 고요함이란, 안으로 경계하고 두려워하며 삼가하는 것을 말한다. 대체로 고요할 때에 마음을 존심하는 수양공부가 되며, 움직일 때에 사색하고 성찰하는 공부가 된다. 그리하여 비로소 본체와 작용이 일체가 되는 상태에 도달하게 되는 바, 그것이 바로 현미하고 틈이 없는[顯微無間] 진경(眞境)의 상태이다. 이러할진대, 불교나 노자의 사상으로 들어가는 것은 그릇된 것이다."[19]라고 하였다.

진백사(陳白沙)

이름은 헌장(獻章)이고 자는 공보(公甫)이며, 신회 백사리(新會白沙里) 출신이다. 그 지명으로 인하여 백사라 하였다. 돌을 매우 좋아하여 호를 석재(石齋)라 하였으며, 시호는 문공(文恭)이다. 명 선종 선덕(宣宗宣德) 3년(1428)에 태어나, 효종 홍치(孝宗弘治) 13년(1500)에 73세로 죽었다. 전하는 바에 의하면, 신장이 8척이고 눈은 별처럼 빛나며 오른쪽 뺨에 7개의 검은 점이 있었다고 한다. 어려서부터 두뇌가 총명하고 민첩하여 한번 눈으로 본 것은 절대 잊지 않았다. 호경재(胡敬齋)와 더불어 오강재(吳康齋)를 스승으로 섬겼으며, 벼슬길을 단념하고 양춘대(陽春臺)를 지어 전심으로 학문에 힘썼다. 성화(成化) 2년 대학에서 시부(詩賦)를 배움에 제주(祭酒)인 형양(邢讓)이 그의 재주에 놀랐다. 이로부터 명성이 갑자기 높아져, 한림원검토(翰林院檢討)에 제수되었다. 저서로는 『백사자전집』(白沙子全集), 『백사어요』(白沙語要) 등이 있다.

백사는 명나라 대에 손꼽을 수 있는 철학자였다. 비록 왕양명에는 미치지 못했

---

18) 行在知後.

19) 吾人之所謂靜, 內主戒懼恐愼之謂. 蓋靜時爲操存涵養工夫, 動時爲思索省察工夫, 始達體用一源, 顯微無間之眞境云. 蓋以入佛·老二氏爲非也.

지만 명대에서 왕양명과 나란히 할 수 있는 인물을 찾는다면 부득불 백사를 들어야만 할 것이다. 왕양명의 수제자 설중리(薛中離)가 정덕(正德) 14년에 소(疏)를 올려 공자사당에 진백사를 제사 지내기를 청할 정도였다. 나일봉(羅一峯)이 평가하기를, "백사는 하늘과 사람의 정묘함을 보았고, 성현의 심오한 이치를 궁구하였으며, 도를 확충함으로써 부유하게 되고 덕을 높임으로써 귀하게 되었다. 천하의 사물을 사랑하고 구할 수 있어도 막연히 그 가운데에서 움직이지 않았다."[20]고 하였다.

진백사의 학문은 허(虛)를 기본으로 삼고, 정좌(靜坐)로써 허의 도에 도달하는 것이다. 정좌를 잘 함으로써 심신의 영명함을 보존할 수 있다. 일상생활에서의 모든 행위를 함에, "사람의 마음으로 말한다면 하나의 물건도 그냥 머무름을 용납할 수 없는 것이다. 한 물건에라도 애착을 가지면 방해가 된다. 또 만약 업적이 빛나기를 희구하여 마음 마음마다 항상 업적 쌓는 것만을 생각하게 된다면, 이 마음은 오히려 광대해지지 못하고, 마음에 누(累)가 될 뿐이다. 그러나 성현의 넓은 마음으로써 한다면, 처음에는 느끼는 바가 없더라도 나중에라도 응함이 있게 될 것이다. 물론 느낌이 없을 때는 감응도 없다. 이는 특별히 성현이 그와 같아서가 아니라, 사람의 마음이 본래부터 체득하게 되는 일반적인 단계인 것이다. 고요함으로써 수양을 해 나간다면 오히려 자연스럽게 마음이 넓어지게 될 것이다."[21](『與謝元吉書』)고 하였다. 27세에 오강재(吳康齋)에게 나아가 성현의 글을 널리 읽었지만 거의 얻은 것이 없었다. 이에 고향으로 돌아와 문을 굳게 걸어 잠그고 정좌(靜坐)에 몰입하여, 비로소 학문의 깊은 뜻에 통달하였다. 그의 학설이 마음을 중시함은 선(禪)과 유사하여, 세상 사람들로부터 많은 비난을 받았다. 이에 밝히기를, "정좌는 불교를 모방한 것이 아니고 주렴계의 주정설(主靜說)을 근거한 것이며, 정이천을 비롯한 많은 학자들이 주장해온 것이다."[22]라고 하였다. 대체로 백사의 학설은 분명 선(禪)과 동일하지는 않다 하더라도, 불교의 영향을 받았음은 부인할 수 없을 것이다.

---

20) 白沙見天人之微, 究聖賢之蘊, 充道以富, 崇德以貴. 天下之物可愛可求者, 漠然不動於其中.

21) 人心上不得容留一物. 才着一物, 卽有礙. 且如功業要爲美事, 若心心念念於功業上, 則此心便不廣大, 便是爲心之累. 以是聖賢之心廓然, 若無所感, 而後應; 不感時則不應. 此不特聖賢如此, 人心本來體段階一般. 養之以靜, 便自要開大.

22) 靜坐非模倣佛教, 乃根據周子之主靜說, 自程伊川以及多數學者咸說之.

제 3 절 왕양명(王陽明)

왕양명의 이름은 수인(守仁)이고 자는 백안(伯安)이며, 호는 양명이고 월(越)의 여요(餘姚) 출신이다. 명 헌종성화(憲宗成化) 8년(1472)에 태어나, 세종가정(世宗嘉靖) 7년(1528)에 57세로 죽었다. 사람됨이 지혜와 용기가 비범하였고, 어려서부터 패기가 넘쳤다. 각종 경험을 쌓은 후 성학(聖學)을 수학하였다. 스스로 말하기를, "처음에 호협한 기개에 빠졌고, 두 번째로 말 타고 활 쏘는 일에 빠졌고, 세 번째는 시부와 문장에 빠졌고, 네 번째로는 신선도를 수양하는 데 빠졌고, 다섯 번째로 불교에 빠졌었는데, 정덕병인(正德丙寅)년에 이르러 비로소 올바른 성현의 학으로 돌아왔다."[23]고 하였다. 유근(劉瑾)의 뜻에 거슬려 벼슬이 귀주 용장(貴州龍場)의 역승(驛丞)으로 떨어지며 귀양 갔다. 도중에도 자주 위험한 지경에 빠졌으나, 유근이 죽음을 당함에 소환되어 여릉(廬陵) 지사가 되었다. 후에 남공(南贛), 정장(汀漳), 횡수(橫水), 통강(桶岡), 삼리(三浰) 등과 같은 큰 도적들을 평정했다. 영왕 신호(寧王宸濠)의 난을 평정한 공으로 신건백(新建伯)으로 봉함을 받았는데, 이로 인해 사람들은 그를 왕신건(王新建)이라 불렀다. 그 후에 또 광서(廣西)의 야만족을 정복하고 개선하는 도중에 양명은 병으로 죽고 말았다. 저서로는 『왕문성공전집』(王文成公全集) 38권이 있으며, 문인들이 기록한 『전습록』(傳習錄)이 있다.

왕양명은 문무를 겸비한 걸출한 선비로, 전쟁에서 지략과 전술이 뛰어났고, 한편으로 병학에 달통하였을 뿐만 아니라 문장가로서도 명대 제일의 인물이었다고 할 수 있다. 그러나 그의 명성이 영원토록 전해지게 된 것은 도학(道學)에 있어서 큰 공헌을 남겼기 때문이다. 명대 이후의 도학은 왕양명으로부터 나왔으며 갑자기 면목을 일신하였다. 대체로 명나라 초기까지 사상계를 지배했던 유학은 주자학이며, 육상산학은 일찍이 이단으로 여겨졌다. 영락(永樂) 때 주자가 해석한 『사서오경대전』(四書五經大全)이 편찬되었는데, 선비들이 과거를 칠 때 그의 학설을 인용하였다. 이처럼 많은 학자들이 그의 학설을 공부하는 데 열중하였으니 송학은 더욱 세력을 얻었다. 반면, 왕양명은 홀로 육상산의 학문을 바탕으

23) 初溺於任俠之習, 再溺於騎射之習, 三溺於辭章之習, 四溺於神仙之習, 五溺於佛氏之習, 正德丙寅, 始歸正於聖賢之學.

로 공자 · 맹자의 참된 전함을 얻어, 이른바 간이직절의 학문을 크게 이루었다. 대체로 양명의 학설은 몇 번이나 생사를 넘나드는 동안에 깨달은 체험을 바탕으로 실천궁행을 중시하는 심학(心學)을 체계화시킨 것이었다.

양명학의 3대 강령

왕양명의 학설은 ① 심즉리(心卽理), ② 치양지(致良知), ③ 지행합일(知行合一)을 3대 강령으로 삼았다. 이 세 가지 강령은 왕양명의 철학설인 동시에 도덕의 원론이다.

심즉리(心則理): 왕양명은 육상산의 학설을 이어받아 심즉리를 제일 먼저 주창하였다. "심은 리이다. 리는 끝이 없으며 우주에 질서정연하고 일사불란하게 두루 퍼져 있다. 리가 있으므로 천지만물 간에 차례가 있고, 사람은 스스로 인륜을 갖는다. 리는 내 마음에 갖추어져 있으므로 마음이 곧 리이다. 때문에 나의 본심을 밝히면 천지만물의 리 역시 환하게 빛난다. 이른바 우주간 일체현상을 관통하는 리는 내 마음이 활동하는 양식 밖의 것이 아니다. 내가 마음을 다하면 우주일체의 리를 알 수 있다." 또 "만물도 이치도 내 마음 밖에 없다. 내 마음 밖에서 만물의 이치[物理]를 구하면 만물의 이치는 없다. 만물의 이치를 잃어버리고 내 마음을 구한다면, 내 마음은 또 무슨 물건인가?"[24]라고 하였다. 대체로 왕양명은 리일원론자(理一元論者)이다. 나아가 그는 또 "심(心)과 리(理)를 나누면 둘이 되어 순수한 학[精一之學]은 없어진다. 세속의 유학자들은 지리멸렬하여 외부의 형명(刑名)과 기수(器數)와 같은 말지에 얽매어 이른바 만물의 이치를 밝히고자 하고 있다. 즉, 그들은 내 마음이 곧 만물의 이치임을 알지 못하고, 처음부터 밖에다가 의탁하고 있는 것이다."[25]고 하였다. 이것은 대체로 주자학파의 이원론을 반박한 것이다. 이처럼 심즉리설은 왕양명의 근본사상이며, 치양지설(致良知

24) 心者理也, 理無際限, 遍滿於宇宙秩序井然一絲不亂. 有此理, 故天地萬物間有次序, 人自具彝倫. 理備於我心, 心卽理; 因而明我本心, 則天地萬物之理亦炳然而明. 所謂貫宇宙間一切現象之理, 不外我心活動之樣式. 我極其心, 則能知宇宙一切之 理矣.
此物此理, 不外於我心; 於我心外求物理, 無物理, 遺物理而求我心, 我心又何物耶?

25) 心與理析而爲二, 而精一之學亡. 世儒支離, 外索刑名器數之末, 以求明其所謂物理; 而不知吾心卽物理, 初不假於外也.

說)과 지행합일설(知行合一說)도 모두 심즉리설에 근간을 두고 있다.

치양지(致良知): 심즉리이므로 마음의 본체는 공허하여 형체가 없으나[虛靈] 밝게 깨닫는다[明覺]. 이 허령명각(虛靈明覺) 때문에 왕양명은 마음을 양지(良知)라고 부르고, 마음과 양지는 같다고 여겼다. 우주의 리(理)는 동일하거니와, 그것이 일신을 주재할 때를 가리켜 마음이라 하고, 선악을 식별할 때를 가리켜 양지라 한다. 맹자는 양지양능(良知良能)을 들어, 양지란 사람이 배우지 않아도 아는 것으로, 바꿔 말하면 선천적으로 고유한 것이라고 여겼던 바 있다. 왕양명의 양지를 맹자와 비교하면 그 의미가 더 넓다. 왕양명은 양지를 마음과 동일한 것이라 생각했으며, 마음을 허령명각한 것으로 설명하였던 것이다. 마음의 본체는 천리, 성인, 참된 자기[眞吾] 등의 이름으로 불릴 뿐만 아니라, 또 마음은 절대이고 두루 충만하고 영원불멸이며 시공을 초월하니 미발의 중[未發之中]이라 부를 수 있고, 또한 태허(太虛)라고 부를 수도 있다.

왕양명은 양지의 존재를 오랜 세월 동안 천신만고를 다 겪은 후에 자각하였다. 양지를 주장한 때가 37세였으며, 치양지 세 글자를 표방하여 밝혔을 때는 그의 나이 50세였다. 왕양명은 마음을 리라하고 양지라 하여 선악을 식별하는 능력이 있다고 여겼으니, 그가 선천양심론자(先天良心論者)이고 성선론자(性善論者)임은 의심할 바 없이 당연하다고 하겠다. 사람에게는 선천적으로 양심이 있는데 불선하게 되는 것은 무엇 때문인가? 왕양명 또한 성선론자로서 이러한 문제에 대한 해답을 제시하여야만 했다. 왕양명은 불선의 원인을 물욕에 있다고 생각했다. 사람은 비록 선천적인 양심을 갖고 태어나지만, 물욕이 이러한 양심을 가리기 때문에 그 밝음을 잃고 불선함이 생겨난다. 대체로 양지는 선천적이며 일반적으로 모든 사람에게 갖추어져 있다. 즉, 양지는 성현이나 보통사람이나 구별이 없이 누구든지 모두 가지고 있는 본성이다. 이처럼 양지는 모든 사람이 갖고 있는 본성인데, 성현과 범우의 구별이 생기는 것은 양지가 물욕에 가리게 되는 정도에 따라 정해지게 된 것이다. 즉, 물욕이 양지를 깊이 가리면 범우(凡愚)가 되고, 얕게 가리면 현인이 되고, 전혀 가리지 않으면 성인이 되는 것이다.

우주의 리(理)가 내 마음에 갖추어져 있으므로 마음의 본체는 허령명각의 양지이다. 그러므로 이 양지를 밝히면 백 가지 행실이 모두 절도에 맞게 되며, 치양지란 바로 양지를 밝힘에 있는 것이다. 이상으로 볼 때, 치양지가 왕양명 윤리설의 근본사상임은 명백하다. 치양지의 방법에 대해서는 수양론에서 살펴보겠다.

지행합일(知行合一): 이것은 문자 그대로 지와 행의 합일을 긍정하는 것이다. 왕양명은 지행을 논하면서, "알면 반드시 행하고, 행한 바가 있으면 반드시 아는 바가 있다."[26]고 하였다. 이것은 주자의 선지후행설(先知後行說)과는 완전히 다른 것이다. 주자는 선지후행론자였다. 그러기에 그는 격물과 궁리를 우선으로 삼았으며, 사물의 도리를 알고 난 후에야 행동으로 실천할 수 있는 것으로 여겼던 것이다. 그러나 왕양명은 이와 반대로 지행이 합하여 하나가 되어야 한다고 생각하는 바, 앎은 행동의 시발점이요 행동은 앎의 결과라고 보았다. 그래서 알면서 행하지 않으면 참된 앎이 아니요 참되게 알면 반드시 이를 행해야 한다는 것이다. 말하기를, "앎은 행동의 주의(主意)이고, 행동은 앎의 공부(功夫)이다. 앎은 행동의 시발점이고 행동은 앎의 완성이다."[27] 또 "앎을 진실되고 독실하게 만드는 것은 바로 행동에 있고, 행동을 명각하고 화려하게 만드는 것은 바로 앎에 있는 것이다. 지와 행의 공부는 본래 떨어질 수 없다. 그런데 후세 학자들은 이를 둘로 나누어 공부를 함으로 인하여 도리어 지와 행의 본체를 잃어 버렸다. 따라서 지와 행은 합일하여 병진해야 한다고 주장하는 바이다. 대체로 무지함이 없는 즉 행하는 까닭이 되고, 행동하지 않는다면 알고 있다고 말할 수 없는 것이다."[28], 또 "앎은 행동의 시발점이고, 행동은 앎의 완성이다. 성학은 하나의 공부이지, 지행을 두 가지 일로 나눌 수 없는 것이다."[29]고 하였다. 요컨대 지는 이론이고 이상이며, 행은 실제이고 실현이다. 지와 행은 서로 요구하고 서로 돕는 성질을 갖고 있거니와, 그 관계는 한 물건의 양면과도 같이 떨어지면 존재하지 못하고 반드시 서로 안팎이 되어 공존하는 것이다. 이것이 지행합일설의 요지이다.

지행합일설의 연원은 두 정자로부터 나왔다. 정명도는 일찍이 "앎이 지극하면 뜻이 성실해지거니와, 만약 알면서도 뜻이 성실하지 않다면 그것은 완전한 앎에

---

26) 知則必行, 有所行必有所知.
27) 知是行的主意, 行是知的功夫. 知是行之始, 行是知之成.
28) 知之眞切篤實之處, 卽是行. 行之明覺精華之處, 卽是知. 知行之工夫, 本不可離, 因後世學者分作兩截用功, 而失卻知行之本體. 故有合一並進之說也. 蓋無無知卽所以爲行, 不行卽不足以言知也.
29) 知者行之始, 行者知之成. 聖學一個功夫, 不可分知行作兩事.

아직 다다르지 못한 것이다."라고 하였다. 한편, 정이천은 "모름지기 앎으로써 근본을 삼아야 하거니와, 앎이 깊이가 있으면 행동도 반드시 따른다(중간 생략). 알면서도 행하지 않았다면 그것은 얄팍한 앎에 불과하다."고 하였다. 나아가 얄팍한 앎[見聞知]과 깊이 있는 앎[德性知]으로 나누어 덕성지는 반드시 행동으로 연결된다고 생각했는데, 이는 또한 일종의 지행합일설이다. 왕양명이 정이천과 다른 점은 견문지와 덕성지를 구분하지 않았다는 것과, 행동에 수반되는 앎을 인정했다는 정도일 뿐이다.

수양론(修養論)

왕양명의 윤리설은 왕양명학의 3대 강령 중 '치양지'(致良知)를 다함에 있다고 할 수 있다. 대체로 왕양명은 선천양지론자(先天良知論者)이다. 그의 학설에 의하면, 사람에게는 모두 선악을 식별할 수 있는 허령명각(虛靈明覺)한 마음, 즉 양지(良知)가 있다. 이 양지의 본성을 발휘하면 백 가지 행실이 모두 절도에 맞게 된다. 양지의 본성을 발휘하는 것이 바로 치양지이다. 치양지 외에는 도덕이 없다. 이른바 수양은 치양지의 방법에 불과할 뿐이다. 왕양명은 치양지의 구체적 방법으로 성의·치지·격물에 대해 논하고 있으며, 실천상의 공부방법으로 정좌(靜坐)와 평상시에 정신의 수양과 의지의 단련을 쌓는 것을 들고 있다.

성의(誠意): 왕양명에 의하면, 마음은 천리(天理)이고 성(性)은 선하다. 이 성선을 가려 불선을 저지르게 하는 것은 물욕이다. 뜻과 생각[意念]이 물욕으로 향할 때 불선이 생겨난다. 그러므로 선악의 구분을 생겨나게 하는 것은 결국 그 뜻함과 생각에 달려있는 것이다. 성의(誠意)는 선한 본성이 스스로 그 빛을 발하는 것이다. 왕양명은 성의(誠意)를 하고자 하면 의당히 뜻이 발하는 곳에 나아가 이를 바르게 해야 한다고 여겼다. 뜻이 발하는 바가 선하면 아름다운 용모를 좋아하는 것과 같이 좋아하고, 뜻이 발하는 바가 악하면 악한 냄새를 미워하는 것과 같이 미워한다. 뜻은 반드시 성실하고 마음은 반드시 바르다. 그러므로 "마음의 본체는 본래 바르지 않음이 없다. 그 뜻과 생각으로 인하여 발동한 후에 바르지 않게 된다. 따라서 마음을 바르게 하고자 하면 반드시 발하는 바의 뜻과 생각을 바르게 해야 한다."[30]고 하였다.

치지(致知): 그 뜻을 성실하게 하고자 한다면, 우선 뜻과 생각이 선한지 악한지를 판단할 필요가 있다. 뜻과 생각의 선악을 명확히 판단하는 것이 바로 양지이다. 이런 점에서 양지를 밝게 하는 것이 곧 수양의 근본문제가 된다. 이른바 『대학』에서의 치지란 다른 것이 아니라 바로 이 양지를 밝게 한다는 것이다. 그러나 주자가 말하는 치지의 의미, 즉 사물에 대한 경험적 지식의 집적과는 다르다. 대개 양지를 밝게 한다는 것은 선악을 식별하는 힘을 기르는 것이다. 그리하여 선한 것을 좋아하고 악한 것을 미워하며, 선행은 하고 나쁜 습관은 피하도록 그 마음을 수양하는 것이다.

격물(格物): 양지를 밝게 하고자 하면 격물할 필요가 있다. 격물이란 말 그대로 물(物)을 격(格)하는 것이다. 격(格)은 바르게 한다는 것이다. 물(物)은 뜻이 존재하는 곳으로써, 이를테면 부모를 섬기고 벗과 사귀며 자녀를 사랑하고 형제를 친애하는 등의 윤리와 같은 것도 또한 물이다. 사람을 속이고 불효하는 등과 같은 불선도 또한 물이다. 뜻이 존재하는 바가 물이므로, 격물은 마음의 그릇됨을 바르게 하는 것이다. 마음은 천리이므로 지극히 선하나, 사물에 감응되어 발하면서 뜻이 생겨날 때 기(氣)의 치우침과 바름에 따라 선악의 구별이 생겨나게 되는 것이다. 선한 뜻을 낳을 때는 이것을 실행하고, 불선한 뜻을 낳을 때는 이것을 바르게 하지 않을 수 없다. 불선한 뜻을 바르게 하는 것이 격물이다. 따라서 격물이 곧 성의(誠意)이다. 이처럼, 양명학자들은 격물이 곧 성의라고 말한다. 대체로 격물 두 글자의 해석이 주자의 입장과 전혀 같지 않다.

양지를 밝게 하고자 하면 불선한 마음을 바르게 하지 않으면 안 된다. 불선한 마음을 바르게 하려면 성의를 할 필요가 있다. 그러므로 치지 · 격물 · 성의 세 가지는 밀접한 관계가 있다. 즉, 격물은 치지의 열매요 치지는 성의의 근본이라 하겠다.

실천적 공부방법: 왕양명은 치양지의 실천적 공부방법을 구체적으로 서술하고

---

30) 心之本體, 本無不正, 因其意念發動而後不正. 故欲正其心者, 必正其所發之意念.

있는데, 이에는 정적인 공부와 동적인 공부방법의 두 가지가 있다. 정적인 공부방법은 단정히 앉아 마음을 맑게 하는 정좌(靜坐)이다. 왕양명은 마음을 허령명각하다고 하였거니와, 이 신령하고 밝은 마음이 본래 가지고 있는 빛을 발하게 하려면 정좌징심(靜坐澄心)이 필요하다고 하였다. 정좌는 송나라 유학자들의 학설로, 많은 학자들이 수양의 한 공부방법으로 인정하여 온 것이다. 왕양명 역시 정좌는 마음을 한 군데로 모으는데[收斂心] 효력이 있다고 인정하였다. 그러나 이것만이 유일한 방법이라고는 생각지 않았다. 즉, 일상생활 속에서 정신과 의지를 단련하는 동적인 공부방법도 중시하였다. 이것은 실제의 사물에 대하여 정신적 의지를 단련하는 것을 말한다. 마음은 움직임과 고요함을 겸한 것으로, 만약 인간 세상과 교섭을 끊고 정좌하여 무념무상(無念無想)의 지경에 들어간다면 마음을 한 군데로 모으는 데에는 효력이 있다. 그러나 이와 같이 하여 얻게 되는 수양은 단지 한가지 일만을 처리하는 것이라 동요(動搖)의 가능성을 면치 못한다. 그러므로 실제의 사물에 나아가 의지를 단련하지 않는 것은 옳지 못하다. 당시의 학풍은 대체로 공허하고 막연한 정좌의 방법만을 중시했는데, 이상과 같은 왕양명의 주장은 실로 큰 충격을 주기에 충분하였다. 왕양명 일생의 행동을 살펴보면, 왜 그가 그토록 동적인 수양을 중시했는가를 알 수 있다.

사구결(四句訣)

왕양명의 학설을 가장 간단명료하게 요약한 것은 사구결이다. 사구결을 사언교(四言教)라 부르기도 한다. 왕양명이 만년에 광서 요족(廣西猺族)을 정벌하려고 길을 떠날 즈음에, 천천교(天泉橋) 위에 서서 문하의 제자인 전서산(錢緖山)이 스승에게 가르침을 요청하자, "선도 악도 없음이 마음의 본체[體]이다. 선과 악이 생겨나는 것은 뜻의 움직임이다. 선과 악을 판별하는 것은 양지이다. 악을 제거하고 선하게 하는 것이 격물이다."[31]라고 하였다.

제 1구는 마음의 본체를 요약하여 설명한 것이다. 마음은 본래 선도 없고 악도 없는 절대지선(絶對至善)으로, 아직 발하지 않은 가운데 고요하게 움직이지 않는 상태가 마음의 본체이다. 제 2구는 뜻[意]의 발동을 요약하여 설명한 것이다.

---

31) 無善無惡, 是心之體; 有善有惡, 是意之動; 知善知惡, 是良知; 爲善去惡, 是格物.

마음은 절대지선인데, 뜻이 발동하면 선악의 구별이 생긴다. 제 3구는 양지를 요약 설명한 것이다. 양지는 선악을 식별하는 것이다. 제 4구는 격물을 요약 설명한 것이다. 격이란 바름(正)이요, 물이란 인사[事]이다. 인사의 바르지 못함을 바르게 하여 선에 돌아가게 하는 것이 격물이다.

이 때 왕용계(王龍溪)와 전서산이 함께 천천교 다리 위에서, 스승의 가르침에 철저하지 못한 부분을 논의하면서, "만약 마음의 본체가 무선무악(無善無惡)이라고 한다면, 뜻 역시 무선무악의 뜻이요, 앎 역시 무선무악의 앎이요, 물(物) 역시 무선무악의 물이다."[32]라고 의의를 제기하였다. 이에 왕양명은, "영특한 자질을 가진 사람은 근원적으로 이치를 깨달은 자이며, 영특하지 못한 사람의 경우는 악을 제거하고 선을 쌓는 공부를 함으로써 본체를 밝게 할 수 있는 것이다. 왕용계가 주장하는 것은 전자의 경우이고 전서산이 주장하는 것은 후자의 경우에 해당된다. 그런데 영특한 자질을 갖고 태어나는 사람은 매우 극소수에 불과하다. 그렇다고 왕용계의 주장을 받아들이고 전서산의 주장을 버려야 한다고는 할 수 없다."[33]고 하였다. 이것이 그 유명한 천천증도문답(天泉證道問答)이다. 사구결에 대해서는 여러 다른 견해들이 있지만, 왕양명학을 요약한 요지임에는 조금도 의심의 여지가 없다.

비 판

왕양명은 문무를 겸비하여, 사방을 정벌하는 등 그 무공이 혁혁하였으며, 한편으로는 새로운 학설을 제창하여 명나라 백성들의 마음에 찬연한 광채를 주었다. 대체로 그의 학설은 일종의 심학으로 생사를 넘나드는 경험을 바탕으로 체득한 것인 바, 책상 앞에서 이루어진 유희공론(遊戲空論)이 아니다. 그의 학설의 장점을 꼽는다면, 첫째로 이상적이고, 둘째로 주의적(主意的)이며, 셋째로 직각적(直覺的)이고, 넷째로 활동적이며, 다섯째로 실천궁행적(實踐躬行的)이다. 이는 주자학의 실증적(實證的), 주지적(主知的), 경험적(經驗的), 정지적(靜止的), 궁리적(窮理的) 관점과는 완전히 상반된다. 이론적으로 볼 때 그의 학설에도 여러

---

32) 若說心體是無善無惡, 意亦是無善無惡的意, 知亦是無善無惡的知, 物亦是無善無惡的物.

33) 利根之人, 能由本源上悟入; 非然者積爲善去惡工夫, 以明本體. 龍溪所言爲前者, 緖山所言爲後者. 世中利根之人極少, 不能採龍溪之言而捨緖山之言也.

가지 결함이 있다. 이를테면 왕양명은, 주자의 『주자집주』(朱子集注)·『혹문』(或問) 등만을 읽고는, 주자는 중년에 이르기까지도 궁리설을 정립하지 못하였다고 판단하였다. 그리하여 문장 가운데 내성적 의견 34조항을 뽑아서 이를 만년의 정설로 여겼다. 그러나 대체로 주자는 만년에 이르러 이미 궁리설의 그릇됨을 깨닫고 있었지만, 옛날 책의 잘못을 정정할 틈이 없었다고 술회한 바가 있다고 한다. 이런 점을 감안해 보면 양명의 생각과 판단은 너무 얄팍했다고 할 수밖에 없을 것이다. 왕양명의 문하에서 능력 있는 인재들이 배출되었으나, 방종으로 빠져버린 제자들도 있었다. 이러한 점도 그 학풍상 하나의 큰 단점이었다.

제 4 절 양명학의 계승자

왕양명의 학설을 이어받은 사람들을 양명학파(陽明學派) 혹은 왕학파(王學派)라 한다. 또 지명으로 인하여 여요학파(餘姚學派) 혹은 요강학파(姚江學派)라 부르기도 하며, 육상산의 학설과 합하여 육왕학파(陸王學派)라 하기도 한다. 왕양명이 살아 있는 동안에도 양명학파는 이미 업신여길 수 없는 세력을 가졌으며, 죽은 후에는 더욱더 융성하였다. 『명유학안』(明儒學案)이라는 책에 근거하여 양명학파의 대강을 제시하면 다음과 같다.

절중학안(浙中學案): 서횡산(徐橫山), 채종곤(蔡宗袞), 주절(朱節), 전덕홍(錢德洪), 왕용계(王龍溪), 계본(季本), 황관(黃綰), 동운(董澐), 육징(陸澄), 고응상(顧應祥), 황종명(黃宗明), 장원충(張元沖), 정문덕(程文德), 서용검(徐用檢), 만표(萬表), 왕종목(王宗沐), 장원변(張元忭)

강우학안(江右學案): 추동곽(鄒東廓), 구양덕(歐陽德), 섭표(聶豹), 나홍선(羅洪先), 유문민(劉文敏), 유방채(劉邦采), 유양(劉陽), 유효(劉曉), 유괴(劉魁), 황홍강(黃弘綱), 하정인(何廷仁), 진구천(陳九川), 위양필(魏良弼), 위양정(魏良政), 위양기(魏良器), 왕시괴(王時槐), 등이찬(鄧以讚), 진가모(陳嘉謨), 유원경(劉元卿), 만정호(萬廷虎), 호직(胡直), 추원표(鄒元標), 나대굉(羅大紘), 송의망(宋儀望), 등원석(鄧元錫), 장연(章演), 풍응경(馮應京)

남중학안(南中學案): 황성증(黃省曾), 주충(周衝), 주득지(朱得之), 설응기(薛應旂), 당순지(唐順之), 당학징(唐鶴徵), 서계(徐階), 양예손(楊豫孫)

초중학안(楚中學案): 장신(蔣信), 기원형(冀元亨)
북방학안(北方學案): 목공휘(穆孔暉), 장후각(張後覺), 맹추(孟秋), 우시희(尤時熙), 맹화리(孟化鯉), 양동명(楊東明), 남서천(南瑞泉)
월민학안(粵閩學案): 설간(薛侃), 주탄(周坦)

이상의 인물 가운데서도 특히 양명학의 발전에 공헌이 큰 저명한 학자로는 서횡산, 왕심재, 왕용계, 전서산, 구양덕, 남서천, 추동곽 등을 들 수 있다.

서횡산(徐橫山): 이름은 애(愛)이고 자는 일인(日仁)이다. 횡산은 그의 호이고 월(越)의 여요 마언(餘姚馬堰) 출신이다. 왕양명의 매제로 왕양명 문하 최초의 수제자이다. 일찍이 그는 왕양명을 신봉하여, "왕양명의 학문은 공자의 가르침을 신봉하는 사람들[孔門]의 참된 전수이다. 이것을 버리고 다른 학문을 한다면 그것은 모두 정도가 아닌 좁은 길이다."[34]라고 하였다. 오로지 스승의 학설을 받드는 데 뜻을 다하였으며, 반신반의(半信半疑)하는 동문들을 잘 유도하여 왕양명학을 보급하는 데 진력하였다. 정덕(正德) 13년(1518)에 죽으니, 나이 겨우 31세였다. 학설적으로 독창적인 것은 없다.

왕심재(王心齋): 이름은 간(艮)이고 자는 여정(汝正)이며, 심재는 그의 호이다. 양주(揚州)에서 태어나 38세 때 왕양명의 제자가 되었다. 처음 왕양명을 만나 논란을 반복하였으나 마침내 뜻을 굽히고 그의 문하에 들어갔다. 그는 말이 많고 기교가 심했는데 왕양명은 그것을 자주 지적하고 경계하였다. 왕양명이 죽은 후에 그는 문인들을 교육하고 왕양명학을 진흥시키는 데 진력하여 왕용계와 더불어 왕양명 문하의 두 왕씨라 칭함을 받았다. 저서로는 『왕심재전집』(王心齋全集)이 있다.

왕심재가 가장 강조했던 것은 격물설(格物說)이다. 심재의 격물설은 회남(淮南) 격물설이라 불리기도 한다. 일찍이 그는 "격(格)은 격식의 격으로, 즉 혈구(絜矩)이다. 물(物)은 우리 몸의 상하 · 전후 · 좌우이다. 내 마음은 하나의 격이며, 천하국가는 하나의 물이다. 내 마음으로 혈구를 삼으면, 천하국가에 대해서는 격물이다. 천하국가는 하나의 네모난 형상[方形]과도 같다. 방형이 바르지 않는

34) 王子之學, 孔門之眞傳也; 舍是他皆旁蹊小徑耳.

것은 혈구가 바르지 못함에 있다. 혈구가 바르면 방형 또한 바르다. 그러므로 모름지기 바른 것은 혈구이며, 방형 위에서 바름을 구하는 것이 아니다."[35]라고 하였다. 또 몸을 안정되게 하는 것이 격물의 제일의 뜻이라 주장하면서, 지극한 선에 머물고자 하면 반드시 먼저 몸을 편안히 해야 한다. 내 몸을 안정되게 하는 것은 천하의 대본이며, 내 몸을 안정되게 하여 천하의 법도에까지 미치게 해야 한다는 것이다.

왕용계(王龍溪): 이름은 기(畿)이고 자는 여중(汝中)이며, 호는 용계이고 절(浙)의 산음(山陰) 출신이다. 처음부터 왕양명의 문인이었다. 왕양명의 문인이 많을 때는 왕용계와 전서산이 스승을 대신하여 초학자를 가르쳤다. 타고난 성품이 쾌활하고 말솜씨가 뛰어났다. 관직은 무선낭중(武選郎中)에 이르렀고, 관직에서 물러난 후 오로지 왕양명학을 보급하는 데 힘을 다하였으며, 86세로 죽었다. 그는 양명학을 더욱 정미(精微)하게 하고 확대하는 데 큰 공헌을 하였다. 그러나 한편으로는 왕양명학을 선학(禪學)에 접근시킴으로써 비난을 받기도 하였다. 저서로는 『왕용계전집』(王龍溪全集)이 있다.

전서산(錢西山): 이름은 덕홍(德洪)이고 자는 홍보(洪甫)이며, 호는 서산이고 절(浙)의 여요(餘姚) 출신이다. 왕양명을 스승으로 섬기며, 그를 도와 후학을 가르치고 양명학을 보급하는 데 힘을 다 하였다. 관직은 형부주사(刑部主事)에 이르렀고, 관직에서 물러난 후 30년간을 후학 교육에 힘썼으며, 79세로 죽었다. 왕양명이 강조했던 일상생활 속에서의 정신수양과 의지단련에 진력하였으며, 왕용계의 학문과는 그 경향이 달랐다.

구양덕(歐陽德): 자는 숭일(崇一)이고 호는 남야(南野)이며, 시호는 문장(文莊)이고 강서 태화(江西泰和) 출신이다. 어려서부터 왕양명을 스승으로 섬겼으며, 타고난 성질이 온후하고 강직하여 다른 사람을 망령되이 미워하지 아니하고 큰 절개에 임하여서는 굽히지 아니하였다. 스승의 학설인 직절간명(直截簡明)을 이

35) 格者格式之格, 卽絜矩也. 物者, 吾身之上下前後左右也. 我心一格也; 天下國家, 一物也. 以我心爲絜矩, 而對天下國家, 卽格物也. 天下國家如一方形. 方形不正者, 絜矩之不正也; 絜矩正, 則方形亦正矣. 故須正者爲絜矩, 非求之於方形之上也.

어 받아 하나 하나 몸소 체험하였다. 관직은 태자소보(太子少保)에 이르렀으며, 59세로 죽었다. 문인들이 매우 많았다.

남서천(南瑞泉): 섬(陝)의 위남(渭南) 출신으로 이름은 대길(大吉)이며, 자는 원선(元善)이고 서천은 그의 호이다. 소흥부(紹興府) 지사일 때 양명학을 듣고 그 문하에 들어갔다. 오랫동안 가르침을 받은 후, 성현은 스스로 인심(人心)을 갖추고 있어 다른 데서 구하기를 기다리지 않는다는 사실을 깨우쳤다. 계산서원(稽山書院)을 열어 스스로 학문을 닦았다. 왕양명은 언제나 그의 독실한 공부를 칭찬하였다고 한다.

추동곽(鄒東廓): 강서 안복(江西安福) 출신으로 이름은 수익(守益)이며, 자는 겸지(謙之)이고 동곽은 그의 호이다. 왕양명에게 배웠으며, 왕양명학을 널리 알리는 데 진력하였다. 학문과 사업을 겸비한 왕양명 문하의 정통파였다.

제 5 절 양명학의 반대자

명대에 양명학설에 반대한 사람 또한 적지 않다. 그 가운데 가장 저명한 인물은 나정암(羅整菴), 오소원(吳蘇原) 등인데, 이른바 독립학파였다. 이 학파는 한편으로 주자와 왕양명의 영향을 받으면서도, 주자도 아니고 왕양명도 아닌 독특한 학설을 제시했기 때문에 독립학파라 칭해졌다.

나정암(羅整菴)

이름은 흠순(欽順)이고 자는 윤승(允升)이며, 호는 정암이다. 시호는 문장(文莊)이고 길주 태화(吉州泰和) 출신이다. 헌종 성화(憲宗成化)원년(1465)에 태어나, 세종 가정(世宗嘉靖) 26년(1547)에 83세로 죽었다. 홍치(弘治) 5년에 진사가 되고 한림편수(翰林編修), 남경 국자사업(國子司業), 남경 이부상서(吏部尙書) 등의 관직을 역임하였다. 시(詩)를 배우러 서울로 오는 중에 한 선승(禪僧)을 만났는데, 그가 "부처는 뜰 앞의 잣나무에 있다."[36]고 말하자, 이를 듣고 크게

36) 佛在庭前柏樹子.

느낀 바가 있어 깊은 생각 끝에 마음의 허령(虛靈)함을 깨닫게 되었다. 자선(自禪)을 하며 정자 · 주자 · 육상산 · 왕양명을 공부했고 마침내는 독특한 학설을 주창하였는데, 남긴 저서를 통해 그러한 사실을 알 수 있다. 세상에 전하는 저서로는 『정암존고』(整菴存稿) 20권, 『곤지기』(困知記) 2권, 『속기』(續記) 2권, 『부록』(附錄) 1권이 있다.

우주론: 나정암은 우주의 본체를 기(氣)라 하고, 리(理)는 기의 조리(條理)에 불과하다고 보는 기일원론(氣一元論)을 주창하였다. 그는 "대체로 천지를 관통하는 것은 예나 지금이나 일기(一氣)가 아닐 수 없다. 기는 하나이며, 한번 움직이고 한번 고요하며, 한번 가고 한번 오며, 한번 닫고 한번 열며, 한번 오르고 한번 내림이 순환하여 그치지 아니한다. 작은 것이 쌓여 드러나게 되고, 드러남으로 다시 작아진다. 사계절의 따뜻하고 서늘하고 춥고 더움, 만물이 태어나고 자라고 거두고 감춤, 백성들이 날마다 사용하는 인륜, 인간사의 성패 득실 등을 돌아보면 천 갈래 만 갈래의 실마리들이 분분하게 뒤섞이고 혼란하게 되어 마침내는 혼란스러움을 이기지도 못하고 왜 그렇게 되었는지 알 수 없는 것처럼 보이지만, 그렇게 하는 것은 이른바 리(理)에 있다. 이 리는 처음에 별도의 하나의 물[一物]로 있는 것이 아니라, 기(氣)에 의거하여 성립되고 기에 의지하여 행해진다."[37]고 말했다. 그는 정명도의 일원론에 동의하고 정이천과 주자의 이원론을 반박하면서, "『태극도설』에서의 '무극의 참된 원리'[無極之眞], '음양 오행의 정수'[二五之精], '묘합하여 응집함'[妙合而凝]' 등의 세 구절에 대해 어리석은 나는 의심하지 않을 수 없다. 무릇 물건[物]은 반드시 두 개가 있음을 전제해야 합함을 말할 수 있다. 그렇다면 태극과 음양은 과연 두 물건이란 말인가? 만약 정말로 두 물건이라면 합해지기 전에 그것들은 안정된 채 각각 존재했어야 한다. 주자는 종신토록 리와 기를 두 물(物)로 생각하였는데 그 근원이 여기에서 나왔다."[38]고

---

37) 蓋通天地, 亙古今, 無非一氣. 氣一也, 而一動一靜, 一往一來, 一闔一闢, 一升一降, 循環無已, 積微以著, 由著復微. 爲四時之溫涼寒暑, 爲萬物之生長收藏, 爲斯民之日用彝倫, 爲人事之成敗得失, 千條萬緒, 紛紛膠轕, 而卒不克亂, 有不知其所以然 而然, 是卽所謂理也. 初非別有一物, 依於氣而立, 附於氣以行也.

38) 太極圖說之「無極之眞, 二五之精, 妙合而凝」三語, 愚不能無疑. 凡物必有兩而後可以言合. 太極與陰陽果二物乎? 若果爲二, 則其未合之先, 各各安在也. 朱子終身認理氣爲二物者, 其源蓋出於此.

하였다. 이처럼 나정암은 기를 우주의 본체로 보고, 리는 기에 대립하여 존재하는 실재가 아니고 오직 기 속에 포함되어 있는 추상적 조리(條理)로 보았던 것이다. 우주에 대한 이원적 해석을 배척하고 일원론에 입각하고 있는 점은 바로 왕양명과 유사하다. 그러나 두 사람의 견해는 정반대로, 왕양명은 리일원론을 주장했고 나정암은 기일원론을 주장하였다.

인성론: 나정암은 리일분수설(理一分殊說)로 인성론을 해결하였다. 리일분수란 무엇인가? 만물이 기(氣)를 받아 생성될 때 리(理)는 하나이나, 형성된 뒤에 분수(分殊)를 낳는다. 리일분수라는 말은 정이천이 사용한 바 있고, 주자도 『태극도설』에서 설명하기를 "하나의 근본에 만 가지 다름[一本萬殊], 만물에 하나의 근본[萬物一本]"[39]이라 하였으니, 정암이 창조한 용어는 아니다. 그러나 정암은 일본만수의 관계에 대하여 더욱 강조하였다. 그는 또 『중용』에 나온 '천명지위성 솔성지위도'(天命之謂性, 率性之謂道)라는 문구에 대해 해석하기를, "하늘이 명한 것을 성이라 이르는 것은, 스스로 기를 받는 처음에 한 말이다. 성을 따르는 것을 도라고 이르는 것은, 스스로 형성된 뒤에 한 말이다. 대체로 형체와 성질이 이루어지면 사람은 그 사람의 성을 따라서 사람의 도가 되고, 물건은 물건의 성을 따라서 물건의 도가 된다. 사람인 것은 모두 같지만 도(道)는 사람마다 다르다. 어진 사람은 이를 인(仁)이라 하고, 지혜로운 사람은 이를 지(智)라 한다. 그러나 백성들은 매일 사용하면서도 알지 못한다. 나뉨이 다양하기 때문이다."[40]라고 하였다. 정암은 또 리(理)는 하나인데 나뉘면 다양해지는 바, 통일적인 리는 기의 움직임에 따라 곳곳에서 드러난다. 그 하나인 리가 다양한 곳에 존재하게 되는 것이다. 그 리가 하나라는 것으로 말한다면 인성은 아름답고, 다양함으로 말한다면 상지(上智)와 하우(下愚)로 나뉜다. 즉 그는, "가만히 살펴보면 성명(性命)의 오묘함은 리일분수(理一分殊) 네 글자에서 나오지 않음이 없다. 대체로 한 물건이 생성하여 기를 받는 처음에 리(理)는 오직 하나이나, 형성된 후에는 그것이 나뉘어져 다양해진다. 하나가 나뉘어 다양해진 리는 자연의 리가 아닐 수 없으며,

---

39) 一本而萬殊, 萬物而一本.

40) 天命之謂性, 自其受氣之初言也. 率性之謂道, 自氣成形之後言也. 蓋形質旣成, 人則率其人之性而爲人之道, 物則率其物之性而成物之道. 均是人也, 而道又不盡同: 仁者見之, 則謂之仁; 智者見之, 則謂之智; 百姓則日用而不知: 分之殊也.

하나인 리는 언제나 다양성 속에 존재하니, 이것이 성명의 오묘함이 되는 까닭이다. 하나인 리로 말한다면 사람은 누구나 요·순이 될 수 있고, 다양성으로 말한다면 상지(上智)와 하우(下愚)는 옮겨지지 않는다."[41]고 하였다.

오소원(吳蘇原)

이름은 정한(廷翰)이고 자는 숭백(崇伯)이며, 호는 소원 또는 소원산인이고 유수(濡須) 출신이다. 전해오는 기록이 자세하지 않은데, 무종 정덕(武宗正德) 16년(1521)에 진사가 되었고 관직은 전조(詮曹)였다는 정도가 알려지고 있을 뿐이다. 남긴 저서로 『소원전집』(蘇原全集) 속에 『길재만록』(吉齋漫錄) 2권, 『문집』(文集) 2권, 『시집』(詩集) 2권, 『호산소고』(湖山小稿) 3권, 『동운청향』(洞雲淸響) 1권, 『독기』(木賣記) 2권, 『옹기』(甕記) 2권이 수록되어 있다. 오소원은 정명도학을 매우 신봉하는 가운데 왕양명설을 더하여, 한 학파의 학설을 이루었다.

우주설: 오소원은 주자의 리기이원론을 배척하고 기일원론을 세웠다. 그는 『길재만록』에서 주자의 리기이원론과 왕양명의 학설을 논박하면서, 리(理)는 기(氣)를 질서정연하고 조리있게 하는 데 불과하며, 기 밖에 리가 따로 있을 수 없다고 하였다. 또 기와 도(道)는 같다고 하면서, "무엇을 도라 하는가? 한번 음이 되고 한번 양이 되는 것을 도라 이른다. 어떤 것을 도라 하는가? 기가 곧 도이고 도가 곧 기이다. 천지의 시초에는 일원기(一元氣)가 있을 뿐이므로 특별히 도라고 할 수 있는 것이 없었고, 그 사이에서 함께 나올 수도 없었다. 기가 나누어지지 않고 한데 엉겨 있는 모양[混淪]은 천지 만물의 시초의 모습으로 지존무상(至尊無上)이고 지극무가(至極無加)의 상태인데, 이것을 태극이라 한다. 그것이 나뉘어지면서, 가볍고 맑은 것은 퍼져서 흩어지고 무겁고 탁한 것은 모여서 응결되는데, 이것을 음양이라 부른다. 또 음양이 나뉘어져 양의·사상·오행·사계절을 비롯한 만 가지 변화와 만 가지 일이 이로부터 나온다. 그러므로 이것을 도라고 이른다."[42]고 하였다. 또 성(性)과 기(氣)는 같다고 하면서, "태극이란 기의 지극함을

---

41) 竊以性命之妙, 無出理一分殊四字. 蓋一物之生, 受氣之初, 其理惟一, 成形之後, 其分則殊. 其分之殊, 莫非自然之理, 其理之一, 常在分殊之中, 此所以爲性命之妙也. 語其一, 故人皆可以爲堯·舜; 語其殊, 故上智與下愚不移.

말하는 것이고, 음양이란 기의 동정(動靜)을 말하는 것인데, 이것은 두 물건[物]이 아니다. 그러나 변역(變易)을 역(易)이라 이르는 것은 곧 낳고 낳음[生生]을 역이라 부르는 것이 이것이다. 영묘함을 신(神)이라 부르는 것은 곧 음양을 측정할 수 없음을 신이라 이르는 것이 그것이다. 천지 인간만물을 생성하는 것을 성(性)이라 부르는 것은 곧 그것들을 이루도록 하는 것을 성이라 부르는 것이 그것이다."[43]고 하였다.

윤리설: 오소원은 육·왕학파의 지행합일설을 배척하였으며, 지행의 근본은 비록 하나이나 수양공부는 자연히 나누지 않을 수 없다고 여겼다. 대체로 선지후행(先知後行)은 성인의 학문에 들어가는 자연스런 순서이다. 왕양명은 『대학』의 격물치지론을 채택하여 자기 학설의 근거로 여겼으나, 『대학』에서의 치지(致知)의 지와 왕양명의 치양지(致良知)의 양지는 뜻이 같지 않다.

제 6 절 명말의 양명학

양명학의 타락

왕양명의 정신은 본래 고루하고 공론적인 송 유학설에 대항하여 지행합일을 말하고 실천궁행을 표방하였다. 그러나 명나라 말에 와서는 점차 오해를 받으면서 양명학은 날로 타락해 갔다. 대체로 왕양명은 육상산학설에 근원을 두었으며, 육상산학설은 선학(禪學)의 영향을 많이 받았으므로, 양명학은 선학과 유사한 점이 많았다. 더구나 왕양명 문하의 제자들은 스승의 학설을 선학에 더욱 접근시킴으로써 마침내는 선학과 구별할 수 없게 되었다. 이에 양명학파는 수양을 완전히 경시하였고, 인성은 밝은 구슬과 같으므로 자연스럽게 행하기만 하면 된다고 여겼다. 또 학문은 다만 『대학』·『중용』 정도의 책만을 해석해 보는 것으로 족하

---

42) 何謂道? 一陰一陽之謂道. 然則以何者謂道? 曰氣卽道, 道卽氣. 天地之初, 一元氣耳, 別無所謂道, 以其間不能並出也. 氣之混淪, 爲天地萬物之祖, 至尊無上, 至極無加, 卽謂之太極. 及其分也, 輕淸者敷施而散, 重濁者翕聚而凝結, 故名陰陽. 陰陽旣分, 兩儀·四象·五行·四時·萬化萬事, 乃由是而出. 故謂之道.

43) 太極者以此氣之至極言, 陰陽者以此氣之動靜言, 非二物也. 然以其變易則謂之易, 卽生生之謂易是也. 以其靈妙則謂之神, 卽陰陽不測之謂神是也. 爲天地人物之所生成, 則謂之性, 卽成之者之謂性是也.

다고 하였다. 심하게 타락한 제자들은 왕양명의 치양지설을 남용하여, 사람이 양지에 이르면 비록 술과 음식에 빠지고 마음대로 광란한 행동을 하더라도 또한 성인이 되는 데 방해받지 않는다고 여길 정도였다. 이러한 저속한 측면들은 배운 것도 없고 벼슬도 없는 일반백성들에게 이야기 거리로 급속히 전파되었다. 이로부터 양명학은 날로 타락하고 방종 무뢰한 사람을 많이 배출하여 세상에 해독을 끼쳤다. 그래서 이제 왕양명을 꺼려하고 공격하는 사람도 적지 않게 나타나게 되었는데, 그 대표적인 비판론자가 고헌성(顧憲成), 고반룡(高攀龍) 등이다. 고헌성은 양명학이 말기에 와서 공소(空疏:헛소리)에 흘렀다고 비난하면서 양명학의 무선무악설을 강도 높게 공격하고 반박하였다. 그들은 같은 뜻을 모아 동림서원(東林書院)을 세우고, 바름을 지키고 아부하지 않으며 정치를 비평하였다. 그리고 왕양명의 도를 기피하기를 뱀과 전갈을 피하듯이 하였다. 희종(熹宗)의 즉위초에 이들은 일시적으로 득세하였으나, 환관 위충현(魏忠賢)이 당을 세우고 조정을 장악하여 권세를 마음대로 함에 이르러서는, 모두 내쫓김을 당하였다. 이를 동림당고(東林黨錮)라 하는데, 때는 천계(天啓) 5년(1825)이다. 이와 같이 타락한 명말의 양명학자 중에서 홀로 눈부신 광채를 발한 인물이 유즙산(劉蕺山)이다. 양명학의 명맥은 다행히 이에 힘입어 보전되었다.

유즙산(劉蕺山)

이름은 종주(宗周)이고 자는 기동(起東)이며, 호는 즙산 또는 염대(念臺)이고 소흥 산음(紹興山陰) 출신이다. 신종 만력(神宗萬歷) 6년(1578)에 태어나, 복왕 홍광(福王弘光) 원년(1645)에 68세로 죽었다. 처음에 허부원(許孚遠)에 나아가 학문의 요체를 묻고, 후에 고반룡을 만나 의견을 자주 교환하였다. 숭정(崇禎) 때 순천부윤(順天府尹)이 되었으나 직간을 하였다가 내쫓김을 당하였다. 즙산서원을 열어 오로지 제자를 교육시키는 데 전념하였으며, 배우는 사람이 많을 때는 1000명에 이르렀다. 복왕(福王)이 즉위함에 다시 이부좌시랑(吏部左侍郎)이 되었으나 재상의 뜻에 어긋남으로 인하여 내쫓겼다. 후에 홍광(弘光)의 변을 만남에, 음식을 끊고 죽었다. 저서로는 『유자집』(劉子集) 40권이 있다.

즙산은 처음에 정자 · 주자를 신봉하였으나 후에 왕양명을 신봉하였고, 학술상으로나 현실참여상으로나 명말 대 유학자 중 걸출한 인물이었다. 신독(愼獨) 두 글자를 근본적인 교의로 삼았다.

인성론: 즙산은 성선론자로, 주렴계의 태극도와 『태극도설』을 모방하여 인극도(人極圖)와 『인극도설』(人極圖說)을 저술하였다. 여기에서 그는, "선이 없으면서 지극한 선이 마음의 바탕이다. 이것을 잇는 것이 선(善)이며, 이것을 이루는 것은 성(性)이다."[44]라 하였는데, 이는 성선론을 밝힌 것이다. 또 "천지간에 가득 찬 것은 기(氣)이다. 인심에 있어서는, 하나의 기의 흐름이 성(誠)으로 관통하고 다시 성으로 돌아와 자연히 희노애락으로 나뉜다. 인의예지의 이름은 이로부터 나온 것이다. 품절(品節)의 안배를 기다리지 않고, 스스로 그 법칙을 넘지 않는 것이 중화(中和)이다. 사람이면 누구나 그것을 가지고 태어나는 것인 바, 이것이 성선을 말하는 까닭이다."[45]라고 하였다.

수양론: 인성은 원래 선하므로, 불선의 원인을 피하고 선의 본성을 밝히려면 어떻게 하여야 할 것인가? 즙산이 제창한 것은 신독(愼獨) 두 글자였다. 신독이라는 말의 출처는 『대학』과 『중용』에 나와 있으나, 이를 학설의 근저로 삼은 사람은 즙산이었다. 즙산은 독(獨)의 의미를 해석하기를, 단지 숨어서 홀로 거한다는 의미만이 아니고 다른 사람이 알지 못하는 것을 깊이 생각하여 홀로 깨우친다는 뜻을 포함하는 것으로 여겼으니, 독(獨)은 안팎으로 정조(精粗)함을 겸하는 뜻이다. 즙산은 또 신독을 공자문하에서 대대로 전해온 심법(心法)이라 여기면서, "대저 인심은 홀로 선 바탕[獨體]으로 천명지성(天命之性)과 솔성지도(率性之道)가 좇아서 나오는 곳이다. 신독은 치우치지 아니하고 자리를 기름[中和位育]이며, 천하가 능히 일을 마침이다. 비록 그러하나 홀로 선 바탕은 지극히 미약하여 어찌 신(愼)을 받아들이겠는가? 오직 홀로 있을 때 착수하는 법일 뿐이다. 소인배는 한가로이 있을 때 불선을 하지 않는 바가 없다. 깊이 생각하여 무익(無益)함이 드러날 때까지도 그것을 깨닫지 못하고 멍하게 잃음을 당하고 만다. 그러나 군자

---

44) 無善而至善者, 心之體也; 繼之者善也; 成之者性也.

45) 盈天地間者, 氣也. 其在人心也, 一氣之流行, 通於誠, 復於誠, 自然分而爲喜·怒·哀·樂. 仁義禮智之名, 卽由是而起也. 不待安排品節, 自能不過其則, 則中和矣. 此生而有之, 人人如此, 此所以謂性善也.

는 한가로이 있을 때 두려워하고 생각하고 헤아린다. 이 때 깊은 생각이 떠오르지 않아 실로 무망하게 보지도 듣지도 못하는 곳에 있더라도 스스로 자기를 속이지는 않는다. 이처럼 스스로 자신을 속이지 않으면, 비록 선이 서지 않는 가운데에 있더라도 혼연히 지선(至善)에 다다르게 된다. 이것이 군자가 반드시 신독하는 까닭이다. 한번 한가로이 있을지라도 소인배는 만악(萬惡)이 모이는 곳에 빠지며 군자는 이와 반대로 할 수 있으니, 이것이 성(性)을 증명하는 길이다. 대체로 공경함과 방자함[敬與肆]의 구분은 사람과 짐승을 구별하는 것이며, 이것이 사람을 증명하는 제일의 뜻이다."[46]라고 하였다.

46) 夫人心爲獨體, 卽天命之性, 率性之道, 所從出也. 愼獨而中和位育, 天下之能事畢矣. 雖然, 獨體至微也, 安所容愼? 唯爲獨處時之下手法而已. 在小人閑居爲不善, 而無所不至, 一念及拚著無益之時, 不覺爽然自失. 在君子則閑居之地, 懼而思量, 此時一念未起, 在一眞無妄不睹不聞之地, 無所容吾自欺. 若吾無所自欺, 則雖一善不立之中, 有渾然至善之極. 此君子所以必愼其獨也. 一閑居耳, 小人得之爲萬惡之淵藪, 君子能反之, 此證性之路也. 蓋敬與肆之分, 人禽之辨也. 此證人之第一義也.

명대의 윤리사상 (요약)

✤ 명대의 개설

❐ 시대 상황의 개관

(1) 태조는 몽고인이 한족을 억압했던 여러 가지 폐정을 개혁함.

(2) 성조(영락) 때 국위를 크게 떨침.

(3) 의종 때 내우외환이 일어나 멸망함.

(4) 태조로부터 의종에 이르기까지 17대 277년임.

❐ 사상계의 개관

(1) 원말의 타락한 라마교를 쫑크파[宗喀巴]가 개혁함(황의파 黃衣派).

(2) 명 말에 구미에서 기독교가 전래됨.

(3) 기독교도들은 포교 외에도, 구미 학문과 예술을 전래시킴.

(4) 시문의 분야에서 명사들이 배출되었고, 가장 성행했던 학문은 도교임.

(5) 왕양명은 명대 사상계에서 가장 위대한 인물임.

✤ 왕양명 이전의 여러 학자

❐ 명나라 초기의 대 유학자

(1) 유　기: 천문 · 병법 · 성리에 능통하며, 명나라 창업 공신임.

(2) 송　렴: 명나라 일류 문장가이며, 덕행가이고 공신임.

(3) 방효유: 태조의 신임을 얻었으며, 원말 명초의 대학자임.

(4) 명초의 대 유학자 3인은 모두 전할 만한 학설이 없었음.

❐ 섭정재(葉靜齋)

(1) 초목자(草木子)로도 불리움.

(2) 기일원론을 주창하였으며, 오행 중 가장 먼저 생성된 것을 물[水]이라 생각함.

(3) 고래(古來)의 여러 학설을 비평하고 자신의 견해를 세움.

(4) 도(道): 정해진 체(體)는 있으나, 정해진 형(形)은 없다.

(5) 천인감응: 내 마음이 바르면 천지의 마음 또한 바름.

❒ 오강재(吳康齋)

(1) 성품이 원래 강직한 편이었으나 수양의 결과로 온후해짐.
(2) 순수한 정 · 주학자로 이연평을 가장 존경함.
(3) 전할 만한 학설은 없으나 덕망가로 알려짐.
(4) 실제상의 체험을 근거로 하여 유익한 교훈을 많이 남김.

❒ 설경헌(薛敬軒)

(1) 성리학이 학문의 바른 길임을 깨닫고는 옛날에 썼던 시부와 원고들을 불태워 버림.
(2) 정주학의 실천자로, 선 실천 후 학문을 함.
(3) 스스로 모범을 보이고 품위를 유지하여 세상 사람들로부터 존경을 받음.
(4) 리기(理氣)는 선후가 없거니와, 기 없는 리가 없고 리 없는 기가 없음.
(5) 새로운 학설은 없으나, 실천도덕적인 명언은 매우 많음.

❒ 호경재(胡敬齋)

(1) 오강재를 스승으로 섬겼고, 과거시험에 뜻을 끊고 횡계산에 들어가 학문을 닦음.
(2) 가난 · 고통 따위에 아랑곳하지 않고, 오직 경(敬)을 중요시함.
(3) 주자의 리기설을 신봉하여, 리기는 분리되지 않거니와, 리는 불변이며 기는 사라짐과 늘어남이 있다고 여김.
(4) 경을 수양의 제일의 뜻으로 삼고, 경 이외에는 존심방법이 있음을 인정하지 않음.
(5) 학설상으로 왕양명과 유사한 점이 있기는 하나, 꼭 같지는 않음.

❒ 진백사(陳白沙)

(1) 어려서부터 총명 · 민첩하였으며, 오강재에게 배웠고 관직에 나가는 길을 단념함.
(2) 비록 왕양명에는 미치지 못하지만, 명대에 손꼽을 수 있는 대학자임.
(3) 허(虛)를 학설의 기본으로 삼고, 정좌(靜坐)를 통해서 허의 도에 도달할 수 있다고 봄.
(4) 마음을 중시한 것 때문에 당시 사람들은 선(禪)과 비슷하다고 비난함.
(5) 정좌는 불교를 모방한 것이 아니라고 자세히 밝힘.

✤ 왕양명(王陽明)

❒ 요 지

(1) 사람됨이 지혜와 용기가 비범하고, 어려서부터 패기가 넘쳐 흘렀음.
(2) 여러 종류의 경험을 거친 끝에 성학(聖學)으로 돌아옴.
(3) 많은 무공을 세워 신건백(新建伯)에 봉하여 짐.
(4) 문무를 겸비한 걸출한 선비로 실전(實戰)에도 뛰어나고 병학에도 통달하였으며, 문장

도 잘 지었고 사색도 풍부하였음.

(5) 명나라 이후 유학을 일신시켰음.

(6) 육상산 학설이 공자 · 맹자의 참된 전함을 얻었다고 여기며, 이것을 크게 이룸.

(7) 생사를 넘나드는 체험을 바탕으로 심학(心學)을 체계화함.

(8) 양명학의 3대 강령은 철학이며 도덕원론임.

❒ 3대 강령

(1) 심즉리(心卽理)

① 육상산의 학설을 계승함.

② 심즉리인 바, 본심을 밝히면 만물의 리(理)도 밝아짐.

③ 우주간 일체 현상을 관통하는 리는 내 마음의 활동 양식임.

④ 주자의 이원론을 반박하여 공격함.

⑤ 근본사상인 심즉리로부터 치양지와 지행합일 사상이 나옴.

(2) 치양지(致良知)

① 심즉리이고, 마음의 본체는 허령명각(虛靈明覺)임.

② 마음이 허령명각한 측면으로 말하면 양지라 이름함. 마음과 양지는 같음.

③ 양지: 마음의 본체, 천리, 성인, 참된 자기, 미발의 상태, 태허임.

④ 마음은 양지이며, 선악을 식별하는 능력을 가지고 있음(선천양심론).

⑤ 불선의 원인을 물욕에 돌림.

⑥ 물욕을 제거하고 양지를 밝히면, 백 가지 행실이 절도[節]에 맞게 된다고 함.

⑦ 치양지란 양지를 밝게 하는 것을 말함.

(3) 지행합일(知行合一)

① 지행합일이란 아는 것을 반드시 행하는 것임. 알면서 행하지 않으면 참된 앎이 아님.

② 앎은 행동의 시발점이고, 행동은 앎을 이루는 것임(선지후행설과는 반대임)

③ 앎과 행동은 서로 표리관계에 있음.

④ 지행합일설은 두 정자로부터 나와, 왕양명이 비로소 밝힘.

❒ 수양론

(1) 의의

① 양지를 밝히면 백 가지 행실이 절도에 들어맞음.

② 양지를 밝게 하는 것이 치양지임.

③ 수양론은 치양지의 방법론에 불과함.

(2) 방법

① 성의(誠意): 떠오르는 생각과 뜻을 바르게 함.

② 치지(致知): 양지의 밝음을 발휘하는 것임.

③ 격물(格物): 격(格)은 바르게 함이고 물(物)은 뜻이 존재하는 곳으로, 부정한 마음을 바르게 하는 것임.

④ 서로의 관계: 격물은 치지의 열매, 치지는 성의의 근본임.

⑤ 실천적 공부방법

- 정적인 공부방법: 단정히 앉아 마음을 맑게 함[靜坐澄心].
- 동적인 공부방법: 일상생활 속에서 의지를 단련함.

❒ 사구결(四句訣)

(1) 천천교 위에서 제자인 전서산에게 제시한 것임.

(2) 네 구절로 이루어져서, 사구결 또는 사언교(四言敎)라 부름.

① 선도 악도 없는 것이[無善無惡] 마음의 바탕임.

② 선과 악이 있는 것은[有善有惡] 뜻의 움직임.

③ 선과 악을 판단하는 것이[知善知惡] 양지임.

④ 악을 제거하고 선을 행함은[爲善去惡] 격물임.

(3) 여러 다른 견해들이 있으나, 양명학의 바른 취지를 요약한 것이라고 할 수 있음.

❒ 비 판

(1) 학설은 생사를 넘나드는 체험을 바탕으로 이루어진 것임. 탁상공론적 이론이 아님.

(2) 학설의 장점은 이상적, 주의적, 직각적, 활동적, 실천궁행적임.

(3) 이론적으로 많은 결함이 있음은 학설의 큰 단점임.

(4) 문하에서 방종으로 빠진 제자들이 나온 것 또한 학설의 큰 단점임.

✤ 양명학의 계승자

❒ 서횡산(徐橫山)

(1) 왕양명의 매제로, 왕양명 문하 최초의 수제자임.

(2) 스승의 학설을 신봉하고, 양명학을 보급시키는 데 진력함.

(3) 31세로 일찍 생을 마쳐, 학설상 주목할 만한 것은 없음.

❒ 왕심재(王心齋)

(1) 처음에 왕양명과 많은 논쟁을 벌인 끝에, 뜻을 굽히고 그의 문하에 들어감.

(2) 왕양명 사후 문인들 교육에 주력하여, 왕양명학을 진흥시키는 데 공이 큰 인물임.

(3) 왕용계와 함께 왕양명 문하의 두 왕씨(二王)로 불려짐.

(4) 격물설을 역설하여, 회남 격물설이라고 불려짐.

❒ 왕용계(王龍溪)

(1) 어려서부터 왕양명을 스승으로 섬기며 가르침을 받았음.

(2) 타고난 성품이 명랑 쾌활하고, 말솜씨가 뛰어남.

(3) 왕양명학을 보급시키는 데 진력하였고 그 공적이 큼.

(4) 왕양명학을 선학으로 기울게 했다고 비난하는 사람이 있었음.

❒ 전서산(錢緖山)

(1) 왕양명을 스승으로 섬기며, 왕양명을 도와 후학교육에 힘씀.

(2) 관직을 사양하고 30년간을 교육에 봉사함. 79세로 죽었음.

(3) 왕양명이 강조했던 일상생활 속에서의 정신수양과 의지단련에 힘을 다하였으며, 왕용계와는 학문의 추세가 다름.

❒ 구양덕(歐陽德)

(1) 어려서부터 왕양명을 스승으로 섬겼음.

(2) 타고난 성질이 온후 · 강직하여, 항상 남을 미워하지 아니하고 큰 절개에 임해서는 뜻을 굽히지 아니함.

(3) 양명학을 몸소 체험하고자 하였으며, 문인들이 매우 많았음.

❒ 남서천(南瑞泉)

(1) 소홍부지사일 때 양명학을 수학함.

(2) 성현들은 스스로 인심을 갖추고 있음을 깨닫고는, 계산서원을 열어 스스로 학문을 닦았음.

(3) 왕양명은 언제나 그의 독실한 공부를 칭찬함.

❒ 추동곽(鄒東廓)

(1) 왕양명에게 배웠고 양명학을 널리 보급함.

(2) 학문과 사업을 겸비한 왕양명 문하의 정통파임.

(3) 학설로는 주목할 만한 것이 없음.

✣ 양명학의 반대자

❒ 나정암(羅整菴)

(1) 시문으로부터 선학[禪]으로, 선학으로부터 주자 · 육상산 사상에 들어갔다가, 마침내 독특한 자기 학설을 주창함.

(2) 우주의 본체는 기이며, 리는 기의 조리에 불과함(기일원론).

(3) 정명도의 일원론에 동의하고, 주자의 이원론을 반박함.

(4) 리일분수설(理一分殊說)로 인성론을 설명함.

(5) 기일원론을 주창한 점에서, 왕양명의 설과 완전히 상반됨.

❒ 오소원(吳蘇原)

(1) 크게 정·주학을 받들고 왕양명설을 더하여, 한 학파의 설을 수립함.

(2) 리기이원론을 배척하고 기일원론을 주장함.

(3) 기는 도이고, 도는 성(性)임(性善論).

(4) 지행합일설을 배척하고, 선지후행이 성인의 학문에 들어가는 자연스런 순서로 여김.

(5) 『대학』에 나오는 치지(致知)의 지와 왕양명 치양지(致良知)의 양지는 뜻이 다름.

✤ 명말의 양명학

❒ 개 요

(1) 양명학이 날로 타락하여, 지행합일·실천궁행을 표방하는 양명학의 정신을 잃었음.

(2) 선학에 기울고 수양을 경시하여, 무학무뢰(無學無賴)의 학자들이 나왔음.

(3) 양명학를 비난하는 사람이 있었으니, 고헌성 등 동림학도들이 그 대표적인 사람임.

(4) 타락한 양명학자들과는 달리 색다른 광채를 낸 사람이 있었는데, 그는 유즙산임.

❒ 유즙산(劉蕺山)

(1) 처음에는 주자학을 신봉하다가 후에 양명학을 신봉함.

(2) 학문과 현실참여를 겸비한 명 말의 걸출한 대 유학자임.

(3) 신독(愼獨) 두 글자를 그의 사상의 근본적 교의로 삼았음.

(4) 인극도설(人極圖說)에서 인성을 논하였으며, 성선론자임.

(5) 선의 본성을 밝게 하는 유일한 공부방법을 신독이라 함.

(6) 신독은 『대학』과 『중용』에 나와 있으나, 이것을 근본 교의로 삼은 인물은 즙산임.

제 4 장 청대(淸代)의 윤리사상

제 1 절 개 설

시대상황의 개관

만주에는 여직제부(女直諸部)들이 있었는데, 명(明)나라 초기에는 조공을 바치러 오곤 했다. 만력(萬曆) 때 건주(建州) 여직부의 추장인 누루하치[努爾哈赤]라는 자가 나타나, 명(明)나라가 쇠퇴해감을 직시하면서, 흥경(興京)을 거점으로 하여 만주의 제 여직부들을 통일하였다. 나아가 심양(瀋陽)과 요양(遼陽) 등 여러 성(城)을 함락시키고 심양에 도읍을 정하니, 그가 곧 청나라 태조(淸太祖)이다. 태종(太宗)은 태조의 유업을 이어받아 내몽고(內蒙古)의 여러 부들을 정복하고 국호를 대청(大淸)이라 하였다. 이 때 명(明)나라의 정치는 더욱 문란하였고, 역적 이자성(李自成)이 쳐들어와 북경(北京)에 거점을 정하자, 명(明)나라 장군인 오삼성(吳三成)은 청(淸)에게 구원을 요청하였다. 청나라 세조(淸世祖)는 이를 기회로 삼아 북경(北京)으로 들어와 여기에다 도읍을 정하고 차제에 명(明)을 평정하고 말았다. 성조(聖祖:康熙帝)와 고종(高宗:乾隆帝) 시대에 이르러 청나라의 국위는 멀리 사방으로 떨쳤고 동아시아의 일대제국이 되었다.

이후에 러시아[俄羅斯]가 북방에서 일어나 청나라와 충돌하게 되었다. 또 영국[英] · 프랑스[法]와 인도(印度)에서 서로 세력을 다투게 되는 등 외교적으로 많은 사건이 일어났다. 더욱이 중국 전역을 무력으로 정복한 만주인은 한족과 접촉하면서 점차적으로 그 숭무적 정신이 해이해지고 사치에 빠지고 문약해져 가고 있었으니, 청조의 위력은 점차 타락해져 가는 것이었다. 아편전쟁과 장발적(長髮賊)의 난 이후에는 청조의 위약이 세상에 드러나게 되었고, 동양에 야심을 품은 서구의 제국들이 각종 압박을 가하여 왔다. 중 · 일, 러 · 일 전쟁을 겪은 청나라는 스스로 자각하여 헌법을 제정하고 입헌정치를 실시하기 위한 각종 제도들을 개혁하였다.

앞서 강희(康熙) · 건융(建隆)의 융성기 때에, 만주족을 내쫓고 명(明)을 복권시키려는 사상을 품은 자들에 의해 비밀결사가 생겨나 청(淸)을 뒤집으려는 시도가 끊이지 않았다. 광서(光緖) 때에 이르러서는 손일선(孫逸仙)이라는 자가 광동(廣東) · 홍콩[香港] 지역에서 동지들을 규합하여 흥중회(興中會)을 조직하고 청말혁명(淸末革命)의 선구가 되었다. 드디어 선통(宣統) 때에 이르러서는 혁명당(革命黨)을 일으킨 무창(武昌)이 남경(南景)을 함락시키고 국호를 고쳐 중화민국(中華民國)이라 하고 새로운 공화정부를 설립하였다. 이에 청나라 조정은 신공화정부와 화친을 맺고자 하였으나, 민심은 신공화정부로 기울어 있었고 대세가 이미 떠났음을 깨닫고는 왕위 퇴위를 선포하기에 이르고 말았다. 이때가 서기 1912년이었다. 청(淸)나라는 태조(太祖:天命)로부터 시작하여 태종(太祖:天德,崇德), 세조(世祖:順治), 성조(聖祖:康熙), 세종(世宗:雍正), 고종(高宗:乾隆), 인종(仁宗:嘉慶), 선종(宣宗:道光), 문종(文宗:咸豊), 목종(穆宗:同治), 덕종(德宗:光緖)을 경유하여 선종(宣統)에 이르는 12대, 297년을 누리다 멸망하였다.

사상의 개관

강희(康熙) · 건륭(乾隆) 두 왕이 영주(英主)가 되자, 그들은 국위를 해외로 발전시켰을 뿐만 아니라 일체의 제도를 정비하고 학술을 장려하였다. 그래서 청나라의 문화는 이 때 크게 진보하였다. 두 왕이 학자들을 모아 편찬한 서적들이 매우 많았다. 예를 들면, 건륭(乾隆) 때 만들어진 『사고전서』(四庫全書)는 17만 2천여 권 이상으로 실로 전대미문의 일대 총서였다.

청대에는 학술연구가 성행하여 역사(歷史), 천문학(天文學), 역수학(曆數學) 등이 신속하게 발전하였다. 시문(詩文) 방면 또한 일대 명류들이 계속 배출되었다. 시인으로 유명한 인물은 전겸익(錢謙益), 송완(宋琬), 오위업(吳偉業), 시윤장(施閏章), 왕사정(王士禎), 우동(尤侗), 양사성(楊思聖), 공정자(龔鼎孶), 조익(趙翼), 주량공(周亮工), 장사전(蔣士銓), 조집신(趙執信) 및 원매(袁枚) 등이 있었다. 그리고 유명한 문장가로는 위희(魏禧), 후방역(侯方域), 고염무(顧炎武), 주이존(朱彝尊), 소장형(邵長蘅), 강신영(姜宸英), 원매(袁枚), 김지준(金之俊), 왕완(汪琬), 왕유정(王猷定) 등이 있었다.

경학연구(經學研究)도 성행하였다. 그러나 청나라 290여 년 동안 새로운 철학사상은 거의 없었다. 여러 학설들이 모두 옛날 사람들에 의해 주장되었던 것들로, 이 당시의 경학연구는 바로 옛 성현들의 유설에 대한 고증적·주석적 연구를 능사로 삼았던 것이다. 말하자면, 고증(考證)한다는 것을 제외하면 독창적인 것이 아무것도 없었다. 그러므로 한당(漢唐)의 훈고학(訓詁學), 송명(宋明)의 성리학(性理學), 청(淸)의 고증학(考證學)이라 일컫는 것은 실로 그 시대적 학풍을 적절히 표현한 것이라 하겠다. 무릇 유학의 연구는 융성하였으나 철학사상을 주장한 학자가 한 사람도 없는 이유는 무엇일까? 그것은 아마도 첫째, 청조(淸朝)의 편찬사업이 당시 학자들의 연구심을 고증학으로 돌리게 하였을 것이다. 청조는 동림당(東林黨) 정론의 실패를 거울삼아 기개 있는 학자들을 유인하여 고증과 편찬사업에 종사하도록 함으로써 독창적인 사상연구는 끊겨버렸던 것이다. 둘째로는, 송명(宋明) 성리학에 대한 반동이다. 송명의 성리학은 지나치게 번잡하고 공리공론적이었다. 그리하여 청조의 학자들은 경서(經書)를 고증하여 그 바른 뜻을 얻고 공·맹의 진의를 밝히고자 하였던 것이다. 셋째는, 불교와 도교의 쇠퇴에 기인한다. 송원(宋元) 시대에는 불교와 도교가 민심에 깊이 자리 잡고 있었고 그 심원한 교의에 대항할 조직적인 새로운 철학이 필요하였다. 그러나 청대에 와서는 불교와 도교가 쇠퇴하고 침체하여 유교철학에 아무런 자극을 주지 못하였다. 그리하여 자연히 유교도 부진해질 수밖에 없었던 것이다.

청조시대에 있어서 철학은 크게 네 학파로 대별해 볼 수 있다. 즉, ① 정주학파(程朱學派), ② 육왕학파(陸王學派), ③ 주왕조화파(朱王調和派), ④ 고증학파(考證學派)이다. 그러나 사실은 정주학(程朱學)을 주로 하는 자나 육왕학(陸王學)을 주로 하는 자나 모두 훈고와 고증을 겸하고 있어 엄밀하게 구분되지 않는다. 따라서 위의 구분은 어디까지나 대략적인 것일 뿐이다.

제 2 절 정주학파(程朱學派)

정주학파에 속하는 유명한 학자들로는 고염무(顧炎武), 응휘겸(應撝謙), 육롱기(陸隴其), 육세의(陸世儀), 진확암(陳確菴), 위예개(魏裔介), 장양원(張楊園), 경일암(耿逸菴), 조몽길(刁蒙吉), 사약재(謝約齋), 심전화(沈甸華), 주백려(朱伯

廬), 유곤우(劉崑右), 이암장(李闇章), 응잠재(應潛齋), 왕성계(汪星溪), 장열(張烈), 서청목(徐青牧), 이항재(李恒齋), 이예산(李禮山), 장경암(張警菴), 염회정(閻懷庭), 주상도(朱湘陶) 등이다.

고염무(顧炎武)

자는 영인(寧人)이고, 호는 정림(亭林) 또는 자호로 장산용(蔣山傭)이라 했다. 오(吳)의 곤산 화포촌(崑山花浦村) 사람이다. 명(明)나라 신종 만력(神宗萬曆) 41년(1613)에 태어나, 청(淸)나라 성조 강희(聖祖康熙) 21년(1682)에 70세로 죽었다. 명나라의 유신(遺臣)으로서 두 임금을 섬기는 것이 의롭지 않다고 하면서 청나라의 곡식을 먹지 않았으며, 동분서주 떠돌아다니다가 일생을 마감하였다. 저서가 아주 많았는데, 그 중 대표적인 것으로는 『일지록』(日知錄) 32권, 『일지록보유』(日知錄補遺) 4권, 『천하군국리병서』(天下郡國利病書) · 『조역지』(肇域志) · 『좌전두해보정』(左傳杜解補正) 3권, 『구경오자』(九經誤字) 1권, 『이십일사연표』(二十一史年表) · 『오경이동』(五經異同) 3권, 『석경고』(石經考) 1권, 『음학오서』(音學五書) 38권, 『금석문자기』(金石文字記) 6권, 『하학지남』(下學指南) 6권, 『역대제왕택경기』(歷代帝王宅京記) 10권, 『창평산수기』(昌平山水記) 2권, 『경세편』(經世篇) 12권, 『정림문집』(亭林文集) 6권, 『시집』(詩集) 5권, 『고중수필』(菰中隨筆) 3권 등이다.

고염무는 유학에 정통하였을 뿐만 아니라 경제에도 유능한 재주 있는 인물이었다. 그런데 애석하게도 출세할 기회를 얻지 못하고 떠돌아다니다가 일생을 마치고 말았다. 오로지 정주학을 받들고 육왕학은 배척하였다. 그에게 있어 경학(經學)이란 곧 리학(理學)이었으며, 경학인 리학을 버리고 선학(禪學)을 한다는 것은 내가 말하는 바의 도(道)가 아니라고 말하였다. 그는 친구와 학문을 논한 책에서 말하기를, "『대학』(大學)은 심(心)에 대해서는 말하고 성(性)에 대해서는 말하지 않았다. 『중용』(中庸)은 성(性)에 대해서는 말하고 심(心)에 대해서는 말하지 않았다. 내려오는 가르침이 유독 심자(心字)를 두고 그 설이 미진하다고 하는 것은 감히 허락될 수가 없는 것이다. 성인의 도는 아래로부터 배워서 위로 통달하는 것이니, 그 행동함에는 효 · 제 · 충 · 신(孝弟忠信)이 있고, 직(職)을 수행함에는 쇄소(灑掃) · 응대(應對) · 진퇴(進退)가 있는 것이고, 문(文)에는 시(詩) · 서(書) · 삼례(三禮) · 주역(周易) · 춘추(春秋)가 있으며, 자신의 처신을 행함에 있어서는 출처(出處) · 사수(辭受) · 취여(取與)가 있고, 천하를 다스리는 데는 정령(政令) · 교화(敎化) · 형법(刑法)이 있는 것이다. 성인들이 저술한 책들은 모두 반란을 다스리고 풍속을 바르게 하여 치평에 도달하는 방법을 가르쳐 주고 있는 것이다. 무익한 것은 말하지도 않았고, 일체의 시부 · 명 · 송 · 찬 · 뢰 · 서 · 기(詩賦銘頌贊誄序記)와 같은 글은 모두 교묘한 말이라 하여 붓을 들지 않았던 것이다. 대대로 유교는 그 성지명설(性至命說)을 다하여 반드시 유물(有物) · 유칙(有則) · 오행(五行) · 오상(五常)으로 돌아갔지 공허한 공론에 빠지지 않았다. 내가 학문하는 것도 이와 같다. 대학자는 미천하고 별 볼일 없는 것이라 생각되는 것이라도 그냥 넘기지 않고 자세히 관찰한다. 비록 그러하더라도 역시 어긋나지 않을 진저!"[1]라 하였다. 그 뜻은 아마도 간이직달(簡易直達)하는 육왕학을 배척하고 주도면밀하게 접근하는 주자학을 높이고자 한 것일 것이다. 독창적인 학설을 보여주는 것은 없으나 실천적으로 공부한다는 견지에서 보면 유익한 교훈이 담겨 있는 말이라 하겠다.

고염무는 명말청초(明末淸初)의 가장 대표적인 정주학파의 인물이다. 그는 박학다문할 뿐만 아니라 고증에도 정밀하여 실로 청조 고증학의 시조라 할 수 있다.

응휘겸(應撝謙)

자는 사인(嗣寅)이고 호는 잠재(潛齋)이며, 인화(仁和) 사람이다. 명나라 신종 만력(神宗萬曆) 43년(1615)에 태어나, 청나라 성조 강희(聖祖康熙) 23년(1683)에 69세로 죽었다. 북송(北宋)의 호안정(胡安定)의 학설을 받들어 실천궁행을 중시하였다. 명나라가 망하자 벼슬에 대한 뜻을 버리고 오로지 책을 읽고 인재를 양성하는 데 진력하였다. 강희(康熙) 17년에 성조(聖祖)가 그를 천자학자(天子學

1) 大學言心而不言性, 中庸言性而不言心; 來敎單提心字, 而未盡其說, 未敢漫然許可. 竊以爲聖人之道, 下學上達之方, 其行在孝 · 弟 · 忠 · 信, 其職在灑掃 · 應對 · 進退, 其文在詩 · 書 · 三禮 · 周易 · 春秋, 其用之身, 在出處 · 辭受 · 取與, 其施之天下, 在政令 · 敎化 · 刑法. 其所著之書, 皆以撥亂反正移風易俗, 以馴至乎治平之用, 而無益者不談, 一切詩賦銘頌贊誄序記之文, 皆謂之巧言, 而不以措筆. 其於世儒盡性至命之說, 必歸之有物 · 有則 · 五行 · 五事之常, 而不入於空虛之論. 僕之爲學, 如此. 以質大方之家, 未免以爲淺近而不足觀, 雖然, 亦可以弗畔矣夫.

者)로 초빙하였으나 병을 핑계로 사양하였다. 저서로 『주역집해』(周易集解) 13권, 『춘추집해』(春秋集解) 12권, 『동보교』(同補校) 1권, 『예학휘편』(禮學彙篇) 70권, 『고락서』(古樂書) 2권, 『성리대전』(性理大全) 28권, 『교양전서』(教養全書) 42권, 『시전익』(詩傳翼), 『서전십유』(書傳拾遺), 『논맹집주습유』(論孟集註拾遺), 『고정집요』(考亭集要), 『잠재문집』(潛齋文集), 『효경금문변정』(孝經今文辨定), 『학용본의』(學庸本義), 『유학몽양편』(幼學蒙養篇) 등이 있다. 새로운 학설은 없다. 비록 정주학을 신봉하긴 하였으나 고염무처럼 육왕학을 반박하지는 않았다.

육롱기(陸隴其)

자는 가서(稼書)이고 시호는 청헌(清獻)이다. 사람들은 그를 당호선생(當湖先生)이라 불렀다. 절강평호(浙江平湖) 사람이다. 명나라 의종 숭정(毅宗崇禎) 3년(1639)에 태어나, 청나라 성조 강희(聖祖康熙) 31년(1692)에 63세로 죽었다. 진사(進士)에 급제하여 강남 가정(江南嘉定)과 직예 영수(直隸靈壽)의 수령, 그리고 사천(四川)의 도감찰사(道監察史) 등 여러 관직들을 역임하였다. 가는 곳마다 덕으로 백성을 다스려 천하제일의 수령이라 칭해졌다. 그의 임종 시에 성조(聖祖)가 애석해 하면서, "우리 조정에서 다시 이 같은 사람을 얻지 못할 진저!"[2)]라고 한탄하였다. 저서가 아주 많은데, 『삼어당집』(三魚堂集) 12권, 『선정일우집』(先正一隅集) 37권, 『사서강의』(四書講義) 4권, 『송양강의』(松陽講義) 12권, 『평정사자대전』(評定四子大全), 『평선국책거독』(評選國策去毒) 2권, 『고문상서고』(古文尙書考) 1권, 『독주수필』(讀朱隨筆) 4권, 『삼어당승언』(三魚堂賸言) 12권, 『송양초존』(松陽鈔存) 2권, 『숭사록』(崇祀錄), 『노자경주』(老子經注), 『구문재거기사』(舊聞齋居記事), 『영수현지』(靈壽縣志) 등이 있다.

육롱기는 오로지 주자학을 신봉하여, 당시 학자들이 노·불학과 양명학 등을 혼합하여 연구하는 풍토를 비난하면서, "오늘날 학문이라 할 수 있는 것은 다른 것은 없고 오로지 주자학뿐이다. 주자를 종주로 삼는 자는 성학(聖學)을 하는 자이고, 주자를 종주로 삼지 않는 사람은 바른 학문을 하는 자가 아니다. 동중서

2) 本朝如其人者, 再難得矣!

가 말하기를, '모든 육예의 과[六藝之科]는 공자의 술(術)이 아니니, 그러한 도는 끊어버리고 같이 따라가지 말라. 그런 연후에야 기율을 하나로 세울 수 있고 법도가 밝아지게 된다. 오늘날 주자를 종주로 삼지 않는 자들은 마땅히 그 도를 끊고 같이 따라가지 말아야 할 것이다'라고 하지 않았던가."[3]라고 하였다. 육롱기는 또한 거경궁리(居敬窮理)를 중시하여 그것을 학문하는 요체라 하면서, "궁리하면서 거경하지 아니하면 물을 관찰함에 그 뜻을 잃어버려 지루함에 빠져 버린다. 또 거경하면서 궁리하지 아니하면 자세히는 관찰하면서도 선악이 공허해져 버려, 불·노에 떨어지지 아니하면 자기 독단의 마음이 작용해 버리거나 하여 광대한 뜻을 구하지 못하게 된다."[4]고 하였다. 아마도 이것은 양명학을 강력하게 반박하는 것이라 하겠다.

육세의(陸世儀)

자는 도위(道威)이고, 그가 살았을 때 이름은 부정(桴亭)이다. 강소 태창(江蘇太倉) 사람이다. 어렸을 때는 양생설(養生說)을 신봉하였으나, 나중에 크게 각성하고는 그것을 버리고 오로지 정주학만을 연구하고 종신토록 강학(講學)과 저술(著述)을 자기 일로 삼았다. 저서에는 『사변록』(思辨錄), 『갑신억의』(甲申臆議), 『입진법문』(入陳法門), 『성수요략』(城守要略), 『선유어록집성』(先儒語錄集成), 『예형』(禮衡), 『역규』(易窺), 『시감』(詩鑑), 『춘추시론』(春秋詩論), 『독사필기』(讀史筆記), 『고덕록』(考德錄) 등이 있다. 『사변록』은 12년 만에 완성하였으며, 전후편 14류(類)로 이루어져 있다. 전편에는 소학(小學), 대학(大學), 입지(立志), 거경(居敬), 치지(致知), 성정(誠正), 수제(修齊), 치평(治平) 등이 수록되어 있고, 후편에는 천도(天道), 인도(人道), 제유(諸儒), 이학(異學), 경자(經子), 사적(史籍) 등이 수록되어 있다.

육세의와 육롱기는 청초(淸初) 정주학의 정종(正宗)이라 불리우고 있다. 그들이 비록 정주의 설을 수용하고는 있지만 때로는 비판적 견지에 서기도 하여 순전

---

3) 今之論學者, 無他, 惟宗朱子而已. 宗朱子則爲聖學, 不宗朱子卽非正學. 董仲舒曰: 「諸六藝之科, 不在孔子之術者, 皆絶其道而勿並進, 然後統紀一而法道明. 今有不宗朱子者, 亦當絶其道而勿並進.

4) 窮理而不居敬, 則玩物喪志, 失於支離; 居敬而不窮理, 則將掃見聞, 空善惡, 其不墮 於佛老, 私心自用, 猖狂恣睢者, 鮮矣.

히 맹목적인 것은 아니었다.

우주론: 주자(朱子)는 태극을 리(理), 양의(兩儀)를 기(氣)로 보았다. 여기서 사람의 의리(義理)는 리, 사람의 기질은 기에 기초하고 있는 것으로 보았다. 한편, 육세의는 『태극도설』에 대해 논하면서, "주자(周子)가 『태극도설』을 지을 때 천지만물의 리를 발견하였다. 이 태극이라는 두 글자는 본래 계사전(繫辭傳)에서 따온 것으로 공자가 처음 사용한 용어인데, 주정(主靜)이 극에 달하게 되면 인극(人極)이 서게 된다고 하였다. 여기서 인극이라는 두 글자는 주자(周子)가 처음 사용한 용어이다. 오직 사람이 그 빼어남을 얻게 되어 최고의 영적(靈的)인 단계에 도달한 상태를 인극(人極)이라 한 것이다. 인극(人極)과 태극(太極)이 구구절절 상대적이라는 것은 사람의 마음과 천지가 곳곳 어디에서나 서로 상합(相合)하여 절대로 속이거나 조작하지 않는다는 것을 알려 주고 있다. 그러므로 사람이 형(形)을 실천함은 성(性)을 다하는 것이며, 성(性)을 다한 즉 천(天)에 도달할 수 있는 것이다. 즉, 하늘과 사람이 모두 일리(一理)인 것이다. 이상이 주자(周子)가 독특하게 밝힌 것이다."[5]라고 하였다. 비교적 주자(周子)의 천인합일론의 오묘한 뜻은 명백하다. 또 나정암(羅整菴)의 리일분수설(理一分殊說)에 대해서는 다음과 같이 말하고 있다. 즉, "리일분수(理一分殊)의 네 글자는 매우 미묘하다. 그것은 천지에서 궁구하고 고금에서 구한 것을 모아서 이 네 글자가 나온 것은 아니다."[6]라고 하였다.

인성론: 정자와 주자는 맹자의 성선설을 전적으로 본연지성(本然之性)이라 함으로써 후세의 학자들에게 많은 의문점을 남겨주었다. 육세의는 그것에 대하여, "많은 유학자들이 맹자가 성선을 말한 것은 단지 천명상설(天命上說)만을 취하고 아직 기질(氣質)로는 떨어지지 않은 것이라고 말하고 있다. 그러나 『맹자』를 읽어보면, 사람에게 불선(不善)함이 있다는 말은 없으나, 사람이 태어난 이후를

5) 周子作太極圖說, 發揮天地萬物之理. 太極二字原本繫辭, 不過祖術孔子之舊, 至於主靜立人極, 人極二字, 則自周子闢開出來. 後半惟人也得其秀而最靈一段, 都是說人極. 人極與太極句句相對, 則知人心與天地處處相合, 絶非矯揉造作. 故人能踐形, 卽能盡性, 能盡性, 卽能達天; 天與人總是一理. 此是周子獨得處.

6) 理一分殊四字, 最妙. 窮天地, 亙古今, 總不出此四字.

보면 어리석고 탁하고 악함이 있다고는 하고 있다. 그렇다고 그것이 성선(性善)이 아니라는 것을 의미하지는 않는다. 아마 맹자가 성선을 주장한 것은 단지 사단(四端)이 있는 것을 발견하려는 취지에서 말한 것이라 할 것이다. 그 사단으로 인하여 인의예지(仁義禮智)를 알 수 있게 되고, 사람은 누구나 이 사단을 가지고 있으며, 따라서 사람은 누구나 선한 것이다. 반드시 지선(至善)에 도달했다고 해서 처음부터 악이 없다는 것이 아니라, 그런 연후에야 성선(性善)이라 말하는 것이다."[7]라고 하였다. 또한 그는 "『태극도설』에서 오직 사람이 빼어남을 얻어서 최고의 영적인 존재가 된다는 것은, 형(形)이 이미 생겨남에 신(神)이 발동함을 알게 된다는 것을 말하는 것이다. 즉, 형(形)이 질(質)을 생겨나게 함에 신(神)이 기(氣)를 발하는 것이다. 형(形)의 생겨남과 신(神)의 발함이 있으므로, 오성(五性)이 모두 갖추어지는 것이다. 즉, 이것은 기질(氣質)이 있은 후에야 성(性)이 있게 된다는 것이다. 따라서 기질로 떨어지지 않고는 성을 말할 수가 없다. 일단 성을 말한다는 것은 그 속에 기질을 포함하여 같이 말하는 것이 된다."[8]고 하였다. 또한 "성을 논함에 기질을 분리해서 말할 수 없고, 일단 기질을 분리시켜 버린다는 것은 천지(天地)를 분리해 버리는 것이 된다. 천지 역시 기질인 것이다."[9]라고 하였다.

윤리설: 대체로 정주(程朱)의 설을 따르고 있는데, 인(仁)에 대해서 말하기를, "인의 뜻은 원대하다. 비록 지극히 수많은 성인의 미묘한 말로도 족히 그 심오한 뜻을 다할 수는 없다. 또 인은 정약(精約)하다. 속된 한마디 말로, 이미 지극히 당연하여 무엇과도 바꿀 수가 없는 것이다. 예를 들어, 인심천리(人心天理)를 인(仁) 하나로 표현할 수 있으며, 만심매기(瞞心昧己:마음을 속이고 나를 어둡게 함)는 불인(不仁)이란 말로 간단히 표현할 수 있다."[10]고 하였다.

---

7) 諸儒謂孟子道性善, 只是就天命上說, 未落氣質. 然讀孟子人無有不善之言, 是就人有生以後看, 卽下愚濁惡, 亦無有不性善者. 蓋孟子論善, 只就四端發見處言. 因其四端卽知其有仁義禮智, 人人有四端, 卽人人有性善也; 不必說到渾然至善未嘗有惡, 然後謂之性善.

8) 太極圖說惟人也得其秀而最靈, 謂形旣生矣神發知矣. 形生質也, 神發氣也. 有形生神發, 而五性具有, 是氣質而後有性也. 不落氣質, 不可謂之性; 一言性便屬氣質.

9) 論性不得離氣質, 一離氣質, 便要離天地. 蓋天地亦氣質也.

10) 仁字之義, 語其遠且大者, 雖極千聖之微言不足以盡其蘊奧; 語其精且約者, 卽俗諺一言已自至當不易. 諺云:人心天理, 卽是個仁字, 又云: 瞞心昧己, 便是個不仁字.

진확암(陳確菴)

휘호는 호(瑚)이고 자는 언하(言夏)이다. 육세의(陸世儀)와 동향 사람이다. 항시 육세의와 함께 학문을 논하곤 하였다. 명나라 신종 만력(神宗萬曆) 41년(1613)에 태어나, 청나라 성조 강희(聖祖康熙) 14년(1673)에 63세로 죽었다. 역시 정주학파에 속하는 사람이었다. 경(敬)을 정태적인 것과 동태적인 것으로 나누어 주장하였다. 정태적인 경이란 경계할 바를 보지 아니하고 두려운 바를 듣지 아니하는 것이다. 동태적인 경이란 희노애락을 발함에 모두 적절하게 적중(的中)하는 것을 말한다. 또 일일(一日)의 경(敬), 일식(一食)의 경, 총체(總體)적인 경 등을 들어, 종일토록 최선을 다하며 저녁까지 수고를 다하는 것을 일일의 경이라 하고, 식사를 하는 동안에도 인(仁)을 어기지 아니하는 것을 일식의 경이라 하며, 몸을 삼가고 이치에 밝고 몸을 공손히 하며[欽明恭己] 인격이 밝고 공경하는[緝熙敬止] 것을 총체적인 경이라 하였다.

위예개(魏裔介)

자는 석생(石生)이고 호는 정암(貞菴)이다. 또 이름을 곤림(崑林)이라 하기도 하였고 시호는 문의(文毅)였다. 직예 백향(直隸栢鄉) 사람이다. 명나라 신종 만력(神宗萬曆) 44년(1616)에 태어나, 청나라 성조 강희(聖祖康熙) 25년(1686)에 71세로 죽었다. 천성이 침착하고 과묵하였다. 순치(順治) 때에 진사(進士)에 급제하였고, 세조(世祖)와 성조(聖祖) 때에 걸쳐 여러 관직을 역임하였다. 두 임금의 특별한 대우에 감격하여 최선을 다하여 직을 수행하였다. 그러나 지나치게 청렴하고 직언직행(直言直行)을 서슴지 않아 남에게 시기심을 불러 일으켰다. 결국 병을 자초하여 불명예스럽게 관직 사양을 청하게 되었다. 성조(聖祖)가 이를 매우 애석하게 여기면서도 허락할 수밖에 없었다. 관직을 그만 둔 후에는 향리에 은둔하여 농사를 지으며 후진양성을 하고 수많은 저서를 남기는 데 진력하였다. 주요 저서로는 『사서대전찬요』(四書大全纂要), 『사서주자전의』(四書朱子全義), 『사서정의휘해』(四書精義彙解), 『효경주의』(孝經注義) 1권, 『성심편첩해』(惺心篇捷解) 3권, 『감어경세편』(鑑語經世篇) 27권, 『성학지통록』(聖學知統錄) 2권, 『지통익록』(知統翼錄) 2권, 『백향위씨전록』(柏鄉魏氏傳錄) 1권, 『치지격물해』

(致知格物解) 2권, 『약언록』(約言錄) 2권, 『희현록』(希賢錄) 10권, 『주장정주정맥』(周張程朱正脈), 『설문청독서록찬요』(薛文淸讀書錄纂要), 『다식집』(多識集) 12권, 『아설집』(雅說集) 19권, 『우계속초』(牛戒續抄) 3권, 『자록신문』(資鹿新聞) 7권, 『가언옥설』(佳言玉屑) 1권, 『소회집』(溯洄集) 10권, 『겸제당집』(兼濟堂集) 20권 등이 있다.

위예개는 정주학을 신봉하였고 또 그것을 정치적으로 실현하고자 노력하였다. 그는 여러 학자들의 견해들을 『성학지통록』에서 살펴보고 있다. 그는 "내가 지통록에서 살펴본 것은 백이(伯夷)에서 시작하여 고반룡(高攀龍)에 이르고 있는데, 태어나면서 아는 자[生而知之]와 배워서 아는 자[學而知之], 그리고 엄청난 노력 끝에 아는 자[困而知之], 모두가 알게 된다는 점에서는 매 한가지이다. 우(虞)가 중(中)을 말하고, 성탕(成湯)이 성(性)을 말하고, 『논어』가 인(仁)을 말하고, 『대학』이 지(止)를 말하고, 『중용』이 성(誠)을 말하고, 『맹자』가 성선(性善)을 말한 것 등에서 보면 모두 앎의 이치[知之理]가 준비되어 있는 것이다. 또 주렴계(周濂溪)가 『태극도설통서』(太極圖說通書)를 쓰고, 정이천(程伊川)이 『역전』(易傳)을 쓰고, 주회암(朱晦菴)이 『사서집주』(四書集註), 『통감강목』(通鑑綱目)을 쓰고, 설문청(薛文淸)이 『독서록』(讀書錄)을 쓰고, 채허재(蔡虛齋)가 『몽인』(蒙引)을 쓰고, 임희원(林希元)이 『존의』(存疑)를 쓴 것도 모두 앎의 이치가 크게 준비되어 있었던 것이다. 한편, 노자(老子)의 공허(空虛), 불씨(佛氏)의 적멸(寂滅), 고자(告子)의 무선무악(無善無惡), 관 · 상(管商)의 잡패공리(雜覇功利), 순자(荀子)의 성악(性惡), 양웅(揚雄)의 선악혼(善惡混), 왕통(王通)이 불(佛)을 성인으로 보는 것, 왕양명(王陽明)의 성무정체(性無定體), 이지(李贄)가 성현을 얕보고 간웅(奸雄)을 높인 것 등은 모두 앎의 좀벌레들이다."[11]라고 하였다. 위예개의 학설에서 전할 만한 독창적인 것은 없는 것 같다.

---

11) 吾述知統錄, 自伯夷起至高攀龍而止, 有生而知之者, 有學而知之者, 有困而知之者, 及其知一也. 虞廷言中, 成湯言性, 論語言仁, 大學言止, 中庸言誠, 孟子言性善, 知之理備矣. 周濂溪作太極圖說通書, 程伊川作易傳, 朱晦菴作四書集註 · 通鑑綱目, 薛文淸作讀書錄, 蔡虛齋作蒙引, 林希元作存疑, 知之理復大備矣. 老子之空虛, 佛氏之寂滅, 告子之無善無惡, 管 · 商之雜覇功利, 荀子之性惡, 揚雄之善惡混, 王通之以佛爲聖人, 王陽明之性無定體, 李贄之詆毁聖賢, 褒頌奸雄, 皆知之蠹也.

장양원(張楊園)

이름은 이상(履祥)이고 자는 고부(考夫)이다. 명나라 신종 만력(神宗萬曆) 39년(1611)에 태어나, 성조 강희(聖祖康熙) 13년(1674)에 64세로 죽었다. 일찍이 유즙산(劉蕺山)에게 배웠다. 그러나 양명학을 배척하고 정주학을 돈독하게 신봉하였다. 그는 "요강(姚江)의 양지(良知)라는 두 글자는 특히 그 명목을 차용한 것이며, 그 뜻하는 바는 단지 정(情)의 학설을 수립하는 데 방편으로 삼고자 할 뿐"[12]이라 하였다. 또한 그는 "우리가 아침에 일어나 옷을 입고 저녁에 벗을 때까지 종일 동안 말하고 행동하는 것에 있어서 모름지기 앎에는 다소 과차(過差)가 있게 마련이다. 또 저녁에 옷을 벗고 아침에 다시 옷을 입을 때까지 밤새도록 사고하고 생각하는 것에 있어서도 모름지기 앎에는 다소 거짓과 망령됨이 있게 마련이다. 그런 것들이 있으면 고쳐야 되는바, 이처럼 하는 것이 바로 수신의 일차적인 의의인 것이다."[13]라고 하였다. 그가 주자의 학설을 얼마나 받들고 있는지는 여기서 잘 드러난다고 하겠다.

경일암(耿逸菴)

휘호는 개(介)이고, 탕잠암(湯潛菴)과 함께 손하봉(孫夏峯)에게 배웠다. 역시 정주학의 신봉자였다. 저서로는 『리학요지』(理學要旨), 『중주도학편』(中州道學篇), 『효경역지』(孝經易知), 『경여당존고』(敬如堂存稿) 등이 있다. 천인합일에 대해 논하면서 말하기를, "소위 태극이라는 것은 인심(人心)의 리이다. 음양이라는 것은 인심의 한 번 움직이고 한 번 머무름이다. 오행이라는 것은 인심의 인의예지신(仁義禮智信)이다. 만물이라는 것은 인심이 상응하면서 변화하는 온갖 것이다. 천지는 사람이 태어나기 전에 있는 것이 아니며 무엇보다 우선 이 리(理)가 있는 것이다. 그러나 하나의 리를 허공 중에 매달아 사람의 몸에 나타나게 하지 않으면 또한 위육(位育)에도 참여할 수 없게 되는 것이다."[14]라고 하였다.

---

12) 姚江良知二字, 特其借用名目, 其意只欲作成直捷徑情之說耳.

13) 吾人自著衣至解衣, 終日之間, 所言所行, 須知有多少過差. 又自解衣至著衣, 終夜之間, 所思所慮, 須知有多少邪妄. 有則改之, 此修身之第一事也.

14) 所謂太極者, 人心之理也. 陰陽者, 人心之一動一靜也. 五行者, 人心之仁義禮知信也. 萬物者, 人心之酬酢萬變也. 天地未生人之前, 便先有此理, 然使空懸一個理不著在人身上, 則亦不能參贊位育.

제 3 절 육왕학파

육왕학파에 속하는 학자 중 유명한 사람은 황종희(黃宗羲), 만사대(萬斯大), 만사동(萬斯同), 법경야(法鏡野), 왕곤승(王崑繩) 등이다.

황종희(黃宗羲): 자는 태충(太沖)이고 호는 여주(黎洲) 또는 남뇌(南雷)이며, 월(越)의 여요(餘姚) 출신이다. 명 신종만력(神宗萬曆) 37년(1608)에 태어나, 청 성조강희(聖祖康熙) 34년(1695)에 86세로 죽었다. 아버지의 이름은 존소(尊素)이고 충서공(忠瑞公)으로 명의 충신이었으나 간신배 위충현(魏忠賢)의 탄핵으로 옥중에서 죽었다. 황종희는 아버지의 뜻을 이어받아 국사에 진력하였으며, 소를 올려 역적들을 죽일 것을 청하기도 하고, 기다란 쇠송곳을 소매 속에 감추어 간악하고 아첨하는 신하들을 찌르기도 하여, 장열제(莊烈帝)가 그의 충성에 매우 탄식하였다. 어려서부터 학문을 좋아하여 집에 수집되어 있는 책들을 모두 독파하였다. 일찍이 '학자는 모름지기 역사학에 통달하여야 한다.'는 아버지의 말을 듣고 크게 깨달아 고금의 역사를 깊이 깨닫고 더욱 나아가 구류백가(九流百家)를 섭렵하였다. 그 후에 유즙산에게 나아가 배워 육왕학에 크게 심취하였다.

장열제가 순국하고 청나라 병사들이 서울에 침입해 오는 어려운 때, 동지들과 동분서주하면서 명 황실의 회복을 꾀하였으나 이루지 못하였다. 황종희는 일이 이루어지지 않음을 알고, 향리에 칩거하며 오로지 저술에만 힘을 쏟았다. 청나라 성조(聖祖)가 전국의 학자들을 초빙했을 때 굳게 사양하고 나아가지 않았다. 청나라 조정에서는 여러 종류의 방법을 다하여 그를 권유하였으나 끝내 응하지 아니하였다.

중국의 학자들 가운데서도 드물게 볼 수 있을 정도로 저서가 많았다. 주요한 것으로는 『송원학안』(宋元學案) 100권, 『명유학안』(明儒學案) 62권, 『명사안』(明史案) 244권, 『역학상수론』(易學象數論) 6권, 『맹자사설』(孟子師說) 2권, 『송사총목보유』(宋史叢目補遺) 3권, 『율려신의』(律呂新義) 2권, 『수서수필』(授書隨筆) 1권, 『춘추일식력』(春秋日食歷) 1권, 『심의고』(深衣考) 1권, 『홍광기년』(弘光紀年) 1권, 『융무기년』(隆武紀年) 1권, 『영력기년』(永歷紀年) 1권, 『노기년』(魯紀年) 1권, 『공주실사기』(贛州失事記) 1권, 『해외통곡기』(海外慟哭記) 1권,

『소무사기』(紹武事紀) 1권, 『일본걸사기』(日本乞師記) 1권, 『주산흥폐』(舟山興廢) 1권, 『사정주기난』(沙定洲記亂) 1권, 『사성본말』(賜姓本末) 1권, 『태존록』(汰存錄) 1권, 『대통력추법』(大統歷推法) 1권, 『수시역가여』(授時歷假如) 1권, 『서양역가여』(西洋歷假如) 1권, 『회회역가여』(回回歷假如) 1권, 『사명산지』(四明山志) 9권, 『사명산채기』(四明山寨紀) 1권, 『역대갑자고』(歷代甲子考) 1권, 『금수경』(今水經) 1권, 『금석요례』(金石要例) 1권, 『명이대방록』(明夷待訪錄) 2권, 『명이유서』(明夷留書) 1권, 『명문해』(明文海) 482권, 『남뇌문정』(南雷文定) 11권, 『남뇌문약』(南雷文約) 4권 등이 있다. 『송원학안』은 송 · 원시대 유학자의 전기 및 학설을 묶어서 기록한 것이며, 『명유학안』은 명대 유학자의 전기 및 학설을 묶어서 기록한 것이니, 모두 열전체(列傳體)의 철학사이다. 『송원학안』은 완성하지 못하고 죽었는데, 그의 아우인 황백가(黃百家)와 전조망(全祖望)이 이 것을 보완하였다.

황종희는 유즙산의 수제자로 즙산의 유지를 받들어 양명학을 받들고, 공허하고 무용한 이론을 배척하며 실천궁행을 중시하였다. 볼 만한 새로운 학설은 없으나, 수양하는 데 유익한 말을 매우 많이 남겼다. 즉, "천지에 가득 찬 것은 모두 마음이다. 변화는 측량할 수 없고, 만 가지로 다르지 않을 수 없다. 마음은 본체가 없으며, 공부가 이르는 곳이 그 본체이다. 그러므로 이치[理]를 연구한다는 것은 이 마음의 만수(萬殊)를 연구하는 것이지, 만물의 만수를 연구하는 것이 아니다. 그래서 옛날의 군자는 차라리 50개의 샛길을 뚫을지언정 한단[邯鄲]의 야생마를 빌리지 않았다. 도(道) 또한 다르지 않을 수 없거니와, 어찌하여 오늘날의 군자는 한가지 길에서만 나오려 하는가?"[15](『명유학안원서』)라고 말했던 것이 그 일례이다.

황종희는 양명학을 신봉하였으나, 왕양명 사구결의 "무선무악은 마음의 바탕이다."[16]라는 말을 철저하게 인정한 것은 아니었다. 왕용계가 말한 "성(性) 또한 공허한 물건을 좇아서 선악이 있다."[17]는 말도 또한 그릇된 것이라 하였다. 학식

15) 盈天地皆心也, 變化不測, 不能不萬殊. 心無本體, 工夫所至, 卽其本體也. 故究理者究此心之萬殊, 不究萬物之萬殊. 是以古之君子, 寧鑿五十之間道, 不假邯鄲之野馬. 故其道亦不得不殊, 奈何今之君子必要出於一途耶?

16) 無善無惡心之體.

17) 性亦隨空寂物而有善惡.

과 견문이 아주 넓었으며, 여러 학문에 정통하여 고증학파의 시조라고 일컬어졌다. 만사대 및 만사동은 그의 문하에서 나온 우수한 인물들이다.

만사대(萬斯大): 자는 충종(充宗) 또는 갈부(褐夫)이고, 은현(鄞縣) 출신이다. 명 의종 숭정(毅宗崇禎) 6년(1633)에 태어나, 청 성조 강희(聖祖康熙) 22년(1681)에 51세로 죽었다. 황종희 문하에서 배워 과거시험을 위한 학문을 배척하고, 경전에 통달함을 자신의 임무로 삼았다. 사람됨이 질박하고 정직하여, 타인의 과실에는 면전에서 가차없이 나무랐다. 그러나 다른 사람의 말을 받아들이며, 또 후진들을 순순히 지도하였다. 저서로서 주요한 것은 『학례질의』(學禮質疑) 1권, 『예기우전』(禮記偶箋) 3권, 『의례상』(儀禮商) 2권, 『주관변비』(周官辨非) 2권, 『학춘추수필』(學春秋隨筆) 10권, 『만씨가보』(萬氏家譜) 10권, 『정재』(丁災) 1권, 『갑양초』(甲陽草) 1권 등이 있다.

만사대는 육·왕학자로 고증에 뛰어났으며, 오로지 경학을 닦아 춘추삼례에 더욱 통달하였고, "여러 경(經)에 통달하지 않으면 하나의 경도 통달할 수 없다. 전(傳)과 주(注)들의 잘못된 점을 깨닫지 못하면 경전에 통달할 수 없다. 경전으로 경전을 해석하지 않으면, 전과 주들의 잘못된 점을 깨닫지 못한다."[18]고 하였다. 여기에서 그의 학풍상 하나의 얼룩을 살필 수 있다. 전할 만한 철학설은 없다.

만사동(萬斯同): 자는 계야(季野)이고 호는 석원(石園)이며, 만사대의 아우이다. 명 의종 숭정(毅宗崇禎) 16년(1643)에 태어나, 청 성조 강희(聖祖康熙) 41년(1702)에 60세로 죽었다. 만사대와 같이 황종희를 스승으로 섬겼고, 육·왕학을 신봉하여 실천궁행을 중시하였고, 오로지 마음을 옛날 학문에 기울여 여러 역사책에 매우 통달하였다. 성조(聖祖)의 부름을 받아 수사(修史)로 종사하면서 『명사고본기열전』(明史稿本紀列傳) 460권을 편찬하였다. 저서 중 가장 유명한 것은 『역대사표』(歷代史表) 60권, 『기원휘고』(紀元彙考) 4권, 『묘제도고』(廟制圖考) 4권, 『유림종파』(儒林宗派) 8권, 『석금고』(石金考) 2권이다. 학식과 인품이 모두 우수한 학자였으나, 전할 만한 새로운 학설은 없었다.

---

18) 不通諸經, 則一經不能通; 不悟傳注之失, 則不能通經; 不以經釋經, 則無由悟傳注之失.

제 4 절 주 · 왕(朱王) 조화학파

주 · 왕 조화학파라 말할 수 있는 사람은 손하봉(孫夏峯)을 시조로, 이이곡(李二曲), 탕잠암(湯潛菴), 주이존(朱彛尊), 납란성덕(納蘭性德) 등이다.

손하봉(孫夏峯): 이름은 기봉(奇逢)이고 자는 계태(啓泰)이며, 사람들이 하봉선생이라 불렀다. 또는 손징군(孫徵君)이라 이름하며, 직예 용성(直隸容城) 출신이다. 명 신종 만력(神宗萬曆) 12년(1584)에 태어나, 청 성조 강희(聖祖康熙) 14년(1675)에 92세로 죽었다. 17세에 향시를 통해 기용되었고, 22세에 부모상을 당하여 지극한 효성으로 6년 간 여묘(廬墓)살이를 하였다. 평생 기개와 절개를 숭상하였다. 숭정(崇禎) 9년 도적떼들이 용성을 포위하였을 때, 기이한 계책으로 이들을 물리쳐 조정으로부터 칭찬을 받았다. 그 후 조정에서 자주 불렀으나 응하지 아니하였고, 시세가 좋지 않음을 알아 겸산당(兼山堂)을 열어 학문을 연구하였다. 노년에 덕망이 점차 높아져 원근에서 와서 학업을 묻는 사람이 매우 많았는데, 그 가운데는 이름난 관리들도 또한 적지 않았다. 만년에는 하봉(夏峯)에서 학문을 연구하여 하봉선생이라 불리었다. 주요 저서로는 『독역대지』(讀易大旨) 5권, 『사서근지』(四書近指) 20권, 『리학전심찬요』(理學傳心纂要) 8권, 『세한거답문』(歲寒居答問) 2권, 『성학록』(聖學錄), 『양대안록』(兩大案錄), 『기보인물고』(畿輔人物考), 『중주인물고』(中州人物考), 『갑신대난록』(甲申大難錄), 『을유기사』(乙酉記事), 『효우당가승』(孝友堂家乘), 『손문정년보』(孫文正年譜), 『세한거문집』(歲寒居文集) 등이 있다.

하봉은 명말 청초에 여러 학자들이 학파를 세우고, 서로를 이단시하는 학문의 폐해를 배척하였다. 그래서 그는 한 학파에 치우치지 아니하고, 각 파에서 실용에 적합한 부분을 채택하였다. 주렴계 · 정명도 · 정이천 · 장횡거 · 소강절 · 주희 · 육상산 · 왕양명 · 나정암 · 고헌성 등을 성리학의 바른 종통으로 삼았으며, 다음으로 한동자(漢董子)를 비롯한 명나라 유학자들은 법도를 지킬 줄 아는 인물들로 들었고, 다음으로 또 횡포(橫浦) · 자호(慈湖) 등과 같이 유교와 불교에 드나드는 인물들을 들었다. 아마도 하봉은 가장 명백한 절충학파에 속하는 인물이라 할 것이다.

이이곡(李二曲): 이름은 옹(顒) 혹은 용(容)이고 자는 중부(中孚)이다. 호는 이곡인데 스스로는 이곡토실병부(二曲土室病夫)라고 불렀으며, 서안 주옥(西安盩屋) 출신이다. 태어나면서부터 집이 가난하여 언제나 책을 빌려 공부했으며, 경사자집(經史子集)으로부터 불교 · 노자에 이르기까지 모두 통독하였다. 성조(聖祖) 재위 시에 조정에서 그를 불렀으나, 병을 핑계로 사양하고 나아가지 않았다. 이후에도 자주 조정으로 오기를 독촉하였으나 끝까지 나아가지 않았다. 항상 가는 곳마다 학문을 강학하여 칭송을 받았다. 북방의 손하봉 · 황종희, 서방의 이이곡을 당시 사람들은 대 유학자 3인으로 칭하였다. 이곡의 주요한 저서로는 『사서반신록』(四書反身錄) 14권, 『반신속록』(反身續錄) 2권, 『13경규류』(十三經糾謬), 『21사규류』(二十一史糾謬), 『이곡집』(二曲集) 26권, 『잠확록』(潛確錄) 1권, 『역년기략』(歷年紀略) 1권이 있다. 이이곡 학파에 대해서는 여러 가지의 다른 설이 있으나, 당감(唐鑑)은 정 · 주학파에 속한다고 여겼는데 맞지 않는 것 같다. 이이곡은 그의 저서에서 육왕학파를 비난하지 않을 뿐만 아니라, 그의 문인들도 육상산과 왕양명학은 유학의 도가 된다고 한 바 있다. 이런 점에서 보면 그는 조화의 경향이 있는 학자임이 명백하다. 이이곡이 비록 청나라의 대 유학자이긴 하지만, 독창적인 우주론도 없고 오직 실천적인 수덕론(修德論)만을 제시했을 뿐 창조적인 견해가 거의 없다.

탕잠암(湯潛菴): 이름은 빈(斌)이고 자는 공백(孔伯)이며, 호는 형현(荊峴)이나 만년에 잠암이라 하였다. 시호는 문정(文正)이고, 하남 수주(河南睢州) 출신이다. 명 희종 천계(熹宗天啓) 7년(1627)에 태어나, 청 성조 강희(聖祖康熙) 26년(1687)에 61세로 죽었다. 동관도부사(潼關道副使), 영북도참정(嶺北道參政) 등 여러 관직을 역임하였다. 그 후 관직을 버리고 향리에서 20년간 부모를 모시다가, 또 시강(侍講)으로 기용되었고, 다시 우부도어사(右副都御史)가 되었다. 관직에 있을 때 가는 곳마다 학문을 권장하고 교육을 일으켰다. 그러나 직언으로 인하여 그를 싫어하고 헐뜯는 자들이 많았다. 그래서 결국 그는 퇴임하고 말았다. 저서 중에서 저명한 것은 『잠암선생유고』(潛菴先生遺稿), 『낙학편』(洛學篇), 『명사고』(明史稿), 『수주지』(睢州志), 『소주주소』(蘇州奏疏) 등이다.

잠암과 육롱기(陸隴其)는 순수한 유학파였고 유명한 신하였다. 육롱기는 손하봉 학풍을 섬겼으며, 주자 · 육자 두 파에 대해서도 편견을 가지지 않았다. 때로는 치양지로 성학의 심맥을 삼기도 하고, 때로는 정자 · 주자를 유교의 바른 종통으로 삼기도 하였다. 육롱기에게 준 글을 살펴보면, "나는 감히 요강(姚江)파들을 꾸짖거나 배척하는 것이 아니고, 요강파의 학을 독실하게 믿는 것도 아니며, 무슨 커다란 명예를 바라는 것도 아니다. 정자 · 주자의 도를 밝히고자 하면, 마땅히 정자 · 주자의 마음을 마음으로 삼고 정자 · 주자의 학을 학으로 삼아야 한다고 여긴다. 궁리는 반드시 그 정묘함을 다하고, 거경은 반드시 그 지극함을 다한다. 희노애락은 반드시 그 절도에 맞도록 하고, 시청언동(視聽言動)은 반드시 예(禮)에 부합하게 하며, 자신제우(子臣弟友)로서의 직분을 반드시 다하려 한다. 오랠수록 인심은 미더워지고 소리가 웅하면 스스로 모여들어, 양명을 독실히 믿는 사람은 또한 환하게 빛나는 성학의 참됨을 알고 나비처럼 그것을 좇아간다."[19]라 하였다. 이는 여러 학파의 절충으로부터 점차 정자 · 주자학으로 기우는 것이다. 잠암도 전할 만한 독창적 학설이 없는 것은 다른 학자와 비슷하나, 그는 언제나 성현의 학에 마음을 두었다. 성실과 바름으로 근본을 삼고, 충효를 앞세웠고 말보다 실행을 더 중시하였다.

주이존(朱彝尊): 자는 석창(錫鬯)이고 호는 죽탁(竹垞)이며, 수수(秀水) 출신이다. 명 의종 숭정(毅宗崇禎) 2년(1629)에 태어나, 청 성조 강희(聖祖康熙) 48년(1709)에 81세로 죽었다. 폭넓게 책을 읽었고 기억력도 좋아 여러 학문에 통달하였다. 시문에도 재주가 깊어 그 명성이 고염무(顧炎武)에 필적하였다. 강희(康熙) 17년 청 성조(聖祖)가 전국의 학자들을 초빙하였을 때, 그의 나이 50세로 부름을 받아 서울로 가서 명사(明史)를 편찬하는 데 종사하였다. 관직을 마친 후에는 고향으로 돌아가 오로지 책을 쓰는 데 주력하였다. 만년에 육경을 연구하는 데 뜻을 두어 700여 종이나 되는 주석을 남겼다. 또 책을 모으는 것을 좋아하여 수집한 서적이 8만 권이나 되었다. 저서 중 유명한 것은 『경의고』(經義考) 300권, 『일하구문』(日下舊聞) 42권, 『명시종』(明詩綜) 100권, 『사종』(詞綜) 34권, 『운수』

19) 僕之不敢詆斥姚江者, 非篤信姚江之學, 非博長厚之譽, 以爲欲明程 · 朱之道, 當以程 · 朱之心爲心, 程 · 朱之學爲學, 窮理者, 必極其精, 居敬者必極其至, 喜怒哀樂, 必求其節, 視聽言動, 必求合禮, 子臣弟友, 必求盡分, 久之人心感孚, 聲應自衆, 卽篤信陽明者, 亦曉然知聖學之眞, 翻然從之.

(韻粹) 107권, 『폭서정집』(曝書亭集) 80권, 『오대사주』(五代史注), 『정지거시화』(靜志居詩話), 『차지』(醝志), 『화록』(禾錄) 등이다. 『경의고』는 옛날부터 지금까지 경전의 뜻을 밝힌 여러 책들에 대해 평론한 것이다.

주이존은 박학다식하여 제자백가에 통달하였으며, 어느 한 파에도 기울지 아니하였다. 일찍이 비판적 태도로 여러 학문을 공평하게 평론하였는데, 『경의고』는 학계에도 많은 공헌을 하였다. 비록 하나의 학설을 세우지는 아니하였지만, 청나라의 대 유학자였음은 틀림없다. 그러나 평소의 행동에 결함이 있어, 주자학을 받들며 인륜을 가르치는 죄인이라는 비난을 받았다.

납란성덕(納蘭性德): 원래의 이름은 성덕(成德)인데, 왕태자의 이름과 같아서 성덕(性德)으로 바꾸었고, 자는 용약(容若)이며 요양(遼陽) 출신이다. 청나라 세조 순치(世祖順治) 12년(1655)에 태어나, 청나라 성조 강희(聖祖康熙) 24년(1685)에 31세로 죽었다. 아버지 납란태부(納蘭太傅)는 청나라 조정의 재상이었다. 성덕은 어려서부터 재주와 학식이 뛰어났고 말타기와 활쏘기를 잘 하여 성조에게 총애를 받았다. 당시 학자들은 대체로 한족[漢人]이고 명나라 말기의 늙은 유학자들이었는데, 만주인으로서 학계에 명성을 떨친 인물은 오직 성덕뿐이었다. 그런데 애석하게도 일찍 죽어 그 천재성을 다 발휘하지 못하고 말았다. 『통지당경해』(通志堂經解)는 막대한 돈을 들여 편찬한 것으로, 송·원 이래의 여러 유교 경전설에 관한 137부, 1,692권을 모아 각 책에 자신의 서문을 붙이고, 또 자신이 선(選)한 『합정산보대역집의수언』(合訂刪補大易集義粹言) 80권, 『진씨예기집설보정』(陳氏禮記集說補正) 38권을 첨부하여 완성하였다. 이 책은 유교를 연구하는 사람들에게 매우 귀중한 책이 아닐 수 없다.

제 5 절 고증학파(考證學派)

고증학파에 속하는 학자들은 아주 많은데, 가장 유명한 인물로는 염약거(閻若璩), 모기령(毛奇齡), 조어중(趙御衆), 유곡원(兪曲園), 혜자기(惠子奇), 혜동(惠棟), 초순(焦循), 전대흔(錢大昕), 왕명성(王鳴盛), 주균(朱筠), 왕창(王昶), 기물(紀昀), 김일진(金日進), 왕념손(王念孫), 강번(江藩), 저인량(褚寅亮), 단옥재(段

玉裁), 대진(戴震), 공광삼(孔廣森), 원원(阮元), 최동벽(崔東壁), 필원(畢沅) 등이 있다. 고증학은 점점 정밀해지면서 훈고파(訓詁派), 음운파(音韻派), 금석파(金石派), 교감파(校勘派), 집일파(輯佚派) 등 여러 파들을 탄생시켰다. 춘추공양학파(春秋公羊學派)도 그 중의 한 학파로 나타났다. 여기에서는 위에서 나열한 학파들 중 두세 학파를 소개하고자 한다.

염약거(閻若璩): 자는 백시(百詩)이고 호는 잠구(潛邱)이며, 회남(淮南) 출신이다. 명 의종 숭정(毅宗崇禎) 9년(1636)에 태어나, 청 성조 강희(聖祖康熙) 43년(1704)에 79세로 죽었다. 20세 때 『고문상서』(古文尙書)를 읽고 큰 의심을 품어, 30년간의 연구 끝에 『고문상서소증』(古文尙書疏證) 8권을 썼는데, 해박한 고증을 하고 일일이 모순점을 지적하여 그 명성이 점차 빛나게 되었다. 그러나 그 당시 명사들의 시문은 교열(校閱)에 지나지 않았기 때문에, 사람들에게 인정받지 못하고 경시당하였다. 저서로는 이미 언급한 『고문상서소증』외에 『사서석지』(四書釋地) 3권, 『속석지여론』(續釋地餘論) 6권, 『맹자생졸년월고』(孟子生卒年月考) 1권, 손수 교정한 『곤학기문』(困學紀聞) 20권, 『공묘종사말의』(孔廟從祀末議), 『모주시설속』(毛朱詩說續) 1권, 『주자상서고문의』(朱子尙書古文疑), 『일지록보정』(日知錄補正), 『상복익주』(喪服翼註), 『사가일사』(四家逸事), 『박호장록』(博湖掌錄), 『잠구차기』(潛邱箚記) 6권 등이 있다.

염약거는 박학다식하고 정력이 넘치는 사람이었다. 그는 한 글자를 분명히 하기 위해 때로는 여러 권의 책을 조사하기도 하였다. 그의 고증은 지극히 해박하고 정확하여, 많은 책들의 오류를 바로 고쳐 학계에 확실한 자료를 제공하였을 뿐만 아니라 후세 학자들의 연구심을 고무시켰다. 그러나 독창적인 학설은 찾아볼 수 없다.

모기령(毛奇齡): 자는 대가(大可)이고 호는 서하(西河)이며, 소산(蕭山) 출신이다. 명 희종 천계(熹宗天啓) 3년(1623)에 태어나, 청 성조 강희 52년(1713)에 91세로 죽었다. 어려서부터 신통한 재주가 있었으며, 명나라가 멸망하자 각지로 방황하면서 갖은 고생을 겪었다. 강희 17년 성조가 전국의 학자들을 불러 들였을 때, 서울에 들어가 『명사』(明史)를 편찬하는 데 종사하여 기전(紀傳) 200여 편을 초안하였다. 관직에서 물러난 후에는 저작을 남기는 데 주력하여 그 수가 꽤 많다. 주요한 것들로는 『중씨역』(仲氏易) 30권, 『추역시말』(推易始末) 4권, 『춘추고서서』(春秋古筮書) 3권, 『역단첩』(易彖帖) 8권, 『역운』(易韻) 4권, 『상서광청록』(尙書廣聽錄) 5권, 『순전보망』(舜典補亡) 1권, 『고문상서원사』(古文尙書寃詞) 8권, 『국풍성편』(國風省篇) 1권, 『모시사관기』(毛詩寫官記) 4권, 『시찰』(詩札) 2권, 『시전시설박의』(詩傳詩說駁義) 5권, 『백로주주객시』(白鷺洲主客詩) 1권, 『변정제례통속보』(辨定祭禮通俗譜) 5권, 『상례오설편』(喪禮吾舌篇) 10권, 『춘추모시전』(春秋毛詩傳) 36권, 『춘추조관편』(春秋條貫篇) 11권, 『춘추속사비사기』(春秋屬辭比事記) 10권, 『춘추간서간오』(春秋簡書刊誤) 2권, 『논설계구편』(論說稽求篇) 7권, 『대학증문』(大學證文) 4권, 『대학지본도설』(大學知本圖說) 1권, 『사서승언』(四書賸言) 4권, 『성유악본해설』(聖諭樂本解說) 2권, 『황언정성록』(皇言定聲錄) 8권, 『경산악록』(竟山樂錄) 4권, 『경문』(經問) 18권, 『명사습유』(明史拾遺) 6권, 『무종외기』(武宗外記) 1권, 『후감록』(後鑑錄) 7권, 『만사합지』(蠻司合誌) 15권, 『고금통운』(古今通韻) 12권, 『증자문강의』(曾子問講義) 4권, 『운학요지』(韻學要指) 11권, 『책문』(策問) 3권, 『잡설』(雜說) 10권, 『문』(文) 133권, 『시』(詩) 56권 등이다.

모기령은 학식이 해박하고 정력이 흘러 넘쳤으며, 말솜씨가 유창하고 문장도 종횡무진이었다. 염약거와 함께 청나라 고증학의 태두로 불려진다. 그러나 어떠한 체계적인 학설도 찾아 볼 수 없는 것이 애석한 일이다.

조어중(趙御衆): 자는 관부(寬夫)이고 호는 척옹(惕翁)이며, 밀현(密縣) 출신이다. 저서로 유명한 것은 『산효당집』(山曉堂集)이다. 어중은 청나라 고증학파 중에서 가장 색다른 사상가였는데, 진심경사(眞心敬事)라는 말을 자기 학문의 요지로 삼았다. 일찍이 "사람의 마음을 섬기는 것[事心]은 하늘을 섬기는 것[事天]과 같다. 내 마음을 공경하여 청결하고 밝게 하면, 일을 만나도 옳게 응할 수 있다. 일체의 따름과 거스름, 이룸과 이루지 못함은 하늘의 명에 달려있는 것이다. 따라서 배반이나 희망의 뜻을 가지고 이러니 저러니 감히 참견해서는 안 된다. 그래서 천하에는 날마다 일이 없다."[20]고 하였다. 이러한 사심설(事心說)은 일종

20) 人之事心, 如事天. 敬吾心使之潔淨光明, 遇事則應於是. 一切之順逆, 成敗, 爲天所命,不敢參以

의 정명설(定命說)이다. 또 그는 배움에 대해 말하기를, "배움이란 성현의 말을 구해서 해석하는 데 있는 것이 아니라, 모름지기 명백하게 자신의 마음을 인식하는 데 있다. 자기의 일을 문자를 사용하여 해석해 낼 수 있어야 한다. 일을 만나 태연하고 친절하지 않으면 자기를 속이고 남을 속이는 것이 된다."[21]고 하였다. 이러한 설을 볼 때 진실로 그는 정주학자이다. 그러나 행동의 방법을 성현들이 남겨 놓은 말씀에서 찾는 것에 대해서는 반대하고 있는 것이다.

유곡원(俞曲園): 이름은 월(樾)이고 자는 음보(陰甫)이며, 호는 곡원(曲園)이다. 청 선종 도광(宣宗道光) 2년(1822)에 태어나, 덕종 광서(德宗光緖) 2년(1906)에 85세로 죽었다. 30세에 진사가 되어 한림(翰林)에 들어갔으며, 하남(河南)에서 관직에 올라 정치를 배웠다. 관직을 사임한 후 독서에 전념하였다. 그의 저서에는 『군경평의』(群經平議) 35권, 『제자평의』(諸子平義) 35권, 『제일루총서』(第一樓叢書) 30권, 이외에 『시편사』(詩編詞), 『빈붕집』(賓朋集) 등 176권이 있는데, 『춘추당전서』(春秋堂全書)에 전부 수록되어 있다.

곡원은 순자의 성악설을 믿고, "백성들은 처음 태어날 때 짐승과 같다. 성인이 염려하여 오륜(五倫)의 도로써 그들을 가르쳤으며, 예(禮)를 설정하고 형(刑)을 행하였으니 순자의 말은 진실이다. 인성이 선하다면 성인이 무엇을 할 것인가?"[22]라고 하였다. 또 그는 성(性)과 재질[才]을 구별하면서, "짐승들에게는 사람의 재질이 없기 때문에 선할 수도 없고 악할 수도 없다. 사람은 그렇지 않은 까닭에 재질을 통해 만물을 부릴 수 있는 것이다. 만약 성인이 없었다면 천하의 사람들은 그들의 성에 따라 불선에 이르게 되고, 또 재질을 부려서 그 악이 짐승보다 수백배나 더 컸을 것이다."[23]라고 하였다. 성으로 말한다면 사람과 짐승은 차이가 없고, 재질의 많고 적음에 따라 구별이 생겨난 것이다. 그는 "사람이 성인이 될 수 있는 까닭은 재질이며 성이 아니다. 성은 사람과 물이 동일하며, 재질은 사람

畔援希冀之意, 故天下日無事.

21) 學者勿求解聖賢之語; 須明白認自己之心. 自己之事, 用文能解之, 遇事乃茫然不親切, 而自誑誑人焉.

22) 民之初生也, 固如禽獸然; 聖人懼而教之以五倫之道, 設禮爲刑, 荀子之言實盡之. 人性若善, 聖人何爲哉?

23) 禽獸無人之才, 故不能善, 又不能惡. 人則不然, 故才能役萬物. 使無聖人, 天下之人率其性於不善, 又佐之以才, 則其惡蓋數百倍於禽獸.

과 물이 다르다. 짐승이 사람에 미치지 못하는 것은 성이 부족해서가 아니며, 재질이 부족해서이다."[24]라고 말하였다. 또 맹자를 논박하면서, "비록 맹자는 사람들에게 양지양능(良知良能)과 애친경형(愛親敬兄)이 있다고 말하였으나 그 주장은 옳지 않다. 왜 그런가? 어머니가 젖을 먹여 기르고 아버지가 따뜻하게 보살펴 주었기 때문에, 어린애가 그의 부모를 사랑하는 것은 사사로운 정에 의해서 친애하게 되는 것이다. 그러나 어른이 되어서 보면 사람마다 달라 미움과 사랑과 다툼이 일어난다. 그러한 모습은 형제간에도 예외 없이 우애로움을 다투는 것을 볼 수 있다. 이런 점으로만 보아도 성이 선이 아니라는 것을 밝히기에 충분하다."[25]고 하였다. 청대의 여러 유학자들은 전심을 다하여 고증에 힘썼는데, 곡원이 인성을 논한 것 역시 탁견이라 하겠다.

제6절 춘추공양학파(春秋公羊學派)

청나라 고증학파로 나타난 여러 학파들 중 윤리사상으로 가장 주목받은 학파는 춘추공양학파였다. 춘추공양학파란 『춘추공양전』(春秋公羊傳)의 사상을 받드는 일군의 학자들이다. 『춘추』에는 좌전(左傳), 공양전(公羊傳), 곡량전(穀梁傳)의 3전이 있다. 좌전은 고문(古文)으로 쓰여진 것으로, 유흠(劉歆)이라는 사람이 먼저 주창하였고 동한(東漢)의 학자들이 존중하였던 것이다. 다른 두 전은 금문(今文)으로 쓰여진 것으로, 서한(西漢)의 학자들이 존중하였던 것이다. 동한에는 고문학이 융성하였고, 서한에서는 금문학의 전적들이 많이 산실되었는데 완전하게 보존된 것은 공양전 뿐이었다. 청나라 고증학이 점차 정밀해지자 동한 고문학에서 서한 금문학으로 옮겨갔으며, 한편 금문학 중에서 특히 공양전을 믿는 사람들이 나날이 많아졌다. 그들은 공양전이야 말로 『춘추』의 요지를 가장 잘 전하고 있는 책이라고 생각한다. 특히 그것은 춘추의 삼세(三世)의 의로움[義]과 구세(九世)의 큰 원수[大仇]에 대한 사상을 담고 있으며, 그것을 사용하여 국가를 논하고 정치를 논하고 있다는 것이다. 『춘추』에서 삼세의 의로움이란, 노(魯)나라 은공

24) 人之所以能爲聖人者, 才也; 非性也. 性者人與物同, 才者人與物異. 禽獸不及人者, 非性不足也, 才不足也.

25) 孟子雖有良能良知, 愛親敬兄之說, 非是. 何則? 其母乳之, 其父燠休之, 故赤子之愛其親者, 私其所昵也. 至長則有同異之見, 憎愛爭訟以起. 兄弟之間悌友爭鬪亦然, 適足以明性之不善也.

(隱公)에서 애공(哀公)에 이르기까지 3세 12대로 나누어진다. 은공, 환공(桓公), 장공(莊公), 민공(閔公), 희공(僖公) 5대는 혼란의 시대였고, 문공(文公), 선공(宣公), 성공(成公), 양공(襄公) 4대는 승평(昇平)의 시대였으며, 소공(昭公), 정공(定公), 애공(哀公) 3대는 태평의 시대였다. 공양학파에 의하면 혼란은 난세이며, 승평은 소강(小康)의 시대이며, 태평은 대동(大同)의 시대라고 한다. 시대 중, 난세에서 소강의 시대까지는 국가주의, 군주주의, 계급주의의 시대이다. 또 소강에서 대동의 시대까지는 세계주의, 자유평등주의, 사회주의의 시대이다. 다음으로 이른바 구세의 큰 원수에 대해, 『춘추』에서는 제양공(齊襄公)이 기후의 일[紀事]을 없앴다고 기록하고 있는데, 즉 "기후(紀侯)가 그 나라를 버렸다."[26]고 적고 있다. 이에 대해 공양전은 양공의 9대 조상인 애공을 기후의 선조가 헐뜯어 주(周)나라에 죄를 얻었다는 것이다. 그래서 양공은 9대의 원수를 보복하였기 때문에 『춘추』가 그것을 미화시켜 양공의 기록에서 기(紀)를 없애고 기후가 크게 나라를 버렸다고 기록한 것이라고 한다. 공양학자들은 이러한 공양전의 사상에 동의하였는데, 이는 아마도 만주족에 대한 한족의 적개심을 나타낸 것이라 하겠다.

춘추공양학자의 주요한 사람들로는 장존여(莊存與), 유봉록(劉逢祿), 공자진(龔自珍), 위원(魏源), 송상봉(宋翔鳳), 소의진(邵懿辰), 능서(凌曙), 진수기(陳壽祺), 대망(戴望), 진교종(陳喬樅), 진립(陳立), 왕개운(王闓運), 요평(廖平), 강유위(康有爲), 담사동(譚嗣同) 등이다. 장존여가 공양학파를 연 사람이라면, 강유위는 그 학파를 대성시킨 사람이었다.

강유위(康有爲): 자는 광하(廣夏)이고 호는 장소(長素)이며, 광동 남해(廣東南海) 출신이다. 저서로는 『공자개제고』(孔子改制考), 『신학위경고』(新學僞經考)가 있다. 그의 학설에 의하면, 동한의 고문학에서 『주관』(周官), 『좌전』(左傳), 『모시』(毛詩) 등의 책은 모두 유흠(劉歆)의 위작이기 때문에 믿기 어렵다고 한다. 유일하게 믿을 수 있는 것은 춘추 3세의 설과 대동의 시대를 이상으로 삼고, 거기에 도달하고자 하면 소강의 시대를 지나지 않을 수 없으며, 만인 평등의 민주주의가 머잖아 도래할 이상적 사회라고 생각했던 점이다. 이러한 관점에서, 강유위는

26) 紀候大去其國.

현재의 국가주의를 당분간은 참고 견딜 수밖에 없으며, 그것은 과도적인 것이라고 생각하였다. 강유위는 점진적 민주주의론자였다. 그래서 그는 민주주의를 이상으로 삼으면서 보황주의(保皇主義)를 주창하고 그것을 민주적 이상에 도달하는 수단으로 여겼던 것이다.

담사동(譚嗣同): 자는 복생(復生)이고 호는 장비(壯飛)이며, 호남 유양(湖南瀏陽) 출신이다. 중국 신(新)사상가의 한 사람이며, 강유위와 함께 광서제(光緖帝)를 도와 새로운 정책을 수립하였다. 일이 이루어지지 않자, 자신의 신념에 따라 죽었으니 광서 24년(1898)이었다. 처음에는 예수교를 믿었으나 후에 춘추공양학을 수학하고 화엄경(華嚴經)을 연구하였다. 그의 사상은 기독교의 평등·박애주의에 근거하여 춘추공양학을 결론지었다. 그는 지구상의 만민들은 인종의 차별이 없고 국가의 차별이 없고, 멀고 가까운 관계가 없으며 모두 자유 평등하다고 생각하였다. 춘추공양전에서 말하는 대동사회가 그러한 이상적 사회이다. 저작으로는 『이학』(二學) 한 권이 있다.

청대(淸代)의 윤리사상 (요약)

✤ 청대의 개관

❐ 시대적 개관

(1) 청(淸)은 만주의 여직(女直)에서 명(明)을 이어 중국을 통일함.

(2) 성조(聖祖:康熙)와 고종(高宗:建隆) 시기에 국위가 크게 번성함.

(3) 고종(高宗) 이후 국내외적으로 점차 어려움이 닥치고 국위가 약화되는 징조를 보임.

(4) 아편전쟁과 장발적(長髮賊)의 난으로 청조의 약화가 세상에 드러나고 유럽 제국으로부터 압력을 받게 됨.

(5) 선통(宣統) 때 손일선(孫逸仙)을 중심으로 한 신공화정부가 세워져 국정을 맡게 됨으로써 청나라는 멸망.

(6) 태조(太祖)로부터 선통제(宣統帝)에 이르기까지 12대를 거치는 297년 동안 청조는 유지됨.

❐ 사상적 개관

(1) 강희(康熙)와 건륭(建隆) 때에 문화가 매우 발달하였음.

(2) 청대(淸代) 동안 일체의 학술이 매우 진보하였음.

(3) 사학(史學), 천문학(天文學), 역수학(易數學) 및 시문(詩文) 등의 방면에서 유명한 학자들이 배출됨.

(4) 경학(經學)이 성행하였으나 새로운 독창적 사상은 없었고 고증학(考證學)이 유행하였음.

(5) 이 당시 학파를 대별하면, ①정주(程朱), ②육왕(陸王), ③조화(調和), ④고증(考證) 등으로 분류됨.

(6) 불교와 도교는 쇠퇴, 거의 언급할 만한 것이 없음.

✤ 정주학파(程朱學派)

❐ 고염무(顧炎武)

(1) 명나라의 유신(遺臣)으로 두 임금을 섬길 수 없다 하여 청나라의 곡식을 먹지 않고 일생을 마감함.

(2) 유학에 정통하였을 뿐만 아니라 경제에도 능통한 귀재였음.

(3) 오로지 정주학을 신봉하고 육왕학을 배척함.
(4) 경학(經學)을 곧 리학(理學)이라 하고 경학인 리학을 버리고 선학(禪學)을 하는 것은 자신의 도가 아니라고 함.
(5) 독창적인 견해는 없고, 다만 실천적인 공부를 하는 방법에 관해서는 명언들을 남겼음.
(6) 박학다문하였고, 고찰을 함에 정밀하고 상세하게 하여 청조 고증학의 시조가 됨.

❐ 응휘겸(應撝謙)
(1) 북송(北宋) 호안정(胡安定)의 학설을 신봉하여 실천궁행을 중시함.
(2) 고국이 멸망하자 벼슬길에 대한 미련을 끊고 인재양성에 진력함.
(3) 성조(聖祖)의 초빙에도 불구하고 병을 빙자하여 고사함.
(4) 새로운 학설은 없고 정주학을 신봉. 그러나 고염무처럼 육왕학을 배척하지는 않았음.

❐ 육롱기(陸隴其)
(1) 여러 관직을 역임하였고 가는 곳마다 덕으로 교화하고자 함.
(2) 오로지 주자학을 신봉하고 이설(異說)을 배격함.
(3) 주자학을 성학(聖學)으로 받들고 양명과 노·불 등을 비난함.
(4) 양명학에 대하여 매우 통절한 공박을 가함.

❐ 육세의(陸世儀)
(1) 정주학을 신봉하고 종신토록 강학과 저술로 보냈음.
(2) 20여 년을 걸려서 『사변록』(思辨錄)을 저술함.
(3) 비록 정주(程朱)를 종정으로 받들면서도 맹신하지는 않았음.
(4) 우주론은 주자(朱子)에 기초를 두면서도 나정암(羅整菴)의 리일분수설(理一分殊說)에 동의함.
(5) 맹자의 심선설(心善說)에 대해 논함.
(6) 윤리설은 주자의 설을 계승하면서도 더욱 인(仁)을 중시함.

❐ 진확암(陳確菴)
(1) 육세의와 동향이며 함께 학문을 논함.
(2) 정주학파에 속하는 사람임.
(3) 경(敬)을 논함에 있어 정태적인 경과 동태적인 경으로 나눔.
(4) 일일(一日)의 경(敬), 일식(一食)의 경, 총체적인 경 등에 대해 논함.

❐ 위예개(魏裔介)
(1) 세조(世祖)와 성조(聖祖) 때 벼슬하면서 직언하고 분투하여 다른 이들로부터 시기를

받음.

(2) 관직에서 물러나 후 16년 동안 후진교육에 진력함.

(3) 정주학을 신봉하고 그것을 정치적으로 실현코자 노력함.

(4) 새로운 학설은 없으나 다른 제 학설들을 비판하고 정주학만을 추구하였음.

❐ 장양원(張楊園)

(1) 유즙산(劉蕺山)에게 학문을 배움. 그러나 양명학을 배척하고 정주학을 신봉하였음.

(2) 요강(姚江)이 사용한 양지(良知)라는 두 글자는 그 명칭을 빌려서 사용한 것으로 쉽게 정(情)의 학설을 수립하는 방편으로 만든 것임.

(3) 주야로 반성하고 허물을 고치며 수양을 하는 데 힘씀.

❐ 경일암(耿逸菴)

(1) 탕잠암(湯潛菴)과 함께 손하봉(孫夏峯)에게서 수학함.

(2) 정주학을 신봉함.

(3) 천인합일론에 대해서 적절한 비평을 가함.

❐ 기타

(1) 조몽길(刁蒙吉), (2) 사약재(謝約齋), (3) 심전화(沈甸華), (4) 주백려(朱柏廬), (5) 유곤우(劉崑右), (6) 이암장(李闇章), (7) 응잠재(應潛齋), (8) 왕성계(汪星溪), (9) 장열(張烈), (10) 서청목(徐青牧), (11) 이항재(李恒齋), (12) 이예산(李禮山), (13) 장경암(張瞽菴), (14) 염회정(閻懷庭), (15) 주상도(朱湘陶) 등이 있음.

✤ 육왕학파(陸王學派)

❐ 황종희(黃宗羲)

(1) 명나라 충신 존소(尊素)의 아들로 아버지가 죽은 후, 그 뜻을 이어 국사에 진력함.

(2) 어려서부터 학문을 좋아하여, 제사(諸史)에서 구류백가(九流百家)에 이르기까지 모두 독파함.

(3) 유즙산을 스승으로 섬겼으나, 양명학은 믿지 않음.

(4) 명나라가 망하고 회복되지 않자, 홀로 한거하면서 오로지 저술에만 종사함.

(5) 청나라 성조의 부름에 응하지 않음.

(6) 저서는 매우 많으며, 『송원학안』, 『명유학안』 등이 있음.

(7) 새로운 학설은 없고 다만 실천상의 명언을 남겼음.

(8) 박학다문하며 여러 학문에 아주 통달하여 고증학파의 시조라고 일컬음.

❐ 만사대(萬斯大)

(1) 황종희의 문하에서 배워, 경전에 통달하였으나 과거시험에는 뜻을 두지 않음.
(2) 다른 사람의 과실에 대해서는 면책하면서도 후진들에 대해서는 관대하였음.
(3) 육왕학자로서 고증에 뛰어났음.
(4) 오로지 경학을 닦아 『춘추』, 『삼례』에 통달함.

❐ 만사동(萬斯同)

(1) 만사대의 아우로 황종희의 문하에서 배움.
(2) 육왕학을 받들어 실천궁행을 중요시 함.
(3) 오로지 옛 학문에 뜻을 두어 여러 역사책에 널리 통달함.
(4) 성조의 부름에 응하여 『명사고본기열전』 460권을 편찬함.
(5) 학식과 인격이 모두 뛰어난 학자이나, 새로운 학설은 없음.

✤ 주자 · 왕양명 조화학파

❐ 손하봉(孫夏峯)

(1) 효성이 지극하여 여묘살이를 6년 동안 함.
(2) 기개와 절개를 숭상하며 기이한 계책으로 도적을 물리쳐, 조정으로부터 표창을 받음.
(3) 청 조정에서 여러 번 불렀으나 응하지 않고 제자들을 교육시키는 데 주력함.
(4) 노년에 덕망이 더욱 높아 그 문하에서 배우는 사람들이 매우 많았음.
(5) 명말 청초 여러 유학자들이 학파를 세움에 여러 학파들의 폐해를 배척함.
(6) 한 파에 치우치지 않고, 실용에 적절한 부분을 채택함.
(7) 주렴계 · 정자 · 장자 · 소강절 · 주희 · 육상산 · 왕양명 · 나정암 · 고헌성등을 성리학의 바른 종통으로 삼음.

❐ 이이곡(李二曲)

(1) 태어나면서 집이 가난하여 책을 빌려서 학문을 하였는데 특히 경사자집(經史子集)과 불교 · 노자에 통달함.
(2) 청 성조가 불렀으나 병을 핑계로 응하지 않음.
(3) 가는 곳마다 강학을 하여 칭찬을 받음.
(4) 손하봉, 황종희와 더불어 이이곡을 당시 3인의 대 유학자로 일컬음.
(5) 학파에 대해서는 다른 견해가 있으나, 조화학파임이 명백함.

❐ 탕잠암(湯潛菴)

(1) 여러 관직을 역임하였으며, 가는 곳마다 학문을 권장하고 풍습을 교화시킴.

(2) 육롱기와 더불어 순수한 유학자이고 명신이었음.
(3) 손하봉에게 배웠으며, 또한 주자 · 육상산 두 파에 대하여 편견을 갖지 않음.
(4) 독창적인 견해는 없으나, 성실과 바름으로 근본을 삼고 충과 효를 앞세우고 말보다는 실행을 중요시 함.

❒ 주이존(朱彝尊)

(1) 폭넓게 읽고 잘 기억하여 여러 학문에 아주 통달하였으며, 특히 시문에 재주가 있어, 명성이 고염무에 필적하였음.
(2) 성조의 부름에 응하여 서울로 와서 『명사』를 편찬하는 데 종사함.
(3) 관직을 마친 후 오로지 저작에 주력하였으며, 책을 수집하는 취미가 있었음.
(4) 제자백가에 통달하여 비판적 태도로, 여러 학문을 공평하게 평론함.
(5) 비록 독창적 학설은 없었지만 청나라의 대 유학자였음.

❒ 납란성덕(納蘭性德)

(1) 청나라의 재상 납란태부(納蘭太傅)의 아들로, 어려서부터 재주가 있어 성조가 총애함.
(2) 만주인으로서 유일하게 학문으로 명성을 이룸(청나라 초기의 학자는 대부분이 서울에 있는 한인 가운데 명나라의 유신遺臣이었음).
(3) 31세로 일찍 죽어, 그 천재성을 다 이루지 못하였음.
(4) 거액의 재화를 투자하여 편찬한 『통지당경해』는 학계에 많은 공헌을 하였음.

✤ 고증학파(考證學派)

❒ 염약거(閻若璩)

(1) 20세에 『고문상서』를 읽고 의심을 품어 30년간을 연구하고 그 모순점을 지적하였음.
(2) 명성이 점점 높아져 당대의 명사들이 그를 존경함.
(3) 박학다식하고 일의 추진력이 강하며, 해박하고 정확한 고증을 하였음.
(4) 그의 고증은 학계에 확실한 자료를 제공하였고 후진들의 연구심을 불러 일으킴.
(5) 독창적 학설은 없음.

❒ 모기령(毛奇齡)

(1) 신동이라 불렸으며, 명나라가 멸망하자 갖은 고생을 겪음.
(2) 청나라 성조의 부름에 응하여 『명사』를 편찬하는 데 종사함.
(3) 관직을 사임한 후 저작에 주력하여 저서가 아주 많음.
(4) 염약거와 더불어 청대 고증학의 태두로 불리어짐.
(5) 학식이 해박하고 심신의 힘이 넘쳤으며, 말솜씨가 유창하며 문장이 종횡무진이었으나

새로운 학설은 없음.

❒ 조어중(趙御衆)

(1) 청대 고증학파 중에서 가장 이채로운 사람임.
(2) 진심경사(眞心敬事)를 학문의 요지로 삼음.
(3) 일종의 정명설(定命說)을 믿음.
(4) 고증학자 중에서 그와 같은 사상을 제기한 사람은 거의 없음.

❒ 유곡원(兪曲園)

(1) 30세에 진사가 되었고, 관직에서 물러난 후 오로지 공부에만 열중함.
(2) 순자의 성악설을 믿고, 맹자의 성론을 반박함.
(3) 성(性)과 재질[才]을 구분, 사람과 짐승의 다른 점이 재질에 있다고 함.
(4) 당시 학자들은 고증에만 몰두하였는데, 그가 인성론을 제기한 점은 탁견이었음.

❒ 기타

(1) 혜자기(惠子奇), (2) 혜동(惠棟), (3) 초순(焦循), (4) 전대흔(錢大昕), (5) 왕명성(王鳴盛), (6) 주균(朱鈞), (7) 왕창(王昶), (8) 기균(紀昀), (9) 김일진(金日進), (10) 왕념손(王念孫), (11) 강번(江藩), (12) 저인량(褚寅亮), (13) 단옥재(段玉裁), (14) 대진(戴震), (15) 공광삼(孔廣森), (16) 원원(阮元), (17) 최동벽(崔東壁), (18) 필원(畢沅)

✤ 춘추공양학파(春秋公羊學派)

❒ 요 지

(1) 청대 고증학의 여러 학파 중 하나임.
(2) 『춘추공양전』의 사상을 공자의 정신이라 함.
(3) 『공양전』 중의 춘추 삼세설(三世說)과 대구세구(大九世仇) 사상으로 국가와 정치를 논함.
(4) 세계주의, 자유평등주의, 사회주의를 결론적 사상으로 삼음.

❒ 강유위(康有爲)

(1) 동한 고문학을 유흠의 위작이라 믿을 수 없다고 함.
(2) 춘추 삼세설을 유일한 신조로 삼음.
(3) 대동사회를 이상으로 삼았고, 대동사회로 가려면 소강사회를 거쳐야 하는 것이 순서라고 봄.
(4) 점진적 민주주의론자임.

❐ 담사동(譚嗣同)

(1) 중국 신사상가의 한 사람임.

(2) 강유위와 함께 광서제를 도와 새로운 정책을 수립하다가 실패하여 피살됨.

(3) 처음에는 예수교를 믿었고, 나중에 춘추공양학과 화엄경을 공부함.

(4) 기독교의 평등·박애주의를 이상으로 삼음.

인 명 색 인

ㄱ

ㄴ

ㄷ

ㅁ

ㅂ

ㅊ

ㅌ

ㅍ

ㅎ

3

4

5

6

8

ㄱ

ㄴ

ㄷ

ㄹ

ㅁ

ㅂ

ㅅ

ㅊ

■ 역자 소개

▶강봉수(姜奉秀) : 제주대학교 졸업
한국학대학원 석사 및 박사
현 제주대학교 윤리교육과 교수

▶김성룡(金成龍) : 국민대학교 졸업
한국학대학원 석사 및 박사
현 정보통신공무원교육원 교수

▶박재주(朴再柱) : 서울대학교 졸업
서울대학교 대학원 석사 및 박사
한국학대학원 박사
현 청주교육대학교 윤리교육과 교수

역자와의
협의하에
인지생략

중국윤리사상사(개정판)

2007년 2월 15일 초판 인쇄
2007년 2월 20일 초판 발행

역 자 **강 봉수 · 김 성룡 · 박 재주**
발행자 **박 준식**

발행처 도서출판 **원미사**
서울 성북구 장위동 65-192호 우남빌딩 202호
등록 1994년 1월 18일(제6-192호)
전화 919-9630, 943-3620 FAX 919-3093

* 파본은 교환해 드립니다. **값 24,000원**

ISBN / 89-5544-110-X